中山大学珠海校区编年史
（1999—2018）

冯双 主编

中山大学出版社
·广州·

版权所有　翻印必究

图书在版编目（CIP）数据

中山大学珠海校区编年史（1999—2018）/冯双主编. —广州：中山大学出版社，2019.8

ISBN 978-7-306-06658-9

Ⅰ. ①中… Ⅱ. ①冯… Ⅲ. ①中山大学—编年史—1999—2018 Ⅳ. ①G649.286.51

中国版本图书馆CIP数据核字（2019）第140652号

出 版 人：	王天琪
策划编辑：	金继伟
责任编辑：	廖丽玲
封面设计：	林绵华
书名题写：	钟汝轩
责任校对：	杨文泉
责任技编：	何雅涛
出版发行：	中山大学出版社
电　　话：	编辑部 020-84110283，84111997，84110779，84113349
	发行部 020-84111998，84111981，84111160
地　　址：	广州市新港西路135号
邮　　编：	510275　　　　传　真：020-84036565
网　　址：	http://www.zsup.com.cn　　E-mail:zdcbs@mail.sysu.edu.cn
印 刷 者：	广州家联印刷有限公司
规　　格：	787mm×1092mm　1/16　36.5印张　980千字
版次印次：	2019年8月第1版　2019年8月第1次印刷
定　　价：	98.00元

如发现本书因印装质量影响阅读，请与出版社发行部联系调换

珠海市人民政府与中山大学合作
建设中山大学珠海校区
协议书

一、合作主体
甲方：珠海市人民政府
地址：珠海市香洲区人民东路1号
邮政编码：519000
法定代表人：黄龙云　职务：市长
乙方：中山大学
地址：广州市新港西路135号
邮政编码：510275
法定代表人：黄达人　职务：校长

二、签约宗旨
作为一所历史悠久的全国重点综合性大学，中山大学需要进一步扩大办学规模，办成一所居于国内一流大学前列，面向港澳和东南亚，在国际上有较大影响的研究型综合性大学，为广东建设教育强省作出贡献。为达到这一目

—1—

协议与本协议具有同等效力。
7、本协议自教育部批准乙方建设珠海校区计划之日起生效。

本协议的附件：
①资产评估书
②财产移交清单及时间表
③甲方与第三方签定的涉及原珠海大学（筹）合作办学及其他协议文本

本协议附图：
①原珠海大学（筹）校址规划设计图
②中山大学珠海校区用地红线图

甲方：珠海市人民政府（盖章）
乙方：中山大学（盖章）

法定代表人：黄达人
法定代表人：黄龙云
一九九九年九月十一日
一九九九年九月十一日

—7—

珠海市人民政府与中山大学合作建设中山大学珠海校区协议书

1999年9月11日，时任中山大学校长黄达人（前排右），时任珠海市委书记、市长黄龙云在合作建设中山大学珠海校区协议书上签字

中山大学文件

中大[1999]332号

关于成立中山大学珠海校区筹建领导小组的通知

经研究，决定成立中山大学珠海校区筹建领导小组，成员如下：
组长：黄达人
副组长：杨继光（常务）　刘美南
基建办公室主任：郑明洁（正处级）

一九九九年九月十六日

中山大学文件

中大[1999]417号

通知

经研究：
成立中山大学珠海校区筹备办公室。

一九九九年十一月一日

成立珠海校区筹建领导小组及成立珠海校区筹备办公室的通知

教育部同意中山大学建立珠海校区的批复

珠海校区奠基仪式

1999年12月6日，珠海校区教学实验大楼打下第一桩

珠海校区建设原址

珠海校区机构设置通知　　　　珠海校区建设期间的办公场所

珠海校区建设初期规划沙盘

珠海市委书记、市长黄龙云（前排左二）与珠海校区早期校园规划师莫尼先生（前排右二）

建成后的教学实验大楼

建成后的图书馆

省市边防局有关领导来中山大学珠海校区协商中大师生出入珠海特区检查站的管理办法

2000年9月9日，中山大学珠海校区落成新闻发布会举行

珠海校区初期建设者合影

2000年9月7日至9日,珠海校区首批新生报到

中山大学2000年开学典礼在珠海校区教学实验大楼举行

诺贝尔物理学奖获得者杨振宁在珠海校区做演讲

2001年5月26日,首届"中山大学科技节"开幕式在珠海校区教学实验大楼举行

中山大学2001年发展战略研讨会在珠海校区举行

2001年11月10日，时任中共中央政治局常委、国务院副总理李岚清视察珠海校区

2002年2月18日，时任中共中央政治局常委、全国人大常委会委员长李鹏视察珠海校区

珠海校区教学实验大楼荣获2001年度中国建筑工程鲁班奖（国家优质工程）。图为珠海市政府举行的相关表彰大会

2002年5月19日，"五月的鲜花——全国高校大学生'我和我的祖国'大型诗歌咏唱会"在珠海校区举行

首届学生回迁

首届学生回迁纪念砖安放仪式

成立于珠海校区的勤工助学学生社团——雁行社

2003年卢卡斯博士（右三）访问珠海校区

组建旅游学院的通知

伍舜德国际学术交流中心落成典礼

2004年11月11日,中共珠海市委、市政府向我校赠送校训石,祝贺我校八十华诞

2000年11月12日,孙中山先生纪念铜像揭幕仪式在珠海校区举行

2005年3月30日,翻译学院成立新闻发布会举行

2010年中珠合唱团专场音乐会演出剧照

珠海校区工会女职工委员会被授予珠海市三八红旗集体荣誉称号

海洋科学学院研究生在南海进行重力取样

"十大提案"获奖学生与嘉宾合影

2013年6月5日，由学生自发组织的公益性互助书屋在珠海校区教学实验大楼揭牌

2013年10月，国际翻译学院外语志愿者参加珠海首届国际马戏节志愿服务期间合影

2013年12月28日，中山大学天文与空间科学研究院在珠海校区揭牌成立。这是跨越61年后，中山大学复办天文学科的历史时刻

中山大学报珠海校区专版

2014年9月13日，英国剑桥大学副校长伊恩·怀特（右二）来访珠海校区

2014年11月20日，"珠海校区发展论坛——过去、现在和未来"举办

2015年3月6日,中山大学2015年春季工作会议在珠海校区召开

2015年4月,海洋科学学院河口海岸研究所教师组成的专题研究小组荣获港珠澳大桥岛隧工程E15沉管回淤专题攻关"集体特等功"

2015年12月19日,首届中山大学国际青年学者珠海论坛举行

2016年5月24日,中山大学校长罗俊向珠海市领导介绍"天琴计划"基础设施工程建设情况

2016年6月20日,罗俊校长在中法核工程与技术学院第一届硕士研究生毕业典礼上致辞

2016年8月,化学工程与技术学院学生在第十届全国大学生化工设计竞赛中荣获一等奖、最佳创新奖

2016年11月11日,珠海校区海滨红楼办公区启动仪式上,物理与天文学院代表与罗俊校长合影

珠海校区教职工趣味运动会

2016年12月28日,大气科学学院在珠海校区召开第一次党员大会

2017年8月26日,中山大学与珠海市高新区签署合作协议,共建珠海中山大学附属中学、小学

2017年9月8日,时任中央政治局委员、广东省委书记胡春华(左)到我校珠海校区调研,慰问张培震院士(右)

2017年11月28日,陈春声书记到文史哲(珠海)三系进行党建调研

2018年11月27日，国际合作与交流处党支部与中法核工程与技术学院行政、专职与博士后研究人员党支部开展联合活动

2018年3月24日至25日，全球与区域史视域下亚洲的区域与网络国际学术研讨会在珠海校区召开，图为陈春声书记在开幕式上致辞

2018年9月10日，旅游学院举行"我心目中的良师"揭牌仪式

2018年4月14日下午，我校与珠海市人民政府进一步加强新型战略合作补充协议签约仪式举行

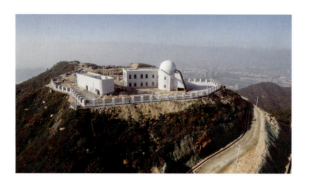

"天琴计划"山顶激光测距台站

多学科交叉平台楼效果图

珠海校区最新校园规划图

《中山大学珠海校区编年史（1999—2018）》编委会

主编（编著）：冯　双

编委：毕　为　王　劲　王　昕　史　隆　汪培源
　　　许景明　陈有志　吴清月　郑子飞　黄洁宏
　　　谢婉仪　潘金山

本书是"中山大学文化传承类重点项目——珠海校区发展历程"的研究成果。研究项目得到校党委宣传部、党委办公室的大力支持，特此鸣谢！

序

光阴荏苒，岁月如歌，中山大学珠海校区已走过二十载春秋。二十年来，数不胜数的建设者、领导、师生、校友和社会各界人士的艰苦付出、辛勤耕耘、关心支持，换来了珠海校区的光辉盛景、桃李满园，使其成为高校和地方政府合作的典范，创造出崭新璀璨的历史。

追忆往昔，1999年9月11日，中山大学和珠海市委、市政府正式签署合作协议书，将珠海校区选址于历史悠久、人杰地灵的唐家湾古镇，依山傍水、风景秀丽。在历尽风雨、饱经沧桑的征途中凝聚着一批又一批中大人的心血，从建设之初的筚路蓝缕到现在的规模完善、高楼林立、教学科研设施堪称一流，建成一个又一个整建制院系，孕育出一批又一批奋发有为的学子，"中大—珠海"模式在全国高等教育界和地方政府间产生了积极广泛的影响，各级领导和社会各界纷纷对中山大学珠海校区的建设发展给予了高度评价。饮水思源，珠海校区的迅速发展离不开几代校领导的辛勤耕耘，离不开师生焚膏继晷的努力，更离不开中共珠海市委、市政府的大力支持及唐家湾镇人民春风化雨般的关怀。

昨日的峥嵘铸就了今天的辉煌。方今之时，珠海校区定位于"建设学科布局和人才培养体系相对完整，具有一流办学水平和广泛国际声誉的现代化滨海校区"。作为学校未来战略发展重点，珠海校区将成为中山大学发展的引擎，前景可期，前途无限。

追根溯源，循着历史发展的轨迹，《中山大学珠海校区编年史（1999—2018）》一书，立足于客观准确地再现珠海校区各个时期所发生的历史，为了解珠海校区历史提供全面史料的同时，也为珠海校区未来的发展提供可参考的经验。我们期待，这部珠海校区编年史，不仅仅是一部记述历史的书籍，还是一本生动形象的教科书，回顾前人满怀激情、不畏坎坷、开启建设珠海校区的征程，其中所蕴含的中大精神能够激励一代又一代中大师生，在新时代砥砺前行，共同书写珠海校区新的历史华章。

编委会
2019年2月5日 春节

目 录
CONTENTS

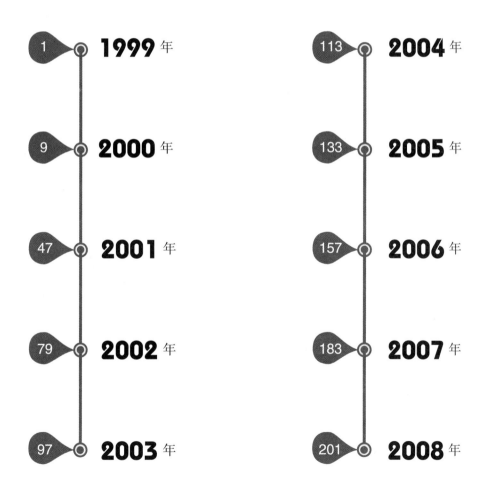

- 1 — **1999**年
- 9 — **2000**年
- 47 — **2001**年
- 79 — **2002**年
- 97 — **2003**年
- 113 — **2004**年
- 133 — **2005**年
- 157 — **2006**年
- 183 — **2007**年
- 201 — **2008**年

223 **2009**年	391 **2015**年
243 **2010**年	431 **2016**年
265 **2011**年	479 **2017**年
285 **2012**年	525 **2018**年
317 **2013**年	554 参考文献
353 **2014**年	557 后　记

1999年

6月15日至20日 第三次全国教育工作会议召开，催生中山大学珠海校区（简称为"中大珠海校区"）。

第三次全国教育工作会议召开后，全国范围内的高等教育体制改革潮流涌动，中国高等教育走上了高速的超常规发展道路。中山大学（简称为"中大"）作为华南地区唯一的一所全国重点综合性大学，作为广东高等教育的龙头，也面临着前所未有的机遇与挑战。在21世纪，中山大学要进一步扩大办学规模，成为一所居于国内一流大学前列、在国际上有较大影响的研究型综合性大学，为广东建设教育强省做出贡献。为达到这一目标，中山大学需要一个更为广阔的发展空间。在"办学空间十分紧张的环境下"①，从今年年初开始，学校领导班子就把选择新校区作为一项重要工作，分别对从化、番禺、花都、增城、中山、东莞等地进行了考察。但在当时人们的观念中，办学如办企业，要土地理所当然需要资金，一系列现实和体制的问题，阻挡了中山大学寻找土地、拓展空间的步伐。

"在距离广州不远的珠海，当地政府和人民也正烦恼着：珠海于1980年成立经济特区，作为我国经济建设发展的前沿重地，高等教育资源相对有限，珠海大学自筹划以来建设缓慢，珠海人的大学梦迟迟未圆。"② 1992年，珠海市开始筹建珠海大学。可是，筹建中的珠海大学"因资源不足、人才有限、财力紧缺等"③原因，直到1999年初也未能办成。

---

① 黄达人：《抓好人才培养质量，提高办学层次》，见《中山大学报》（新）第177期，2008年5月8日。
② 《校区建设史》，见《中山大学报》（新）第321期，2014年10月27日。
③ 《唐家湾镇志》编纂委员会：《唐家湾镇志（1524—2013）》，广东人民出版社2015年版，第159页。

全国第三次教育工作会议召开后，珠海市委、市政府树立"注重引进，追求所在，所在即是拥有"的新理念，决定充分发挥珠海的环境和资源优势，以开放的理念和优惠的政策吸引国内一流高校到珠海办学，通过引进名牌大学，推动珠海科教事业的发展。①

"一个偶然的机会，时任中山大学校长王珣章教授与当时珠海市市长黄龙云见面，在谈及寻找空间的困境和筹建大学的苦衷这个问题时，两人一拍即合。在珠海市唐家湾一个风景秀丽的山丘上，双方通过考察和协商，确立了珠海校区的区划范围。"②

此后，短短一个月的时间内，王珣章校长六下珠海，商谈在筹建珠海大学的选址上合作建设中山大学珠海校区事宜，并在 8 月 9 日与珠海市人民政府签订了意向书，催生了中山大学珠海校区。

"珠海原属香山县，是孙中山先生的故乡，是孙中山先生进行早期革命活动的地方。孙中山先生亲手创办的中山大学回到他的故乡，这件事情本身即有着非同寻常的意义。"③

珠海大学筹建期间，已有一批建筑建成，主要包括：

1998 年 8 月落成的荔园区 7 栋教工宿舍、榕园区 3 栋教工宿舍和荔园教工食堂，这批原珠海大学校园建筑总计建筑面积约为 23000 平方米。荔园区宿舍楼群建成前，选址上有一片荔枝林，故名"荔园"。④

图书馆于 1998 年 12 月落成。原珠海大学图书馆总建筑面积为 36390 平方米，由两幢底层相连接、高 13 层的大楼组成。大楼面向校区南门，即彩虹门，正面形如展开阅读的鸿篇巨制。步入南门，令人顿感浓郁的书香扑面而来；背靠葱翠的翰林山，267 级阶梯从"书脊"的"中缝"向南极目远眺，近处是形如风帆的珠海校区南大门，远处是无边无际的大海，喻义"学海无涯苦作舟"。近观珠海校区图书馆，巨幅落地玻璃幕墙，晶莹剔透、气势磅礴，体现了高等学府的神圣与典雅；遥望珠海校区图书馆，它与后来落成的教学大楼浑然一体，犹如绵延的巨龙，既蕴含着"蛟龙入海"的意义，又象征着中山大学的腾飞；蓝天、碧海、绿地、苍山、花圃的迷人风景，宁静、典雅、自然、舒适、文明的学术氛围，是令人心驰神往的知识殿堂。珠海校区投入使用后，学校不断对图书馆进行升级改造并进行管理模式改革，使之建设成为我国第一个使用 3M 防盗监测系统的图书馆。它融合了许多先进图书馆的建筑理念：中央空调、全封闭、等层高、等载荷、大空间、通透式的世界图书馆流行建筑；具有藏、借、阅、网一体化的

---

① 《唐家湾镇志》编纂委员会：《唐家湾镇志（1524—2013）》，广东人民出版社 2015 年版，第 159 页。
② 《校区建设史》，见《中山大学报》（新）第 321 期，2014 年 10 月 27 日。
③ 陈望南：《我校与珠海市合作建设中山大学珠海校区——签字仪式近日在珠海市隆重举行》，见《中山大学（校报）》（复）第 353 期，1999 年 9 月 14 日。
④ 《校区建设史》，见《中山大学报》（新）第 321 期，2014 年 10 月 27 日。

先进管理模式和图书报刊、多媒体光盘、联机数据库、因特网全方位的信息资源。

8月9日 《珠海市人民政府与中山大学关于合作建设中山大学珠海校区的意向书》（简称为《意向书》）签署。《意向书》总计十一点，双方对中山大学珠海校区的用地范围、建设规模等达成意向。

8月15日 校工会举行学校教职工代表大会（简称为"教代会"）代表团团长交流会。校党委书记李延保在交流会上向团长们介绍了有关珠海校区的建设情况，并请团长们就此事开展讨论，提出意见。①

8月22日 校工会组织教代会团长，部门工会主席，各单位的党委、党总支书记赴珠海校区参观。②

8月25日 黄达人校长在任职谈话中提出建设好珠海校区。③

是日，黄达人就任中山大学校长，他在任职谈话中表示，以王珣章老校长为首的班子已与珠海市签订了合作意向书，珠海市将把珠海大学（筹）3000多亩用地和已有的建筑物用于建设中山大学珠海校区。下面，我们要积极争取广东省和教育部的支持，把它落实下来，建设起来。

8月27日 校党委常委（扩大）会议，确定副校长杨晓光负责珠海校区（筹）工作，明确了中山大学（珠海校区）的办学思路。④

9月10日 下午，全校教师干部大会在梁銶琚堂召开，黄达人校长通报珠海校区筹建情况。⑤

9月11日 《珠海市人民政府与中山大学合作建设中山大学珠海校区协议书》签字仪式在珠海市人民政府举行。⑥

珠海市委书记、市长黄龙云和中山大学校长黄达人分别代表珠海市和中山大学在协议书上签字。教育部副部长张保庆、广东省高等教育厅厅长许学强、校党委书记李延保、珠海市副市长余荣霭在仪式上讲话。出席签字仪式的还有教育部、广东省高教厅、中山大学和珠海市的各级领导。根据协议，珠海市将把位于唐家湾的包含原珠海大学（筹）校址的3.28平方公里土地，以及原珠海大学（筹）校址上价值2.7亿元的建（构）筑物及其配套设施，无偿提供给中山大学，作为中山大学珠海校区校园用地及其教学科研开发设施，由中山大学永久使用和管理。

---

① 罗永明：《中山大学工会编年史（1949—2010）》，中山大学出版社2011年6月第1版，第178页。
② 罗永明：《中山大学工会编年史（1949—2010）》，中山大学出版社2011年6月第1版，第178页。
③ 中山大学校长办公室：《中山大学年鉴（1999）》，中山大学出版社2000年12月第1版，第14页。
④ 《校级党政领导和校长助理的具体分工》，见《中山大学（校报）》（复）第352期，1999年9月6日。
⑤ 中山大学校长办公室：《中山大学年鉴（1999）》，中山大学出版社2000年12月第1版，第305页。
⑥ 陈望南：《我校与珠海市合作建设中山大学珠海校区——签字仪式近日在珠海市隆重举行》，见《中山大学（校报）》（复）第353期，1999年9月14日。

位于唐家湾的珠海校区，依山面海，景色优美，占地广阔，是一个办学的好地方。

　　珠海校区将安排中山大学本科一、二年级学生的教学。在五年时间内，校区人数将达到不少于10000人的规模。2000年秋季，珠海校区将开课，在校人数为3000人。根据规划，2005年之前，珠海校区将建成海洋学院、旅游学院等若干实体学院和一批科研机构。中山大学珠海校区将贯彻改革、精干、高效、高起点的原则，把校区的建设与校园后勤服务社会化的改革、人事制度改革、福利待遇改革、教学改革等紧密结合起来，力求按照全新的模式建设一流的大学校区。

　　中山大学的异地办学模式在全国开启先河。创新的"中大—珠海"办学模式吸引了各地政府、媒体和学校的多方关注，高校异地办学的全新模式由此开启。[①]

　　9月　中山大学珠海校区筹建领导小组成立。[②]

　　小组成员如下：

　　组长：黄达人。

　　副组长：杨晓光（常务）、刘美南。

　　基建办公室主任：郑明池（正处级）。

　　10月　中山大学珠海校区筹备办公室成立。黄治河任筹备办公室主任，李思泽、容国濂任副主任。[③]

　　10月　中山大学珠海校区基建办公室组建。林伟明任副主任。[④]

　　11月1日　珠海校区教学实验大楼设计方案讨论会召开，不同学科了解实验、懂业务的教师参与座谈讨论，为设计方案确定提出了建设性意见。[⑤]

　　11月12日　黄达人校长在《中山大学（校报）》上发表文章，指出学校正在紧锣密鼓地建设珠海校区。[⑥]

　　文章指出，珠海校区的建设是中山大学发展史上值得大书一笔的里程碑式的大事。珠海校区将极大地扩展中山大学的办学空间，以此为依托，中山大学将扩大办学规模，走上快速发展的轨道。现在，校区的建设正紧锣密鼓地进行，学校已组成强有力的班子负责这项工作，按照现在的进度，明年（2000年）将如期在珠海校区开学。

　　11月19日　珠海校区教学实验大楼完成招标定标工作。11月初，大楼施工

[①] 《校区建设史》，见《中山大学报》（新）第321期，2014年10月27日。
[②] 中山大学校长办公室：《中山大学年鉴（1999）》，中山大学出版社2000年12月第1版，第14页。
[③] 中山大学珠海校区筹备办公室：《中山大学珠海校区建设工作简报》第一期，第1页，2000年1月30日。
[④] 中山大学珠海校区筹备办公室：《中山大学珠海校区建设工作简报》第一期，第1页，2000年1月30日。
[⑤] 中山大学工会：《中山大学工会志》"大事记部分"，自印，2008年5月，第110页。
[⑥] 黄达人：《把握机遇，迎接挑战》，见《中山大学（校报）》（复）第356期，1999年11月12日。

合同签订，临时施工许可证于12月初办理。①

12月6日 珠海校区教学实验大楼打下第一根桩，珠海校区大规模建设拉开帷幕。②

---

① 中山大学珠海校区筹备办公室：《中山大学珠海校区建设工作简报》第一期，第2页，2000年1月30日。

② 李思泽：《珠海校区教学楼工程荣获中国建筑工程鲁班奖》，见《中山大学（校报）》（新）第7期，2002年2月28日。

2000年

2000年

1月17日 教育部正式批准中山大学建立珠海校区。①

是日，教育部正式批准中山大学使用珠海市无偿提供的原珠海大学（筹）3.4平方公里的土地及地上设施，建立中山大学珠海校区。要求尽快安排招生，并在五年内形成12000名在校学生的培养能力。"由国家正式批准异地办学，我校是我国数年来唯一的一家。"②

1月19日 《珠海校区建设（一）》图片展在学校怀士堂二楼中山大学珠海校区广州工作联络点开放。③

1月25日 珠海校区教学实验大楼综合布线系统方案研究会议在学校怀士堂二楼会议室召开，珠海校区筹备办公室、学校网络中心、通讯中心、电教中心等单位参加。④

1月27日 校党委书记李延保到珠海校区视察筹建工作。⑤

李延保在杨晓光副校长的陪同下，来到珠海校区视察筹建工作，代表校党委慰问校区工作人员，并召开校区全体筹建工作人员会议。会议由杨晓光主持。李延保宣布了学校党委对珠海校区人事、机构设置工作的决定。李延保在讲话中指出：中山大学建设珠海校区，是国家、广东省所关注的一

---

① 中山大学校长办公室：《中山大学年鉴（2000）》，中山大学出版社2001年12月第1版，第445～446页。

② 中山大学珠海校区筹备办公室：《中山大学珠海校区获国家教育部批准》，见《中山大学珠海校区建设工作简报》第二期，第1页，2000年2月6日。

③ 中山大学珠海校区筹备办公室：《〈珠海校区建设（一）〉图片展》，见《中山大学珠海校区建设工作简报》第一期，第4页，2000年1月30日。

④ 中山大学珠海校区筹备办公室：《学校有关部门加紧研究珠海校区网络综合布线方案》，见《中山大学珠海校区建设工作简报》第一期，第4页，2000年1月30日。

⑤ 中山大学珠海校区筹备办公室：《中山大学党委书记李延保同志到校区视察筹建工作并做重要指示》，见《中山大学珠海校区建设工作简报》第一期，第1～2页，2000年1月30日。

件大事，也是中山大学的头等大事，是我校发展的重要契机。因此，这项工作影响很大，不容有失，我们是没有退路的；9月1日，中山大学的一年级新生必须进来，一定要保证这项工作顺利进行。对于珠海校区工作，要分清责任：1.建校区的责任。2.办校区的责任。3.管校区的责任。建校区的责任由校区筹备办公室、后勤办公室来负责。办校区是全校各部处、各职能部门的责任。我们现在的定位是全校办珠海校区，校区的筹备办、后勤办在其中起到筹备、协调、监督的作用。而管校区的问题有三个方面：一是延伸管理；二是一半延伸、一半属地管理；三是完全属地管理。管理大部分是延伸管理，因此，学校的各职能部门什么时候过来、什么人过来校区工作，这是学校的问题，是各职能部门要去考虑、去操作的问题。

李延保在充分肯定校区前段工作所取得成绩的同时，指出下一步还要做好几个方面的工作：1.编写校区工作简报，把校区工作的计划、进展、问题，定期通报全校，让全校都来关心、参与校区的建设。2.校区建设的资料、文件性的东西都要很好地保存起来，资料性的工作一开始就要按程序、按规范做好，历史的东西要清楚。3.一定要用改革的思路来指导各项工作，一流的校区要有一流的管理和一流的机制。在时间紧、任务重的情况下，更要发挥民主决策、按规定办事的原则。建设珠海校区责任重大，压力也大，学校党委始终关注着校区工作的进程，始终和校区工作人员一起，共同担负起建设珠海校区的责任，共同解决校区建设工作中的问题。

杨晓光对今后的工作做了具体的布置和要求：1.根据学校党委的决定，校区的工作人员、工作机构有了新的变化，要做好前后工作交接，以保证校区工作的顺利开展。2.清楚建校区的责任，办校区的工作如属于属地内的工作、协调的工作是我们的职责。3.明确责任和工作效率的问题，工作责任到人，每件工作明确到人后，负责人都要对工作负起全责。4.建立、健全工作机制。（1）每周星期五上午由筹备办编写工作简报；（2）筹备办、后勤办每两周要定期与各部门开一次协调会、工作碰头会，研究、检查存在的问题，解决问题，并要做好会议记录。

△①成立中山大学珠海校区后勤办公室，撤销中山大学珠海校区基建办公室。②后勤办公室行使原基建办公室的职能和负责开展校区总务方面的工作。③ 黄晋强任珠海校区后勤办公室主任。④

△杨晓光副校长主持召开珠海校区全体筹建工作人员工作会议，研究珠海校区化学生物实验大楼选址问题。会议于次日上午继续召开，经过研究、分析、比较，

---

① "△"表示日期相同。
② 中山大学校长办公室：《中山大学年鉴（2000）》，中山大学出版社2001年12月第1版，第444页。
③ 中山大学珠海校区筹备办公室：《我校对珠海校区筹建工作机构做出调整》，见《中山大学珠海校区建设工作简报》第二期，第1页，2000年2月6日。
④ 中山大学珠海校区筹备办公室：《校区建设单位24小时施工》，见《中山大学珠海校区建设工作简报》第三十期，第1页，2000年8月20日。

初步选定校区南面山麓地址。①

1月28日 中共珠海市香洲区委成立中山大学珠海校区建设香洲区协调小组。组长由香洲区委常委、唐家镇委书记、镇长黄振堂担任，副组长由唐家镇委副书记彭清举担任，成员由香洲区教育局、建设局和唐家镇党政有关领导组成。小组的主要任务是配合协调解决中山大学珠海校区建设中遇到的各种问题。②

2月1日 珠海校区南校门竣工。南校门也称彩虹门，"校门主体向人们展现出彩虹般的雄姿，十分壮观"③。

2月2日 下午，珠海校区基建工程会议召开。会议由杨晓光副校长主持，珠海校区筹备办、后勤办、多家参建单位负责人参加会议。杨晓光要求各参建单位加强合作，密切配合，一要抓质量，二要抓进度，三要搞好环境美化建设，优质高效完成工程任务。④

△珠海校区学生宿舍楼正式开始打桩，进入施工阶段。⑤

2月4日 珠海市余荣霭副市长、吕明智副秘书长一行来到珠海校区，代表珠海市政府慰问校区工作人员。⑥

2月5日 香洲区委常委、唐家镇委书记、镇长黄振堂率领唐家镇党政干部来到珠海校区，代表唐家镇慰问校区工作人员。⑦

2月6日 珠海市余荣霭副市长、吕明智副秘书长一行来到珠海校区施工现场，了解施工情况，协调推进建设进度，并与校区工作人员进行座谈。⑧

2月上旬 珠海校区建设总体规划广泛征求各方意见。⑨

原珠海大学（筹）1.7平方公里的校园建设总体规划方案由法国莫尼公司设计，能满足5000名在校学生的办学规模。中山大学珠海校区的校园面积扩大为

---

① 中山大学珠海校区筹备办公室：《珠海校区化学、生物实验大楼选址方案初步确定》，见《中山大学珠海校区建设工作简报》第一期，第3页，2000年1月30日。

② 中山大学珠海校区筹备办公室：《珠海市香洲区成立中山大学珠海校区建设香洲区协调小组》，见《中山大学珠海校区建设工作简报》第二期，第2页，2000年2月6日。

③ 中山大学珠海校区筹备办公室：《简讯》，见《中山大学珠海校区建设工作简报》第二期，第3页，2000年2月6日。

④ 中山大学珠海校区筹备办公室：《春节前夕校区召开基建工程会议》，见《中山大学珠海校区建设工作简报》第二期，第1页，2000年2月6日。

⑤ 中山大学珠海校区筹备办公室：《校区学生宿舍大楼工程进展》，见《中山大学珠海校区建设工作简报》第二期，第3页，2000年2月6日。

⑥ 中山大学珠海校区筹备办公室：《简讯》，见《中山大学珠海校区建设工作简报》第二期，第3页，2000年2月6日。

⑦ 中山大学珠海校区筹备办公室：《简讯》，见《中山大学珠海校区建设工作简报》第二期，第3页，2000年2月6日。

⑧ 中山大学珠海校区筹备办公室：《珠海市领导到校区视察建设工作》，见《中山大学珠海校区建设工作简报》第二期，第2页，2000年2月6日。

⑨ 中山大学珠海校区筹备办公室：《校区建设总体规划广泛征求各方意见》，见《中山大学珠海校区建设工作简报》第三期，第1页，2000年2月13日。

3.428平方公里，要求在五年内形成约12000名在校学生的培养能力，而且学科齐全，因此，必须重新规划校区的建设方案。近期，第三份校区总体规划稿已经完成，正广泛征求各方意见，力求做到能在满足我校办学要求的同时，体现出21世纪现代化一流大学校园的风采。

2月16日 校党委书记李延保、校长黄达人等全体校领导和部分职能部门领导来到珠海校区。校领导向校区工作人员详细了解各方面的工作进展，踏勘校区各建设项目的选址，深入到校区腹地考察，并对校区建设做出指示：为保证校区建设如期举行，总体规划要加紧进行，早日拿出可行方案；对影响较大的项目要全面考虑，要让各方都能通过；对于校区的一些天然美景要加以保留，使校园能保持一个优美的自然环境；要根据实际情况进行校区建设，拿出总体规划方案后分阶段予以实施。①

2月21日 下午，教育部副部长周远清在广东省高等教育厅答朝心副厅长的陪同下来我校考察。对于珠海校区的建设，周远清十分关心，他指出："中山大学珠海校区是我国高等教育面向港澳的一个窗口，办好珠海校区对中国高等教育有着十分重要的意义，教育部对此十分重视，希望中山大学认真办好珠海校区。"②

2月25日 教育部全国高校设置评议委员会委员一行来到珠海校区参观考察。校党委书记李延保到珠海校区接待。李延保与杨晓光副校长向委员们介绍了珠海校区的基本情况、办学规划、建设进展，并陪同委员们参观各建设工地、校区环境。珠海市政府副秘书长、市教委主任吕明智也到校区陪同考察。委员们对珠海校区的建设给予高度评价，并提出一些宝贵意见。③

2月 珠海校区化学实验楼开工建设。项目建筑面积7381平方米，概算投资1328万元。④

2月 珠海市政府根据中山大学珠海校区建立的实际情况，为方便学校师生员工进入珠海校区工作、学习，特通过新的边检管理办法：从本月起，中山大学师生员工凭本人身份证，结合工作证、学生证，即可通过边检进入珠海市。⑤

3月1日 《2000年上半年工作要点》发布。其第3点提出："抓紧新校区建设工作。做好原珠海大学的资产移交工作，5月开始第二期建设和2000年学生入校的准备工作。做好珠海校区教学筹备工作，全校动员，支持新校区的建设并广泛

---

① 中山大学珠海校区筹备办公室：《学校党政领导到校区视察工作》，见《中山大学珠海校区建设工作简报》第四期，第1页，2000年2月20日。
② 中山大学校长办公室：《中山大学年鉴（2000）》，中山大学出版社2001年12月第1版，第446页。
③ 中山大学珠海校区筹备办公室：《全国高校设置评议委员会委员一行到校区参观、考察》，见《中山大学珠海校区建设工作简报》第五期，第1页，2000年2月27日。
④ 中山大学校长办公室：《中山大学年鉴（2001）》，中山大学出版社2002年12月第1版，第239页。
⑤ 中山大学珠海校区筹备办公室：《我校师生员工进入珠海校区有新办法》，见《中山大学珠海校区建设工作简报》第三期，第2～3页，2000年2月13日。

争取社会力量的支持。"①

3月2日 李延保书记在全校中层干部会议上提出建设好珠海校区。② 本学期开学后，保卫处、财务处、人事处、总务处等职能部门贯彻校党委"全校办校区"的工作方针，陆续派出前期工作人员进驻校区，开展工作。学生处、实验室管理处、化工学院、生科院、体育部、图书馆、网络中心等单位已经参与各有关项目的规划、实施。③

3月4日至5日 杨晓光副校长在珠海校区主持召开各筹建部门主任会议，研究校区办公地点设置、分配问题，并研究制定校区各项工作制度和人员工作守则。目的在于加强管理，逐步使校区各项工作规范化，建立优质高效的人员队伍，提高办事效率，强化服务意识，建立良好的工作秩序和树立崭新的精神风貌。④

3月5日 上海交通大学党委副书记陶爱珠一行到珠海校区参观。杨晓光副校长向客人介绍了校区建立背景、规划设想和建设进度，并陪同参观校区。⑤

3月8日 根据学校新起点、新要求、新模式建设中山大学珠海校区的思路，中山大学珠海校区机构设置采取校本部各职能部门延伸的管理模式。学校决定：⑥

一、成立中共中山大学珠海校区委员会。

二、成立中山大学珠海校区管理委员会。

三、中共中山大学珠海校区委员会、中山大学珠海校区管理委员会下辖：党政工作办公室、教务办公室、学生工作办公室、后勤办公室（已成立）、安全保卫与武装办公室、基础教学实验中心、图书分馆。

四、撤销珠海校区筹备办公室。

根据文件精神，珠海校区机构设置采取校本部各职能部门延伸的管理模式。

基础教学实验中心成立后，实行"集中投入，统管共用，资源共享，全面开放"的管理理念，设立地环学科、生命学科、化学学科、物理学科、信息学科、计算机基础教学实验室和语言实验室。⑦

3月9日 下午，珠海市委副书记雷于蓝、副市长余荣霭、市政府副秘书长吕

---

① 《2000年上半年工作要点》，中大党发〔2000〕008号、中大〔2000〕054号文，2000年3月1日。
② 中山大学校长办公室：《中山大学年鉴（2000）》，中山大学出版社2001年12月第1版，第39页。
③ 中山大学珠海校区筹备办公室：《学校各职能部门陆续进入校区开展工作》，见《中山大学珠海校区建设工作简报》第六期，第1页，2000年3月5日。
④ 中山大学珠海校区筹备办公室：《筹建期间校区办公、管理逐步完善》，见《中山大学珠海校区建设工作简报》第六期，第1页，2000年3月5日。
⑤ 中山大学珠海校区筹备办公室：《上海交通大学领导到校区参观、交流》，见《中山大学珠海校区建设工作简报》第六期，第2页，2000年3月5日。
⑥ 《关于中山大学珠海校区机构设置的通知》，见中大党组字〔2000〕007号暨中大〔2000〕062号文，2000年3月8日。
⑦ 中山大学校长办公室：《中山大学年鉴（2000）》，中山大学出版社2001年12月第1版，第371页。

明智一行到珠海校区巡视建设情况。①

3月11日 上午，珠海市第六中学近千名师生到珠海校区参观。②

3月12日 中山大学与珠海市在珠海校区共建"瀚林"。③

校党委书记李延保、校长黄达人、党委副书记苏一凡等党政领导，与珠海市委副书记雷于蓝、副市长余荣霭等五套班子领导及干部群众、驻珠海部队官兵、中山大学师生等300多人一同来到珠海校区参加植树造林活动，共建绿色家园。植树地点位于连接图书馆大楼与教学实验大楼的山岗上，中山大学师生将这片新植的树林取名为"瀚林"。此次植树活动种下了木棉、凤凰木等共3000多株树苗。

3月15日 珠海市组织清理珠海校区内的违章建筑。

珠海市政府发文，要求市城监部门、公安部门联合行动，在3月22日前把中山大学珠海校区范围内乱搭乱建的违章及临时建筑清理完毕。根据市政府的指示，珠海市城监部门、公安部门派出的工作人员于3月17日进入校区开展清理整治工作。④

香洲区政府、唐家镇政府、城监部门、公安部门和珠海校区工作人员于3月20日至21日采取联合行动，对校区内原有的违章建筑、临时种养户居住的过期拆迁房、三无人员乱搭乱建窝棚等，采取大规模的清理整治行动，两天共拆除永久性建筑16处、面积1600平方米，半永久性建筑5处、面积350平方米，临时窝棚35户、面积2200平方米。基本上清除了在校区范围内的乱搭乱建建筑，把一批三无人员清理出校区范围。⑤

香洲区政府、唐家镇政府、城监部门、公安部门和珠海校区工作人员于4月6日至7日再次采取联合行动，在校区范围内继续大规模清理违章建筑物。此次行动主要是巩固上次清理整治成果，并对"回潮"的"三无"人员窝棚进行彻底的清理。经过两天的努力，已经把存留的违章建筑全部拆除、清理完毕。⑥

3月17日 珠海校区办公用房安排意向座谈会召开。会议由杨晓光副校长主持，审计处、教务处、学生处、总务处等单位代表与会。杨晓光副校长强调：校区

---

① 中山大学珠海校区筹备办公室：《简讯》，见《中山大学珠海校区建设工作简报》第七期，第3页，2000年3月12日。

② 中山大学珠海校区筹备办公室：《简讯》，见《中山大学珠海校区建设工作简报》第七期，第3页，2000年3月12日。

③ 中山大学珠海校区筹备办公室：《中山大学与珠海市共建瀚林活动日散记》，见《中山大学珠海校区建设工作简报》第七期，第1~2页，2000年3月12日。

④ 中山大学珠海校区筹备办公室：《校区校园违章建筑、临时建筑清理整治工作开始》，见《中山大学珠海校区建设工作简报》第八期，第2页，2000年3月19日。

⑤ 中山大学珠海校区管理委员会：《珠海市有关方面组织清理校区内存留的违章建筑》，见《中山大学珠海校区建设工作简报》第九期，第1~2页，2000年3月26日。

⑥ 中山大学珠海校区管理委员会：《校区继续清理存留的违章建筑》，见《中山大学珠海校区建设工作简报》第十一期，第1页，2000年4月9日。

办公用房实行统一安排、统一管理，办公、教学、研究、住宿等用房，功能重复的尽可能合并；房间布置、装修要有长远眼光，要合理利用现有场地的分隔等。①

3月18日 中国计量学院刘民德副院长一行到珠海校区参观，交流校区建设工作经验。②

△学校组织各部处的保密工作委员20多人到珠海校区参观。③

3月20日 珠海市市领导、市建委领导来到珠海校区巡视教学实验大楼工地，并召开现场办公会议，协调推进建设工作。④

3月24日 上午，学校召开珠海校区全体工作人员会议。⑤

校党委书记李延保、党委组织部部长戴月出席会议。戴月首先宣读了中山大学党委、中山大学关于校区机构设置的通知，以及关于黄治河任珠海校区党委书记、黄喜任珠海校区党政工作办公室主任的任命通知。接着，李延保书记讲话。他说，建校区和全校办校区的工作已经开展得有声有色，现在设置校区管理机构和管理人员，是要把管校区的工作抓起来，科学、规范管理，全面完善、推进校区的建设工作。学校对校区的管理是采取各职能部门延伸管理的模式。

3月29日 珠海校区召开全体工作人员会议。⑥

杨晓光副校长在会上做了工作总结，认为：1. 校区的硬件建设已经进入正轨，管理机构已成立，工作人员已陆续配备和到位。2. 校区工作人员对下一步要开展的工作、任务逐步明朗化，各项工作在有条不紊地进行。3. 全体工作人员对校区的建设全情投入，形成了一股风气、精神。对于今后的工作，杨晓光进行了布置：1. 明确校区的工作在学校一盘棋工作中的地位和作用，各项工作要考虑学校整体工作，加强与学校本部的联系和互相配合。2. 近期把工作梳理一遍，要把各方面的事情、问题都考虑清楚，尽量把事情办完善。3. 加强组织、指挥、协调能力。4. 提倡创造性、独立自主地工作。5. 落实责任制，每个人都要对工作负责到底。6. 加强时间和效率观念，提高工作效率。7. 开展每周提一个合理化建议活动。

4月4日 珠海市政府在珠海校区主持召开建设项目现场会，市政府办公室督

---

① 中山大学珠海校区筹备办公室：《校区办公用房安排意向座谈会召开》，见《中山大学珠海校区建设工作简报》第八期，第1页，2000年3月19日。

② 中山大学珠海校区筹备办公室：《简讯》，见《中山大学珠海校区建设工作简报》第八期，第2页，2000年3月19日。

③ 中山大学珠海校区筹备办公室：《简讯》，见《中山大学珠海校区建设工作简报》第八期，第2页，2000年3月19日。

④ 中山大学珠海校区管理委员会：《珠海市副市长到校区巡视工程进展》，见《中山大学珠海校区建设工作简报》第九期，第1页，2000年3月26日。

⑤ 中山大学珠海校区管理委员会：《党委书记李延保同志对校区机构设置及人员安排做说明》，见《中山大学珠海校区建设工作简报》第九期，第1页，2000年3月26日。

⑥ 中山大学珠海校区管理委员会：《校区召开全体工作人员会议》，见《中山大学珠海校区建设工作简报》第十期，第1页，2000年4月2日。

办科、市建委、质检站、安检站、造价站领导和建筑设计院、工程建设单位负责人参加。市政府要求，要加快工程进度的综合推进，做好"三水""两电"工作，周围环境设计要优雅，建设一个花园式校区。会议传达了中共珠海市委对工程有关单位的指示，必须保质、按期完成工程。①

△澳大利亚格里菲斯大学副校长 Maxwell C. Standage 一行到珠海校区参观。杨晓光副校长和珠海市政府副秘书长、教委主任吕明智接待了来访客人。②

4月7日 广东省副省长许德立在珠海市副市长余荣霭的陪同下，到珠海校区视察。杨晓光副校长向许德立介绍了校区规划、建设进展以及珠海市各级政府对珠海校区建设的关心和支持。许德立充分肯定了中山大学建设珠海校区的模式，认为这给高等院校低成本扩大办学规模走出了一条新路。③

4月8日 学校外事处组织在中山大学工作的部分外籍教师、专家到珠海校区参观。④

4月10日 黄达人校长在学校"双代会"报告上提出抓紧珠海校区建设。⑤

黄达人在中山大学第五届教职工代表大会暨第十六次工会会员代表大会上做报告，提出抓紧建设珠海校区。报告指出，珠海校区受到教育部的高度重视，是教育部近几年来正式批准立项的唯一的新校区，被认为是高等教育低成本扩张的一个新模式。教育部要求我校在两年的时间内把珠海校区办成全国一流的示范性校区。珠海校区使中山大学的发展获得了新的空间，并将有利于中山大学早日进入国家建设高水平大学的行列。在过去的半年时间里，学校一直把珠海校区的建设视作学校的一件大事，成立了强有力的班子负责这项工作，还聘请了两位前任校领导担任珠海校区建设的顾问。黄达人校长在报告中提出学校对珠海校区建设的部署：

1. 成立了中共中山大学珠海校区委员会和中山大学珠海校区管理委员会，下辖党政工作办公室、教务办公室、学生工作办公室、后勤办公室、安全保卫与武装办公室和基础教学实验中心、图书分馆等机构，进行属地和校本部的延伸管理。

2. 抓紧基本建设工作。抓紧进行校区总体规划，完成教学实验大楼、学生宿舍、饭堂、化学实验楼及危险品仓库、风雨操场、生活服务用房的基本建设与室外工程，完成图书馆改造工程。抓紧建设水网、电网和校园路网，清理校区并勘定校区界桩，进行园林绿化。抓紧进行通信及网络建设，争取在五六月份实现两校区网

---

① 中山大学珠海校区管理委员会：《珠海校区建设项目现场会召开》，见《中山大学珠海校区建设工作简报》第十一期，第2页，2000年4月9日。

② 中山大学珠海校区管理委员会：《澳大利亚格里菲斯大学六人代表团到校区参观》，见《中山大学珠海校区建设工作简报》第十一期，第1页，2000年4月9日。

③ 中山大学珠海校区管理委员会：《广东省副省长许德立同志到校区视察》，见《中山大学珠海校区建设工作简报》第十一期，第1页，2000年4月9日。

④ 中山大学珠海校区管理委员会：《简讯》，见《中山大学珠海校区建设工作简报》第十一期，第2页，2000年4月9日。

⑤ 中山大学校长办公室：《中山大学年鉴（2000）》，中山大学出版社2001年12月第1版，第63~65页。

络互通。

3. 做好校区后勤保障工作。按照所有权与经营权分离、利用社会力量办后勤、建立竞争监督机制的思路，建立招标中心，进行饭堂、修缮、水电、交通、宿舍管理、园林绿化、保安等项目建设，鼓励校内后勤服务企业参与竞争。

4. 做好与校内各部门的协调工作，建立完善校区各种规章制度。

5. 做好原珠海大学的资产接收工作。

6. 2000 年 5 月开始第二期建设和做好 2000 级学生入校的准备工作。

4 月 12 日　下午，珠海市委副书记、政法委书记关玉嘉率市公安局、香洲区公安局、唐家镇派出所负责人到珠海校区召开安全保卫工作协调会。杨晓光副校长介绍了校区的建设和安全保卫工作的基本情况。会上，就校区清理外来人员、清拆乱搭乱建违章建筑，学生户籍管理、边防管理、军训，校园安全保卫，校园与周边关系，商业网点控制，预防山火等工作问题，广泛交换了意见。①

△胡玉佳任珠海校区管委会主任。

珠海校区于 4 月 20 日召开全体工作人员会议，宣布校党委关于任命胡玉佳为珠海校区管委会主任等决定。李延保书记送胡玉佳同志上岗，并对珠海校区管委会的职能、要求做了指示。

4 月 14 日　下午，为尽快做好中山大学珠海校区化学实验大楼、风雨操场、学生生活服务中心三项工程的前期准备工作，珠海市有关领导在市政府会议室主持召开建设方案评审会议，研究部署三项建设有关问题。杨晓光副校长和珠海校区基建工作负责人、珠海市政府吕明智副秘书长，以及珠海市人民政府办公室、市计划委员会、市建设委员会、市规划国土局、市环境保护局、市公安消防局、市供水总公司、珠海电力工业局等有关单位负责人参加了会议。②

4 月 17 日　校工会在怀士堂举行"信息交流与问题探讨"讲座，学校领导向"双代会"代表通报珠海校区建设情况。③

4 月 20 日　珠海校区教学实验大楼封顶。④

校党委书记李延保、校长黄达人、副校长杨晓光与珠海市委书记、市长黄龙云，市委副书记关玉嘉，市人大常委会主任李南华，副主任方炎光，市政协副主席黎棉等五套班子领导参加封顶仪式。杨晓光副校长主持仪式。

黄达人、珠海市政府代表以及建设单位负责人分别在会上致辞。黄达人在致辞

---

① 中山大学珠海校区管理委员会：《校区召开安全保卫工作协调会议》，见《中山大学珠海校区建设工作简报》第十二期，第 1～2 页，2000 年 4 月 16 日。
② 中山大学珠海校区管理委员会：《珠海校区建设项目评审会议召开》，见《中山大学珠海校区建设工作简报》第十二期，第 1 页，2000 年 4 月 16 日。
③ 中山大学工会：《中山大学工会志》"大事记部分"，自印，2008 年 5 月，第 115 页。
④ 中山大学珠海校区管理委员会：《校区教学实验大楼顺利封顶》，见《中山大学珠海校区建设工作简报》第十三期，第 1～2 页，2000 年 4 月 23 日。

中指出：珠海校区教学实验大楼的建设备受社会各界瞩目，这不仅是因为它拥有570多米长、37米宽的庞大体量，更重要的是它能否如期、优质建成并投入使用，关系重大。因此，我们把它定位在珠海市2000年头号重点建设项目、珠海市标志性建筑的地位上，用优质样板工程的标准来规划和建设。在时间紧、任务重、要求高的情况下，珠海市政府、市有关部门和中山大学一道，共同承担起建设的重任。从现在起，大楼的建设转入一个新的阶段，主要工作在于内部装修和配套设施的建设。这是精雕细琢的工作，更要求我们要精心选材、精心施工，狠抓工程进度。希望能通过我们的努力，向珠海市人民、中山大学师生和全国关心、支持珠海校区建设的领导、朋友们交上一份满意的答卷。

借珠海校区教学实验大楼封顶之际，华南理工大学出版社、暨南大学出版社、中山大学出版社、中山大学西区招待所等单位分别向珠海校区捐赠了一批图书、设备，支持珠海校区的建设。

4月 从本月起，珠海市唐家镇镇委、镇政府组织开展"迎中大、爱中大、我为中大做贡献"系列活动。活动内容包括在镇机关大楼和主要交通路口竖立中山大学珠海校区建设倒计时牌，向镇居民印发宣传中山大学的小册子等。①

5月2日 黄达人校长到珠海校区，在杨晓光副校长的陪同下，巡视校区建设工作，慰问节假日坚守工作一线的校区工作人员，并召集校区各办公室副主任开会审议校区建设工作。②

5月10日 上午，珠海市副市长余荣霭在市规划国土局、香洲区政府、唐家镇有关领导陪同下，到珠海校区巡视工作。余荣霭副市长与杨晓光副校长、校区有关部门领导一起召开现场办公会议。会议讨论了校区建设近期需要解决的问题，并在校区的总体规划建设的许多方面取得一致意见。会上，学校提出将港湾大道珠海校区路段无条件划归中山大学长期使用的意见，余荣霭表示，将组织有关部门进行可行性研究，并尽快给予回复。③

△晚，杨晓光副校长在珠海校区召集各办公室的领导干部，召开落实工作责任制会议。杨晓光指出，现在距9月1日开学还剩114天，各项工作都已全面铺开，当务之急是要把所有的工作梳理一遍，不能遗漏，并将所有的工作任务目标分解下去，把每项工作任务落实负责的部门和责任人，列出详尽的时间表，以便全方位监

---

① 中山大学珠海校区管理委员会：《唐家镇开展"迎中大、爱中大、我为中大做贡献"系列活动》，见《中山大学珠海校区建设工作简报》第十五期，第1~2页，2000年5月7日。
② 中山大学珠海校区管理委员会：《黄达人校长在校区指导建设工作》，见《中山大学珠海校区建设工作简报》第十五期，第1页，2000年5月7日。
③ 中山大学珠海校区管理委员会：《珠海市副市长余荣霭同志到校区巡视工作》，见《中山大学珠海校区建设工作简报》第十六期，第2页，2000年5月14日。

督各项工作的进展,强化工作人员的责任意识。①

5月11日 李延保书记出席珠海校区全体干部会议并讲话。②

上午,校党委书记李延保在纪委书记陈腾华、组织部部长戴月、党办副主任谢曼华等同志的陪同下,出席珠海校区全体干部会议并讲话。戴月首先宣读学校关于任命邹平为珠海校区教务办公室主任、吴劲嫦为珠海校区后勤办公室副主任、陈步云为珠海校区基础教学实验中心主任的决定。

李延保在讲话中对全体干部提出三点要求:一是新上岗的同志尽快到位,进入角色,保证9月1日能如期顺利开学。二是对历史负责,办教育是百年大计,不是短期行为,要考虑是否符合客观规律,是否集思广益,要经得起历史的检验。希望珠海校区的每一项建设工程不要成为遗憾工程,而要成为全校引以为豪、奠定21世纪办学基础的工程。三是不要留下尾巴,做事要做得清清楚楚、明明白白。在人员到位后,要考虑三个问题:一是建校区,这是一项专业性很强的工作,希望后勤办公室继续在黄达人校长、杨晓光副校长的直接领导下按科学程序推动建设,注意吸收专家进行科学论证。二是办校区,全校办校区已经进入实质性运作阶段,希望管委会发挥统筹、协调、监督功能,将所有的工作任务目标分解下去,明确负责的部门和责任人,列出完成的时间表,并在《工作简报》上公布,以便监督各项工作的进展情况,调动大家的积极性,强化工作人员的责任意识。三是管校区,从现在起就要进入模拟状态。新校区的管理运行,应有一批人进行深入的思考,对9月1日以后到珠海校区工作的全体人员将陆续进行培训集训,让大家参与到新校区运作的讨论当中,对学生管理、教务管理、后勤管理提出意见和建议,从中提炼出一套新的管理模式,同时使他们尽快进入工作状态。

陈腾华从廉政的角度对珠海校区全体干部提出了希望。杨晓光副校长强调指出,珠海校区从现在起实行半军事化管理,以确保9月1日如期开学。珠海校区管理委员会主任胡玉佳、校区党委书记黄治河参加了会议。

△中山大学的省、市级人大、政协代表一行20多人来到建设中的珠海校区视察。③

5月12日 下午,为配合珠海校区建设,珠海市政府在珠海校区召开基础设施建设协调会。杨晓光副校长和校区有关部门领导,珠海市建委、市规划国土局、市电力局、市环保局等有关部门领导参加会议。会议在珠海校区供水、供电、后勤服务等方面取得一致意见,并确定在珠海校区北边与唐家镇交界处加建一条市政道

---

① 中山大学珠海校区管理委员会:《校区落实工作责任制》,见《中山大学珠海校区建设工作简报》第十六期,第2页,2000年5月14日。

② 中山大学珠海校区管理委员会:《李延保书记出席珠海校区全体干部会议并做重要讲话》,见《中山大学珠海校区建设工作简报》第十六期,第1~2页,2000年5月14日。

③ 中山大学珠海校区管理委员会:《我校省、市级人大、政协代表到校区视察》,见《中山大学珠海校区建设工作简报》第十六期,第3页,2000年5月14日。

路。杨晓光表示，与市政道路衔接的校内主干道路建设也将与市政建设道路同步完成。①

5月24日 校党委书记李延保对实验室管理处负责人提出计划建设珠海校区实验中心的三条基础标准：1. 达到国内综合性重点大学先进水平。2. 达到本科教学评估A级的基本要求。3. 为理科人才培养基地优秀学生提供更多选择的空间和机会，同时满足全校性的要求。②

5月24日至26日 黄达人校长在珠海校区办公。24日下午，黄校长听取了杨晓光副校长和黄治河、胡玉佳等校区领导的工作汇报。晚上，他连夜开会，珠海校区管委会党政工作办公室、后勤办公室、安全保卫与武装办公室等部门的负责人就有关问题做了汇报。会议开到深夜12点半才结束。25日上午，在杨晓光的陪同下，黄校长视察了教学实验大楼工地，一再叮嘱要保证工期，确保质量。③

5月25日 杨晓光副校长前往唐家镇，与镇领导达成初步协议：镇政府将在近期内加大投入，改造唐家镇医院的医疗条件，由该医院承担珠海校区学生的医疗任务，并在校区设立门诊部。选定唐家镇医院作为珠海校区学生医疗建设的合作对象，是珠海校区后勤办及校医院对珠海市人民医院、珠海市医疗中心等多家医疗机构进行调查和对比后提出的方案。④

5月26日 云南玉溪市党政代表团和云南大学党委书记高发元率领的考察团到中山大学珠海校区考察。黄达人校长、杨晓光副校长、珠海市副市长余荣霭与考察团进行了座谈。⑤

5月29日 珠海校区召开全体工作人员动员大会。大会的主要目的在于明确珠海校区建设任务，落实到人，鼓足干劲，提高效率。杨晓光副校长做了动员讲话，提出"人可以等事，事不能等人"的效率原则。他严肃指出，保证9月份开学的任务落实到每个人身上，我们必须打起十二分精神，把工作做好。⑥

5月31日 五邑大学副校长谌安玮一行到珠海校区考察。⑦

---

① 中山大学珠海校区管理委员会：《珠海市政府在校区召开基础设施建设协调会》，见《中山大学珠海校区建设工作简报》第十六期，第3页，2000年5月14日。

② 中山大学珠海校区管理委员会：《中大将投亿元建设珠海校区实验中心》，见《中山大学珠海校区建设工作简报》第十八期，第2页，2000年5月28日。

③ 中山大学珠海校区管理委员会：《黄达人校长到珠海校区现场办公》，见《中山大学珠海校区建设工作简报》第十八期，第1页，2000年5月28日。

④ 中山大学珠海校区管理委员会：《珠海校区学生医疗方案即将落实》，见《中山大学珠海校区建设工作简报》第十八期，第1～2页，2000年5月28日。

⑤ 中山大学珠海校区管理委员会：《云南玉溪市党政代表团和云南大学考察团抵校区考察》，见《中山大学珠海校区建设工作简报》第十八期，第2页，2000年5月28日。

⑥ 中山大学珠海校区管理委员会：《校区总动员：人可以等事，事不能等人》，见《中山大学珠海校区建设工作简报》第十九期，第1页，2000年6月4日。

⑦ 中山大学珠海校区管理委员会：《简讯》，见《中山大学珠海校区建设工作简报》第十九期，第3页，2000年6月4日。

6月1日 珠海校区召开综合网络建设协调会。网络与教育技术中心、实验中心、图书馆、公共英语教学部、党政工作办公室、后勤办公室、珠海市电信局等单位有关负责同志参加会议。①

6月2日 学校教职工代表大会代表团团长会议召开。校党委书记李延保在会议上通报学校珠海校区建设、在岗职工业绩考核等方面的情况，广泛征求团长们的意见。②

6月3日 焦作工学院党委副书记苗建勃、纪委书记汤永生一行到珠海校区考察。③

6月5日 广东省边防局、珠海市边防分局有关领导到珠海校区商谈有关中山大学师生出入珠海特区检查站享受珠海市民同等对待的具体事宜，这一优惠政策为后来珠海特区全面开放提供了先例。

6月8日 李长春同志到珠海校区视察。④

下午，中共中央政治局委员、广东省委书记李长春同志到珠海校区视察。珠海市委书记、市长黄龙云，中山大学校长黄达人、副校长杨晓光向李长春汇报目前建设情况。李长春兴致勃勃地参观了建设工地，仔细听取了校区规划介绍。他指出，中山大学与珠海精诚合作，在珠海兴建中山大学校区，是一项具有远见的正确决策，发挥了名牌大学和经济特区两个品牌效应，为我省高等教育的发展办了一件大好事。他鼓励中山大学在珠海校区建设几个一流的实验室，吸引国内外的知名学者来这里做实验，开展学术交流，提高国内外知名度；要在珠海校区兴办高新技术产学研基地，不断推出高水平的科研成果，带动珠海高新技术产业的发展。他还提出："中大的发展处在'天时、地利、人和'的好时期，一定要把中大发展上去。"⑤

6月11日 中国人民大学党委书记马绍孟教授到珠海校区参观。⑥

6月13日 珠海市副市长余荣霭在珠海校区主持召开会议，讨论决定调整港湾大道走向，将校区南面金塘路一段市政用地划入珠海校区红线图。杨晓光副校长、珠海校区党政领导以及珠海市政府办公室、市规划国土局、市建委、市电力工业局、市供水工程公司、香洲区、唐家镇等部门负责人参加会议。会议还解决了校

---

① 中山大学珠海校区管理委员会：《校区召开综合网络建设协调会》，见《中山大学珠海校区建设工作简报》第十九期，第2页，2000年6月4日。
② 中国教育工会中山大学委员会：《中大教工》，2000年第3期，第8页。
③ 中山大学珠海校区管理委员会：《简讯》，见《中山大学珠海校区建设工作简报》第十九期，第3页，2000年6月4日。
④ 中山大学珠海校区管理委员会：《李长春到珠海校区考察》，见《中山大学珠海校区建设工作简报》第二十期，第1页，2000年6月11日。
⑤ 中山大学校长办公室：《中山大学年鉴（2000）》，中山大学出版社2001年12月第1版，第74页。
⑥ 中山大学珠海校区管理委员会：《简讯》，见《中山大学珠海校区建设工作简报》第二十期，第3页，2000年6月11日。

区的供水、供电、周围环境等有关校区基础设施建设的问题。①

△广东省公安厅边防局副参谋长周国庆、珠海武警指挥部指挥长郑国礼、珠海市边防分局局长伍竞超、边防分局司令部参谋长刘剑明等前来珠海校区,与杨晓光副校长举行友好会谈,重新明确中山大学师生出入珠海特区检查站的管理办法。会谈明确:第一,珠海校区的师生视同珠海市民,凭工作证、学生证出入珠海特区。第二,新生报到凭录取通知书进入珠海特区检查站,必要时将为新生报到开放专用通道,检查站快速为陪同亲属补办边防证。第三,省边防局授权中山大学保卫处签发边防证,并根据需要增加证件配给,珠海校区部分师生亲友可到中山大学保卫处办证,保卫处要加强管理;珠海校区师生的亲友也可以直接到检查站临时办证点办理,检查站给予优先。第四,中山大学在珠海举办会议或其他活动,可将花名册报给边防分局办理临时边防通行证。②

6月16日 中山医科大学党委常委杨德华,广东商学院、广州中医药大学、广东省广播电视大学党办主任一行,在中山大学党办主任李尚德的陪同下,到珠海校区参观考察。③

△珠海校区化学实验楼建设工程在珠海市建设工程商用土地交易中心开标。④

6月18日 珠海校区学生工作办公室主任李思到任。校党委书记李延保、副校长杨晓光、党委组织部部长戴月送上岗。⑤

6月20日 黄达人校长以及刘美南、许家瑞、李萍、杨晓光等副校长在珠海校区召开现场办公会议,讨论了图书馆改造及基础教学实验中心建设等问题。⑥

6月23日 珠海校区风雨操场建设工程在珠海市建设工程商用土地交易中心开标。⑦

6月28日 马万祺率澳门代表团考察珠海校区。⑧

全国政协副主席马万祺率领澳门特别行政区全国人大代表、全国政协委员等知

---

① 中山大学珠海校区管理委员会:《珠海校区红线图重新调整》,见《中山大学珠海校区建设工作简报》第二十一期,第1页,2000年6月18日。
② 中山大学珠海校区管理委员会:《中大师生出入珠海检查站有明确办法》,见《中山大学珠海校区建设工作简报》第二十一期,第1~2页,2000年6月18日。
③ 中山大学珠海校区管理委员会:《简讯》,见《中山大学珠海校区建设工作简报》第二十一期,第3页,2000年6月18日。
④ 中山大学珠海校区管理委员会:《化学实验楼工程日前开标12月建成》,见《中山大学珠海校区建设工作简报》第二十一期,第2页,2000年6月18日。
⑤ 中山大学珠海校区管理委员会:《校区学生办主任到任》,见《中山大学珠海校区建设工作简报》第二十一期,第2页,2000年6月18日。
⑥ 中山大学珠海校区管理委员会:《校领导在校区召开现场办公会》,见《中山大学珠海校区建设工作简报》第二十二期,第1页,2000年6月25日。
⑦ 中山大学珠海校区管理委员会:《风雨操场将于九月前竣工》,见《中山大学珠海校区建设工作简报》第二十二期,第2页,2000年6月25日。
⑧ 陈汝筑、易汉文:《中山大学校史图集》,中山大学出版社2004年9月第1版,第129页。

名人士一行80多人到珠海校区参观考察，中央人民政府驻澳门特别行政区联络办公室主任王启人，珠海市委书记、市长黄龙云等陪同前来，杨晓光副校长等陪同视察，并介绍了珠海校区建设情况。

黄龙云向马万祺一行介绍了珠海市与中山大学共建珠海校区的起因和经过，并表示，中山大学扬名校之所长、教育资源雄厚之所长，珠海则有土地广阔、环境优良之优势，这是优势互补、双赢的合作。

△岭南基金董事会主席司徒珍女士、董事会会长牟锐先生、董事陆康乐先生在校长助理卢长玲的陪同下，来访珠海校区。珠海校区党委书记黄治河向客人介绍了有关情况。①

6月30日　校办主任张文彪、副主任陈望南等到珠海校区，与校区有关负责同志一起讨论校区道路命名、开学典礼、召开家长会议等事宜。②

7月1日　李延保书记在中山大学"七一"大会上的讲话中对珠海校区的建设寄予厚望。③

李延保提到，珠海校区的建成将使中山大学拥有国内高校中除去少数农林院校外最大的也是最漂亮的校园。整个校园依山、傍海、绿草、树丛，如诗如画，为本科教育、研究生教育提供了极好的发展空间，为把中山大学建设成为我国高水平人才培养基地奠定了长远的基础。

7月2日　珠海校区风雨操场开工建设。项目建筑面积7800平方米，概算投资1500万元。④

7月4日　中国科学院院士蒲富恪一行在中山大学物理科学与工程技术学院院长许宁生教授的陪同下到珠海校区访问。⑤

△东南大学党委副书记杨树林一行40人到珠海校区考察。杨晓光副校长、校区党政办主任黄喜接待了考察团。⑥

7月7日　刘美南副校长、徐远通副校长到珠海校区检查工作。⑦

刘美南与学校后勤部门负责人在校区听取了有关供水、供电、绿化、交通、环

---

①　中山大学珠海校区管理委员会：《简讯》，见《中山大学珠海校区建设工作简报》第二十三期，第2页，2000年7月2日。
②　中山大学珠海校区管理委员会：《简讯》，见《中山大学珠海校区建设工作简报》第二十三期，第2页，2000年7月2日。
③　中山大学校长办公室：《中山大学年鉴（2000）》，中山大学出版社2001年12月第1版，第72～73页。
④　中山大学校长办公室：《中山大学年鉴（2001）》，中山大学出版社2002年12月第1版，第239页。
⑤　中山大学珠海校区管理委员会：《蒲富恪院士访问校区》，见《中山大学珠海校区建设工作简报》第二十四期，第2页，2000年7月9日。
⑥　中山大学珠海校区管理委员会：《东南大学考察团到校区考察》，见《中山大学珠海校区建设工作简报》第二十四期，第2页，2000年7月9日。
⑦　中山大学珠海校区管理委员会：《刘美南、徐远通副校长到校区检查工作》，见《中山大学珠海校区建设工作简报》第二十四期，第2页，2000年7月9日。

卫、物业管理及各基建项目的工作汇报，对各项工作逐一提出了具体要求。徐远通和杨晓光副校长及校区领导、高等继续教育学院领导等召开会议，讨论了高等继续教育学生在校区上课等事宜。高等继续教育成人脱产班大约600人将于9月份在校区正常上课，会议要求校区各办做好准备工作。

7月11日 珠海校区召开新生入学会议，杨晓光副校长和学生处、校区各办负责人参加会议。①

7月15日 珠海校区教学实验大楼竣工。②

大楼全长571.2米，宽37.2米，为当时亚洲单体最长的教学实验大楼。大楼总建筑面积76874平方米，建设资金逾1亿元，共有大小课室179间，可以同时容纳2万名学生上课。大楼首层为架空层，高达6米。天井阳光浇灌而下，采光性能良好。正面点缀5个大型彩色椭圆形装饰，前面辅以大型绿化广场。③ 大楼原为法国设计师莫尼先生为珠海大学设计，衔接两山，面朝大海，犹如长龙卧伏。④ 大楼建设过程中，珠海市委、市政府及中山大学主要领导多次到施工现场检查、监督，指示在保证建设工期的同时，更要确保建筑质量。

7月16日 杨晓光副校长在珠海校区主持召开图书馆改造工程会议。⑤

7月17日 杨晓光副校长、珠海市余荣霭副市长召集珠海市有关部门举行协调会，就如何确保中山大学珠海校区9月份正式开学所需的各项配套工作逐项进行落实。主要工作有：中山大学珠海校区东北门白埔路的铺设，校区内生活供水、供电、邮政、电信等基础设施建设，以及校区附近道路的绿化装饰和校园内外的社会治安环境整理、文化教育卫生、旅游景点建设、宣传气氛营造等。⑥

7月19日 珠海校区教学实验大楼通过验收，交付使用。黄达人校长、杨晓光副校长及珠海市政府代表等参加了验收会。珠海市建委、市规划国土局等十几个有关部门对土建、供水、供电、消防、防雷等方面进行了总体综合验收。⑦

△为增进校地友谊，珠海校区与唐家镇、海珠区教育基地举行联欢，校长黄达

---

① 中山大学珠海校区管理委员会：《校区召开新生入学工作会议》，见《中山大学珠海校区建设工作简报》第二十五期，第2页，2000年7月16日。
② 李思泽：《珠海校区教学楼工程荣获中国建筑工程鲁班奖》，见《中山大学（校报）》（新）第7期，2002年2月28日。
③ 吴定宇：《中山大学校史（1924—2004）》，中山大学出版社2006年5月第1版，第350页。
④ 《校区建设史》，见《中山大学报》（新）第321期，2014年10月27日。
⑤ 中山大学珠海校区管理委员会：《校区重点研究图书馆安全使用问题》，见《中山大学珠海校区建设工作简报》第二十五期，第2页，2000年7月16日。
⑥ 中山大学珠海校区管理委员会：《校区各项配套工作抓紧落实》，见《中山大学珠海校区建设工作简报》第二十六期，第2页，2000年7月23日。
⑦ 中山大学珠海校区管理委员会：《教学实验大楼通过验收》，见《中山大学珠海校区建设工作简报》第二十六期，第2页，2000年7月23日。

人、副校长杨晓光等参加了活动。①

7月20日 珠海校区与太平洋保险公司签订《中山大学珠海校区学生团体人身保险协议书》，中山大学为珠海校区新生投保团体人身险，保险公司承担了校区学生因意外伤害而致身故或残疾、因疾病或意外伤害的医疗支出的保险责任。改变了学生依靠国家有限的医疗费的旧体制，"这一模式开创了广东乃至全国高校的先河"②。

△杨晓光副校长在珠海校区主持召开图书馆改造工程会议。会议明确，图书馆改造必须符合国家有关消防、安全规定。③

7月中旬 珠海校区内道路、区域命名确定。④

经过专家考察研究，并征求多方意见，珠海校区内的道路、区域命名确定。学生宿舍一区定名为"荔园"，学生宿舍二区定名为"榕园"；校区东部大湖定名"若海"，其名取自"三千弱水，一瓢自适，苍茫若海，一粟何惭"，⑤图书馆南侧小湖定名"慧池"，教学实验大楼西侧大湖命名"隐湖"，校区西部腹地大湖则叫"汋湖"，"汋"，潜藏意，典出《史记》；教工饭堂边的大湖定名为"月湖"，饭堂就叫"月湖餐厅"；西区西南山谷北侧之山顺应俗名，定名为"龙牙山"，龙牙山上第一级水库叫"小龙潭"，第二级水库叫"大龙潭"，龙牙山山间溪流定名为"蛰溪"，龙牙山谷则为"龙潭坳"；榕园所处的山谷叫"榕荫谷"，榕园中的溪流定名"榕溪"；贯穿校园东西的主干道命名为"逸仙大道"，若海边的南北向路定为"若海路"，校区南面大道定名"瀚林路"，隐湖边的路为"隐湖路"。此外，荔园中的小路留待学生来命名。

7月21日 《人民日报》副总编辑、人民日报社华南分社社长李仁臣到珠海校区参观。杨晓光副校长会见了李仁臣一行。⑥

7月25日 中山大学与珠海市唐家镇医院签署医疗协议，唐家镇医院承担中山大学珠海校区师生的医疗任务，在校区内设立"唐家镇医院中大门诊部"。学生的医疗费用将由唐家镇医院通过学校向保险公司申请赔付。⑦

---

① 中山大学珠海校区管理委员会：《简讯》，见《中山大学珠海校区建设工作简报》第二十六期，第4页，2000年7月23日。

② 中山大学珠海校区管理委员会：《珠海校区学生团体人身险创高校先例》，见《中山大学珠海校区建设工作简报》第二十六期，第2页，2000年7月23日。

③ 中山大学珠海校区管理委员会：《图书馆改造落实安全使用方案》，见《中山大学珠海校区建设工作简报》第二十六期，第1页，2000年7月23日。

④ 中山大学珠海校区管理委员会：《校区内道路、区域命名已有明确意见》，见《中山大学珠海校区建设工作简报》第二十六期，第3页，2000年7月23日。

⑤ 《校区建设史》，见《中山大学报》（新）第321期，2014年10月27日。

⑥ 中山大学珠海校区管理委员会：《简讯》，见《中山大学珠海校区建设工作简报》第二十六期，第3页，2000年7月23日。

⑦ 中山大学珠海校区管理委员会：《唐家湾医院将承担校区医疗任务》，见《中山大学珠海校区建设工作简报》第二十七期，第1页，2000年7月30日。

中山大学珠海校区编年史（1999—2018）

7月29日 教育部人事司副司长李志军一行到珠海校区参观。李延保书记、黄达人校长、杨晓光副校长等校领导介绍了珠海校区的建设情况。①

△教育部直属高校财务处长会议代表一行60多人到珠海校区参观。②

8月1日 全国人大常委、广州军区原司令员李希林到珠海校区参观。③

8月4日 杨晓光副校长及珠海市政府有关负责人在珠海校区召开各施工单位协调会，推进各项目建设。④

8月5日 珠海校区榕园学生生活区落成典礼举行。⑤

珠海市今年四大重点建设工程之一——珠海校区学生生活区于8月3日竣工。黄达人校长、珠海市副市长余荣霭及许家瑞、李萍、杨晓光副校长等人出席了8月5日举行的落成仪式。黄达人还接受了媒体采访。⑥榕园学生生活区新建六栋学生宿舍楼和一座食堂，总建筑面积41000平方米，总投资近6000万元。学生生活区的建成，为珠海校区学生提供了全国一流的生活环境。每间学生宿舍38平方米，4个人住宿，有单独的卫生间、阳台，宽敞明亮、设施齐全。每位学生拥有一个互联网接口，配有电话机、饮水机、太阳能热水器和存物柜。

榕园学生生活区原址是一片榕树林，"榕园"由此而得名。⑦

△"海峡两岸青年学生追寻中山先生足迹之旅"夏令营一行50多人到珠海校区参观。⑧

8月7日 珠海市副市长余荣霭、杨晓光副校长在珠海校区主持召开配套工作协调会。珠海市委办公室、珠海市人民政府办公室、香洲区、唐家镇政府及建设、规划、国土等有关部门负责人参加会议。会议对7月17日协调会布置的46项工作的落实情况进行逐项大清点，对尚未完成的任务予以督办。

△晚，珠海校区施工单位督促会召开。杨晓光副校长、珠海市政府有关负责人、珠海校区党委书记黄治河、市建委副主任许秋萍、市质检站站长江复及校区后勤办公室全体人员、21家施工单位负责人出席会议。会议要求各施工单位加强协

---

① 中山大学珠海校区管理委员会：《简讯》，见《中山大学珠海校区建设工作简报》第二十七期，第2页，2000年7月30日。
② 中山大学珠海校区管理委员会：《简讯》，见《中山大学珠海校区建设工作简报》第二十七期，第2页，2000年7月30日。
③ 中山大学珠海校区管理委员会：《简讯》，见《中山大学珠海校区建设工作简报》第二十八期，第3页，2000年8月6日。
④ 中山大学珠海校区管理委员会：《二十施工单位校区大会战》，见《中山大学珠海校区建设工作简报》第二十八期，第1页，2000年8月6日。
⑤ 中山大学珠海校区管理委员会：《珠海校区学生生活区提前竣工》，见《中山大学珠海校区建设工作简报》第二十八期，第1页，2000年8月6日。
⑥ 《黄达人校长和珠海校区》，自印，第6页。
⑦ 《校区建设史》，见《中山大学报》（新）第321期，2014年10月27日。
⑧ 中山大学珠海校区管理委员会：《校区配套工作台账大清点》，见《中山大学珠海校区建设工作简报》第二十九期，第4页，2000年8月13日。

调,艰苦拼搏,确保按时保质保量完成珠海校区的各项工程。①

杨晓光及珠海校区党委书记黄治河、管委会主任胡玉佳、校区各办负责人于8月10日组成检查组,巡视了校区各项工程建设工地,检查施工单位能否执行8月7日晚上会议的精神。检查组在巡查过程中,发现问题立即解决,严厉督促施工单位加强管理,抓紧进度。②

8月11日 杨晓光再次牵头召开各施工单位协调会,校区管委会主任胡玉佳、珠海市建委副主任许秋萍及市质检站、校区后勤办公室负责人、各施工单位负责人参加会议。会议提出施工协调会要每天召开一次,校区工作会要两天召开一次,严抓工程质量和进度。③

△ 广东省委常委、副省长卢钟鹤到珠海校区考察。④

卢钟鹤充分肯定了珠海校区的建设成就。杨晓光副校长向卢钟鹤汇报了校区的建设规划及建设进展,表示在最后冲刺阶段大家正加紧工作,珠海校区能如期开学。卢钟鹤巡视了校区,对正在热火朝天紧张工作的校区建设者表示亲切慰问,对珠海校区在短时间内能建成目前规模的建设成就给予了充分肯定。珠海市委书记、市长黄龙云,省教育厅有关领导陪同考察。

8月12日 在珠海校区建设进入关键阶段的时候,李延保书记住进珠海校区,开始在珠海、广州两个校区间轮流办公。晚上,他召开会议听取有关党政建设、基础设施建设、实验室建设等方面的汇报,指出在最后冲刺阶段更要做好协调工作,既要分工负责,又要高度集中,杨晓光副校长是校区工作的总负责人,各办首先要向他负责。⑤

8月15日 珠海校区正式通电、通水,刘美南副校长出席通电仪式。⑥⑦

8月20日 珠海校区生活服务中心落成。中心总建筑面积4100平方米,楼高三层,首层为综合超市、银行和邮局,二、三楼汇集了种类齐全的生活服务专门店。中心呈扇形,外形美观,位于学生公寓、教师公寓和教工食堂之间,将为师生

---

① 中山大学珠海校区管理委员会:《施工单位须立军令状》,见《中山大学珠海校区建设工作简报》第二十九期,第2页,2000年8月13日。

② 中山大学珠海校区管理委员会:《校区领导工地现场督办》,见《中山大学珠海校区建设工作简报》第二十九期,第2~3页,2000年8月13日。

③ 中山大学珠海校区管理委员会:《施工协调会一天一次,校区工作会两天一次》,见《中山大学珠海校区建设工作简报》第二十九期,第3页,2000年8月13日。

④ 中山大学珠海校区管理委员会:《卢钟鹤副省长考察珠海校区》,见《中山大学珠海校区建设工作简报》第二十九期,第1页,2000年8月13日。

⑤ 中山大学珠海校区管理委员会:《李延保书记进驻校区办公》,见《中山大学珠海校区建设工作简报》第二十九期,第1页,2000年8月13日。

⑥ 中山大学珠海校区管理委员会:《校区全面正式通电》,见《中山大学珠海校区建设工作简报》第三十期,第1页,2000年8月20日。

⑦ 中山大学珠海校区管理委员会:《校区实现正式供水》,见《中山大学珠海校区建设工作简报》第三十期,第2页,2000年8月20日。

提供便利的生活服务。①

8月21日 上午，珠海校区管委会主任胡玉佳及后勤办、教务办、实验中心负责人组成接收小组，正式接收教学实验大楼。杨晓光副校长出席了接收大楼汇报会。大楼已申报评审国家建筑最高奖——"鲁班奖"。②

8月24日 中山大学与珠海市邮政局签订邮政业务协议，珠海市邮政局在珠海校区生活服务中心开设邮政业务营业所。③

8月25日 许家瑞、李萍副校长到珠海校区检查、指导校区图书分馆的建设工作。学校图书馆已为珠海校区图书分馆采购了新书5万册，调拨旧书5万册。电子出版物也在组织、编目。④

8月26日 珠海校区有线电视光纤网络开通。⑤

8月28日 珠海市委常委、宣传部部长杨水生率领珠海市"两台""两报"以及新闻出版局领导来到珠海校区，与校领导和校区领导商讨开学宣传事宜。⑥

△珠海市香洲区五套班子领导来到珠海校区拜访校领导和校区领导，主动要求协助做好迎新工作。⑦

△中山大学广州校区和珠海校区之间的交通车正式开通。每天有13班车次对开。⑧ 7月，学校与珠海岐关车路有限公司达成合作意向，为了方便师生，开设珠海校区至广州校区定期班车，岐关公司在票价上给予中大师生一定的优惠。⑨

8月29日 杨晓光副校长及珠海校区领导黄治河、胡玉佳等拜访了广东省边防局珠海分局领导，对该局给予中山大学的支持表示感谢。随后，杨晓光一行来到上冲检查站和下栅检查站，慰问检查站的公安战士。两个检查站已经开通中山大学

---

① 中山大学珠海校区管理委员会：《生活服务中心顺利落成》，见《中山大学珠海校区建设工作简报》第三十一期，第2页，2000年8月27日。

② 中山大学珠海校区管理委员会：《教学实验大楼正式移交》，见《中山大学珠海校区建设工作简报》第三十一期，第1页，2000年8月27日。

③ 中山大学珠海校区管理委员会：《校区邮政协议签订》，见《中山大学珠海校区建设工作简报》第三十一期，第2页，2000年8月27日。

④ 中山大学珠海校区管理委员会：《校区图书分馆建设情况》，见《中山大学珠海校区建设工作简报》第三十一期，第2页，2000年8月27日。

⑤ 中山大学珠海校区管理委员会：《校区看上有线电视节目》，见《中山大学珠海校区建设工作简报》第三十一期，第3页，2000年8月27日。

⑥ 中山大学珠海校区管理委员会：《简讯》，见《中山大学珠海校区建设工作简报》第三十二期，第3页，2000年9月3日。"两台"指珠海电视台和珠海人民广播电台；"两报"指《珠海特区报》和《珠江晚报》。

⑦ 中山大学珠海校区管理委员会：《简讯》，见《中山大学珠海校区建设工作简报》第三十二期，第3页，2000年9月3日。

⑧ 中山大学珠海校区管理委员会：《两校区间的交通车开通》，见《中山大学珠海校区建设工作简报》第三十二期，第2~3页，2000年9月3日。

⑨ 林俊洪：《珠海校区召开班车运行协调会》，见《中山大学（校报）》（复）第384期，2001年3月26日。

新生专门通道,以方便新生及家长进入珠海。①

△为了更有效地做好珠海校区森林防火工作,珠海校区管委会、珠海市香洲区森林防火指挥部、唐家镇于本日签订珠海校区森林防火协议。唐家镇负责组织、协调、检查、监督和实施校区内森林防火工作。②

8月30日 广东省副省长游宁丰到珠海校区考察。③

游宁丰在校党委书记李延保、珠海校区管委会主任胡玉佳的陪同下,兴致勃勃地参观了教学实验大楼和学生生活区,游宁丰对一流的教学环境和学生生活环境连连赞好。李延保盛赞珠海市提供了优越的办学条件,游宁丰鼓励说,珠海市领导是有远见的,政府创造办学条件也是应该的,而建设一流水平校区,建设更高层次的中山大学的重担还要落在学校身上。珠海市委书记、市长黄龙云和其他省、市领导陪同考察。

9月1日 《珠海特区报》从本日起,在头版开辟了"中大开学倒计时"专栏,密切报道珠海校区一天一个样的变化。珠海电视台从本日开始每天都安排几个小组围绕着珠海校区分头出动采访,报道珠海校区的一举一动。④

9月3日 唐家镇医院中山大学珠海校区门诊部正式开业。门诊部设在荔园1栋首层,面积有600多平方米,设有内科、外科、中医等科室。⑤

9月5日 广东省人大常委会主任朱森林到珠海校区视察。

上午,朱森林在珠海市委书记、市长黄龙云,副校长杨晓光的陪同下参观珠海校区,杨晓光向朱森林详细汇报了校区情况。朱森林参观了中山大学校史展览厅、图书馆阅览室、教学实验大楼教室和学生宿舍。朱森林登上教学实验大楼观看校区全貌,感到非常满意。他说:"中山大学在广东有其重要的地位,重点发展中大是必要的,中大应努力与世界一流大学接轨,加强科技、文化交流乃至经济上的合作。"⑥

△校工会副主席罗永明、赵过渡等同志代表校工会前往珠海校区慰问教职工。⑦

---

① 中山大学珠海校区管理委员会:《检查站设立新生专门通道》,见《中山大学珠海校区建设工作简报》第三十二期,第2页,2000年9月3日。
② 中山大学珠海校区管理委员会:《校区森林防火协议签订》,见《中山大学珠海校区建设工作简报》第三十二期,第3页,2000年9月3日。
③ 中山大学珠海校区管理委员会:《游宁丰副省长到珠海校区视察》,见《中山大学珠海校区建设工作简报》第三十二期,第1页,2000年9月3日。
④ 中山大学珠海校区管理委员会:《新闻媒介掀起报道校区热潮》,见《中山大学珠海校区建设工作简报》第三十二期,第2页,2000年9月3日。
⑤ 中山大学珠海校区管理委员会:《校区门诊部正式开业》,见《中山大学珠海校区建设工作简报》第三十二期,第3页,2000年9月3日。
⑥ 中山大学校长办公室:《中山大学年鉴(2000)》,中山大学出版社2001年12月第1版,第460页。
⑦ 罗永明:《历程·风采:中山大学工会60周年纪念专刊》,中山大学出版社2011年7月第1版,第144页。

△珠海校区通信建设圆满完成。中国电信珠海电信局是日举行"珠海电信201电话卡首发仪式暨庆祝中山大学珠海校区通信建设圆满完成通报会"。

9月6日 17时30分,珠海校区迎来了开辟历史的100多名第一批广州籍学生。他们将接受为期一天的培训,然后投入到新生接待工作中。①

△学校280多名教师到珠海校区,参观了图书馆、教学实验大楼等地。② 同日,学校召开珠海校区任课教师代表座谈会,黄达人校长在座谈会上介绍珠海校区的建设情况,并听取教师代表的意见和建议。徐远通副校长参加了座谈会。③

9月7日至9日 中山大学2000年迎新工作在唐家镇、珠海市有关部门的大力协助下顺利完成。④

9月9日 10时,珠海校区负责绿化建设的工人铺完最后一块草皮,珠海校区建设总指挥、副校长杨晓光宣布:中山大学珠海校区全面停工。⑤

△上午,教育部副部长周远清在教育部直属高校办公室主任高文兵,珠海市委书记、市长黄龙云,校党委书记李延保,副校长徐远通、许家瑞、杨晓光的陪同下,视察珠海校区。⑥

△15时,中山大学、珠海市人民政府在珠海校区教学实验大楼联合召开"中山大学珠海校区落成新闻发布会",中山大学副校长杨晓光、珠海市副市长余荣霭共同回答来自全国各地的50多家媒体的记者提问。杨晓光说,珠海校区为中山大学开拓了广阔的发展空间,中山大学将以此为依托,扩大办学规模,提高办学层次,走上快速发展的轨道。余荣霭指出,珠海校区对提高珠海市的整体素质、推动科技进步、规划和建设珠海大学园区、提升珠海在国际上的知名度将发挥积极而深远的影响。⑦

△16时,中山大学珠海校区落成典礼在教学实验大楼隆重举行。⑧

教育部副部长周远清,广东省委常委、副省长卢钟鹤,省政协副主席王珣章,原省人大常委会副主任方苞,教育部直属高校办公室主任高文兵,省教育厅厅长郑德涛,省建设厅厅长劳应勋,原珠海市委书记吴健民,珠海市委书记、市长黄龙云

---

① 中山大学校长办公室:《中山大学年鉴(2000)》,中山大学出版社2001年12月第1版,第460页。
② 中山大学珠海校区管理委员会:《280教师喜游校区》,见《中山大学珠海校区简报》第三十三期,第5页,2000年9月10日。
③ 《黄达人校长和珠海校区》,自印,第6页。
④ 中山大学珠海校区管理委员会:《迎新工作有条不紊》,见《中山大学珠海校区简报》第三十三期,第5页,2000年9月10日。
⑤ 《校区建设史》,见《中山大学报》(新)第321期,2014年10月27日。
⑥ 中山大学珠海校区管理委员会:《周远清称珠海校区是一"杰作"》,见《中山大学珠海校区简报》第三十三期,第2页,2000年9月10日。
⑦ 中山大学珠海校区管理委员会:《"双赢"合作,携手前进》,见《中山大学珠海校区简报》第三十三期,第3~4页,2000年9月10日。
⑧ 中山大学校长办公室:《中山大学年鉴(2000)》,中山大学出版社2001年12月第1版,第460~461页。

等五套班子领导，驻珠军警领导，校党委书记李延保、校长黄达人等校领导，中国科学院院士林尚安、中国工程院院士林浩然等出席典礼。参加盛会的还有其他嘉宾、各地校友、新闻记者、新生代表1000多人。杨晓光副校长主持典礼。周远清、卢钟鹤、黄龙云、黄达人分别在典礼上讲话。

周远清在讲话中对珠海校区给予高度评价，称之为中国高等教育的一个杰作。他说，中山大学珠海校区是珠海市实践"不求所有，但求所在"的理念的成功范例，它所产生的"珠海效应"已经在全国高等教育界引起了很大反响。他希望中山大学抓住创办珠海校区的历史机遇，扩大办学规模，提高办学层次，把中大建成世界上有影响、国内一流的高水平大学。①

卢钟鹤在讲话中说，中山大学珠海校区落成，是广东省的大喜事，中大珠海校区很好地发挥了名牌大学和经济特区的两个品牌效应，为我省的高等教育办了一件大好事、大实事，省委、省政府对此给予高度评价。广东省寄望于中山大学，在省委、省政府的全力支持下，在中大师生员工的锐意进取下，一定能够不辜负全省人民的期望，在若干年内把学校办成"国内一流、国际著名"的高等学府。②

黄龙云在讲话中说，中山大学珠海校区的落成，为唐家湾一带即将崛起的"大学园区"发挥了示范和带动作用，开创了珠海教育、科技和文化发展的新阶段。珠海愿与中大共同谱写美好的明天。③

在落成典礼上，岭南学院校友伍舜德先生和夫人马兰芳女士向学校捐资500万港币，用于建设珠海校区学术交流中心。中国交通银行珠海市分行向学校捐资100万元。④

落成典礼结束后，周远清、卢钟鹤等领导、嘉宾到教学实验大楼东侧山坡下的"名人园"，共同为"中山大学珠海校区落成"石刻揭幕，并种植了"校区落成纪念树"。⑤

△20时，珠海校区2000级新生家长会在教学实验大楼召开。⑥

---

① 中山大学珠海校区管理委员会：《周远清称珠海校区是一"杰作"》，见《中山大学珠海校区简报》第三十三期，第2页，2000年9月10日。

② 中山大学珠海校区管理委员会：《卢钟鹤盛赞珠海校区》，见《中山大学珠海校区简报》第三十三期，第2页，2000年9月10日。

③ 中山大学珠海校区管理委员会：《一花引来百花开》，见《中山大学珠海校区简报》第三十三期，第3页，2000年9月10日。

④ 中山大学珠海校区管理委员会：《伍舜德捐资500万》，见《中山大学珠海校区简报》第三十三期，第5页，2000年9月10日。

⑤ 中山大学珠海校区管理委员会：《领导嘉宾共植纪念树》，见《中山大学珠海校区简报》第三十三期，第5页，2000年9月10日。

⑥ 中山大学珠海校区管理委员会：《落成庆典圆满成功》，见《中山大学珠海校区简报》第三十三期，第4页，2000年9月10日。

9月10日 10时，中山大学2000级本科新生开学典礼在珠海校区举行。①

校党委书记李延保，校长黄达人，其他校领导王乐夫、刘美南、徐远通、许家瑞、李萍、杨晓光、陈腾华，中国科学院院士林尚安，中国工程院院士林浩然，珠海校区负责人黄治河、胡玉佳，校友、凯思奖学金捐赠者梁咏、吴穗琼夫妇以及各院系党政领导出席了典礼。

黄达人校长在致辞中表示，在珠海校区学习两年的这种特殊生活经历对于新同学们的未来将带来深远的影响。珠海校区是新校区，你们是这里的第一批主人，不仅要牢记孙中山先生题写的校训，继承中山大学76年优良的精神传统和文化底蕴，而且要在这里开创更加良好的校园风气。他鼓励同学们共同来建设新校区，把自己培养成综合素质高、有创新能力的人才。徐远通副校长宣布了获得凯思奖学金的新生名单，宛明星等200名新生获得了高达每人40000元的凯思奖学金。珠海校区历史上首届3300名大学生及数百名家长见证了这一激动人心的历史时刻。

开学典礼后，紧接着举行了新生入学教育和军训动员大会。会上，校党委书记李延保教授做了题为《做一个合格的中大人》的讲话。

9月11日 珠海校区新阶段工作会议召开。②

李延保书记对校区在新阶段的工作思想做出指示。会议由杨晓光副校长主持，校区党委书记黄治河和各办主任参加会议。

李延保充分肯定前阶段珠海校区的建设成就。从现在开始，校区的工作转入新阶段。建设、管理和教育是新阶段的主要工作。教育是重点，管理是难点，建设与教育、管理并举，"软硬结合"，而且要从"硬"转到"软"，以"软"为主，实行校区工作的战略转移。他做出五点指示：一、树立精品意识，反对平庸。校区要体现面向港澳、面向海外的一流校园的定位，按新模式、新起点、新思路、新意识来严格要求。二、坚持以人为本。以教师为本，以学生为本，把工作做得细致、周到，体现管理者的人本精神。三、校区的建设目标：一是贯彻新的教育思想、新的教育理念，把校区办成高水平本科教育实验基地；二是建成文明校园，建成珠海市标志性文明单位，在教育、科技、文化、管理等方面成为珠海市的新标志。四、做好校区二期工程规划。二期工程时间也很紧迫，而规划是最重要的，二期规划确定下来，校区近几年的规模也就基本定型，所以一定要科学地规划。五、做好人才培养工作。校区要用足优势，化解劣势，做网络文章，建设一流的网络、软件应用环境。要从制度、管理、组织等方面挖掘学生的潜能，利用学生的潜力加强学生的创新能力。

---

① 中山大学珠海校区管理委员会：《中大2000年新生开学典礼隆重举行》，见《中山大学珠海校区简报》第三十三期，第4页，2000年9月10日。

② 中山大学珠海校区管理委员会：《珠海校区迈向新阶段》，见《中山大学珠海校区简报》第三十四期，第1~2页，2000年9月17日。

杨晓光对下一个阶段的工作做了具体布置：一、一直到明年，工程建设仍然是重头戏，一期工程需要完善，二期也要紧跟着进行。二、从现在开始，校区的工作中心要转移到建设一套完整的管理制度，建立一个有序的教学、生活环境上来。三、实行科学管理，提高办学效率。

△李延保书记到珠海校区训练场慰问军训团官兵，与军训团领导进行座谈。杨晓光副校长、校区管委会胡玉佳主任陪同慰问。随后，李延保一行探望了校区门诊部，对医护人员提出，军训期间一定要根据学生的身体素质和天气因素，有针对性地做好必要的医疗准备。李延保还召开各院系教育管理员座谈会，要求他们加强与学生的交流，从心理上、生活上帮助学生，注意培养学生的适应能力和自立能力。校区在食堂、宿舍等方面也加强了管理协调。①

9月12日　是日为中秋节。珠海校区在足球场草坪组织烛光晚会。各院系教育管理员、军训团官兵、2000级新生团聚在草坪上，进行中秋赏月。李延保书记特意从广州赶来珠海校区，与杨晓光副校长和校区的党政领导、各办负责人参加了烛光晚会。②

9月13日　2000级新生开始在珠海校区校园内接受军训。③

9月14日　中山大学2000级新生积极响应珠海市万人签名支持北京申办2008年奥运会活动，在珠海校区举行签名活动。④

△晚，为庆祝教师节，校党委宣传部、校工会等部门邀请广州芭蕾舞团在梁銶琚堂进行专场演出。这场文艺演出实时直播，传输到珠海校区。这次直播的成功在时空上缩短了两个校区的距离，为开展校区间文化交流打下了基础。⑤

9月21日　原中共中央顾问委员会委员、广东省委第一书记任仲夷到珠海校区参观考察。珠海市委副书记余炳林陪同考察。珠海校区党委书记黄治河介绍了校区情况。⑥

9月22日　美国加利福尼亚州坡拉尔塔学区校长罗纳德博士一行六人到我校

---

① 中山大学珠海校区管理委员会：《仔细做好校区"第一课"工作》，见《中山大学珠海校区简报》第三十四期，第2页，2000年9月17日。
② 中山大学珠海校区管理委员会：《中秋烛光延承中大传统》，见《中山大学珠海校区简报》第三十四期，第2页，2000年9月17日。
③ 中山大学珠海校区管理委员会：《新生军训开始》，见《中山大学珠海校区简报》第三十四期，第2页，2000年9月17日。
④ 中山大学珠海校区管理委员会：《新生签名支持北京申办奥运》，见《中山大学珠海校区简报》第三十四期，第3页，2000年9月17日。
⑤ 中山大学珠海校区管理委员会：《两校区首次现场直播》，见《中山大学珠海校区简报》第三十四期，第3页，2000年9月17日。
⑥ 中山大学珠海校区管理委员会：《任仲夷到校区参观考察》，见《中山大学珠海校区简报》第三十五期，第1页，2000年9月24日。

珠海校区参观访问，珠海校区管委会胡玉佳主任与客人进行了友好交流。①

9月23日 中山大学2000年迎新晚会在珠海校区图书馆广场举行。杨晓光副校长在晚会上致辞。②

9月24日 珠海市友好城市美国红木市市长拉斯金率领代表团到我校珠海校区参观访问，杨晓光副校长接待了客人，双方进行了友好交流。③

9月28日 《中山大学2000—2001学年度第一学期工作要点》发布。其"重点工作"中提到："保证珠海校区步入正常办学阶段。要树立全校办校区的思想，对珠海校区的建设和管理给予高度关注，增强责任感，主动参与；要将广州校区的教学传统、文化氛围、管理机制结合珠海校区的情况传承、延伸，使珠海校区成为珠海花园城市中的文明校园；要从思想上、生活上关心珠海校区的师生，及时沟通广州校区与珠海校区师生的联系，通过网络为优秀生配备导师，使他们得到良好的培养。在继续做好珠海校区一期工程后续工作的基础上，认真抓好二期工程的建设；尽快完善规章制度，制定管理办法；把珠海校区的工作重心从筹建建设转到教学管理上来；加强人员队伍建设。"④

9月29日 上午，2000年新生军训阅兵总结大会在珠海校区榕园南的广场上举行。李延保书记、杨晓光副校长、珠海市委副书记关玉嘉、军训团领导及各学院领导出席了阅兵大会。李延保做了讲话。⑤

10月1日 晚，副校长李萍教授、钟明华教授等三位教师舍弃节日休息，到珠海校区为学生讲授校区第一次讲座"如何适应大学生活"。300多名学生前来听讲。⑥

10月6日 应黄达人校长邀请，美国 Internet Technology University 校长、美籍华人陈树棠教授访问中山大学。下午，陈树棠教授到珠海校区参观，校党委书记李延保、校区管委会主任胡玉佳接待了客人。⑦

10月8日 上午，珠海校区开始上课。为了迎接教师到珠海校区上课，李延保书记、杨晓光副校长及校区领导在国庆节假日期间安排各种准备工作，对招待

---

① 中山大学珠海校区管理委员会：《简讯》，见《中山大学珠海校区简报》第三十五期，第3页，2000年9月24日。
② 中山大学珠海校区管理委员会：《珠海校区举行迎新晚会》，见《中山大学珠海校区简报》第三十五期，第2页，2000年9月24日。
③ 中山大学珠海校区管理委员会：《简讯》，见《中山大学珠海校区简报》第三十五期，第2～3页，2000年9月24日。
④ 《中山大学2000—2001学年度第一学期工作要点》，中大党发〔2000〕034号文，2000年9月28日。
⑤ 中山大学珠海校区管理委员会：《新生军训圆满结束》，见《中山大学珠海校区简报》第三十六期，第1页，2000年10月1日。
⑥ 中山大学珠海校区管理委员会：《娓娓动听话人生》，见《中山大学珠海校区简报》第三十七期，第3页，2000年10月8日。
⑦ 中山大学校长办公室：《中山大学年鉴（2000）》，中山大学出版社2001年12月第1版，第462～463页。

所、食堂、教室、车辆等方面做了全面检查，校区还专门为教师印发了校区生活指南。8 日上课的时候，李延保书记、徐远通副校长、胡玉佳主任和教务处领导等到教学楼巡视，并听化工学院博士生导师计亮年教授等教师上课。①

△下午，历史学系主办"以历史学为业——历史系教授讲座系列"。首讲由陈春声教授主讲"史学与以史学为业"。②

△130 多名大专班新生和 480 多名成人教育脱产班新生到珠海校区报到。③

10 月 9 日　中山大学 2000 年专科班、成人教育脱产班新生开学典礼在珠海校区图书馆举行。李延保书记、徐远通副校长、杨晓光副校长、校区党委书记黄治河及各有关学院、部处领导出席了开学典礼。校区管委会主任胡玉佳主持典礼。④

△晚，中外优秀文化讲座在珠海校区举办，该讲座每周举办两期。黄国文教授在教学实验大楼多媒体教室开讲第一讲"漫谈大学阶段的英语学习"，讲座通过多媒体手段在几个教室进行直播，800 多名学生听讲。⑤

10 月上旬　珠海校区第一本学生刊物，由外国语学院珠海校区学生会和团委主办的《云外》印发。⑥ 该刊物于 1993 年 12 月创刊。

10 月 14 日　珠海市政府有关领导在珠海校区主持召开现场办公会，评审中山大学珠海校区二期学生生活区规划设计方案。杨晓光副校长和珠海市人民政府办公室、建委、规划国土局等单位的负责人出席会议。⑦

10 月 14 日至 11 月 9 日　"LG 未来窗"新中大人形象设计大赛在珠海校区和广州校区同时举行。⑧

10 月 16 日　黄达人校长、杨晓光副校长在珠海校区会见了澳门科技大学校长周礼杲一行。黄达人与周礼杲签署了两校合作协议。⑨

10 月 19 日　黄达人校长在"两思""三想"辅导报告中提出珠海校区建设对

---

① 中山大学珠海校区管理委员会：《校区开始正式上课》，见《中山大学珠海校区简报》第三十七期，第 2 页，2000 年 10 月 8 日。
② 中山大学珠海校区管理委员会：《讲座在校区反响热烈》，见《中山大学珠海校区简报》第三十八期，第 2 页，2000 年 10 月 15 日。
③ 中山大学珠海校区管理委员会：《大专班、成教班新生报到》，见《中山大学珠海校区简报》第三十七期，第 2～3 页，2000 年 10 月 8 日。
④ 中山大学珠海校区管理委员会：《专科班、成教班新生开学典礼举行》，见《中山大学珠海校区简报》第三十八期，第 1 页，2000 年 10 月 15 日。
⑤ 中山大学珠海校区管理委员会：《讲座在校区反响热烈》，见《中山大学珠海校区简报》第三十八期，第 2 页，2000 年 10 月 15 日。
⑥ 中山大学珠海校区管理委员会：《校区第一个学生刊物出版》，见《中山大学珠海校区简报》第三十八期，第 2 页，2000 年 10 月 15 日。
⑦ 中山大学珠海校区管理委员会：《市府召开校区二期学生生活区规划评审会》，见《中山大学珠海校区简报》第三十八期，第 1 页，2000 年 10 月 15 日。
⑧ 中山大学校长办公室：《中山大学年鉴（2000）》，中山大学出版社 2001 年 12 月第 1 版，第 193 页。
⑨ 中山大学珠海校区管理委员会：《中大与澳门科大签合作协议》，见《中山大学珠海校区简报》第三十九期，第 1 页，2000 年 10 月 22 日。

中大发展的战略意义。①

是日，黄达人校长在怀士堂做《坚定信念，振奋精神，扎实工作，开拓进取》的"两思""三想"辅导报告。他在报告中指出："珠海校区的建设，使我校在新世纪的发展获得了一个新的起点。中山大学要成为世界一流的研究型大学，其中一个标准是研究生与本科生的比例大体为1∶1，我校的长远规划也正是按照这一要求来做的。根据广东省的规划，五年后，我校的研究生与本科生的比例应达到4∶6，成为一所真正的研究型大学，这也是从大局出发。按照这个比例，到2005年，我校的本科生人数将超过12000人，研究生人数将接近8000人。为了实现这个目标，我们必须扩大办学规模，拓展办学空间，珠海校区的建立也正是基于这个大局。没有珠海校区，仅广州康乐校区现有的空间绝不可能容纳将来的2万多名学生，所以我经常强调，珠海校区的意义不在于学校多了土地，而是它为我校今后的发展奠定了坚实的物质基础。只有在这个基础上，中山大学的事业才能不断地发展，中山大学的地位才能不断地提高。珠海校区的建设是学校基于对中国高等教育发展趋势这一大局所做出的决定。现在校区已经开学，我们应该站在大局的高度来看待珠海校区，只有珠海校区建设好了，中山大学'思进'的目标才有可能实现。"

△以"新世纪、新校区、新梦想"为主题的新生演讲比赛决赛在珠海校区举行。岭南学院陈璐同学获得一等奖。②

10月21日　校团委组织校学生会干部赴珠海校区招新。③

10月22日　杨振宁教授到珠海校区参观访问。④

诺贝尔奖获得者、世界著名物理学家杨振宁教授，中山大学名誉顾问冼为坚等香港中山大学高等学术研究中心基金会董事会成员及夫人到珠海校区参观访问。校党委书记李延保、校长黄达人会见了杨振宁一行，参加会见的校领导还有刘美南、徐远通、许家瑞、李萍、杨晓光等。来宾对校区的优美环境和建设成就给予了高度评价。下午，在校领导的陪同下，杨振宁在珠海校区若海路边的"名人园"里，与黄达人一起种植了一颗白玉兰树。在参观校园后，杨振宁为校区题词："很高兴看到贵校区美丽的环境。"

△由中山大学团委主办，政治学与行政学系承办的中山大学"七喜杯"三人

---

① 中山大学校长办公室：《中山大学年鉴（2000）》，中山大学出版社2001年12月第1版，彩页第4页。
② 中山大学珠海校区广播台：《新世纪·新校区·新梦想》，见《中山大学珠海校区简报》第三十九期，第2页，2000年10月22日。
③ 中山大学校长办公室：《中山大学年鉴（2000）》，中山大学出版社2001年12月第1版，第193页。
④ 中山大学珠海校区管理委员会：《杨振宁博士访问珠海校区》，见《中山大学珠海校区简报》第三十九期，第1页，2000年10月22日。

篮球赛在珠海校区开赛。比赛于 10 月 24 日结束。①

10 月 23 日 珠海市民营企业嘉济药堂向我校珠海校区捐赠 128 台自动洗衣机。杨晓光副校长代表校区接受捐赠。②

△晚,由珠海市委宣传部、市文化局组织的慰问中大师生文艺演出在珠海校区图书馆广场举行。参加演出的是珠海经济特区音乐剧团和珠海市女子室内中乐团两家珠海知名演出单位。③

10 月 24 日 珠海校区召开各办主任会议,就学校教代会代表团集中珠海校区师生反映的问题商讨解决办法。④

10 月 25 日 越南共产党中央机关刊物共产主义杂志社副总编辑阮进海率代表团一行在求是杂志社领导陪同下到珠海校区参观访问。杨晓光副校长陪同客人参观了校园。客人盛赞校区优美的环境,对校区办学模式表现出浓厚的兴趣。⑤

△校团委组织各学生社团赴珠海校区招新。⑥

△晚,岭南学院 2000 级团总支、学生会成立大会在珠海校区举行。⑦

10 月 31 日 李长春同志考察中山大学珠海校区。⑧

上午,中共中央政治局委员、广东省委书记李长春,广东省委副书记、省长卢瑞华,广东省人大常委会主任朱森林在珠海市开会期间考察了珠海校区。黄丽满、王岐山、卢钟鹤、欧广源、蔡东士、李兰芳、钟启权、汤炳权、许德立、游宁丰、李金培等省领导及其他与会领导 80 多人一起陪同考察。在校党委书记李延保、校长黄达人,副校长徐远通、李萍、杨晓光等人的陪同下,李长春一行登上了教学实验大楼楼顶,远眺校园美景;在珠海校区规划图前,听取了杨晓光关于校区总体规划的汇报。随后,领导们驱车参观了校区学生宿舍区、生活区、运动场区。最后,领导们还到校区图书馆,参观了期刊阅览室和电子图书阅览室,与正在馆里学习的学生亲切交谈,大家对珠海校区现代化高水平的图书馆建设给予了高度评价。在参

---

① 张弓:《"七喜杯"三人篮球赛圆满结束》,见《中山大学珠海校区简报》第四十期,第 2 页,2000 年 10 月 29 日。

② 中山大学珠海校区管理委员会:《企业捐赠助教育》,见《中山大学珠海校区简报》第四十期,第 2 页,2000 年 10 月 29 日。

③ 中山大学珠海校区学生工作办公室:《珠海市为中大举行慰问演出》,见《中山大学珠海校区简报》第四十期,第 1 页,2000 年 10 月 29 日。

④ 中山大学珠海校区管理委员会:《加强管理,完善管理》,见《中山大学珠海校区简报》第四十期,第 1 页,2000 年 10 月 29 日。

⑤ 中山大学珠海校区管理委员会:《简讯》,见《中山大学珠海校区简报》第四十期,第 2 页,2000 年 10 月 29 日。

⑥ 中山大学校长办公室:《中山大学年鉴(2000)》,中山大学出版社 2001 年 12 月第 1 版,第 193 页。

⑦ 中山大学岭南学院学生工作办公室:《岭院 2000 年团总支、学生会成立》,见《中山大学珠海校区简报》第四十期,第 2 页,2000 年 10 月 29 日。

⑧ 中山大学珠海校区管理委员会:《省委省政府珠海现场办公会领导考察校区》,见《中山大学珠海校区简报》第四十一期,第 1 页,2000 年 11 月 12 日。

观考察和听取汇报的过程中，李长春和卢瑞华对我校珠海校区的建设发展做了重要指示。李长春要求继续加强与中山大学的合作，支持中山大学办好珠海校区；中山大学也要进一步研究如何使珠海校区成为广东省高等教育对外交流与合作的窗口，成为珠海高新技术产业发展的推进器，成为培养高素质人才的摇篮。

10月 求进报社珠海分社成立。本月，求进珠海分社在珠海校区举行"我的大学四年"论坛，这是珠海校区第一个面向全校的学生论坛。本月，珠海分社还举办了第一期求进沙龙。①

10月 珠海校区学生社团组织"若海学术论坛"成立。②

11月3日至6日 由广东省图书馆学会、澳门图书馆学会暨资讯协会主办，广东省立中山图书馆、中山大学图书馆承办的广东省图书馆学会、澳门图书馆学会暨资讯协会新千年年会在珠海校区召开。来自广东省和澳门的图书馆学界50多个单位的200多名专家学者汇集一堂，共同探讨当代图书馆暨资讯事业发展的特点和趋势。③

11月4日 纪念中山大学建校76周年校庆田径运动会（珠海校区）举行。李延保书记、徐远通副校长、杨晓光副校长、校区党政领导黄治河、胡玉佳及部分院系领导出席开幕式并观看了同学们的比赛。徐远通在开幕式上致辞。珠海校区的比赛成绩将与广州校区的比赛成绩一起排名。④

11月4日至5日 2000年"中华传动网杯"中山大学系际辩论邀请赛在珠海校区和广州校区同时举行初赛。⑤

11月8日 珠海校区二期学生生活区场地平整及截洪沟工程中标单位进场施工。⑥

△晚，管理学院2000级团总支主办的"家乐福杯英语比赛"决赛在珠海校区举行。⑦

11月10日 上午，珠海校区193名新生领取了第一笔国家贴息的助学贷款。⑧

---

① 《求进报社三十年大事记》，见《中山大学报》（新）第337期，2015年5月22日。
② 张燕、熊翠菊、黄小燧：《在中大听讲座》，见《中大学子》第5期，2004年6月21日。
③ 中山大学校长办公室：《中山大学年鉴（2000）》，中山大学出版社2001年12月第1版，第466页。
④ 中山大学珠海校区管理委员会：《校区举行校庆田径运动会》，见《中山大学珠海校区简报》第四十一期，第2页，2000年11月12日。
⑤ 中山大学校长办公室：《中山大学年鉴（2000）》，中山大学出版社2001年12月第1版，第194页。
⑥ 中山大学珠海校区管理委员会：《珠海校区二期基建工程开始动工》，见《中山大学珠海校区简报》第四十一期，第3页，2000年11月12日。
⑦ 邓海军：《管院英语演讲比赛圆满结束》，见《中山大学珠海校区简报》第四十一期，第3页，2000年11月12日。
⑧ 曹新、王毅：《我校新生领到第一笔助学贷款》，见《中山大学珠海校区简报》第四十三期，第1页，2000年11月26日。

11月12日 珠海校区举行孙中山先生铜像揭幕仪式。①

是日为孙中山先生诞辰134周年，也是中山大学76周年校庆日，珠海校区举行孙中山先生铜像揭幕仪式。珠海校区孙中山先生铜像完全复制广州校区的先生铜像。校党委书记李延保、老校长黄焕秋、珠海市副市长何宁卡、香港国际创价学会理事长李刚寿共同为孙中山先生铜像揭幕。揭幕仪式上，李延保发布讲话，表达了在21世纪把中山大学建设成为居于国内一流大学前列、在国际上有较大影响的研究型综合性大学的坚定信念。中山市教委副主任林可笑，先生铜像复制作者、广州美术学院韦振中教授，中山大学张荣芳教授、黄天骥教授、邱捷教授及校长助理卢长玲，珠海校区党政领导黄治河、胡玉佳等出席了揭幕仪式。

池田大作先生捐资折合41.3万元人民币制作了孙中山先生铜像。②

11月15日 由人民日报社总编辑许中田率领的人民日报社考察团参观考察珠海校区。珠海市委常委罗春柏、杨水生陪同考察。杨晓光副校长会见了考察团一行并陪同参观校园。③

11月16日 外交部副部长张德广及夫人在省市有关领导陪同下到珠海校区参观考察。校区管委会主任胡玉佳向张德广汇报了校区的建设情况和运行管理模式，并陪同参观校园。张德广对校区的建设和管理表示赞赏，高度评价了"中大—珠海"这一合作模式。④

△珠海市人大常委会副主任张明彪、高存亮带领的珠海市全国人大、省人大代表视察组一行16人到珠海校区视察。校区党委书记黄治河向视察组介绍了校区的情况。⑤

11月17日 教育部部长助理章新胜到珠海校区参观考察。⑥

章新胜在国际交流与合作司司长李东翔等教育部领导和珠海市教委主任吕明智的陪同下到我校珠海校区参观考察。李延保书记、黄达人校长、杨晓光副校长接待了章新胜一行，并汇报了校区的建设、运行管理和学校发展远程教育等有关方面的情况。章新胜参观了图书馆现刊阅览室和电子阅览室、教学实验大楼、学生宿舍。章新胜仔细检查了现刊阅览室的刊物品种，在电子阅览室认真观察了学生在计算机

---

① 中山大学珠海校区管理委员会：《孙中山先生铜像在珠海校区落成》，见《中山大学珠海校区简报》第四十一期，第1~2页，2000年11月12日。

② 中山大学校长办公室：《中山大学年鉴（2000）》，中山大学出版社2001年12月第1版，第475页。

③ 中山大学珠海校区管理委员会：《人民日报社考察团到校区考察》，见《中山大学珠海校区简报》第四十二期，第2页，2000年11月19日。

④ 中山大学珠海校区管理委员会：《外交部副部长张德广到校区考察》，见《中山大学珠海校区简报》第四十二期，第2页，2000年11月19日。

⑤ 中山大学珠海校区管理委员会：《人大代表视察组视察校区》，见《中山大学珠海校区简报》第四十二期，第2页，2000年11月19日。

⑥ 中山大学珠海校区管理委员会：《教育部领导考察校区》，见《中山大学珠海校区简报》第四十二期，第1页，2000年11月19日。

中山大学珠海校区编年史（1999—2018）

上的学习内容，在学生宿舍又与同学们亲切交谈、了解他们的学习生活情况。他非常高兴，表扬同学们素质高、表现出色，对校区的优美环境和运行管理也给予了充分肯定。

△黄达人校长到珠海校区听取各办、中心的工作汇报。针对校区的教学、实验室建设、食堂饭菜的价格、学生的文化生活、学术气氛、安全保卫和行政管理等问题举行了讨论会。①

11月20日至21日 徐远通副校长和教务处领导、珠海校区教学督导员等到珠海校区进行期中教学检查。徐远通一行听取了部分教师代表授课，并召开了两次座谈会。②

11月21日至23日 2000年教育部文科专款工作会议在珠海校区举行。来自全国各地60多所文科专款受益院校的80余名代表出席会议。教育部社会科学研究与思想政治工作司阚延河副司长、中山大学李萍副校长及中国教育图书进出口公司杨曙望总经理出席会议并讲话。③

11月23日 联合国副秘书长、联合国大学校长汉斯·范·金克尔博士及其率领的联合国大学理事会代表团一行到珠海校区参观访问。代表团在校区管委会主任胡玉佳及珠海市教委主任吕明智的陪同下，参观了图书馆、教学实验大楼、学生宿舍，他们对校区的环境、对珠海校区所取得的建设成就表示赞赏。④

△下午，校工会召开珠海校区情况通报会。⑤

校党委书记李延保、副书记王乐夫、副校长杨晓光，各教代会代表团团长、分工会主席、珠海校区管委会及各办主任出席会议。会议由王乐夫主持，主要针对"三讲"教育中教职工对珠海校区管理提出的意见进行了商讨。会上，李延保在讲话中强调，珠海校区的建设是中山大学发展过程中的一个历史选择，一次难得的机遇，希望通过这次通报会，达到进一步的沟通和统一，为把珠海校区建成广东省高等教育对外交流与合作的窗口、珠海市发展高新技术产业的推进器、培养高素质人才的摇篮而共同努力。会上，杨晓光通报了珠海校区的建设和管理总体情况，各教代会团长、分工会主席们提出了许多建设性的意见，与到会的珠海校区各部门负责人进行了交流，达到了预期的目的。

11月30日 由珠海校区团工委主办、政治学与行政学系承办的"若海学术论

---

① 中山大学珠海校区管理委员会：《黄达人校长听取校区工作汇报》，见《中山大学珠海校区简报》第四十二期，第1页，2000年11月19日。
② 中山大学教务办公室：《珠海校区进行期中教学检查》，见《中山大学珠海校区简报》第四十三期，第1页，2000年11月26日。
③ 中山大学校长办公室：《中山大学年鉴（2000）》，中山大学出版社2001年12月第1版，第469～470页。
④ 中山大学珠海校区管理委员会：《联合国副秘书长参观珠海校区》，见《中山大学珠海校区简报》第四十三期，第1页，2000年11月26日。
⑤ 罗永明：《中山大学工会编年史（1949—2010）》上册，中山大学出版社2011年6月第1版，第192页。

坛——中大学子的实话实说"在珠海校区举行。①

12月3日 由外国语学院主办的珠海校区首届外语节举行。杨晓光副校长出席开幕式。②

12月7日 下午,由教育部高等教育司和中国工业应用数学学会主办的2000年网易杯全国大学生数学建模竞赛颁奖仪式在珠海校区举行。教育部副部长周远清、中国科学院院士李大潜、校党委书记李延保、广东省教育厅副厅长罗远芳、珠海市副市长余荣霭和副校长徐远通等在颁奖仪式上讲话,并向获奖者颁奖。③

12月10日 由珠海市唐家镇、中山大学珠海校区联合主办的唐家湾产业结构优化升级研讨会召开。杨晓光副校长、珠海市政府副秘书长霍荣荫等120位专家和领导参加研讨会。会议主要围绕建设唐家湾大学城、中山大学珠海校区定位等方面进行了交流和讨论。④

12月11日 校党委书记李延保会见应邀到珠海校区参观考察的杨叔子、李依依、周兴铭、母国光等15名中国科学院院士,向院士们介绍了珠海校区的情况并陪同参观校区。院士们充分肯定了珠海跟中大的这一合作模式。⑤

△应校党委书记李延保邀请,建筑设计家、中国工程院齐康院士到珠海校区考察校区的建设规划。齐康对珠海校区的整体规划和建筑设计给予肯定并提出建议。12月12日上午,齐康为校区的设计、建设人员和珠海市建委的人员做了一场学术报告。齐康院士应邀进行珠海校区国际学术交流中心的设计。⑥

12月14日 校工会副主席罗永明、部分分工会主席赴珠海校区慰问教职工,并组织文艺队在珠海校区学生活动中心举行了"珠海之夜"联欢晚会。杨晓光副校长参加了慰问活动。⑦

12月16日 晚,汇集了广东省高校音乐精英的"百事可乐广东高校音乐节"在中山大学珠海校区图书馆广场举行巡回演出。⑧

12月16日至18日 "全国归纳逻辑研讨会暨庆祝中山大学逻辑与认知研究

---

① 中山大学校长办公室:《中山大学年鉴(2000)》,中山大学出版社2001年12月第1版,第194页。
② 田静:《珠海校区首届外语节取得圆满成功》,见《中山大学珠海校区简报》第四十四期,第2页,2000年12月10日。
③ 中山大学珠海校区管理委员会:《全国大学生数学建模竞赛颁奖仪式在珠海校区举行》,见《中山大学珠海校区简报》第四十四期,第1页,2000年12月10日。
④ 中山大学珠海校区管理委员会:《唐家湾产业结构优化》,见《中山大学珠海校区简报》第四十四期,第1页,2000年12月10日。
⑤ 中山大学珠海校区管理委员会:《15院士考察珠海校区》,见《中山大学珠海校区简报》第四十五期,第2页,2000年12月17日。
⑥ 中山大学珠海校区管理委员会:《齐康院士考察珠海校区建设规划》,见《中山大学珠海校区简报》第四十五期,第2~3页,2000年12月17日。
⑦ 罗永明:《中山大学工会编年史(1949—2010)》上册,中山大学出版社2011年6月第1版,第193页。
⑧ 中山大学珠海校区管理委员会:《"百事音乐巡游"到珠海校区》,见《中山大学珠海校区简报》第四十五期,第2页,2000年12月17日。

所入选教育部人文科学重点研究基地"会议在珠海校区举行。来自北京、武汉等地的20余名逻辑学界的专家学者参会。①

12月17日 上午，由中山大学珠海校区与唐家镇政府共同主办，岭南学院、体育系、唐家湾社区服务中心承办的加林山杯"庆回归、迎九运、盼统一"长跑接力赛举行。②

12月18日 我国台湾中原大学校长张光正教授在中山大学李延保书记、李萍副校长的陪同下到珠海校区参观。张光正在校区图书馆多功能讲学厅做了题为《台湾高等教育面临的挑战》的学术报告。③

12月21日 冬至节日，唐家镇镇委书记、镇长汤建军校友应邀与中山大学化学与化学工程学院一年级100多名学生座谈，以其自身经历，讲述了大学生活对他的深刻影响。

12月22日 诺贝尔奖获得者、世界著名物理学家杨振宁应邀访问珠海校区，并在图书馆多功能讲学厅给学生做演讲。④

12月28日 上午，杨晓光副校长在珠海校区二期学生生活区工地上宣布："中山大学珠海校区二期学生生活区工程正式开工。"二期学生生活区将建设8栋学生宿舍、1座食堂，学生宿舍建筑面积64000平方米，食堂11000平方米，可以满足约5800名学生的生活需要，项目总投资约1.3亿元。珠海市政府有关领导及珠海市有关部门负责人参加了开工仪式。珠海市政府有关领导在仪式上讲话强调，珠海市各有关部门要一如既往地给予中山大学珠海校区大力支持，积极配合二期学生生活区工程建设，有关珠海校区建设任务要特事特办，保证珠海校区二期学生生活区工程按时保质保量完成任务，确保明年秋季开学。珠海校区党委书记黄治河主持了开学典礼。⑤

12月29日 广东省人大常委会主任张帼英率领的全省各市人大常委会主任座谈会的代表50多人到珠海校区参观考察。杨晓光副校长陪同参观校园并介绍了珠海校区的建设和管理情况。张帼英在参观时兴致勃勃地接受珠海电视台记者的采访，她相信由名牌大学与著名城市合作建设的中山大学珠海校区在新世纪将会取得更大的发展。⑥

---

① 中山大学校长办公室：《中山大学年鉴（2000）》，中山大学出版社2001年12月第1版，第473页。
② 中山大学珠海校区管理委员会：《"庆回归、迎九运、盼统一"长跑接力赛举行》，见《中山大学珠海校区简报》第四十五期，第1页，2000年12月17日。
③ 中山大学珠海校区管理委员会：《台湾中原大学校长来访校区》，见《中山大学珠海校区简报》第四十六期，第3页，2000年12月31日。
④ 中山大学校长办公室：《中山大学年鉴（2000）》，中山大学出版社2001年12月第1版，彩页第4页。
⑤ 中山大学珠海校区管理委员会：《珠海校区二期学生生活区开工》，见《中山大学珠海校区简报》第四十六期，第1页，2000年12月31日。
⑥ 中山大学珠海校区管理委员会：《全省各市人大常委会主任参观考察珠海校区》，见《中山大学珠海校区简报》第四十六期，第3页，2000年12月31日。

12月31日 珠海校区学生党员干部大会召开。①

李延保书记、徐远通副校长在珠海校区教学实验大楼召开学生党员、各班团主要学生干部大会。李延保在讲话中鼓励同学们发扬中大的优良传统，从个人修养到总体素质都要严格要求自己，把自己培养成为新世纪新校区有新的精神面貌的高素质大学生，而党员、干部要起带头表率作用。徐远通就即将进行的期末考试的考风考纪问题做了讲话。珠海校区党委书记黄治河及各院系辅导老师出席了会议。

---

① 陆洁：《李延保书记召开珠海校区学生党员干部会》，见《中山大学珠海校区简报》第四十六期，第2页，2000年12月31日。

2001年

中山大学二〇〇一年发展战略研讨会

1月11日 原中共中央政治局常委宋平同志在中山大学副校长杨晓光和珠海市委副书记雷于蓝的陪同下考察珠海校区，听取了杨晓光关于珠海校区的建设和教学、管理情况的汇报。宋平对中山大学与珠海市合作共建珠海校区的做法给予肯定。①

1月13日 原中共中央政治局常委、全国人大常委会委员长乔石同志在省委常委、珠海市委书记黄龙云，中山大学校长黄达人，珠海市委副书记、市长方旋，中山大学副校长杨晓光等领导的陪同下考察珠海校区。乔石肯定了地方与高校合作共同发展高等教育的模式。他参观了教学实验大楼、学生生活区、图书馆等教学、生活设施。在图书馆，他与同学们亲切交谈，他鼓励学生说："这里的环境这么好，设施这么先进，你们一定要好好学习，将来报效祖国！"②

1月16日 广州市海珠区人大与新港街道办事处联合组织广州市、海珠区两级人大代表到珠海校区参观。校工会副主席黄飞红、石云风陪同参观。③

1月16日至17日 生命科学学院珠海校区教学及学生工作会议在珠海校区召开。副院长何建国、学院党委副书记武少新等参加了会议。会议审定了《生命科学学院本科生导师制试行办法》《关于在生命科学学院建立动态基地班的

---

① 中山大学珠海校区管理委员会：《宋平同志考察珠海校区》，见《中山大学珠海校区简报》第四十七期，第1页，2001年2月18日。
② 中山大学珠海校区管理委员会：《乔石同志考察珠海校区》，见《中山大学珠海校区简报》第四十七期，第1页，2001年2月18日。
③ 罗永明：《中山大学工会编年史（1949—2010）》上册，中山大学出版社2011年6月第1版，第195页。

设想》。①

  1月17日 北京大学党委书记王炳德考察我校珠海校区。珠海市副市长余荣霭和珠海校区党委书记黄治河陪同参观考察。王炳德对著名高校与经济发展地区合作办学的思路表示赞赏。②

  1月23日 珠海市政府有关领导在校党委书记李延保、副校长杨晓光的陪同下到珠海校区二期工程工地慰问，代表珠海市委、市政府向工地的施工人员拜年，鼓励他们发扬一期工程的精神，在时间紧、任务重的情况下，以高度负责的精神按时保质完成二期工程建设任务。③

  晚上，李延保书记在除夕佳节之际慰问在校师生。④

  1月 中共广东省委统战部组织广东省党外高级知识分子联谊会成员，包括各高校党外副校长、院士、著名博导、党外著名艺术家等一行40多人到我校珠海校区参观考察。⑤

  2月8日 《中山大学珠海校区落成开学》在2000年珠海十大新闻读者评选活动中排名首位。⑥

  活动由《珠海特区报》《珠江晚报》等单位联合主办。珠海市的"两报""两台"等新闻媒体自中山大学与珠海市签约以来，对中山大学珠海校区的建设给予了极大关注，长时间、广范围、有深度地对珠海校区进行连续报道，从舆论宣传上给予大力支持。在九个月的时间里，报道中山大学珠海校区的稿件，《珠海特区报》有70多篇（版），《珠江晚报》有30多篇（版），珠海电视台有关中山大学珠海校区的新闻报道长达240分钟。由于强大的宣传力度，珠海市的广大群众对校区可谓耳熟能详。本次评选活动有26676名读者参与，《中山大学珠海校区落成开学》这一新闻获得25105票。⑦

  2月14日 珠海校区新学期上班第一天。杨晓光副校长及珠海校区领导、各办、中心、馆的负责人召开办公会。会议由校区管委会主任胡玉佳主持。会议通报了寒假校区的各项情况，对近期工作进行了布置。杨晓光对校区工作提出了要求：

---

  ① 陈华桂：《生科院及时总结珠海校区教学及学生工作》，见《中山大学（校报）》（复）第381期，2001年2月20日。

  ② 中山大学珠海校区管理委员会：《北大党委书记王炳德考察珠海校区》，见《中山大学珠海校区简报》第四十七期，第3页，2001年2月18日。

  ③ 中山大学珠海校区管理委员会：《珠海市领导慰问珠海校区二期工程施工人员》，见《中山大学珠海校区简报》第四十七期，第2页，2001年2月18日。

  ④ 中山大学珠海校区管理委员会：《李延保书记与珠海校区师生共度除夕》，见《中山大学珠海校区简报》第四十七期，第2页，2001年2月18日。

  ⑤ 中山大学校长办公室：《中山大学年鉴（2001）》，中山大学出版社2002年12月第1版，第64页。

  ⑥ 林俊洪：《珠海校区落成入选2000年珠海十大电视新闻》，见《中山大学（校报）》（复）第384期，2001年3月26日。

  ⑦ 中山大学珠海校区管理委员会：《珠海校区落成获评珠海2000年十大新闻首条》，见《中山大学珠海校区简报》第四十七期，第3页，2001年2月18日。

一是继续进行制度建设,二是抓紧二期工程建设。①

2月15日至16日 中山大学2001年发展战略研讨会在珠海校区召开。②

本次会议的主题是研讨学科建设。全体校领导和有关部、处、学院负责人共31人参会。与会者通过研讨,认为中山大学要在新世纪之初抓住机遇,实现超常规发展,最重要的是实现水平的提升,要有一些居于全国前列的学科,而不仅是规模的发展。中山大学的学科建设包含软件和硬件的建设,在学科建设中最关键的是要做好人才建设和转变观念。学科建设要了解学科、学科的主流、学科主流的前沿和学者,处理好学科建设的各方面关系,理顺校院之间的关系,在综合性大学校内要对人才、学科、投入等进行分层次指导,巩固和提高基础学科,发展应用学科。学术研究要遵守学术纪律,提高中山大学的学术品位。在学科建设规划上,要进入全国或国际科研的核心层,鼓励原创性研究;要"淡学科重领域",跨学科领域开展科研,包括文科和理科内部的合作和文理科之间的合作,重点突破一两个领域;要全方位地引进和培养人才,培养大师级人才;要最大效益地使用和共享资源,包括校内资源、校友资源等,发挥学校的各种优势,包括学校的区域优势;要重视信息建设,加强校内合作和学科的交叉,注重联系国内高校,使中山大学的研究与国际接轨;同时要建设现代化大学的管理制度。

2月17日至18日 校党委在珠海校区召开基层党委(党总支)书记工作会议,探讨在新时期如何做好我校的思想政治工作和党建工作。③

2月19日 珠海校区实行新的作息时间表。④

新学期伊始,经校长办公会讨论决定,从2001学年度第一学期开始,珠海校区实行新的教学工作作息时间表。新作息时间表每天设六大节和两小节供排课用,小节四十五分钟,大节九十分钟。根据作息时间表的课时设计,每周三学时的课程可安排在同一天内第三至五节课,也可适当错开。全校公选课可以安排在午间课时(第六至七节),也可以安排在晚上课时。

2月20日 珠海市政府在珠海校区召开二期工程现场办公会,珠海市政府、建委、规划国土局、质检站和唐家镇等单位负责人出席会议。杨晓光副校长在会议上介绍了珠海校区二期工程的建设规划。珠海校区后勤办主任黄晋强就二期工程建设中需要珠海市政府支持解决的工作做了汇报。珠海市政府有关领导对学校提出的工作要求当场做出指示,提出解决意见,并分工落实到各有关单位。珠海市建委主任许秋萍表示,从本周开始,珠海市各有关单位每周在珠海校区召开一次现场办公

---

① 中山大学珠海校区管理委员会:《珠海校区主任办公会布置新学期工作》,见《中山大学珠海校区简报》第四十八期,第1页,2001年3月4日。
② 中山大学校长办公室:《中山大学年鉴(2001)》,中山大学出版社2002年12月第1版,第273页。
③ 中山大学校长办公室:《中山大学年鉴(2001)》,中山大学出版社2002年12月第1版,第273页。
④ 中山大学教务处:《珠海校区实行新的作息时间表》,见《中山大学(校报)》(复)第384期,2001年3月26日。

会，及时协调解决二期工程建设中的问题。①

2月28日 珠海校区举行园林绿化规划论证会。②

刘美南副校长主持会议。珠海校区管委会主任胡玉佳及生命科学学院、珠海市园林局的专家、教授等十多人参加了论证会。刘美南指出，珠海校区园林绿化的规划、实施、管理要有科学性、系统性、前瞻性，从长远着想，长短结合，多听取专家学者的意见。胡玉佳教授对校区的绿化提出几个原则：一是校园园林绿化要有中大特色，二是要有传统特点，三是要实用、美观。专家们提出五点建议：一是珠海校区的绿化总体规划应在校区建设总体规划的基础上来做，根据功能区来进行绿化布局；二是根据沿海城市气候和地理环境特点，有选择性地把广州校区的环境特色引进来；三是校区要发挥现有的自然资源优势，山体、林木、湖区连通起来形成山水骨架景观；四是路树选择要与路名相吻合，赋予路树一定的文化内涵；五是一路多树，一路一树，不拘一格，步移景移，高要求，高起点，着意刻画新风貌。

△由珠海市团委、市青联、珠海校区团工委等联合举办的"信印杯"爱我中大摄影大赛举行颁奖仪式。所有获奖作品安排在珠海校区展出。③

3月1日 学校在梁铢琚堂第一会议室召开"珠海校区延伸管理协调会议"。全体校领导、相关部门负责人、教代会代表团团长和珠海校区各办、中心负责人参加会议。李延保书记主持会议。④

3月2日 黄达人校长强调要坚持勤俭持家办珠海校区思想。⑤

黄达人校长在是日召开的珠海校区主任办公会上强调，珠海校区要坚持勤俭持家办校区的思想。第一，要树立当家做主、勤俭持家、过紧日子的思想，在做各种经费预算时要从全校一盘棋的角度来考虑；第二，要充分考虑珠海校区资源的开发利用；第三，后勤社会化不是目标，降低成本、提高效率才是目的，实事求是是我们的工作方法；第四，继续完善制度建设，加强管理，保证经济开源节流；第五，坚持不懈加强绿化，绿化要以自然为主，不要刻意布局。

△晚，应珠海校区团工委、理工学院团总支的邀请，珠海市科学技术协会副主席、珠海市广播电视大学校长张国强教授到珠海校区做关于"崇尚科学、拒绝邪

---

① 中山大学珠海校区管理委员会：《珠海市府在珠海校区召开二期工程办公会》，见《中山大学珠海校区简报》第四十八期，第1～2页，2001年3月4日。

② 廖维生：《珠海校区举行园林绿化规划论证会》，见《中山大学珠海校区简报》第四十八期，第2～3页，2001年3月4日。

③ 中山大学珠海校区管理委员会：《爱我中大摄影大赛举行颁奖仪式》，见《中山大学珠海校区简报》第四十八期，第3页，2001年3月4日。

④ 中山大学校长办公室：《中山大学年鉴（2001）》，中山大学出版社2002年12月第1版，第273页。

⑤ 林俊洪：《黄达人校长强调要坚持勤俭持家办校区思想》，见《中山大学（校报）》（复）第384期，2001年3月26日。

教"的主题讲座。①

3月3日 晚,中大求进报社在珠海校区举行题为"信仰的缺席"沙龙活动。几十名同学聚于一堂,批判"法轮功"的歪理邪说,探讨信仰问题。②

3月6日 杨晓光副校长约见珠海岐关车路有限公司负责人,并与有关人员就中山大学广州与珠海两个校区之间的班车运行情况进行协调座谈。③

3月7日至4月10日 珠海校区开展"文明月"活动。④

活动由珠海校区后勤办、食堂等单位联合举办,内容包括学生宿舍内务评比、食堂"消费者日"优惠服务、"文明服务员"评比,活动提高了同学们做文明学生的意识,倡导大家共同建设文明校园的风气。

3月8日 国家生物学基础课实验教学示范中心建设标准评审组组长、复旦大学生命科学学院副院长乔守仪教授等领导和专家到珠海校区考察生物学科基础教学实验室。珠海校区管委会主任胡玉佳、生命科学学院党委书记王录德等接待了专家组一行。双方就制订"教育部国家级生物学基础课教学示范中心建设标准"的工作进行了交流。乔守仪教授充分肯定生物学科基础教学实验室的建设,认为实验室仪器设备先进,实验环境一流,能做到资源共享,有希望达到标准成为国家级的示范中心。⑤

3月9日 中山大学2000—2001学年度捐赠助学金颁发仪式在珠海校区举行。⑥

徐远通副校长在会上宣读了获减免学杂费及捐赠助学金名单的通知,李延保书记等领导和嘉宾为135名贫困学生颁发了助学金。本次颁发的助学金有"埃索""保济丸""华菊""黄秉熙"和"何关根"五个助学金,资助贫困学生共135人,其中"华菊""黄秉熙"和"何关根"助学金从本学年度开始设立,每学年共资助105名学生,每位学生1万元,分四年发给。香港东方空运有限公司董事长黄秉熙先生、香港何关根慈善基金理事陈健忠先生及其他助学金的捐赠者代表在会上发言。他们表示,资助贫困学生完成学业是为祖国的教育事业尽一份微薄之力,感到由衷的高兴。

---

① 阮映东、王挺:《珠海校区坚决抵制邪教》,见《中山大学珠海校区简报》第四十八期,第2页,2001年3月4日。

② 阮映东、王挺:《珠海校区坚决抵制邪教》,见《中山大学珠海校区简报》第四十八期,第2页,2001年3月4日。

③ 林俊洪:《珠海校区召开班车运行协调会》,见《中山大学(校报)》(复)第384期,2001年3月26日。

④ 林俊洪:《建文明校园 大家齐参与——珠海校区开展"文明月"活动》,见《中山大学(校报)》(复)第386期,2001年4月26日。

⑤ 何容飞:《珠海校区生物学科基础教学实验室达一流水平》,见《中山大学(校报)》(增)第39期,2001年4月上旬。

⑥ 林俊洪:《贫困生资助力度创历年之最》,见《中山大学(校报)》(复)第384期,2001年3月26日。

李延保在总结讲话中鼓励同学们克服困难,珍惜机会,刻苦学习,以优异的成绩和良好的素质来报答学校和社会的关爱。

△下午,珠海校区水面利用座谈会在广州校区梁銶琚堂第二会议室举行。①

杨晓光副校长主持会议,珠海校区党委书记黄治河及科技处、财务与国资管理处、生命科学学院等单位的领导和专家参加会议。会议就珠海校区已建设的几个湖塘、暂未建设的海边咸水鱼塘及校区西面的土地、果树的管理和利用进行了讨论。会议认为,珠海校区若海、隐湖、月湖等湖塘为了保持湖水干净,不宜养殖家鱼,只能供养观赏鱼;珠海校区海边暂时没规划到的几个鱼塘由生命科学学院利用作为海产养殖试验,学校建设需要时交回;校区西面暂没规划使用的土地可种植蔬菜等经济作物,已种下的3000株果树可承包管理。

△管理学院体育节在珠海校区开展。本次活动由管理学院2000级学生会策划组织。②

3月12日 是日为植树节。下午,100名驻澳门部队官兵和中山大学300名师生在珠海校区孙中山先生铜像两侧共同种植了500多株树。此次活动由珠海市绿化委员会和珠海校区共同组织,得到驻澳部队的热烈响应。杨晓光副校长参加了植树活动。③

3月15日 珠海校区网络与教育技术中心成立。④

3月16日 上午,广东省教育工会组织省直属高校工会主席到中山大学珠海校区参观。珠海校区管委会主任胡玉佳向主席们介绍了珠海校区的建设和管理情况。校工会副主席罗永明、黄飞红陪同参观。⑤

△下午,法律系珠海校区第一届学生代表大会召开。⑥

3月17日 中山大学香港校友联合会发布《中山大学香港校友联合会倡议书》,鼓励中大校友向珠海校区捐赠树木,绿化美化校园。下午,香港校友联合会与珠海校友联合会"根深情长"树木认植活动在珠海校区举行。中大校友会副会长、校长助理卢长玲主持活动,杨晓光副校长出席活动。⑦

---

① 中山大学珠海校区管理委员会:《学校专题讨论珠海校区的水面利用问题》,见《中山大学珠海校区简报》第四十九期,第2页,2001年3月18日。
② 李旭霞:《管理学院体育节在珠海校区开展》,见《中山大学(校报)》(复)第385期,2001年4月6日。
③ 麦剑宇:《官兵、师生联手绿化校园》,见《中山大学(校报)》(复)第384期,2001年3月26日。
④ 中山大学校长办公室:《中山大学年鉴(2001)》,中山大学出版社2002年12月第1版,第274页。
⑤ 罗永明:《中山大学工会编年史(1949—2010)》上册,中山大学出版社2011年6月第1版,第198页。
⑥ 李旭霞:《法律系珠海校区第一届学生代表大会召开》,见《中山大学(校报)》(复)第385期,2001年4月6日。
⑦ 中山大学珠海校区管理委员会:《"根深情长"——校友认植树木寄深情》,见《中山大学珠海校区简报》第五十期,第1~2页,2001年3月25日。

3月18日 上午,"广发中大校园卡"新闻发布会在珠海校区图书馆会议厅举行。①

中山大学、广东发展银行广州分行、中国人民银行广州分行、广东三九智慧电子信息产业有限公司等单位及珠海市有关领导出席新闻发布会,新华社、光明日报等24家新闻媒体的记者参加发布会。该卡被称为"校园与银行联网交易的非接触IC卡",由中山大学、广东三九智慧电子信息产业有限公司会同广东发展银行联合开发,于2000年9月在珠海校区成功启用。

△中山大学校友会向各界校友发出在珠海校区认植树木的倡议并提出认植办法。②

珠海校区从2001年起,将3月12日所属的星期定为植树周。本日,植树活动掀起高潮,约2000名学生以院系为单位在教学实验大楼东北侧、西南侧和学生宿舍北面种植了3500株树木。③

此后,多个单位及个人相继认捐:④

珠海市委、市政府、市人大、市政协认捐大树一棵(折合人民币2万元);

中国交通银行珠海市分行认捐树木(折合3.2万元);

珠海市香洲区委、区政府认捐树木(折合3.6万元);

淇澳岛红树林发展公司认捐大树一棵;

珠海市国土资源局认捐大树五棵;

中山大学香港校友联合会、脑环同集团有限公司、陈耀华、谢炯全等认捐大树一棵;

中山大学珠海校友会认捐大树一棵;

李延保、黄达人、王乐夫等校领导认捐大树一棵;

经济学系经济学专业1982级同学会认捐大树一棵;

中文系1978级同学会认捐大树一棵;

广东国讯通信连锁发展有限公司陈奕标认捐大树一棵;

物理学系1984级同学会认捐大树一棵;

政治学与行政学系认捐大树一棵;

中山大学美东校友会陈玉驹、李大西等校友认捐大树一棵;

《求进》报社校友认捐大树一棵;

---

① 《"广发中大校园卡"新闻发布会在珠海校区举行》,见《中山大学(校报)》(复)第384期,2001年3月26日。

② 中山大学校长办公室:《中山大学年鉴(2001)》,中山大学出版社2002年12月第1版,第335页。

③ 李旭霞:《建设中大特色校园,"植树周"植树起高潮》,见《中山大学(校报)》(复)第385期,2001年4月6日。

④ 中山大学校长办公室:《中山大学年鉴(2001)》,中山大学出版社2002年12月第1版,第289~291页。

中文刊授佛山校友，香港校友刘少强、黄学羲、林丽生，广州校友黄汝钊，天津校友陈友东，历史学系 1992 级同学会、1995 级同学会、外国语学院 1992 级同学会，佛山校友钟志强，1997 级应用数学、1998 级数学硕士共认捐小树 14 棵（每棵小树折合人民币 0.2 万元）；

物理学系 1979 级同学会李卓宁、高倩等认捐小树 20 棵。

△信息科学与技术学院 2000 级团委在珠海校区食堂组织"反邪教千人签名活动"和"反邪教漫画展"，展现学生反邪教决心。①

3 月 19 日 生命科学学院胡玉佳教授带领中山医科大学八年制临床医学专业和广州中医药大学七年制中医药班的学生来到珠海校区龙牙山，进行课外实践观察课。龙牙山植被繁茂，被誉为珠海校区的"植物生态园"。②

3 月 20 日 政治学与行政学系的 50 多名同学，以小组形式到唐家中学各班组织主题班会，为同学讲解学习心得和解答生活与成长的问题，以实际行动回报珠海人民对珠海校区的支持。本次活动为珠海校区"共建文明校园"活动的一部分。③

3 月 21 日 珠海市政府主持召开珠海校区二期工程协调会。④

珠海市政府在中山大学珠海校区二期工地主持召开现场协调会，讨论解决二期工程建设及一期工程申报"鲁班奖"问题。杨晓光副校长及珠海市建委、质检站、供水、供电、设计院、建设单位、监理等有关方面负责人参加了协调会。珠海校区二期工程自 2000 年 12 月 28 日开工以来，进展顺利。会议协调解决了建设中存在的问题。市政府有关领导强调指出："工程建设要抓早不抓晚，先紧后松，抓时间抢进度，科学施工，争取主动，各相关部门要紧密配合，全力以赴，确保今年 5000 多名学生按时开学。"会议还就一期工程的教学实验大楼申报国家建筑最高奖"鲁班奖"的准备工作做了布置，要求该建筑建设单位严格按照"鲁班奖"的质量标准进行质量检查、返工、升级，各相关方面团结合作，努力把申报工作做细、做好，为中山大学和珠海市争光。

3 月 22 日 李鸿忠副省长考察珠海校区。⑤

上午，李鸿忠副省长在广东省教育厅厅长郑德涛、珠海市副市长周本辉等人陪同下到珠海校区考察。中大党委书记李延保向李鸿忠汇报了珠海校区情况。李鸿忠在中大校史展览厅了解中大历史，并参观了图书馆、行政楼、教学实验大楼、学生生活区和二期工程工地。在学生宿舍，他与学生亲切交谈，鼓励他们珍惜条件，努

---

① 麦宇剑：《珠海校区再掀反邪教浪潮》，见《中山大学（校报）》（复）第 385 期，2001 年 4 月 6 日。
② 庄虹：《珠海校区有个"植物生态园"》，见《中山大学（校报）》（复）第 385 期，2001 年 4 月 6 日。
③ 李旭霞：《谁言寸草心，报得三春晖——政行系 2000 级同学以实际行动回报珠海人民》，见《中山大学（校报）》（复）第 385 期，2001 年 4 月 6 日。
④ 《珠海市政府主持召开校区二期工程协调会》，见《中山大学（校报）》（复）第 384 期，2001 年 3 月 26 日。
⑤ 《李鸿忠副省长考察珠海校区》，见《中山大学（校报）》（复）第 384 期，2001 年 3 月 26 日。

力学习,毕业后留在广东,为广东服务。他还向宿管人员了解物业公司负责学生宿舍管理的运行情况。李鸿忠提出,中大有这么悠久的历史,应该把中大及中国有开山意义的文化名人的塑像在珠海校区树立起来,培育珠海校区的文化氛围。他肯定了中大珠海校区高起点、高水平的建设。最后,他指出,中大珠海校区应与相邻的南方软件园及珠海市其他高新技术基地连接起来,推动珠海市高新技术产业的发展。

3月23日 原广东省委常委、省纪委书记王宗春及原陕西省委常委、省纪委书记李焕政在珠海市委副书记魏宏广、中大珠海校区党委书记黄治河等人陪同下,在珠海校区参观考察。①

△以德国驻澳门特别行政区总领事馆总领事葛斯为团长,来自27个国家和地区及澳门特别行政区领事官员考察团一行40多人到珠海校区参观考察。珠海校区管委会主任胡玉佳教授向客人介绍了校区情况。②

△晚,珠海市女子室内中乐团在珠海校区图书馆讲学厅为我校师生演出了一场民族音乐会。③

3月24日 由生命科学学院研究生会组织、以2000级博士生班为主体的"新连新"学习交流活动在珠海校区举行。2000级博士生与硕士生和2000级本科新生开展了多方面的交流。④

4月2日 珠海校区建设"十五"规划讨论会在校区召开。⑤

4月7日 下午,中山大学师生无偿献血活动在珠海校区学生食堂外进行,活动由珠海市无偿献血办公室与中大珠海校区爱心同盟联合举办。⑥

4月9日 晚,珠海校区学生工作办公室副主任、团工委书记阮映东与管理学院、法律学系及外国语学院的团干部一起座谈交流。⑦

4月13日 珠海校区召开建设文明校园师生讨论会。⑧

本次研讨会的主题是"建设文明校园,如何从我做起"。校党委书记李延保、副校长杨晓光、珠海校区党委书记黄治河、管委会主任胡玉佳等领导,各院系管理教师和以宿舍为单位的学生代表等200多人参加了讨论会。

---

① 林俊洪:《简讯》,见《中山大学(校报)》(复)第385期,2001年4月6日。
② 林俊洪:《简讯》,见《中山大学(校报)》(复)第385期,2001年4月6日。
③ 林俊洪:《简讯》,见《中山大学(校报)》(复)第385期,2001年4月6日。
④ 黎茵、金华中:《心系珠海,情同手足——记生命科学学院"新连新"珠海校区学习交流活动》,见《中山大学(校报)》(复)第386期,2001年4月26日。
⑤ 中山大学校长办公室:《中山大学年鉴(2001)》,中山大学出版社2002年12月第1版,第238页。
⑥ 李旭霞:《珠海校区师生献血献爱心》,见《中山大学(校报)》(复)第386期,2001年4月26日。
⑦ 中山大学管理学院2000级团总支:《团工委书记与团干部座谈》,见《中山大学(校报)》(复)第386期,2001年4月26日。
⑧ 林俊洪:《建设文明校园必须从我做起——李延保书记参加珠海校区建设文明校园讨论会并做重要讲话》,见《中山大学(校报)》(复)第386期,2001年4月26日。

杨晓光在讨论会上指出，建设文明校园的意义：一是学校建设和发展的需要，中山大学珠海校区是近年来教育部批准异地办大学的第一个，受到社会广泛的关注和好评，我们要把她建成全国示范校区，必须建设一个文明校园；二是建设一个良好的学习生活环境的需要；三是促进校园文化建设、活跃学术氛围的需要。

李延保在讲话中指出，珠海校区的建设为中大赢得了荣誉，他本人及全校上下都对珠海校区的第一届学生的成长给予了极大的关注。各院系的领导为珠海校区倾注了心血，学校派出优秀的老师来任课，一些多年不给本科生上课的优秀老教授也出山到珠海校区来，管理老师对同学们付出了双倍的努力和关心。新校区还有不完善的地方，同学们要克服不利条件，自觉、自爱、自约、自强，充分利用优势；沉醉于网上游戏、聊天的同学要树立大志，自觉抵制，同学之间要建立互相监督、互相帮助、互相促进的互动的学习机制，把学习氛围营造起来；通过这次讨论，各宿舍自我制订公约，培养自主管理、自主服务、自主教育的能力，把宿舍文明、校园文明建设起来；学校将继续重视网络建设，为同学们提供更好的网上学习环境，通过网络加强领导、老师、学生之间的交流和沟通。最后，他鼓励每一位同学都应有作为中大人的自豪感、荣誉感，有信心管理好自己。

4月14日 在外国语学院研究生会的组织下，该院研究生赴珠海校区与本科生进行交流。在参观校园后，来自英、法、日专业的研究生分组与相应专业的本科生进行了座谈。①

4月14日至15日 中山大学珠海校区"青年志愿者组织"在招新活动中受到学生欢迎，有320名成员报名，成为珠海校区规模最大的学生社团。②

4月16日 珠海校区第二个人工草标准足球场进行评标、定标，计划于7月底建设完成。③

4月18日 中国交通银行珠海分行捐资为珠海校区种植48棵细叶榕。是日，该行几十名员工来到珠海校区植树，杨晓光副校长与交通银行领导共同为"交通银行绿化带"石碑揭幕。④

4月22日 晚，珠海电视台《有话要说》栏目与珠海校区学生工作办公室、团工委联合举办的特别节目"五四"论坛之"同一方热土"节目录制在珠海校区举行。金山软件有限公司总裁求伯君、珠海格力电器股份有限公司副总经理董明

---

① 中山大学外语学院研究生学生会：《外院研究生前往珠海交流》，见《中山大学（校报）》（复）第388期，2001年5月14日。
② 李旭霞：《"青年志愿者组织"奉献青春热情》，见《中山大学（校报）》（复）第388期，2001年5月14日。
③ 林俊洪：《珠海校区将建设第二足球场》，见《中山大学（校报）》（复）第386期，2001年4月26日。
④ 林俊洪：图片新闻，见《中山大学（校报）》（复）第388期，2001年5月14日。

珠、南科电子有限公司总经理吴伟国等特邀嘉宾与同学们进行了对话交流。①

△由珠海市环保局与珠海校区团工委联合主办，法律学系2000级团总支、学生会承办的"爱在随手之间——废旧电池回收及签名活动"在珠海校区举行。②

4月27日 以北京大学王义遒教授为组长的教育部本科教学工作预审专家组一行到珠海校区检查工作。校党委书记李延保、副校长徐远通、副校长杨晓光、珠海校区管委会主任胡玉佳等陪同专家组考察了珠海校区。③

△中大首任校长邹鲁之子邹达一行来到珠海校区参观。校党委书记李延保和副校长杨晓光会见了邹达一行。珠海校区的建设情况得到邹达先生的赞扬。④

4月29日 国家科技部副部长邓楠、广东省副省长李鸿忠等领导到珠海校区参观考察，副校长杨晓光、珠海校区党委书记黄治河陪同考察。杨晓光向客人汇报了中山大学的教学、科研情况和珠海校区的建设、教学和管理情况。⑤

4月30日 中山大学与中国人民解放军驻澳门部队联欢晚会在驻澳部队珠海基地大礼堂举行。副校长杨晓光、珠海校区管委会主任胡玉佳等率领中大艺术团参加联欢，慰问驻澳部队官兵。晚会上，杨晓光、胡玉佳代表学校向驻澳部队赠送了"军民情长，携手共进"的锦旗，驻澳部队刘粤军司令员、刘良凯政委向我校赠送了一块中国人民解放军进驻澳门纪念牌。⑥

5月1日 上午，彭佩云同志考察珠海校区。⑦

全国人大常委会副委员长、全国妇联主席彭佩云在广东省委常委、珠海市委书记黄龙云等人的陪同下到珠海校区考察。彭佩云详细听取了珠海校区党委书记黄治河关于校区建设、教学与管理的情况汇报，并参观了珠海校区。彭佩云在图书馆和学生宿舍与同学们亲切交谈，关心他们的学习和生活，鼓励同学们珍惜优良的学习环境，学好知识，将来报效社会。

5月3日 上午，广东省委常委、组织部部长刘凤仪，广东省委常委、珠海市委书记黄龙云到珠海校区考察。校党委书记李延保陪同参观了图书馆、教学实验大楼、学生生活区和二期工地，李延保详细介绍了珠海校区的情况。⑧

---

① 沈苏：《青年学生与求伯君等企业家"有话要说"——珠海电视台〈有话要说〉"五四"论坛在珠海校区举行》，见《中山大学（校报）》（复）第388期，2001年5月14日。
② 莫华：《为珠海环保而努力》，见《中山大学（校报）》（复）第389期，2001年5月28日。
③ 林俊洪：《教育部专家组在珠海校区检查工作》，见《中山大学（校报）》（复）第388期，2001年5月14日。
④ 中山大学校报编辑部、中山大学校友会：《邹达先生来校访问，感到由衷高兴》，见《中山大学（校报）》（增）第40期，校友专刊。
⑤ 林俊洪：《邓楠考察珠海校区》，见《中山大学（校报）》（复）第388期，2001年5月14日。
⑥ 林俊洪：《军民情长，携手共进——我校与驻澳部队联欢结情谊》，见《中山大学（校报）》（复）第388期，2001年5月14日。
⑦ 中山大学校长办公室：《中山大学年鉴（2001）》，中山大学出版社2002年12月第1版，第276页。
⑧ 林俊洪：《刘凤仪考察珠海校区》，见《中山大学（校报）》（复）第388期，2001年5月14日。

5月4日 由中山大学珠海校区团工委、政治学与行政学系主办的"中国心·奥运情——中山大学五四助申奥自行车市区巡游签名活动"在珠海举行。校党委书记李延保和珠海市副市长余荣霭在开幕式上为活动横幅进行了拼接。①

5月5日 中山大学与珠海市唐家湾社区服务中心签订合同,珠海校区将开通校园穿梭巴士,由唐家湾社区服务中心投资运营。②

5月8日 原中共中央办公厅副主任胡光宝在珠海市委副书记余炳林、珠海校区党委书记黄治河陪同下参观珠海校区。③

5月10日至11日 中大美食文化节在珠海校区举行。10日晚上,在教学实验大楼首层举行开幕式晚会。④

5月11日 香港特别行政区行政长官特别顾问叶国华先生考察珠海校区。广东省政府发展研究中心副主任王利文、珠海市委副书记余炳林、珠海校区党委书记黄治河等人陪同考察。⑤

△晚,管理学院2000级本科生党支部、团总支联合举办"五四"系列之党团知识竞赛,庆贺党的八十华诞。⑥

5月12日至14日 "潘婷杯"维纳斯歌手大赛首次登陆珠海校区。从5月12日开始,初赛、复赛陆续举行。最终将有5名选手获得参加在广州校区举行的总决赛的资格。⑦ 在6月3日晚上举行的维纳斯歌手大赛总决赛上,来自珠海校区的刘雨同学获得季军。⑧

5月13日 团中央书记处书记赵勇,团中央常委、少年部部长郭长江一行到珠海校区参观考察。副校长杨晓光陪同考察并汇报了校区情况。赵勇对"中大—珠海"模式表示高度赞赏。⑨

---

① 张弓:《中国心·奥运情——"五·四"自行车巡游签名活动成功举行》,见《中山大学(校报)》(复)第388期,2001年5月14日。
② 中山大学校长办公室:《中山大学年鉴(2001)》,中山大学出版社2002年12月第1版,第277页。
③ 林俊洪:《胡光宝、叶国华、赵勇先后参观珠海校区》,见《中山大学(校报)》(复)第389期,2001年5月28日。
④ 李旭霞:《美食文化节在珠海校区举行》,见《中山大学(校报)》(复)第389期,2001年5月28日。
⑤ 林俊洪:《胡光宝、叶国华、赵勇先后参观珠海校区》,见《中山大学(校报)》(复)第389期,2001年5月28日。
⑥ 中山大学管理学院2000级团总支:《管院二〇〇〇级举行党团知识竞赛》,见《中山大学(校报)》(复)第389期,2001年5月28日。
⑦ 麦剑宇:《"维纳斯"首次登陆珠海校区》,见《中山大学(校报)》(复)第389期,2001年5月28日。
⑧ 王书素、朱勇、梁惠婷:《维纳斯尘埃落定 何颖敏摘取桂冠》,见《中山大学(校报)》(复)第390期,2001年6月7日。
⑨ 林俊洪:《胡光宝、叶国华、赵勇先后参观珠海校区》,见《中山大学(校报)》(复)第389期,2001年5月28日。

5月15日 上午,珠海校区二期学生宿舍区封顶仪式举行。①

中山大学校长黄达人、副校长杨晓光,珠海市市长方旋等领导出席封顶仪式。黄达人在仪式上讲话指出,珠海校区一期的建设,社会各界好评如潮,教学实验大楼正在申报国家建筑最高奖鲁班奖。他鼓励建设者们再接再厉,艰苦奋斗,使二期建筑建设得更优质,为珠海校区增添更加美丽的景色。珠海市委、市政府代表在讲话中对中山大学珠海校区启用以来给珠海市的科技、经济、教育、文化等方面带来的积极影响给予充分肯定,认为珠海校区二期工程的建设将使校园更加美丽,成为珠海市更加亮丽的景观。一期工程的建设,为中山大学锻炼了一批既懂技术又懂管理的基建管理队伍,相信二期建设能按时保质完成任务。

珠海校区二期学生宿舍于2000年12月28日开工,共有8栋,5800多个床位,宿舍每间42平方米,比一期每间大4平方米,依山而建,环境和条件比一期更优。

5月16日 在珠海校区团工委的指导下,珠海校区《求进》报社在教学实验大楼主办社庆沙龙,总结交流社团建设经验。珠海校区团工委书记阮映东及各社团负责人参加。②

5月17日 珠海校区为加强教职员工学习,提升工作素质,邀请人类学系庄益群教授到校区开设《公文写作》课程。课程从5月17日开始到6月底结束,要求校区全体员工参加学习,修完课程进行考试,考试情况纳入年终考核。是日晚,副校长杨晓光、校区党委书记黄治河、管委会主任胡玉佳和各办主任及员工到教学实验大楼参加了第一次课程。③

5月18日 "若海学术论坛"第二期活动举办。④

晚,珠海校区团工委在图书馆讲学厅举办"若海学术论坛"第二期活动,主题为"我的大学不是梦"。李延保书记出席并做了讲话。他在讲话中说:"你们是以主人翁的姿态在讨论,你们也的确是在开拓。"他表示,作为珠海校区第一届学生,你们应该感到荣幸和自豪,你们不是被动的受教育者,而是校园文化的建设者和开拓者,后面的同学将在你们的基础上继续前进,这对你们不仅仅是挑战,更是一笔财富。李书记再次强调,珠海校区是原汁原味的中大,学校将不遗余力把中大优良的学风、校风、文化传统移植到珠海校区来。

"若海学术论坛"第一期的主题是"大学学者与大学精神"。

---

① 林俊洪:《珠海校区二期工程学生宿舍如期封顶》,见《中山大学(校报)》(复)第389期,2001年5月28日。

② 邓海军:《珠海校区社团:我们任重而道远——记珠海校区求进报社社庆沙龙》,见《中山大学(校报)》(复)第390期,2001年6月7日。

③ 林俊洪:《校区员工再学习 成绩纳入年终考核》,见《中山大学(校报)》(复)第390期,2001年6月7日。

④ 李旭霞:《若海论坛:我的大学不是梦——李延保书记出席论坛并做讲话》,见《中山大学(校报)》(复)第390期,2001年6月7日。

中山大学珠海校区编年史（1999—2018）

5月19日　中大中文刊授佛山校友会一行66人来到珠海校区，在校友会许东黎秘书长的陪同下，参加了珠海校区树木认植活动。他们认植了珠海校区逸仙路北段、编号为8和9的两颗树。许东黎秘书长向校友代表颁发了认植证书。①

△中大经济系经济学专业1982级同学会30多位校友举行毕业15周年庆祝聚会，他们专程到珠海校区举行了大树认植仪式。②

5月21日　吉林大学党委书记吴博达、副校长金硕一行考察我校珠海校区。③

△中山大学香港校友联合会一行近20人到珠海校区参观，李延保书记向香港校友介绍了珠海校区的建设和发展情况。④

5月21日至27日　哲学系学生会组织2000级本科生在珠海校区开展哲学勤工俭学周活动。⑤

5月25日　由中大校友会主办，学生处、校团委、中文系协办，理工学院学生会承办的"同是中大人"中山大学校友论坛在珠海校区图书馆讲学厅举办第一期讲座，中文系1965届校友、中美友好交流协会会长、中国新闻社驻纽约特派记者麦子做题为"美国新闻传媒的现状——一个驻美记者生涯的体会"的专题演讲。⑥

5月26日　上午，中山大学香港校友联合会副会长关惠明一行18人到珠海校区参观，校友总会许东黎秘书长陪同参观。香港校友认植了树木。⑦

△下午，首届"中山大学科技节"开幕式在珠海校区教学实验大楼举行。⑧

本届科技节由中山大学主办，广州、深圳、珠海、佛山、江门、惠州、中山、南海八个城市协办。广东省委常委、珠海市委书记黄龙云出席开幕式，广东省科技厅副厅长马宪民、广东省教育厅副厅长罗远芳、珠海市市长方旋以及本届科技节协办城市的有关领导出席了开幕式并讲话。开幕式由杨晓光副校长主持。

许家瑞副校长在讲话中说，首届"中山大学科技节"的开幕，对于进一步加强中山大学与地方政府和企业的联系，促进产学研合作和科技成果的转化有着重要

---

① 中山大学校长办公室：《中山大学年鉴（2001）》，中山大学出版社2002年12月第1版，第335页。
② 中山大学校报编辑部、中山大学校友会：《认植活动渐入高潮》，见《中山大学（校报）》（增）第40期，2001年7月上旬。
③ 林俊洪：《中科院江棉恒等考察珠海校区》，见《中山大学（校报）》（复）第391期，2001年6月18日。
④ 中山大学校报编辑部、中山大学校友会：《中山大学（校报）》（增）第40期，图片新闻，2001年7月上旬。
⑤ 朱华全：《哲学2000级开展勤工俭学活动》，见《中山大学（校报）》（复）第390期，2001年6月7日。
⑥ 中山大学校报编辑部、中山大学校友会：《麦子在珠海校区首开校友论坛》，见《中山大学（校报）》（增）第40期，2001年7月上旬。
⑦ 中山大学校报编辑部、中山大学校友会：《香港校友参观珠海校区》，见《中山大学（校报）》（增）第40期，2001年7月上旬。
⑧ 岳辉：《首届"中山大学科技节"开幕》，见《中山大学（校报）》（复）第389期，2001年5月28日。

的和积极的意义。他希望能与社会和企业之间架起一座沟通的桥梁,更好地为广东省的经济发展和社会进步服务。马宪民、罗远芳、方旋在讲话中希望中山大学能够在高素质人才的培养、高科技成果的产业化等方面为广东省地方经济发展做出更大的贡献。

开幕式上,领导和嘉宾为获得"亿达洲杯"企业文化设计比赛的获奖同学颁奖。马宪民、罗远芳、方旋、许家瑞等领导为"中山大学创新科技研究院"揭牌。"中山大学创新科技研究院"是5月17日经过学校批准成立的。

5月 珠海校区分工会成立。①

6月2日 珠海校区风雨操场(体育馆)、化学实验大楼通过综合验收。②

是日,广东省教育厅、勘察局及珠海市建委、质监、安检、消防、防雷、环保等有关部门通过了对珠海校区风雨操场(体育馆)、化学实验大楼的综合验收。体育馆是珠海校区的又一标志性建筑,是全国首个大型天然基础及钢拉索大跨度钢板结构建筑物,馆内运动场长105米,跨度(宽)70米,中间没有一根柱子,全靠两边钢拉索撑起大跨度拱形钢板顶棚,是具有高难度的技术工艺的建筑。化学实验大楼高六层,总建筑面积7300多平方米,设有无机化学实验室和有机化学实验室等。这标志着珠海校区的硬件条件又上了一个新的台阶。

6月5日 中午,根据李延保书记的指示,杨晓光副校长率领校区党委书记黄治河、党政办主任黄喜及后勤管理人员突击检查了校区教工食堂和学生食堂的卫生状况。③

6月6日 下午,河北省省长钮茂生在广东省委常委、珠海市委书记黄龙云的陪同下到珠海校区参观考察。杨晓光副校长向钮茂生介绍了珠海校区的建设和管理情况。钮茂生一行参观了图书馆和校园,并与同学们亲切交谈,他高度肯定了中山大学与珠海市合作建设校区的模式。④

6月7日 中国科学院副院长江绵恒参观考察珠海校区,广东省委常委、珠海市委书记黄龙云和珠海市长方旋陪同考察。⑤

△美国西北理工大学校长谢佐齐博士到我校珠海校区,在图书馆讲学厅做题为"21世纪人才资源的开发和培养模式"的演讲。谢佐齐博士是华裔美国教育家、社会心理学和行为学家,从事科技管理、人才教育和行政管理工作30多年。杨晓光

---

① 罗永明:《历程·风采:中山大学工会60周年纪念专刊》,中山大学出版社2011年7月第1版,第161页。

② 林俊洪:《体育馆、化学实验大楼通过验收》,见《中山大学(校报)》(复)第390期,2001年6月7日。

③ 林俊洪:《校区突击检查食堂卫生》,见《中山大学(校报)》(复)第390期,2001年6月7日。

④ 林俊洪:《河北省省长钮茂生考察珠海校区》,见《中山大学(校报)》(复)第390期,2001年6月7日。

⑤ 林俊洪:《中科院江绵恒等考察珠海校区》,见《中山大学(校报)》(复)第391期,2001年6月18日。

副校长会见了谢博士，珠海校区管委会主任胡玉佳教授主持演讲会。①

6月8日 上午，由唐家社区服务中心投入经营的两部珠海校区校园穿梭巴士正式开通使用。杨晓光副校长、珠海市政府副秘书长霍榕荫、珠海校区管委会主任胡玉佳等出席开通仪式并剪彩。②

6月9日 江西省委常委、省纪委书记马世昌及江西省委常委、省委秘书长胡波率领江西省纪检考察团一行到珠海校区参观考察。广东省监察厅副厅长谢谷梁等陪同考察。③

△澳门特别行政区行政长官办公室主任何永安及特别行政区教育暨青年局、劳工暨就业局、司法警察局、投资促进局等部门官员一行10人参观考察珠海校区。④

6月10日 全国政协副主席罗豪才一行考察珠海校区。⑤

上午，全国政协副主席罗豪才率全国政协港澳台委员会主任朱调、副主任张伟超，全国政协委员、教育部副部长韦钰及全国政协港澳台侨委员会委员邬梦兆等一行在珠海校区做专题考察。省委常委、珠海市委书记黄龙云，省政协副主席王珣章，我校党委书记李延保、副校长杨晓光陪同考察。罗豪才一行一边听取中山大学的汇报，一边仔细地参观了图书馆、教学实验大楼、学生生活区和二期工程工地。他们对珠海校区优良的办学环境表示赞赏，对"中大—珠海"模式给予高度评价，肯定了珠海市不遗余力引进高校的做法。韦钰对珠海与中大携手走向双赢的做法表示欣赏，希望双方共同努力办好中大珠海校区，为全国高等教育发展提供可借鉴的好经验。

6月11日 校学生会主席陈霄斌同学前来珠海校区列席校区学生会部长例会，这标志着两校区学生会交流制度的正式实施。根据该制度，两校区学生会将以一星期为周期，轮流派部分干部赴另一校区开展以列席例会和干部之间沟通学习为主要内容的交流活动。⑥

6月14日 晚，中华国际观光合作策进会创会会长、中山大学特聘教授陆景武在珠海校区做演讲。⑦

6月15日 上午，广东省教育厅高校毕业生就业指导中心王创同志应管理学

---

① 林俊洪：《谢佐齐博士来校区做演讲》，见《中山大学（校报）》（复）第391期，2001年6月18日。
② 林俊洪：《珠海校区开通校园穿梭巴士》，见《中山大学（校报）》（复）第391期，2001年6月18日。
③ 林俊洪：《中科院江绵恒等考察珠海校区》，见《中山大学（校报）》（复）第391期，2001年6月18日。
④ 林俊洪：《中科院江绵恒等考察珠海校区》，见《中山大学（校报）》（复）第391期，2001年6月18日。
⑤ 林俊洪：《全国政协副主席罗豪才一行考察珠海校区》，见《中山大学（校报）》（复）第391期，2001年6月18日。
⑥ 张弓：《两校区学生会加强交流》，见《中山大学（校报）》（复）第391期，2001年6月18日。
⑦ 邓海军：《陆景武教授来珠海校区做讲座》，见《中山大学（校报）》（复）第391期，2001年6月18日。

院的邀请，来到珠海校区给同学们做题为"如何提高大学毕业生的竞争力"的讲座。①

6月20日至21日 广州校区9位教学督导员来到珠海校区，加强对珠海校区本科教学管理督导工作。广州校区教学督导员大多为已离开教学第一线的退休老教授，他们还兼任中山大学重点课程建设评估验收专家组成员。②

6月 珠海校区教学实验大楼工程获得广东省建设厅颁发的2001年度广东省优良样板工程。③

6月 黄治河任生命科学学院党委书记，不再担任珠海校区党委书记。

7月15日 珠海校区二期饭堂经营开标。④

7月16日 珠海市政府召开我校珠海校区教师住宅用地专门会议，校区教师住宅建设进入议事日程。⑤

7月 学校武装部从珠海校区挑选4名女生组成女子射击队，从广州校区挑选4名男生组成男子定向越野队，暑假期间进行短期集训，7月下旬到哈尔滨参加第三届中国大学生国防体育节锦标赛。两个项目都取得中上成绩，并分别获得"体育道德风尚奖"。⑥

8月30日 珠海校区与中国人寿保险公司珠海分公司签订保险协议。⑦

9月5日 珠海校区召开2001级学生军训协调会。⑧

杨晓光副校长主持协调会，明确军训任务，落实各项保障工作，珠海校区领导、各办负责人、院系学生管理干部参加。全体新生4152人编成8个营、32个连、96个排。原计划9月13日开训，因承训部门军事斗争准备任务重，国庆前不能进校。经广州军区机关多次协调，临时改由七五二二一部队承训，共选配团、营、连干部骨干和理论教员134名，在粤东海训现场预训、备课，9月14日进校，9月15日上午开训，至9月30日上午结束。

9月7日至9日 珠海校区迎新。⑨

校党委书记李延保、珠海市副市长余荣霭于9月8日共同检查新生接待工作并接受珠海电视台记者的采访。在地方合作方面，唐家镇在8月中旬开始部署中大珠海校区迎新工作，成立了以镇委书记、镇长为首的迎新工作小组。珠海市政府、市

---

① 邓海军：《如何做一个高素质人才》，见《中山大学（校报）》（复）第391期，2001年6月18日。
② 王金凤：《广州校区教学督导员到珠海校区听课》，见《中山大学（校报）》（复）第393期，2001年7月4日。
③ 中山大学校长办公室：《中山大学年鉴（2001）》，中山大学出版社2002年12月第1版，第294页。
④ 中山大学校长办公室：《中山大学年鉴（2001）》，中山大学出版社2002年12月第1版，第239页。
⑤ 中山大学校长办公室：《中山大学年鉴（2001）》，中山大学出版社2002年12月第1版，第239页。
⑥ 中山大学校长办公室：《中山大学年鉴（2001）》，中山大学出版社2002年12月第1版，第66页。
⑦ 中山大学校长办公室：《中山大学年鉴（2001）》，中山大学出版社2002年12月第1版，第239页。
⑧ 中山大学校长办公室：《中山大学年鉴（2001）》，中山大学出版社2002年12月第1版，第67页。
⑨ 李旭霞：《珠海校区迎新工作纪实》，见《中山大学（校报）》（复）第395期，2001年9月18日。

公安局交警支队也提供了大力支持。

9月8日 晚，2001级新生家长会在珠海校区教学实验大楼举行。①

李萍副校长、杨晓光副校长等领导出席家长会，并认真回答了家长们的提问。与2000年的家长会相比，2001年大家关心的更多是有关教育过程和教育质量问题，而2000年的家长会，更多的问题是有关安全和生活服务、生活条件方面。这表明，经过一年的建设和管理，珠海校区的设施更完善，尤其是在管理上获得社会的信任。李萍、杨晓光在回答家长们的提问时强调，广大家长要配合学校，信任自己的孩子，培养学生的独立意识、独立能力、自我成才的能力，从关心孩子的物质生活上转移到关心孩子的思想上来，学校的学生管理工作将坚持"自我教育、自我管理、自我服务"的原则，注重培养学生的创新能力。

9月9日 上午，珠海校区二期学生区工程竣工典礼暨教师住宅（南区倚海苑）奠基仪式举行。②

校党委书记李延保、校长黄达人等校领导及珠海市委副书记关玉嘉、副书记魏宏飞、副市长余荣霭等珠海市领导出席仪式。杨晓光副校长主持仪式。③ 二期学生宿舍及饭堂总建筑面积75000平方米，包括总建筑面积达64000平方米的8栋学生宿舍、1座11000平方米的食堂、1个标准人造草足球场、1个3200平方米的文化广场和60000平方米的绿化及水电等其他配套工程。概算投资10000万元，2000年12月底开工，2001年9月6日竣工。④ 为表示对中山大学的支持，珠海市政府再次划拨90000平方米的住宅用地，用于建设中山大学教师住宅。

9月10日 上午，中山大学2001级新生开学典礼在珠海校区教学实验大楼举行。⑤

李延保书记、黄达人校长、林尚安院士、王乐夫副书记、刘美南副校长、许家瑞副校长、杨晓光副校长出席开学典礼。典礼由李萍副校长主持。

黄达人在典礼上致辞。他说，中山大学就像现在呈现在你们面前的这片珠海校区一样，宽阔博大、气势磅礴，同时又充满朝气。看着你们，我好像在每一个人的脸上都看见了"朝气蓬勃"四个大字。青年人要以天下为己任，要做时代的主人、世界的主人。从今天开始，同学们就要树立起主人翁意识，做学校的主人。你们所做的每一件事情，都应该对自己负责，对学校负责。大学是一个全新的人生阶段，同学们要学会自律，要学会自我管理。人生的路也许很长，但关键的却只有几步。

---

① 中山大学校长办公室：《中山大学年鉴（2001）》，中山大学出版社2002年12月第1版，第279页。
② 岳辉：《珠海校区二期工程竣工、教工住宅奠基》，见《中山大学（校报）》（复）第395期，2001年9月18日。
③ 中山大学校长办公室：《中山大学年鉴（2001）》，中山大学出版社2002年12月第1版，第239页。
④ 中山大学校长办公室：《中山大学年鉴（2001）》，中山大学出版社2002年12月第1版，第239页。
⑤ 周英、岳辉：《我校隆重举行2001年研究生、本科生开学典礼》，见《中山大学（校报）》（复）第395期，2001年9月18日。

你们正在跨出关键的一步。拿到中山大学录取通知书时所有的喜悦和荣耀都已成为过去。现在同学们所要做的就是在大学四年的时间中，珍惜这一来之不易的机会，以主人翁的姿态，认真地走好这人生关键的一步。

杨晓光副校长宣读2001年凯思奖学金获得者名单。夏纪梅教授作为教师代表、陈曦作为在校生代表、程璐作为新生代表分别发言。

9月12日 政治学与行政学系珠海校区学生党支部举行学习江泽民总书记"七一"讲话座谈会，党支部书记杨海丽老师、2000级9位党员及2001级的4位新生党员出席并积极展开讨论。①

9月14日 下午，珠海市驻军某部官兵200余人来到珠海校区，2001级新生开始军训。②

9月15日 上午，中山大学珠海创新科技研究院华人无损检测研究中心正式成立签约仪式在珠海校区行政楼举行，杨晓光副校长和珠海南欧检测技术公司总监何秀堂教授在协议书上签字。③

中山大学与珠海市政府共建的"中山大学珠海创新科技研究院"于2001年6月成立，主要研究方向是海水养殖、信息技术、电力电子新能源、医药、环境等。④

9月17日 杨晓光副校长与美国国家工程院院士王兆凯在珠海校区签订协议，由中山大学珠海创新科技研究院与王兆凯院士合作成立"中大兆凯生物医药研究所"。⑤

9月18日 晚，由珠海校区团工委主办，政治学与行政学系、若海工作组协办的"勿忘国耻，牢记'九一八'——纪念'九一八'事变七十周年论坛"在珠海校区举行。校党委宣传部部长朱孔军、政治学与行政学系党总支副书记卢坤建、珠海国际时事评论员吴文莱应邀出席论坛并担任主讲嘉宾。⑥

9月21日 教育部高等学校中文、历史、哲学学科第一届教学指导委员会第一次全体委员会议在中山大学珠海校区举行。⑦

上午，来自北京大学、清华大学、中国人民大学、北京师范大学、吉林大学、

---

① 中山大学政治学与行政学系珠海校区学生党支部：《加强理论学习，当好先锋模范——政行系珠海学生党支部学习"七一"讲话》，见《中山大学（校报）》（复）第397期，2001年9月27日。
② 《珠海校区军训前夜》，见《中山大学（校报）》（复）第397期，2001年9月27日。
③ 易汉文：《中山大学编年史（1924—2004）》，中山大学出版社2005年9月第1版，第176页。
④ 中山大学校长办公室：《中山大学年鉴（2012）》，中山大学出版社2014年1月第1版，第519页。
⑤ 罗毅：《美国国家工程院院士落户中大创新科技研究院》，见《中山大学（校报）》（复）第399期，2001年10月23日。
⑥ 中山大学政治学与行政学系：《以史为鉴，面向未来——珠海校区纪念"九一八"事变七十周年》，见《中山大学（校报）》（复）第397期，2001年9月27日。
⑦ 《教育部文、史、哲学科教学指导委员会第一次全委会在珠海校区举行——我校五位教师任新一届委员会委员》，见《中山大学（校报）》（复）第397期，2001年9月27日。

浙江大学等国内60余所大学的120多位从事文史哲研究的知名学者出席会议，其中有30多位是国内知名大学的校长、副校长。教育部高等教育司副司长刘凤泰受教育部委托，向中文、历史、哲学三个学科教学指导委员会的委员们颁发聘书，中山大学中文系欧阳光教授，历史学系陈春声教授、刘志伟教授和哲学系黎红雷教授、冯平教授分别任教育部高等学校中文、历史、哲学学科新一届教学指导委员会委员。

与会委员还考察了珠海校区，他们赞扬两年来校区建设所取得的成绩，特别是对良好教学实验基础设施、教学条件和图书馆、行政、后勤服务的管理方式给予高度评价。

9月22日 校团委在珠海校区图书馆前广场举办迎新晚会。校舞蹈团、话剧团等社团为新生带去了精心编排的节目。奥运会跳水冠军余卓成、孙淑伟校友应邀出席晚会，世界杯跳水冠军蔡玉燕参加晚会。余卓成和孙淑伟分别是1996级法律系和中文系学生，蔡玉燕则是2001级中文系新生。①

9月24日至25日 中山大学2001年学生工作研讨会在珠海校区举行，主题是"适应新形势，开创学生教育工作的新模式"。副校长李萍、杨晓光出席会议。②

9月25日 新华社总社及全国23个分社的摄影记者一行28人来到珠海校区采访。记者们盛赞珠海校区的建设规模和建设速度。③

9月26日 下午，珠海校区《求进》报社社员座谈会在图书馆13楼会议室举行。副校长杨晓光，校党委常委、组织部部长戴月及组织部、珠海校区团工委有关老师，《求进》报社十多名社员骨干参与座谈会。会上，杨晓光指出，《求进》报社要继承传统，开拓进取，弘扬主旋律。④

9月28日 中午，珠海校区召开全体学生社团新学年工作会议。珠海校区团工委书记阮映东参加会议。珠海校区三十多个学生社团代表对新学年要开展的活动进行了规划。⑤

9月30日 2001级本科新生军训阅兵总结大会在珠海校区举行。黄达人校长、李萍副校长、杨晓光副校长出席大会。黄达人检阅了军训新生。⑥

10月8日 上午，应化学与化学工程学院邀请，德国杜伊斯堡大学仪器分析

---

① 陈福水：《三大世界冠军出席迎新晚会》，见《中山大学（校报）》（复）第397期，2001年9月27日。

② 钟一彪：《学校召开学生工作研讨会——适应新形势，开创学生教育管理工作新局面》，见《中山大学（校报）》（复）第398期，2001年10月11日。

③ 林俊洪：《新华社采访团采访珠海校区》，见《中山大学（校报）》（复）第397期，2001年9月27日。

④ 王挺、邓雯：《继承传统，开拓进取——珠海校区求进报社举行座谈会》，见《中山大学（校报）》（复）第398期，2001年10月11日。

⑤ 邓海军：《珠海校区召开全体社团新学年工作会议》，见《中山大学（校报）》（复）第399期，2001年10月23日。

⑥《黄达人校长和珠海校区》，自印，第13页。

化学系主任 Alfred Golloch 教授夫妇访问珠海校区。Alfred Golloch 教授对校区的建设速度、优美环境表示赞赏。随后，他为化学与化学工程学院 2000 级学生做了题为《德国高校的化学教育》的报告。①

10 月 11 日 中央批准李延保同志任合并后的中山大学党委书记。②

△由校团委举办、心理学社承办的面向 2001 级新生的讲座"梦开始时，我们指给你方向"在珠海校区举行。讲座邀请了副校长李萍教授以及教育学院钟明华教授、古南永讲师出席。

△晚，管理学院副院长李新春在珠海校区为同学们举办讲座。

△由《南方周末》、中大团委主办，金字塔学社承办的"南方周末伴你行"系列讲座在珠海校区举行，参加讲座的有《南方周末》常务副主编向熹、新闻部副主任伍小峰以及《南方周末》的部分骨干记者、编辑。③

10 月 14 日 第八届潘婷经济节暨岭南学院迎新晚会在珠海校区榕园广场举行。④

10 月 16 日 国务院决定，任命黄达人为合并后的中山大学校长。⑤

△下午，宣传部、校工会联合在怀士堂召开信息发布会，通报学校将在珠海校区兴建教师住宅的信息。校党委书记李延保、副校长杨晓光、珠海市副市长余荣霭等出席了发布会。校工会副主席罗永明主持发布会。⑥

10 月 21 日 《中山大学（校报）》珠海校区记者站成立，指导老师是林俊洪，站长和副站长分别为陈福水、邓海军同学。⑦

10 月 23 日 深圳质量认证中心对中山大学珠海校区的物业管理单位丹田物业 ISO902001 质量管理体系进行评审，丹田物业顺利通过评审，获得 ISO902001：2000 质量管理体系认证。这是珠海市第一家获此认证的物业管理公司，也是全国高校物业管理首家获此认证的单位。⑧

10 月 24 日 校团委在珠海校区召开新学期社团工作会议。⑨

△晚，由教育学院和校团委主办的"中大人讲中大故事"系列讲座第一期在

---

① 中山大学化学与化学工程学院：《德国教授称访问我校是"收获最大的一次访问"》，见《中山大学（校报）》（新）第 4 期，2001 年 12 月 18 日。
② 《关于李延保同志任职的通知》，见《中山大学（校报）》（新）第 1 期，2001 年 10 月 31 日。
③ 邓海军、唐芳芳：《珠海校区举办系列精彩讲座》，见《中山大学（校报）》（新）第 2 期，2001 年 11 月 13 日。
④ 《第八届"岭南经济节"异彩纷呈》，见《中山大学（校报）》（新）第 2 期，2001 年 11 月 13 日。
⑤ 《关于黄达人任职的通知》，见《中山大学（校报）》（新）第 1 期，2001 年 10 月 31 日。
⑥ 罗永明：《中山大学工会编年史（1949—2010）》上册，中山大学出版社 2011 年 6 月第 1 版，第 205 页。
⑦ 《本报珠海校区记者站成立》，见《中山大学（校报）》（复）第 399 期，2001 年 10 月 23 日。
⑧ 中山大学校长办公室：《中山大学年鉴（2001）》，中山大学出版社 2002 年 12 月第 1 版，第 280 页。
⑨ 中山大学校长办公室：《中山大学年鉴（2001）》，中山大学出版社 2002 年 12 月第 1 版，第 74 页。

珠海校区开讲。本次讲座由历史学系敦煌学研究权威姜伯勤教授主讲。①

△晚，珠海校区团工委生活园区第二团总支成立大会在教学实验大楼举行。生活园区团总支的成立是我校实行文科混住、淡化院系区分之后，团工委在学生宿舍社区化管理方面做出的一个全新尝试。由榕园5栋三层和榕园8栋四层的法学院、管院、岭院、教育学院的2001级新生组成的生活园区第二团总支，成为最先成立的中山大学的第一个生活园区团总支。②

10月26日 上午，中山大学、中山医科大学合并组建新的中山大学大会举行。③

△教育部部长陈至立考察珠海校区。④

中午，教育部部长陈至立一行在副部长张保庆，广东省副省长李鸿忠，中山大学党委书记李延保、校长黄达人等领导的陪同下到珠海校区考察。省委常委、珠海市委书记黄龙云，珠海市市长方旋、副市长余荣霭，中大副校长杨晓光等在珠海校区迎接。陈至立在教学实验大楼一下车，便惊叹说："这栋大楼让我感到震撼！"她登上教学实验大楼楼顶，一边听取珠海校区建设发展情况汇报，一边俯瞰校区全景。她对中山大学与珠海市合作办学的远见卓识给予充分肯定，认为这是落实科教兴国战略的有力举措。随后，陈至立一行参观了学生宿舍、体育馆、图书馆，所到之处，她都发出由衷的赞美，称校园环境优美，规划科学合理，有现代理念。她还参观了图书馆的报刊阅览室和电子阅览室，并与同学们亲切交谈，勉励他们好好学习、不断进步。

10月28日 根据《关于中山大学校级党政领导分工的决定》（中大党发〔2001〕001号），副校长杨晓光负责珠海校区工作。⑤

△依据《关于中山大学党政机关机构设置的通知》（中大党发〔2001〕003号），中山大学、中山医科大学合并组建新中山大学后，学校党政机关机构及基层党委设置中涉及珠海校区的有：⑥

1. 党委学生工作部（学生处）下设珠海校区学生工作办公室。
2. 教务处下设珠海校区教务工作办公室。
3. 设备与实验室管理处下设珠海校区基础教学实验中心。
4. 保卫处、武装部合署办公室下设珠海校区安全保卫与武装办公室。

---

① 李旭霞：《体味大师——听姜伯勤教授讲大学精神》，见《中山大学（校报）》（新）第2期，2001年11月13日。
② 中山大学珠海校区生活园区第二团总支：《学生宿舍社区化管理的全新尝试——珠海校区生活园区第二团总支成立》，见《中山大学（校报）》（新）第2期，2001年11月13日。
③ 《强强合并组成新的中山大学》，见《中山大学（校报）》（新）第1期，2001年10月31日。
④ 林俊洪：《陈至立部长盛赞珠海校区》，见《中山大学（校报）》（新）第2期，2001年11月13日。
⑤ 中山大学校长办公室：《中山大学年鉴（2001）》，中山大学出版社2002年12月第1版，第36页。
⑥ 中山大学校长办公室：《中山大学年鉴（2001）》，中山大学出版社2002年12月第1版，第38～39页。

5. 设立珠海校区管理委员会，下设党政工作办公室、后勤办公室。

6. 设立珠海校区党委。

10月29日 根据《关于中山大学各校区定名的决定》（中大发〔2001〕002号），珠海校区定名为"中山大学珠海校区（珠海市唐家镇）"。①

10月底至11月初 珠海校区团工委在相关宿舍楼探索组建的五个生活园区团总支开始运行，标志着珠海校区团建试点工作的正式启动。②

同期，珠海校区团工委开展"医学人文"系列讲座（共30讲，逢每周五晚举行），开展"双休日青年文化广场"活动（共23期，逢每周六举行）。③

10月 黄喜任珠海校区党委书记兼党政办主任。④

10月 樊筑生任珠海校区管委会主任⑤，邹和平兼任副主任。黄晋强任后勤办主任。⑥

11月1日 下午，由珠海校区学生工作办公室组织，近300名2000级贫困学生和部分中国工商银行工作人员，以及各院系教育管理教师一起参加了办理2000级贫困生助学贷款申请事宜。由于高校扩招和实行收费并轨制，贫困学生数量增加较多，负责提供助学贷款的中国银行向中大提议与其他银行共同承担助学贷款事宜，于是学校向中国工商银行商助，解决了贫困学生的燃眉之急。⑦

△学校领导与绿色青年组织代表举行座谈。⑧

晚，杨晓光副校长和珠海校区学工办、团工委负责人在校区图书馆13楼与校区学生社团绿色青年组织的同学代表进行座谈。杨晓光在座谈中指出，珠海校区经过近两年的建设，现在建设和管理工作要逐渐"细化"，是"干细活"的时候了，希望广大同学共同参与校区建设与管理。就绿色青年组织提出的将珠海校区乃至整个中山大学建设成绿色校园的建议，杨晓光表示赞成。他希望绿色青年组织的同学发挥社团优势，调动同学热情，努力投身绿色校园的实践活动。杨晓光指出绿色校园是一个内容极广的概念，他要求同学们首先明确绿色校园的一般概念和标准，以及绿色校园的评价体系，然后结合校区的建设与管理工作，从"文化的概念""环保的角度""健康生活的理念"等诸多方面出发，创建绿色校园。

绿色青年组织的负责同学在会上踊跃发言，计划在校区开展"垃圾分类""校

---

① 中山大学校长办公室：《中山大学年鉴（2001）》，中山大学出版社2002年12月第1版，第35页。
② 中山大学校长办公室：《中山大学年鉴（2001）》，中山大学出版社2002年12月第1版，第75页。
③ 中山大学校长办公室：《中山大学年鉴（2001）》，中山大学出版社2002年12月第1版，第75页。
④ 中山大学校长办公室：《中山大学年鉴（2001）》，中山大学出版社2002年12月第1版，第25～26页。
⑤ 毕为：《珠海校区发展十五周年回顾》，自印，2014年11月，第35页。
⑥ 中山大学校长办公室：《中山大学年鉴（2001）》，中山大学出版社2002年12月第1版，第26页。
⑦ 邓海军：《学校高度重视贫困生贷款事宜——中国工商银行替中大学子办理助学贷款手续，珠海校区近三百名同学获助学贷款》，见《中山大学（校报）》（新）第2期，2001年11月13日。
⑧ 共青团中山大学珠海校区工作委员会：《畅想绿色校园——校区领导和绿色青年组织同学座谈》，见《中山大学（校报）》（新）第2期，2001年11月13日。

园拒绝一次性餐具"等活动。同时,同学们建议学校开设相关的选修课和实施"退草植树"工程,并表示,绿色青年组织将在本学期制订详细的工作计划,积极配合学校开展工作。

△珠海校区游泳池工程在珠海市交易中心开标。①

11月4日 校工会组织部分分工会、直属部门工会主席赴珠海校区考察教工住宅的选址及有关建设事项。②

11月5日至6日 中山大学医科的全体学生管理教师在校党委陈伟林副书记的带领下到珠海校区调研和参观。③

11月10日 李岚清副总理到珠海校区视察。④

上午,中共中央政治局常委、国务院副总理李岚清在国务院副秘书长高强、国家经济贸易委员会主任李荣融、科技部部长徐冠华、教育部副部长吕福源等人的陪同下到珠海校区视察。中共中央政治局委员、广东省委书记李长春,广东省委常委、珠海市委书记黄龙云,珠海市市长方旋陪同视察。校党委书记李延保向李岚清副总理汇报了珠海校区在教育部、广东省和珠海市的关心和支持下进行筹备、决策和建设的情况,并介绍了珠海校区的概况。

李岚清一行在李延保、黄达人的陪同下视察了珠海校区教学实验大楼、学生宿舍和图书馆。在学生宿舍,李岚清受到同学们的热烈欢迎,整栋宿舍楼一片欢声笑语。李岚清与吕福源兴致勃勃地与两位一年级女生用英语对话,对同学们流利的英语口语水平表示了赞赏,称赞这体现了综合性大学学生的素质。吕福源则表示,以前一直听说中山大学珠海校区的硬件设施一流,此次到珠海校区,除了硬件,更对这里的"软件水平"感到震撼。在图书馆,李岚清视察了一楼报刊阅览室和二楼多媒体阅览室,对这里的硬件设施和管理水平表示肯定。在离开图书馆时,李岚清特地在签名簿上签下了名字。李岚清十分关心我校合并后工作进展的情况,黄达人就合并后的新中山大学的各项工作做了汇报,李岚清对两校合并后各项工作的平稳进行表示满意。离开珠海校区时,李岚清对校领导说,一定要把珠海校区建设好,把中山大学办好,以优异的成绩回报广东省,回报珠海市。

△上午,2001年中山大学校庆田径运动会在珠海校区举行。⑤

李延保书记、黄达人校长、杨晓光副校长等领导嘉宾出席开幕式。黄达人在开幕式上致辞。他兴奋地告诉同学们一个好消息:李岚清副总理视察珠海校区刚刚离

---

① 中山大学校长办公室:《中山大学年鉴(2001)》,中山大学出版社2002年12月第1版,第239页。
② 罗永明:《中山大学工会编年史(1949—2010)》上册,中山大学出版社2011年6月第1版,第207页。
③ 钟一彪:《北校区学生教育管理教师首次参观珠海校区》,见《中山大学(校报)》(新)第2期,2001年11月13日。
④ 中山大学校长办公室:《中山大学年鉴(2001)》,中山大学出版社2002年12月第1版,第283页。
⑤ 《并校后第一次校庆 继往开来同心同德谱新篇》,见《中山大学(校报)》(新)第2期,2001年11月13日。

开，李副总理向全体师生问好！黄达人称赞我们的同学在李副总理面前表现出很高的素质，赢得高度评价。接着，黄达人充分肯定了我校今年在体育运动方面取得的成绩，通报了我校学生在今年举行的大运会上取得的优异成绩及我校多名师生被选拔为"九运会"运动员和裁判员的情况。他鼓励同学们积极参加体育运动，锻炼身体，把自己培养成德智体美全面发展的高素质大学生。

△珠海校区校园美化小组开展了大规模"迎校庆，校园美化小组大行动"的活动，数百名志愿者踊跃参与。①

11月12日　珠海校区教工住宅建设评审会在珠海市有关部门的组织下召开。②

11月14日　晚，校工会主持召开工会委员、教代会团长、分工会主席会议，珠海校区党委书记黄喜通报了珠海校区教工住宅建设情况。校党委副书记刘美南出席会议。③

11月16日　上午，校党委在珠海校区召开各院系党委（党总支）书记例会。校党委书记李延保，副书记陈玉川、陈伟林、李萍，以及各学院、医院党委（系党总支）书记出席了会议，会议由李延保主持。会上，李延保指出当前党委的工作重点是保证并校后的正常运行，抓好党风廉政建设、学风及行风建设和抓好各级党组织的自身建设，做好党总支（党支部）的换届工作，做好党员发展特别是优秀青年教师的党员发展工作。④

△下午，校党委副书记陈伟林与珠海校区学生会及各院系主要学生干部进行座谈。陈伟林对珠海校区学生作息管理和网络管理等生活状况表示关注。他对学生干部们给予厚望，指出学生会作为学生自我管理的组织，是学校和学生之间的桥梁，一定要在工作中加强双方的联系和沟通，想同学所想，急同学所急，及时准确地向学校反映情况。⑤

11月17日　全国政协副主席叶选平在广东省委常委、珠海市委书记黄龙云的陪同下到珠海校区视察。叶选平充分肯定了中山大学与珠海市合作发展高等教育的创举。杨晓光副校长陪同视察，并介绍了校区的建设和管理情况。⑥

△学校党宣办、组织部组织北校区历届校（院）领导、现任全国政协委员、部分民主党派负责人与学生代表赴珠海校区参观考察。参加这次活动的有原中山医

---

① 静静：《有感于珠海校区校园美化小组成立》，见《中山大学（校报）》（新）第4期，2001年12月18日。

② 中山大学校长办公室：《中山大学年鉴（2001）》，中山大学出版社2002年12月第1版，第239页。

③ 罗永明：《中山大学工会编年史（1949—2010）》上册，中山大学出版社2011年6月第1版，第208页。

④ 《各单位党委（党总支）书记例会在珠海校区召开——李延保书记提出当前党委的工作重点》，见《中山大学（校报）》（新）第3期，2001年12月5日。

⑤ 罗晶：《陈伟林副书记与珠海校区学生干部座谈》，见《中山大学（校报）》（新）第3期，2001年12月5日。

⑥ 林俊洪：《叶选平副主席视察珠海校区》，见《中山大学（校报）》（新）第3期，2001年12月5日。

学院领导陈子扬、金学敏、姚崇仁，原中山医科大学领导刘希正、彭文伟、卓大宏、许发茂、朱家恺，全国政协委员管忠震、方积乾，广东省人大常委、致公党广东省副主委陈宁欣及中山大学北校区研究生会主席熊翠菊同学，部分老同志的夫人也应邀参加。参观人员在珠海校区受到校党委书记李延保、副书记陈玉川、副校长杨晓光的热情接待。①

11月18日 下午，正在陪同教育部文科基地评估专家在珠海校区考察的徐远通副校长在教学实验大楼召开教学工作座谈会。教务处处长王庭槐、副处长邹和平和20余名学生代表出席会议。座谈会上学生们就课程、教材、学位等问题提出了很好的意见和建议。②

11月19日至23日 人类学系在珠海校区举办一系列活动，庆祝人类学传入中国100年暨中山大学人类学系复办20周年。③

11月20日 上午，珠海校区校园文化建设座谈会召开。④

座谈会由陈伟林副书记和杨晓光副校长共同主持，就珠海校区校园文化建设征求了有关部门领导、院系教师代表的意见。与会代表认为，校园文化的软件和硬件都非常重要：离开硬件建设，校园文化建设无从谈起；就珠海校区目前的情况看，更要注重软件建设。在具体工作中，必须确立校园文化建设的特色、目标，统一规划，分步实施。大家希望珠海校区的校园文化建设既要有中大传统，又要有珠海特色，既能体现人与自然的相互融合，又要有高科技的文化气息。

杨晓光在发言中指出，校园文化建设是珠海校区下一步建设和发展的重点，珠海校区的校园文化建设要在继承和发扬我校优良传统的基础上有所创新，形成有珠海校区特色的校园文化和人文精神。这是一项需要长期坚持的工作，营造良好、积极向上的文化氛围将有赖于广大师生员工的共同努力。

陈伟林提出，珠海校区的校园文化建设要注意结合"三个代表"中先进文化的重要思想，在整个中山大学校园文化、人文精神总体考虑下进行。要处理好六个方面的关系：文化指导思想的一元与文化多样化的关系、文化的多功能与根本任务的关系、文化的标志性与广泛性的关系、文化硬件建设与软件建设的关系、文化投入与产出的关系、协调与积极性的关系。

---

① 《北校区老领导、老教授与学生代表参观珠海校区》，见《中山大学（校报）》（新）第3期，2001年12月5日。
② 中山大学教务处通讯员：《学校召开有关座谈会——积极发挥学生参与教学管理制度建设的作用》，见《中山大学（校报）》（新）第3期，2001年12月5日。
③ 中山大学人类学系：《珠海校区人类学系举行系庆系列活动》，见《中山大学（校报）》（新）第4期，2001年12月18日。
④ 中山大学新闻中心：《营造文化氛围，展现重大新风采——学校召开珠海校区校园文化建设座谈会》，见《中山大学（校报）》（新）第3期，2001年12月5日。

11月23日 岭南学院在珠海校区举行"蔡辉甫先生纪念奖学金"颁奖大会。①

蔡辉甫先生曾是岭南大学附中教务主任及物理、化学教师。其子女为纪念先父,特筹捐"蔡辉甫先生纪念奖学金"。经过四年多的努力,蔡辉甫先生的子女已筹得人民币37884.33元,港币41022.10元,美元5286.12元。他们决定将这笔款项捐给中山大学岭南学院,以资助品学兼优及家庭经济存在一定困难的二年级学生。

11月24日 上午10时,珠海校区入党积极分子和新生党员培训班开学典礼在教学实验大楼拉开帷幕,200多名入党积极分子和170多名新生党员参加了培训。②

△党委统战部组织北校区各级人大代表、政协委员、民主党派和侨联负责人共30余人参观珠海校区和珠海附属第五医院(筹)。校党委书记李延保、副书记陈玉川陪同参观。统战部部长戴月参加了活动。③

11月25日 珠海校区团工委生活园区第五团总支在榕园广场举行"有缘相聚"大型游园活动。本次活动以支部为单位(第五团总支下设10个支部)开展,每个支部负责一个游戏项目。④

△晚,第一届丽景湾中大艺术节电影周在榕园广场举行。广东省电影公司总裁赵君和中山大学中文系党总支书记邱国新应邀参加活动。⑤

11月28日 国家财政部国债项目(教学大楼工程)财务检查组到珠海校区开展评审工作。⑥

11月29日 珠海校区学生宿舍管理大会召开。⑦

学生会干部、各班班长、宿舍舍长参加会议,陈伟林副书记、杨晓光副校长出席会议。杨晓光在会上向同学们介绍了建设珠海校区的艰辛历程以及珠海校区在社会上享有的盛誉,要求同学们要有共同建设珠海校区的责任感和使命感。

陈伟林联系"三个代表"重要思想以及江泽民总书记"七一"讲话的内容,指出学校的各项规章制度是力求符合最广大同学的根本利益的,因此,希望同学们能够理解和支持。同学们要牢记自己所肩负的历史责任和社会责任,自觉担当责

---

① 中山大学岭南学院学生工作部:《岭院首次颁发"蔡辉甫先生纪念奖学金"》,见《中山大学(校报)》(新)第4期,2001年12月18日。
② 张晶:《2001年秋季珠海校区党训班开课》,见《中山大学(校报)》(新)第3期,2001年12月5日。
③ 党委统战部:《北校区人大代表等参观珠海校区》,见《中山大学(校报)》(新)第3期,2001年12月5日。
④ 林忻、蓝芬:《沟通,从这里开始》,见《中山大学(校报)》(新)第6期,2002年1月18日。
⑤ 陆劲松:《千人集会,不留垃圾》,见《中山大学(校报)》(新)第4期,2001年12月18日。
⑥ 中山大学校长办公室:《中山大学年鉴(2001)》,中山大学出版社2002年12月第1版,第239页。
⑦ 林俊洪:《狠抓学风、校风,建设教学管理改革示范区》,见《中山大学(校报)》(新)第4期,2001年12月18日。

任，完成党和国家赋予的历史使命。同学们要学会自己管理自己，相互间多一些沟通和交流，多一些尊重和理解，共同建设文明宿舍、文明的校园风气。

11月30日 全国人大常委会副委员长成思危到珠海校区视察。珠海市市长方旋等领导陪同视察。成思危对珠海校区的发展表示赞扬。①

△晚，杨晓光副校长与《中山大学（校报）》珠海校区记者站的记者们进行座谈。座谈会上，杨晓光鼓励记者们努力办好《校报》珠海校区专版。②

11月 《求进》报社珠海分社举办新生党员座谈会，探索如何在新办学模式下发挥党员学生的先进性。③

12月1日 中国工程院院士、中国气象局原局长陈联寿到珠海校区做了题为《全球环境变化》的学术报告。④

12月5日 校园文化建设学生社团代表座谈会在珠海校区召开。⑤

黄达人校长与近20名学生社团代表进行了座谈。黄达人在会上充分肯定了学生社团在校园文化建设中发挥的积极作用和所做出的贡献，向同学们介绍了学校最近的发展及李岚清副总理视察我校时给予的高度评价。他指出，最近学校在教学、科研等方面都取得喜人的成绩，学校的发展势头非常之好。但是，对一所学校最好的评估还在于学生。学生在学校管理中要发挥作用，学生要善于管理自己、服务自己；要勇于提出意见和建议，对于未能及时解决的问题勇于一级级向主管部门反映。同时，他对同学们提出的问题也做出了明确表态：学校会重点支持有影响力的、更贴近学生生活的品牌刊物、网站；要求珠海校区凡是涉及学生生活的招投标工作都要有学生代表参加；珠海校区要建立校领导接待日制度，及时为学生解答、解决问题等。

12月8日 管理学院第九届"龙越杯百歌颂中华"文艺演出在珠海校区举行。⑥

12月9日 晚，珠海校区学生宿舍管理大会召开。校党委副书记陈伟林、副校长杨晓光以及学校各职能部门负责人、院系管理老师和学生会主要干部、2001级400名新生代表参加了会议。会议主要就珠海校区学生宿舍管理中存在的某些问

---

① 林俊洪：《成思危副委员长视察珠海校区》，见《中山大学（校报）》（新）第3期，2001年12月5日。

② 陈福水：《杨晓光副校长与本报记者亲切座谈》，见《中山大学（校报）》（新）第5期，2002年1月4日。

③ 《求进报社三十年大事记》，见《中山大学报》（新）第337期，2015年5月22日。

④ 梁盛伦、李俊烁：《陈联寿院士为珠海学子做报告》，见《中山大学（校报）》（新）第5期，2002年1月4日。

⑤ 林俊洪：《狠抓学风、校风，建设教学管理改革示范区》，见《中山大学（校报）》（新）第4期，2001年12月18日。

⑥ 李晓雯：《爱我中华，风雨无阻——记管院"龙越杯"百歌颂中华文艺晚会》，见《中山大学（校报）》（新）第4期，2001年12月18日。

题展开讨论，并制定出相关的处理措施，还就学风、校风问题提出许多建设性的意见。①

12月11日 上午，珠海校区学风建设工作会议召开。②

李延保书记、陈伟林副书记、杨晓光副校长出席会议。李延保在会上指出，学风直接关系到教学质量，好的学风是教学质量的保障。学风的建设涉及深层次和浅层次两个层次的问题。深层次的问题主要是机制，我们要在珠海校区建设一个机制，把"自我教育、自我管理、自我服务"的理念在校区树立起来。浅层次的问题主要是管理工作要到位。他就管理到位问题提出了明确的要求：一是领导关心到位。各院系领导对珠海校区在认识上要明确，珠海校区是原汁原味的中山大学，是中大的基础教学部分，是中大重要的一部分。院系领导要认识到这一点，管理工作要为教师着想，教师的教学要为学生着想。学生是中心，让学生掌握知识、培养人才是我们教学的目的。各院系领导要把这个价值观贯彻下去。领导关心、管理到位是抓好学风建设的重要一环。二是教师要到位。教师要把教书与育人结合起来，教师不仅仅传授知识，还应关心学生的思想、品德。教师的形象本身就是在育人，教师一定要遵守教师的规范和职业道德。三是教务员、教育管理教师要到位。他要求有关部门做出规定，教务员至少每两周到校区上班一次。管理教师要深入了解学生、关心学生，不但是生活上，还有学习上。

会上，提出了加强珠海校区学风建设的几点意见，包括切实执行校区的作息制度，晚上11点半后关闭学生宿舍大灯、12点钟后停开计算机网络，严格执行上课考勤制度等。

△下午，珠海校区2000级学生干部大会召开。李延保书记、陈伟林副书记、杨晓光副校长出席会议，李延保在会上做了讲话，要求抓好学风建设，树立"自我教育、自我管理、自我服务"的管理理念。③

12月13日 下午，"疯狂英语"创始人李阳在珠海校区图书馆广场给中大学子做了一场关于"英语学习"的演讲。④

△珠海校区教工住宅（南区）工程开标。⑤ 次日，该项目开工建设。⑥

12月15日 校工会主持召开教代会团长、分工会主席、部门工会主席交流

---

① 邓海军、陈福水：《珠海校区召开学生宿舍管理会议——自我管理，自我服务，我们的目标是国际化!》，见《中山大学（校报）》（新）第5期，2002年1月4日。

② 林俊洪：《狠抓学风、校风，建设教学管理改革示范区》，见《中山大学（校报）》（新）第4期，2001年12月18日。

③ 林俊洪：《狠抓学风、校风，建设教学管理改革示范区》，见《中山大学（校报）》（新）第4期，2001年12月18日。

④ 严茂盛、黄冉冉：《"疯狂英语"在珠海校区》，见《中山大学（校报）》（新）第6期，2002年1月18日。

⑤ 中山大学校长办公室：《中山大学年鉴（2001）》，中山大学出版社2002年12月第1版，第239页。

⑥ 中山大学校长办公室：《中山大学年鉴（2001）》，中山大学出版社2002年12月第1版，第239页。

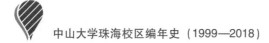

中山大学珠海校区编年史（1999—2018）

会，校工会副主席罗永明在会上通报了珠海校区教工住宅建设情况。①

12月16日 辽宁省党政代表团在广东省委常委、珠海市委书记黄龙云等人陪同下到中大珠海校区考察。②

12月23日 珠海校区一饭堂后山失火，后勤办干部及饭堂、丹田物业等经营单位员工奋勇救火，受到学校领导表扬。③

12月27日 上午，校党委副书记刘美南、校工会副主席罗永明一行到珠海校区慰问教职工。④

12月28日 《南风窗》总编辑、中大在读博士生秦朔到珠海校区，为同学做主题为"WTO与中国的未来"的专题讲座。⑤

---

① 罗永明：《中山大学工会编年史（1949—2010）》上册，中山大学出版社2011年6月第1版，第210页。
② 中山大学校长办公室：《中山大学年鉴（2001）》，中山大学出版社2002年12月第1版，第287页。
③ 中山大学校长办公室：《中山大学年鉴（2001）》，中山大学出版社2002年12月第1版，第239页。
④ 罗永明：《中山大学工会编年史（1949—2010）》上册，中山大学出版社2011年6月第1版，第210页。
⑤ 严茂盛、张晶：《〈南风窗〉校园行》，见《中山大学（校报）》（新）第5期，2002年1月4日。

2002年

1月6日 上午,我校历史学系与梅溪旅游发展有限公司共建实践基地揭牌仪式在梅溪牌坊举行。珠海市副市长余荣霭、珠海市文化局局长古锦其及共建双方代表——历史学系副书记龙波、梅溪旅游发展有限公司董事长刘云德出席仪式。①

1月16日 上午,"分析化学开放实验室答辩会"在珠海校区教学实验大楼举行。化学与化学工程学院副院长童叶翔、张仁俊,珠海校区基础教学实验中心主任陈步云以及多位专家参加答辩会。②

1月29日 上午,由国家建设部、中国建筑协会召开的2001年度中国建筑工程鲁班奖(国家优质工程)颁奖大会在北京举行。由珠海市政府有关领导、中山大学副校长杨晓光带领珠海市政府办公室、中山大学珠海校区、珠海市建设局、茂名建总珠海分公司和新闻单位一行13人参加了颁奖大会。珠海校区教学实验大楼工程荣获"中国建筑工程鲁班奖(国家优质工程)"。③鲁班奖是我国建筑行业工程质量最高奖,该工程也是珠海市第一个获得鲁班奖的建筑工程。

2月10日 大年二十九,珠海市副市长余荣霭和中山大学校长黄达人、党委副书记兼副校长李萍等校领导同珠海校区寒假留校学生200余人在学三饭堂共同聚会,喜迎春

---

① 叶翠萍:《历史系与梅溪牌坊共建实践基地》,见《中山大学(校报)》(新)第7期,2002年2月28日。

② 中山大学化学与化学工程学院:《开放实验室取得显著成效——化学院首次"分析化学开放实验答辩会"在珠海校区成功举办》,见《中山大学(校报)》(新)第7期,2002年2月28日。

③ 李恩泽:《珠海校区教学楼工程荣获中国建筑工程鲁班奖》,见《中山大学(校报)》(新)第7期,2002年2月28日。

节。余荣霭代表珠海市委、市政府祝各位同学新春快乐、学业有成。他说，中大与珠海精诚合作，创造了具有轰动效应的"中大—珠海模式"，在此感召下，来自祖国各地的十几家高校纷纷落户珠海，为珠海率先实现社会主义现代化做出了巨大的贡献，珠海市委、市政府将一如既往地支持珠海校区的各项建设。①

2月18日 李鹏委员长到珠海校区考察。②

上午，中共中央政治局常委、全国人大常委会委员长李鹏在广东省委常委、珠海市委书记黄龙云，省人大常委会副主任李近维，副省长汤炳权等省领导和黄达人校长、杨晓光副校长的陪同下，考察了珠海校区。李鹏高兴地称赞中大珠海校区的设施"可以与国际一流的大学媲美"③，是中国高等院校异地办学的一个成功范例，也走出了一条全国知名大学与地方政府合作建设的新路。李鹏说，珠海市和中山大学应进一步发挥体制上的优势，加强合作，把珠海校区办成全国高等院校基础教学的示范性校区。李鹏还为校区题词："希望中山大学努力办好珠海校区。"

2月22日至23日 "中山大学2002年发展战略研讨会"在珠海校区举行。④

本次研讨会的主题是研究学科建设规划工作与队伍建设问题。与会人员有李延保、黄达人、陈玉川、刘美南、陈伟林、李萍、徐远通、许宗祥、陈汝筑、汪建平、许家瑞、杨晓光等校领导，会议邀请了丁纪平、马越、王庭槐等来自职能部门和院系的负责人参会。会议分别由校党委书记李延保、校长黄达人主持。

22日，陈春声、葛坚、许宁生分别介绍了历史学系、中山眼科中心和理工学院的学科建设规划，徐俊忠介绍了学校重点学科的有关情况，徐安龙、陈望南分别介绍了药学院的发展建设计划和新闻传播学院的建设计划。23日，丁纪平、王庭槐、林明河、戴月、黄喜分别就学科带头人队伍建设、教师教学队伍建设、实验技术人员队伍建设、管理干部队伍建设、珠海校区队伍建设的调研情况做了通报。陈春声还通报了《中山大学教师编制核定、职位设置与职务聘任规程》和《中山大学教职员考核与校内津贴发放办法》。会议认为，经过几年的努力，学校争取了许多发展机遇：一是珠海校区的建设；二是两校的合并。新中大具备了冲击国内高校前十名的机遇和实力。

对于珠海校区队伍建设，会议提出：

1. 要把珠海校区建设成为一所功能完善、设施一流、环境优美、具有国际影响的现代化大学校区，建设一支稳定的高素质的管理人员队伍极其迫切和重要。

2. 要明确校区在队伍建设上担负"管理、协调、考核、监督"的职能，解决目前校区队伍管理工作遇到的问题，可由校区统一实行人事管理和人员考核，由学

---

① 谢小勇：《寒假留校生春节很愉快》，见《中山大学（校报）》（新）第8期，2002年3月13日。
② 中山大学校长办公室：《中山大学年鉴（2002）》，中山大学出版社2003年12月第1版，第363页。
③ 吴定宇：《中山大学校史（1924—2004）》，中山大学出版社2006年5月第1版，第386页。
④ 中山大学校长办公室：《中山大学年鉴（2002）》，中山大学出版社2003年12月第1版，第34～38页。

校管理职能部门负责工作的延伸和业务的指导。

3. 要科学确定校区队伍建设的整体思路、模式选择、岗位编制、职责权限，整体规划珠海校区队伍建设。

4. 要逐步加大招聘人员的比例，校区除中层以上人员和个别特殊岗位外，均应实行本地聘任。针对岗位制定福利待遇标准，实行全员聘任上岗，同工同酬。

5. 要规范干部轮岗制度，尽快制定实施细则加以实施。

6. 在校区增设院系办公场所，各院系领导和工作人员定期到校区办公，加强各院系在校区的教学、实验、学生管理教育等工作。

7. 规范合同制员工的管理，酌情改善工资、保险、住房、培训和晋升等方面的政策，以稳定队伍和吸引高素质人才。

8. 除经常性的考核、奖励外，对特别优秀的合同制员工或聘任员工可采取人事代理方式调入学校，作为过渡期的奖励办法。

9. 学校应给予校区一定的政策支持，如对校区有偿服务收入的分配可给予一定自主权，保证校区事权统一。

2月24日至25日 "中山大学2002年党建工作研讨会"在珠海校区举行。①

本次研讨会的主题是如何转变作风，加强民主与监督。校党委领导李延保、陈玉川、刘美南、陈伟林、李萍同志出席了会议。各学院、医院（中心）和后勤、产业的党委（党总支）书记以及党群系统部门负责人参加了会议。会议由校党委副书记陈玉川主持。

李延保书记从三个方面对二级单位党组织的工作提出了要求：一是抓好干部队伍的建设。二是保持学校的稳定。其一是政治稳定；其二是学校内部的稳定；其三是领导班子稳定。三是抓好党组织的自身建设。

2月27日 共青团广东省委学校部举行全省学校共青团会议。在会议上，中大团委负责人向与会同志介绍了我校团委在珠海校区团建工作所做的探索与实践。②

3月7日 上午，学校在北校区校友会堂召开2002年教授、中层干部大会。③

会议上，杨晓光副校长提出2002年珠海校区的主要工作思路：

第一，基本建设。2002年内计划建设的工程有教工住宅工程、学生宿舍楼工程、伍舜德学术交流中心工程、2个标准游泳池和10个篮球场等体育设施工程建设，重点是抓好教工住宅工程的建设。

第二，队伍建设。为加强珠海校区队伍建设，建立一支稳定的高素质的管理人

---

① 何晓钟：《校党委召开2002年党建工作研讨会》，见《中山大学（校报）》（新）第7期，2002年2月28日。

② 中山大学校长办公室：《中山大学年鉴（2002）》，中山大学出版社2003年12月第1版，第125页。

③ 陈险峰：《关键年的治校方略》，见《中山大学（校报）》（新）第8期，2002年3月13日。

中山大学珠海校区编年史（1999—2018）

员队伍，主要做好四个方面的工作：一是进行定岗定编定员；二是进一步明确工作岗位和职责；三是加强对各类管理人员的考核，确保工作质量，提高办事效率；四是抓好员工的学习和培训，不断提高校区员工的思想文化素质和业务水平。

第三，校风、学风建设。为加强校风、学风建设，将在2001年已展开的各项校风、学风建设工作的基础上，进一步做好调查研究，与学校各职能部门和院系加强沟通和协调，抓好各项措施的落实和推进。

第四，校园文化建设。主要做好文化景点的建设规划，攀岩、沙滩排球等体育场地的建设，学生活动宣传栏建设，学生活动中心建设，"英语村"建设。文化景点主要包括微波发射塔、百珠园、雕塑景点三个。

第五，充分利用我校科研、人才资源优势，并借助外来资金、技术，做好我校科研成果在珠海产业化的工作。

3月8日 中午，中山大学垃圾分类回收签名暨启动仪式在珠海校区榕园广场举行，标志着首期垃圾分类回收计划在珠海校区的教学实验大楼和宿舍楼两处正式施行。①

△中午，以"追求咨讯生活的真善美"为主题的明基电通辞旧迎新高校行赠书活动在珠海校区举行。②

△珠海校区获得珠海市建设局授予的"花园式单位"称号。

3月12日 在植树节来临之际，珠海校区和唐家镇联合在校区组织植树造林活动。中大师生、驻珠警备区官兵、唐家中学师生及唐家镇干部群众共300多人参加了活动，在校区东部山坡上共植树3000棵。③

△"岭南学院经济讲座——保险精算AND国际认证"在珠海校区举行，讲座由岭南学院副院长许罗丹教授主持。④

3月14日 《求进》报社建立珠海校区分社团支部，开我校学生社团成立团组织的先河。⑤

3月16日 由中山大学定向运动协会主办，珠海校区学生参加的"定向越野"活动在珠海老虎山举行。⑥

3月18日 政行学术文化节论坛在珠海校区教学实验大楼举行。本期主讲人

---

① 陈福水：《大家动手分一分，校园生活美十分——记绿色青年组织垃圾分类回收签名仪式暨启动仪式》，见《中山大学（校报）》（新）第8期，2002年3月13日。
② 陈思能、汪杨明：《明基电通中大赠书》，见《中山大学（校报）》（新）第8期，2002年3月13日。
③ 隽虹：《师生官兵齐动手绿化校园》，见《中山大学（校报）》（新）第8期，2002年3月13日。
④ 汪杨明：《岭院举办保险精算AND国际认证讲座》，见《中山大学（校报）》（新）第8期，2002年3月13日。
⑤ 《求进报社三十年大事记》，见《中山大学报》（新）第337期，2015年5月22日。
⑥ 雷美华：《挑战自我 定向越野》，见《中山大学（校报）》（新）第10期，2002年3月27日。

为政务学院副院长任剑涛教授。①

3月21日 中外优秀文化讲座第50讲在教学实验大楼举行。岭南学院王则柯教授主讲"信息经济学——如何让人讲真话守诺言的行为"。②

△来自俄罗斯圣彼得堡国立大学生理系的Vladmir教授给珠海校区学生带来以"生物神经系统"为主题的英文讲座,本次讲座是生命科学学院科技节的组成部分。③

3月22日 来自我国台湾师范大学的王瓒源教授给珠海校区学生带来了以"爱的哲学"为主题的讲座。④

3月23日 新华社社长田聪明率新华社调研考察团一行20人到珠海校区考察,考察团成员包括新华社副社长徐锡安、副社长何平、党组成员范新德等。珠海市委副书记魏宏广、市委常委杨水生、副市长余荣霭等领导陪同前来。珠海校区党委书记黄喜向考察团一行介绍了珠海校区的情况并陪同参观校园。⑤

△化学与化学工程学院学生会承办的"同是中大人,义诊心连心"——中大北校区临床医学专业1998级学生附属第一医院实习组义诊活动在珠海校区教学实验大楼举行。活动旨在丰富校园生活,传播知识,传播爱心,增强两校区之间的交流。化学与化学工程学院学生会主席李奈青说,此次义诊活动目的在于让合并后的中大学子有一个交流的窗口,加速原中山大学与中山医科大学的实质性融合。⑥

3月27日 香港特别行政区考察团到珠海校区参观。杨晓光副校长会见了考察团并陪同参观。⑦

△珠海市政府在珠海影剧院举行中山大学珠海校区教学实验大楼荣获鲁班奖表彰大会,对做出突出贡献的单位和个人进行表彰。⑧

3月28日 我国台湾中山大学总务考察团一行在谢文雄副校长的带领下到中大珠海校区交流考察。考察团对珠海校区在建设中取得的成就感到钦佩。⑨

3月31日至4月6日 校学生会珠海校区执委会在珠海校区举行"尽举手绵

---

① 严茂盛:《强我中大,学术先行——近期珠海校区学术讲座精彩纷呈》,见《中山大学(校报)》(新)第10期,2002年3月27日。
② 李晓雯:《信息经济学讲座大受欢迎》,见《中山大学(校报)》(新)第10期,2002年3月27日。
③ 严茂盛:《强我中大,学术先行——近期珠海校区学术讲座精彩纷呈》,见《中山大学(校报)》(新)第10期,2002年3月27日。
④ 严茂盛:《强我中大,学术先行——近期珠海校区学术讲座精彩纷呈》,见《中山大学(校报)》(新)第10期,2002年3月27日。
⑤ 林俊洪:《新华社社长田聪明率团考察珠海校区》,见《中山大学(校报)》(新)第11期,2002年4月11日。
⑥ 汪杨明:《让爱心撑起一片蓝天——记化工学院"同是中大人,义诊心连心"活动》,见《中山大学(校报)》(新)第11期,2002年4月11日。
⑦ 参见《中山大学(校报)》(新)第11期第四版相关报道,2002年4月11日。
⑧ 林俊洪:图片新闻,见《中山大学(校报)》(新)第11期,2002年4月11日。
⑨ 易汉文:《中山大学编年史(1924—2004)》,中山大学出版社2005年9月第1版,第187页。

薄之力，做文明中大人"活动，号召同学们继承中大优良传统，促进校园精神文明建设。①

4月1日 晚，由中山大学港澳珠江三角洲研究中心主办，客座教授黄枝连应邀在珠海校区做题为"'可持续发展'的思考——兼论'中华经济协作系统'"的讲座。②

4月6日 上午，化学与化学工程学院党委书记黄乐览、副书记罗镇忠、副院长张仁俊、副院长童叶翔等学院领导一行到珠海校区与本院40多名学生代表座谈，与学生就学院的管理、教学等方面进行深入沟通。③

4月6日至7日 由珠海校区团工委、珠海市唐家湾镇人民政府主办，哲学系2001级团支部、唐家湾镇社区服务中心承办的"让爱飞翔"募捐活动在珠海校区展开。活动募得款项近5000元，这些款项和募捐到的物资捐献给了唐家湾镇30余户贫困家庭。④

4月9日 珠海校区后勤办、教务办、校区团工委、校学生会珠海校区执委会和物业公司共同召开座谈会，商谈珠海校区后勤建设、教学教务等工作。⑤

4月11日 晚，为纪念建团80周年，由校团委主办，历史学系团总支、学生会承办的三校区党团知识竞赛在珠海校区教学实验大楼举行，竞赛以"高举团旗跟党走"为主题。地球与环境科学学院代表队获得一等奖。⑥ 珠海校区初赛于4月5日举行。⑦

4月21日 晚，政治学与行政学系主办的"政行之声"歌唱比赛决赛在珠海校区举行。⑧

4月26日 下午，为纪念"五八"世界红十字日，由珠海校区爱心同盟牵头组织，得到珠海校区团工委、校医院、珠海市中心血站支持的义务献血活动在榕园

---

① 李清源、凌子筠：《珠海校区学生会宣传部开展公益宣传周活动》，见《中山大学（校报）》（新）第15期，2002年5月28日。

② 李晓雯：《黄枝连教授做"可持续发展"讲座》，见《中山大学（校报）》（新）第11期，2002年4月11日。

③ 郭燕：《充分利用网络加强师生沟通》，见《中山大学（校报）》（新）第11期，2002年4月11日。

④ 扬帆：《献出无限爱心，回报珠海人民——记哲学系01级"让爱飞翔"募捐活动》，见《中山大学（校报）》（新）第12期，2002年4月25日。

⑤ 邓海军：《珠海校区学生会召开各院系生活部长会议》，见《中山大学（校报）》（新）第12期，2002年4月25日。

⑥ 叶翠萍：《三校区党团知识竞赛在珠海校区举行》，见《中山大学（校报）》（新）第12期，2002年4月25日。

⑦ 王书素、林慕华：《高举团旗跟党走——我校举行、参加纪念建团八十周年系列活动》，见《中山大学（校报）》（新）第13期，2002年5月13日。

⑧ 罗宏敏、陈福水：《政行系举行"政行之声"歌唱比赛》，见《中山大学（校报）》（新）第15期，2002年5月28日。

广场举行。2000多名同学参加了活动。①

4月30日 晚,由珠海市妇联策划组织的海鸥艺术团慰问中山大学珠海校区三期建设工地建设者的文艺演出,在珠海校区图书馆前广场举行。慰问演出以"劳动赞歌"为主题,表达社会各界对五一期间仍要在建设工地上忙碌的建设者的关怀。②

4月 珠海校区积极开展"爱国卫生月"活动,对部分职能部门卫生状况进行整改,并督促个别学生宿舍和工程队改善卫生条件。③

4月至6月 宿舍网络友谊赛在珠海校区举行。比赛旨在弘扬正确的网络观念,引导广大同学正确地使用网络。比赛由珠海校区宿舍管理委员会策划承办。哲学系参赛队夺得冠军。④

5月9日 珠海校区学生活动中心揭幕仪式举行,李延保书记、陈伟林副书记、杨晓光副校长共同为中心揭幕。⑤

5月9日至10日 中山大学思想政治教育研究会2002年年会在珠海校区举行。⑥

李延保书记、陈伟林副书记、杨晓光副校长、学校各党群部门负责人,以及各基层党委、党总支负责人出席会议。陈伟林主持年会开幕式。

李延保在讲话中指出,本届年会是在中大面临"三多"情况,即多校区、多模式、多类型的背景下召开的,具有总结经验、统一认识、应对新挑战、研究新模式、全面改进传统思想政治工作的重要意义。大学的根本任务是培养人才,我们不仅要培养学生做学问,更重要的是培养学生做人、做事。高校党委具有领导、教化、组织的功能,我校的思想政治教育工作应充分体现这些功能,关注学生的政治热情,提高学生的政治敏锐性,培养具备健全人格、崇高理想的大学生。近期,学校思想政治工作的重点是深入贯彻落实《公民道德建设实施纲要》,在师生中广泛开展"诚信""守法"教育,并与转变工作作风、强化学术规范、提高学术道德结合起来,与国家、社会的教育同步进行。李延保还要求思想政治工作者要率先垂范,从自身做起,注重道德修养,不说假话,不搞形式主义,尊重学生。

---

① 李晓雯、陈福水:《热血无价,爱心无限——珠海校区同学踊跃无偿献血记》,见《中山大学(校报)》(新)第14期,2002年5月23日。

② 邓海军:《献给劳动者的赞歌,珠海市妇联海鸥艺术团为校区建设者举行慰问演出》,见《中山大学(校报)》(新)第15期,2001年5月28日。

③ 中山大学珠海校区卫生管理部吴兆华:《珠海校区积极开展"爱国卫生月活动"》,见《中山大学(校报)》(新)第15期,2002年5月28日。

④ 严茂盛:《让网络架起友谊的桥梁——珠海校区举办宿舍网络友谊赛》,见《中山大学(校报)》(新)第16期,2002年6月11日。

⑤ 静虹:《珠海校区文体设施建设日趋完善》,见《中山大学(校报)》(新)第15期,2002年5月28日。

⑥ 中山大学党委学工部:《中山大学思想政治教育研究会2002年年会隆重召开》,见《中山大学(校报)》(新)第13期,2002年5月13日。

5月10日 下午，由香港科技大学、香港理工大学、香港浸会大学和香港岭南大学有关部门行政人员组成的交流团一行到中大珠海校区参观。①

5月10日至12日 "全国高等院校数字化校园建设工作研讨会"在中大珠海校区召开。②

会议由教育部高等教育司委托全国高等学校教育技术协作委员会主办、中大承办。10日上午，中大副校长徐远通、全国高校教育技术协作委员会秘书长李树芳、广东省教育厅信息中心谢国强主任，以及来自北京大学、清华大学等全国近40所高校的约100名代表出席了开幕式。会议议题有四个：交流各校数字化校园建设的思路、研讨数字化学习环境建设问题、研究数字化校园评价体系、讨论高校协作建设数字化校园的途径和方式。

5月11日 上午，化学与化学工程学院第二届化学节开幕式在珠海校区教学实验大楼举行。副校长杨晓光、化学与化学工程学院副院长张仁俊、化学与化学工程学院党委副书记罗镇中出席了开幕式。杨晓光在开幕式上致辞，指出大学校区作为一个年轻人集中的地方，有着活泼生动的气息，应该注重校园文化建设。本届化学节为期四周。③

5月13日 下午，珠海市香洲区与中大珠海校区举行团学干部座谈会，主题为"弘扬五四精神，参与社区建设"。中山大学副校长杨晓光、香洲区委常委洪学顿等领导及各学院团支部、学生会代表出席了会议。④

5月18日 中山大学第五届大学生程序设计大赛在珠海校区计算机学科基础实验室举行。计算机科学系2000级丙班黎俊瑜、蔡文志、莫瑜组成的团队夺得一等奖第一名，代表中大参加在清华大学举行的全国大学生程序设计大赛。徐远通副校长在颁奖仪式上讲话。⑤

5月19日 下午，"五月的鲜花——全国高校大学生'我和我的祖国'大型诗歌咏唱会"在珠海校区举行。⑥

教育部高等教育司副司长刘凤泰、高等学校素质教育指导委员会副主任胡显章、中国教育电视台台长李鹏、浙江省政府副秘书长蒋泰维、浙江省委宣传部副部长沈立江等，中山大学校长黄达人、党委副书记陈伟林、副校长杨晓光，珠海市委副书记罗春柏、副市长余荣霭和20多所高校的校领导出席现场直播活动。该活动

---

① 《香港部分高校交流团来访》，见《中山大学（校报）》（新）第13期，2002年5月13日。
② 古小红：《高等院校数字化校园建设工作研讨会在珠海校区举行》，见《中山大学（校报）》（新）第13期，2002年5月13日。
③ 邓海军：《绿色、健康、生活、学术——享受化学很容易》，见《中山大学（校报）》（新）第15期，2002年5月28日。
④ 陈福水：《弘扬五四精神，参与社区建设》，见《中山大学（校报）》（新）第15期，2001年5月28日。
⑤ 崔恒波：《第五届学生程序设计大赛落幕——计科系2000级黎俊瑜、蔡文志、莫瑜同学获一等奖头名，徐远通副校长在颁奖仪式上讲话》，见《中山大学（校报）》（新）第15期，2001年5月28日。
⑥ 《"五月的鲜花"盛开在珠海校区》，见《中山大学（校报）》（新）第14期，2001年5月23日。

由教育部主办,陈至立部长担任组委会主任,中国教育电视台、浙江广电集团、中山大学、珠海市人民政府联合承办。参加咏唱会表演的有清华大学、中国人民大学等20多所著名高校的5000余名大学生。

△珠海校区游泳池、"百珠园"落成仪式,攀岩运动基地奠基仪式举行。黄达人校长、陈伟林副书记等人出席仪式。①

6月2日 地球与环境科学学院2001级、2002级学生和澳门大学的学生代表共650人,在珠海校区教学实验大楼宣誓,举办"两地五市"2002年世界环境日联合大行动——新世纪珠澳大学生绿色大行动。②

6月18日 珠海校区教工住宅楼（南区）封顶。③

6月25日 珠海校区2000级学生干部会议召开。④

李延保书记出席会议,他称赞珠海校区同学整体素质高,中山大学近80年的传统文化和珠海校区新的文化特征在同学们身上留下了烙印,原汁原味的中山大学珠海校区正在健康成长。他鼓励同学们树立历史自豪感、2000级的荣誉感和责任感,以崭新的精神面貌出现在广州校区,在广州校区继续接受优良文化传统的熏陶和教育。他提醒同学们要有思想准备,迎接现代大都市多种文化碰撞的挑战。他动情地提议同学们好好总结珠海校区的文化精神,在离开之前留下文化痕迹,留下历史见证。

△校党委宣传部与珠海校区党政办共同主办"我和我梦想开始的地方"主题活动。⑤

7月1日 下午,校党委在珠海校区图书馆讲学厅举行新党员入党宣誓仪式,83位新党员参加宣誓仪式。⑥

7月13日 哲学系1978级校友捐建母校"求是园"在珠海校区落成,杨晓光副校长出席揭幕仪式。⑦

△由全体2000级学生捐赠的纪念回迁铜地砖被郑重嵌到珠海校区图书馆前广场的地面上。⑧

7月13日至17日 珠海校区近4000名就读学生回迁广州南校区、北校区。此次回迁规模庞大,学校专门组织了以陈伟林副书记为组长,刘美南副书记、许宗祥副校长和杨晓光副校长任副组长的回迁工作领导小组。回迁工作引起社会各界的

---

① 《黄达人校长和珠海校区》,自印,第13～14页。
② 吴旗韬:《珠澳大学生举行绿色大行动》,见《中山大学（校报）》（新）第16期,2002年6月11日。
③ 静虹:摄影报道,见《中山大学（校报）》（新）第17期,2002年6月25日。
④ 林俊洪:《富有创造精神、自主精神的新一代——李延保书记称赞珠海校区同学整体素质高》,见《中山大学（校报）》（新）第18期,2002年7月4日。
⑤ 中山大学校长办公室:《中山大学年鉴（2002）》,中山大学出版社2003年12月第1版,第119页。
⑥ 中山大学校长办公室:《中山大学年鉴（2002）》,中山大学出版社2003年12月第1版,第367页。
⑦ 中山大学校长办公室:《中山大学年鉴（2002）》,中山大学出版社2003年12月第1版,第367页。
⑧ 《校区成长录》,见《中山大学（校报）》（新）第321期,2014年10月27日。

广泛关注。为正确引导媒体宣传报道，校党委宣传部精心策划了珠海校区学生回迁的新闻报道，积极宣传中山大学异地办学的成功经验。①

7月15日 "珠海模式"和"中大—珠海模式"受到社会关注。②

经过努力，珠海校区已经摸索出一套在学校统一领导下，延伸管理与属地管理结合的管理模式——中山大学珠海模式，主要包括四个方面的经验：一是重点大学在短时间内实现在异地进行规模化办学；二是地方政府全力支持兴办高等教育；三是新的中山大学校区以基础教育为主，同时兼顾科技开发，实现了产学研一体化；四是大学的后勤服务全面社会化。

《羊城晚报》是日刊发了题为《中大两年磨一剑创出"珠海模式"》的文章。此前，2001年11月16日，《光明日报》也刊发了题为《实现"双赢"效应："中大—珠海模式"透视（下）》的文章，两篇文章都对"珠海模式"进行了总结和报道。

7月19日 珠海校区办学模式写入学校党代会报告。

校党委书记李延保在中国共产党中山大学第十次代表大会上所做的报告中提到："1999年，在教育部、广东省和珠海市的大力支持下，我校在珠海特区成功地开辟了面积达3.48平方公里的新校区，为提高学校的办学层次、开拓新的发展空间，创造了良好的条件，为探索我国高校管理运作的新模式提供了新经验，'中大—珠海'模式已在全国高校中产生了积极、广泛的影响。"③他还提到："结合珠海校区新校区的特点，强化全校办校区的观念，重视校区文化环境的建设，引导学生'自我教育、自我管理、自我服务'，把思想政治教育的主题渗透到科技、文化、艺术、体育等校园文化建设中，推动了校风、教风、学风建设，营造了良好的校园环境，大大增强了学校的凝聚力。"④

珠海校区在教学和管理体制方面进行许多创新性改革：第一，打破了选修课文、理和系别的限制，把教学体系分为综合素质教育课程、基础理论课程、实验课程三部分，实行全新的课程教学模式，外语、数学、"两课"和体育课进行优化教学方案的改革，专业课普遍实施创新课程体系改革，建立课程模块，并试行学分绩点制，增设创新活动学分，而实验课则实行以设计性、综合性、探索性为主的高起点教学训练。第二，启动"优生优培"工程，坚持开展中外优秀文化和自然科学前沿系列讲座，在校区培育治学与修身相统一的优良学风，加强优良学风班活动，强化学生自主学习、自主管理意识，在珠海各社区建立创新性实践和实习基地。第三，构建教学质量监控机制，开展课堂教学评估，健全教学信息反馈体系，建立专

---

① 《教育史上的一次创举——我校00级本、专科生及01级七年制医科生回迁工作圆满结束》，见《中山大学（校报）》（新）第19期，2002年9月6日。
② 吴定宇：《中山大学校史（1924—2004）》，中山大学出版社2006年5月第1版，第384页。
③ 中山大学校长办公室：《中山大学年鉴（2002）》，中山大学出版社2003年12月第1版，第77页。
④ 中山大学校长办公室：《中山大学年鉴（2002）》，中山大学出版社2003年12月第1版，第79页。

职和兼职教学督导队伍，实现学籍管理的进一步优化，放宽副修专业的条件，增设独立开课副修专业班，推进双学位制。第四，结合信息时代的特点，建立教学信息平台和考试平台，开设网页制作公选课，大力开展多媒体互动型教学和网络教育，发挥网络文化的辐射作用。此外，还推行强化非英语专业学生的口语和听力训练，将数学列为全校学生的必修课，首次试行"免监考"等措施，以学生兴趣为纽带，组织各种学生社团，开展丰富多彩的活动，完善心理辅导和咨询，培养学生健全人格和较强的社会活动能力，给学生以个性发展的环境和空间。①

7月29日至8月1日 "诊所式法律教育国际研讨会"在珠海校区举办。②

研讨会由中国法学会法律教育研究会"中国诊所法律教育专业委员会"主办、中山大学法学院承办。7月29日上午，中国法学会法律教育研究会"中国诊所法律教育专业委员会"成立大会在中大珠海校区召开。中大党委副书记兼副校长李萍、珠海市副市长余荣霭先后致辞。会议期间，中国法学会法律教育研究会诊所法律教育专业委员会正式成立。来自耶鲁大学、哥伦比亚大学、北京大学、中国人民大学等国内外著名高校法学院的100多位专家学者出席了研讨会。

8月3日至5日 上午，海峡两岸暨香港"网络与心理学"学术研讨会在珠海校区举行。研讨会由中山大学心理学系、台湾大学心理学系、香港大学心理学系联合主办，主题是探讨网络科技对社会生活的影响。③

8月26日 校工会、珠海校区后勤办联合召开珠海校区教工（南区）业主大会。通报教工住宅建设和装修进展，协助业主做好住宅装修和购房贷款工作。会议由校工会常务副主席罗永明主持。④

8月31日 上午，中文系新一届行政领导班子安排系学术委员会的全体教授、博士生导师前往珠海校区与2001级学生座谈。⑤

9月18日 校党委副书记、校工会主席刘美南率领校工会负责同志前往珠海特区看望、慰问教职工。⑥

9月20日 中大"与时俱进的人文社会科学"专题研讨会在珠海校区召开。⑦

这次研讨会是学校为贯彻江泽民总书记关于哲学社会科学的一系列重要讲话精神而召开的。李延保书记、黄达人校长、李萍副书记兼副校长、校长助理兼社科处

---

① 吴定宇：《中山大学校史（1924—2004）》，中山大学出版社2006年5月第1版，第385页。
② 中山大学法学院：《"诊所法律教育国际研讨会"在珠海校区落下帷幕》，见《中山大学（校报）》（新）第19期，2002年9月6日。
③ 《海峡两岸暨香港"网络与心理学"学术研讨会在珠海校区举行》，见《中山大学（校报）》（新）第19期，2002年9月6日。
④ 罗永明：《中山大学工会编年史（1949—2010）》上册，中山大学出版社2011年6月第1版，第303页。
⑤ 王坤：《中文系学术委员会全体教授、博导前往珠海校区与01级学生座谈》，见《中山大学（校报）》（新）第19期，2002年9月6日。
⑥ 中山大学校长办公室：《中山大学年鉴（2002）》，中山大学出版社2003年12月第1版，第124页。
⑦ 中山大学校长办公室：《中山大学年鉴（2002）》，中山大学出版社2003年12月第1版，第369页。

中山大学珠海校区编年史（1999—2018）

处长梁庆寅教授、文科院系负责人、文科重点研究基地负责人和部分人文社会科学专家学者20多人出席会议。李延保、黄达人、李萍分别对与会学者提出了担当社会责任、发展人文社会科学的殷切希望和要求。与会学者经过认真学习、研讨，取得了一系列认识成果，认为与时俱进地发展人文社会科学，要达到三个"必须"：第一，必须在人文社会科学研究和学科建设中，把握时代脉搏，反映时代发展要求，用符合时代精神的理论促进经济社会发展，促进精神文明和物质文明建设。第二，人文社会科学工作者必须认清自己肩负的重大历史使命，以全局性、战略性、前瞻性的眼光，以创新的精神和科学的治学态度投身于人文社会科学的伟大事业中。第三，必须依据学科特点，发挥我校学科优势，深入基础研究，拓宽应用研究，扶植新兴学科，服务地方经济建设，发展中华文明。

△校党委副书记陈伟林、珠海校区管委会主任樊筑生以及学生处、保卫处、武装部等部门负责人与军训师教官代表在珠海校区举行"迎中秋"茶话会。当天，陈伟林在珠海校区教工饭堂与港澳生代表共进午餐，喜迎中秋佳节。①

9月27日 晚，2002年中山大学迎新晚会在珠海校区图书馆前广场举行。晚会由中山大学和珠海市人民政府共同主办，校团委承办。②

9月29日 2002级新生军训阅兵总结大会在珠海校区田径运动场举行，陈玉川副书记兼副校长、陈伟林副书记、杨晓光副校长和军训师领导出席大会。③

10月18日 下午，以孙鹤圭知事为团长的韩国京畿道政府代表团一行34人访问珠海校区，黄达人校长会见来宾。④ 孙鹤圭在珠海校区做了题为"建立东北亚新秩序与发展韩中关系"的演讲。⑤

10月19日 俄罗斯总统驻中央联邦区全权代表波尔塔夫钦科率代表团访问珠海校区。李萍副书记兼副校长接待了波尔塔夫钦科一行。⑥

10月22日至24日 以教育部文化素质教育指导委员会副主任委员张楚廷教授为组长的专家组对我校"国家大学生文化素质教育基地"进行中期检查。专家组认为，珠海校区创建虽短，但是做到了让学生感受到原汁原味的中大老校区的校园文化。校区拥有现代化的建筑、新型的校园，具有较高的文化起点，图书馆建成才两年就可看到大学图书馆的庄严，大学生参与管理工作，更具先进性，更有新意。专家组对我校为珠海校区低年级学生提供大量的高质量选修课程的做法表示

---

① 黄山：《心系珠海，共贺中秋——校领导赴珠海校区慰问军训师官兵及师生代表》，见《中山大学（校报）》（新）第22期，2002年9月28日。
② 张韵：《珠海校区举行02年迎新晚会》，见《中山大学（校报）》（新）第23期，2002年10月15日。
③ 古添雄、林俊洪：《计划周全 实施顺利 成绩显著——我校2002级新生军训圆满结束》，见《中山大学（校报）》（新）第23期，2002年10月15日。
④ 中山大学校长办公室：《中山大学年鉴（2002）》，中山大学出版社2003年12月第1版，第370页。
⑤ 吴定宇：《中山大学校史（1924—2004）》，中山大学出版社2006年5月第1版，第413页。
⑥ 陈汝筑、易汉文：《中山大学校史图集》，中山大学出版社2004年9月第1版，第173页。

认可。①

10月27日 中山大学第一个勤工俭学学生组织——雁行社在珠海校区成立。②

△晚,由珠海校区学工办主办的"传统与现代"系列论坛第一期"紫荆之约——学长与你谈中大"在珠海校区榕园学生活动中心举行。本期论坛邀请了2002级人类学博士生梅方权、哲学系1999级本科生龚庆、外国语学院1999级本科生何晓敏和地球与环境科学学院2000级本科生罗攀四位在学术、校园活动及社会实践领域中颇有建树的在校学长出席,与在校大一、大二学生交谈。论坛力图以学术文化为切入点,以传统与现代的关系为线索,以走进学长、普及知识、启发思考和培育理性为过程,以期实现培养具备理性判断力、独立创新力和健全人格魅力人才的德育目标。③

10月30日至11月15日 为迎接党的十六大胜利召开,由珠海校区党委与深圳市博物馆联合主办、校区团工委承办的"国旗颂"专题图片展在珠海校区图书馆大楼东座一楼展厅展出。④

11月2日 中山大学《求进》报社在珠海校区举行成立17周年社庆大会暨"求进树"揭牌仪式。校党委副书记陈伟林等领导出席仪式。⑤

11月6日至7日 "教育创新论坛——高等教育异地办学与产学研基地研讨会"在中大珠海校区召开。⑥

研讨会由中大和珠海市人民政府共同主办,来自清华大学、北京大学等20多所高校的代表和珠海市的代表出席了研讨会。校党委书记李延保出席研讨会并在开幕式上致辞。研讨会围绕异地办校区的建设、办学思路、办学模式、管理体制及发展规划,高等院校异地办学与建立产学研基地对当地经济社会发展的作用和影响两个专题展开研讨。

中大是第一所在珠海办校区的大学,按照新起点、新模式、新要求建设新校区。中大珠海校区已经建立起一个在学校统一领导下精简高效的管理体系。行政管理采用延伸管理与属地管理相结合的方式,后勤实现完全的社会化,在办学指导思想上,实行"三个融为一体"的理念。中大将以新的校区为突破口,实现新世纪教育的全面改革和创新。

---

① 易汉文:《中山大学编年史(1924—2004)》,中山大学出版社2005年9月第1版,第199页。

② 杨昊鸥:《珠海校区雁行社成立》,见《中山大学(校报)》(新)第24期,2002年10月30日。

③ 马丽:《让中大精神在这里传承——记"传统与现代"系列论坛之"紫荆之约——学长与你谈中大"》,见《中山大学(校报)》(新)第25期,2002年11月7日。

④ 管丽珺:《珠海校区举办"国旗颂"专题图片展》,见《中山大学(校报)》(新)第26期,2002年11月18日。

⑤ 求进报社珠海分社:《嘉木寄深情,风雨歌前行——求进报社成立十七周年暨"求进树"揭牌仪式隆重举行》,见《中山大学(校报)》(新)第25期,2002年11月7日。

⑥ 陈汝筑、易汉文:《中山大学校史图集》,中山大学出版社2004年9月第1版,第174页。

11月9日 珠海校区举行校庆运动会。李延保书记、黄达人校长、杨晓光副校长出席运动会开幕式。①

11月16日 由中大和日本国驻广州总领事馆、日本国福冈市政府联合举办的"第16届广州地区大学生日语演讲比赛"举行，来自珠海校区外国语学院日语专业本科二年级的学生魏舒林获得冠军。②

11月22日 晚，珠海校区2002年度学生干部培训班开班。③

培训班第一讲在校区榕园学生活动中心开讲，李延保书记为大家做了题为"学习与责任"的讲座。他希望学生干部要学会做人、做事和做学问，坚持有利于广大同学的学习和身心健康、有利于校园文化的发展和有利于学校的声誉和社会形象三个准则，用心做好每一件事，为同学为学校做好事。在处理与同学们的关系上，要坚持合作、宽容和与自然和谐共处三种基本精神。李书记提出了"做人要真、对人要诚、做事要实、做官要清"四点要求。他用自己的亲身经历言传身教，让学生干部们深受启发。

11月24日 中山大学澳门校友会与原中山医科大学澳门校友会联合组成的"澳门校友会珠海参观团"到珠海校区参观学习。中山医校友会广州代表也组团到珠海聚会。杨晓光副校长接见参观团一行并介绍了珠海校区的情况。④

11月25日至12月14日 由哲学系学生会主办的"道不远人"第五届哲学宣传周在珠海校区举行。宣传周活动内容包括博导论坛系列讲座、哲理电影展播、读书报告会、书籍派送等。⑤

12月1日 第九次全国高校校友工作研讨会在我校召开。多所高校的校领导出席了研讨会。会议结束后，参加研讨会的高校代表参观了珠海校区。⑥

12月4日 全国政协常委、原外交部部长助理唐龙斌，原国家图书馆党委书记、副馆长唐绍明应邀到珠海校区访问，并在晚上给珠海校区师生做了演讲。⑦

12月7日 上午，珠海校区新生党员及入党积极分子培训班结业仪式暨庆祝党的十六大歌咏比赛在珠海校区榕园学生活动中心举行。此次活动由校党委组织部

---

① 参见《黄达人校长和珠海校区》，自印，第14页。
② 钟伟珍：《魏舒林同学获日语演讲大赛冠军》，见《中山大学（校报）》（新）第28期，2002年12月5日。
③ 刘喻：《学习与责任——李延保书记为珠海校区2002年度学生干部培训班做首场专题讲座》，见《中山大学（校报）》（新）第28期，2002年12月5日。
④ 中山大学澳门校友会：《中大穗港澳旅美校友珠海参观联欢》，见《中山大学（校报）》（新）第29期，2002年12月18日。
⑤ 陆劲松：《"道不远人"第五届哲学宣传周开幕》，见《中山大学（校报）》（新）第28期，2002年12月5日。
⑥ 中山大学新闻中心：《第九次全国高校校友工作研讨会在我校召开》，见《中山大学（校报）》（新）第29期，2002年12月18日。
⑦ 杨海侨：《唐家名人访问珠海校区》，见《中山大学（校报）》（新）第30期，2002年12月27日。

主办,珠海校区新生党员及入党积极分子培训班及《求进》报社承办。①

△晚,由珠海校区学工办主办,中山医学院珠海校区团总支和学生会承办的"传统与现代"论坛第三期"泡在来苏水里的青春——走近医学生和他们的医学世界"在珠海校区举行。②

12月14日 下午,绿色校园环保手工艺大赛展览在珠海校区教学实验大楼开办。③

12月17日 中山大学第八届暨珠海校区第三届外语节举办。本届外语节采取论坛形式,以增强珠海校区的外语学习氛围。④

12月18日 晚,中山大学2002年"华成杯"院系辩论赛决赛在珠海校区举行,政务学院辩论队获得冠军。⑤

12月下旬 珠海校区顺利通过由广东省卫生厅、广东省教育厅组织的"广东省2002年学校卫生监督检查"。⑥

是年 珠海校区学生社团设立47个:广播台、青年志愿者协会、《岭南人》杂志社、营销协会、岭南书画社、登山协会、科风工作组、集邮协会、文化心旅、联创电脑社、仪美协会、时代笔会、经济学社、若海组委会、乐元素、中大青年、青年科技服务中心、心理学社、绿叶社、会计学会、星海爱乐协会、《求进》报社、计算机协会、旅游协会、学生俱乐部、爱心同盟、科技协会、青年法学社、公关协会、综合乐团、南方文学社、金字塔学社、绿色青年组织、舞蹈队、棋类协会、U-POP杂志、话剧社、零丁洋文学社、口才俱乐部、天空海阔工作站、海韵学社、果果工作室、中大书画协会、中大摄影协会、合唱团、定向越野协会、啄木鸟工作室。⑦

---

① 马艳:《奏响主旋律,颂歌献给党》,见《中山大学(校报)》(新)第30期,2002年12月27日。
② 马丽、熊翠菊:《"传统与现代"系列论坛举行第三讲》,见《中山大学(校报)》(新)第29期,2002年12月18日。
③ 钟焕心:《珠海校区有个环保手工艺展》,见《中山大学(校报)》(新)第30期,2002年12月27日。
④ 中山大学外语学院:《外院人从这里走向世界——我校第八届暨珠海校区第三届外语节隆重开幕》,见《中山大学(校报)》(新)第30期,2002年12月27日。
⑤ 张韵:《院系辩论赛政务学院夺冠》,见《中山大学(校报)》(新)第30期,2002年12月27日。
⑥ 吴兆华:《珠海校区通过广东省2002年学校卫生监督检查》,见《中山大学(校报)》(新)第30期,2002年12月27日。
⑦ 中山大学校长办公室:《中山大学年鉴(2002)》,中山大学出版社2003年12月第1版,第400页。

2003年

2003 年

1 月 4 日 哲学系 2003 年第一次党政联席会议在珠海校区举行。会议肯定了哲学系珠海校区工作部成立以来所取得的工作成绩。①

1 月 14 日 珠海校区在榕园学生活动中心举行 2002 年度总结表彰大会暨联欢晚会。②

李延保书记、黄达人校长、杨晓光副校长及学校有关部处负责人和珠海校区全体工作人员出席大会。李延保在致辞中充分肯定了珠海校区这两年所取得的成绩和赢得的社会荣誉，对珠海校区全体工作人员团结奋进、艰苦奋斗的精神给予很高评价。他指出，学校正处于建设珠海校区、合校、广东加大力度发展高等教育、广州建设大学城等重大机遇接踵而来的大好时机，我们将抓住机遇，进一步加快发展。珠海校区是我校重要的组成部分，具有优越的办学条件，是宝贵的办学资源，我校将继续加大投入，将之建设得更为漂亮、更为完善，成为我校重要的办学基地。他希望珠海校区的同志们继续发扬创业、奉献精神，迎接珠海校区新的建设高潮，以取得更大的成绩。

黄达人、杨晓光为荣获 2002 年度珠海校区先进工作者的 27 位同志颁发了荣誉证书。珠海校区党委书记黄喜主持表彰会，管委会主任樊筑生做了年度总结报告。

2 月 20 日至 23 日 中山大学"2003 年发展战略研讨会"在珠海校区举行。

本次研讨会的主要议题是二级学院的设立与管理、八十

---

① 中山大学哲学系珠海校区工作部：《哲学系在珠海校区的管理模式行之有效》，见《中山大学（校报）》（新）第 31 期，2003 年 1 月 9 日。
② 林俊洪：《珠海校区举行 02 年度总结表彰暨联欢晚会——李延保书记、黄达人校长出席并讲话》，见《中山大学（校报）》（新）第 33 期，2003 年 3 月 5 日。

中山大学珠海校区编年史（1999—2018）

周年校庆筹备工作、广州大学城校区建设及学校的跨越式发展。李延保、黄达人、陈玉川、刘美南、陈伟林、李萍、徐远通、颜光美、许宗祥、陈汝筑、汪建平、许家瑞、杨晓光、戴月、王珺、喻世友、梁庆寅等多位领导参加研讨会。会议分别由李延保书记、黄达人校长、陈玉川副书记兼副校长主持。会议提到："近两年，珠海校区的建设、原中山大学和原中山医科大学的合并都大大提高了学校的知名度，中大正在重振历史的辉煌。"①

2月24日 新学期开学第一天，李延保书记、陈伟林副书记、杨晓光副校长检查了珠海校区的开学准备工作。李延保对开学的秩序及准备工作表示满意，并对校区工作做了指示。②

△珠海校区召开全体管理干部会议。③

杨晓光副校长根据李延保书记检查珠海校区开学准备工作的意见和学校"2003年发展战略研讨会"的精神，对珠海校区在新一年的管理工作提出明确的要求：完善管理，完善环境，进而完善以人为本的服务。杨晓光指出，珠海校区的大学校园建设已基本完成，大规模建设暂告一段落，校区今年的管理工作重点是：贯彻"以人为本，以教师、学生为第一服务对象"的精神，进一步完善管理、完善环境、完善服务，提高管理水平、工作效益和服务质量，全面提高办学水平。完善管理重点在于完善制度建设、人事管理和财务管理。规章制度是规范化管理的保障，珠海校区前两年一边建设，一边摸索管理经验，已经积累编制了一套规章制度，但随着管理进一步深入、细化、规范，服务要求不断提高，管理体制需要进一步理顺，规章制度也需要做出相应的修订。

在环境建设上，珠海校区大气魄的建筑、优美的环境、现代化的设施得到广泛赞赏。目前我们考虑的是如何维护优美的环境，如何从小处着眼，使环境更有文化内涵、更体现人性化、更能满足师生的需要。校区建竹园、种荷花、搭鸽笼、放鹅、养鱼、做纪念砖等，都是为了从小处见精神，在一草一木一瓦一砖中培育文化内涵。2003年，校区拟建设几个富有创意、有画龙点睛之效又花钱不多的新景点。环境的不断完善，需要大家出谋划策、集思广益、精心雕琢。

无论是管理上的完善还是环境上的完善，最终的目标都是为了给广大师生员工提供完善的服务。路边的椅子、山脚下的水泥路、车站的饮水机、宿舍里的分类垃圾桶等，体现的是为师生做好服务、建设人性化环境的精神。管理干部要坚持落实责任制，每个人要耕好自己的"一亩三分地"，把服务工作做细、做深入、做周全。每个干部要要多走、多看、多思考，拾遗补阙，发现问题解决问题，真正把师生

---

① 中山大学校长办公室：《中山大学年鉴（2003）》，中山大学出版社2004年12月第1版，第40~41页。
② 林俊洪：《完善管理，完善环境，服务放首位——珠海校区明确今年管理工作指导方针》，见《中山大学（校报）》（新）第33期，2003年3月5日。
③ 林俊洪：《完善管理，完善环境，服务放首位——珠海校区明确今年管理工作指导方针》，见《中山大学（校报）》（新）第33期，2003年3月5日。

放在心中,把服务放在岗位责任制上,把服务做到实处。整个珠海校区管理机制就是一个服务大平台,服务是每个管理人员的基本职责,我们要学习人性化管理、学习现代化大学的先进管理,把珠海校区的管理服务提高到新的水平。

3月1日 中山大学附属第五医院珠海校区门诊党支部在校区开展义诊活动。①

3月4日至6日 中文系35岁以下的全体青年教师在中文系领导带领下到珠海校区,参加中文系首次举行的现场教学经验交流活动。活动包括观摩黄修己、康保成等教授授课,与同学们进行教学研讨等。②

3月5日 中山大学"国家生命科学与技术人才培养基地"首届生物技术与应用专业开学典礼在珠海校区举行。③

杨晓光副校长和教务处、珠海校区、生命科学学院有关负责人出席开学典礼。杨晓光在致辞中说,"国家生命科学与技术人才培养基地"是教育创新的一次大胆实践。国家针对生物技术产业化人才缺乏、国际竞争能力不足、人才培养不适应市场需求的实际,采取了四个结合、四个创新、两个配套的总体办学思路。我校在东莞市建立松山湖生物技术学院暨国家生物技术基地,将有利于培养集产、学、研于一体的复合型、创业型人才,以推动生物科技产业化的发展。他希望同学们把握机遇,勤奋学习,早日成才。生命科学学院徐安龙院长介绍了学院教学、科研和学科发展等情况。他说我校创办"国家生命科学与技术人才培养基地"正值天时、地利、人和的大好形势,希望同学们明确自己肩负的时代重任,增强面对各种挑战的信心。生命科学学院王金发副院长报告了"国家生命科学与技术人才培养基地——生物技术与应用专业"的培养规划和教学计划的进程。首届基地班学生有61名,来自10多个院系的20多个专业。

3月9日 "弘扬雷锋精神,参与志愿服务"活动启动仪式在珠海校区举行。④

3月11日 全校各院系教务员在教务处刘济科副处长的带领下集体到珠海校区现场办公并深入各院系与学生见面。此次活动是解决教务员和学生脱节问题的一次尝试。⑤

3月16日 珠海校区2002级生活园区团总支成立大会举行。⑥

---

① 何立轩:《附五院门诊党支部在珠海校区开展义诊活动》,见《中山大学(校报)》(新)第33期,2003年3月5日。
② 张均:《现场教学交流 赢得师生喝彩》,见《中山大学(校报)》(新)第36期,2003年4月8日。
③ 中山大学生命科学学院:《教育创新的一次大胆实践 我校首届"国家生命科学与技术人才培养基地"开学典礼在珠海校区举行》,见《中山大学(校报)》(新)第35期,2003年3月28日。
④ 中山大学校长办公室:《中山大学年鉴(2003)》,中山大学出版社2004年12月第1版,第389页。
⑤ 崔恒波:《采取措施解决教务员和学生脱节问题》,见《中山大学(校报)》(新)第35期,2003年3月28日。
⑥ 《珠海校区02级生活园区团总支正式成立》,见《中山大学(校报)》(新)第35期,2003年3月28日。

为进一步推动团建创新改革，珠海校区团工委决定在 2002 级本科生生活园区继续建立生活园区团总支。根据各种因素，将 2002 级文科学生划分为博学、审问、慎思、明辨、笃行五个团总支。

3 月 21 日 下午，全国大学生数学建模竞赛中山大学动员会在珠海校区举行。李延保书记、徐远通副校长出席动员会，广东省工业与应用数学学会理事长朱思铭教授、教务处处长王庭槐、数学系系主任艾军教授、大赛总教练王寿松教授、大赛教练组成员及学生代表等 200 多人参加动员会。①

3 月 24 日 学校决定，总务处下设珠海校区后勤办公室。②

3 月 26 日 全国人大常委会副委员长许嘉璐到珠海校区视察。杨晓光副校长陪同视察，并介绍了校区的建设和管理情况。③

4 月 1 日至 2 日 哲学系党总支书记陈荣冠、系主任黎红雷教授一行到珠海校区，就哲学系在珠海校区的工作和本科教学情况进行调研。4 月 4 日上午，哲学系就本次调研情况召开系党政联席会议，部署下一步工作。④

4 月 2 日 晚，第三届化学科技节在珠海校区开幕。本届化学科技节包括化学一条街活动、化学多媒体设计大赛、历届实验成果展示会、化学楼开放日等活动。⑤

4 月 3 日 系统功能语言学创始人、澳大利亚悉尼大学终身教授 M. A. K. Halliday（韩礼德）在珠海校区为师生做了题为"Language functions and Language Learning"（"语言功能与语言学习"）的讲座。⑥

4 月 13 日 晚，哲学系 2001 级的张宁同学为珠海校区同学带来"毁灭与生成"的讲座。这是珠海校区成立以来第一个由本科生主讲的讲座。⑦

4 月 17 日 学校决定，组建信息与网络中心（现代教育技术中心），中心下设珠海校区信息与网络办公室等机构。⑧

4 月 18 日 晚，"中大青年论坛"在珠海校区榕园学生活动中心多功能厅举行。中大校友、广东省文联主席、茅盾文学奖作品《白门柳》的作者刘斯奋先生

---

① 崔恒波：《积极参与，精心准备——2003 年全国大学生数学建模竞赛动员会在珠海校区举行》，见《中山大学（校报）》（新）第 36 期，2003 年 4 月 8 日。
② 中山大学校长办公室：《中山大学年鉴（2003）》，中山大学出版社 2004 年 12 月第 1 版，第 389 页。
③ 陈汝筑、易汉文：《中山大学校史图集》，中山大学出版社 2004 年 9 月第 1 版，第 175 页。
④ 姜正宇：《发现问题，解决问题——哲学系领导到珠海校区调研》，《中山大学（校报）》（新）第 36 期，2003 年 4 月 8 日。
⑤ 左娜娜、邓海军：《第三届化学科技节隆重开幕》，见《中山大学（校报）》（新）第 37 期，2003 年 4 月 16 日。
⑥ 中山大学外语学院：《M. A. K. Halliday 教授和 Ruqaiya Hasan 教授来我校讲学》，见《中山大学（校报）》（新）第 37 期，2003 年 4 月 16 日。
⑦ 钟焕心：《本科生走上讲座主讲席》，见《中山大学（校报）》（新）第 37 期，2003 年 4 月 16 日。
⑧ 中山大学校长办公室：《中山大学年鉴（2003）》，中山大学出版社 2004 年 12 月第 1 版，第 390 页。

担任主讲嘉宾。①

4月19日 晚,"统一闪亮之星大学生歌手选拔赛"珠海站比赛在珠海校区图书馆广场举行,来自澳门理工大学、中山大学珠海校区等6所高校的15位歌手参赛。我校信息科学与技术学院简剑平同学获得一等奖,将代表珠海参加于5月24日举行的华南赛区决赛。②

4月25日 珠海校区院系学生管理教师和学生干部会议召开。③

本次会议为加强非典型肺炎(简称为"非典")防范工作而召开,300多名师生参加会议,李延保书记、陈伟林副书记出席会议。

李延保在讲话中介绍了"非典"疫情暴发以来,我校全面组织抗击的过程,如实通报了我校发生"非典"病例的情况。他强调,对"非典"疫情,学校绝不会,也不能谎报、瞒报,这是人类共同面临的挑战,必须科学对待。同时,也必须坚决杜绝流言、传言、虚假传闻,避免造成不必要的恐慌,影响正常的教学、生活秩序。对"非典"疫情,第一要高度重视,第二要用科学、正确的态度去认识。他还介绍了在应对"非典"斗争中总结出来的两条基本经验:一是加强自我保护,切断传染源;二是快速反应,高度警惕,加强自我检测,做到"早发现、早隔离、早治疗"。学校已经采取了一系列措施,暂停一切非教学、科研的群体活动,暂停跨市、跨校交流。李书记强调:"五一"放假期间,根据教育部要求,学校要组织学生、教职工在学校及当地休假,不要外出旅游,外地学生不得离校回家,这是对社会负责,更是对学生本人负责。学校要求,"五一"期间,广州校区学生与珠海校区学生不要往来,学生宿舍不得接纳外来人,家长不要探望学生,校区招待所概不接待非本校教学人员,也暂停交流、旅游、其他闲杂人员进入校区。珠海校区环境优美、开阔通风,只要我们减少不必要的外界接触,珠海校区是相对理想的预防病毒流行的地方。

4月 哲学系2002级团支部在生活园区"审问"团总支的协助下,在珠海校区发起"绿色校园,绿色文化"活动。活动旨在"呼唤绿色,关怀人文",希望通过一系列的活动增强同学们对校园一草一木的热爱,呼吁同学们从身边做起,用自己的文明行为给校园增添一份绿色。④

5月9日 上午,珠海校区管委会召开办公会议。会上,校区管委会主任樊筑生回顾和总结了五一前后防治"非典"的各项工作,充分肯定了有关人员所做出的努力。会议要求党政办、学工办等部门协助成教学院做好学生毕业离校区手续的

---

① 易汉文:《中山大学编年史(1924—2004)》,中山大学出版社2005年9月第1版,第211页。
② 张韵:《珠海校区决出"闪亮之星"》,见《中山大学(校报)》(新)第40期,2003年5月16日。
③ 中山大学新闻中心:《正确认识,沉着应对——李延保书记在珠海校区做关于应对非典型肺炎的重要讲话》,见《中山大学(校报)》(新)第38期,2003年4月29日。
④ 中山大学哲学系02级团支部:《为校园添新绿》,见《中山大学(校报)》(新)第43期,2003年6月16日。

中山大学珠海校区编年史（1999—2018）

有关工作、2001级学生回迁广州的工作、2003级新生宿舍床上用品招投标等工作。①

5月12日 下午，新生专项助学金颁发仪式在珠海校区举行。陈伟林副书记、李萍副书记兼副校长出席颁发仪式。②

5月15日 广东省副省长谢强华在广东省劳动与社会保障厅厅长方潮贵和珠海市委书记方旋的陪同下考察珠海校区。李延保书记陪同谢强华一行参观校园，介绍了校区的建设和发展情况。谢强华对珠海校区一流的设施连声赞好，鼓励说，当前要一手抓抗击"非典"，一手抓学校的发展，珠海校区有一流的环境设施，应办出一流的水平，培养出一流的人才。③

5月16日 由广东省卫生厅、广东省教育厅、广东省和珠海市疾病预防控制中心、卫生监督所等组成的防"非典"专家组对于珠海校区预防"非典"工作及食堂卫生进行检查。专家组对校区无SARS疫情发生表示满意，一致肯定并通过了校区预防SARS工作的检查。④

5月21日 学校决定，设备与实验室管理处下设珠海校区基础教学实验中心；基建处下设珠海校区基建工作办公室。⑤

6月5日 广东省省长黄华华考察珠海校区。⑥

省政府秘书长陈坚、珠海市委书记方旋、市长王顺生陪同考察。黄华华认真听取了李延保书记关于珠海校区建设和发展的情况汇报，在李延保的陪同下参观了图书馆、游泳馆等教学设施和校园环境。黄华华鼓励中山大学抓住机遇、加快发展，为广东省、国家的教育、科技、经济发展和社会进步做出更大贡献。

6月7日 晚，珠海校区学生合唱团"飞扬歌声，激扬生命"专场演出在珠海校区举行。⑦

6月18日 伍舜德国际学术交流中心在珠海校区开工。该中心总建筑面积14000平方米，总投资约3500万元人民币，其中伍舜德先生捐资500万元港币，该楼还引进社会资金进行建设。⑧

△晚，由中山医学院主办，珠海校区保卫办、唐家湾镇派出所协办的安全教育沙龙在珠海校区学生活动中心举行，珠海校区、学生处、中山医学院、唐家湾镇派

---

① 中山大学珠海校区管理委员会：《珠海校区管委会开会布置工作》，见《中山大学（校报）》（新）第40期，2003年5月16日。
② 中山大学校长办公室：《中山大学年鉴（2003）》，中山大学出版社2004年12月第1版，第392页。
③ 林俊洪：图片新闻，见《中山大学（校报）》（新）第40期，2003年5月16日。
④ 吴兆华、唐荣录：《珠海校区通过省防SARS专家组检查》，见《中山大学（校报）》（新）第44期，2003年6月26日。
⑤ 中山大学校长办公室：《中山大学年鉴（2003）》，中山大学出版社2004年12月第1版，第392页。
⑥ 中山大学校长办公室：《中山大学年鉴（2003）》，中山大学出版社2004年12月第1版，第393页。
⑦ 中山大学校长办公室：《中山大学年鉴（2003）》，中山大学出版社2004年12月第1版，第393页。
⑧ 易汉文：《中山大学编年史（1924—2004）》，中山大学出版社2005年9月第1版，第215页。

出所等单位领导及师生 200 多人参加了活动。①

△中山大学雁行社成立一周年纪念座谈会在珠海校区举行。校党委陈伟林副书记和学生处负责人及有关老师出席会议。②

6月19日 珠海校区门诊部荣获"广东省抗击非典嘉奖集体"荣誉称号,受到广东省委、省政府的表彰。③

6月23日 珠海校区主要干部会议召开。④

学校党委书记李延保、组织部部长戴月出席会议。戴月在会上宣读了校区主要干部任免职通知,至此,珠海校区各单位正副职负责人的轮岗基本完成。

李延保指出,学校机构改革正在有序地往前推进,珠海校区根据学校的整体部署,机构及设置已明确。珠海校区党政工作办公室进行属地管理,编制 15 人(含校区党委书记、管委会主任及 5 个服务职能编制),校区其他单位则实行延伸管理。珠海校区的干部轮岗是正常的干部交流。校内干部交流有利于干部的提高和调动工作热情,在珠海校区工作过的同志经受了校区紧张建设时期的锻炼,为校区的建设和发展做出了贡献,学校不会忘记他们。今后珠海校区的管理队伍除了主要干部由学校派出外,一般管理干部和工作人员在属地招聘,这样有利于珠海校区的管理和节省办学成本。珠海校区的管理既包括日常管理也包括建设。珠海校区在这样短的时间建成开学就体现了管理的高效。经过三年多的实践证明,珠海校区的管理模式是成功的。珠海校区管委会的例会制度很好,用这种形式研究校区的工作,协调各单位关系,保证校区各项工作的顺利开展,体现了珠海校区延伸管理与属地管理相结合的管理模式,管委会代表学校承担对外联系、对内协调的工作。现在珠海校区的管理关系是比较畅顺的。

李书记指出,珠海校区要有长远规划,要深化内部管理。珠海校区环境优美,校区从总体规划到一些景点的建设都做了大量工作,今后要继续做好校园规划,加强校园文化建设,使校区成为具有吸引力的校园。

6月28日 珠海校区第一届武术公开赛在风雨操场举行。本次比赛由中山大学武术俱乐部举办,并邀请香港太极拳协会、澳门华人华侨总商会、珠海市太极拳协会等单位的代表作为表演嘉宾。⑤

---

① 韩静、钟焕心:《珠海校区举行安全教育沙龙》,见《中山大学(校报)》(新)第 44 期,2003 年 6 月 26 日。
② 钟一彪:《情系家庭经济困难学生——校党委陈伟林副书记出席雁行社成立一周年纪念座谈会》,见《中山大学(校报)》(新)第 45 期,2003 年 7 月 2 日。
③ 中山大学校长办公室:《中山大学年鉴(2003)》,中山大学出版社 2004 年 12 月第 1 版,第 413 页。
④ 中山大学珠海校区党政工作办公室:《珠海校区管理机制日趋完善》,见《中山大学(校报)》(新)第 45 期,2003 年 7 月 2 日。
⑤ 苏丹洁、廖钰钰、吴建平、罗文恩:《珠海校区第一届武术公开赛举行》,见《中山大学(校报)》(新)第 45 期,2003 年 7 月 2 日。

7月2日 《中山大学（校报）》刊文指出，珠海校区管理机制日趋完善。①

文章指出，珠海校区管理实现了规范化、制度化和科学化，按需设岗、一职多能的管理模式得以成功运行。2003年后，珠海校区的管理队伍除了主要干部由学校派出外，一般管理干部和工作人员在属地招聘。珠海校区管理委员会代表学校承担对外联系、对内协调的工作，管委会实行例会制度以协调各单位关系，保证校区各项工作的顺利开展，体现了珠海校区延伸管理与属地管理相结合的管理模式。学校后勤管理社会化，校区的物业、环卫、绿化、交通、食堂、医疗、保险、通讯、饮用水、生活服务等各个后勤服务项目全部交由企业经营管理，校区只行使规划、招标、监督、协调、验收等职能，而不再直接参与经营。

7月4日 黄达人校长在第六届教代会上做工作报告《关于学校发展的一些想法和思考》。②

报告在校区布局方面提到：各校区都会设立整建制学院，形成学科特色，各有侧重，动态调整，逐步完善。对于珠海校区，除进入广州东校区的六个学院（管理学院、政务学院、法学院、信息学院、数计学院、环境科学学院，这六个学院的本科生整体进入东校区）以外的其他文、理、工科各学院及七年制临床医学的一、二年级本科生，部分独立学院学生，以及可能兴办的新学院如海洋学院、旅游学院等学院的全部本科学生都放在珠海校区培养。对于管理体制，珠海校区以延伸管理为主。

7月13日 2001级本科生回迁纪念铜地砖安置仪式在珠海校区图书馆广场举行。珠海校区党委书记黄喜、管委会主任樊筑生出席安置仪式。③

7月13日至18日 珠海校区学生回迁广州工作顺利进行。④

7月21日 下午，2003年中山大学大学生、医护人员暑假"三下乡"志愿者服务活动启动仪式在珠海校区举行。⑤

8月10日 上午10时，"根在康乐园——中文系七七级同学植树揭幕仪式"在珠海校区教学实验大楼前大草坪上举行。广东省委常委、宣传部部长蔡东士等中文系1977级校友到珠海校区为捐赠的同学纪念树揭幕。李萍副书记兼副校长主持揭幕仪式。⑥

8月23日至24日 人事处工作研讨会在珠海校区召开。⑦

---

① 吴定宇：《中山大学校史（1924—2004）》，中山大学出版社2006年5月第1版，第385页。
② 中山大学校长办公室：《中山大学年鉴（2003）》，中山大学出版社2004年12月第1版，第69～79页。
③ 《珠海校区举行01级回迁纪念铜地砖安置仪式》，见《中山大学（校报）》（新）第47期，2003年9月2日。
④ 陈方：《同心协力——珠海校区学生回迁工作顺利美满》，见《中山大学（校报）》（新）第47期，2003年9月2日。
⑤ 中山大学校长办公室：《中山大学年鉴（2003）》，中山大学出版社2004年12月第1版，第395页。
⑥ 林俊洪：图片新闻，见《中山大学（校报）》（新）第47期，2003年9月2日。
⑦ 陈发美：《人事处召开工作研讨会》，见《中山大学（校报）》（新）第48期，2003年9月10日。

新上任的李建超处长提出了四点要求：加强学习，提高素质；强化服务意识，提高办事效率和服务水平；树立全局观念，加强团结协作；倡导奉献精神，要有开阔胸怀。李萍副书记兼副校长出席会议并讲话，她指出，学校正处于一个新的发展阶段，对人事工作应有更高的要求。人事工作的标准应该是：以人为本，高效优质的服务，要将这种观念落实到自己的岗位上；要努力学习，善于学习，提高自己的业务素质和综合能力；要认真工作、主动工作、有效工作；要始终保持热情向上、开放有礼的工作状态和精神状态。

9月5日 2003级本科新生入学。晚上，新生家长会在珠海校区教学实验大楼举行。校党委副书记兼副校长李萍等人就新生家长们关心的问题做了详尽解释。①

9月6日 中山大学新鸿基地产郭氏基金会助学金学生座谈会在珠海校区举行。②

9月8日 上午，珠海校区开学典礼暨入学宣誓仪式举行。③

李延保书记、黄达人校长、中国科学院院士林尚安教授、陈伟林副书记、李萍副书记兼副校长、徐远通副校长、颜光美副校长、汪建平副校长出席典礼，近5000名（医科本科生除外）2003级本科新生参加典礼。黄达人校长发表讲话，他希望2003级本科生在新的学习和生活环境中，尽快适应，努力学习，不辜负家庭和社会的希望，实现自己的人生目标。新同学们在典礼上郑重宣誓：肩负使命，谨记校训，尊师重道，自律自强，刻苦学习，求实创新，志存高远，团结奋进。

△校工会领导罗永明、韩梅等人到珠海校区慰问教职工。珠海校区党委书记黄喜陪同慰问。④

9月14日 由珠海市旅游局主办，中大信息协会协办的"音乐与校园文化"讲座在珠海校区举办。我国台湾作曲家陈世兴、音乐活动制作人常歧雷应邀参加讲座。⑤

9月20日 晚，2003年"动感地带中山大学迎新晚会"在珠海校区图书馆广场举行。陈玉川副书记、副校长，陈伟林副书记等出席。⑥

9月25日 教育部副部长吴启迪到中大珠海校区视察，在校党委书记李延保、珠海市委副书记魏宏广陪同下参观了图书馆、教学实验大楼、实验室、学生宿舍和体育馆。李延保汇报了珠海校区的建设、发展及中大的有关情况。吴启迪对中大珠

---

① 任显：《珠海校区喜迎四海学子》，见《中山大学（校报）》（新）第48期，2003年9月10日。
② 黄晓华：《中山大学新鸿基地产郭氏基金会助学金学生座谈会在珠海校区隆重举行》，见《中山大学（校报）》（新）第50期，2003年9月26日。
③ 易汉文：《中山大学编年史（1924—2004）》，中山大学出版社2005年9月第1版，第218页。
④ 罗永明：《中山大学工会编年史（1949—2010）》上册，中山大学出版社2011年6月第1版，第315页。
⑤ 罗文恩：《珠海校区举办音乐与校园文化讲座》，见《中山大学（校报）》（新）第50期，2003年9月26日。
⑥ 中山大学校长办公室：《中山大学年鉴（2003）》，中山大学出版社2004年12月第1版，第397页。

海校区高起点、高标准的建设给予充分肯定。①

9月28日　珠海校区新生军训结束，举行阅兵式，李延保书记检阅了参训学生。

国庆后，由中国人民解放军广州舰艇学院派遣的12名现役军事教师轮流到我校珠海校区，为新生讲授军事理论课，教学效果受到学生好评。②

△由中山大学学生DV电影工作室摄制的DV电影《深深呼吸》在珠海校区放映。电影表述了无论世界如何变迁，无论生活如何难以预测，我们都要充满希望地面对新的一天的理念。门票收入以中大青年和爱心同盟的名义全部捐赠给清远市阳山县山区的11位贫困儿童。③

10月11日　诺贝尔物理学奖得主丁肇中先生访问珠海校区。

10月13日　珠海校区运动场竣工。运动场投资255万元，包含10块篮球场。④

10月14日　中外优秀文化讲座——"视觉表达：2003系列讲座暨影像展"（第四期）在珠海校区举行。⑤

10月24日　珠海校区分工会换届改选，简占亮任分工会主席，王天琪任副主席。⑥

11月5日　信息与网络中心组织逸仙时空（中山大学BBS站）在珠海校区对2003级同学进行一系列网络知识的宣传普及活动，目的是使新生掌握先进的网络知识，利用丰富的校园网资源，尽快适应校园生活，拓宽活动层面，使自己与学校融合起来。⑦

11月11日　"中山大学七十九周年校庆合唱舞蹈比赛"举行，珠海校区代表队获得舞蹈比赛一等奖。⑧

11月12日　晚，由珠海团市委主办、中山大学珠海校区团工委承办、中山大学公共关系协会协办的珠海首届大学生文化节开幕式在中大珠海校区举行。⑨

11月13日　校团委在珠海校区召开共青团工作会议，专题研究部署我校全面

---

① 中山大学校长办公室：《中山大学年鉴（2003）》，中山大学出版社2004年12月第1版，第397页。
② 中山大学校长办公室：《中山大学年鉴（2003）》，中山大学出版社2004年12月第1版，第129页。
③ 吴卓君：《〈深深呼吸〉在珠海校区首映》，见《中山大学（校报）》（新）第52期，2003年10月24日。
④ 吴旗韬：《珠海校区又添新景》，见《中山大学（校报）》（新）第55期，2003年11月26日。
⑤ 程翠荣、龙莉：《视觉表达系列讲座深受学生欢迎》，见《中山大学（校报）》（新）第53期，2003年11月5日。
⑥ 罗永明：《中山大学工会编年史（1949—2010）》上册，中山大学出版社2011年6月第1版，第316页。
⑦ 中山大学信息与网络中心：《网络中心开展网络知识宣传普及活动》，见《中山大学（校报）》（新）第55期，2003年11月26日。
⑧ 罗永明：《中山大学工会编年史（1949—2010）》上册，中山大学出版社2011年6月第1版，第317页。
⑨ 吴建平、苏丹洁、谢睿、杨文隽：《艺术之花绽放珠海校区——珠海首届大学生文化艺术节在我校珠海校区举行》，见《中山大学（校报）》（新）第54期，2003年11月18日。

推进"大学生素质拓展计划"的实施意见。①

11月14日 上午,广东省省长顾问、牛津大学常务校长卢卡斯博士访问珠海校区,并在珠海校区"名人林"亲手种下一棵象征友谊与合作的白兰树。学校党委书记李延保、校长黄达人、珠海市副市长余荣霭、佛山市副市长杨晓光、珠海市政府副秘书长兼大学园区工委主任吕明智等领导陪同访问。卢卡斯博士还为珠海校区师生做了题为"大学与全球化"的演讲。②

卢卡斯是第三位在"名人林"植树的世界著名学者,前两位分别是诺贝尔奖得主杨振宁博士和布隆伯格博士。

11月15日 晚,凤凰卫视节目主持人闾丘露薇来到珠海校区榕园学生活动中心,作为嘉宾出席珠海校区团工委主办的"中大青年论坛"。③

11月20日 上午,"国家理科基地(物理与天文)实验教学改革研讨会"开幕式在中大珠海校区举行。研讨会由国家自然科学基金委员会主办,中山大学物理科学与工程技术学院承办。许家瑞副校长到会并讲话。④

12月6日 中午,由珠海校区团工委主办的话剧小品大赛在榕园学生活动中心举行,大赛首次吸引了三校区的同学参加。⑤

△下午,由珠海校区团工委主办,学生会珠海校区执委会承办的第四届美食文化节在榕园广场举行。⑥

△晚,由中大《求进》报社珠海分社团支部主办的"报业人生中的高尔夫哲学——陈镇宏中大珠海校区行"论坛在珠海校区榕园学生活动中心大厅举行。⑦ 陈镇宏先生是我校1977级哲学系校友,时任《人民日报》华南分社副总编辑,后任《人民日报》华南分社副社长。

△晚,第九届外语节及开幕式论坛在珠海校区举行。⑧

△以"乡野中阅读生命、漂泊中阐释永恒"为主题的首届人类学文化周在珠海校区结束。⑨

12月11日 "中山大学学生会斧标扶贫助学活动"开幕式在珠海校区和广州校区举行。本次活动由中山大学学生会与梁介福药业有限公司联合举办,活动旨

---

① 中山大学校长办公室:《中山大学年鉴(2003)》,中山大学出版社2004年12月第1版,第135页。
② 中山大学校长办公室:《中山大学年鉴(2003)》,中山大学出版社2004年12月第1版,第400页。
③ 易汉文:《中山大学编年史(1924—2004)》,中山大学出版社2005年9月第1版,第222页。
④ 曾佳妮:《"国家理科基地(物理与天文)实验教学改革研讨会"在我校举行》,见《中山大学(校报)》(新)第55期,2003年11月26日。
⑤ 吴建平:《话剧小品大赛》,见《中山大学(校报)》(新)第56期,2003年12月8日。
⑥ 吴建平、王慧鹏、苏丹洁:《阳光美食节》,见《中山大学(校报)》(新)第56期,2003年12月8日。
⑦ 易汉文:《中山大学编年史(1924—2004)》,中山大学出版社2005年9月第1版,第224页。
⑧ 郑映瑜:《第九届外语节开幕》,见《中山大学(校报)》(新)第56期,2003年12月8日。
⑨ 孙萧韵:《乡野中阅读生命、漂泊中阐释永恒——首届人类学文化周穗珠两地同放异彩》,见《中山大学(校报)》(新)第56期,2003年12月8日。

在为我校贫困学生募捐。①

12月19日 晚，由数学与计算科学学院主办的数学建模系列讲座第一讲在珠海校区举行。本次讲座由全国大学生数学建模竞赛组委会副主任、北京理工大学叶其孝教授主讲。②

12月22日 由珠海校区团工委、卫生管理部和爱心同盟共同组织的无偿献血活动在珠海校区举行，近600名学生参加了活动。③

12月23日 晚，由外国语学院大学英语部主办，管理学院（珠海）学生会承办的中山大学首届英语歌曲大赛在珠海校区榕园学生活动中心举行。外国语学院法语专业2002级张凤鸣同学获得一等奖。④

12月26日至27日 广东省高校校报研究会2003年年会暨第五届会员代表大会在珠海校区召开。全省40多所高校的70多位校报工作者参加会议。广东省教育厅副厅长李小鲁、中大党委书记李延保、广州大学党委副书记梁杜明到会并讲话。大会推选中大为研究会第五届理事长单位。⑤

12月31日 学校决定，教务处下设珠海校区教务工作办公室。⑥

是年 珠海校区学生社团设立与2002年相比，变化情况如下：⑦

1. 新增（30个）：Maxcell协会、口语协会、灯谜协会、微软技术俱乐部、攀岩俱乐部、美食文化协会、足球协会、乒乓球协会、管弦乐团、民乐团、动漫协会will、社会工作协会、信诚服务社、港澳台同学会、Magic Room形象设计协会、信息协会、跆拳道协会、音乐艺术协会、万维协会、创业社、截拳道协会、保险协会、羽毛球协会、female女性协会、爱心助学工程、探险协会、天文学社、漫幻空间社、海川社、自行车协会。

2. 更名（5个）："岭南书画社"更名为"岭南书画协会"、"中大青年"更名为"中大青年报社"、"舞蹈队"更名为"舞蹈团"、"定向越野协会"更名为"定向运动协会"、"若海组委会"更名为"若海学术论坛"。

3. 未在珠海校区设立（迁移至其他校区、合并、撤销及其他情况，14个）：登山协会、科风工作组、文化心旅、联创电脑社、时代笔会、青年科技服务中心、

---

① 易汉文：《中山大学编年史（1924—2004）》，中山大学出版社2005年9月第1版，第224页。

② 中山大学新闻中心：《数计学院数学建模系列讲座开锣》，见《中山大学（校报）》（新）第59期，2004年1月4日。

③ 吴兆华：《珠海校区近600名学生踊跃无偿献血》，见《中山大学（校报）》（新）第59期，2004年1月4日。

④ 中山大学外国语学院大学英语部：《中山大学首届英语歌曲大赛落下帷幕》，见《中山大学（校报）》（新）第59期，2004年1月4日。

⑤ 中山大学校长办公室：《中山大学年鉴（2003）》，中山大学出版社2004年12月第1版，第403页。

⑥ 中山大学校长办公室：《中山大学年鉴（2003）》，中山大学出版社2004年12月第1版，第403页。

⑦ 中山大学校长办公室：《中山大学年鉴（2002）》，中山大学出版社2003年12月第1版，第455～456页。

综合乐团、U-POP杂志社、零丁洋文学社、天空海阔工作站、海韵学社、果果工作室、中大书画协会、啄木鸟工作室。

4. 继续注册（28个）：广播台、营销协会、集邮协会、仪美协会、经济学社、乐元素、心理学社、绿叶社、会计学会、星海爱乐协会、《求进》报社、计算机协会、旅游协会、学生俱乐部、爱心同盟、科技协会、青年法学社、公关协会、南方文学社、金字塔学社、绿色青年组织、棋类协会、话剧社、口才俱乐部、中大摄影协会、合唱团、青年志愿者协会、《岭南人》杂志社。

到2003年年底，珠海校区设立学生社团63个。

2004年

2004年

1月13日 教育部副部长张保庆在珠海市副市长余荣霭的陪同下到我校珠海校区视察。张保庆参观了校区规划图和校园环境，鼓励珠海校区在整体规模已经形成的基础上要继续完善相关的配套设施。校党委书记李延保向张保庆汇报了珠海校区建设及发展情况。①

△晚，珠海校区职工之家启用，校党委书记李延保为职工之家启用剪彩。②

当晚，珠海校区2003年度工作总结表彰大会在职工之家举行，李延保书记在大会发表了鼓舞人心的讲话，并给先进个人颁奖。

1月21日 校党委书记李延保、副书记陈伟林以及珠海校区、学生处负责人与200多名留校学生和部分干部员工在珠海校区第二食堂一起吃年夜饭，共度除夕佳节。③

2月19日至21日 中山大学2004年发展战略研讨会在珠海校区召开。④

李延保书记、黄达人校长等校领导，以及各学院、机关部处、附属医院及附属单位的120多位负责人参加会议。本次会议就"推进人才强校"和"加快学校国际化发展"两个专题进行了讨论。李延保在发言中指出，当前学校的发展已经进入一个新的关键时期，虽然我校要争取成为首批进入世界级一流大学的高校，显然差距还很远，但与国内其他高

---

① 易汉文：《中山大学编年史（1924—2004）》，中山大学出版社2005年9月第1版，第227页。
② 中山大学新闻中心：《珠海校区职工之家启用》，见《中山大学（校报）》（新）第61期，2004年2月23日。
③ 中山大学新闻中心：《李延保书记、陈伟林副书记在珠海校区与师生共度除夕》，见《中山大学（校报）》（新）第61期，2004年2月23日。
④ 易汉文：《中山大学编年史（1924—2004）》，中山大学出版社2005年9月第1版，第229页。

校相比仍具有较大优势：中大已经拥有可持续发展的办学空间和办学基础；相对力度较大的经费支持；目前学校形成的宽松、和谐、团结、奋进的校园文化氛围，为中大的进一步发展打下了坚实的基础。他希望借助"985工程"，在原有的基础上提出更高的目标："把中山大学建设成为居于国内一流大学前列、世界知名的研究型、国际化、综合性的大学。"按照这一目标，要解决的最关键问题就是人才问题——如何建设一支在科学前沿有影响的"大师+创新团队"的高水平学术队伍和各类优秀人才队伍。

2月21日 经学校党委常委（扩大）会（2004）第三次会议讨论决定，珠海校区工作由梁庆寅副校长分管。①

△晚，庆祝藏历木猴新年晚会在珠海校区职工之家举行，李延保书记、陈伟林副书记、梁庆寅副校长等有关领导与来自广州校区和珠海校区的30多名藏族学生共庆佳节。②

3月14日 法学院第三届法律文化节在珠海校区举办。③

3月19日 校党委书记李延保在是日举行的中山大学—牛津大学"研究型大学高级管理人员培训研讨班"上发表讲话《现代大学文化精神与历史传承》，对几年来中山大学三个校区的校园文化氛围特色进行了概括："珠海校区——文明与自主；广州南校区——开放与自信；广州北校区——敬业与自律。"④

△由珠海校区团工委主办、学生会珠海校区执委会承办的中山大学"小灵通杯"第二届DV大赛颁奖仪式在珠海校区榕园广场举行。广州电视台、羊城晚报、珠海电视台、凤凰卫视等媒体都派代表参加了活动。⑤

3月21日 珠海校区学生干部培训班在榕园学生活动中心开班。⑥

3月23日 上午，梁庆寅副校长到珠海校区慰问学生管理教师，并召开座谈会。⑦

座谈会主要围绕三个议题展开：第一，学生教育管理教师如何理解自己的工作职责和工作内容；第二，针对当代大学生的特点如何开展学生工作；第三，学生工作中存在哪些困难和障碍。梁庆寅对学生工作管理教师提出两点期望和建议：一要忠于职守，要有责任心，要有敬畏感，要有大局观；二要善待学生，无论是从当前学生的特点、客观环境因素，还是从学生交费上学和从法律、法制的角度来讲，我

---

① 中山大学校长办公室：《中山大学年鉴（2004）》，中山大学出版社2005年12月第1版，第43页。
② 中山大学校长办公室：《中山大学年鉴（2004）》，中山大学出版社2005年12月第1版，第444页。
③ 中山大学校长办公室：《中山大学年鉴（2004）》，中山大学出版社2005年12月第1版，第445页。
④ 中山大学校长办公室：《中山大学年鉴（2004）》，中山大学出版社2005年12月第1版，第69页。
⑤ 杨文隽：《"小灵通杯"第二届DV大赛颁奖仪式在珠海校区举行》，见《中山大学（校报）》（新）第66期，2004年4月2日。
⑥ 《珠海校区学生干部培训班开班》，见《中山大学（校报）》（新）第66期，2004年4月2日。
⑦ 陈方：《校领导和珠海校区学生管理教师座谈》，见《中山大学（校报）》（新）第66期，2004年4月2日。

们都应该善待学生。党委宣传部部长朱孔军、党委学生工作部部长唐燕参加了座谈会。

3月28日至4月4日 由历史学系团总支、学生会联合主办的首届历史文化节在珠海校区举行。①

3月29日 由珠海校区团工委主办的"挥毫舞文画颜展，喜迎八十倍增辉"——首届中山大学珠海校区书画比赛举行。活动共收到参赛作品152幅。②

3月30日 珠海校区学生募捐到9867.80元现金，捐献给了珠海市南香里12岁血癌患者温柳。募捐活动由中山大学万维协会组织，该社团以从事慈善活动为主要目的。③

3月 学生处在珠海校区成立学生宿舍辅导员助理小组，在学生宿舍设立咨询辅导室，开展各种辅导、咨询活动，推进思想教育进宿舍。④

4月1日 张德江同志考察珠海校区。⑤

上午，中共中央政治局委员、广东省委书记张德江同志在广东省委常委、秘书长肖志恒，省政协副主席、民盟广东省委主委韩大建及珠海市有关领导，我校党委书记李延保、副书记陈伟林、副校长梁庆寅的陪同下，考察珠海校区。张德江在听取李延保的汇报后，强调指出："广东高等教育的发展主要包括两个方面，即规模的扩张和质量的提高。但鱼和熊掌不能兼得，首先得将规模扩大，争取在两三年内，将毛入学率搞上去。规模上去后，再重点抓学科建设、科研水平等。我们不可能规模上去，质量也同时上去，但也不可能因为只顾规模的扩张而不注重质量的提高，而是要坚持规模、质量、效益相统一的原则。高等教育的发展对于广东省建设经济强省、文化大省至关重要，近期广东高等教育的发展要突出抓规模。明年中大的（规模）扩张基本定型后，就要重点抓充实内涵，中大必须进入（全国高校）前五。"他说："中山大学要做广东省高校的龙头，中大办得如何对广东高等教育的发展影响很大，所以中大一定要成为广东高等教育的品牌。"

△在张德江同志考察珠海校区后，《中山大学（校报）》珠海校区记者站的同学就学校"贯彻落实张德江书记讲话精神，推进珠海校区的快速发展"情况采访

---

① 任显、苏丹洁：《首届历史文化节在珠海校区举行》，见《中山大学（校报）》（新）第66期，2004年4月2日。
② 中山大学珠海校区团工委：《喜迎母校八十华诞——珠海校区举办首届书画比赛》，见《中山大学（校报）》（新）第71期，2004年5月20日。
③ 黎瑞婷：《我校学子向白血病女孩伸出援助之手》，见《中山大学（校报）》（新）第66期，2004年4月2日。
④ 中山大学校长办公室：《中山大学年鉴（2004）》，中山大学出版社2005年12月第1版，第139～140页。
⑤ 简占亮：《张德江同志考察珠海校区——就我校的发展做重要指示》，见《中山大学（校报）》（新）第67期，2004年4月13日。

了李延保书记。①

记者问:"张德江书记到广东任职后第一次调研便来到中大,而此次考察珠海校区停留的时间也很长,这是否说明张德江书记对中山大学和珠海校区的发展非常重视?"

针对关于珠海校区的提问部分,李延保表示:"张书记对珠海校区的建设发展给予了高度评价。学校把珠海校区的发展放在全校发展的框架内考虑,在全校的布局中推动珠海校区的快速发展。我们将以贯彻落实好张德江同志考察珠海校区重要讲话精神为契机动力,进一步树立和落实科学的发展观,推动珠海校区的快速发展。"

记者问:"张德江书记在视察中指出,珠海校区有珠海市的支持,有优越的办学条件,那么我校应该如何充分利用珠海校区的优势?"

李延保指出:"除了要强调珠海校区是中山大学整体的一部分,同时也要把珠海校区和珠海市的发展联系起来,与珠海市的社会、经济、文化教育发展紧密结合在一起。新成立的旅游学院便计划落户在珠海校区,本科四年都会在这里学习。此外,学校还计划在珠海校区引进科研团体,如丁肇中与我校合作的国际空间项目准备放在珠海校区。同学们共同创造的文明校园风气是珠海校区的一大优势,校区学生自立自主能力比较强,一届比一届更加成熟,更加独立。在内部管理上,珠海校区应该充分利用优势,加强学生的自我管理能力,这是异地办学的特色。珠海校区一定要利用这个特色,建设成集良好学习空间、文明的校园环境、独立的校区文化为一体的文明校区。"

记者问:"今年我校战略研讨会确立了我校新的发展目标:以国际一流大学为目标,把中山大学建设成为居于国内一流大学前列、世界知名的研究型、国际化、综合性的大学。那么,珠海校区如何在全校的'国际化'战略中发挥重要作用?"

李延保指出:"珠海校区有很好的发展前景,本身就是一个具备国际化教育环境的空间,拥有一流的校园设施环境,现有港澳生200余人,对港澳有很大吸引力。新成立的中大国际交流学院有一些办学就可考虑放在珠海校区。"

李延保在采访最后深情地寄望珠海校区全体同学:"中大人是中山先生的传人,希望珠海校区能发扬我校历史的优良传统,更好地建设珠海校区、更好地建设我们的中大,同时也为珠海市乃至整个广东省的社会经济文化发展做贡献。谨记自己是中大人,也是珠海人,珠海市为你们的每一个成绩都感到骄傲!中山大学也为你们的每一个成绩感到自豪!珠海校区是中大下一步发展的重要基地,生活在这里的学子们,一定要有一种自豪感,与此同时,更要有一份中大人的责任心!"

△上午,珠海校区在干部员工中开展"校园心理健康系列讲座"活动,首次

---

① 苏丹洁、廖钰钰:《贯彻张德江书记讲话精神,推进珠海校区的快速发展》,见《中山大学(校报)》(新)第67期,2004年4月13日。

讲座邀请我校心理学系主任杨中芳教授和珠海市慢性病防治站心理治疗科主治医师高瞻女士主讲。梁庆寅副校长出席讲座并发表讲话。①

4月2日 下午，数学与计算科学学院组织该院在珠海校区学习的同学到珠海市公安消防支队香洲中队接受消防安全教育。②

4月4日 "搜寻成长坐标"岭南学生系列论坛在珠海校区举行，第一期主题为"心理危机的应对——大学生心理健康讲座"。③

4月8日 下午，中国科学院主席团成员、我国保健（卫生）与医药事业发展规划组组长、著名化学家王夔院士在珠海校区做题为"科学素质与文史哲素质的互动"的演讲，李延保书记主持演讲会，化学与化学工程学院计亮年院士参加了讲座。④

4月11日 由珠海校区团工委主办的"中大青年论坛"第四期"中大离哈佛有多远——纵观中大国际化"在珠海校区举办。⑤

4月12日 庆祝孙中山先生创办中山大学80周年"情系中大"校友系列论坛之"一脉相承，与时俱进——从毛泽东到江泽民"在珠海校区举行。论坛由中大1976级经济学系校友、国防科技大学徐佐林副教授主讲。⑥

4月15日 "校庆80周年青年志愿者培训计划"启动仪式在珠海校区举行。⑦

晚上，启动仪式在校区榕园学生活动中心举行。校党委书记李延保向同学们做动员讲话。他指出，目前的在校生能够有幸见证并亲历中山大学80周年校庆，是一个非常难得的机会，希望同学们意识到作为一名志愿者的使命和责任，并通过积极主动的学习，在活动中提升自己各方面的素质和修养，做好80周年校庆的接待工作。仪式由校团委书记国亚萍主持。

△晚，李延保书记与"共同创意小组"成员在珠海校区学工办会议室进行座谈，鼓励中大学子大胆创新。"共同创意小组"主要由中大2002级本科生组成，他们编写了一本有创意的、用于指导中学生设计的常识类读物。校党委宣传部朱孔军

---

① 中山大学珠海校区党政工作办公室：《珠海校区举办"校园心理健康系列讲座"》，见《中山大学（校报）》（新）第66期，2004年4月2日。

② 中山大学珠海校区团工委：《一次难忘的消防教育——珠海校区数计学院同学接受消防教育获益匪浅》，见《中山大学（校报）》（新）第67期，2004年4月13日。

③ 易汉文：《中山大学编年史（1924—2004）》，中山大学出版社2005年9月第1版，第232页。

④ 陈倩雯、吴建平：《王夔院士珠海校区作讲座》，见《中山大学（校报）》（新）第67期，2004年4月13日。

⑤ 《中大青年》报社：《关注未来，关注国际化——"中大青年论坛"第四期成功举办》，见《中山大学（校报）》（新）第67期，2004年4月13日。

⑥ 中山大学校友会、珠海校区团工委：《拳拳爱校心，殷殷学子情——八十周年校庆"情系中大"校友系列论坛珠海校区第一讲举行》，见《中山大学（校报）》（新）第69期，2004年4月26日。

⑦ 张哲：《打造品牌，迎接校庆——80周年校庆青年志愿者培训计划正式启动》，见《中山大学（校报）》（新）第69期，2004年4月26日。

部长、珠海校区学工办欧阳永忠主任、教务办余瑞昆主任等人参加了座谈。①

4月16日 文元衍先生在珠海校区做"中大青年论坛"讲座。②

下午，应李延保书记邀请，音乐家、雕塑家、设计家、文天祥的第二十四代传人文元衍（艺名遥远）先生在珠海校区主讲"中大青年论坛"讲座第五期。李延保书记出席讲座并致欢迎辞。

校团委主办的"中大青年论坛"接着在珠海校区举行了多期讲座。③ 包括：第六期暨"说出你的成功故事"系列第一回；第七期邀请到原深圳市义工联秘书长巫景秦先生做题为"走，做志愿者去"的讲座；第八期邀请中大政治与公共事务管理学院郭巍青教授和美国南加州大学硕士研究生杨海丽女士做题为"美利坚寻梦的岁月"的讲座。④

△中山大学名誉博士、顾问教授梁洁华女士访问珠海校区。李延保书记、李萍副书记兼副校长会见了梁洁华，并陪同参观图书馆、教学实验大楼、体育馆等地。下午，"梁洁华博士与中山大学学子畅谈艺术人生"座谈会在珠海校区举行。李萍主持座谈会。历史学系主任刘志伟、艺术设计系主任曾振伟等人参加了座谈会。梁洁华是梁銶琚先生的女儿。⑤

4月18日 下午，全国学生军训工作检查组一行八人，在教育部体育卫生与艺术教育司廖文科副司长的带领下，前来我校珠海校区检查学生军训工作。校党委副书记陈伟林、珠海校区管委会主任樊筑生、武装部部长林伯铭等人陪同检查。这次检查是根据教育部、总参谋部、总政治部的安排进行的。检查组对中大2001年以来的军训工作所取得的成绩给予充分肯定。检查组成员包括国防大学军训办主任杜景山大校等人。⑥

△晚，由珠海校区团工委主办的中山大学第六届旅游文化节开幕式歌舞晚会在珠海校区榕园广场举行。珠海市旅游局局长刘佳等领导出席晚会。⑦

4月22日 晚，为增进后勤服务单位与学生间的相互了解，提高后勤服务质量和服务水平，由珠海校区学生会组织的"后勤管理与学生面对面座谈会"在珠海校区榕园学生活动中心举行。⑧

---

① 陈方：《李延保书记鼓励中大学子大胆创新》，见《中山大学（校报）》（新）第70期，2004年5月8日。
② 黎瑞婷：《遥远先生来我校做讲座》，见《中山大学（校报）》（新）第69期，2004年4月26日。
③ 中山大学校长办公室：《中山大学年鉴（2004）》，中山大学出版社2005年12月第1版，第447页。
④ 中山大学校长办公室：《中山大学年鉴（2005）》，中山大学出版社2006年11月第1版，第149页。
⑤ 林俊洪：《梁洁华博士访问珠海校区》，见《中山大学（校报）》（新）第69期，2004年4月26日。
⑥ 林伯铭、古添雄：《全国学生军训工作检查组来校检查》，见《中山大学（校报）》（新）第69期，2004年4月26日。
⑦ 陈倩霞：《第六届旅游文化节拉开帷幕》，见《中山大学（校报）》（新）第69期，2004年4月26日。
⑧ 中山大学珠海校区后勤办公室：《珠海校区召开"后勤管理与学生面对面座谈会"》，见《中山大学（校报）》（新）第70期，2004年5月8日。

△余瑞昆任珠海校区党委书记。黄喜不再担任珠海校区党委书记。

△王庆国任珠海校区教务办公室主任。

4月22日至25日 珠海校区航模展暨社团活动月开幕。航模展由学生科技协会主办。①

4月23日 上午,珠海校区举行雅典奥运会火炬手任命仪式。②

珠海校区何雅蓓同学从珠海市体育局副局长朱良丽手中接过火炬,被正式任命为"雅典2004奥运火炬传递"珠海区火炬手。校党委副书记陈伟林出席仪式并讲话。可口可乐公司赞助了何雅蓓同学的北京之行,并向珠海校区新建成的篮球场捐赠一批篮球板,向中大10名特困生捐赠10万元人民币。陈伟林与该公司领导在当天举行的仪式上共同为篮球板揭幕,向获得资助的同学颁发证书。

△"法律一条街游园活动暨校内法律咨询"在珠海校区举办。活动由学生处、法学院学工部主办。③

4月29日 庆祝孙中山先生创办中山大学80周年"情系中大"校友论坛系列之"长沟流月去无声——金字塔、求进背后的传奇故事"在珠海校区举行。金字塔学社第二任社长、中大法律系杨建广教授,《求进》第二至四任主编、深圳市技术质量监督局副局长程学源等校友担任主讲嘉宾。活动由校友总会主办、金字塔学社承办。④

4月 珠海市唐家湾镇政府召开计划生育工作先进单位和先进个人表彰大会,中大珠海校区被授予"2003年度人口与计划生育工作达标属地单位"。⑤

5月9日至15日 珠海校区首届女生节亮灯仪式于9日晚在榕园广场举行。女生节以"爱""沟通""活力""自信""智慧"和"魅力"为主题设置了不同的内容。活动由珠海校区团工委主办,学生会珠海校区执委会承办。⑥

5月10日 晚,珠海校区保卫办召开"校园治安热点问题座谈会",与同学们面对面共商治安之计。⑦

5月14日 "中山大学80周年名人名家艺术系列音乐欣赏会"女高音歌唱家

---

① 陈倩霞:《珠海校区航模展暨社团活动月开幕》,见《中山大学(校报)》(新)第70期,2004年5月8日。

② 林新、罗文恩、苏丹洁:《何雅蓓同学荣任珠海区奥运火炬手》,见《中山大学(校报)》(新)第70期,2004年5月8日。

③ 中山大学法学院:《法学院成功举办"法律一条街"活动》,见《中山大学(校报)》(新)第70期,2004年5月8日。

④ 中山大学校友工作办公室:《"情系中大"校友论坛又举行一讲》,见《中山大学(校报)》(新)第71期,2004年5月20日。

⑤ 吴兆华:《珠海校区计生工作达标》,见《中山大学(校报)》(新)第71期,2004年5月20日。

⑥ 杨文隽:《珠海校区举办首届女生节》,见《中山大学(校报)》(新)第71期,2004年5月20日。

⑦ 苏丹洁:《珠海校区召开"校园治安热点问题座谈会"》,见《中山大学(校报)》(新)第71期,2004年5月20日。

中山大学珠海校区编年史（1999—2018）

卞小贞音乐欣赏会在珠海校区举行。①

5月15日 下午，中山大学80周年校庆志愿者培训第二期在珠海校区榕园活动中心举行。本期主讲嘉宾为中文系李炜教授。②

5月17日 旅游学院成立。旅游学院筹备组成员为保继刚、彭青、徐红罡。③这是学校在珠海校区设立的第一个整建制学院。

5月19日 珠海校区学生党员纪律教育辅导报告会举行。报告会由教育学院党委书记郭文亮教授、珠海校区学工办主任欧阳永忠副教授主讲。④

5月20日 阿尔巴尼亚民主党主席、前总统贝里沙在阿尔巴尼亚驻中国大使、珠海市有关领导的陪同下，到中大珠海校区参观。⑤

△晚，由珠海校区学工办主办的第一期主题为"专业与就业"的学生宿舍辅导咨询活动，在珠海校区榕园6号宿舍文化室举行。活动旨在更好地贴近学生，为学生的成长、成才服务，通过在学生宿舍区构筑一个师生的交流平台，为学生的学习、生活及其他方面提供咨询、辅导，对具体问题进行疏导、指引。⑥

5月21日 由珠海校区后勤办卫生管理部、团工委和爱心同盟共同组织的"无偿献血奉爱心"大型活动在珠海校区榕园广场举行。近500名学生参加了活动。⑦

5月23日 晚，中山大学80周年校庆志愿者培训第三期在珠海校区榕园学生活动中心举行。本期培训嘉宾为国家级健美操指导员、广东学校健美操艺术体操体育舞蹈联合会副主席樊莲香，广东电视台特聘主持人形象设计师阿理。⑧

5月30日 晚，由珠海校区团工委主办，广播台承办的第18届维纳斯歌手大赛珠海校区决赛在榕园广场举行。赖佳慧、陆锡文和莫沉三位同学获得一等奖，他们将参加6月12日在广州南校区举行的总决赛。⑨ 莫沉同学毕业后曾于2009年参加了湖南卫视《快乐女声》全国选拔赛，进入20强。⑩

6月5日 晚，中山大学第二届"雅信达杯"英语口语大赛在珠海校区图书馆

---

① 易汉文：《中山大学编年史（1924—2004）》，中山大学出版社2005年9月第1版，第236页。
② 王慧鹏：《校庆志愿者培训第二期举行》，见《中山大学（校报）》（新）第71期，2004年5月20日。
③ 《关于组建旅游学院等的通知》，见中大组〔2004〕13号文，2004年5月17日。
④ 中山大学珠海校区学生工作办公室：《珠海校区举办学生党员纪律教育辅导报告会》，见《中山大学（校报）》（新）第71期，2004年5月20日。
⑤ 中山大学校长办公室：《中山大学年鉴（2004）》，中山大学出版社2005年12月第1版，第449页。
⑥ 陈方、袁丽琴、邓颖瑜：《在学生宿舍建立师生沟通的平台——珠海校区举办第一次学生宿舍辅导咨询活动》，见《中山大学（校报）》（新）第72期，2004年5月31日。
⑦ 吴兆华：《五百学子献爱心》，见《中山大学（校报）》（新）第73期，2004年6月9日。
⑧ 王慧鹏：《校庆志愿者培训第三期在珠海校区举行》，见《中山大学（校报）》（新）第72期，2004年5月31日。
⑨ 吴卓君、陈倩霞：《第18届维纳斯歌手大赛珠海校区决赛揭晓》，见《中山大学（校报）》（新）第73期，2004年6月9日。
⑩ 彭艺宇：《魅力中珠，激情校园》，见《中山大学报》（新）第321期，2014年10月27日。

多功能厅举行。岭南学院赵智文同学获得一等奖。①

△由外国语学院学工办主办的职业生涯设计培训系列活动第六期在珠海校区开幕。②

6月6日 中山大学"艺术与人生讲坛"在珠海校区举行,邀请著名舞蹈家崔善玉做"长鼓舞"专题讲座。李延保书记主持讲座。③

△下午,中山大学80周年校庆志愿者培训第四讲在珠海校区榕园活动中心举行。主讲人为政务学院公共传播学系谭昆智副教授,演讲主题为"公共关系与形象设计"。④

6月7日 珠海校区"中外优秀文化讲座"举行。中国酒泉卫星发射中心高级工程师、原副司令员刘庆贵少将应邀做题为"从飞天梦想到杨利伟上天"的讲座。李延保书记主持讲座。⑤

6月13日 下午,中山大学80周年校庆志愿者培训第五讲在珠海校区榕园活动中心举行。主讲人为历史学系曹天忠副教授,演讲主题为"学校的历史、定位和发展"。⑥

△下午,由珠海校区团工委和体育系主办,珠海校区羽毛球协会承办的中山大学"UP新势力杯"院际羽毛球赛举行。数学与计算科学学院代表队夺得冠军。⑦

6月15日 珠海校区第二届勤工俭学工作表彰会举行。陈伟林副书记出席表彰会并讲话。⑧

6月30日 教育部部长周济考察珠海校区。⑨

下午,周济部长在教育部国际司司长曹国兴、广东省教育厅厅长郑德涛、珠海市委书记方旋等人陪同下到珠海校区考察。校党委书记李延保向周济一行汇报珠海校区的建设及发展情况,提出校区将建立部分实体学院并逐步建立国际化教育体

---

① 陈倩霞:《第二届雅信达杯英语口语大赛落下帷幕》,见《中山大学(校报)》(新)第73期,2004年6月9日。

② 中山大学外语学院学生工作办公室:《金色未来,及早规划——外国语学院职业生涯设计培训系列活动第六期举行》,见《中山大学(校报)》(新)第74期,2004年6月21日。

③ 中山大学校长办公室:《中山大学年鉴(2004)》,中山大学出版社2005年12月第1版,第450页。

④ 王慧鹏:《珠海校区校庆志愿者培训举行第四、第五讲》,见《中山大学(校报)》(新)第74期,2004年6月21日。

⑤ 中山大学校长办公室:《中山大学年鉴(2004)》,中山大学出版社2005年12月第1版,第450～451页。

⑥ 王慧鹏:《珠海校区校庆志愿者培训举行第四、第五讲》,见《中山大学(校报)》(新)第74期,2004年6月21日。

⑦ 王慧鹏:《"UP新势力杯"院际羽毛球赛成功举行》,见《中山大学(校报)》(新)第74期,2004年6月21日。

⑧ 中山大学校长办公室:《中山大学年鉴(2004)》,中山大学出版社2005年12月第1版,第451页。

⑨ 中山大学珠海校区党政工作办公室:《周济部长考察珠海校区》,见《中山大学(校报)》(新)第75期,2004年7月2日。

中山大学珠海校区编年史（1999—2018）

系。周济在讲话中表示，广东省要率先实现现代化，教育上更要率先实现现代化。发展经济，人才是第一资源。中山大学、华南理工大学等在广东省高等教育加快发展中要起带头作用。周济同时表示，珠海市要集中力量办好中山大学和暨南大学等校区。

△晚，珠海校区举行庆祝建党83周年联欢晚会。①

7月11日 中山大学2002级学生回迁纪念砖揭幕仪式在珠海校区举行，梁庆寅副校长出席仪式。②

7月20日 近百名中山大学及澳门大学学子在中大珠海校区参加2004年中山大学—澳门大学暑假"三下乡"志愿服务活动启动仪式。③

8月7日至11日 "全国高等学校电磁学教材与教学改革研讨会暨全国高等学校电磁学研究会2004年年会"在南校区和珠海校区召开。教育部物理学与天文学教学指导委员会物理学教学指导分委员会、全国高等学校电磁学研究会的领导成员，国内院校70余位长期从事电磁学教学的专家学者与老师参会。④

9月5日 2004级本科生开学典礼暨入学宣誓仪式在珠海校区举行。⑤

黄达人校长在开学典礼上向新生训词。他向同学们表示热烈的祝贺，称他们为中山大学的新生力量，是学校的未来，前辈先贤的严谨学风将在他们身上薪火相传。在大学里，知识和实践是同学们最根本的两点追求。他鼓励大家在大学阶段珍惜光阴，有意识地锻炼和培养自己，成长为一个对得起家人、对得起师长、对得起国家、对得起自己的有用之才。夏纪梅教授作为教师代表发言。

2004年，珠海校区48个专业方向招生2870余人。⑥ 开学典礼后，新生入学教育在教学实验大楼举行，陈伟林副书记等人给同学们做了首场报告。⑦

9月6日 保继刚任旅游学院院长（兼），⑧ 彭青任常务副院长，徐红罡任副院长。

9月8日 黄达人校长会见与中大旅游学院洽谈合作的法国昂热大学副校长菲利·普维勒耶教授。⑨

---

① 中山大学珠海校区党政工作办公室：《珠海校区举行庆祝建党83周年联欢晚会》，见《中山大学（校报）》（新）第75期，2004年7月2日。
② 易汉文：《中山大学编年史（1924—2004）》，中山大学出版社2005年9月第1版，第241页。
③ 易汉文：《中山大学编年史（1924—2004）》，中山大学出版社2005年9月第1版，第242页。
④ 中山大学理工学院：《电磁学教材与教学改革研讨会在我校举行》，见《中山大学（校报）》（新）第78期，2004年9月14日。
⑤ 易汉文：《中山大学编年史（1924—2004）》，中山大学出版社2005年9月第1版，第243页。
⑥ 易汉文：《中山大学编年史（1924—2004）》，中山大学出版社2005年9月第1版，第245页。
⑦ 中山大学珠海校区党政工作办公室：《珠海校区新生入学教育圆满结束》，见《中山大学（校报）》（新）第78期，2004年9月14日。
⑧ 易汉文：《中山大学编年史（1924—2004）》，中山大学出版社2005年9月第1版，第243页。
⑨ 易汉文：《中山大学编年史（1924—2004）》，中山大学出版社2005年9月第1版，第243页。

9月9日至10日 中国科学院院士、化学与化学工程学院计亮年教授以"路标:责任、荣誉、国家"为题,在珠海校区为化学与化学工程学院2004级本科生主讲无机化学基本原理课。①

9月11日 中大2004级行政管理专业硕士研究生(珠海班)开学典礼在珠海校区举行。中大与珠海市政府有关领导出席典礼。校党委书记李延保在典礼上致辞,梁庆寅副校长带领研究生进行入学宣誓。②

9月13日 珠海校区学生管理教师工作会议召开。③

李延保书记出席会议并做了讲话。他对学生管理教师提出四点要求:一是对待学生要有爱心,要把工作做到细微处,要有责任感、荣誉感;二是工作中要特别注意帮助贫困生、有心理障碍的学生,选好班级干部,熟悉学校的规定,帮助学生选课积分,防止作弊以及防火等;三是要学习掌握教育规律,不能丢掉外语学习;四是要在工作中磨炼品质、意志,树立良好的形象影响学生,对学生要不分亲疏。针对学生管理教师中年轻教师多的情况,李延保要求校区领导在工作上、生活上多关心这批年轻老师。

△珠海校区工作会议召开。④

李延保书记主持会议并做了讲话。他重申珠海校区是"永远的校区"。中山大学珠海校区是国家教育部正式批准成立的校区,中山大学任何一个校区、任何一种办学模式、任何一个班级都是中山大学的组成部分,珠海校区不仅不会消失,而且还将继续完善包括研究生教育在内的趋于完整的教育体系,是一个真正的产学研基地。珠海校区正在发展中,要进一步完善管理,要"全校办校区"。要把珠海校区办成精品校区,成为同行借鉴的典范。要把校区文明与珠海市文明紧密联系在一起,利用与珠海市的良好关系,把珠海校区建成世界一流的校区、高水平的校区。李延保要求校区要为学生多做事,改进常规的管理工作,并特别对学生宿舍、食堂、防火等具体工作提出了要求。

9月18日 珠海校区新生代表座谈会举行,陈伟林副书记出席座谈会,并看望正在军训的新生。⑤

9月20日至21日 中山大学第二期审计人员培训班在珠海校区举行。校党委

---

① 刘杰:《路标:责任、荣誉、国家——计亮年院士为化学院本科新生上课》,见《中山大学(校报)》(新)第81期,2004年10月19日。
② 中山大学政务学院:《发挥名牌专业优势再上新台阶——2004级行政管理专业硕士研究生(珠海班)举行开学典礼》,见《中山大学(校报)》(新)第79期,2004年9月23日。
③ 谭盛凤:《李延保书记寄语珠海校区教工:要有爱心,要为学生多办事》,见《中山大学(校报)》(新)第80期,2004年10月9日。
④ 谭盛凤:《李延保书记寄语珠海校区教工:要有爱心,要为学生多办事》,见《中山大学(校报)》(新)第80期,2004年10月9日。
⑤ 易汉文:《中山大学编年史(1924—2004)》,中山大学出版社2005年9月第1版,第244页。

书记李延保、党委副书记兼纪委书记刘美南到会听了部分课程，并做讲话。①

9月21日 晚，奥运会男子双人十米跳台冠军杨景辉、女子双人十米跳台冠军劳丽诗等我校参加奥运会的健儿及前世界跳水冠军余卓成到珠海校区做报告。近400名学生听讲。校党委副书记陈伟林出席报告会。②

9月28日 2004级本科新生军训汇报总结大会在珠海校区举行。校党委书记李延保、副书记陈伟林、军训部队首长等出席总结大会。③

9月30日 珠海校区举行服务单位迎国庆座谈会。④

珠海校区党委和管委会的领导、校区职能部门负责人和20多个服务单位代表出席了座谈会。管委会主任樊筑生介绍了校区发展情况，肯定了几年来服务单位为校区的稳定发展所做出的贡献。校区的稳定发展是服务单位发展的基础，服务单位是校区大家庭的一分子，与管理部门的使命是一致的，就是善待师生，为师生做好服务。服务单位要公平竞争、合法经营、相互协作、服务第一、安全为重，不断提高服务水平。他特别强调了安全问题，指出安全是一切的根本，食堂、餐厅、超市、水厂等单位要确保食品安全，交通公司要安全生产，各单位要严防火灾。

珠海校区党委书记余瑞昆在总结发言中说："我们共同的服务对象是高素质的群体，是社会的栋梁之材，我们在国内一流的校区工作和服务，应该感到无比自豪，要不断提高管理水平和服务质量，管理育人，服务育人，共同创造校区高品位的管理环境和管理文化。"

10月4日 上午，全国人大常委、原国家教委主任朱开轩到珠海校区参观考察。李延保书记陪同朱开轩参观了校园，并介绍了校区建设和发展情况。⑤

10月10日 应李延保书记之邀，著名歌唱家胡松华先生来到珠海校区，向500多名师生做"歌唱与祖国"专题艺术讲座。李延保书记向胡松华颁发了"中山大学艺术顾问"聘书。⑥

10月21日 为宣传中山大学博士后科研工作，促进学术交流，中山大学博士

---

① 钱华：《加强后续教育，提高内审人员职业素质》，见《中山大学（校报）》（新）第79期，2004年9月23日。

② 陈翀、刘玮宁：《我校奥运健儿到珠海校区作报告》，见《中山大学（校报）》（新）第79期，2004年9月23日。

③ 中山大学新闻中心、人民武装部：《2004级本科新生军训圆满结束》，见《中山大学（校报）》（新）第80期，2004年10月9日。

④ 中山大学珠海校区党政工作办公室：《共同的使命：服务师生——珠海校区举行服务单位迎国庆座谈会》，见《中山大学（校报）》（新）第80期，2004年10月9日。

⑤ 中山大学珠海校区党政工作办公室：《全国人大常委、教科文卫委员朱开轩考察珠海校区》，见《中山大学（校报）》（新）第80期，2004年10月9日。

⑥ 《著名歌唱家、音乐教育家胡松华先生在珠海校区做专题艺术讲座》，见《中山大学（校报）》（新）第81期，2004年10月19日。

后联谊会、博士后管理办公室、珠海校区学工办联合举办中山大学80周年校庆博士后系列讲座活动。第一场学术报告会是日晚在珠海校区举行。①

11月2日 中山大学旅游学院与法国昂热大学旅游学院、法国卢瓦尔河流域地区旅游委员会、广州花园酒店开展多项合作签字仪式在广州举行。中山大学副校长李萍、广州市副市长黄晓玲、法国卢瓦尔河流域地区旅游委员会主席达佩斯、昂热大学旅游学院院长博诺、花园酒店董事长华新芳、中山大学旅游学院院长保继刚等出席了签字仪式。②

11月7日 庆祝中山大学建校80周年大型综艺晚会在珠海校区田径场举行。校党委副书记陈伟林与数千名师生员工出席晚会。③

11月8日 上午，伍舜德国际学术交流中心落成暨伍舜德先生铜像揭幕仪式在珠海校区举行。④

校党委书记李延保、校长黄达人、伍舜德夫人伍马兰芳女士、中国工程院院士齐康以及珠海市有关领导，学校及社会各界数百人出席仪式。伍舜德国际学术交流中心位于珠海校区美丽的唐家湾畔，是一座多功能交流中心，中心建设得到校友、香港著名爱国实业家伍舜德先生伉俪捐资支持，由设计大师、中国工程院院士齐康主持设计。

李延保在仪式上做了讲话。他表示，伍舜德国际学术交流中心为我校加强对外交流与合作、更多地开展学术交流活动提供了良好的条件。珠海校区的建设日趋完善，校区不但有来自全国各地的优秀学生，而且逐步建立了完整的教学系统，从本科生到研究生，从一年级到四年级，我们把珠海校区建成中山大学的重要组成部分，也建设成为我们在珠海的一个国际化、高品位的人才培养基地。伍舜德先生的夫人伍马兰芳女士在仪式上致辞。

典礼结束后，在交流中心大堂，李延保、黄达人、伍马兰芳女士等领导嘉宾为伍舜德先生铜像揭幕。

11月10日 中山大学校史展览在珠海校区行政楼一楼举行。⑤

11月11日 珠海市委、市政府向中大赠送校训石，祝贺中大80华诞。⑥

下午，校训石揭幕仪式在珠海校区举行，校党委书记李延保，副校长徐远通、

---

① 中山大学博士后管理办公室：《博士后系列讲座第一场学术报告会在珠海校区举行》，见《中山大学（校报）》（新）第82期，2004年11月1日。

② 易汉文：《中山大学编年史（1924—2004）》，中山大学出版社2005年9月第1版，第247页。

③ 易汉文：《中山大学编年史（1924—2004）》，中山大学出版社2005年9月第1版，第248页。

④ 林俊洪、陈翀：《伍舜德国际学术交流中心落成》，见《中山大学（校报）》（新）第84期，2004年11月22日。

⑤ 中山大学信息网络中心：《展现八十年风雨历程——中山大学校史展览将于校庆日在四个校区同时展出》，见《中山大学（校报）》（新）第84期，2004年11月22日。

⑥ 陈翀、丁张巍：《珠海市委市政府向我校赠送校训石》，见《中山大学（校报）》（新）第84期，2004年11月22日。

喻世友,珠海市委有关负责人出席揭幕仪式,并为校训石揭幕。

徐远通在致辞中说:"校训是一所大学的灵魂,也是大学精神最集中的体现。珠海市政府和珠海市人民把这份厚礼赠予我们,不但是物质上,也是精神上、灵魂上全力支持珠海校区的发展。随着校训石在珠海校区的落成,珠海校区的校园文化将更加厚重。"

揭幕仪式后,李延保接受了珠海电视台记者的采访。他表示,珠海校区是中山大学重要的组成部分,是原汁原味的中山大学,中山大学正在按照办校区时的设想,全校办校区,努力把中大80年的文化移植到新校区,努力把珠海校区办成高素质人才培养的实验基地、学科建设发展的拓展基地、科研成果转化的辐射基地。他说,80周年校庆期间,学校把几个重头戏放在珠海校区,表明学校在办真正的中大校区。一批实体学院将完全落户珠海校区,珠海校区也正在朝国际化的方向发展。

△世界和平女神雕塑揭幕仪式在珠海校区举行。①

校党委书记李延保,副校长徐远通、喻世友,珠海市委相关领导,和平女神雕塑创作者遥远等人出席揭幕仪式。和平女神雕塑高10米、重16吨,用不锈钢制造。李延保在致辞中说,中山大学是永恒的,永恒的学府会积淀着永恒的文化。永恒的学校与永恒的艺术结合,这就是和平女神雕塑落户珠海校区的历史意义。

△出席中山大学80周年校庆活动和2004年高等教育国际论坛的法国巴黎第十一大学校长Anita Bersellini(贝塞里尼)教授、法国巴黎高等师范大学校长Gabriel Ruget(于杰)教授访问珠海校区,并在中大副校长徐远通教授的陪同下,到珠海校区"名人林"种植下第四棵、第五棵白玉兰树。②

11月11日至12日 以"特色·个性·人才强国"为主题的"2004年高等教育国际论坛"在珠海校区举行。近百所中外著名大学的校领导、教育家、一线的教育工作者以及高等教育学博士生200余人出席。教育部副部长吴启迪到会并讲话,校党委书记李延保致辞,中国高等教育学会会长、教育部原副部长周远清等出席,广东省教育厅厅长郑德涛主持开幕式。③

11月12日 珠海校区举行庆祝中山大学建校80周年环校园跑接力赛。④

△为庆祝孙中山先生创办中山大学80周年,吉林珲春东亚舞蹈学校和中大艺术团联合演出的"延边印象,云山情"大型文艺晚会在珠海校区举行。⑤

11月17日 珠海校区作为珠海市推荐的受检对象,顺利通过广东省城市卫生

---

① 中山大学珠海校区党政工作办公室:《世界和平女神雕塑落户珠海校区》,见《中山大学(校报)》(新)第83期,2004年11月8日。

② 易汉文:《中山大学编年史(1924—2004)》,中山大学出版社2005年9月第1版,第249页。

③ 易汉文:《中山大学编年史(1924—2004)》,中山大学出版社2005年9月第1版,第248页。

④ 易汉文:《中山大学编年史(1924—2004)》,中山大学出版社2005年9月第1版,第250页。

⑤ 易汉文:《中山大学编年史(1924—2004)》,中山大学出版社2005年9月第1版,第251页。

检查评比的专项检查。①

11月21日 上午，旅游学院挂牌仪式在珠海校区举行。②

旅游学院是中大在珠海校区设立的第一个实体学院。国家旅游局张吉林副司长，世界旅游组织亚太区主任徐京，广东省、珠海市旅游局领导，黄山市、桂林市等地领导，中山大学黄达人校长、陈伟林副书记及中国进出口商品交易会、南方航空、长隆集团、花园酒店等20多家旅游企业负责人、旅游学院师生300余人参加挂牌仪式。仪式由陈伟林副书记主持。

黄达人校长为旅游学院揭牌并发表讲话，他希望旅游学院立足行业、面向国际，进一步加强与政府、企业和相关院校的合作，培养高素质的专业人才。张吉林副司长在讲话中希望中山大学旅游学院发挥科研和人才培养方面的优势，为中国旅游教育的发展做出更大的贡献。

在挂牌仪式上，旅游学院与黄山市、桂林市签署了全面合作协议，与南方航空股份有限公司、珠海市旅游局签署了培养高层管理人才的合作协议，与香港理工大学旅游与酒店管理学院签署了开展教学与科研等方面的合作协议。长隆集团和广州国际玩具中心有限公司在挂牌仪式上为旅游学院设立了奖学金。

与会领导和嘉宾还一起到旅游学院大楼选址地点参加了大楼奠基典礼。

△下午，"2004中国旅游教育高峰论坛"在珠海校区伍舜德国际学术交流中心举行。来自政府、企业和学界的代表围绕"从高等旅游教育和旅游行业的供需错位看我国未来高等旅游教育的发展方向"这一主题展开讨论。③

11月23日至26日 由中山大学承办的教育部直属高校第八次组织工作研讨会在珠海校区举行。有81所高校，其中包括70所教育部直属高校的123人参会。教育部党组成员、人事司司长李卫红，广东省委教育工委书记、省教育厅厅长郑德涛，珠海市委副书记魏宏广，中山大学党委书记李延保等领导出席会议。④

11月29日 我国民法学家、中国社会科学院法学研究所梁慧星研究员应邀到珠海校区为法学院同学做主题为"如何学习法律"的学术讲座。⑤

12月2日 下午，由珠海校区管委会组织的教职工培训活动在校区图书馆举

---

① 中山大学珠海校区卫生管理部：《珠海校区通过省城市卫生评比检查》，见《中山大学（校报）》（新）第85期，2004年11月30日。
② 《传承80年中大精神，开创旅游教育新篇章——第一个设在珠海校区的实体学院旅游学院正式挂牌》，见《中山大学（校报）》（新）第84期，2004年11月22日。
③ 《传承80年中大精神，开创旅游教育新篇章——第一个设在珠海校区的实体学院旅游学院正式挂牌》，见《中山大学（校报）》（新）第84期，2004年11月22日。
④ 中山大学校长办公室：《中山大学年鉴（2004）》，中山大学出版社2005年12月第1版，第119页。
⑤ 中山大学法学院：《梁慧星教授到珠海校区讲学》，见《中山大学（校报）》（新）第86期，2004年12月9日。

行，来自政务学院的郭小聪教授主讲题为"决策与上下级关系处理"的讲座。①

12月3日至5日 中国心理学会发展心理学专业委员会（扩大）工作会议在珠海校区举行。会议由中国心理学会发展心理学专业委员会主办，中大教育学院心理学系承办。②

12月4日 下午，由珠海校区团工委主办的第五届美食文化节在珠海校区开幕。③

△晚，中山大学80周年校庆暨2004广药"王老吉"科技艺术节之诗歌创作暨朗诵决赛在珠海校区榕园学生活动中心举行。活动由校团委、艺术教育中心主办，南方文学社承办，北校区杏林文学社协办。四个校区的创作获奖者、朗诵初赛获奖者欢聚一堂。④

12月12日 晚，由校团委、外国语学院共同主办的"伊卡璐英语新星大赛"颁奖晚会在珠海校区榕园学生活动中心举行，政务学院马盈同学获得一等奖。⑤

12月13日 下午，由珠海校区管委会组织的教职工培训活动在校区图书馆举行，来自政务学院的谭昆智副教授主讲题为"公共关系与形象设计"的讲座。⑥

12月17日至18日 校工会女教职工委员会在珠海校区职工之家举行表彰会，对2004年基层女教职工委员会组织开展的"品牌服务"百分赛活动的16个先进单位进行了表彰。⑦

12月20日 由宋庆龄基金会举办的宋庆龄精神进校园巡展活动闭幕式暨宋庆龄精神主题征文和演讲比赛颁奖仪式在珠海校区图书馆多功能厅举行，校党委副书记陈伟林、宋庆龄基金会秘书长李宁等领导和嘉宾出席仪式。⑧

12月28日 晚，学校在珠海校区职工之家举行"珠海校区港、澳、台及留学生座谈联谊会"，100多名港、澳、台及留学生和学校港澳台事务办公室、国际交

---

① 中山大学珠海校区党政工作办公室：《珠海校区开展教职工培训系列活动》，见《中山大学（校报）》（新）第88期，2005年1月7日。

② 中山大学教育学院心理学系：《中国心理学会发展心理学专业委员会（扩大）工作会议在我校举行》，见《中山大学（校报）》（新）第86期，2004年12月9日。

③ 林金城：《第五届美食文化节在珠海校区举行》，见《中山大学（校报）》（新）第87期，2004年12月24日。

④ 林金城：《诗言志，贺校庆——80周年校庆暨2004广药"王老吉"科技艺术节之诗歌创作暨朗诵大赛举行》，见《中山大学（校报）》（新）第87期，2004年12月24日。

⑤ 丁张巍：《珠海校区英语新星比赛落下帷幕》，见《中山大学（校报）》（新）第87期，2004年12月24日。

⑥ 中山大学珠海校区党政工作办公室：《珠海校区开展教职工培训系列活动》，见《中山大学（校报）》（新）第88期，2005年1月7日。

⑦ 罗永明：《中山大学工会编年史（1949—2010）》上册，中山大学出版社2011年6月第1版，第336页。

⑧ 中山大学新闻中心：《宋庆龄精神校园巡展活动在我校闭幕》，见《中山大学（校报）》（新）第88期，2005年1月7日。

流学院、珠海校区党委、珠海校区管委会、珠海校区学工办的主要负责人参加活动。①

---

① 中山大学港澳台事务办公室:《学校在珠海校区举行港、澳、台及留学生座谈联谊会》,见《中山大学(校报)》(新)第88期,2005年1月7日。

2005年

1月1日 地球科学系在珠海校区召开学科发展战略研讨会。研讨会的主题是"以学科建设为龙头,办好具有鲜明特色的地球科学系"。全系教职工和部分退休老教授参加了研讨会。①

1月4日 晚,珠海校区工作总结表彰大会暨新春联欢会在学生活动中心举行。②

李延保书记、梁庆寅副校长和近200名校区教职工出席大会。珠海校区管委会主任樊筑生首先在大会上致辞。梁庆寅在讲话中表示,珠海校区有很大的发展潜力,有广阔的发展前景,校区的硬件设备和工作环境都是一流的。

李延保在讲话中鼓励大家将校区自主、文明的校园文化精神继续发扬光大,表示学校将一如既往地关注珠海校区的发展,今年将会有更多的实体学院在珠海校区设立,大家要坚定信心,努力拼搏,珠海校区的明天一定会更加美好。

1月5日 下午,校工会召开珠海校区博雅苑住宅小区业主大会,共有327名业主出席。校党委书记李延保向业主通报了珠海市委、市政府为了引进人才,制定了许多相关优惠政策和管理办法,支持包括中山大学在内的十多所高校在珠海办学等情况。大会以举手表决方式通过了《博雅苑小区业主公约》和有关管理办法,选举产生了博雅苑小区业主委员会。③

---

① 中山大学地球科学系:《地球科学系新年伊始召开学科发展战略研讨会》,见《中山大学(校报)》(新)第88期,2005年1月7日。

② 中山大学珠海校区党政工作办公室:《珠海校区送旧迎新》,见《中山大学(校报)》(新)第88期,2005年1月7日。

③ 罗永明:《中山大学工会编年史(1949—2010)》上册,中山大学出版社2011年6月第1版,第337页。

1月6日 翻译学院成立。①

为了适应经济全球化和文化区域化带来的人才市场的多源需要，学校协调外语专业本科教育的不同方向，将部分实用功能剥离出来，在外国语学院的基础上创办翻译学院。成立翻译学院在全国综合性大学中属于首创。学院设在珠海校区，2005年开始招生。学院是一所以培养应用型双外语人才为宗旨的学院，规划设立翻译系、商务外语系和对外汉语系（与国际交流学院合办），规划开设英语、翻译、西班牙语、阿拉伯语、朝鲜语和俄语6个专业，同时开设包括日语、法语、德语、葡萄牙语等其他外语辅修课程。通过第二外语辅修课的实践，积累双外语的教学经验，为筹办新的本科专业以及推动相关的科研活动，奠定学科发展的基础。

△王宾任翻译学院院长（兼），王东风任副院长（常务）。

1月7日 珠海校区管委会在《中山大学（校报）》发表题为《继往开来谱新篇——珠海校区2004年长足发展》的文章。②

文章对珠海校区在过去一年的发展总结了四点进展：一是校园文化氛围大大增强；二是校区的教学和配套设施更加完善，校园环境更加优美；三是以人为本，为师生提供优质服务的意识进一步增强；四是内部管理得到加强，各项工作全面发展。对新的一年工作，提出六点计划：一是要继续加强协调管理的职能，在学校加强延伸管理的同时，管委会要正确处理好延伸管理与属地管理的关系，协调好校区各部门之间的工作关系，加强团队精神建设，努力完成好学校在珠海校区的各项工作任务；二是全面修订珠海校区的规章制度；三是积极协助做好学校安排的一些实体学院在珠海校区落户的工作；四是加强属地管理各项工作，以后勤、学生、安全保卫和维护稳定工作为重点；五是积极利用校区的各种资源，提高办学效益；六是加强干部学习，强化素质，提高校区管理能力。

1月9日 下午，中共中央对外联络部副部长蔡武在珠海市领导的陪同下参观珠海校区。③

1月13日 下午，中大60多位中青年骨干教师到珠海校区参观，李延保书记介绍了校区有关情况。④

1月14日至15日 中山大学纪检监察工作研讨会暨2004年工作总结会在外国语学院和珠海校区举行，全校纪检监察系统共80多人参加会议。广东省监察厅副厅长谢谷梁、校党委书记李延保、副校长徐远通等领导出席会议。会议由校党委

---

① 中山大学校长办公室：《中山大学年鉴（2005）》，中山大学出版社2006年11月第1版，第473页。
② 中山大学珠海校区管理委员会：《继往开来谱新篇——珠海校区2004年长足发展》，见《中山大学（校报）》（新）第88期，2005年1月7日。
③ 中山大学校长办公室：《中山大学年鉴（2005）》，中山大学出版社2006年11月第1版，第473页。
④ 中山大学人事处：《李延保书记亲自当"导游"》，见《中山大学（校报）》（新）第89期，2005年2月23日。

副书记兼纪委书记刘美南主持。①

1月 珠海校区获得2004年珠海市"维稳及社会治安综合治理先进单位"称号。

2月7日 上午,校团委在珠海校区召开"中山大学留校学生2005年新春座谈会",李延保书记、梁庆寅副校长等校领导和珠海校区领导出席座谈会,座谈会由校团委书记国亚萍主持。学校领导与到会的2005年春节留校的学生代表进行了座谈,并给留校困难大学生派发了由团组织筹集的慰问金。②

△下午,珠海市副市长邓群芳在大学园区工委和团市委负责人陪同下到中大珠海校区,看望了校党委书记李延保和中国科学院院士、化学与化学工程学院计亮年教授。③

△下午,校党委书记李延保、校长黄达人、副书记陈伟林、副校长梁庆寅及校团委、学生处、保卫处等有关部门负责人来到珠海校区,与留校同学共庆即将到来的除夕佳节。④

2月19日至21日 中山大学2005年发展战略研讨会在珠海校区伍舜德国际学术交流中心召开。⑤

李延保书记、黄达人校长、刘美南副书记兼纪委书记、陈伟林副书记、李萍副书记兼副校长、徐远通副校长、颜光美副校长、陈汝筑副校长、汪建平副校长、许宁生副校长、梁庆寅副校长、喻世友副校长、王珺校长助理出席,各院系党政负责人、各部处负责人、部分教育部专业指导委员会成员共130余人参加了会议。

会议的主题是"进一步提升教学质量和学科水平,迎接新的挑战"。黄达人就教育部有关文件、本科教育和"985"二期建设等做了发言,徐远通就提高本科教学质量和迎接教育部评估检查工作做了发言,颜光美就科技工作现状、思路和2005年工作重点做了发言,教务处、医教处、研究生院、人事处、发展规划办、哲学系、肿瘤防治中心、旅游学院、地理科学与规划学院、药学院、图书馆、信息与网络中心、现代教育技术中心、招投标管理中心等分别就各单位自身职能和工作开展做了发言。

李延保在讲话中阐述了学校今年工作中几项全局性的重点工作,并提出了相应要求:一是认真贯彻中央关于加强大学生思想政治教育实施意见;二是开展保持共

---

① 中山大学校长办公室:《中山大学年鉴(2005)》,中山大学出版社2006年11月第1版,第474页。
② 中山大学党委宣传部:《校团委举办多项活动,留校学生欢乐过大年》,见中山大学新闻网(http://news2.sysu.edu.cn/news01/114856.htm),2005年3月1日。
③ 中山大学珠海校区党政工作办公室:《珠海市副市长邓群芳向我校师生员工拜年》,见《中山大学(校报)》(新)第89期,2005年2月23日。
④ 中山大学珠海校区党政工作办公室:《学校里吃团年饭,不回家去也温馨——学校组织留校学生过好年》,见《中山大学(校报)》(新)第89期,2005年2月23日。
⑤ 中山大学党委宣传部:《提升教学质量和学科水平,迎接新的挑战——中山大学2005年发展战略研讨会纪要》,见《中山大学(校报)》(新)第90期,2005年2月28日。

产党员先进性教育；三是加强改进学校管理，提高校院两级的领导能力；四是抓好本科教学质量；五是切实提升一级学科整体水平。

2月21日 上午，校院两级党委书记及党委部门负责人会议在珠海校区召开。①

李延保书记主持会议。陈伟林副书记首先传达了全国加强和改进大学生思想政治教育工作会议精神，并就我校落实会议精神提出四点要求。李延保书记在讲话中进一步强调要做好三方面的工作：一是各级领导要高度重视，把思想统一到"育人为本、德育为先"的认识上来；二是要强调全员育人、齐抓共管；三是抓好校园文化建设。刘美南副书记通报了近期纪委有关工作情况。

3月3日至4日 教务处在珠海校区对全校50多名本科教务员以及教务处全体工作人员进行新版教务系统使用培训，以进一步推动数字化校园建设，促进教务管理的现代化和高效化。②

3月4日 珠海校区召开工作研讨会。③

会议主题是领会贯彻学校2005年发展战略研讨会精神，部署珠海校区2005年工作。梁庆寅副校长及珠海校区领导、校区各单位负责人出席会议。会议提出，围绕教学和学生工作两个主题，珠海校区的主要任务在于提高管理水平和服务质量，促进校园文化建设，建设适合于人才培养的优良校园环境，为迎接2006年本科教学工作水平评估工作，为切实加强和改进大学生思想政治教育工作创造良好的环境。

梁庆寅对珠海校区的工作提出了三点要求：一是校区的干部员工要更脚踏实地地做好本职工作。珠海校区的发展定位非常明确，发展目标也很清楚。大家要聚精会神做好工作，一心一意谋校区发展，切实推进校区的发展和办学水平。二是校区的部门和干部要提高行政能力。无论管理还是服务，无论大事、小事，还是突发事件，都要讲效率、讲成本、上水平，特别要抓好落实。要用先进的文化主导行政工作，抛弃落后的文化。先进的文化就是要开放不要封闭，要合作不要互相推诿，要宽阔胸怀不要狭窄心胸，要全局观念不要本位观念，切实提高行政能力。三是校区各级干部都要干净做事，提高廉政意识。首先要从制度上理顺和把关，这有利于保护干部；其次要讲自律，讲廉洁。

3月5日 下午，应中大数学与计算科学学院邀请，厦门大学精算中心与数模

---

① 郝春林：《校党委召开专题会议研究切实加强和改进大学生思想政治教育工作》，见《中山大学（校报）》（新）第90期，2005年2月28日。

② 曾毅斌、周莎：《教务处举办数字化校园之教务信息系统培训》，见《中山大学（校报）》（新）第92期，2005年3月16日。

③ 中山大学珠海校区党政工作办公室：《围绕学校中心工作，脚踏实地办好校区——珠海校区领会贯彻学校05年发展战略研讨会精神，部署今年重点工作》，见《中山大学（校报）》（新）第91期，2005年3月9日。

中心主任谭忠教授在珠海校区为300余名师生做了题为"数学与精算——数学在经济学中的作用"的讲座。①

3月8日 上午,珠海校区分工会组织校区女教职工在"三八"妇女节进行登山活动。②

3月9日至4月17日 珠海校区经济文化节之"经济文化案例分析大赛"举行。活动吸引来自不同院系的51支代表队参加。③

3月16日 学校决定,保卫处、武装部合署办公室在珠海校区的延伸机构更名为珠海校区保卫(武装)工作办公室。④

3月18日 下午,中外优秀文化讲座——院士讲座系列在珠海校区举行。来自华中科技大学的杨叔子院士主讲题为"踏平坎坷,成人成才"的讲座,李延保书记主持讲座。⑤

3月23日 是日为世界气象日。大气科学系在珠海校区举行宣传纪念活动。在活动中,围绕"天气、气候、水和可持续发展"的主题,通过设置在校区人行道旁的气象图片展览和网上有奖答题等多种形式,宣传"公共气象、安全气象、资源气象"三大发展理念。⑥

3月25日 上午,中国人民对外友好协会副会长刘志明在广东省对外友好协会和珠海市有关人员的陪同下参观中大珠海校区,刘志明对校区美丽的校园环境和别具一格的建筑风格表示赞赏。

3月30日 中山大学在外国语学院举行翻译学院成立新闻发布会。多家媒体记者与会,翻译学院院长王宾介绍了学院情况。⑦

4月1日 应旅游学院常务副院长彭青邀请,中国驻瑞士大使馆前任参赞张祖望先生到珠海校区为师生做题为"社会文化与国际礼仪"的讲座。⑧

4月3日 上午,"新公仆主义——中山大学学生会珠海校区委员会开放周暨校园媒体见面会"在珠海校区榕园学生活动中心举行。珠海校区团工委、学生会负责人出席了见面会,珠海电台、珠海特区报社两家校外媒体出席活动。以"新

---

① 林俊洪:《谭忠教授来我校讲学》,见《中山大学(校报)》(新)第92期,2005年3月16日。
② 中山大学校长办公室:《中山大学年鉴(2005)》,中山大学出版社2006年11月第1版,第477页。
③ 《忽如一夜春风来,千树万树梨花开——珠海校区学风建设侧记》,见《中山大学(校报)》学生增刊《中大学子》第12期,2005年6月1日。
④ 中山大学校长办公室:《中山大学年鉴(2005)》,中山大学出版社2006年11月第1版,第477页。
⑤ 中山大学珠海校区党政工作办公室:《踏平坎坷,成人成才——杨叔子院士为珠海校区师生做讲座》,见《中山大学(校报)》(新)第93期,2005年3月28日。
⑥ 中山大学党委宣传部:《"3·23"世界气象日宣传活动在珠海校区举行》,见中山大学新闻网(http://news2.sysu.edu.cn/news01/114903.htm),2005年3月25日。
⑦ 《中山大学外语学科90年史稿(1924—2014)》编委会:《中山大学外语学科90年史稿(1924—2014)》,中山大学出版社2014年10月第1版,第283页。
⑧ 中山大学旅游学院:《张祖望先生到珠海校区讲学》,见《中山大学(校报)》(新)第95期,2005年4月8日。

公仆主义"为口号的中山大学学生会珠海校区委员会开放周于4月1日开幕。①

4月10日 上午,李延保书记在珠海校区做题为"珠海校区的文化传承"的讲座。②

珠海校区2004学年第二学期学生干部培训班在榕园学生活动中心开办,李延保书记亲赴培训班做讲座。他谈到,在世纪之交、"211工程"开始实施时,中大的目标是"在21世纪初,把我校建设成为居于国内前列,世界知名的研究性、综合性大学"。目前,衡量"前列"的各项指标中大都已如期达到,目标已经圆满完成。学校领导班子随即拟订了下一步的发展战略,而这一步战略中的重点之一就是珠海校区的建设。他指出,广州南校区已经没有更多的空间可以开发利用,为了进一步的发展,必须开拓新的空间,现珠海校区凭着得天独厚的条件,成为学校的一个有机组成部分。珠海校区的定位是相当明确的——它是中山大学的组成部分,是原汁原味的中山大学,是中山大学改革发展的实验区。在功能上看,它是高素质人才的培养基地,是学科建设的扩展基地,是科研成果的孵化基地。学校在珠海校区的办学思路是:第一,珠海校区和广州校区融为一体,强调的是学术传统的延伸、管理模式的延伸、人文精神的延伸;第二,中大的教育传统与珠海校区的教育创新融为一体;第三,珠海校区文明校园环境和珠海园林城市融为一体。

△中山大学原副校长、佛山市副市长杨晓光应邀来到珠海校区,做题为"社会竞争与人才素质"的讲座,李延保书记主持讲座。③

4月11日 旅游学院在"2005年广东会议展览业年会暨会员大会"上当选为广东省会议展览业协会常务理事单位。④

4月15日 法国旅行航空路线设计专家Daniol先生到珠海校区,为旅游学院的同学们做题为"旅游与航空"的讲座。Daniol先生此行是2004年11月旅游学院与法国昂热大学旅游学院签署的合作协议安排的一部分。根据协议,昂热大学旅游学院每年免费安排部分教师到中山大学旅游学院授课,中大旅游学院每年派出具有良好外语水平和较高学术造诣的教师赴昂热大学旅游学院进行学术交流。⑤

4月17日至23日 教育部高等学校图书馆学学科教学指导委员会第四次工作会议暨系主任(专业)联席会议在珠海校区举行。近50位图书馆学专家和学者参

---

① 黎瑞婷:《学生会珠海校区委员会开放周倡导"新公仆主义"》,见《中山大学(校报)》(新)第95期,2005年4月8日。

② 中山大学珠海校区团工委:《珠海校区2004学年第二期学生干部培训班开班,李延保书记论"珠海校区的文化传承"》,见《中山大学(校报)》(新)第96期,2005年4月21日。

③ 中山大学校长办公室:《中山大学年鉴(2005)》,中山大学出版社2006年11月第1版,第479页。

④ 中山大学旅游学院:《旅游学院当选省会展业协会常务理事单位》,见《中山大学(校报)》(新)第96期,2005年4月21日。

⑤ 中山大学旅游学院:《法国专家到旅游学院讲学》,见《中山大学(校报)》(新)第96期,2005年4月21日。

加会议。①

4月28日到29日 第五届全国政治学理论、行政管理、国际政治、国际关系专业博士点建设研讨会在珠海校区举行。②

研讨会由中大政治与公共事务管理学院承办。来自中山大学、北京大学、复旦大学、美国纽约大学等国内外的80余位专家学者出席会议。政务学院副院长肖滨教授主持开幕式。中大党委书记李延保教授、珠海市有关领导和政务学院党委书记郭小聪教授分别致辞。李延保向与会代表介绍了中山大学的概况和发展前景,特别指出近几年来珠海校区和大学城东校区的建设,与原中山医科大学的合并,教育部"985项目"的执行给中大的发展带来前所未有的机遇与挑战。

4月 宣传部新闻中心珠海校区记者站组建。宣传部选拔了一批热心学校宣传工作并有一定新闻报道技能的学生参与记者站工作。③

5月9日至23日 由历史学系团总支、学生会主办的第二届历史文化节在珠海校区举行。④

5月14日 珠海校区侨生到珠海市金湾区平沙第一中学慰问归侨子弟。⑤

下午,30余名侨生代表珠海校区全体同学给平沙第一中学归国华侨子弟送来了书籍、文具、生活用品等物品。侨生们还主动提出建立"一帮一"的联系,通过书信、电话等方式,随时从生活上、学习上、心理上、精神上帮助困难的归侨子弟,让他们感受到来自一流学府学子的关怀,从而坚定战胜困难的决心。

珠海市有近万名归国华侨,他们大部分聚居在金湾区的平沙农场和红旗农场。在平沙农场居住的归国华侨当年从越南毅然归来,没有带回任何资产,现在的生活仍然艰辛,他们的新生代更是在谋生和求学中遇到困难。当校学生会珠海校区执委会港澳同学部从珠海市侨务局获悉这些归国华侨子女的困难处境时,主动提出"侨帮侨"的设想,得到了中大外事处、中大珠海校区和珠海市侨务局的大力支持,并促成此行。在短短的三个月时间里,侨生们四处奔波,实施了这项很有意义的活动。珠海市侨务系统工作人员透露,高校侨生帮助归国华侨子弟意义重大,突破了以往社会资助或者海外华侨资助的模式,更是从物质捐赠发展到物质和精神都关怀的高层次。希望通过这次活动,让接受帮助的学生能够感受到来自社会的关爱,增加归属感,努力摆脱困境。

---

① 中山大学校长办公室:《中山大学年鉴(2005)》,中山大学出版社2006年11月第1版,第479页。

② 中山大学政务学院:《交流高层次人才培养的经验——第五届全国政治学理论、行政管理、国际政治、国际关系专业博士点建设研讨会在我校珠海校区隆重召开》,见《中山大学(校报)》(新)第97期,2005年5月9日。

③ 中山大学校长办公室:《中山大学年鉴(2005)》,中山大学出版社2006年11月第1版,第139页。

④ 《忽如一夜春风来,千树万树梨花开——珠海校区学风建设侧记》,见《中山大学(校报)》学生增刊《中大学子》第12期,2005年6月1日。

⑤ 中山大学珠海校区党政工作办公室:《我校侨生开创侨务系统工作新领域》,见《中山大学(校报)》(新)第98期,2005年5月19日。

中山大学珠海校区编年史（1999—2018）

△晚，由大学外语教学中心和校团委主办的"中山大学第三届英语口语大赛"决赛在珠海校区举行。管理学院邓文慧同学获得第一名。珠海校区党委书记余瑞昆、大学外语教学中心主任冯启忠出席比赛。美国圣约翰大学英语系教授Herbert Pierson、广东外语外贸大学外籍教师Nicholson以及中大外籍教授和专家担任评委。珠海电视台对本次比赛进行了采访报道。①

5月19日　晚，旅游学院院长保继刚教授应邀在珠海校区为中山大学学生会名师系列讲座第七期暨第七届旅游文化节做题为"迪士尼乐园与中国主题公园的发展"的讲座。

5月20日　晚，"传统与现代"论坛第十五期在珠海校区举行。哲学系8位教授就大学生如何确立人生价值体系问题举行题为"信仰·运思·悟道"的讲座，近300名师生听讲。②

5月21日　晚，中山大学第十九届维纳斯歌手大赛珠海校区决赛在榕园广场举行。C. L. Formule、Melo、赵青和翁卡尔获得一等奖。他们获得参加6月2日在广州南校区举行的总决赛的资格。

5月22日　上午，"首届珠海高校大学生书画作品联展"首展暨颁奖典礼在珠海校区图书馆广场举行。活动由珠海团市委、珠海市青年书法家协会主办。中大岭南学院2002级潘静同学以一幅《山高水长》荣获一等奖。③

△上午，由校党委学生工作部、教育学院及理工学院团委主办，第十期马研班承办的"薪火论坛"第五讲在珠海校区开讲。本次讲座的主题为"对我国当前社会主义改革热点问题的冷思考"，主讲人为教育学院党委书记郭文亮教授。④

△下午，由珠海校区团工委主办，中山大学旅游协会承办的"文化衫彩绘大赛"在珠海校区榕园广场举行。该活动是中山大学第十七届旅游文化节系列活动的一个组成部分。⑤

△由北校区团工委、研究生会北校区执委会和珠海校区团工委联合主办，两校区青年志愿者协会合作承办的义诊活动在珠海校区举行。来自北校区的50多名义诊青年志愿者参加，设有外科、内科、眼科、妇科、营养、心理咨询、验血型等9

---

① 中山大学外语教学中心：《"第三届中山大学英语口语大赛"圆满结束》，见《中山大学（校报）》（新）第99期，2005年6月1日。
② 鄢嫣、王锬、莫有勇：《哲学系八位教授齐聚珠海校区开论坛》，见《中山大学（校报）》（新）第98期，2005年5月19日。
③ 丁张巍、陈靖之：《"首届珠海高校大学生书画作品联展"开幕》，见《中山大学（校报）》（新）第99期，2005年6月1日。
④ 中山大学学生处：《"传承马研精神，共铸马研辉煌"——中山大学学生马研班举行十届班庆系列活动》，见《中山大学（校报）》（新）第100期，2005年6月14日。
⑤ 中山大学党委宣传部：《激情五月天，文化衫上绘梦想——珠海校区举行"文化衫彩绘大赛"》，见中山大学新闻网（http://news2.sysu.edu.cn/news01/115642.htm），2005年5月25日。

项内容。①

△由珠海校区团工委委托,2003级社会学专业学生完成的"珠海校区学生学习状况调查"是日结束。调查结论显示:"绝大多数同学都很勤奋""逃课现象属于少数""学风也是大学文化"。②

5月25日 是日为广东省大学生心理健康日,珠海市首届社会科学普及周讲座"审美教育:致力于内心世界和外在世界的共同成长"在珠海校区举行。主讲嘉宾为中大哲学系罗筠筠教授。③珠海市首届社会科学普及周于5月29日落幕,中山大学珠海校区获得"最佳组织奖"。④

5月 珠海校区第一届"十大提案"交流会举行。

6月3日 晚,"中大青年论坛"第六期在珠海校区榕园学生活动中心举行。本期论坛是"说出你的故事"系列的第一回——"机遇?我更懂把握!"论坛邀请2003年国际大专辩论赛冠军队员黄磊、已受聘于宝洁公司的吴雅平、广州市赴德交流青年大使杨乐三位同学与师弟师妹一起就人生机遇如何把握等话题进行了探讨。近300名师生参加了本次论坛。⑤

6月5日 是日为世界环境日,"中华白海豚暨珍稀海洋生物"环保知识竞赛活动在珠海校区学生活动中心举行。

6月8日 由珠海校区图书馆主办、资讯管理系图书馆学专业协办的"恪守道德,爱护图书"千人签名活动在珠海校区举行,本次活动为期3天。⑥

6月10日至11日 为认真执行校党委关于开展纪律教育学习月活动的精神,珠海校区党委30余名党员在广州军区驻罗浮山某部队深入开展学习部队优良作风的党日活动。校党委书记李延保专程参加了活动,他勉励珠海校区党员干部认真学习军人的优良作风,学习人民部队全心全意为人民服务的精神,学习部队艰苦奋斗的精神,永保共产党员的先进性。

6月11日 晚,刚刚在珠海大学生合唱比赛夺得冠军的珠海校区合唱团在教学实验大楼为校区师生举行"合唱团2005年岁月留声专场音乐会"。⑦

---

① 张伟伟、朱雄慧:《北校区青年志愿者珠海义诊》,见《中山大学(校报)》(新)第99期,2005年6月1日。

② 莫有勇:《珠海校区学生学习状况如何?》,见《中山大学(校报)》学生增刊《中大学子》第12期,2005年6月1日。

③ 朱记:《"我爱我"大学生心理健康讲座在珠海校区举行》,见《中山大学(校报)》(新)第99期,2005年6月1日。

④ 莫有勇:《珠海校区获珠海市首届"社科普及周活动最佳组织奖"》,见《中山大学(校报)》(新)第99期,2005年6月1日。

⑤ 莫有勇:《"中大青年论坛"第六期在珠海校区举行》,见《中山大学(校报)》(新)第100期,2005年6月14日。

⑥ 龚美珍:《恪守道德,爱护图书》,见《中山大学(校报)》(新)第100期,2005年6月14日。

⑦ 陈靖之、黎瑞婷:《珠海校区合唱团举行专场演出》,见《中山大学(校报)》(新)第100期,2005年6月14日。

该"专场音乐会"标志着为期近一个月的珠海校区首届"艺术活动月"落幕。首届"艺术活动月"包括3场讲座、4场音乐剧鉴赏、3场音乐表演专场和1次美展。①

6月15日 上午,由旅游学院承办的"广东—夏威夷:旅游目的地可持续发展研讨会"举行,旅游学院的师生与来自广东省旅游局和广州市旅游局的有关领导以及珠海旅游业界人士参加了研讨会。在研讨会上,夏威夷大学旅游学院的学者们就目的地管理、酒店和饮食以及度假胜地发展等议题发表了演讲。研讨会开始之前,旅游学院院长保继刚、常务副院长彭青、副院长徐红罡与由夏威夷大学旅游学院院长沃尔特·杰梅森率领的访问团一行6人进行了亲切友好的交谈,双方围绕着教学、科研和人才培养等方面的合作交换了意见,并提出有关合作的初步设想。

6月16日 晚,由校纪委、校党委学生工作部、珠海校区党委主办,珠海校区学工办承办的珠海校区"党员学生干部纪律教育月学习报告会"在图书馆多功能厅举行。校纪委副书记王录德为珠海校区400多名党员学生干部做题为《中国教育卫生系统腐败问题及政府治理对策》的专题报告。②

6月21日 上午,旅游学院院长保继刚和长隆集团人力资源部副总监赵欣签署"长隆奖学金"协议书。这是长隆集团为立志从事旅游业的品学兼优的学生设立的专项奖学金。旅游学院常务副院长彭青、副院长徐红罡等院领导参加签字仪式。③

6月底 2003级本科生回迁纪念砖揭幕仪式在珠海校区图书馆前广场举行。④

7月11日至15日 11日上午,珠海校区首批2004级学生开始迁往广州东校区,拉开2005年回迁广州工作序幕。至15日中午,珠海校区本科生回迁工作顺利完成。2005年回迁学生近4400人,除了2003级本科生外,还有部分2004级本科生。⑤

8月10日至16日 为配合今年全省高校食堂标准化建设和优秀食堂评估验收,提高全省高校食堂管理人员的管理水平,广东省高校伙食专业委员会主办的"广东省高校食堂管理人员培训班"在中大珠海校区举办。⑥

---

① 陈映丹、关冬梅、莫有勇:《打造珠海校区的品牌活动——专访珠海校区团工委谭英耀书记》,见《中山大学(校报)》(新)第101期,2005年6月27日。

② 莫有勇、冯日虹:《珠海校区在党员学生干部中开展纪律教育活动》,见《中山大学(校报)》(新)第101期,2005年6月27日。

③ 中山大学旅游学院:《"长隆奖学金"设立协议书在旅游学院正式签署》,见《中山大学(校报)》(新)第101期,2005年6月27日。

④ 中山大学校长办公室:《中山大学年鉴(2005)》,中山大学出版社2006年11月第1版,第149页。

⑤ 中山大学珠海校区学生工作办公室:《2005年珠海校区回迁工作胜利完成》,见《中山大学(校报)》(新)第102期,2005年8月23日。

⑥ 赵建方:《省高校食堂管理人员培训班在中大珠海校区顺利举办》,见《中山大学(校报)》(新)第103期,2005年9月8日。

8月27日 上午,保持共产党员先进性教育活动中央巡回检查组周敬东副组长率领检查组到珠海校区检查工作。在听取珠海校区开展先进性教育活动的情况汇报后,周敬东提出了指导意见。①

△下午,梁庆寅副校长在珠海校区给全体教职工党员做题为《如何认识保持共产党员先进性教育活动的必要性和现实意义》的辅导报告。他在报告中剖析了我国面临的国内外形势,从巩固党的执政地位,增强党的执政能力以及实践"三个代表"重要思想的角度,阐述了开展保持共产党员先进性教育活动的必要性和现实意义。②

9月3日 珠海校区开始迎新。今年的迎新工作首次采用"数字化迎新系统",为新生报到提供一站式服务,使报到手续更加简练、流程更加合理,大大提高了工作效率。下午,梁庆寅副校长来到迎新现场,检查迎新工作。2005年入读珠海校区的新生总数约4600人,包括全日制本科生、留学生、广州中医药大学寄读生和网络学院学生。迎新工作到9月4日结束。

△晚,中山大学2005级新生家长会在珠海校区教学实验大楼举行。梁庆寅副校长及有关部门负责人出席会议,会议由珠海校区管委会主任樊筑生主持,逾千名新生家长参加。

9月5日 2005级本科新生(珠海校区)开学典礼在珠海校区教学实验大楼举行。③

上午8时30分,典礼开始。校党委书记李延保、校长黄达人、中国工程院院士林浩然、党委副书记陈伟林、副校长徐远通、副校长陈汝筑、副校长梁庆寅及各有关院系负责人出席典礼,典礼由教务处处长刘济科主持,约4600名新生和部分学生家长参加典礼。

黄达人校长在典礼上致辞,他殷切期望同学们在大学生涯里不但要学习知识本领,还要学习怎样做人,争取做一个对国家、对社会有贡献的人。陈伟林副书记宣读了中山大学2005年本科新生奖学金名单。徐远通副校长带领新生进行入学宣誓:"肩负使命、谨记校训、尊师重道、自律自强、刻苦学习、求实创新、志存高远、团结奋进。"

△校领导与珠海市领导就建设中山大学珠海校区举行会晤。④

---

① 中山大学党委宣传部:《保持共产党员先进性教育活动中央巡回检查组副组长周敬东到珠海校区检查工作》,见中山大学新闻网(http://news2.sysu.edu.cn/news01/113517.htm),2005年8月29日。
② 中山大学党委宣传部:《梁庆寅副校长在珠海校区做保持共产党员先进性教育活动辅导报告》,见中山大学新闻网(http://news2.sysu.edu.cn/news01/113518.htm),2005年8月29日。
③ 《让敬畏学术之风深入人心——我校举行2005年研究生、本科生开学典礼暨入学宣誓仪式》,见《中山大学(校报)》(新)第103期,2005年9月8日。
④ 中山大学校长办公室:《校领导与珠海市领导就建设中山大学珠海校区举行会晤》,见《中山大学(校报)》(新)第104期,2005年9月19日。

上午11时，李延保书记、黄达人校长、陈汝筑副校长、梁庆寅副校长等一行在珠海市委一号楼与珠海市委书记邓维龙，珠海市委常委、秘书长刘振新，副市长邓群芳等领导进行会晤。

李延保首先介绍了中山大学以及珠海校区的基本情况。中山大学珠海校区是当年教育部八年未批准异地办学后首个正式批准立项的大学异地办学的新校区，曾被教育部领导称为"中国高等教育发展史上的一个奇迹"。珠海校区的建设是中山大学实现跨越式发展的重要机遇。珠海校区的学生都是经过高考录取的在全国范围内招收的优秀学生，2005年珠海校区在广东录取新生的平均分达到727分。珠海校区不仅有正规的本科教育，同时也有正规的研究生教育。在珠海校区，科研队伍和研究基地也相继建设起来。珠海校区的定位不是中山大学的分校，更不是二级学院，而是中山大学的一个不可分割的重要组成部分，是"原汁原味的中山大学"。

黄达人说，中山大学师生对珠海校区有着特殊的深厚感情。他介绍了珠海校区在校学生人数的有关问题。2003年，广东省下达了中山大学进驻广州大学城并完成扩大招生的任务，要求学校在2007年内使在大学城中的学生规模达到2万人。这对中山大学在珠海校区扩大招生和成立整建制学院的布局进度产生了一些影响。但是，从去年开始，学校已经在珠海校区相继成立了整建制的旅游学院、翻译学院等学院，这些学院的学生入学分数都相当高，而且将在珠海校区进行四年的学习生活。从明年开始，这种整建制学院的学生人数将会逐年增加，不久会达到1万人的规模。中大在珠海校区的学科布局将逐步完成，学校一定会履行珠海校区学生人数规模的承诺。中山大学十分重视与珠海市签订的协议，为了履行协议，学校2005年新招聘的老师部分已经落户珠海。

李延保说，珠海市为了引进大学教师等高层次人才而制定了相关政策，目前，中大已经有800多位教授在中大珠海校区购买了住房。珠海市有很好的发展前景，中山大学将一如既往地重视珠海校区的建设，希望能够通过与珠海市的协商，双方共同履行当初的协议，实现共同建设珠海校区的承诺。珠海的各种条件与美国硅谷相似，而且由于中大珠海校区的影响，珠海大学园区吸引了不少北方的重点高校，他们也带来了北方高校学者们的广阔视野，这对珠海市的发展将产生积极的影响。

邓维龙表示，中山大学这几年的发展很快，作为广东的最高学府，中大对广东省高等教育的发展起了很大的推动作用，对广东省社会发展和经济建设做出了很大的贡献。对于中山大学珠海校区，珠海市将继续履行过去的承诺，新的一任领导班子将一如既往办好大学园区，办好中山大学珠海校区，不会因珠海市领导的变动而改变原有的协议和目标。

同一天，李延保、陈汝筑和梁庆寅等会见了珠海市副市长霍荣荫，珠海市住房委员会、珠海市规划局、珠海市国土资源局、珠海大学园区主要领导参加会见。李延保与霍荣荫就进一步落实珠海市支持中山大学珠海校区建设的有关承诺交换了意见。

通过此次校市领导之间的会晤,增进了双方的了解,达成了依据已有协议继续合作建设中山大学珠海校区的共识,为今后中山大学珠海校区的发展奠定了良好基础。

△值教师节到来之际,校党委书记李延保、副书记陈伟林到珠海校区看望教育管理教师,并召开座谈会。座谈会上,李延保首先回顾了珠海校区的发展,从校区的定位、校区文化传统的衔接等方面肯定了珠海校区对学校管理、文化建设的推动作用,强调了珠海校区对学校发展的关键作用。同时,他对全体教育管理教师表示致敬,勉励各位教育管理教师在岗位上努力工作,做出贡献,增强责任意识,真诚呵护学生、关爱学生,支持和帮助弱势、困难学生,让学生的潜质得到充分的发挥。陈伟林希望各位教育管理教师从事业的角度看待自己的工作岗位,扮演好"人师"这一角色,把学校领导的关爱贯彻到工作中去,传递到学生身上去。在座谈会上,各位教育管理教师表示决不辜负学校的期望,共同努力,把工作做好。

9月6日 珠海校区召开干部会议。①

李延保书记出席会议并讲话。梁庆寅副校长主持会议。李延保首先明确了珠海校区的性质:珠海校区是中山大学重要的一部分,是中山大学永久的校区,珠海校区的政策、规章制度、文化传统都是中山大学的组成部分,珠海校区的干部员工都是中山大学的成员。珠海校区的发展定位也很清楚:高素质人才培养的试验基地、学科建设的拓展基地、科研成果转化的辐射基地。

李延保回顾了珠海校区几年来的建设发展历程,总结了珠海校区所取得的成绩和经验:第一,在社会效应上,珠海校区的成功建设,为中山大学取得政府的信任、社会的信任、师生员工的信任起了重要的作用;第二,珠海校区为中山大学在世纪之初所取得的快速发展奠定了基础;第三,在学生管理和校园文化建设方面取得了许多创新经验。这些经验主要包括五点:一是开创了青年志愿者这一学生形象品牌;二是从珠海校区开始,"学生助理"成为勤工俭学中的重要形式引起了大家的重视;三是培育了学生"自我教育、自我管理、自我服务"的文化理念;四是培育了学生的文明风气;五是校区的建设和管理体现了人文精神,建设文化校园。

李延保重申了珠海校区的管理模式。珠海校区的管理模式是延伸管理与属地管理相结合的模式,"全校办校区"的格局没变,在政策上以延伸为主,在具体执行上以属地为主。教务、学生管理等方面更多的体现延伸管理,在后勤、保卫等方面则以属地管理为主。学校及延伸管理部门负责制定政策,在执行上由校区具体负责。他提出珠海校区管委会的三项职能:一是代表学校处理与地方及周边的关系;二是协调与学校各院系及有关部门的关系;三是对党政、后勤、保卫、环境建设、教学服务等方面直接实施管理,负责对突发事件、安全事件的紧急处理。他强调珠

---

① 林俊洪:《继往开来,建设和谐珠海校区——李延保书记在珠海校区干部会议作重要讲话》,见《中山大学(校报)》(新)第105期,2005年9月26日。

中山大学珠海校区编年史（1999—2018）

海校区各部门在实施具体措施时一定要接受校区管委会的管理和协调。校区干部的年终考核、提拔、任用都应有校区管委会的意见。

9月7日 上午，珠海市副市长邓群芳在珠海大学园区工委负责人的陪同下到中大珠海校区慰问师生员工。①

9月9日 下午，为庆祝第21个教师节，珠海校区教师座谈联谊会在职工之家举行。珠海校区管委会主任樊筑生和校区党委书记余瑞昆在座谈会上致辞，感谢珠海校区全体教职员工的辛勤工作，对新加入校区的翻译学院教师表示欢迎，鼓励大家团结一致，继续为校区的发展努力工作。②

9月12日 财务与国资管理处内部机构设置调整后，设立核算三室（珠海校区核算中心）。③

9月13日 中午，由珠海校区团工委主办，创业社承办，中大首份以创业为主题的刊物——《启程》在珠海校区榕园广场首发。本次发行活动由创业社与爱心助学工程两个学生社团共同组织。他们还为四川巴中地区的失学儿童募捐助学基金，帮助他们重新走进课堂。④

△下午，珠海校区分工会为珠海校区教职工举办主题为"亚健康状态与中医药保健"的专题讲座。中大附属第五医院师晶丽教授应邀主讲。⑤

9月25日 上午，珠海校区2005级新生军训汇报总结大会在田径运动场举行。李延保书记等校领导、军训部队首长以及地方政府、兄弟院校领导出席了大会。⑥

9月27日 校工会组织学校教代会代表对珠海校区进行巡视，通过实地考察和调研，了解师生员工关注的热点、难点问题，为学校着力改进管理、推进和谐校园建设出谋划策。⑦

9月28日 教育部副部长陈小娅在广东省教育厅和珠海市有关领导的陪同下到珠海校区考察。李延保书记向陈小娅一行介绍了学校及珠海校区的情况。⑧

---

① 中山大学珠海校区党政工作办公室：《珠海校区庆祝教师节》，见《中山大学（校报）》（新）第104期，2005年9月19日。
② 中山大学珠海校区党政工作办公室：《珠海校区庆祝教师节》，见《中山大学（校报）》（新）第104期，2005年9月19日。
③ 中山大学校长办公室：《中山大学年鉴（2005）》，中山大学出版社2006年11月第1版，第485页。
④ 曾德健：《满载星辉，我们整装启程——创业社携手爱心助学工程帮助失学儿童入学读书》，见《中山大学（校报）》（新）第104期，2005年9月19日。
⑤ 罗永明：《中山大学工会编年史（1949—2010）》上册，中山大学出版社2011年6月第1版，第351页。
⑥ 中山大学珠海校区党政工作办公室：《沙场秋阅兵，学子真本色——本科新生举行军训汇报总结大会》，见《中山大学（校报）》（新）第105期，2005年9月26日。
⑦ 罗永明：《历程·风采：中山大学工会60周年纪念专刊》，中山大学出版社2011年7月第1版，第79页。
⑧ 中山大学校长办公室：《中山大学年鉴（2005）》，中山大学出版社2006年11月第1版，第486页。

9月 唐燕任珠海校区党委书记。①

10月10日至11日 根据学校的要求,珠海校区在保持共产党员先进性教育活动评议阶段采取多种形式广泛征求干部群众意见。珠海校区党委书记唐燕、管委会主任樊筑生主持召开教师代表座谈会、学生管理教师座谈会和管理部门群众座谈会,广泛听取他们对学校领导班子、学校有关部门及珠海校区党员领导干部、党员的意见和建议。②

10月20日 卞瑜任珠海校区管委会主任。③ 樊筑生因年龄关系不再担任珠海校区管委会主任职务。

10月21日 晚,由校友总会主办,地理科学与规划学院协办的校友论坛在珠海校区举行。1988届地理学系校友、中山市天英实业发展有限公司董事长方敏在论坛上做了题为"阳光·家园·女人"的演讲。李萍副书记兼副校长出席论坛并致辞,校友总会许东黎秘书长等领导出席论坛并发言。④

10月21日至22日 珠海校区党委在珠海市斗门区召开先进性教育谈心座谈会,校区党委委员、党支部书记、各办公室主任参加了谈心。梁庆寅副校长参加座谈会。⑤

10月22日 晚,珠海校区学生党员先进性教育活动——中山大学2005年云浮市"三下乡"汇报会在珠海校区教学实验大楼举行。⑥

本次汇报会以"讲下乡故事,诉党员心声"为主题。珠海校区党委书记唐燕、珠海校区团工委书记谭英耀以及部分院系老师出席了汇报会。汇报会总结了中山大学大学生暑期"三下乡"云浮市综合服务团的活动情况,评价了"三下乡"活动在实践道德规范,传播文明新风,为争创"三有一好",为基层人民争当现代公民、落实科学发展观,为构建和谐社会做贡献以及在拓展青年学生总体素质方面的积极作用,肯定了综合服务团成员在活动中的表现。

10月27日至31日 由教育部主办的普通高等学校教学评估分类指导研究课题组第一次全体会议在珠海校区召开。参加会议的有教育部高等教育司评估处、高

---

① 毕为:《珠海校区发展十五周年回顾》,自印,2014年11月,第35页。
② 中山大学党委宣传部:《珠海校区先进性教育广泛征求师生意见》,见中山大学新闻网(http://news2.sysu.edu.cn/news01/113680.htm),2005年10月25日。
③ 中山大学校长办公室:《中山大学年鉴(2005)》,中山大学出版社2006年11月第1版,第487页。
④ 中山大学校友总会:《拥抱理想,书写阳光人生——方敏校友珠海主讲校友论坛》,见《中山大学(校报)》(新)第108期,2005年10月31日。
⑤ 中山大学珠海校区党政工作办公室:《谈问题谈困难谈出和谐——珠海校区积极开展谈心活动》,见《中山大学(校报)》(新)第108期,2005年10月31日。
⑥ 中山大学党委宣传部:《讲下乡故事,诉党员心声——珠海校区团工委举办"2005年云浮市'三下乡'汇报会"学生党员先进性教育活动》,见中山大学新闻网(http://news2.sysu.edu.cn/news01/113692.htm),2005年10月26日。

职高专处，教育部教育教学评估中心及各高校代表。①

10月31日 车平任总务处副处长兼珠海校区后勤办公室主任，伍金春不再担任总务处副处长兼珠海校区后勤办公室主任职务。林伟明不再担任珠海校区基建工作办公室主任职务。

10月 党委组织部、学生工作部、研究生工作部和校团委在珠海校区主办以"立志、修身、博学、报国"为主题的演讲比赛。②

11月3日 由心理健康教育咨询中心主办、心理学社承办的"成长论坛"第一期在珠海校区举行。副书记兼副校长李萍、教育学院院长钟明华、古南永副教授担任论坛的主讲嘉宾，做了题为"点燃导航灯，觅寻大学路"的演讲。心理健康教育咨询中心主任李桦主持论坛。③

11月8日 在我国第六个记者节来临之际，为让同学们更多地了解新闻从业规则、感受新闻人执着追求的精神状态，哲学系团总支举行为期一周的中国记者节系列活动。活动包括记者论坛、摄影知识讲座和报社电视台实地参观等内容。在本日晚举行的记者论坛，邀请了来自珠海电视台《新闻搜寻》《英语新闻》栏目责任编导扶志新、珠海电视台《新闻搜寻》栏目执行编辑佟葳、《珠海特区报·大学生周刊》主编王近夏、《珠海特区报》采访中心记者程敏四位嘉宾到场与同学们一起分享新闻工作者的酸甜苦辣。④

11月11日 晚，由珠海校区学工办举办的"传统与现代论坛"第十六期——"大学生婚姻，守望的距离有多远？"在珠海校区举行。本期论坛的背景源自2005年3月教育部发布新的《普通高等学校学生管理规定》中关于"大学生在校结婚禁令"的解除。论坛邀请了珠海校区学工办主任欧阳永忠、心理健康教育咨询中心主任李桦以及中山大学附属第三医院妇产科副主任医师刘穗玲担任论坛嘉宾，他们分别从管理、心理以及生理等角度深入浅出地为同学们揭开婚姻与性的神秘面纱，以使同学们能正确对待"禁令"解除后心理、生理上的疑惑。⑤

"传统与现代"系列论坛是由珠海校区学工办自2002年起创办的。

11月12日 在中山大学81周年华诞之际，珠海校区学子通过举行各种形式的活动庆祝母校生日，共同寄望母校美好的明天。庆祝活动除了举办珠海校区的传统项目"校庆环校接力赛"外，不少院系、社团也安排了节目。11月12日下午由

---

① 中山大学党委宣传部：《普通高等学校教学评估分类指导研究课题组第一次全体会议在珠海校区召开》，见中山大学新闻网（http://news2.sysu.edu.cn/news01/113720.htm），2005年11月2日。

② 中山大学校长办公室：《中山大学年鉴（2005）》，中山大学出版社2006年11月第1版，第148页。

③ 中山大学心理健康教育咨询中心：《"点燃导航灯，寻觅大学路"——"成长论坛"第一期成功在珠海校区举行》，见《中山大学（校报）》（新）第110期，2005年11月18日。

④ 莫有勇：《"记者论坛"在珠海校区举行》，见《中山大学（校报）》（新）第110期，2005年11月18日。

⑤ 中山大学珠海校区学生工作办公室：《大学生婚姻，守望的距离有多远？》，见《中山大学（校报）》（新）第110期，2005年11月18日。

多个学生社团共同承办的中山大学81周年校庆游园嘉年华会在珠海校区榕园广场举行。此外,第二届中国古代文化知识竞赛、诗歌创作与朗诵大赛、六院系足球赛等活动也在校庆期间相继展开。①

11月12日至13日 广东省地质学会地球信息科学与技术专业委员会与中大地球科学系在珠海校区联合主办"广东省地球信息科技发展战略和人才培养"学术研讨会。广东省地质学会、中山大学地球科学系、国土资源部广州海洋地质调查局等单位的领导、专家学者以及地球科学系珠海校区的全体师生出席了本次研讨会。②

11月18日 连接珠海校区和广州东校区的直达班车首次开通。③

11月19日 下午,由人类学系学工办、团总支主办的"人类学系文化周"在珠海校区开幕。文化周以"解读千年的历史,触摸他者的文化"为主题。④

11月20日 翻译学院团委成立。⑤

11月24日 晚,"农村基层政权和乡村建设"讲座在珠海校区举行。主讲人为被誉为"中国最著名的乡党委书记"的李昌平先生。⑥

11月25日 下午,由珠海校区管委会主办、珠海校区分工会承办的第二届教职工趣味运动会在校区田径运动场举行。梁庆寅副校长出席开幕式,校区党委书记唐燕讲话,校区管委会主任卞瑜宣布运动会开幕。珠海校区近200名教职工参加了运动会。⑦

11月28日 晚,珠海校区青年学生学习"两个纲要"知识竞赛决赛在教学实验大楼举行,活动由学校纪委、党委学生工作部、研究生工作部、校团委主办,珠海校区学工办协办,化学与化学工程学院珠海校区党支部、团总支承办。竞赛分初赛与决赛两个部分进行。初赛在11月20日举行,珠海校区18个院系的学生代表队参加,6支队伍进入决赛。珠海校区党委书记唐燕,校纪委副书记、监察处处

---

① 莫有勇:《珠海校区喜庆母校81周年华诞》,见《中山大学(校报)》(新)第110期,2005年11月18日。

② 中山大学地球科学系:《"广东省地球信息科技发展战略和人才培养"学术研讨会在我校召开》,见《中山大学(校报)》(新)第114期,2006年1月1日。

③ 陈智鹏:《校区直通大巴首度开入大学城》,见《中山大学(校报)》(新)第112期,2005年12月8日。

④ 中山大学新闻中心珠海校区新闻记者站:《2005年人类学系文化周精彩回顾》,见《中山大学(校报)》(新)第113期,2005年12月20日。

⑤ 《中山大学外语学科90年史稿(1924—2014)》编委会:《中山大学外语学科90年史稿(1924—2014)》,中山大学出版社2014年10月第1版,第283页。

⑥ 中山大学新闻中心珠海校区记者站:《李昌平谈农村改革》,见《中山大学(校报)》(新)第111期,2005年11月30日。

⑦ 中山大学珠海校区分工会:图片新闻,见《中山大学(校报)》(新)第112期,2005年12月8日。

长王录德，正处级纪检员潘甫成等人出席决赛。岭南学院代表队获决赛第一名。①

11月28日至12月1日 第一届全国脑与认知科学学术研讨会在珠海校区举行。②

研讨会由中山大学教育学院心理学系、中国科学院脑与认知科学国家重点实验室、中国生物物理学会神经生物物理与神经信息学专业委员会共同主办。来自中国科学院、北京大学、清华大学等30多个单位的认知科学家、神经科学家、医生与研究生代表近200人出席会议。神经科学家蒲慕明教授，中国科学院和中国工程院院士陈霖教授等8位学者做特邀演讲。心理学系饶恒毅博士应邀做大会报告。颜光美副校长与梁庆寅副校长代表黄达人校长出席了会议开幕式和闭幕式。

12月1日 下午，第11届"中山医医药杯"全国大学生击剑锦标赛在珠海校区体育馆开幕。教育部大学生体育联合会击剑项目主管程洁女士、中山大学党委副书记陈伟林、副校长梁庆寅、珠海市体育局局长何庆明等出席开幕式。教育学院院长钟明华主持开幕式。中山大学作为中国大学生体育协会击剑分会主席单位承办了本届锦标赛。比赛赛程一周，从12月2日开始至12月7日结束，共进行甲、乙、丙三组男女花剑、重剑、佩剑的个人和团体比赛。③ 中大选手共获得19项冠亚军。

12月2日 下午，澳门旅游学院院长黄竹君、澳门旅游局副局长白文浩一行访问中山大学旅游学院，院长保继刚、常务副院长彭青、副院长徐红罡等与来宾进行了交谈。④

△晚，以"和谐珠海，青春飞扬"为主题的第二届珠海大学生文化艺术节开幕仪式暨校园原创音乐展演在中大珠海校区举行。开幕式由共青团珠海市委主办，中山大学珠海校区团工委承办，中大广播台协办。团省委副书记白涛、珠海市委副书记魏宏广、珠海市副市长邓群芳、中山大学党委副书记兼副校长李萍以及珠海各高校的有关领导出席了开幕式，来自珠海11所高校和特邀的澳门大学、澳门理工大学2000多名学生参加了开幕式。白涛和邓群芳在开幕式上分别致辞。本届文化艺术节将持续一周。⑤

12月3日至5日 全国翻译理论与教学研讨会在珠海校区召开。此次研讨会邀请了内地和港澳地区在翻译和跨文化研究领域的130余名专家学者及硕士、博士研究生参会。大会还讨论了"2008上海——国际译联第18届翻译大会"的会议主

---

① 中山大学党委宣传部：《"两个纲要"进校园——记中山大学珠海校区"两个纲要"知识竞赛》，见中山大学新闻网（http://news2. sysu. edu. cn/news01/113841. htm），2005年12月8日。
② 中山大学校长办公室：《中山大学年鉴（2005）》，中山大学出版社2006年11月第1版，第490页。
③ 莫有勇：《第11届全国大学生击剑锦标赛在珠海校区开幕》，见《中山大学（校报）》（新）第112期，2005年12月8日。
④ 中山大学旅游学院：《澳门旅游学院、旅游局、泰国农业大学商学院代表访问旅游学院》，见《中山大学（校报）》（新）第112期，2005年12月8日。
⑤ 中山大学校长办公室：《中山大学年鉴（2005）》，中山大学出版社2006年11月第1版，第490页。

题和分论坛议题。研讨会由中大翻译研究中心、中国翻译协会翻译理论与教学委员会及《中国翻译》编辑部主办，由中大外国语学院、翻译学院及广州外事翻译协会协办。①

12月3日至7日 由珠海校区团工委和珠海市摄影家协会共同主办的"百岛之市百种蝴蝶系列活动"在珠海校区图书馆举行。②

12月5日 下午，许宁生副校长与世界旅游组织亚太部主任徐京先生举行会谈，旅游学院院长保继刚、常务副院长彭青、副院长徐红罡参加会谈。会谈结束后，保继刚与徐京签署合作备忘录。徐京代表世界旅游组织向保继刚颁发了世界旅游组织学术委员会委员证书。③

△下午，泰国农业大学商学院系主任SAMPAN HUNPAYON博士和MBA项目主任NIRUNDON TAPACHAI博士等人访问中山大学旅游学院。旅游学院常务副院长彭青、副院长徐红罡与来宾探讨了在学术研究、学生交流等方面的问题。6日上午，NIRUNDON TAPACHAI在珠海校区为旅游学院师生做了题为"旅游者行为"的演讲。④

12月6日 下午，珠海校区先进性教育活动整改提高阶段干部群众大会在图书馆讲学厅召开。⑤

珠海校区近200名干部群众和学生代表参加大会。梁庆寅副校长出席大会并做了讲话。学校纪委副书记、监察处处长王录德为大会做了题为《当前教育腐败问题及惩防对策》的报告。珠海校区党委书记唐燕通报了珠海校区整改工作开展情况。校区管委会主任卞瑜介绍了开展校区工作的思路。

梁庆寅在讲话中赞扬珠海校区几年来取得的建设和发展成就，充分肯定了珠海校区的历任领导和广大师生干部员工所做出的贡献，特别是创造了校区"文明、独立、创新"的校园文化。他说，校区有优良的传统，比如讲团结、讲协助、讲奉献，每个在校区工作过的干部员工对校区都有一份深厚的感情，这是弥足珍贵的。党员先进性教育不是阶段性的，是长期的。通过先进性教育活动，广大党员干部在理想信念、精神面貌、工作作风等方面应该有更大的提升，工作的主动性更足了，积极性更强了，服务态度更好了，管理水平更高了。他希望校区的党员干部要永葆党员先进性，继承校区的优良传统，发扬校区良好的风气，坚持发展优良校园

---

① 中山大学校长办公室：《中山大学年鉴（2005）》，中山大学出版社2006年11月第1版，第490页。
② 张静：《百种蝴蝶系列活动开幕》，见《中山大学（校报）》（新）第112期，2005年12月8日。
③ 中山大学旅游学院：《旅游学院与世界旅游组织签署合作备忘录》，见《中山大学（校报）》（新）第114期，2006年1月1日。
④ 中山大学旅游学院：《澳门旅游学院、旅游局、泰国农业大学商学院代表访问旅游学院》，见《中山大学（校报）》（新）第112期，2005年12月8日。
⑤ 中山大学党委宣传部：《着重实效，加强制度，建立健全先进性长效机制——珠海校区召开整改提高阶段大会》，见中山大学新闻网（http://news2.sysu.edu.cn/news01/113845.htm），2005年12月9日。

文化，共同创造团结和谐的校园环境，促进各项工作向前发展。

唐燕通报了珠海校区整改工作情况。珠海校区整改工作着重实效，切实为师生员工办实事、办好事，深入调研，切实解决校区发展中的突出问题。在第二阶段征求群众意见的基础上，经深入调查研究，在整改阶段落实严抓群众关心的一系列问题，得到广大群众的充分肯定。为建立健全先进性教育长效机制，校区党委通过深入调研和讨论，结合学校的发展要求和校区发展中存在的突出问题，研究制定了《珠海校区党委整改方案责任分解表》。唐燕在会上介绍了珠海校区整改方案。这个整改方案主要通过加强四个方面的工作来逐步建立健全珠海校区先进性教育的长效机制：

第一，加强政治理论学习，建立长效机制，巩固党员先进性教育成果。主要包括进一步深化学习内容和进一步完善党组织的学习制度。在深化学习内容上：一是开展以"三个代表"重要思想为指导，以《党章》为主要内容，以落实科学发展观为实效的学习，加强共产党员党性修养、宗旨观念和理想信念教育；二是开展经常性反腐倡廉教育，加强党风廉政建设，并修订完善相关的规章制度；三是开展经常性的时事政治学习和党的优良传统教育。在完善组织的学习制度方面：一是坚持党委中心学习组的学习；二是党委每月召开1次党委会，每学期召开1～2次党委（扩大）民主生活会；三是每年组织1次党委以及各党支部学习成果展示活动，评选最佳党日送学校参评，编印学习文件展示学习成果。

第二，加强制度化建设，完善管理。校区明年将研究制定《珠海校区重大事项议事规则》《珠海校区突发事件应急预案》《珠海校区综合治理管理办法》等规章制度，修订汇编校区各项规章制度，逐步完善校区的制度化建设。校区要积极推进依法行政、政务公开，校区每年召开一次全体教职工大会，通报校区一年的重大事项。

第三，加强基层党组织建设，增强党组织战斗堡垒作用。一是根据学校的发展战略，党委有目的、有计划地开展校区综合协调方面的调查研究，形成调研报告，发挥为校领导出谋划策的助手作用；二是建立党委委员联系党支部的制度；三是组建党委宣传信息员队伍，加大宣传力度，进一步加强各党支部在思想政治宣传教育和形势教育上的作用；四是根据校区工作特点，加强部门之间的合作，拟对党支部进行调整、重组，进一步加强党支部的队伍建设和组织建设，增强党支部的战斗堡垒作用。同时，校区党委要认真贯彻落实中共中央、国务院《关于进一步加强和改进大学生思想政治教育的意见》的文件精神，重视大学生党建工作。加强对进步青年的教育、培养，积极、稳妥地做好青年党员的发展工作，重视在工作岗位上锻炼和培养党员干部。加强流动党员的组织管理，充分调动流动党员的积极性，让他们有归属感、责任感。另外，要关心校区干部群众，支持校区分工会开展丰富多彩的业余文体活动，建设和谐团结的人文环境；要关心学生和共青团工作，支持学生社团开展多姿多彩的校园文化活动，完善校园文化建设。

第四，以人为本，加强管理、监督，提高服务质量和服务水平。进一步加强机关作风建设，建立党委委员接待日，定期接受师生员工的来访，帮助他们解决困难。广大党员干部要坚持以人为本，树立"善待师生"的观念，树立"三有一好"新形象。各部门要进一步完善办事规则，简化办事程序，明确办事流程。进一步加强学习培训，采取多种形式，开展经常性的职业道德教育，不断增强责任心和事业心，建立健全业务学习培训制度。进一步加强监督，完善管理，各部门、全体党员干部要严格遵守学校制定的各项管理制度，严格按照合同，加强对乙方单位的监督。切实提高物业管理、食堂管理、环境卫生、医疗保障、教学管理、招待所管理等方面的服务水平和服务质量。校区还要进一步加强属地与延伸主管部门的协调沟通，理顺关系，完善管理。

唐燕指出，这个方案主要内容是要求长期坚持的，是对我们所有校区党员干部的要求。广大校区党员干部要以"三个代表"重要思想为指导，认真落实科学发展观，团结广大干部群众，发挥党员的先锋模范作用，通过先进性教育活动的学习教育和广大群众的帮助，努力达到"提高党员自身素质、加强校区党委的组织力量、服务好广大师生员工、促进学校各项工作不断向前发展"的目标要求。

12月8日　珠海校区630多名学生踊跃参加义务献血活动。①

12月11日　由珠海校区后勤办卫生管理部与中山大学药学院共同主办的"关爱生命，认识禽流感"专题活动在珠海校区举行。②

活动包括禽流感现场咨询会、"禽流感的防治与人类文明"以及"流感与抗流感药物"专题讲座。参与本次活动的嘉宾有药学院常务副院长黄民、党总支书记谷晓丰和多位教授、博士党员。下午，禽流感现场咨询会在教工饭堂门口举行。药学院的十几位专家学者为前来咨询的同学做了耐心细致的解答。晚上，在教学实验大楼举行了"禽流感的防治与人类文明"以及"流感与抗流感药物"的专题讲座，分别由药学院龙启才教授和张健存教授讲授。

12月12日　晚，哲学系学生会主办的第八届"思睿观通"哲学宣传周闭幕式在珠海校区举行，哲学系刘小枫教授做了题为"古典诗学与现代教育"的讲座。③

12月14日　上午，中山大学珠海校区大学生党员文明示范义务服务队成立仪式暨学生党员文明示范岗上岗仪式在荔园超市前广场举行。此次活动由珠海校区学工办主办，雁行社和理工学院珠海校区本科生党支部协办。校党委副书记陈伟林、珠海校区党委书记唐燕、珠海校区管委会主任卞瑜、学生处处长漆小萍以及学生处

---

① 龚美珍：《中大学生献血热情高涨》，见《中山大学（校报）》（新）第114期，2006年1月1日。
② 中山大学药学院：《关爱生命，认识禽流感》，见《中山大学（校报）》（新）第113期，2005年12月20日。
③ 中山大学新闻中心珠海校区记者站：《刘小枫教授主讲"古典诗学与现代教育"》，见《中山大学（校报）》（新）第114期，2006年1月1日。

中山大学珠海校区编年史（1999—2018）

和珠海校区各个部门的负责人、珠海校区各院系辅导老师以及来自17个院系的服务队学生党员代表参加了仪式。陈伟林对服务队提出了三点期望：一是围绕中心、服务中心，即校园哪里需要，党员就服务到哪里；二是切切实实贴近同学们的需要，真正为同学服务；三是时时处处体现党员的先进性，发挥好党员的模范作用。①

12月15日 翻译学院成立翻译系、商务外语系和对外汉语系（与国际交流学院合办）。②

12月16日 晚，凤凰卫视《军情观察室》主持人马鼎盛校友在珠海校区应邀开设了中国近代国防教育讲座。③

12月19日 中山大学传统与现代论坛第17期"师长与你谈大学"在珠海校区举行。本期论坛由珠海校区学工办主办，药学院学生会珠海校区执委会承办。论坛主讲嘉宾为珠海校区管委会主任卞瑜教授、药学院杜军教授和人类学系金志伟老师。珠海校区党委书记唐燕等校区领导和教师出席论坛。④

12月 珠海校区基础教学实验中心被评为广东省省级实验教学示范中心。⑤ 中心下设实验室包括：地学科学、化学学科、计算机、生物学科、物理学科、心理学、信息学科基础教学实验室和语言教学实验室。⑥

---

① 中山大学珠海校区学生工作办公室：《珠海校区大学生党员文明示范义务服务队成立》，见《中山大学（校报）》（新）第114期，2006年1月1日。

② 中山大学：《关于设立翻译系等的通知》，2005年12月15日，中大组〔2005〕27号，3-2005-DQ1300/003，藏中山大学档案馆。

③ 中山大学新闻中心珠海校区记者站：《一句话新闻》，见《中山大学（校报）》（新）第113期，2005年12月20日。

④ 林辉腾：《"师长与你谈大学"》，见《中山大学（校报）》（新）第114期，2006年1月1日。

⑤ 中山大学设备与实验室管理处：《我校五实验教学中心获评省级示范名牌》，见《中山大学（校报）》（新）第113期，2005年12月20日。

⑥ 中山大学校长办公室：《中山大学年鉴（2005）》，中山大学出版社2006年11月第1版，第411页。

2006年

中山大学国际商学院首届学生参观南校区合影
2006.9.3

1月5日 "2005年度中山大学珠海校区工作总结表彰大会暨迎新春联欢晚会"举行。①

李延保书记、李萍副书记兼副校长、梁庆寅副校长与曾在校区工作过的领导、学校有关部处负责人、珠海市有关领导、近300名教职员工出席在榕园学生活动中心举行的大会。珠海校区管委会主任卞瑜首先做工作总结。校区党委书记唐燕宣读了对校区先进工作者、治安综合治理先进单位及个人、工会活动积极分子进行表彰的决定,到会的学校领导和嘉宾为先进集体和个人颁发了荣誉证书。

珠海校区落成六年,作为校区的建设与发展的见证人,李延保书记每次都亲临总结大会。当晚,带着对这片土地的一往情深,他在晚会上做了发言,细述了校区建设与发展的艰辛与收获,对校区六年来一步一个脚印、扎扎实实取得的成绩表示欣慰。他表示,建设珠海校区是中山大学快速发展的新起点,是中国高等院校成功异地办学的样板。珠海校区的工作成绩为学校的发展提供了许多宝贵的经验,例如,后勤服务实施社会化管理,有效地减少了管理成本,提高了管理效力;此外,还组织学生助理,通过勤工助学的方式让学生参与学校管理,不仅使他们得到了经济资助,更主要的是让他们的学习、生活、与人交往等能力得到了很好的锻炼。正因为珠海校区有规范、科学和高水平的管理,才有了现在这么温馨和谐的校园环境,学生回到南校区也衔接良好,消除了很多人的疑虑。在珠海校区学习、生活过的学生更加文明、更加自立……最后,李书记充满深情地表示,珠海校区

---

① 中山大学党委宣传部:《2005年度珠海校区工作总结表彰大会暨迎新春联欢晚会举行》,见中山大学新闻网(http://news2.sysu.edu.cn/news01/113954.htm),2006年1月13日。

的成功，凝聚了校区师生员工的努力，凝聚了学校各部门的关心和支持，凝聚了珠海市各级领导和珠海人民的期望与心血，他代表学校向大家表示诚挚的谢意。

卞瑜和唐燕代表珠海校区全体师生员工向李书记赠送了一本由校区党政办收集、编辑和印制的，记录他在珠海校区五年多时间里工作身影的纪念画册。来自2001级化学与化学工程学院的左娜娜、2002级生命科学学院的祝天慧同学代表所有在珠海校区学习过的学生向李书记献花，祝福他身体健康、全家幸福。

梁庆寅在发言中说："珠海校区在2005年取得了令人高兴的成绩，为校区师生员工提供了安定的学习生活环境，校园规划、校园文化建设等都有了长足的进步。饮水不忘掘井人，感谢李书记对珠海校区的厚爱，他把校区放在了高等教育发展与大学的建设这个高度；感谢学校各职能部门的支持；感谢历任校区领导所做出的奉献；感谢校区全体教职员工的默默工作；感谢珠海市、珠海人民的关怀；作为分管珠海校区的校领导，我非常乐意和大家一起为校区的建设和发展而共同努力。"珠海市有关领导也在会上做了发言。

1月7日 下午，中山大学召开中层干部大会，教育部党组书记、部长周济，中共中央组织部干部三局正局级副局长夏崇源，广东省委常委、组织部部长胡泽君，广东省人民政府副省长宋海等出席大会，会议由黄达人校长主持。夏崇源同志宣布中共中央任命郑德涛同志为中山大学党委书记和免去李延保同志中山大学党委书记职务的决定。①

1月26日 上午，珠海市副市长邓群芳来到珠海校区，慰问了电子电力及控制技术研究所所长余世杰教授。邓群芳代表珠海市委、市政府向余世杰教授致以新春祝福，并请珠海校区党委书记唐燕转达对中大师生员工的问候和祝愿。②

1月28日 校党委副书记陈伟林、副校长梁庆寅及学生处、校团委负责人来到珠海校区，在校区管委会主任卞瑜、党委书记唐燕的陪同下看望慰问留校学生。③

2月20日 校团委在珠海校区举行"用青春拥抱未来"共青团知识竞赛，物理科学与工程技术学院、岭南学院和地理科学与规划学院分获冠军、亚军和季军。④

2月24日 2005年度食堂食品卫生工作总结暨表彰会在珠海校区召开。会议

---

① 中山大学新闻中心：《中共中央任命郑德涛同志为中山大学党委书记》，见《中山大学（校报）》（新）第115期，2006年1月12日。

② 中山大学珠海校区党政工作办公室：图片新闻，见《中山大学（校报）》（新）第116期，2006年2月24日。

③ 中山大学珠海校区党政工作办公室：《校领导与珠海留校师生欢乐度除夕》，见《中山大学（校报）》（新）第116期，2006年2月24日。

④ 中山大学校长办公室：《中山大学年鉴（2006）》，中山大学出版社2007年11月第1版，第135页。

由总务处李祥之处长主持，喻世友副校长出席会议并讲话。①

3月2日 珠海校区分工会女职工委员会荣获珠海市"三八红旗手（集体）"荣誉称号。珠海校区分工会女职工委员会成立于2004年。②

3月3日 晚，德国科隆大学地理系Kraas教授应邀在珠海校区做题为"来自巨型城市的挑战——守护我们的生活质量"的讲座。③

3月3日至4日 珠海校区召开2006年工作研讨会。④

春节前后，郑德涛书记、黄达人校长到珠海校区检查工作，对校区工作提出指导意见。为了贯彻落实郑书记、黄校长的意见，进一步扎实推进珠海校区的发展，珠海校区召开本次研讨会。副校长梁庆寅、珠海校区管委会主任卞瑜、校区党委书记唐燕及校区各部门的负责人出席会议。校区各部门负责人在会上汇报了本单位2006年的工作计划，提出了工作要点。梁庆寅在会上做了讲话，重点就进一步加强与珠海市的合作、发挥校区资源优势、加强干部队伍建设和规范管理、营造和谐环境等问题提出了具体的意见。

3月5日 第一届珠海高校学生会主席论坛第二次会议在中大珠海校区举行。⑤

△在第44个学雷锋纪念日来临之际，翻译学院同学组织"预备党员义务服务队"为同学们服务，服务内容包括在饭堂内外清理卫生、摆放桌椅、摆放自行车等。⑥

3月6日 下午，珠海校区举行"巧手总动员"包饺子比赛，庆祝"三八"国际劳动妇女节的到来。⑦

3月12日 珠海校区举办树苗认植活动。校区师生员工以个人或集体名义共认植了185棵树苗，在绿化校区、美化校区的同时又给自己留下了美好的回忆。据悉，此次种植的树苗包括木棉、细叶榄仁、凤凰木、柳树、火焰木5个品种。几年来，珠海校区每年都有师生员工捐资认植树木的传统，认植一棵树百余块钱，由认植人亲自种植，校区有关部门负责管理，并挂上标志牌作为留念。这一爱护树木、

---

① 中山大学总务处：《2005年度食堂食品卫生工作总结暨表彰会召开》，见《中山大学（校报）》（新）第117期，2006年3月10日。

② 陈翀：《珠海校区分工会女工委喜获珠海市三八红旗手荣誉称号》，见《中山大学（校报）》（新）第118期，2006年3月20日。

③ 莫有勇、吴少敏：《"教授论坛"第一期在珠海校区举行》，见《中山大学（校报）》（新）第118期，2006年3月20日。

④ 中山大学珠海校区党政工作办公室：《珠海校区召开2006年工作研讨会》，见《中山大学（校报）》（新）第118期，2006年3月20日。

⑤ 中山大学校长办公室：《中山大学年鉴（2006）》，中山大学出版社2007年11月第1版，第137页。

⑥ 陈奇：《学习雷锋好榜样——翻译学院开展"预备党员义务服务队"活动》，见《中山大学（校报）》（新）第118期，2006年3月20日。

⑦ 《快乐"三八"，和谐校园》，见《中山大学（校报）》（新）第118期，2006年3月20日。

绿化校园的传统深受师生员工的欢迎。①

3月14日 下午,珠海校区员工培训系列讲座2006年第一讲在校区图书馆会议室开讲。本期主讲人是校长办公室主任陈望南博士。内容涉及行政人员的责任感、使命感和行政人员的心态调整、公文的运作与规范要求等方面。珠海校区近几年来邀请校内外专家学者给员工讲课,从公关礼仪、人际关系、行政基本知识等方面着手,通过一系列的培训,逐步提高员工们的素质和知识水平。②

3月15日 岭南学院第三届"企业文化案例分析大赛"在珠海校区开幕。香港大学、澳门大学、华南理工大学等高校代表队与中山大学代表队同台竞技。③

3月16日 上午,澳大利亚悉尼大学常务副校长约翰·赫恩(John Hearn)一行到珠海校区参观。珠海校区管委会主任卞瑜向约翰·赫恩介绍了珠海校区的有关情况。约翰·赫恩对珠海校区优美的校园环境表示赞叹,对教学实验大楼、图书馆等标志性建筑给予了很高的评介。④

△岭南大讲堂第二期(珠海校区)举行,岭南学院1991级校友刘诚应邀做了题为"工作中的诚信——没有硝烟的战场,无声的战斗"的讲座。⑤

3月17日 晚,"挑战杯"全国大学生创业计划大赛中山大学选拔赛在珠海校区启动。曾代表中山大学参加2003年"挑战杯"全国大学生创业计划大赛并获得银奖的"火凤凰"队主力队员严茂盛和袁放做客珠海校区,并就参赛经验与同学们进行了交流。⑥

3月19日 上午,由校党委学生工作部、教育学院、党委研究生工作部共同主办,第十一期学生马克思主义理论研修班承办的"薪火论坛"系列讲座第十一讲在珠海校区举行。学生处副处长欧阳永忠就大学生心理活动的认识和心理素质的培养做演讲。马克思主义理论研修班指导老师、班主任和全体学员以及珠海校区大学生党员义务服务队的部分代表参加了此次讲座。⑦

△下午,珠海校区2005—2006学年度学生干部培训第七讲"团学工作实务"暨结业典礼在学生活动中心举行。该讲由珠海校区团工委谭英耀书记、廖喜扬老师

---

① 中山大学珠海校区党政工作办公室:图片新闻,见《中山大学(校报)》(新)第118期,2006年3月20日。
② 中山大学珠海校区党政工作办公室:《珠海校区员工培训系列06年第一讲开讲》,见《中山大学(校报)》(新)第120期,2006年4月10日。
③ 中山大学岭南学院珠海校区学生会:《岭南经济文化节,精彩无限人人恋——岭南学院第三届"企业文化案例分析大赛"正式启动》,见《中山大学(校报)》(新)第120期,2006年4月10日。
④ 中山大学珠海校区党政工作办公室:《悉尼大学副校长参观珠海校区》,见《中山大学(校报)》(新)第120期,2006年4月10日。
⑤ 张静:《重拾工作中的诚信》,见《中山大学(校报)》(新)第121期,2006年4月20日。
⑥ 莫有勇、胡相花:《运筹帷幄,积极备战"挑战杯"——"挑战杯"全国大学生创业计划大赛中山大学选拔赛在珠海校区启动》,见《中山大学(校报)》(新)第120期,2006年4月10日。
⑦ 中山大学党委学生工作部:《马研班"薪火论坛"第十一期探讨如何培养的学生心理素质》,见《中山大学(校报)》(新)第120期,2006年4月10日。

主讲。①

自2005年11月首次培训开始,珠海校区团工委已为学生干部合计开设7次培训讲座。首次培训由心理健康咨询中心张广东培训师承担;第二讲由珠海校区团工委书记谭英耀针对"大学生素质拓展计划"给予理论讲解与实际操作指导;心理健康咨询中心李雅君博士则采用对话式的讲座承担第三讲,进一步对学生干部进行心理素质要求的指导,使同学们能更好地掌握心理调节技能,更好地适应大学生活;第五讲由政务学院郭巍青教授围绕我国当前的社会状况对"社会分化与政策创新"进行理论剖析,指导同学们在适应大学的同时学会适应社会。除讲授理论知识之外,培训活动还邀请到中山大学副校长梁庆寅教授、深圳市团校副校长巫景钦老师分别做主题为"怎样建设高雅文明的校园文化"和"活动策划DIY"的学生干部实际工作技巧指导讲座。

3月20日 成立国际商学院,舒元任院长(兼)。②

国际商学院是中山大学设置在珠海校区的整建制学院,2006年计划招收经济学、工商管理2个专业6个方向的本科生300名。

△晚,学校心理健康咨询中心和珠海校区心理学社联合在珠海校区举办"成长论坛第七期:大学恋爱:情爱?恩爱?"讲座,教育学院古南永副教授应邀主讲。③

3月26日 晚,由岭南学院主办的"岭南大讲堂暨'纵横岭南'开幕式之博雅教育系列"第一期在珠海校区举行。开幕式讲座的主题是"经济学思想与经济体制改革",由岭南学院孙洛平教授主讲。④

3月27日 中山大学参与丁肇中教授领导的太空实验取得阶段性成果,学校已在珠海校区建设空间技术实验室。⑤

上午,郑德涛书记、黄达人校长、李萍副书记兼副校长等与著名学者丁肇中教授一起来到广东省人民政府,向省委常委、常务副省长钟阳胜汇报了中山大学参与的AMS—02太空实验所取得的阶段性成果:参与项目硅微条探测器的散热系统(TTCS)主体已经完成,现已开始调试和测试并得到意大利、荷兰同行的充分肯定。在汇报会上,丁肇中首先向钟阳胜介绍了他所领导的整个AMS太空实验的情况,指出中山大学与世界知名科研机构合作研究的硅微条探测器的散热系统

---

① 中山大学珠海校区团工委:《干部培训,收获多多》,见《中山大学(校报)》(新)第120期,2006年4月10日。
② 《关于成立国际商学院的通知》,见中大组〔2006〕2号文,2006年3月20日。
③ 吴少敏:《大学恋爱:情爱?恩爱?》,见《中山大学(校报)》(新)第120期,2006年4月10日。
④ 吴少敏、莫有勇:《岭南大讲堂之博雅教育系列在珠海校区开讲》,见《中山大学(校报)》(新)第120期,2006年4月10日。
⑤ 何晓钟:《我校参与丁肇中领导的太空实验取得阶段性成果》,见《中山大学(校报)》(新)第120期,2006年4月10日。

中山大学珠海校区编年史（1999—2018）

（TTCS）所运用的技术已达到国际领先水平。中山大学理工学院副院长何振辉教授在汇报时指出，TTCS要在太空运行3～5年，此装置将在中山大学进行功能测试，为此，学校已在珠海校区建立了空间技术实验室。通过参与这一项目，中山大学已实质性地进入了空间技术与空间实验的研究领域，促进了与国内外同行的密切联系与交流合作，推动了相关学科的发展。同时，我们在这一领域的研究进展还将促进广东的电子控制、机械精密加工技术的发展。黄达人在汇报会上表示，中山大学能够参与丁肇中先生领导的大型国际科研合作项目并取得进展，是与广东省的大力支持分不开的。

钟阳胜在听取汇报之后，代表广东省委、省政府对中山大学已取得的阶段性成果表示热烈祝贺，表示广东将一如既往地支持这一科学实验。他希望中大再接再厉，争取最高水平，取得最满意的成果，为大学争光，为中国人争光。

3月30日 上午，"中山大学2006年专职辅导员培训班"第一期在珠海校区举行。①

培训班由校党委组织部、党委学生工作部、研究生工作部、校团委联合主办，旨在全面贯彻中共中央、国务院《关于进一步加强和改进大学生思想政治教育的意见》精神，落实《教育部关于加强高等学校辅导员班主任队伍建设的意见》，推动学生工作的专业化、职业化建设。培训班邀请校党委副书记陈伟林、党委组织部副部长罗镇忠、人事处处长李建超等领导就当前大学生思想政治教育所面临的形势与任务、当前学生党建工作的内容和思路、学校辅导员队伍的人事管理进行分析探讨；邀请教育学院院长钟明华教授、哲学系系主任黎红雷教授就加强大学生德育和综合素质培养以及如何实现和谐管理进行深入探讨；邀请岭南学院党委副书记欧阳可全、管理学院党委副书记吕雅璐等学工领导就谈心谈话与咨询辅导、学生思想政治教育与学风建设等学生工作的实务与操作问题进行交流探讨，邀请学生处处长漆小萍和心理健康教育咨询中心主任李桦分别就学生工作突发事件的处理和学生危机干预进行分析探讨。珠海校区党委书记唐燕、管委会主任卞瑜等领导出席相关活动。

4月1日至23日 首届珠海校区体育节举办。②

体育节开幕式于4月1日下午在荔园篮球场举行。来自珠海地区高校的代表、中大珠海校区各院系的学生代表和各学生社团的代表参加了开幕式。体育节活动项目包括"体育明星沙龙""篮球盛典""体育电影展播""体育知识竞赛""水上嘉年华""体育社团风采SHOW"等，集知识性、趣味性、竞技性于一体。其中"体

---

① 中山大学学生处：《我校06年专职辅导员培训班结业》，见《中山大学（校报）》（新）第122期，2006年4月28日。
② 吴少敏：《体验青春节拍，共享体育魅力——珠海校区首届体育节启动》，见《中山大学（校报）》（新）第120期，2006年4月10日。

育社团风采 SHOW"将由校区足球、乒乓球、羽毛球、跆拳道、棒垒球、攀岩、定向越野、自行车、轮滑、棋类、探险11个体育社团开展相应项目的体育活动。4月9日下午，校友伉俪、奥运会跳水冠军孙淑伟和大运会跳水冠军蔡玉燕应邀参加体育节活动。

首届珠海校区体育节"水上嘉年华"活动暨体育节闭幕式于4月23日下午举行。本次水上嘉年华活动是珠海校区举办的首次水上项目活动，旅游学院获得团体冠军。珠海校区党委书记唐燕出席闭幕式并致辞。本届体育节由珠海校区团工委主办，珠海校区学生会承办。

4月3日 全国人大常委会副委员长乌云其木格在珠海市有关领导的陪同下到珠海校区参观，珠海校区管委会主任卞瑜、党委书记唐燕接待了乌云其木格一行。乌云其木格在行政楼13楼校区规划模型图前听取了校区领导关于校区情况的汇报，随后兴致勃勃地参观了校园。她对我校学生严格自律、自主文明的良好素质及校区的优良环境表示了赞许。①

△晚，由教育学院团委主办，教育学院学生会和珠海校区团总支联合承办的"2006心灵漫游——第一届心理宣传月"活动在珠海校区开幕。②

教育学院钟明华院长和心理学系高定国主任分别在开幕式上致辞。活动历时四周，将通过心理学专题讲座、心灵电影院、多媒体展、宿舍关系心理咨询系列活动、大学生心理健康论坛等形式，力求为珠海校区的学生献上丰富的"心理大餐"。开幕式后，由中大心理学系复系后的首任系主任杨中芳教授做了题为"社会心理学与和谐自我、和谐社会"的专题讲座。

△晚，中山大学第20届维纳斯歌手大赛在珠海校区开幕。③

4月4日 上午，我国台湾淡江大学拉美研究所师生一行22人到珠海校区参观交流。珠海校区管委会主任卞瑜主持了交流座谈会，校区党委书记唐燕向来访客人介绍了校区的规划及学习生活等情况，淡江大学拉美研究所所长熊建成教授介绍了淡江大学的历史及现状，宾主双方就相关问题展开了交流。④

4月5日 下午，由珠海校区分工会举行的教职工春季环校长跑暨2006年全民健身月活动启动仪式在珠海校区举行。校党委副书记、工会主席刘美南及校区领

---

① 中山大学珠海校区党政工作办公室：图片新闻，见《中山大学（校报）》（新）第121期，2006年4月20日。
② 中山大学教育学院学生工作部：《教育学院：举行"第一届心理宣传月"活动》，见《中山大学（校报）》（新）第121期，2006年4月20日。
③ 张静：《声音与梦想飞翔，景点与深化再续》，见《中山大学（校报）》（新）第121期，2006年4月20日。
④ 中山大学珠海校区党政工作办公室：《台湾淡江大学拉美研究所到访珠海校区》，见《中山大学（校报）》（新）第121期，2006年4月20日。

导出席活动。①

△下午,珠海校区党委开展以深入学习任长霞精神为主题的党日活动,组织校区近40名教职工党员到珠海大会堂观看电影《任长霞》。②

4月8日 下午,由珠海校区团工委主办的八院系辩论赛珠海校区决赛举行,决赛双方分别为岭南学院代表队和中文系代表队,双方就"理想人才以仁为主/理想人才以智为主"这一题目展开辩论,岭南学院代表队获得冠军。③

4月9日 下午,珠海校区大学生党员文明示范义务服务队代表大会在教学实验大楼举行。④

珠海校区学工办领导和近350名服务队队员参加大会。珠海校区大学生党员文明示范义务服务队是在珠海校区学工办指导下成立的学生党员自主活动组织,主要对校内的各项工作提供义务服务支持,同时通过理论学习、思想交流等形式开展活动,树立学生党员在群众中的优秀形象,体现党员的先进性。

4月12日 "名师讲座第十期"在珠海校区举行,中文系高小康教授做了主题为"城市文化的美学探索"的讲座。⑤

4月13日至14日 中山大学2005年就业工作总结会暨2006年就业工作会议在珠海校区伍舜德国际学术交流中心召开。校党委书记郑德涛、副书记陈伟林出席会议,院系和附属医院负责就业工作的负责人和相关人员参加了会议。就业指导中心主任黎启业做了《中山大学2005届毕业生就业工作报告》,郑德涛以《切实落实就业率、就业质量双指标》为题做了讲话。⑥

4月14日 地理科学与规划学院首届地理文化节在珠海校区举行。⑦

△晚,"岭南大讲堂·博雅教育系列第二期之'广府风·客家情·潮汕韵'"讲座在珠海校区伍舜德国际学术交流中心举行,华南理工大学谭元亨教授和曾任汕

---

① 中山大学珠海校区党政工作办公室:《我校举行春季环校长跑》,见《中山大学(校报)》(新)第121期,2006年4月20日。

② 中山大学珠海校区党政工作办公室:《珠海校区观看电影〈任长霞〉》,见《中山大学(校报)》(新)第121期,2006年4月20日。

③ 中山大学岭南学院辩论协会:《岭南学院获八院系辩论赛珠海校区决赛冠军》,见《中山大学(校报)》(新)第122期,2006年4月28日。

④ 林颖君:《珠海校区大学生党员文明示范义务服务队代表大会隆重举行》,见《中山大学(校报)》(新)第122期,2006年4月28日。

⑤ 中山大学新闻中心珠海校区记者站:《城市文化美学,吾将上下求索》,见《中山大学(校报)》(新)第121期,2006年4月20日。

⑥ 范泽瑛:《共同切磋,开拓创新,努力开创我校就业工作新局面》,见《中山大学(校报)》(新)第122期,2006年4月28日。

⑦ 吴少敏:《地理科学与规划学院举办首届地理文化节专业作品展》,见《中山大学(校报)》(新)第121期,2006年4月20日。

头大学党委书记的黄赞发校友担任主讲嘉宾。①

4月15日 由岭南学院主办的珠江三角洲六校联合企业文化案例分析大赛决赛在珠海校区伍舜德国际学术交流中心举行。来自粤、港、澳三地六所高校的代表队参赛。中大代表队获得一等奖。②

4月19日 珠海校区学生宿舍咨询辅导活动第29期特别专题"应激与应付：大学生宿舍关系与心理健康"讲座举行。讲座旨在从心理学的角度探讨大学生宿舍关系，为改善大学生宿舍关系做努力，从而让同学们的大学生活更加美好。③

4月20日 由翻译学院主办的"翻译最前线"系列讲座第一讲"笔译的基本技巧"在珠海校区举行，由翻译学院冯之林教授主讲。④

4月23日 上午，珠海校区党委书记唐燕率领珠海校区师生代表23人到珠海市平沙第一中学做高考辅导。珠海校区在珠海市侨务局的牵线下于2005年5月开始启动与平沙第一中学的"侨帮侨，手拉手"系列帮扶活动。⑤

4月24日 晚，由校党委学生工作部、校团委主办的主题为"八荣八耻——社会主义荣辱观的时代意义与教育思考"的专题辅导报告会在珠海校区举行。校党委副书记李萍、教育学院院长钟明华教授为来自珠海校区学工办、团工委以及院系学工办的各位老师以及300多名学生党员、团干部做辅导报告。⑥

4月25日 生命科学学院生物标本展在珠海校区榕园广场举行。⑦

4月27日 中外优秀文化讲座博雅系列讲座在珠海校区举行，哲学系主任黎红雷教授应邀做了题为"儒家和谐哲学及其在当代中国的应用"的讲座。

4月28日 哲学系在珠海校区榕园广场举行以"学习'八荣八耻'，争做时代先锋"为主题的大型签名活动。⑧

5月2日至7日 "五一"长假期间，物理科学与工程技术学院家电维修小组的同学来到珠海市唐家湾镇金鼎市场，开展"家电维修小组'走进社区'之金鼎

---

① 王桂红、莫有勇：《岭南学院：续讲"岭南大讲堂·博雅教育"》，见《中山大学（校报）》（新）第121期，2006年4月20日。
② 吴少敏：《我校获珠江三角洲六校联合企业文化案例分析大赛决赛一等奖和优秀奖》，见《中山大学（校报）》（新）第121期，2006年4月20日。
③ 中山大学珠海校区团工委：《大学生宿舍关系与心理健康》，见《中山大学（校报）》（新）第122期，2006年4月28日。
④ 张静：《探讨翻译技巧，感受翻译魅力》，见《中山大学（校报）》（新）第122期，2006年4月28日。
⑤ 共青团中山大学委员会、珠海校区党政工作办公室：《珠海校区师生代表：走进基层，走进平沙一中》，见《中山大学（校报）》（新）第122期，2006年4月28日。
⑥ 共青团中山大学委员会：《社会主义荣辱观专题报告在北校区、珠海校区举行》，见《中山大学（校报）》（新）第122期，2006年4月28日。
⑦ 陈奇：《生命科学学院：别开生面标本展》，见《中山大学（校报）》（新）第122期，2006年4月28日。
⑧ 《学习八荣八耻，争做时代先锋——我校学生掀起学习社会主义荣辱观热潮》，见《中山大学（校报）》（新）第123期，2006年5月12日。

义务维修"活动。活动由理工学院团总支、共青团唐家湾镇委员会共同组织。①

5月4日 首届全国业余击剑锦标赛在中大珠海校区举行，来自全国十几个省市的代表队参加比赛。②

5月8日 由历史学系团总支、学生会主办的第三届历史文化节在珠海校区开幕。哲学系袁伟时教授在开幕式上做了"迎接史学发展的春天"的讲座。③

5月9日 由珠海校区学工办主办的第十八期传统与现代论坛——"挖掘你的第一桶金"讲座开讲，本期讲座由珠海保税区超毅覆铜板有限公司人力资源总管王广东、中大就业指导中心副主任王尔新等三位嘉宾主讲。珠海校区党委书记唐燕等师生出席了讲座。④

5月13日 晚，中山大学第四届英语口语大赛决赛在珠海校区举行。来自外国语学院的周婷婷夺得冠军。⑤ 此前，大赛复赛于4月24日在珠海校区举行。⑥

5月14日 晚，珠海校区举行了传统的母亲节亮灯仪式。为期一周的珠海校区第三届女生节闭幕。⑦

5月16日 珠海市向中山大学珠海海洋生物技术研究开发中心暨珠海市海洋生物技术公共实验室授牌。⑧

授牌仪式在珠海校区举行。该研究开发中心与公共实验室以中山大学水生经济动物研究所暨广东省水生经济动物良种繁育重点实验室为依托单位，由珠海市人民政府资助，于2003年开始建设，2006年4月建成。授牌仪式由珠海市科技局领导主持，珠海市人大、市政协和市大学园区工委领导、中大科技处处长夏亮辉、珠海校区管委会主任卞瑜、生命科学学院副院长束文圣等应邀出席。授牌仪式后，珠海市领导和来宾们在研究开发中心与公共实验室主任林浩然院士的陪同下参观了生殖与生长发育实验室、病害控制实验室和营养与饲料实验室。珠海市领导对研究开发

---

① 莫有勇、施亚诺：《家电维修，走进社区》，见《中山大学（校报）》（新）第123期，2006年5月12日。

② 陈奇：《首届全国业余击剑锦标赛在我校举行》，见《中山大学（校报）》（新）第123期，2006年5月12日。

③ 卢伟琛：《第三届历史文化节首场讲座——袁伟时教授："迎接史学发展的春天"》，见《中山大学（校报）》（新）第126期，2006年5月30日。

④ 中山大学珠海校区学生工作办公室、陈显坚：《传统与现代论坛第十八期："挖掘你的第一桶金"》，见《中山大学（校报）》（新）第126期，2006年5月30日。

⑤ 吴少敏：《中山大学第四届英语口语大赛决赛在珠海校区举行》，见《中山大学（校报）》（新）第126期，2006年5月30日。

⑥ 吴少敏：《第四届英语口语大赛复赛在珠海校区举行》，见《中山大学（校报）》（新）第122期，2006年4月28日。

⑦ 中山大学校长办公室：《中山大学年鉴（2006）》，中山大学出版社2007年11月第1版，第135页。

⑧ 中山大学水生经济动物研究所：《珠海市向中山大学珠海海洋生物技术研究开发中心暨珠海市海洋生物技术公共实验室正式授牌》，见中山大学生命科学学院网（http://lifesci.sysu.edu.cn/cms/yntz/1147850249810.html），2006年5月16日。

中心和实验室的工作给予了高度评价,并表示今后将进一步给予大力支持。

△珠海校区党委理论学习中心组成员开展"荣辱观"专题学习活动。校区党委书记唐燕主持学习会,校区党委委员欧阳永忠就社会主义荣辱观学习做主题发言。①

5月18日至20日 校党委组织部在珠海校区举办2006年中层干部培训班,44位近年来提拔上岗和轮岗的中层干部参加培训。黄达人校长、郑德涛书记分别出席培训班的开班和结业仪式,并做了讲话,汪建平副校长、刘美南副书记等领导和专家为培训班做讲座。②

5月20日 北京大学钱乘旦教授应邀在珠海校区做了题为"工业革命中的英国工人"的讲座。③

5月25日 晚,珠海校区首届教工乒乓球挑战赛举行。基础教学实验中心队获得团体赛第一名,党政办石俊和图书馆邓爱贞分获男女个人赛冠军。本次比赛由珠海校区分工会主办,基础教学实验中心工会小组承办。

5月26日 校党委书记郑德涛到珠海校区进行工作调研。④

上午,郑德涛书记在校党委常委、组织部部长戴月,珠海校区管委会主任卞瑜,珠海校区党委书记唐燕等人陪同下到珠海校区党政工作办公室、核算中心、基建办公室、后勤办公室、教务工作办公室、保卫(武装)工作办公室等单位看望了工作人员。随后,郑德涛书记与珠海校区领导及各部门负责人举行了座谈会,听取了大家对校区建设发展的意见和建议。他指出:第一,珠海校区这几年取得了巨大的成就,这与校区广大干部员工尽心尽力和努力奉献是分不开的,校区干部员工是一支有责任心和奉献精神的队伍;第二,珠海校区建设是中山大学在"九五"末"十五"初抓住的一次重要发展机会,珠海校区是中山大学重要的一部分,学校高度重视校区的建设和发展,大家要群策群力,共同研究校区的发展道路,将校区的发展纳入学校"十一五"规划乃至长远发展中来整体考虑;第三,校区目前遇到的困难是发展中的问题、前进中的问题,我们要以创新精神去探索解决,通过深化改革和积极创新去解决。

下午,郑德涛书记到学生工作办公室与学生管理教师进行座谈,各院系学生管理教师及团工委同志介绍了工作情况和工作感想。座谈会围绕着学生工作的定位、如何取得学生的信任、如何加强自身的能力和素养、如何提高工作成效、如何加强

---

① 中山大学珠海校区党政工作办公室:《珠海校区党委开展荣辱观专题学习》,见《中山大学(校报)》(新)第126期,2006年5月30日。
② 中山大学校长办公室:《中山大学年鉴(2006)》,中山大学出版社2007年11月第1版,第470页。
③ 王桂红:《北大钱乘旦教授:"工业革命中的英国工人"》,见《中山大学(校报)》(新)第126期,2006年5月30日。
④ 中山大学党委宣传部:《郑德涛书记深入珠海校区开展工作调研》,见中山大学新闻网(http://news2.sysu.edu.cn/news01/114196.htm),2006年6月5日。

中山大学珠海校区编年史（1999—2018）

与学校各部门的沟通和理解、如何把学生工作做得更好等一系列问题进行了讨论。他充分肯定了学生工作所取得的成绩和辅导员所做的努力，指出学校的责任是教书育人、管理育人、服务育人，促进学校、学生稳定。辅导员队伍工作在第一线，能认识我们的学生，了解我们的学生，凭着对工作的热爱，让学生感受到学校的关心、认同学校的发展。辅导员队伍相当重要，学校在努力营造环境，支持辅导员工作。要以学校 6 月份召开的"中山大学辅导员队伍建设工作会议"为契机，突出解决具体问题。学生管理教师和其他干部员工要爱岗敬业，要有强烈责任心和奉献精神，关爱学生，做好服务，勇于创新，为建设高水平的中山大学做出更大贡献。

6 月 3 日 晚，珠海校区"舞动青春"首届校园集体舞大赛暨"艺彩纷呈"嘉年华闭幕式举行。①

本届校园集体舞比赛在珠海校区属首次举办，有 14 个院系积极参与。生命科学学院的《Dancing Guys》获得一等奖、"最佳人气奖"，工学院的《Do You Wanna Some Coffee》获得"最佳创意奖"。"艺彩纷呈"嘉年华是珠海校区艺术品牌活动，活动旨在丰富校园文化生活，营造校区艺术氛围，提高艺术欣赏水平。从 5 月 12 日开始，共含 8 个专场，分别为"爱丽丝的启示"舞台剧、"琴瑟和鸣，鼓韵飞扬"民乐和打击乐专场、"五月诗歌欣赏夜"、"音乐盛典，浪漫之夜"管弦乐专场、"梦幻剧场"话剧专场、"莫扎特之旅"音乐夜、"电影之声"合唱团专场以及"舞动青春"首届校园集体舞大赛。

6 月 5 日 由珠海市环境保护局、珠海市临港工业区管委会主办的环保图片展在珠海校区举行。

6 月 7 日 晚，珠海校区第二届"十大提案"交流会举行。②

活动由珠海校区团工委主办、学生会承办，珠海校区管委会主任卞瑜、校区党委书记唐燕、党政办主任简占亮、基建办主任曾国良、基础教学实验中心主任龙天澄、团工委书记谭英耀等领导参加活动并为获奖提案的作者颁奖。珠海校区第二届"十大提案"活动自 3 月份开展以来，收到 123 份提案凝结了同学们对校园建设热情的关注，提案涉及校园环保、基础建设、饭堂卫生等方面，真正做到"自我教育、自我管理、自我服务"。经由校学生会珠海校区委员会和校区领导的评审，最终评选出了珠海校区 2005—2006 学年度"十大提案"。

6 月 9 日 中山大学爱心同盟在珠海校区举办为期一周的动感地带"多背一公斤"公益旅游项目图片展。"多背一公斤"是民间发起的全国性公益旅游活动，鼓励旅游者在出行时多背一点东西给旅途中贫困落后地区的学生，与其进行交流，并

---

① 中山大学党委宣传部：《珠海校区举行首届校园集体舞大赛暨"艺彩纷呈"嘉年华闭幕式》，见中山大学新闻网（http://news2.sysu.edu.cn/news01/114204.htm），2006 年 6 月 6 日。
② 中山大学党委宣传部：《珠海校区举行"共建和谐：校区管理者与你面对面暨第二届'十大提案'颁奖典礼"活动》，见中山大学新闻网（http://news2.sysu.edu.cn/news01/115146.htm），2006 年 6 月 9 日。

在旅途结束后与他人分享体验及心得,让更多的人加入此活动行列。①

△晚,由珠海校区团工委主办、学生会承办的"践行'八荣八耻',共建和谐校园"大家谈活动在珠海校区学生活动中心举行。校区领导、教师代表、学生党员和入党积极分子以座谈的方式,从身边的文明与不文明现象谈起,讨论了学习和践行"八荣八耻"的体会以及和谐校园的建设。②

6月11日 晚,"花开五月雁阳天,感动校园,动感地带"2005—2006珠海校区勤工助学先进个人表彰大会在伍舜德国际学术交流中心举行。校党委副书记陈伟林、珠海校区管委会主任卞瑜、珠海校区党委书记唐燕、学生处处长漆小萍以及珠海校区各单位的领导、老师出席了表彰大会。③

6月22日 晚,为贯彻落实《建立健全教育、制度、监督并重的惩治和预防腐败体系实施纲要》精神,深入开展形式多样的纪律教育学习月活动,珠海校区党委在校区职工之家举行了以"知荣知耻,廉洁奉公"为主题的演讲比赛。校区党委各党支部和有关院系代表参加了比赛。④

7月4日 吴培冠任国际商学院常务副院长,周天芸任国际商学院副院长。

7月12日 2006年珠海校区学生回迁工作顺利完成。⑤

本次回迁广州工作从7月9日开始,回迁学生近3000人。在珠海校区党委、管委会的统一部署下,珠海校区成立了回迁指挥部。学生处组织编写了《中山大学2005年珠海校区学生回迁指南》,并印发到每一个回迁学生手中,对回迁的时间、行李托运等进行了有效指导,并对财务、医疗、网络、场地等问题做出了指引。

8月27日 程立任翻译学院副院长。⑥

9月2日 中山大学2006年本科新生开学典礼在珠海校区举行。⑦

上午,校党委书记郑德涛、校长黄达人、中国科学院院士曾益新、校党委副书记兼纪委书记刘美南、校党委副书记陈伟林、校党委副书记兼副校长李萍、副校长徐远通、副校长汪建平、副校长许家瑞、副校长许宁生、副校长梁庆寅、副校长喻

---

① 黎名蔚:《快乐基于分享和关怀——"多背一公斤"公益旅游项目图片展在珠海校区举行》,见《中山大学(校报)》(新)第132期,2006年7月3日。
② 中山大学党委宣传部:《珠海校区举办"践行'八荣八耻',共建和谐校园"大家谈活动》,见中山大学新闻网(http://news2.sysu.edu.cn/news01/115157.htm),2006年6月19日。
③ 中山大学党委宣传部:《2006—2006年中山大学珠海校区勤工助学先进个人表彰大会举行》,见中山大学新闻网(http://news2.sysu.edu.cn/news01/115159.htm),2006年6月19日。
④ 中山大学党委宣传部:《珠海校区举行"知荣知耻,廉洁奉公"演讲比赛》,见中山大学新闻网(http://news2.sysu.edu.cn/news01/115180.htm),2006年6月26日。
⑤ 中山大学党委宣传部:《2006年珠海校区学生回迁工作圆满结束》,见中山大学新闻网(http://news2.sysu.edu.cn/news01/115216.htm),2006年7月18日。
⑥ 《中山大学外语学科90年史稿(1924—2014)》编委会:《中山大学外语学科90年史稿(1924—2014)》,中山大学出版社2014年10月第1版,第284页。
⑦ 中山大学校长办公室:《中山大学年鉴(2006)》,中山大学出版社2007年11月第1版,第476页。

世友及有关部处、院系领导出席,3900余名新生及部分家长和老师参加在珠海校区举行的开学典礼。

珠海校区的新生报到工作从8月31日开始。为了让新同学更好地了解中大和进一步探讨新生入学教育实效,珠海校区教育管理教师编撰了2006年中山大学新生入学教育刊物《走进中大》,并在新生报到时第一时间发到他们手中,帮助他们尽快适应大学的新生活。在8月31日至9月1日两天的时间里,校区学工办、教务办、组织部、招生办、心理健康教育咨询中心以及各院系通力配合,迎新报到工作效率很高,报到现场秩序井然。

在珠海校区举行的开学典礼上,黄达人校长发表新生训词。他说,对于一所大学而言,学生是最重要的元素。由世纪伟人孙中山先生手创的中山大学已经成为中国学术文化在南方的重镇,"博学、审问、慎思、明辨、笃行"是中山先生亲手题写的校训,这也是中大学风的真实写照。他对新同学提出两点希望:第一是要学会学习,要懂得如何学习,懂得培养运用知识的能力;第二是要学会担当,不仅要学会如何担当自己的人生,对自己的行为负责,更要时刻谨记自己身上肩负的使命。希望"诸君立志,要有国民的大志气,专心做一件事,帮助国家变成富强。这个要中国富强的事务,就是诸位的责任;要诸位担负这个责任,便是我的希望"。

夏纪梅教授作为教师代表发言,曾菁华和梁炎春分别作为在校生和新生代表发言。

9月19日 珠海校区举行勤工俭学咨询会,校区各行政部门、图书馆和心理咨询中心等部门的学生助理以及雁行社的同学们参加活动并接受新同学的咨询。①

△校党委副书记朱孔军到珠海校区与学生教育管理教师座谈。②

晚,学工部部长漆小萍、副部长王天琪,以及来自学工办、团工委、心理健康教育咨询中心和珠海校区20个院系的34位学生教育管理教师参加座谈会。会议由珠海校区学工办主任欧阳永忠主持。会上,各位教师从克服工作、学习、生活中的压力和困难谈起,对学生工作提出了建议,同时也希望能有更多的机会与其他校区或外校同行进行交流,进一步推动队伍的建设。朱孔军肯定了各位教师的成绩,指出,珠海校区的学生教育管理教师在一线工作面临相当大的压力,但是大家都能够克服各种困难,全身心地投入工作,这种精神是非常令人敬佩的。他用"事业、体验、学习、尝试、分享、成长"这六个词语来勉励各位教师,希望大家在工作中不断创新和探索,以给学生更好的引导和教育。

9月22日 上午,首届"逸仙班"开班典礼在珠海校区图书馆举行。③

---

① 吴少敏:《珠海校区"勤工俭学咨询会"受好评》,见《中山大学(校报)》(新)第136期,2006年10月15日。

② 中山大学党委宣传部:《珠海校区举行学生教育管理教师座谈会》,见中山大学新闻网(http://news2.sysu.edu.cn/news01/115288.htm),2006年9月27日。

③ 中山大学校长办公室:《中山大学年鉴(2006)》,中山大学出版社2007年11月第1版,第477页。

黄达人校长、学校相关部处和院系的领导、"逸仙班"首届学生参加了典礼。典礼由教务处处长刘济科主持。

黄达人在典礼上讲话指出，本科教学是大学的根本。在大众化教育的时代，中山大学仍必须重视最优秀人才的培养，保证精英教育。就社会层面而言，有调查显示，目前出成果最多、最丰富的往往来自于那些跨专业的人才，"逸仙班"秉持厚基础、跨学科、个性化学习的原则，就是为了给学生提供更多的发展和选择；从科学发展趋势来看，现在的重大科学研究成果已不再像以前那样靠单独的思考者，而是以团队的形式来完成，"逸仙班"的举办将有利于以后此类跨学科团队的形成。"尊重差异性"是大学管理理念的精髓之一，在资源有限的情况下，学校希望在"逸仙班"首先实现个性化教育。他送给"逸仙班"学生一句忠告，就是"要把握好自己"，希望同学们从一开始就对自己大学期间的时间、学习和人生目标有更好的把握，真正起到榜样作用。

随后，生命科学学院院长徐安龙、珠海校区管委会主任卞瑜、教务处处长刘济科分别发言。学校首届"逸仙班"的学籍、教务和学生工作将委托生命科学学院负责管理。逸仙计划的实施，发挥了综合性大学教学资源优势，打破了单一专业的培养界限，有助于我校拔尖人才的培养和教育教学质量的全面提升。

9月23日 晚，珠海校区2006年迎新晚会暨新生军歌大赛在珠海校区图书馆广场举行。"中大学子唱戎旅，鱼水军民歌共建"，武警文工团的战士和学校艺术团体的同学们轮流上台表演。二营五连以一曲《坚贞气节歌》勇夺军歌大赛的第一名。赵永平师长、朱孔军副书记、魏丁未副师长、陈杰团长和珠海校区党委书记唐燕为获奖的单位颁奖。①

9月29日 珠海校区在田径运动场举行2006级学生军训阅兵暨总结大会。②

校党委书记郑德涛、副书记朱孔军和负责军训工作的部队负责人出席大会。郑德涛在军训部队首长的陪同下检阅各个方队并做了讲话。他充分肯定了承训部队的军训组织工作。同时，希望同学们把军训中培养出来的守纪团结、积极向上和不怕苦不怕累的精神带进即将开始的大学学习中去，勇于担当国家安全、强盛和民族未来发展的重任。

10月7日 晚，"感受音乐，爱心助学"慈善音乐夜晚会在珠海校区榕园广场举行。③

活动由珠海校区团工委主办、音乐艺术协会和爱心同盟协会承办，活动旨在为珠海市斗门区白蕉镇灯三村的贫困学生筹募助学资金。晚会上播放了从灯三村考察

---

① 中山大学校长办公室：《中山大学年鉴（2006）》，中山大学出版社2007年11月第1版，第135页。
② 中山大学新闻中心、珠海校区党政工作办公室、东校区党政工作办公室：《2006级学生军训阅兵暨总结大会举行》，见《中山大学（校报）》（新）第136期，2006年10月15日。
③ 郑菁华：《珠海校区慈善音乐夜乐声飞扬》，见《中山大学（校报）》（新）第136期，2006年10月15日。

中山大学珠海校区编年史（1999—2018）

了解和拍摄回来的视频材料，包括灯三村村容村貌、发展状况和贫困学生的家庭及学习情况。在进一步加深对帮扶活动认识的同时，同学们纷纷向募捐箱投入了自己的一份爱心。当晚，珠海校区师生共捐出资助款 2000 余元。珠海校区团工委把募捐款项送到灯三村贫困学生的手上，帮助他们更好地学习。

按照《中共珠海市委 珠海市人民政府关于开展帮扶农村活动的意见》要求，中山大学于 2006 年 7 月份与珠海市斗门区白蕉镇灯三村结成帮扶对子。继校区帮扶工作领导小组 7 月份到灯三村进行深入调查研究后，团工委于 9 月份组织学生干部再次到灯三村开展考察调研活动，结合灯三村发展的具体情况制订了帮扶计划，包括募捐助学、贫困学生结对帮扶、学生校外辅导员、网络教育培训、文明风尚宣传、文艺下乡演出等，并发出了《关于开展斗门区白蕉镇灯三村帮扶工作的通知》，号召各院系、各学生社团积极参与帮扶活动，为灯三村的发展贡献力量。

10 月 8 日 上午，在旅游学院院长保继刚和常务副院长彭青的陪同下，美国密歇根州立大学高尔夫俱乐部总经理 Richard Bruner、海滩俱乐部总经理 Gregg Paterson、Jim Singerling 先生和中国高尔夫球俱乐部总经理戴耀宗先生来到中大珠海校区，给旅游学院 2005 级学生做了一次讲座。这也是旅游学院携手国内外顶级高尔夫球会，在"休闲与运动管理"方向开展的一次合作。近日，美国密歇根州立大学酒店管理学院与中山大学旅游学院商定，进行联办"国际高尔夫球俱乐部职业经理人资格认证班"、组织学生参加暑期交流研讨班、对珠江三角洲旅游业的发展进行考察、举办学术讲座等方面的合作。①

10 月 9 日 "动感地带"杯"大学进行时"征文比赛颁奖典礼在珠海校区举行。②

活动由珠海校区管委会党政办主办、新闻中心珠海校区记者站承办。珠海校区党委书记唐燕出席活动并为在"大学进行时"征文比赛中获奖的同学颁奖。中文系张海鸥教授应邀出席并做了主题为"诗与人生"的讲座。本次征文比赛在中大四个校区同时进行，共征集到 141 篇文章，18 篇优秀作品获奖，中文系邱旭同学以组诗《我的大学》夺得一等奖。

10 月 13 日 晚，由副校长梁庆寅教授主讲的以"逻辑传统对民族创新的影响"为主题的讲座在珠海校区教学实验大楼举行。③

---

① 中山大学党委宣传部：《旅游学院与美国密歇根州立大学酒店管理学院开展合作》，见中山大学新闻网（http://news2. sysu. edu. cn/news01/115318. htm），2006 年 10 月 16 日。
② 吴少敏：《"动感地带"杯"大学进行时"征文比赛，邱旭同学获一等奖》，见《中山大学（校报）》（新）第 136 期，2006 年 10 月 15 日。
③ 吴少敏：《副校长梁庆寅教授主讲："逻辑传统对民族创新的影响"》，见《中山大学（校报）》（新）第 137 期，2006 年 10 月 30 日。

10月14日 2006级本科新生党员培训班在珠海校区开班。①

10月20日 由中山大学团委和雷州市团委主办，中山大学话剧社和雷州市大学生志愿者联合会承办的"中山大学三校区话剧社爱心巡演活动"在珠海校区榕园学生活动中心举行。本次参演的剧目包括来自珠海校区的优秀剧目《东吴郡主》《司卡班的诡计》。巡演活动在10月22日结束后，三个校区共筹到爱心捐款4139.30元，这笔钱将用于为雷州市幸福农场小学各年级征订报刊，让贫困小学的孩子们开阔视野，树立正确的人生观。②

10月23日 下午，中山大学旅游学院院长保继刚和日本立教大学旅游学院院长稻原勉共同签署合作协议。③

按照合作协议的要求，双方将互派教师进行学术交流和访问、交换学术出版物和学术信息、共同举办有关学术会议和学术研讨会，以及互派研究生和本科生进行学习和交流。日本立教大学旅游学院杜国庆教授、中山大学旅游学院常务副院长彭青教授和旅游学院的师生代表参加签约仪式。签约之前，稻原勉院长和杜国庆教授在10月22日下午还参观了珠海校区，风光旖旎的珠海校区和完善的教学配套设施给他们留下深刻印象。参观结束后，稻原勉教授为珠海校区师生做了题为《日本旅游发展》的报告。

10月29日 2006年首届珠海大学生体育运动会游泳比赛在珠海校区举行，珠海市大学园区工作委员会主任钟国胜及珠海市各高校相关领导出席比赛开幕式。珠海校区管委会主任卞瑜致欢迎辞，来自珠海市各高校的100余名运动员参加了本次游泳比赛，中大珠海校区有18名运动员参加。④

11月3日至4日 "2006年度珠海校区基础教学实验中心发展研讨会"举行。设备与实验室管理处、医学教务处和东校区教学实验中心的相关领导、专家以及基础教学实验中心的代表参加了会议。会议由珠海校区基础教学实验中心主任龙天澄主持。⑤

11月11日 上午，由珠海校区团工委组织的2006—2007学年度中山大学珠

---

① 中山大学党委组织部：《近700名新生党员参加培训》，见《中山大学（校报）》（新）第139期，2006年11月20日。

② 共青团中山大学委员会：《话剧社三校区巡演献爱心》，见《中山大学（校报）》（新）第140期，2006年11月30日。

③ 中山大学旅游学院：《旅游学院与日本立教大学旅游学院签署合作协议》，见《中山大学（校报）》（新）第137期，2006年10月30日。

④ 中山大学党委宣传部：《2006年首届珠海大学生体育运动会游泳比赛在珠海校区举行》，见中山大学新闻网（http://news2.sysu.edu.cn/news01/115369.htm），2006年11月3日。

⑤ 中山大学党委宣传部：《"2006年度珠海校区基础教学实验中心发展研讨会"在珠海校区举行》，见中山大学新闻网（http://news2.sysu.edu.cn/news01/115400.htm），2006年11月10日。

海校区学生干部培训班在学生活动中心开班。①

珠海校区500多名学生干部参加了培训。国际心理咨询师、经济学副教授周琳为学生干部们开讲第一课,题目为"青年学生的人际沟通和人格成长"。下午,珠海校区团工委的有关老师分别为大家做了"大学生素质拓展计划培训"和"团学工作实务培训"。据悉,珠海校区学生干部培训跨越两个学期,每年举办7～8讲,邀请校领导和校内外优秀的老师专家以讲座和户外素质拓展训练的形式为各个层面的学生干部进行培训,内容包括校情校史、学生干部基本素质、心理素质和沟通合作能力以及活动组织实践能力等。

△珠海校区与珠海市平沙第一中学师生举行了以"快乐、友谊、团结"为主题的交流联欢活动。②

本次联欢活动队员由珠海校区40名港澳台同学和各院系的学生代表组成,分成17个小组与平沙第一中学初三年级的学生进行交流,主要内容是学习方法、学习态度、考试技巧、压力排解和时间安排等。对平沙第一中学初三学生提出的问题,同学们耐心地解答,与他们分享了学习和生活经验。据悉,本次交流联欢活动得到学校港澳台事务办公室、珠海校区各院系和大学生党员服务队的大力支持。

△由珠海校区在读的医科学生组织的"阳光使者"活动在珠海琪琪聋儿听力语言康复中心举行,30多名医科生志愿者参加活动。该活动启动于2005年3月,已经成功举办了十余期。③

11月12日 上午,在孙中山先生诞辰140周年暨中山大学建校82周年之际,为缅怀孙中山先生的丰功伟绩和崇高风范,激励全体中大人为实现中山大学在新时期的宏伟目标而奋发努力,学校在珠海校区等四个校区同时举行"升旗暨向孙中山先生铜像敬献花篮"仪式。④

△上午,珠海校区团工委主办校道接力赛。珠海校区党委书记唐燕、管委会主任卞瑜以及校区各职能部门负责人、各院系老师参加启动仪式。化工学院代表队获得冠军。⑤

△下午,校庆游园嘉年华会在珠海校区榕园广场举行,公关协会、乒乓球协会、灯谜协会、美食协会、WILL动漫协会、保险协会、ET街舞协会、乐元素、书画协会、轮滑协会、棋类协会等学生社团共同为同学们带来了有趣的游戏和丰富的

---

① 中山大学党委宣传部:《2006—2007学年度珠海校区学生干部培训班开班》,见中山大学新闻网(http://news2.sysu.edu.cn/news01/115422.htm),2006年11月16日。
② 中山大学党委宣传部:《珠海校区与珠海市平沙一中举行手拉手联欢活动》,见中山大学新闻网(http://news2.sysu.edu.cn/news01/115423.htm),2006年11月16日。
③ 郑重、谢丹蓉:《阳光行动,爱心使者》,见《中山大学(校报)》(新)第140期,2006年11月30日。
④ 中山大学校长办公室:《中山大学年鉴(2006)》,中山大学出版社2007年11月第1版,第481页。
⑤ 中山大学党委宣传部:《珠海校区举行迎校庆校道接力赛》,见中山大学新闻网(http://news2.sysu.edu.cn/news01/115408.htm),2006年11月14日。

奖品，为82周年校庆营造了喜庆的氛围。

11月13日至12月12日 首届人文文化节在珠海校区举行。①

首届"人文文化节"开幕式于11月13日晚在珠海校区举行，学生处、珠海校区管委会、人文学院、中文系、历史学系、哲学系、人类学系、中山大学珠海校友会以及珠海市委、市政府的有关领导出席开幕式。开幕式上，珠海校区管委会主任卞瑜致欢迎辞，人文科学学院院长陈春声教授介绍人文学院的相关情况，他们对珠海市各界朋友对人文学院学生活动的关心和支持表示感谢。开幕式结束后，中文系黄天骥教授做了题为"中国的戏曲"的讲座。首届"人文文化节"由人文科学学院中文系、历史学系、哲学系、人类学系共同主办，旨在传播人文文化，发扬人文精神，让同学们进一步融入人文环境，感受中国传统文化的博大精深。在近一个月的时间里，文化节将为广大师生献上包括名师系列讲座、人文文化展、古代文化知识竞赛以及古代游园等系列活动。

首届"人文文化节"闭幕式于12月12日晚在珠海校区举行，人文科学学院党委书记丘国新致闭幕辞。人文科学学院院长陈春声教授做了题为"美洲白银与18世纪中国社会"的讲座。②

11月20日 旅游学院接到联合国教科文组织国际文物保护与研究中心亚洲遗产管理研究院（UNESCO–ICCROM Asian Academy for Heritage Management）的通知，学院被批准成为该组织的正式成员。今后中大旅游学院将享受研究院的研究资料共享平台，参与亚太地区遗产管理研究活动等多方面的便利，这为学院参与国际遗产管理研究创造了一个良好的平台。③

△晚，校党委副书记兼副校长李萍教授主讲的"中西伦理文化的比较"讲座在珠海校区教学实验大楼举行。④

11月20日至26日 翻译学院主办首届韩国文化节。11月26日，文化节闭幕晚会在珠海校区榕园广场举行。⑤

11月22日 纪念中山大学授予池田大作先生名誉教授称号十周年植树仪式在珠海校区举行。⑥

---

① 中山大学校长办公室：《中山大学年鉴（2006）》，中山大学出版社2007年11月第1版，第135页。
② 王桂红：《珠海校区首届人文文化节闭幕式上陈春声教授精彩讲座：美洲白银与18世纪中国社会》，见《中山大学（校报）》（新）第141期，2006年12月25日。
③ 中山大学旅游学院：《旅游学院成为联合国教科文组织正式会员》，见《中山大学（校报）》（新）第140期，2006年11月30日。
④ 张静：《李萍教授主讲哲学宣传周开幕式讲座：追溯人类道德的源泉》，见《中山大学（校报）》（新）第140期，2006年11月30日。
⑤ 李颖婷：《韩国文化节掀起校园滚滚韩流》，见《中山大学（校报）》（新）第140期，2006年11月30日。
⑥ 中山大学新闻中心珠海校区记者站：《我校授予池田大作先生名誉教授称号十周年纪念植树仪式在珠海校区举行》，见《中山大学（校报）》（新）第141期，2006年12月25日。

下午，纪念树捐赠者荒井富美子女士等创价大学校友和日本留学生，中山大学教育学院钟明华院长，叶启绩、邵明红副院长，珠海校区党政办简占亮主任等与师生近百人参加了活动。钟明华在致辞中说，池田大作先生在促进中日友好及邦交正常化方面有着一定的贡献，一直为促进世界和平及文化教育交流而不懈努力，曾经获得联合国和平奖。创价大学与中山大学一直有良好的交流与联系，双方曾多次派代表团互访交流。荒井富美子女士在致辞中回顾了池田大作先生与中山大学的不解之缘，表达了对池田大作先生的敬仰，表示池田大作先生关于中日友谊的思想一直深深地影响着她。随后，日本友人一行参观了珠海校区校园。

11月26日 中山大学"动感地带"读书月开幕式在珠海校区举行，著名作家海岩做了主题为"励志·成长"的讲座。①

△下午，历时35天的2006首届珠海市大学生运动会在北京师范大学珠海分校闭幕，我校运动健儿取得两枚金牌、两枚银牌的成绩。珠海校区管委会主任卞瑜出席了闭幕式。本届大运会共举办健美操、篮球、足球、乒乓球、游泳、田径六个项目，设六大赛区，中大珠海校区成功承办了游泳比赛。中大坚持"只由珠海校区学生运动员参与"的原则，展现了"健康、和谐、交流、超越、友谊"的精神风貌。②

11月28日 中山大学国家大学科技园珠海园区揭牌仪式在珠海校区图书馆前广场举行。③

下午，珠海市委书记邓维龙，市委副书记、市长王顺生，常务副市长何宁卡，副市长邓群芳，中山大学党委书记郑德涛、副校长梁庆寅、副校长喻世友与产业集团等有关部门负责人出席了揭牌仪式。揭牌仪式由喻世友主持。

郑德涛在致辞中表示，中山大学国家大学科技园珠海园区的揭牌，标志着我校与珠海市的合作步入了一个新的发展阶段，我们将在科技创新、成果转化和科技企业孵化等方面为珠海市的经济社会发展做出新的贡献。作为教育部和广东省共建的全国重点综合性大学，中山大学一直谨记为地方经济社会发展服务的神圣使命。几年前，我们在珠海市委、市政府的大力支持下办起了高水平的珠海校区，今天，我们更有信心办好中山大学国家大学科技园珠海园区。中山大学国家大学科技园珠海园区的建设，不仅有利于促进我校的学科建设与发展，为学校产学研有效结合及科技创新和成果转化提供一个平台，同时也必将为珠海市的科技企业孵化、自主创新能力的提升以及区域经济的发展发挥更加重要的作用。相信我们一定能够抓住机遇，通过珠海园区的建设实现大学、政府、科研机构与企业的紧密结合，更好地发

---

① 中山大学党委宣传部：《著名作家海岩做客珠海校区》，见中山大学新闻网（http://news2.sysu.edu.cn/news01/115459.htm），2006年11月27日。

② 中山大学新闻中心珠海校区记者站：《中大健儿珠海大运会夺佳绩》，见《中山大学（校报）》（新）第140期，2006年11月30日。

③ 中山大学校长办公室：《中山大学年鉴（2006）》，中山大学出版社2007年11月第1版，第483页。

挥名牌大学和经济特区两个品牌效应，进而实现大学发展与地方经济社会发展双赢的局面。

何宁卡在致辞中高度评价了中山大学国家大学科技园珠海园区的建设对珠海市经济社会发展的重要作用，并表示珠海市将一如既往地支持大学科技园珠海园区、珠海校区和中山大学的建设发展。随后，郑德涛、邓维龙、王顺生、梁庆寅共同为"中山大学国家大学科技园珠海园区"揭牌。

12月2日 旅游学院在珠海校区举行长隆奖学金颁奖仪式。到场嘉宾有长隆集团赵欣先生、张蕙帼女士，旅游学院保继刚院长等。长隆奖学金包括长隆学业优异奖学金、长隆优秀学生奖学金、长隆综合优秀奖学金和长隆五好学生奖学金。①

12月2日至4日 翻译学院承办的"功能语言学与翻译研究"国际研讨会召开。②

12月3日 晚，中山大学2006年新兴县—湛江市"三下乡"汇报会在珠海校区学生活动中心举行，三下乡综合服务团的成员和来自各院系的师生参加了汇报会。③

12月4日 晚，2004年度"感动中国十大人物"之一、武汉大学中南医院桂希恩教授做客珠海校区若海论坛第十期，为珠海校区的同学们带来了题为"与大学生谈艾滋病"的演讲。活动由珠海校区团工委主办。④

若海论坛原名"中大青年论坛"，此前已举办过九期，本期开始更名为"若海论坛"，由珠海校区团工委主办。论坛秉承"博学、审问、慎思、明辨、笃行"的校训和"激发校园思潮，筑建社会视角"的宗旨，让中大学子在倾听名家大师心路历程的同时，产生思想碰撞的火花，不断思索，奋力前行。

12月6日 晚，由珠海市委宣传部、珠海市社会科学界联合会主办的珠海市第二届社会科学普及周讲座第五场在珠海校区开讲，珠海市人大常委会法制工作委员会主任边玉峰做了题为"珠海的立法实践与思考"的演讲。⑤

12月11日 为期一周的珠海市首届哲学社会科学优秀成果政府奖表彰大会暨珠海市第二届社会科学普及周闭幕式在珠海市政府大楼举行。中山大学珠海校区获得最佳组织奖，林俊洪同志被评为先进个人，中山大学区域经济研究中心成为珠海

---

① 中山大学党委宣传部：《旅游学院举行长隆奖学金颁奖仪式》，见中山大学新闻网（http://news2.sysu.edu.cn/news01/115485.htm），2006年12月5日。

② 《中山大学外语学科90年史稿（1924—2014）》编委会：《中山大学外语学科90年史稿（1924—2014）》，中山大学出版社2014年10月第1版，第284页。

③ 中山大学党委宣传部：《中山大学2006年新兴县——湛江市"三下乡"汇报会在珠海校区举行》，见中山大学新闻网（http://news2.sysu.edu.cn/news01/115488.htm），2006年12月5日。

④ 中山大学党委宣传部：《2004年感动中国十大人物之桂希恩教授到珠海校区演讲》，见中山大学新闻网（http://news2.sysu.edu.cn/news01/115491.htm），2006年12月7日。

⑤ 中山大学党委宣传部：《珠海市第二届社会科学普及周讲座在珠海校区举行》，见中山大学新闻网（http://news2.sysu.edu.cn/news01/115093.htm），2006年12月7日。

中山大学珠海校区编年史（1999—2018）

市首批6个社会科学重点研究基地之一。①

△晚，中国关爱成长行动"爱篱笆"高校百场巡讲活动在珠海校区举行，中国社会科学院研究员陈一筠主讲"大学生的情感观与婚恋观"。本次活动由中国关爱成长行动组委会主办，珠海校区团工委协办。②

12月13日 晚，由珠海校区团工委与化学与化学工程学院团委联合主办的若海论坛第十一期在珠海校区举行，浙江大学长江学者特聘教授郑强应邀主讲题为"中国教育的思考——大学生的人文素养与科学精神"的讲座。③

12月15日 珠海市大学园区科研及产学研工作座谈会在珠海校区召开。④

珠海市副市长邓群芳，珠海市高新区、科技局、大学园区、各高校有关负责人参加会议。与会人员在珠海校区管委会主任卞瑜、物理科学与工程技术学院副院长何振辉、生命科学学院副院长冯双的陪同下，参观了中山大学与著名物理学家丁肇中合作的空间技术研究中心实验室、电力电子及控制技术研究所等地。邓群芳副市长对中大海洋生物研究中心和电力电子及控制技术研究所成为珠海市首批公共实验室取得的成绩表示充分肯定。

12月17日 珠海校区师生到珠海市斗门区白蕉镇灯三村开展中山大学—灯三村结对帮扶之大学生爱心行动系列活动。⑤

活动由珠海校区团工委组织，以"共建文明和谐新村"为主题。珠海校区党委书记唐燕、团工委书记谭英耀和白蕉镇副镇长张国良出席，100多名珠海校区学生、中山大学附属第五医院医生以及灯三村中小学生等群众参加了活动。活动中，唐燕书记和中山大学附属第五医院的医生为广大家长和同学们主讲"青少年成长论坛——远离毒品，善用网络，健康生活"，并向学生和家长派发了宣传卡和宣传册；珠海校区学生与灯三村小学的七个班级，以共青团与少先队互相促进的形式开展班级共建交流活动；珠海校区师生通过校内募捐款项建立"中山大学—灯三村'自强不息'奖助学金"，用以奖励成绩优秀、自强自立的灯三村优秀贫困学生，并以"一帮一"的形式帮助灯三村17名贫困学生上学，为他们带去了学杂费和学习用品；来自中山大学附属第五医院的医务人员则为当地群众进行了义诊。活动还发动灯三村的中小学生在全村进行村容村貌清洁美化行动。晚上，多才多艺的中大学子为当地群众献上了一台晚会。

12月20日 晚，由珠海校区团工委主办的"用青春拥抱未来"共青团知识

---

① 中山大学珠海校区党政工作办公室：《珠海校区获珠海市社科普及周嘉奖》，见《中山大学（校报）》（新）第142期，2006年1月9日。
② 中山大学校长办公室：《中山大学年鉴（2006）》，中山大学出版社2007年11月第1版，第135页。
③ 中山大学校长办公室：《中山大学年鉴（2006）》，中山大学出版社2007年11月第1版，第135页。
④ 中山大学珠海校区党政工作办公室：《珠海政府与学者共商科研与产学研工作》，见《中山大学（校报）》（新）第142期，2007年1月9日。
⑤ 中山大学校长办公室：《中山大学年鉴（2006）》，中山大学出版社2007年11月第1版，第135页。

竞赛决赛举行。物理科学与工程技术学院获得冠军。①

12月29日 下午，北京中长石基信息技术股份有限公司副总裁赖德源应邀为旅游学院学生做了"酒店管理信息系统"的讲座。②

12月31日 由中国大学生（中山大学）体育训练基地主办的第三届粤港澳业余击剑邀请赛在珠海校区举行。③

来自粤港澳地区大、中、小学和业余击剑俱乐部、会所及特邀单位的484名运动员参加了此次比赛，比赛项目分为男女子花剑、重剑、佩剑个人赛和团体赛，中大共有12名健儿参赛。中国大学生体育协会击剑分会主席、中山大学党委副书记朱孔军致欢迎辞。教育学院院长钟明华主持开幕式。

△晚，由珠海校区团工委主办，珠海校区学生会承办的2007年新年舞会在榕园广场举行。近2000名师生在笑语舞姿中迎来了2007年。④

---

① 中山大学党委宣传部：《"用青春拥抱未来"共青团知识竞赛举行》，见中山大学新闻网（http://news2.sysu.edu.cn/news01/115531.htm），2006年12月25日。

② 中山大学旅游学院：《赖德源先生为旅游学院主讲"酒店管理信息系统"》，见《中山大学（校报）》（新）第142期，2007年1月9日。

③ 中山大学党委宣传部：《第三届粤港澳业余击剑邀请赛在珠海校区举行》，见中山大学新闻网（http://news2.sysu.edu.cn/news01/115567.htm），2007年1月4日。

④ 中山大学党委宣传部：《舞动青春，喜迎新年——珠海校区2007新年舞会举行》，见中山大学新闻网（http://news2.sysu.edu.cn/news01/115570.htm），2007年1月8日。

2007年

1月10日 珠海校区2006年度总结表彰大会在校区图书馆讲学厅举行。①

下午，郑德涛书记、梁庆寅副校长及校区各单位教职员工170余人参加了会议。会上，郑德涛、梁庆寅和珠海校区领导一起为先进工作者、综合治理先进单位和个人、校区优秀辅导员、工会活动积极分子等获表彰单位及个人颁奖。珠海校区管委会主任卞瑜做了2006年度工作总结。

郑德涛在讲话中肯定了珠海校区办学七年来取得的成就和校区员工团结、奉献、艰苦奋斗的精神及所做出的贡献。他说，珠海校区的创办大大拓展了我校发展的空间，为广东省经济和社会发展提供了平台和窗口，极大地提高了我校的知名度；我校建立珠海校区的决策是果断的，取得的成绩来之不易，要倍加珍惜。郑德涛勉励大家努力把珠海校区办得更好，并提出了三点要求：一是办学更实，学校将在校区有计划有步骤地增加整建制实体学院，让学科设置、学术文化氛围更充实；二是管理更实，校区要适应形势的不断变化，适时调整理顺管理机制，使管理更务实和高效；三是服务更实，要为师生员工提供实实在在的高效服务，营造适合人才培养的教学生活环境，要更紧密地与地方政府联系，为地方的经济社会发展做出贡献。

当晚，珠海校区迎新年联欢晚会在学生活动中心举行，梁庆寅与珠海市大学园区、高新区、中山大学珠海校友会、学校有关部处和院系领导出席了晚会。梁庆寅在晚会致辞中说，回顾2006年，我们激情满怀，校区在这一年里取得了

---

① 中山大学党委宣传部：《珠海校区举行2006年度总结表彰大会》，见中山大学新闻网（http://news2.sysu.edu.cn/news01/115587.htm），2007年1月18日。

中山大学珠海校区编年史（1999—2018）

积极的成绩，展望2007年，我们更充满信心。珠海市正处于大建设大发展时期，这种良好的发展势头对珠海校区的发展意义重大。珠海校区在2007年也将有新的发展变化，大学科技园珠海园区已在校区成立，校区将新建4栋学生宿舍，旅游学院翻译学院大楼已破土动工。

1月12日 下午，珠海校区在翰林路边空地举行消防培训演练，校区各部门、各驻校区服务单位代表近200人参加了演练。①

1月20日 广东省省长黄华华会见诺贝尔物理学奖得主丁肇中一行。②

广州市市长张广宁，中山大学党委书记郑德涛、校长黄达人、副书记兼副校长李萍、副校长许宁生参加了会见。在向黄华华介绍中山大学在国际空间站AMS探测计划中所承担项目的进展时，丁肇中教授说，2006年由世界一流专家组成的评审委员会对中大所承担研制的"硅微条轨迹探测器的热控制系统（TTCS）"进行专项审查，年底得出结果"中大的项目是AMS计划非常重要的部分，一定要上天"。

黄华华说，中山大学在丁肇中教授的支持下参加重大国际合作项目——国际空间站阿尔法磁谱仪（AMS）探测计划，不仅为中大与世界最顶尖的科技平台搭起桥梁，对广东高新技术的发展也有积极的推动作用。省政府高度关注和支持中山大学所参与的国际空间站AMS探测计划，除了已下拨3000万元专项资金以外，还将一如既往地支持中大在该计划中的有关研究，相信中大能顺利完成研究任务，实现所研制装置2008年发射太空。

中大所参与项目是合作研制TTCS，该系统是阿尔法磁谱仪的重要组成部分。此装置将在中山大学进行功能测试，为此，学校已在珠海校区建立了空间技术实验室，用于项目研制和进行功能测试。

2月12日 珠海市副市长邓群芳等一行到珠海校区向师生员工送上新春的祝福。③

2月15日 是日为农历腊月二十八，校领导和校团委、学生处等有关部门负责人来到珠海校区，慰问留校师生。④

3月1日至2日 中山大学2007年发展战略研讨会在珠海校区召开。⑤

郑德涛、黄达人、刘美南、朱孔军、颜光美、汪建平、许宁生、梁庆寅、喻世

---

① 中山大学党委宣传部：《珠海校区举行消防培训演练》，见中山大学新闻网（http://news2.sysu.edu.cn/news01/115584.htm），2007年1月18日。

② 中山大学新闻中心：《"中大装置"明年可升空》，见《中山大学（校报）》（新）第144期，2007年2月28日。

③ 中山大学校长办公室：《中山大学年鉴（2007）》，中山大学出版社2008年11月第1版，第512页。

④ 《春节，我们这样过》，见《中大学子》第25期，2007年3月26日。

⑤ 中山大学新闻中心：《强特色，重内涵，更开放——学校召开2007年发展战略研讨会》，见《中山大学（校报）》（新）第145期，2007年3月12日。

友、黎孟枫、王珺等校领导，校机关各部处室、各院系、附属医院、直属单位以及后勤集团、产业集团的正职领导共130多人出席在珠海校区伍舜德国际学术交流中心召开的会议。

郑德涛书记在研讨会上发表讲话《新时期学校发展思路的认识与思考》。他回顾了学校在"十五"期间发展所取得的优秀成绩并提出要进一步增强学校发展的紧迫感。在谈到学校的发展战略和发展路径时，他说，学校提出了"立足广东，面向全国，放眼世界，力争到2024年建校100周年时，把我校建设成为居于国内一流大学前列、具有国际影响的高水平的综合性研究型大学"的发展战略目标；中山大学必须以强特色、重内涵、更开放为发展路径；在工作思路方面，要贯穿"以人为本"这一条主线，遵循"教学与科研并重""以服务为宗旨、以贡献求发展"两个理念，发挥"伟人建校、人文传统和区位环境"三大优势，正确处理好"硬实力和软实力""学术发展与服务社会""整体性与多样性""立足本土与坚持国际合作"四个关系，突出做好创新型人才培养、科学研究与重点学科建设、服务国家经济社会发展、高水平人才队伍建设、和谐校园建设五项重点工作。他在讲话中提到："要继续完善多校区管理模式。从各校区实际出发，遵循各有侧重、动态调整、逐步完善的原则，规划和调整四个校区的定位。推进珠海校区办学模式和管理体制的转型，推进广州三个校区结构整合，建立布局优化、结构一体的大校区体系。"[1]

黄达人校长做研讨会总结发言。他提出，大学、大学领导、学院领导和学者都必须保持一颗"公心"，一起促进中大更好的发展。

3月12日 由珠海校区管委会主办，珠海校区团工委、后勤办和绿色青年组织协办的"缘系师生，情托桃李"认捐植树活动在珠海校区举行，珠海校区党委书记唐燕、管委会主任卞瑜和党政办、学工办等办公室的老师参加了植树启动仪式。[2]

3月17日 上午，中山大学旅游学院常务副院长彭青与广东现代会展管理公司副总经理方慧分别代表双方单位签署协议，决定在东莞广东现代会展管理公司设立会展实习基地。根据协议，旅游学院将安排学生到基地进行专业实习，广东现代会展管理公司则对实习学生进行专业指导。旅游学院希望与企业资源共享、优势互补，为会展经济与管理的教学和科研建立起长期的实践基地和成果转化基地，为会展业的发展提供强有力的智力支持。[3]

3月23日至27日 中国植物学会古植物学分会第11届学术讨论会在珠海校

---

[1] 中山大学校长办公室：《中山大学年鉴（2007）》，中山大学出版社2008年11月第1版，第61页。
[2] 中山大学珠海校区团工委、新闻中心珠海校区记者站：《"缘系师生，情托桃李"》，见《中山大学（校报）》（新）第148期，2007年4月16日。
[3] 中山大学旅游学院：《旅游学院携手广东现代会展管理公司在东莞设立会展实习基地》，见《中山大学（校报）》（新）第148期，2007年4月16日。

区召开。会议由中国植物学会古植物学分会主办,中山大学生命科学学院承办。来自中国科学院植物研究所、中国地质大学等10多个相关单位的50多位古植物学和植物学领域的专家、学者参加会议。①

4月12日 晚,珠海市博物馆拓展部副主任杨长征应邀在珠海校区主讲题为"珠海历史上的四大亮点"的讲座。②

4月13日 晚,珠海市高新技术企业服务中心主任阎武博士应邀在珠海校区开设创业讲座。阎武认为,大学生首先要认识自己,注重多方面能力特别是创新能力的培养,同时进行知识经验和资源积累,才能在创业的道路上有所作为。③

4月14日 珠海校区第七届化学科技文化节开幕式暨名誉导师论坛举行,300多名同学参加了开幕式。开幕式上,8位化学与化学工程学院的辩手献上了一场关于"学习化学,理论重要还是实验重要"的趣味辩论。随后,名誉导师林少全先生、卫福海先生畅谈了化学、人生等方面的话题。④

△晚,第三届文化衫彩绘大赛决赛颁奖典礼暨第九届旅游文化节开幕仪式在珠海校区榕园广场举行。"多背一公斤"公益活动也在晚会上拉开序幕。⑤

4月23日 由中文系珠海校区学工办举办,中文系珠海校区学生会承办的"图书漂流"工程首漂仪式在珠海校区教学实验大楼举行。该项工程主要收集闲置图书,为捐书者发放"图书漂流证",把收集的书集中展出在图书馆的一个固定区域。参与者持"图书漂流证"可以借阅展出的任何图书。首漂仪式上展出了收集到的首批图书共500多本。⑥

4月27日 晚,"2007年梦想之旅"中国大学生励志系列讲座在珠海校区学生活动中心举行。⑦

讲座由共青团中央学校部、全国学联办公室、新东方教育科技集团主办,中山大学珠海校区团工委协办,中山大学珠海校区学生会承办,主题为"学习、奋斗、选择、梦想"。新东方教育科技集团董事长兼总裁俞敏洪、教育发展研究院院长王强、留学研究院院长包凡一分别做演讲。

---

① 中山大学党委宣传部:《中国植物学会古植物学分会第11届学术讨论会在珠海校区召开》,见中山大学新闻网(http://news2.sysu.edu.cn/news01/115735.htm),2007年4月19日。

② 中山大学党委宣传部:《珠海市文史专家与中大学子畅谈珠海历史》,见中山大学新闻网(http://news2.sysu.edu.cn/news01/115711.htm),2007年4月13日。

③ 刘晓旋:《阎武博士主讲创业社创业讲座》,见《中山大学(校报)》(新)第149期,2007年4月28日。

④ 郑重:《第七届化学科技文化节开幕》,见《中山大学(校报)》(新)第150期,2007年5月15日。

⑤ 刘晓旋:《"多背一公斤"公益活动感动学子》,见《中山大学(校报)》(新)第150期,2007年5月15日。

⑥ 苏欢:《图书漂流,好书共享》,见《中山大学(校报)》(新)第149期,2007年4月28日。

⑦ 刘晓旋:《学习、奋斗、选择、梦想——新东方教育科技集团董事长兼总裁俞敏洪等主讲"2007梦想之旅"系列讲座之一》,见《中山大学(校报)》(新)第150期,2007年5月15日。

4月27日至28日 中山大学心理健康教育咨询中心受广东省教育厅、广东省普通高校学生心理健康教育专家指导委员会的委托，在珠海校区举办"广东省高校心理健康教育教师专业成长系列培训班（第一期）"。校党委副书记朱孔军出席培训班开幕式并讲话。①

4月29日 上午，珠海校区千名学子齐跳健美操，表演啦啦队操、跆拳道等体育项目。活动旨在响应教育部、国家体育总局、团中央决定的于是日在全国范围内统一举行的"全国阳光体育运动启动、全国亿万学生集体锻炼一小时"活动。②

5月10日 晚，中大学子气质大讨论活动启动仪式在四个校区同时进行。珠海校区同学就中大学子气质的内涵、如何培养这种气质以及对此次活动的看法等问题发表了自己的见解。珠海校区认为中大学子的气质是"求真务实，好学博闻"。③

△晚，由历史学系团总支、学生会主办的中山大学第四届历史文化节在珠海校区开幕。开幕式上，复旦大学历史地理研究所葛剑雄教授应邀做了题为"追寻玄奘之路"的讲座。④

5月12日 是日为国际护士节。珠海校区青年志愿者协会在榕园广场举行了以"健康与我同行"为主题的义诊活动，中山大学附属第五医院、广州北校区和珠海市红十字会的同志参与义诊活动。⑤

5月18日 由地理科学与规划学院主办的地理文化节在珠海校区举行。是日，作为地理文化节的活动内容之一，该学院城乡区域规划专业学生专业作品展在珠海校区举办。⑥

5月20日 晚，为纪念建团85周年，珠海校区团工委、学生会在教学实验大楼举办"青春的脚步跟党走"团支部合唱比赛。此次比赛是"五月中大，艺苑奇葩"珠海校区艺术活动月的开幕式。由2006级地理资源拓展部演唱的《同一首歌》获得一等奖。⑦

5月22日 《南方都市报》发表题为《学生当"委员"，竞相交提案》的文章，报道中大珠海校区的"十大提案"征集活动。2005年以来，珠海校区每年都

---

① 中山大学校长办公室：《中山大学年鉴（2007）》，中山大学出版社2008年11月第1版，第515页。
② 刘泽炀、梁德毅：《全国阳光体育运动启动——我校千名学生齐跳健美操》，见《中山大学（校报）》（新）第150期，2007年5月15日。
③ 苏墨、隋实、谢丹蓉、刘小旋、王志：《如何打造我们的精神内核——四校区学子热话"中大学子气质"》，见《中山大学（校报）》（新）第152期，2007年6月8日。
④ 苏欢：《中山大学第四届历史文化节开幕》，见《中山大学（校报）》（新）第151期，2007年5月28日。
⑤ 郑重：《珠海"健康与我同行"义诊活动获好评》，见《中山大学（校报）》（新）第152期，2007年6月8日。
⑥ 郑重：《城规艺术作品展览令人赞叹》，见《中山大学（校报）》（新）第151期，2007年5月28日。
⑦ 苏墨：《"青春的脚步跟党走"合唱赛唱响青春旋律》，见《中山大学（校报）》（新）第151期，2007年5月28日。

组织"十大提案"征集活动,鼓励学生参与校区管理,促进校区的和谐建设。

5月24日 晚,由教务处主办,历史学系团总支、学生会协办的"中外优秀讲座——把历史歇在文学的驿站上"文学系列讲座第六讲(珠海校区总第132期)在珠海校区教学实验大楼举行。本次讲座由中文系张海鸥教授主讲,题目为"对康乐园的文学解读"。讲座分"康园史话""康园风景""康园情怀""康园师友"以及特别为珠海校区同学准备的"珠海校区"五部分。在"珠海校区"部分,张海鸥教授以一篇文言文讲解了珠海校区一些景观名字的来历和意义,强调了文化底蕴的重要性。①

5月25日 下午,珠海校区整建制学院工作协调会召开。②

黄达人校长率教务处、学生处负责人到珠海校区,与旅游学院、翻译学院、国际商学院三个整建制学院负责人一起召开工作协调会,珠海校区党委、管委会负责人参加了会议。会上,黄达人认真听取了各学院的情况汇报,对各学院提出的具体问题和困难进行商讨。他表示,学校十分关注和支持珠海校区新建学院的发展,对新学院寄予了新的希望,希望新学院能办出特色。

5月26日 晚,第21届维纳斯歌手大赛珠海校区决赛在榕园广场举行。Water组合获得冠军。③

5月28日 晚,由珠海校区团工委主办、话剧社承办的"'话'时代——纪念中国话剧百年系列活动"之专题讲座"舞台内外的史话"在珠海校区举行。讲座邀请到国家一级演员、著名话剧艺术家李邦禹老师担任主讲嘉宾。④

5月29日 晚,日本南富士产业株式会社社长、中山大学客座教授、"杉山播种奖学金"设立者杉山定久先生在珠海校区以"才之道——南富士的人才培养之道"为主题发表演讲,与中大学子畅谈成才之道,并分享了"游戏工作"(认真且快乐地工作)的诀窍。该讲座是中山大学学生职业生涯发展协会举办的第四届"英才节"(珠海校区)的活动之一。⑤

5月30日 下午,黄达人校长召集相关部门负责人,与在珠海校区办学的旅游学院、翻译学院、国际商学院院长在南校区中山楼开专题协调会,研讨如何解决

---

① 刘晓旋:《张海鸥教授主讲中外优秀文化讲座:对康乐园的文学解读》,见《中山大学(校报)》(新)第152期,2007年6月8日。

② 陈翀:《希望新学院办出特色——黄达人校长到珠海校区召开驻校区整建制学院工作协调会》,见《中山大学(校报)》(新)第152期,2007年6月8日。

③ 郑重:《珠海校区维纳斯歌手大赛冠军诞生》,见《中山大学(校报)》(新)第152期,2007年6月8日。

④ 中山大学党委宣传部:《著名话剧艺术家李邦禹与珠海校区学子畅谈话剧》,见中山大学新闻网(http://news2.sysu.edu.cn/news01/115804.htm),2007年5月29日。

⑤ 中山大学党委宣传部:《日本南富士产业株式会社杉山定久社长到我校演讲》,见中山大学新闻网(http://news2.sysu.edu.cn/news01/115815.htm),2007年6月1日。

三个学院存在的具体问题。①

5月31日 晚,由中山大学教务处主办,历史学系团总支、学生会协办的中外优秀文化讲座珠海校区第133期"唐诗与地域文化"举行。本期主讲嘉宾是华南师范大学文学院中国文学与文化研究所所长戴伟华教授。②

6月2日 晚,由珠海校区团工委主办的第二届校园集体舞大赛在教学实验大楼举办,来自16个院系的队伍参赛。由化工学院表演的《暗香》获得一等奖和最佳创意奖。③

6月3日 晚,由中山大学创业社主办的中山大学首届"赢在中大"创业企划技能大赛决赛在珠海校区伍舜德国际学术交流中心举行。本次比赛有77支队伍400多名学生参加,有4支队伍进入决赛,最终Adventurer队凭借"生物酶空气净化器"项目获得冠军。④

6月4日 上午,法国昂热大学副校长Yves Dolais教授及旅游学院院长Philippe Violier教授、巴黎七大旅游遗产专业Philippe Duhamel讲师访问中山大学。许宁生副校长会见了来访客人。参加会谈的还有旅游学院院长保继刚、常务副院长彭青、副院长徐红罡、翻译学院副院长程立等。许宁生对两校旅游学院的合作表示赞赏。Yves Dolais表示,希望双方在原有的基础上,将合作扩大到翻译学院和外国语学院。随后,旅游学院、外国语学院和翻译学院与昂热大学相关教授讨论了交换学生、互派访问学者和双向接收学生实习等具体事宜,达成了合作共识。⑤

△晚,由岭南学院珠海校区团总支主办的"精英计划"综合商业技能大赛终场发布会在珠海校区教学实验大楼举行。"品之优良"队获得冠军。本次大赛吸引了珠海校区108支队伍参加。⑥

6月5日 晚,珠海校区2006学年度学生干部培训第六、第七课在学生活动中心多功能厅举行。珠海校区500余名学生干部参加了培训。校团委书记阮映东主讲第六课"我的大学生活和学生干部素质要求",学生处处长漆小萍主讲第七课"追求卓越,从现在开始"。⑦

---

① 陈翀:《希望新学院办出特色——黄达人校长到珠海校区召开驻校区整建制学院工作协调会》,见《中山大学(校报)》(新)第152期,2007年6月8日。
② 中山大学党委宣传部:《唐诗与地域文化——戴伟华教授主讲中外优秀文化讲座》,见中山大学新闻网(http://news2.sysu.edu.cn/news01/115820.htm),2007年6月2日。
③ 中山大学党委宣传部:《珠海校区第二届校园集体舞大赛举行》,见中山大学新闻网(http://news2.sysu.edu.cn/news01/115830.htm),2007年6月6日。
④ 苏欢、刘晓旋:《77支队伍、400多名学生参加:我校举办首届"赢在中大"创业企划技能大赛》,见《中山大学(校报)》(新)第152期,2007年6月8日。
⑤ 余展涛:《法国昂热大学副校长一行访问我校》,见《中山大学(校报)》(新)第153期,2007年6月20日。
⑥ 郑重:《"精英计划"锻造商业精英》,见《中山大学(校报)》(新)第152期,2007年6月8日。
⑦ 中山大学党委宣传部:《珠海校区2006学年度学生干部培训第六、第七课举行》,见中山大学新闻网(http://news2.sysu.edu.cn/news01/115834.htm),2007年6月8日。

中山大学珠海校区编年史（1999—2018）

6月15日 晚，珠海校区2006—2007年度勤工助学工作表彰大会暨勤工助学工作展示在榕园学生活动中心举行。①

校党委副书记朱孔军以及珠海校区党委书记唐燕，保卫处处长范元办，学生处处长漆小萍、副处长王天琪、副处长欧阳永忠，基础教学实验中心主任龙天澄等人出席表彰大会。大会进行了"回顾DV"展播，还穿插着数个部门的勤工助学展示，如雁行社的"不见星河见雁行"，团工委的"翮飞雁，感恩心"，图书馆的"图书馆日记"等，展示着不同勤工助学岗位上同学的青春风采与活力，也展示着他们对本职工作的热爱与自信。

6月16日 晚，"唱响四季，畅想青春"合唱团专场暨珠海校区艺术活动月闭幕式在珠海校区榕园广场举行。珠海校区党委书记唐燕参加了闭幕式。自5月20日以来，艺术活动月举办了包括团支部合唱比赛、美术书法摄影作品展、钢琴大赛、管弦乐专场、民乐打击乐专场、乐队band show专场、话剧专场、校园集体舞大赛、合唱专场等多项活动。②

6月22日 上午，哈佛大学哈佛学院图书馆馆长柯南茜女士（Nancy M. Cline）和哈佛燕京图书馆馆长郑炯文先生（James Cheng）参观了珠海校区图书馆。③

7月5日 下午，珠海校区召开2007年辅导员迎新送旧座谈会，本次座谈会由珠海校区学工办、团工委共同组织。校党委副书记朱孔军、珠海校区党委书记唐燕、管委会主任卞瑜、学生处处长漆小萍、就业指导中心主任梅成达、校团委副书记丁小球以及珠海校区相关职能部门负责人和珠海校区全体辅导员参加了座谈会。会议由学生处副处长兼珠海校区学工办主任欧阳永忠副教授主持。④

7月12日 唐燕任翻译学院副院长（兼）。

7月19日 下午，珠海校区2007年回迁纪念砖揭幕仪式在图书馆广场举行。⑤

纪念砖采用2005级左婧同学设计的"飞鸟2007"设计方案。珠海校区党委书记唐燕在揭幕仪式上致辞，感谢同学们给珠海校区带来朝气蓬勃的气息，也希望大家在回迁之后能有更好的发展。学生代表腾飞则道出回迁同学们的心声，表达了对珠海校区的无限留恋、对老师的深深感激和对同学们的美好祝福。随后，到场的领导和同学们一起为2007年回迁纪念砖揭幕。珠海校区管委会主任卞瑜、校区各个

---

① 中山大学校长办公室：《中山大学年鉴（2007）》，中山大学出版社2008年11月第1版，第518页。
② 中山大学党委宣传部：《"唱响四季，畅想青春"珠海校区合唱团专场暨艺术活动月闭幕式举行》，见中山大学新闻网（http://news2.sysu.edu.cn/news01/115863.htm），2007年6月22日。
③ 王蕾：《哈佛学院图书馆馆长访问我校》，见《中山大学（校报）》（新）第154期，2007年7月3日。
④ 中山大学党委宣传部：《珠海校区召开2007年辅导员迎新送旧座谈会》，见中山大学新闻网（http://news2.sysu.edu.cn/news01/115890.htm），2007年7月9日。
⑤ 中山大学党委宣传部：《飞鸟展翅，梦想传承——2007年珠海校区回迁纪念砖揭幕仪式举行》，见中山大学新闻网（http://news2.sysu.edu.cn/news01/115913.htm），2007年7月20日。

院系的学生代表等出席仪式。仪式由珠海校区团工委主办。

7月19日至22日 2007年珠海校区回迁工作顺利进行。今年珠海校区回迁学生近2700人。为保证学生顺利搬迁,在校区党委、管委会的统一部署下,珠海校区成立了搬迁指挥部。学生处则组织编写了《中山大学2007年珠海校区学生搬迁指南》,印发到每一位搬迁学生手中。①

7月24日 中国共产党中山大学第十一次代表大会召开。

郑德涛书记在大会上做报告,报告指出:"创新校区运行机制。要认真总结珠海校区、东校区建设和管理经验,从实际出发,根据各有侧重、动态调整、逐步完善的原则,规划四个校区的功能定位,建设'一校两地四区'的大校园体系。广州的南校区、北校区和东校区,要注重功能协调、学科优化配置和资源整合,使之成为一个协调统一、优势明显的大校区;珠海校区要注重完善功能、明确学科定位,使之成为一个特色校园、精品校区。加强领导和协调,切实解决选课、交通、文化氛围营造等多校区管理工作中存在的困难和问题。"②

8月31日至9月1日 珠海校区2007级新生报到。

2007年有4082名本科新生到珠海校区报到入学。8月31日下午,朱孔军副书记来到珠海校区教学实验大楼迎新报到现场,检查迎新工作。9月1日下午,梁庆寅副校长来到珠海校区总报到处及各院系的迎新点,了解迎新工作进展情况,并来到学生宿舍看望新同学。

9月2日 中山大学2007年本科开学典礼在珠海校区举行。

校领导郑德涛、黄达人、朱孔军、颜光美、汪建平、许家瑞、梁庆寅、黎孟枫,中国科学院院士苏锵以及有关院系、部处负责人出席典礼,校长助理王珺主持典礼。

黄达人校长在典礼上致辞。他说:"得天下英才而育之,是一所大学最大的幸事,也是大学最重要的使命,大学培养学生的目标是要让他们成人成才。优秀人才的培养,离不开同学们内在的修炼。大学生的素质,可以概括成七个关键词,即知礼、诚信、担当、勤奋、超越、阳光和职业准备。理想的大学生,应该是一个'文明的现代人',他们顺应时代的发展,善于吸收现代世界文明,富有开拓进取的创造精神。希望同学们能在中大的学习过程中塑造和完善自己,在自己的血脉中注入中大精神,珍惜光阴,努力进取,成为一名无愧于时代、无愧于国家社会的栋梁之材。"③

教师代表黄乃本教授、在校生代表陈夏和新生代表黄杰分别做了发言。

---

① 中山大学党委宣传部:《2007年珠海校区学生搬迁工作顺利完成》,见中山大学新闻网(http://news2.sysu.edu.cn/news01/115916.htm),2007年7月25日。
② 中山大学校长办公室:《中山大学年鉴(2007)》,中山大学出版社2008年11月第1版,第80页。
③ 中山大学校长办公室:《中山大学年鉴(2007)》,中山大学出版社2008年11月第1版,第521页。

中山大学珠海校区编年史（1999—2018）

△中山大学成为首批经国务院学位委员会批准的翻译硕士 MTI 试点教学单位。翻译学院招收的首批 MTI 硕士生入学。①

9月2日至4日 以"信用成就未来"为主题的新生入学教育讲座在珠海校区物理科学与工程技术学院、化学与化学工程学院、旅游学院、外国语学院分别举行。这是由学生处、校友工作办公室联同中国建设银行广东省分行，应新形势开展的新生入学教育内容之一。②

9月5日 2007年本科新生军训动员大会在珠海校区教学实验大楼举行。校党委副书记兼军训师政委朱孔军、军训师常务副师长柯希域上校等领导出席大会，朱孔军在大会上做了动员讲话。③

9月6日 下午，珠海市举行"广东省教育强市"授牌仪式暨全市教师节表彰大会，中山大学旅游学院彭青、翻译学院程立、国际商学院翟爱梅老师获得珠海市"先进教师"荣誉称号，珠海校区管委会主任卞瑜获得珠海市"先进教育工作者"荣誉称号。④

9月12日 下午，2007年珠海校区本科新生辅导员工作交流会在珠海校区举行。⑤

校党委副书记朱孔军出席交流会，有关院系主管学生工作的书记、副书记，组织部、学生处、校团委、心理健康教育咨询中心等相关部门领导及校区全体辅导员参加了会议。会议由学生处处长漆小萍主持。朱孔军在大会上讲话指出，辅导员应该充分重视和利用好新生入学教育，新生入学教育是高校人才工程的第一站，对帮助学生快速成长、铺平成才道路有重要意义。新生入学教育不仅仅是几天，可以是更长的一段时间，而在帮助学生的过程中，老师也能得到锻炼并与学生共同成长。辅导员应加强工作的针对性和规律性，要注重细节，关注细节，注重言传身教，积极引导好学生。要善于利用资源，用好学生干部、党员，分配好自己的工作。

9月15日 丁肇中教授到设在珠海校区的中山大学空间技术研究中心访问，了解我校承担的研究项目硅微条轨迹探测器的热控制系统（TICS）的研究进展情况。该研究是丁肇中领衔的国际空间站中的大型科学实验 AMS 计划中的一部分。校党委副书记朱孔军会见了丁肇中，表示学校会全力支持该项目的工作。物理科学

---

① 《中山大学外语学科90年史稿（1924—2014）》编委会：《中山大学外语学科90年史稿（1924—2014）》，中山大学出版社2014年10月第1版，第284页。
② 中山大学学生处、校友会：《新生入学教育引入诚信理财观念》，见《中山大学（校报）》（新）第160期，2007年9月26日。
③ 中山大学校长办公室：《中山大学年鉴（2007）》，中山大学出版社2008年11月第1版，第521页。
④ 中山大学珠海校区党政工作办公室：《四教师获珠海市表彰》，见《中山大学（校报）》（新）第159期，2007年9月10日。
⑤ 中山大学党委宣传部：《2007年珠海校区本科新生辅导员工作交流会举行》，见中山大学新闻网（http://news2.sysu.edu.cn/news01/115974.htm），2007年9月14日。

与工程技术学院副院长何振辉向丁肇中汇报了该项目的研究进展情况。①

△晚,"和谐中大,多彩校园——2007 年中山大学迎新晚会"在珠海校区举行。中山大学党委副书记朱孔军、2007 级军训师师长柯希域上校、珠海校区以及学校相关职能部门领导出席了晚会。军训期间,珠海校区团工委还举办了系列迎新活动,包括军歌大赛、军人形象大赛等,其中岭南学院一连夺取珠海校区军歌大赛冠军。②

9月19日 值中秋节、国庆节到来之际,校党委副书记兼副校长梁庆寅、副书记兼校工会主席刘美南率校工会、党办、校办、人事处、机关党委等部门负责人到珠海校区慰问教职工,与教职员工代表进行座谈,并到各部门看望岗位上的同志们。梁庆寅和刘美南指出,珠海校区的广大教职工远离家庭,吃苦耐劳,甘于奉献,节假日也不能与家人团聚,为学校的发展事业做出了积极贡献,他们代表郑德涛书记、黄达人校长向珠海校区的教职工致以节日的问候。慰问团一行还在珠海校区负责同志的陪同下到化学实验大楼、旅游学院翻译学院大楼、体育场馆了解校区的基础建设情况。③

9月21日 上午,中山大学 2007 级新生军训阅兵暨总结大会在珠海校区举行。朱孔军副书记出席大会并讲话,黄达人校长检阅军训新生。珠海校区党委书记唐燕宣读了《中山大学 2007 级新生军训嘉奖令》。④

9月22日 珠海校区学生会和近 60 个学生社团会集在教学实验大楼,同时招新。⑤

10月17日 由珠海团市委、珠海电视台举办的第三届珠海大学生文化艺术节方案征集大赛决赛在珠海电视台举行,中大珠海校区参赛学生以"'巧手展绿意'环保服装设计赛"方案夺冠。⑥

△由教务处国家大学生文化素质教育基地办公室主办的"中外优秀文化讲座——生命系列专题讲座"开讲。国家级教学名师、生命科学学院王金发教授在珠海校区做开篇第一讲。他以"生命的真谛:细胞、遗传与进化"为题,从生命的物质性、装配性、可延续性、发展性四个方面阐述了生命的真谛,以细胞生命活动为基础、以基因表达调控为主线,从生命的社会性和可调控性阐述了他对人生的

---

① 中山大学珠海校区党政工作办公室:《丁肇中教授访问中大》,见《中山大学(校报)》(新)第 160 期,2007 年 9 月 26 日。
② 中山大学党委宣传部:《和谐中大,多彩校园——2007 年中山大学迎新系列活动在珠海校区和东校区举行》,见中山大学新闻网(http://news2.sysu.edu.cn/news01/115986.htm),2007 年 9 月 19 日。
③ 中山大学党委宣传部:《学校领导慰问东校区和珠海校区教职工》,见中山大学新闻网(http://news2.sysu.edu.cn/news01/115991.htm),2007 年 9 月 21 日。
④ 中山大学新闻中心:图片新闻,见《中山大学(校报)》(新)第 160 期,2007 年 9 月 26 日。
⑤ 苏欢:《珠海校区上演"百团大战"》,见《中山大学(校报)》(新)第 160 期,2007 年 9 月 26 日。
⑥ 中山大学党委宣传部:《我校学生荣获第三届珠海大学生文化艺术节方案征集大赛冠军》,见中山大学新闻网(http://news2.sysu.edu.cn/news01/116060.htm),2007 年 10 月 26 日。

信念，希望对同学们的做人做事有所启发。①

△晚，珠海校区党委书记、翻译学院副院长唐燕在珠海校区主讲题为"敢问路在何方——大一新生如何规划大学生活"的讲座，为新生答疑解惑。②

10月20日 晚，以"学习十七大，贯彻十七大"为主题的珠海校区2007年新生党员党章知识竞赛举办，来自17个院系的290名正在接受党校培训的新生党员参加了竞赛活动。③

△晚，中山大学珠海校区天文学社邀请北京师范大学珠海分校、北京理工大学珠海分校及北京师范大学—香港浸会大学联合国际学院的天文爱好者在中大珠海校区田径场外共同观月。活动旨在配合中国嫦娥探月工程宣传，宣传中国天文日，加强珠海各高校天文协会之间的沟通合作，激发同学们对天文学的兴趣，普及天文知识。④

10月24日 晚，由校团委主办，中山大学青年科技协会承办，中山大学创业协会协办的中山大学第三届"挑战杯"大学生创业计划大赛，在珠海校区举行培训会首场讲座。讲座邀请历届大赛的获奖代表为同学们介绍参赛经验、收获以及感受，帮助同学们全方位认识"挑战杯"。⑤

10月25日 中午，在"嫦娥一号"顺利升空的第二天，中山大学珠海校区天文学社在校区逸仙大道旁摆放宣传展板，宣传普及基础天文知识。⑥

10月28日 国际商学院与岭南学院联办的2007年秋季运动会在珠海校区田径运动场举行。⑦

10月30日 晚，由校友总会、生命科学学院和中大电视台联合主办的校友论坛在珠海校区举行。珠海校区党委书记唐燕，校友总会秘书长、校友事务与教育发展办公室主任许东黎等人出席论坛。本期论坛由生命科学学院1989届本科校友、广药王老吉股份有限公司总裁施少斌主讲。⑧

10月下旬 珠海校区团工委在珠海校区举办"迎接奥运"系列活动。活动包

---

① 中山大学党委宣传部：《中外优秀文化讲座之生命系列开讲》，见中山大学新闻网（http://news2.sysu.edu.cn/news01/116042.htm），2007年10月26日。

② 中山大学党委宣传部：《珠海校区举办讲座：大一新生如何规划大学生活》，见中山大学新闻网（http://news2.sysu.edu.cn/news01/116054.htm），2007年10月18日。

③ 孙飒飒：《中大学子热议十七大》，见《中山大学报》（新）第162期，2007年10月26日。

④ 王志君：《金秋揽月，四校观星》，见《中山大学报》（新）第162期，2007年10月26日。

⑤ 孙飒飒、谭淑怡、李颖婷：《登上挑战擂台，点燃创业激情》，见《中山大学报》（新）第163期，2007年11月6日。

⑥ 苏欢：《中大学子欢庆"嫦娥一号"顺利升空》，见《中山大学报》（新）第162期，2007年10月26日。

⑦ 郑晓：《我院与岭南学院携手成功举办学院运动会》，见中山大学国际金融学院网（http://isbf.sysu.edu.cn/cn/sylm01/1312.htm），2007年10月28日。

⑧ 中山大学校友总会：《三校友论剑三校区，校友论坛好戏连台》，见《中山大学报》（新）第163期，2007年11月6日。

括"五彩奥运,微笑中大"摄影大赛、"迎奥运,全校健身与奥运同行"系列活动(健康调查、座谈会、电影展播等)、"绿色奥运,动起来"工艺品制作比赛、"走进奥运,相约2008"奥运知识竞赛、迎奥运趣味运动会等,活动持续到12月。①

11月3日 上午,由地理科学与规划学院团总支和2006级水资源团支部承办的"迎接奥运主题系列活动——找寻奥运火炬定向越野竞赛"在珠海校区举行,27支来自各院系的队伍参赛。②

11月4日 在珠海校区党委书记唐燕带领下,珠海校区学习贯彻党的十七大精神志愿服务队到校区对口帮扶点——珠海市斗门区白蕉镇灯三村进行综合服务活动,向灯三村村民们宣传党的十七大精神,提供义诊、家电维修等服务,向灯三村小学赠送了一批体育用品和书籍,颁发"自强不息"奖助学金,并与小学生开展了"一对一"帮扶活动。中山大学附属第五医院医疗队、校区分党校入党积极分子等近百人参加相关活动。③

11月8日 下午,珠海校区首届读书月活动启动仪式暨文化讲座在图书馆举行,中文系彭玉平教授应邀主讲题为"得意忘言与中国古典诗词"的讲座,250多名教职员工和学生参加活动。读书月活动由珠海校区党委组织,主题为"书香满室,文明办公",内容包括读书报告会、讨论会、考察交流会、讲座等,旨在调动大家读书的积极性,营造一种良好的氛围。④

11月10日 由人类学系学生会主办的"人类学文化周"陶主题活动在珠海校区榕园广场展开。文化周还举办了电影欣赏、讲座等活动。⑤

11月11日 上午,珠海校区举办"庆校庆,迎奥运"83周年校庆校道接力赛。活动由珠海校区团工委主办、学生会承办,17个院系组队参赛。化学与化学工程学院代表队夺得冠军。⑥

11月23日 由经济学社主办的"经济服务生活"系列讲座第二场在珠海校区开讲。经济学家茅于轼教授应邀做题为"制度经济学与中国经济改革"的讲座。岭南学院党委副书记欧阳可全主持讲座。⑦

---

① 谢凯:《征集"微笑",喜迎奥运》,见《中山大学报》(新)第163期,2007年11月6日。
② 胡立贤、覃嫄:《珠海校区举行"迎奥运定向越野赛"》,见《中山大学报》(新)第165期,2007年11月28日。
③ 中山大学党委宣传部:《学习贯彻党的十七大精神——珠海校区组织服务队到基层开展帮扶》,见中山大学新闻网(http://news2.sysu.edu.cn/news01/114213.htm),2007年11月7日。
④ 胡立贤:《珠海校区办公室"读书月"活动启动》,见《中山大学报》(新)第165期,2007年11月28日。
⑤ 孙飒飒:《人类学系举办文化周——陶主题活动》,见《中山大学报》(新)第165期,2007年11月28日。
⑥ 中山大学党委宣传部:《"庆校庆,迎奥运"83周年校庆校道接力赛举行》,见中山大学新闻网(http://news2.sysu.edu.cn/news01/114232.htm),2007年11月15日。
⑦ 中山大学新闻中心珠海校区记者站:《著名经济学家茅于轼教授做精彩演讲:制度经济学与中国经济改革》,见《中山大学报》(新)第165期,2007年11月28日。

中山大学珠海校区编年史（1999—2018）

11月24日 由中山大学中文系、香港中文大学中文系、澳门大学中文系联合举办的第二届穗港澳大学生诗词大赛在中大珠海校区闭幕。来自环境科学与工程学院的温子成和中文系的冯日虹分别获得诗组和词组的冠军。①

11月25日 由外国语学院和翻译学院共同主办的第十三届外语节美食嘉年华在珠海校区榕园广场举行。两院同学烹制德、法、日、韩、俄、西及阿拉伯风味佳肴，介绍不同国家的饮食文化，并展示各国服饰。本届外语节还举办了英国教育讲座、近现代音乐欣赏会、非洲优秀电影展播等活动。②

11月29日 珠海校区深入开展食品安全专项整治，获国家专项检查组好评。③

珠海校区学一食堂被列为珠海市接受国家产品质量与食品安全专项整治检查的代表单位之一，是日接受以农业部副部长高鸿宾为组长的全国产品质量和食品安全专项整治检查组检查。检查组对学一食堂给予好评。梁庆寅副书记兼副校长接待了高鸿宾副部长一行。

广东省、珠海市领导对珠海校区的食品安全专项整治工作给予了具体指导。11月18日，广东省佟星副省长率队到中大珠海校区学一食堂检查；11月27日，珠海市副市长赵建国等领导检查了学一食堂。省市领导都对珠海校区的食品安全工作提出了指导意见。

学校高度重视珠海校区本次食堂专项整治行动，成立了"中山大学珠海校区产品质量和食品安全专项整治领导小组"，梁庆寅副书记兼副校长任组长，喻世友副校长任副组长，成员包括总务处、珠海校区管委会、珠海校区党委负责人等。梁庆寅多次率总务处和珠海校区领导深入校区四个食堂实地检查，按照国家专项整治的要求，逐一查究问题，提出整改方案。珠海校区后勤办等相关部门及食堂投入大量人力物力，认真按照整改方案进行全面整治。梁庆寅在总结整治工作时指出，本次专项整治对校区食堂管理有四个方面的效果：一是校区食堂有了全新面貌；二是食堂管理部门和经营者受到一次规范化管理的培训和教育；三是学校及后勤管理部门对校区食堂的情况有了更深入的了解；四是后勤管理部门与经营方建立了良好的协作关系。同时，他要求校区食堂以本次整治为基础，不断巩固，进一步提高管理水平，建立食品安全长效监督机制，保障食堂食品质量和安全。

检查结束后，珠海市产品质量和食品安全领导小组办公室来信表扬了珠海校区

---

① 胡立贤：《第二届穗港澳大学生诗词大赛结果揭晓》，见《中山大学报》（新）第167期，2007年12月25日。

② 谭淑怡：《外语节美食嘉年华珠海校区精彩登场》，见《中山大学报》（新）第165期，2007年11月28日。

③ 中山大学党委宣传部：《珠海校区深入开展食品安全专项整治，获国家专项检查组好评》，见中山大学新闻网（http://news2.sysu.edu.cn/news01/114313.htm），2007年12月6日。

在产品质量和食品安全专项整治及迎接全国检查组检查工作中的突出表现。信中说道:"在专项整治过程中,贵单位积极配合做好相关工作,特别是全力配合做好全国产品质量和食品安全专项整治第三次现场会检查组到珠海检查的迎检工作,确保了我市产品质量和食品安全专项整治的顺利推进和迎检工作的圆满完成,得到了全国专项整治现场会检查组和珠海市委、市政府领导的充分肯定。贵单位在专项整治和迎检工作中付出了辛勤劳动,取得了出色的成绩。"①

11月 中大翻译学院与德国科隆大学下属单位达成合作协议。②

12月2日 由医学教务处组织的八年制医学生全程导师岗前培训暨学生见面会在珠海校区举行。本次培训由医学部副主任、医学教务处处长王庭槐教授主讲。医学教学督导员马涧泉教授就如何做好全程导师做了发言。③

12月5日 2006—2007学年度中山大学珠海可口可乐优秀学生奖学金颁奖仪式在珠海校区举行。学生处处长漆小萍、珠海校区管委会主任卞瑜、珠海校区党委书记唐燕、珠海可口可乐公司副厂长沈中德等领导和嘉宾出席颁奖仪式,160余名师生参加颁奖仪式。④

12月8日 由珠海校区后勤办卫生管理部、珠海血站主办,爱心同盟承办的无偿献血活动在珠海校区举行。⑤

12月8日至10日 加拿大维多利亚大学商学院师生一行17人到中大珠海校区,对国际商学院进行交流访问。⑥

12月15日 晚,近千名珠海校友在珠海校区图书馆广场举行联欢晚会,共庆母校83周年华诞。晚会以"心系母校、相聚珠海"为主题,由中山大学珠海校友会主办,珠海校区和中山大学附属第五医院协办。⑦

12月18日 下午,由珠海校区党委、管委会主办,校区分工会承办的第三届教职工趣味运动会举行,100余名教职工参加比赛。⑧

---

① 中山大学党委宣传部:《珠海市来信表扬珠海校区产品质量和食品安全整治工作》,见中山大学新闻网(http://news2.sysu.edu.cn/news01/114424.htm),2007年12月12日。
② 《中山大学外语学科90年史稿(1924—2014)》编委会:《中山大学外语学科90年史稿(1924—2014)》,中山大学出版社2014年10月第1版,第250页。
③ 中山大学党委宣传部:《八年制医学生全程导师岗前培训暨学生见面会举行》,见中山大学新闻网(http://news2.sysu.edu.cn/news01/114298.htm),2007年12月5日。
④ 中山大学党委宣传部:《2006—2007学年度中山大学珠海可口可乐优秀学生奖学金颁奖仪式举行》,见中山大学新闻网(http://news2.sysu.edu.cn/news01/114299.htm),2007年12月10日。
⑤ 孙飒飒:《捐献希望——珠海校区开展无偿献血活动》,见《中山大学报》(新)第167期,2007年12月25日。
⑥ 张杰铭:《加拿大维多利亚大学商学院代表团来我院交流访问》,见中山大学国际金融学院网(http://isbf.sysu.edu.cn/cn/sylm01/1302.htm),2007年12月10日。
⑦ 中山大学党委宣传部:《心系母校,服务珠海——近千校友相聚珠海校区欢庆母校建校83周年》,见中山大学新闻网(http://news2.sysu.edu.cn/news01/114321.htm),2007年12月17日。
⑧ 罗永明:《中山大学工会编年史(1949—2010)》上册,中山大学出版社2011年6月第1版,第388页。

12月28日 晚,国际商学院首次优秀学生颁奖典礼在珠海校区举行。舒元院长、周天芸副院长、吴培冠副院长、欧阳可全副书记等相关领导和师生出席典礼。①

---

① 邓俊豪:《我院首颁学院奖学金表彰优秀学生》,见中山大学国际金融学院网(http://isbf.sysu.edu.cn/cn/sylm01/1297.htm),2007年12月17日。

2008年

1月15日 晚，珠海校区迎新春联欢晚会在校区学生活动中心举行。来自中大珠海校友会，学校有关部处、院系的负责同志及在珠海校区工作的教职员工300余人欢聚一堂。①

1月23日 教育部原副部长、中国高等教育学会会长周远清一行考察珠海校区。②

郑德涛书记、黄达人校长、梁庆寅副书记兼副校长会见了周远清一行。会谈中，郑德涛简要介绍了珠海校区这几年来的发展情况。周远清回忆了珠海校区初创时的状况，肯定了中大这些年来的发展，特别是在服务地方经济社会发展和粤港澳合作进程中起到的积极作用。他希望中大再接再厉，取得更大成绩。珠海校区管委会主任卞瑜汇报了校区近期建设情况。随后，周远清及"回顾与展望Ⅱ——如何建设高等教育强国"研讨会与会代表一起参观了校园。

2月3日 朱孔军副书记到珠海校区看望留校学生。③

2月20日 法国驻华大使馆文化参赞率代表团到中大珠海校区参观，并磋商在核工程办学方面的合作。④

2月23日 郑德涛书记在2008年学校工作研讨会上发表讲话，提出要加强校区的行政管理职能，"珠海校区要适应提高校区办学层次，提高办学效益的需要，加强属地化

---

① 中山大学珠海校区党政工作办公室：《我校多个单位举办联欢会喜迎新春》，见《中山大学报》（新）第170期，2008年2月25日。
② 中山大学校长办公室：《中山大学年鉴（2008）》，中山大学出版社2009年10月第1版，第537页。
③ 中山大学党委宣传部：《校领导看望留校学生》，见中山大学新闻网（http://news2.sysu.edu.cn/news01/114344.htm），2008年2月5日。
④ 中山大学校长办公室：《中山大学年鉴（2008）》，中山大学出版社2009年10月第1版，第523页。

管理"。①

黄达人校长在本次研讨会上讲话指出:"关于珠海校区的定位,我认为是学校面临的比较紧迫的问题。去年底,我与郑德涛书记在北京开会,曾多次讨论此事,我还专门与山东大学和哈尔滨工业大学的校长就山东大学威海分校和哈尔滨工业大学威海校区的办学模式进行了深入沟通。目前,我们形成的对珠海校区的发展定位是进一步加强属地管理,提高办学层次。为此,在寒假期间,我分别邀请了几个学院的领导,确定和落实今年在珠海校区招生的新办学院的相关事宜。目前的情况是这样的,除了现在在珠海校区的旅游学院、翻译学院和国际商学院三个整建制学院之外,学校还将依托理工学院在珠海校区筹建与核技术相关的专业,依托化工学院筹建与检验、检测技术相关的专业,依托生科院筹建海洋资源与环境方面的专业,这些新建专业都将采取新的模式,整建制地在珠海校区办学。此外,学校将逐步调整部分学院一二年级在珠海、三四年级在广州的模式,今后的珠海校区由整建制学院组成。总之,对于校区定位,学校将通盘考虑、整体推动,总的调整方向是一个学院尽量只在一个校区办学。"②

3月初 由中山大学与科威特海湾科技大学合作成立的中东海湾地区第一家汉语与汉语文化教学培训中心开课。③

中心的成立是中山大学与科威特海湾科技大学开展校际交流合作的成果之一。根据双方达成的协议,中心由中山大学提供师资和教材,有关课程纳入海湾科技大学正规教育课时,占3个学分。与此同时,海湾科技大学将帮助中山大学在珠海校区建立阿拉伯语言文化中心。学校派出翻译学院教师李卓和外国语学院博士生、翻译学院兼职教师刘明惠,于2008年2月赴科威特海湾科技大学任汉语教师并协助开展相关工作。科威特海湾科技大学是科威特第一所私立大学,成立于2002年。

3月1日 上午,国家留学基金委东方国际·中山大学翻译学院"华南国际留学预备培训中心签约暨挂牌仪式"在珠海校区举行。国家留学基金委东方国际教育交流中心主任亢秀兰与翻译学院院长王宾签署协议书,合作成立"华南国际留学预备培训中心"。国家留学基金委副秘书长李建民、中山大学党委副书记兼副校长梁庆寅等领导出席仪式并为培训中心揭牌。④

△ "澳门就业前景"讲座在珠海校区举行。澳门科技大学国际旅游学院副院长梁文慧、实习导师黄伯祥等人介绍了澳门的就业情况、途径及职业发展前景。

---

① 中山大学校长办公室:《中山大学年鉴(2008)》,中山大学出版社2009年10月第1版,第74页。
② 中山大学校长办公室:《中山大学年鉴(2008)》,中山大学出版社2009年10月第1版,第81页。
③ 中山大学翻译学院:《我校与科威特海湾科技大学合作成立汉语中心》,见《中山大学报》(新)第173期,2008年3月17日。
④ 中山大学党委宣传部:《华南首个国际留学预备培训中心落户珠海校区》,见中山大学新闻网(http://news2.sysu.edu.cn/news01/114375.htm),2008年3月4日。

"澳门就业前景"是旅游学院主办的"澳—珠"交流讲座之一。①

3月9日　晚,由校团委主办,学生会承办的"研祥"杯第六届DV大赛在珠海校区举行。②

3月14日　晚,"情系中大——校友面对面"论坛第19期在珠海校区举行。本期主讲嘉宾是联合国资深同声传译陈峰校友。陈峰校友于1981年毕业于外语系,1983年毕业于联合国译员培训班,进入外交部工作后被派往英国等国家担任大使翻译,之后受聘于联合国担任同声传译。③

3月15日　是日为国际消费者权益日。药学院邀请黄芝瑛教授举办题为"药物的研发和药品安全性"的讲座,向珠海校区的同学们介绍药品安全知识。④

3月19日　校党委常委会讨论决定,由校长助理保继刚协助管理珠海校区。⑤

△由珠海校区学生会主办的主题为"法律校园行,维权你也行"的校园权益咨询会在珠海校区各食堂门口举行。⑥

3月28日　保继刚兼任珠海校区管理委员会主任。⑦唐燕任珠海校区管理委员会副主任(兼),卞瑜不再担任珠海校区管理委员会主任职务。

4月3日　哲学系冯达文教授在珠海校区做中外优秀文化讲座经典系列第一讲,题为"从《孟子》到《荀子》——性善论还是性恶论"。为帮助同学们更好地学习经典、理解经典,继承和发扬中国传统文化,教务处国家大学生文化素质教育基地办公室邀请冯达文教授策划了中外优秀文化讲座经典系列,组织14位知名教授为各校区同学做专题讲座。其后,政治与公共事务管理学院景怀斌教授、哲学系张宪教授及张丰乾副教授分别在珠海校区做了题为"心理学视野下的《论语》""马克思与圣经""'解'的哲学——《周易》之'解'卦与庖丁之'解牛'"的专题讲座。⑧

4月12日　"天使计划——乳腺免费普查活动"在珠海校区拉开序幕。⑨

---

① 李高:《"澳门就业前景"讲座在珠海校区举行》,见《中山大学报》(新)第173期,2008年3月17日。

② 涂俊仪:《"研祥"杯第六届DV大赛启动仪式举行》,见《中山大学报》(新)第174期,2008年3月31日。

③ 涂俊仪、梁晓慧、南方学院:《"我见证了历史,甚至参与创造了历史"——联合国资深同声传译陈峰校友做客校友论坛》,见《中山大学报》(新)第174期,2008年3月31日。

④ 蔡佳涵:《药品安全知多少?专家讲座话你知!》,见《中山大学报》(新)第174期,2008年3月31日。

⑤ 中山大学校长办公室:《中山大学年鉴(2008)》,中山大学出版社2009年10月第1版,第59页。

⑥ 黄丹、孙飒飒:《校园权益咨询日助你维权》,见《中山大学报》(新)第174期,2008年3月31日。

⑦ 中山大学校长办公室:《中山大学年鉴(2008)》,中山大学出版社2009年10月第1版,第540页。

⑧ 中山大学党委宣传部:《中外优秀文化讲座经典系列在南校区、东校区、珠海校区开讲》,见中山大学新闻网(http://news2.sysu.edu.cn/news01/114413.htm),2008年4月15日。

⑨ 中山大学党委宣传部:《"天使计划——乳腺免费普查活动"在珠海校区举行》,见中山大学新闻网(http://news2.sysu.edu.cn/news01/114408.htm),2008年4月15日。

中山大学珠海校区编年史（1999—2018）

活动由中山大学附属第二医院、校党委宣传部、校团委主办，珠海校区学生会、爱心同盟承办。普查活动对象为中大全体女性师生，珠海校区是活动第一站。这次活动不仅免费提供乳腺检查、B超等医疗项目，还为大家建立体检档案，方便师生们定期进行健康检查。活动主要发起人之一、校党委副书记李萍表示："希望白衣天使们把爱带给学生，让大家变得更健康、更美丽！"

4月20日　下午，由珠海校区分工会、团工委主办，学生会承办的"阳光体育与奥运同行"春季环校长跑暨"放飞青春，拥抱奥运"第三届体育节开幕式在珠海校区举行。校区各院系学子和教职工组成20支队伍参加了此次活动。珠海校区党委书记唐燕出席开幕式。长跑后还进行了"10人11足"、体育吉尼斯运动会等体育节项目。①

4月21日　旅游学院2007级国际旅游专业本科生黄倩薇当选奥运火炬手。②

是日，"谁点燃我心中圣火"——可口可乐奥运火炬手及美汁源护跑手任命仪式在珠海举行，珠海公开选拔的8名火炬手和1名护跑手通过北京奥组委的资格确认，获得任命。黄倩薇当选奥运火炬手，她将于5月5日参加2008北京奥运火炬全球接力海南省五指山段火炬传递，距离200米。

黄倩薇是国家一级运动员，2005年第20届全国速度轮滑锦标赛女子乙组10000米接力第一名，曾获轮滑省级以上奖项30多项。入学不久，她就获得了中山大学新生军人形象大赛冠军及最佳才艺奖，也凭此在校园奥运火炬手初赛选拔中被推荐直接进入第三轮面试。通过自我介绍和才艺展示，她进入决赛并取得第一名，代表中大参加珠海市的选拔，并成功当选奥运火炬手。

4月24日　林俊洪任学生处副处长兼珠海校区学生工作办公室主任。

4月27日　晚，珠海校区团工委、学生会邀请教育学院谭毅副教授主讲爱国主义形势教育讲座。讲座围绕奥运火炬传递受阻事件对当前国际形势进行分析，引导同学们理性爱国。③

4月30日　由旅游学院学生会主办的2008"旅途·人生"论坛第一场——"与圣火同行"在珠海校区举行。世界跳水冠军余卓成校友和旅游学院2007级学生、奥运火炬手黄倩薇做客论坛。④

5月7日　晚，珠海校区团工委、学生会举行学生干部座谈会，学习胡锦涛总

---

① 中山大学党委宣传部：《珠海校区春季环校长跑暨第三届体育节开幕式举行》，见中山大学新闻网（http://news2.sysu.edu.cn/news01/114574.htm），2008年4月22日。
② 中山大学党委宣传部：《"点燃我心中圣火"——我校学子黄倩薇当选奥运火炬手》，见中山大学新闻网（http://news2.sysu.edu.cn/news01/114576.htm），2008年4月24日。
③ 中山大学党委宣传部：《珠海校区举办爱国主义形势教育讲座》，见中山大学新闻网（http://news2.sysu.edu.cn/news01/114586.htm），2008年4月30日。
④ 中山大学党委宣传部：《"与圣火同行"——世界冠军余卓成、中大奥运火炬手黄倩薇做客"旅途·人生"论坛》，见中山大学新闻网（http://news2.sysu.edu.cn/news01/114589.htm），2008年5月4日。

书记在北京大学师生代表座谈会上重要讲话精神。①

5月8日 《中山大学报》刊发黄达人校长在珠海校区干部工作会议上的讲话。②

近日,学校在珠海校区召开送校长助理保继刚上岗会,珠海校区相关干部参加会议。黄达人校长在会上做了题为《抓好人才培养质量,提高办学层次》的讲话。他在讲话中谈了学校对珠海校区建设和发展的想法,主要观点有:

第一,学校自始至终高度重视珠海校区的发展,我们在珠海校区办"原汁原味的中山大学"的初衷没有改变。学校行政领导班子换届后,特别设立一个校长助理岗位,专门从事珠海校区的管理工作,并主要考虑校区未来的发展规划。保继刚教授是规划方面国内外知名专家,这是学校加强对珠海校区的管理力度的体现。建设珠海校区的关键是要抓好人才培养质量和提高办学层次。我们要更加注重中大学风在珠海校区的传承,继续注重校园文化的建设,要特别注意维护正常的教学秩序,学校对在珠海校区开展学校层面组织的公共讲座进行了统筹安排。学校也将在珠海校区发展硕士、博士研究生教育,在一些学科开展博士后流动站工作,不断积累经验、积聚人才,逐步做到在珠海校区办出具有鲜明特色的优秀学科专业,从而建立起一套完整的人才培养体系。同时,还会积极探索进行国际合作办学的可能性。

第二,珠海校区的发展对于中山大学而言,具有极为重要的战略意义。珠海市是珠三角的中心城市,发展潜力巨大,特别是启动港珠澳大桥工程、广珠轻轨项目等之后,区位优势逐渐凸显,学校必须把握住城市发展的机遇,实现大学与城市的共赢局面。除了产业方面的考虑外,学校更看重珠海校区对于大学的学科布局所发挥的重要作用。除了目前珠海校区的旅游学院、翻译学院和国际商学院三个整建制学院之外,还将依托理工学院在珠海校区筹建与核技术相关的专业,依托生科院筹建海洋生物资源与环境方面的专业。这些新建专业都将采取新的模式,整建制地在珠海校区办学。同时,学校将逐步调整部分学院一二年级在珠海、三四年级在广州的模式,为新建学院、专业的发展提供充分空间。珠海校区是中山大学整体发展的重要组成部分,珠海校区不会成为独立的分校,更不会降格为二级学院,我们将根据国家和地方的战略需求来发展学科和设置专业,我们培养的学生将是为国家战略需求服务的高层次人才。

---

① 中山大学党委宣传部:《珠海校区举行学习胡锦涛总书记在北京大学师生代表座谈会上重要讲话精神学生干部座谈会》,见中山大学新闻网(http://news2.sysu.edu.cn/news01/114622.htm),2008年5月12日。
② 《抓好人才培养质量,提高办学层次——黄达人校长在珠海校区干部工作会议上的讲话》,见《中山大学报》(新)第177期,2008年5月8日。

5月9日 晚,首场珠海校区"周末论坛"开讲。①

校长助理、珠海校区管委会主任保继刚教授应邀做了题为"走过三大洲——摄影·感悟人生"的专题讲座。讲座前,他介绍了论坛举办的宗旨——通过整合校园文化资源,为学生提供高品位的文化大餐,进一步加强珠海校区的校园文化建设,活跃校园的文化氛围。论坛计划每两周举办一场,邀请校内外知名专家学者主讲。本次论坛由珠海校区党委、珠海校区管委会主办,旅游协会、马克思主义理论研修班承办。

5月10日 下午,国际商学院2008大学生职业规划论坛第三期"校友篇"在珠海校区举行,来自1997级至1999级的姚亮、张治华等5位校友应邀出席论坛,畅谈职业规划。②

5月11日 晚,由历史学系团总支、学生会主办,以"传播历史文化,弘扬人文精神"为宗旨的第五届历史文化节在珠海校区开幕。历史学系主任刘志伟教授致开幕辞,香港中文大学讲座教授科大卫做主题为"中西商业传统比较"的讲座。③

5月19日 黎明,珠海校区下半旗向汶川大地震遇难同胞致哀!14时28分,珠海校区全体师生默哀3分钟,向汶川大地震遇难同胞致以深切哀悼!

△下午,中山大学本科教学评估专家组成员胡德坤教授、李荫华教授等人在梁庆寅常务副书记的陪同下,来到珠海校区考察,对部分院系、职能部门进行听课、走访、座谈。校长助理兼珠海校区管委会主任保继刚、珠海校区党委书记唐燕陪同考察,唐燕向专家组介绍了校区的教学工作开展情况。④

5月20日 中山大学旅游学院与奥地利因斯布鲁克管理学院签订交流协议,保继刚和Andreas Altmann代表双方在协议上签字。协议主要内容是加强双方学术交换、教师互访和学术交流。⑤

5月21日 下午,珠海校区举行汶川大地震灾区学生慰问座谈会,珠海校区党委书记、管委会副主任唐燕,学生处副处长、珠海校区学工办主任林俊洪,辅导员代表及灾区学生代表30余人参加了座谈会。唐燕给同学们做了心理辅导,并要求各辅导员要关心、安抚和帮助灾区学生及其家人。她说,关爱灾区学生就是对灾

---

① 中山大学党委宣传部:《校长助理保继刚教授主讲首场珠海校区"周末论坛"》,见中山大学新闻网(http://news2.sysu.edu.cn/news01/114610.htm),2008年5月12日。

② 谢凯:《忆一路峥嵘历程,为学子前行指路》,见中山大学珠海校区网(http://zhuhai.sysu.edu.cn/content/2175),2008年5月14日。

③ 李应华:《珠海校区第五届历史文化节开幕》,见中山大学珠海校区网(http://zhuhai.sysu.edu.cn/content/2174),2008年5月14日。

④ 中山大学新闻中心珠海校区记者站:《本科教学评估在珠海校区展开》,见中山大学珠海校区网(http://zhuhai.sysu.edu.cn/content/2173),2008年5月21日。

⑤ 中山大学校长办公室:《中山大学年鉴(2008)》,中山大学出版社2009年10月第1版,第519页。

区人民最好的支持。①

5月23日 晚,珠海校区第二期"周末论坛"举行,联合国高级谈判专家马克·盖尔宗先生应邀做了题为"如何学会解决矛盾、消弭冲突"的讲演。论坛由珠海校区党委、珠海校区管委会、商务印书馆主办,第十三期学生马克思主义理论研修班承办。②

5月25日 晚,珠海校区"周末论坛"第三讲暨第五届历史文化节闭幕式讲座举行。③

副校长陈春声教授在闭幕式上做了题为"礼法与乡村——兼论中国是如何建构起来的"的讲座。陈春声结合相关文献和田野考察解析传统乡村社会中的宗教、礼法、宗族等内容,向大家解释传统乡村生活的运作机制、乡村是如何与国家发生关系以及礼法在这一过程中扮演的角色等问题。历史学系主任刘志伟教授参加了闭幕式。第五届历史文化节由历史学系团总支、学生会主办。

5月27日 上午,珠海校区举行教学工作会议。④

副校长陈春声主持会议,校长助理、珠海校区管委会主任保继刚,珠海校区党委书记唐燕,医学教务处处长王庭槐,有本科学生在珠海校区学习的各院系主管教学工作的负责人以及珠海校区相关部门的人员参加了会议。陈春声简要通报了我校本科教学工作水平评估的情况以及评估专家对珠海校区本科教学工作的反馈意见。他说,此次评估虽然已经结束,但抓好本科教育,提高本科教学的质量永远是学校的重要工作。针对此次评估所暴露的一些问题,特别是课堂教学中存在的问题,学校会通过相关改革来加以解决。他还阐述了学校本科教学改革的相关措施,包括教师素质的提高、教学内容与方式的改变以及教学设备的改造等。他建议有一些教学改革措施可以以珠海校区作为试点,积累成功经验后再向其他校区推广。

保继刚具体分析了珠海校区作为远离主校区的异地办学校区在本科教学中所存在的一些问题,如长驻教师少、师生面对面接触的时间少、上基础课的知名教授少、校园的文化氛围不够浓厚等。他提出,要在珠海校区建立现代教育的长效机制。首先,要把增加师生互动作为一项工作制度确定下来,对于有本科学生在珠海校区的院系都要在校区设有师生互动室,每位任课老师都要定期到师生互动室上班;其次,从下学期开始,在珠海校区实体学院实行通识教育,夯实学生知识基础;第三,举办各种有学术品位的讲座,拓宽学生的知识面。

---

① 梁洁瑜:《关爱灾区学生就是对灾区人民最好的支持》,见中山大学珠海校区网(http://zhuhai.sysu.edu.cn/content/2170),2008年5月27日。
② 胡立贤:《如何学会解决矛盾、消弭冲突——高级谈判专家马克·盖尔宗主讲珠海校区第二期"周末论坛"》,见《中山大学报》(新)第179期,2008年5月30日。
③ 中山大学校长办公室:《中山大学年鉴(2008)》,中山大学出版社2009年10月第1版,第545页。
④ 中山大学珠海校区党政工作办公室:《加强师生互动,提高教学质量——珠海校区举行教学工作会议》,见《中山大学报》(新)第180期,2008年6月13日。

中山大学珠海校区编年史（1999—2018）

部分学院的相关负责同志也针对师生互动室的使用、通识教育的实施以及教学中的一些问题提出了自己的意见和看法。与会人员还参观了师生互动室。

6月中旬　珠海校区召开会议，就本科教学工作水平评估中反馈的问题进行了讨论，决定针对具体问题一一加以整改。①

会议决定，师生互动室建设已基本就绪，于近期投入使用；在教室增加配置无线麦克风，标配无线激光遥控器；校区教学实验大楼F501、519、520三间讲座课室由教务办负责、信网中心协助管理，课室内除多媒体设备以外的其他维修项目由后勤办负责；恢复校园广播系统，由校区团工委负责制订方案，于近期完成并投入使用。会议决定，珠海研究院占用的办公场地，除保留必要的办公室外，其余交回校区统一使用；国际商学院申请增加办公用房问题，原则上在现有用房基础上内部调整；电脑用房与实验中心协调共享；校区各单位共用管委会13楼会议室，由党政办负责安排；基建办负责做好校区医务室的选址论证工作；后勤办尽快拿出翰林路两侧移树规划方案和停车场植树方案；近期内要做好校区物业公司、饭堂、商铺等乙方单位合同期满后的重新招投标工作，做到平稳过渡。

6月12日　晚，由校友总会与中文系主办的"情系中大——校友面对面"论坛在珠海校区开讲。中文系校友欧小卫应邀主讲"情系中大，导航人生"。②

6月16日　晚，珠海校区举行2007—2008年勤工俭学先进个人表彰大会暨校区"感动中大"年度人物颁奖典礼。校党委副书记朱孔军出席并致辞。他肯定了学生助理对学校相关工作的协助与支持。典礼表彰了勤工助学积极分子、先进工作者、征文获奖同学及"感动中大"年度人物。珠海校区党委、校党委组织部、学生处负责人出席典礼。③

6月24日　晚，中山大学深入学习实践科学发展观活动之"我为祖国做贡献，我与学校共发展"学生提案活动决赛在南校区怀士堂举行。黄达人校长出席活动并为一等奖获得者颁奖。来自旅游学院的黄倩薇等同学的提案《关于中山大学实行"三学期制"下的教学、学风建设》荣获一等奖。④

6月25日　英国中央兰开夏大学来访，我校翻译学院与英国中央兰开夏大学签订交流协议，王宾代表翻译学院在协议上签字。协议主要内容是加强学生

---

①　中山大学党委宣传部：《珠海校区就本科教学工作水平评估中反馈问题积极整改》，见中山大学新闻网（http://news2.sysu.edu.cn/news01/114760.htm），2008年6月18日。
②　中山大学党委宣传部：《"情系中大——校友面对面"论坛两日三开讲》，见中山大学新闻网（http://news2.sysu.edu.cn/news01/114789.htm），2008年6月18日。
③　涂俊仪：《珠海校区勤工俭学先进个人表彰典礼暨校区"感动中大"年度人物颁奖典礼举行》，见《中山大学报》（新）第182期，2008年7月8日。
④　中山大学党委宣传部：《为学校的发展建言献策——"我为祖国做贡献，我与学校共发展"学生提案活动决赛在南校区落幕》，见中山大学新闻网（http://news2.sysu.edu.cn/news01/116766.htm），2008年6月26日。

交流。①

6月26日 下午,校党委在珠海校区举行新党员入党宣誓仪式。

△成立海洋学院、中共中山大学委员会海洋学院总支部委员会。② 海洋学院是设立在珠海校区的整建制学院。

△何建国任海洋学院院长、海洋科学与技术研究院院长。③ 孙晓明、刘军任海洋学院、海洋科学与技术研究院副院长,刘军任海洋学院党总支副书记。

6月30日 我校翻译学院与韩国檀国大学签订交流协议,王宾和Sunjoo Jeong分别代表双方在协议上签字。协议主要内容是加强学生交流。④

6月 我校国际商学院与英国莱斯特大学签订交流协议,舒元院长代表国际商学院在协议上签字。协议主要内容是进行"2+2"本科生联合培养。⑤

6月 我校翻译学院与俄罗斯新大学签订交流协议,王宾和Rugenko分别代表双方在协议上签字。协议主要内容是加强学生交流。⑥

7月2日 法国驻华大使馆文化参赞代表团来访中山大学,继续与我校磋商在核工程办学方面的合作。⑦

7月8日 法国驻穗总领事章泰年先生在总领事馆授予我校外国语学院、翻译学院院长王宾教授法国教育骑士勋章和证书,以表彰他在传播法国文化、促进中法文化教育交流等方面所做出的贡献。⑧

7月10日 岳辉任地理科学与规划学院党委副书记(分管旅游学院学生工作)。

△陈有志同志任外国语学院党委副书记(分管翻译学院学生工作)。

8月24日 珠海校区的300余名新生党员提前报到,接受志愿者培训。⑨

校团委书记黄山于24日晚为珠海校区新生党员做了题为"中大学生干部应该具备什么素质"的讲座。校党委副书记朱孔军于25日上午为珠海校区新生党员做了中山大学校情校史的讲座。他勉励同学们成才成人,为母校为祖国做出贡献。培训活动包括五场讲座、一场新老党员交流、一次校园参观和一场联欢晚会,于26日下午全部结束。新生党员随后将投入到迎接2008级新生工作当中。

---

① 中山大学校长办公室:《中山大学年鉴(2008)》,中山大学出版社2009年10月第1版,第522页。
② 中山大学校长办公室:《中山大学年鉴(2008)》,中山大学出版社2009年10月第1版,第32页。
③ 中山大学校长办公室:《中山大学年鉴(2008)》,中山大学出版社2009年10月第1版,第547页。
④ 中山大学校长办公室:《中山大学年鉴(2008)》,中山大学出版社2009年10月第1版,第522页。
⑤ 中山大学校长办公室:《中山大学年鉴(2008)》,中山大学出版社2009年10月第1版,第522页。
⑥ 中山大学校长办公室:《中山大学年鉴(2008)》,中山大学出版社2009年10月第1版,第522页。
⑦ 中山大学校长办公室:《中山大学年鉴(2008)》,中山大学出版社2009年10月第1版,第524页。
⑧ 黄西霖:《我校王宾教授、刘文立教授获法国教育骑士勋章》,见《中山大学报》(新)第183期,2008年8月29日。
⑨ 《新生党员心连"新"》,见《中山大学报》(新)第184期,2008年9月9日。

8月27日至28日 珠海校区约3800名新生报到。①

海洋学院招收的首届本科生入学,招生专业为海洋生物资源与环境。该专业累计招收了两届本科生,2010年,海洋学院开始以海洋科学专业招收本科生。

8月29日 上午,中山大学2008年开学典礼在珠海校区教学实验大楼举行。②

校领导郑德涛、黄达人、梁庆寅、朱孔军、汪建平、许家瑞、许宁生、黎孟枫、陈春声、徐安龙,校长助理李祥之、保继刚,中国工程院院士林浩然以及各院系、各相关部处的负责人出席典礼,在珠海校区入读的全体本科新生参加典礼。典礼由陈春声副校长主持。

黄达人校长在典礼上致校长训词。他说,2008年对中国来说是极不平凡的一年,在短短数月之间,中国人共同经历了汶川地震的大灾大爱,也共同迎来了北京奥运的巨大成功与喜悦。在这大悲大喜之间,每个人都经历了一场心灵的洗礼,国人的团结与善良,尤其是中国青年蓬勃向上的精神,足以让每一个人震撼与感动。"得天下英才而育之",是一所大学、一位老师的一大幸事。知礼、诚信、担当、勤奋、超越、阳光和职业准备七个关键词,是中山大学人才培养的目标,也是对新生们今后成长、成人、成才的衷心期望。理想的大学生,应该是一个"文明的现代人",他们知礼诚信、蓬勃向上、敢于超越、勇于担当,他们顺应时代的发展,善于吸收现代世界文明的成果,富有开拓进取的创造精神。这样的大学生,才是真正适应中华民族伟大复兴事业的人才,是"社会的精英"。希望中大的学生们都能在中大的学习过程中塑造和完善自己,在自己的血脉中注入中大精神,并终身以此为荣。

教师代表、化学与化工学院毛宗万教授,在校生代表邱萍,新生代表纪斌分别做了发言。

9月1日 上午,珠海校区召开2008级新生军训动员大会。③

校党委副书记兼军训师政委朱孔军、军训师师长周新华大校及学校相关部门负责同志出席动员大会,3710名参训学生和128名承训部队教官参加动员大会。朱孔军发表讲话。据武装部负责人介绍,2008年新生军训在机构、师资、内容和形式等方面都有所创新,增加了夜训、民防自救逃生知识赛、消防知识课等内容。9月11日,医学教务处组织在珠海校区首次开展新生军训医生职业素质教育。④ 9月14日上午,军训新生进行了长达10.5公里的军训拉练。与往年相比,今年的拉练采取了分路会师的方式,并加入了战术演练内容。

---

① 中山大学东校区党政工作办公室:《欢迎新同学——2008年迎新工作顺利完成》,见《中山大学报》(新)第184期,2008年9月9日。

② 中山大学校长办公室:《中山大学年鉴(2008)》,中山大学出版社2009年10月第1版,第550页。

③ 中山大学珠海校区党政工作办公室、人民武装部、新闻中心珠海校区记者站谭淑怡:《铸就新一代大学生军魂——2008级新生军训开始》,见《中山大学报》(新)第184期,2008年9月9日。

④ 中山大学校长办公室:《中山大学年鉴(2008)》,中山大学出版社2009年10月第1版,第551页。

9月11日 下午，校工会常务副主席罗永明率校工会常委到珠海校区慰问教职工。①

9月20日 2008级新生军训阅兵暨总结大会在珠海校区举行。郑德涛书记检阅军训新生。朱孔军副书记出席会议并讲话，军训师二团团长韩定平中校做军训总结，军训师二团政委、珠海校区党委书记唐燕宣读嘉奖令。②

9月21日 由珠海校区团工委主办，珠海校区学生会承办的校园权益咨询会在珠海校区举办。学生会在珠海校区各饭堂前设点，向前来咨询的学生介绍教务处、团工委、图书馆、校园卡服务中心、信息网络中心、丹田物业管理处等部门的业务和工作情况，并对学生在学习生活中遇到的问题进行记录、解答。③

9月27日至28日 学校拟定校区布局调整路线图。④

《中山大学校区布局调整路线图（草案）》于近日拟定。9月27日下午、28日上午，学校召开校区布局调整工作会议，黄达人校长、陈春声副校长出席会议并讲话，李祥之校长助理及各院系、各相关职能部门负责人参加会议。

陈春声介绍了校区布局调整工作的基本构想和原则。其中，2008—2012年，珠海校区要在提高办学层次的基础上，以新兴学科及港澳台合作办学和国际合作办学为特色。校区布局调整是对学校的历史和未来高度负责的体现，要逐步完成校区布局调整的目标。

黄达人在讲话中回顾了校区布局调整的历史背景。他强调，本届党政领导班子通力合作，推进校区布局调整。主动地设计、推进校区布局调整，使学校及各个院系以后的发展有一个长远的规划，是坚持以人为本、善待学生的办学理念的体现。

解读《中山大学校区布局调整路线图（草案）》，涉及珠海校区的部分主要有：

一、校区布局调整的若干原则

（一）校区布局调整以优化办学资源配置、有利于学校长远发展为目标，正确处理规模、质量、结构和效益的关系，正确处理可持续性发展和跨越式发展的关系。

（二）校区布局调整要有利于学校管理体制的改革与创新，形成有中山大学特色的现代大学制度。继续明确和强化"一校两区"的概念，进一步加强广州三个校区的紧密联系，进一步加强珠海校区管委会在校区办学的地位和作用。

（三）校区布局调整以在各校区形成相对完整的本—硕—博人才培养体系为基

---

① 罗永明：《历程·风采：中山大学工会60周年纪念专刊》，中山大学出版社2011年7月第1版，第147页。
② 中山大学校长办公室：《中山大学年鉴（2008）》，中山大学出版社2009年10月第1版，第551页。
③ 中山大学党委宣传部：《珠海校区举办校园权益咨询会》，见中山大学新闻网（http://news2.sysu.edu.cn/news01/116139.htm），2008年9月26日。
④ 中山大学新闻中心：《学校拟定校区布局调整路线图》，见《中山大学报》（新）第186期，2008年10月13日。

本的办学定位，强调优质教育资源的共享，逐步形成全校范围内的通识教育体系。

（四）校区布局调整要以体现中山大学新办学格局的招生计划为指引，在保持学校整体招生规模稳定和各校区学生人数相对恒定的前提下，既要信守招生承诺，也要有利于吸引优质生源，更要有利于形成基础学科、应用学科、医科、新兴学科相互融合、资源共享的办学格局。

（五）校区布局调整要坚持循序渐进、逐步置换、平稳过渡的工作方针，校区的布局应有利于学科发展和创新型人才培养，有利于师生员工学习、工作和生活，有利于优秀校园文化传承和发展。

（六）校区布局调整要坚持建设节约型校园的原则，有利于各类资源的整合，充分发挥学生宿舍、课室、实验室、办公用房及设备的最大效益，做到物尽其用、调剂余缺。

（七）要从贯彻落实科学发展观、促进学校科学发展和和谐校园建设的高度，积极推进校区布局调整工作。各级党政领导班子应密切配合、周密部署，坚持以人为本、善待学生的办学理念，进一步解放思想，统一师生员工的思想认识，凝聚人心，切实解决校区布局调整的实际问题，以创新的精神推动学校的事业发展。

二、校区布局调整的基本目标

2008—2012年，各校区应逐步形成如下办学格局：广州南校区以基础学科为主，广州东校区以应用学科为主，广州北校区以医科为主，珠海校区则要在提高办学层次的基础上，以新兴学科及港澳台合作办学和国际合作办学为特色。至2012年9月，校区布局调整形成的各校区各学院（系）基本办学格局中珠海校区部分为：在珠海校区学习和培养的有旅游学院、国际商学院、翻译学院、海洋学院、筹建中的国际学院（暂名）的全日制研究生和本科生，物理学（核工程与核技术）、应用化学（理化检验技术）专业的本科生，中文系、历史学系、哲学系、岭南学院、外国语学院、心理学系、地理科学与规划学院、地球科学系的低年级本科生。

三、校区布局调整的周期

自2008年7月起至2012年9月止，全校性校区布局调整周期为期四年。至2012年9月，中文系、历史学系、哲学系、岭南学院、外国语学院、心理学系、地理科学与规划学院、地球科学系低年级本科生仍在珠海校区学习；学生迁移方面，2008年7—8月，药学院在珠海校区的本科生和北校区的研究生整体迁移至东校区。2009年7—8月，人类学系在珠海校区的本科生全部迁至南校区学习。2011年7—8月，物理科学与工程技术学院、化学与化学工程学院、生命科学学院、八年制临床医学专业、逸仙班在珠海校区的低年级本科生全部迁移至南校区学习。中文系、历史学系、哲学系、岭南学院、外国语学院、教育学院、地理科学与规划学院、地球科学系的本科生仍按低年级在珠海校区学习、高年级在南校区学习决定学生迁移流向。

10月9日 下午，由珠海团市委、珠海市青联主办的2008珠澳大学生创业大赛新闻发布会暨启动仪式在中大珠海校区举行。本次创业大赛以"青春梦想由我创"为主题,包括中山大学在内的珠海八所高校和澳门大学、澳门科技大学将共同参加此次比赛。①

△翻译学院穆小路同学参加韩国全国外国人韩语演讲大赛,获第一名。②

10月10日 2008级新生辅导员工作述职会在珠海校区召开。校党委副书记朱孔军及各院系党委(党总支)副书记参加会议。③

10月11日 上午,珠海校区2008年秋季要求入党积极分子培训班开班仪式在教学实验大楼举行,来自18个不同院系以及中大附属第五医院的近350名学员参加了开班典礼。哲学系罗筠筠教授主讲第一课"党的宗旨和党员的先锋模范作用"。④

10月16日 晚,由校团委主办的"神七"广东高校巡回演讲在珠海校区举行。副校长陈春声、珠海校区党委书记唐燕出席演讲会。中国航天员科研训练中心原负责人吴川生政委做了题为"太空行走技术与中国航天员"的演讲。⑤

10月18日 上午,中山大学珠海校区分党校举办"时代先锋,学习楷模"座谈会。⑥

座谈会上,300多名要求入党积极分子与中大附属第五医院赴四川抗震救灾志愿医疗队的医护人员代表面对面,一起回忆那段令每个中国人都铭记的日子。樊韵平医生做了题为"危难时刻,中大人经住了考验"的演讲,讲述了他们在灾区开展医疗救灾工作的难忘经历。在他们的叙述中,都不约而同地提到了党和政府在抗震救灾中的中流砥柱作用。杨禄坤医生表示,以前对党的认识是模糊的,但是在抗震救灾期间,人民子弟兵的无私奉献精神和全国人民同心同德的感人壮举使自己认识到,只有中国共产党才会有如此强大的凝聚力,只有中国共产党才是真正把人民的利益放在第一位。通过交流,同学们深深体会到了中国共产党全心全意为人民服务的宗旨,体会到共产党领导下的中国人民坚强不屈的民族精神,从而更加坚定了加入中国共产党的决心。

---

① 中山大学党委宣传部:《2008珠澳大学生创业大赛在我校启动》,见中山大学新闻网(http://news2.sysu.edu.cn/news01/116168.htm),2008年10月14日。

② 《中山大学外语学科90年史稿(1924—2014)》编委会:《中山大学外语学科90年史稿(1924-2014)》,中山大学出版社2014年10月第1版,第284页。

③ 中山大学党委宣传部:《我校召开2008年新生辅导员工作述职会》,见中山大学新闻网(http://news2.sysu.edu.cn/news01/116193.htm),2008年10月17日。

④ 《擎党旗,学党性》,见中山大学珠海校区网(http://zhuhai.sysu.edu.cn/content/2159),2008年10月16日。

⑤ 中山大学党委宣传部:《"神七"广东高校巡回演讲中山大学站举行》,见中山大学新闻网(http://news2.sysu.edu.cn/news01/116202.htm),2008年10月22日。

⑥ 张思熠:《危难之际,党性闪耀光辉》,见中山大学珠海校区网(http://zhuhai.sysu.edu.cn/content/2157),2008年10月24日。

10月19日 上午，全美俊英工商总会阮展鹏、总理黄海泉一行到珠海校区访问。国务院台办原副主任、海协会原常务副会长唐树备，中国驻旧金山总领事馆原总领事郑万珍、赵锡欣、宋增寿、王永秋等出席活动。珠海校区党委书记唐燕接待了客人。全美俊英工商总会是广东中山（含今珠海）、东莞、增城、博罗四县旅居美国从事农业工商业者联合组成的群众团体，已成立近百年。①

10月20日 晚，解放军总政歌舞团一级演员程志莅临珠海校区，以"边唱边讲"的新颖形式向到场的中大师生介绍了声乐知识和演唱技巧。珠海校区党委书记唐燕出席交流会。本次音乐交流会由珠海校区党委、管委会主办，珠海校区团工委、学工办、音乐协会承办。②

10月22日 晚，珠海校区举办第十届"挑战杯"首场培训会，物理科学与工程技术学院罗蔚茵教授主讲题为"相对论与现代时空观"的讲座。③

10月23日 晚，珠海校区举办"平安校园"讲座，启动校园安全教育月活动。讲座由珠海市唐家湾镇派出所教导员孙继全主讲。珠海校区党委书记唐燕出席讲座。④

10月26日 翻译学院首届教职工运动会举行。⑤

10月30日 撤销中共中山大学珠海校区委员会，成立中共中山大学珠海校区工作委员会。⑥ 唐燕任珠海校区党工委书记。⑦

△李烨任珠海校区管理委员会副主任兼党政工作办公室主任，唐燕不再兼任珠海校区管理委员会副主任职务。

10月31日 上午，学校召开校区布局调整工作会议。⑧

郑德涛书记、黄达人校长出席会议并发表讲话，魏明海、李祥之校长助理及各院系、职能部门正职负责人参加，会议由陈春声副校长主持。黄达人在讲话中指出，《中山大学校区布局调整路线图（2008—2012）》已由学校党委常委会决议通过，将在学校的发展中发挥重要作用。对校区布局调整过程中可能遇到的困难，黄校长提出三点意见：40分钟车程不应成为难以逾越的心理鸿沟，我们要多为青年

---

① 中山大学党委宣传部：《全美俊英工商总会代表团访问珠海校区》，见中山大学新闻网（http://news2.sysu.edu.cn/news01/116204.htm），2008年10月27日。

② 中山大学党委宣传部：《著名男高音歌唱家程志与中大师生畅谈音乐》，见中山大学新闻网（http://news2.sysu.edu.cn/news01/116296.htm），2008年10月28日。

③ 刘欣仪：《"你们都来挑战一下吧"》，见《中山大学报》（新）第189期，2008年11月10日。

④ 李辛慧：《校园安全教育月在珠海校区启动》，见中山大学珠海校区网（http://zhuhai.sysu.edu.cn/content/2154），2008年10月29日。

⑤ 《中山大学外语学科90年史稿（1924—2014）》编委会：《中山大学外语学科90年史稿（1924—2014）》，中山大学出版社2014年10月第1版，第284页。

⑥ 中山大学校长办公室：《中山大学年鉴（2008）》，中山大学出版社2009年10月第1版，第33页。

⑦ 中山大学校长办公室：《中山大学年鉴（2008）》，中山大学出版社2009年10月第1版，第554页。

⑧ 中山大学新闻中心：《立足长远，着眼未来，共同推进校区布局调整工作——〈中山大学校区布局调整路线图（2008—2012）〉公布实施》，见《中山大学报》（新）第188期，2008年10月31日。

教师着想,要把"善待学生"的理念落到实处。郑德涛在讲话中强调,校区布局调整是学校经过深思熟虑做出的重大决策。要坚定不移、积极稳妥、同心协力地推进校区布局调整工作,以校区布局调整工作为契机,进一步探索多校区办学模式,提高校区管理水平。至此,校区布局调整工作正式展开。

△第六届心理健康教育活动月在珠海校区开幕。①

10月 海洋科学博士后科研流动站获准设立,并开始接收博士后进站工作。②

11月1日 "认知珠海"系列活动启动仪式在珠海校区举行。③

这是继新生了解中大、了解珠海校区之后的又一特色教育活动,旨在增进新生对所生活的城市的了解,尽快融入大学生活。保继刚校长助理在仪式上发表讲话,鼓励同学们要读万卷书,走千里路,不断增长知识和智慧,增进对自己生活学习的城市的了解、认知,找到生活的认同感和归属感。珠海校区的3800多名新生将参加本次活动。

该活动已于10月25日开始,来自化学与化学工程学院的近250名新生成为第一批"游客"。④

△晚,由广东人民广播电台、珠江经济广播电台主办的第六届"魅力新人王——广东广播主持人大赛"珠海赛区总决赛中大珠海校区举行。来自中大珠海校区、暨南大学珠海学院等单位的25位选手进入决赛。中大袁直同学荣获一等奖。⑤

11月2日 国际商学院第三届田径运动会在珠海校区举行,随着学生队伍的壮大,这是国际商学院首次独立举办学院运动会。前两次均与岭南学院合办。⑥

11月3日 晚,第二十二期"传统与现代"论坛在珠海校区举行。论坛由珠海校区学工办主办,教育学院学生会承办。心理学系杨中芳教授主讲题为"情绪调节与中庸之道"的讲座。⑦

11月4日 下午,珠海校区学生宿舍管理工作座谈会在榕园学生活动中心召开。珠海校区党工委书记唐燕、珠海校区学工办、各院系辅导员和各宿舍楼宿舍管理员参加了座谈会。经过讨论,大家达成共识:在宿舍管理上,应当加强学生自我

---

① 张绪:《李克明博士古话新谈》,见《中山大学报》(新)第189期,2008年11月10日。
② 中山大学海洋科学学院:《立足广东,面向南海——中山大学海洋科学学院》宣传册,自印,第4页。
③ 中山大学党委宣传部:《珠海校区启动新生"认知珠海"系列活动》,见中山大学新闻网(http://news2.sysu.edu.cn/news01/116328.htm),2008年11月5日。
④ 刘欣仪:《认知百岛之市,爱上浪漫之城》,见《中山大学报》(新)第189期,2008年11月10日。
⑤ 中山大学党委宣传部:《第六届"魅力新人王——广东广播主持人大赛"珠海赛区总决赛在我校珠海校区举行》,见中山大学新闻网(http://news2.sysu.edu.cn/news01/116282.htm),2008年11月3日。
⑥ 李锦婷:《学院首次独立举办院内运动会——三届学生同台竞技,活力激昂》,见中山大学国际金融学院网(http://isbf.sysu.edu.cn/cn/sylm01/924.htm),2008年11月3日。
⑦ 章文、杨致珩:《第二十二期"传统与现代"论坛在珠海校区举行》,见中山大学珠海校区网(http://zhuhai.sysu.edu.cn/content/2145),2008年11月13日。

中山大学珠海校区编年史（1999—2018）

管理能力的培养。宿舍文化是大学文化的一部分，宿舍文明的建设是大学教育的重要组成，对宿舍文化的建设需要给予足够的关注。座谈会由学生处副处长、珠海校区学工办主任林俊洪主持。①

11月6日 广州禾田实业有限公司董事长、1982级哲学系校友陈乐田做客珠海校区"情系中大——校友面对面"校友论坛，以"梦中的香格里拉"为主题与师生分享自己的成长经历和人生历程，讲述自己对企业管理、中国经济的见解。论坛由中大校友总会、哲学系共同主办。②

△由紫荆诗社主办的纪念戴望舒诞辰103周年诗歌交流会在珠海校区举行。③

11月9日 国际商学院女排荣获"五四暨校庆杯"排球赛四校区总决赛冠军。④ 2009年，国际商学院女排再获该赛事冠军，成功卫冕。

11月11日 上午，第十四届全国大学生击剑锦标赛开幕式在珠海校区举行。⑤

中国大学生体育协会联合秘书处竞赛部副部长华爱军，中国大学生击剑协会主席、中山大学副校长陈春声，珠海市大学园区工作委员会主任钟国胜及参赛兄弟院校的有关领导出席开幕式。珠海校区党工委书记唐燕主持开幕式。

陈春声在致辞中说，中大作为全国大学生击剑协会主席单位承办本届比赛，将切实推进各高校的交流，增进友谊，促进大学生的全面发展和健康成长。他希望运动员们在比赛中发扬奋勇争先、顽强拼搏的精神，赛出水平，展现当代大学生的风采。来自29所高校的领队、教练员和运动员共439人参加了本届比赛。

11月12日 晚，在中山大学84周年校庆之际，珠海校区举行亮灯仪式，向学校华诞献礼。亮灯仪式上，用英文和符号组成的"我爱中山大学"，表达学子对学校的热爱。⑥

11月14日 晚，由珠海校区保卫办、学工办主办，珠海校区党员服务队承办的安全知识竞赛决赛在教学实验大楼举行。初赛总分排名前六的队伍从140支参赛队伍中脱颖而出，进入决赛。学生处副处长、珠海校区学工办主任林俊洪出席活动并讲话。他认为，同学们要养成较强的安全意识，就需要多方面、多渠道、多方式

---

① 中山大学珠海校区学生工作办公室：《珠海校区学生宿舍管理工作座谈会召开》，见中山大学珠海校区网（http://zhuhai.sysu.edu.cn/content/2147），2008年11月10日。
② 张绪：《一步一脚印造就中大"豪侠"》，见《中山大学报》（新）第189期，2008年11月10日。
③ 刘权啸：《解读"雨巷诗人"》，见《中山大学报》（新）第189期，2008年11月10日。
④ 黄睿君：《历经两年磨砺，女排喜捧金杯——国际商学院女排获得"五四暨校庆杯"总冠军》，见中山大学国际金融学院网（http://isbf.sysu.edu.cn/cn/sylm01/923.htm），2008年11月10日。
⑤ 中山大学校长办公室：《中山大学年鉴（2008）》，中山大学出版社2009年10月第1版，第555页。
⑥ 中山大学珠海校区宿舍管理委员会：《珠海校区举行亮灯仪式，庆中山大学84周年华诞》，见中山大学珠海校区网（http://zhuhai.sysu.edu.cn/content/2141），2008年11月20日。

地灌输与影响。来自翻译学院的团队夺得冠军。①

11月19日 晚，中山大学"纪念广东改革开放三十年"系列讲座第二讲在珠海校区举行。来自岭南学院的徐现祥副教授应邀做了题为"广东经济建设三十年"的讲座。讲座由社会科学处和党委宣传部主办，岭南学院承办。②

11月20日至21日 学校本科教学检查小组赴珠海校区进行专题调研。③

根据学校校区布局调整和本科教育教学改革新形势需要，学校组织检查小组赴珠海校区就本学期本科教学运作情况、通识课程改革和人才培养等进行调研。在珠海校区举行的三场学生座谈会上，来自逸仙班和其他学院的学生就学校通识课程改革、逸仙班人才培养、师生互动、教师授课等方面提出了意见和建议。通过此次调研，学校师生以及管理人员就本科教学的很多问题达成共识，取得预期成效。总体而言，师生对珠海校区的本科教学运转情况表示满意。

11月24日 晚，以"青春梦想由我创"为主题的2008珠澳大学生创业大赛初赛第一场在中大珠海校区开赛。

11月25日 由校友总会和地理科学与规划学院主办的"情系中大——校友面对面"论坛在珠海校区举行。论坛邀请了1991级校友、南方电视台经济频道副总监、新闻中心副主任王世军以"明白做人，宽容生活"为主题，与大家交流分享工作与生活的经验和心得。④

11月27日 晚，世界旅游组织秘书长Francesco Frangialli先生受聘为我校客座教授。⑤

黄达人校长出席聘任仪式并向Francesco Frangialli颁授了聘书。聘任仪式由校长助理、旅游学院院长保继刚主持。联合国世界旅游组织亚太部主任徐京等来宾及旅游学院的30多名师生参加了聘任仪式。近年来，在Francesco Frangialli和徐京的支持和帮助下，中山大学与世界旅游组织合作开展了一系列卓有成效的工作，其中包括中山大学、桂林市政府、世界旅游组织合作历时三年完成的"阳朔旅游可持续发展指标监测"项目。由中山大学旅游发展与规划研究中心主编的"旅游与社区发展——亚洲案例"也已于2008年4月由世界旅游组织出版。

---

① 胡家钥：《学安全知识，构和谐校园》，见中山大学珠海校区网（http://zhuhai.sysu.edu.cn/content/2140），2008年11月20日。

② 章文：《广东经济建设30年——"纪念广东改革开放30年"系列讲座第二讲在珠海校区举行》，见《中山大学报》（新）第192期，2008年12月12日。

③ 中山大学党委宣传部：《学校本科教学检查小组赴珠海校区进行专题调研》，见中山大学新闻网（http://news2.sysu.edu.cn/news01/116273.htm），2008年11月27日。

④ 中山大学党委宣传部：《明白做人，宽容生活：王世军校友做客"情系中大——校友面对面"论坛》，见中山大学新闻网（http://news2.sysu.edu.cn/news01/116277.htm），2008年11月27日。

⑤ 中山大学党委宣传部：《世界旅游组织秘书长Francesco Frangialli先生受聘为我校客座教授》，见中山大学新闻网（http://news2.sysu.edu.cn/news01/116280.htm），2008年12月1日。

11月29日 "第三届韩国文化节闭幕晚会"在珠海校区举行。①

韩国驻广州总领事馆总领事全在万、韩国旅游发展局广州支社局长朴忠敬、中山大学副校长陈春声、中山大学校长助理保继刚及其他中韩来宾出席晚会。本次闭幕晚会标志着持续近一个月的"第三届韩国文化节"顺利落幕。本届韩国文化节举行了韩语演讲、话剧、歌唱、文化体验等一系列比赛和活动。

12月1日 中山大学翻译学院与美国威廉·帕特森大学签订交流协议,王宾和 Erward Weil 分别代表双方在协议上签字。协议主要内容是进行本科生联合培养。②

12月1日至2日 由中国高等教育学会教育基金工作研究分会主办、中山大学教育发展基金会和校友事务与教育发展办公室承办的第十次中国高校基金会工作研讨会在珠海校区举行。喻世友副校长出席开幕式。来自清华大学、北京大学、新加坡国立大学等49所高校和境外筹资机构的近130名代表参加了研讨会。③

12月2日 下午,2007—2008年度可口可乐优秀学生奖学金颁奖仪式在珠海校区教学实验大楼举行。珠海市可口可乐公司代表余德坤先生、珠海校区党工委书记唐燕出席颁奖仪式并讲话。④

12月4日 由社会科学处和党委宣传部主办、教育学院承办的"纪念广东改革开放三十周年"系列讲座第四讲在珠海校区举行。教育学院冯增俊教授做了题为"教育创新与中华民族复兴"的讲座。⑤

12月9日至12日 广东高校食堂标准化建设评估验收和食品卫生监督量化分级管理评审工作专家一行对中大四个校区、19个饭堂进行评估评审。⑥

12月11日 由珠海校区管委会主办,珠海校区分工会承办的珠海校区第四届教职工趣味运动会在田径场举行。来自校区各职能部门、旅游学院、翻译学院、国际商学院以及网络教育学院的教职员工共100多人参加运动会。珠海校区党工委书记唐燕、管委会副主任李烨等人出席了运动会。⑦

△李珅任总务处副处长兼珠海校区后勤办公室主任。

△钟一彪任岭南学院党委副书记,分管国际商学院学生工作。

---

① 中山大学校长办公室:《中山大学年鉴(2008)》,中山大学出版社2009年10月第1版,第557页。
② 中山大学校长办公室:《中山大学年鉴(2008)》,中山大学出版社2009年10月第1版,第522页。
③ 中山大学校长办公室:《中山大学年鉴(2008)》,中山大学出版社2009年10月第1版,第557页。
④ 胡家玥:《2007—2008学年度可口可乐优秀学生奖学金颁奖仪式在珠海校区教学楼举行》,见《中山大学报》(新)第192期,2008年12月12日。
⑤ 李辛慧:《教育创新与中华民族复兴——"纪念广东改革开放30年"系列讲座第四讲在珠海校区举行》,见《中山大学报》(新)第192期,2008年12月12日。
⑥ 中山大学党委宣传部:《广东高校食堂标准化建设专家来我校评估评审》,见中山大学新闻网(http://news2.sysu.edu.cn/news01/116336.htm),2008年12月15日。
⑦ 中山大学党委宣传部:《珠海校区第四届教职工趣味运动会举行》,见中山大学新闻网(http://news2.sysu.edu.cn/news01/116344.htm),2008年12月15日。

12月18日至19日 "2008年中国高校校办产业协会年会暨高等学校科技产业化工作交流研讨会"在珠海校区召开。教育部科技发展中心副主任李建聪、广东省教育厅副厅长罗远芳、中山大学副校长喻世友等出席会议,罗远芳、喻世友等领导在会上致辞。来自全国教育行政部门及129所高校主管产业的副校长或校办产业负责人参加会议。会议由中国高校校办产业协会主办,广州中大控股有限公司承办。①

12月21日 珠海校区"建设节约型校园系列活动"颁奖典礼暨环保手工作品展在榕园广场举行。②

由珠海校区团工委和后勤办共同主办,珠海校区青年志愿者协会等学生团体承办的"建设节约型校园系列活动"于11月启动。珠海校区的公益性学生团体开展了"环保广告创意大赛"等一系列环保活动。当晚,由珠海校区学生会承办的"对话传奇"论坛在教学实验大楼举行,论坛邀请湛江国联水产开发股份有限公司董事长李忠先生分享其创业经历。

---

① 中山大学校长办公室:《中山大学年鉴(2008)》,中山大学出版社2009年10月第1版,第559页。
② 中山大学党委宣传部:《珠海校区建设节约型校园系列活动颁奖典礼举行》,见中山大学新闻网(http://news2.sysu.edu.cn/news01/116452.htm),2008年12月26日。

2009年

2009年

1月7日 晚,来自珠海市大学园区、中大珠海校友会等单位的嘉宾和学校有关部处、院系的负责同志及在珠海校区工作的教职员工300余人在珠海校区学生活动中心欢聚一堂,举行迎新春联欢晚会。校长助理、珠海校区管委会主任保继刚,珠海校区党工委书记唐燕等出席了晚会。①

1月10日至11日 "2009年中山大学医科粤港澳青年校友迎春联谊会"在珠海校区举行。广东省政府港澳办副主任林迪夫,省卫生厅副厅长廖新波,校党委书记郑德涛,校长黄达人,校党委副书记李萍,中山医校友会会长、柯麟医学教育基金会会长陈汝筑等出席。副校长汪建平主持联谊会。②

1月15日 聘任王宾为翻译学院院长。③

1月15日至16日 广州中大控股有限公司2008年度总经理年终工作总结会议在珠海校区召开。校党委副书记兼纪委书记梁庆寅、校长助理兼中大控股董事长魏明海出席会议并讲话。④

1月22日 学校与澳大利亚昆士兰大学签署合作意向书,在本科生旅游会展专业培训方面进行合作。中大校长助理兼旅游学院院长保继刚代表中大签署意向书,意向书有效期为三年。⑤

---

① 中山大学党委宣传部:《珠海校区举行迎新春联欢晚会》,见中山大学新闻网(http://news2.sysu.edu.cn/news01/116471.htm),2009年1月14日。
② 中山大学校长办公室:《中山大学年鉴(2009)》,中山大学出版社2010年12月第1版,第639页。
③ 中山大学校长办公室:《中山大学年鉴(2009)》,中山大学出版社2010年12月第1版,第639页。
④ 中山大学校长办公室:《中山大学年鉴(2009)》,中山大学出版社2010年12月第1版,第639~640页。
⑤ 中山大学校长办公室:《中山大学年鉴(2009)》,中山大学出版社2010年12月第1版,第616页。

中山大学珠海校区编年史（1999—2018）

2月19日至20日 中山大学2009年工作研讨会在珠海校区召开。①

本次研讨会的主题是"深入学习实践科学发展观，进一步推进高水平大学建设"。校领导郑德涛、黄达人、李萍、梁庆寅、颜光美、汪建平、许宁生、黎孟枫、徐安龙，校长助理李祥之、魏明海、夏亮辉、保继刚以及学校各单位负责同志100余人出席会议。

2月19日下午，郑德涛书记以《关于珠江三角洲规划纲要几点思考》为题做专题报告。黄达人校长以《大学是一个学术共同体》为题做专题报告，指出无论是人才培养、科学研究还是服务社会，究其本质而言，大学与学术密切相关，学术共同体是大学的基本定位，强调这个概念，有助于重归大学的本质，这对于中山大学的长远发展无疑有重要的意义。

郑德涛书记做会议总结，表示此次工作研讨会增强了紧迫感和机遇意识，明晰了发展中的瓶颈问题，为学校的建设和发展厘清了思路，进一步增强了凝聚力。郑书记还就2009年的工作重点做了说明。

2月25日 是日为藏历新年。上午，校党委副书记朱孔军及珠海校区管委会、学生工作职能部门、藏族学生相对集中的院系的有关负责同志到珠海校区，进行了以"师生共庆、欢乐和谐"为主题的藏历新年走访和慰问活动。②

3月12日 珠海市副市长王庆利到珠海校区调研。③

魏明海校长助理向王庆利汇报了相关工作。王庆利指出，中大珠海校区的建立，使珠海市的整体形象和文化底蕴提升到了一个新的层面，珠海市对中大科技园珠海园区建设工作表示全力支持。他还谈到中大大学生创业园的建设符合时机，体现"创新、创造、创业"精神，对引导大学生就业有帮助，对遇到的具体问题可以采取召集专题协调会的形式予以解决。

△成立中山大学海外项目拓展与管理中心（珠海校区）。④ 聘任王宾为中山大学海外项目拓展与管理中心（珠海校区）主任。

3月16日 我校召开深入学习实践科学发展观活动动员大会。⑤

动员大会后，郑德涛书记、黄达人校长多次到珠海校区指导学习实践活动。珠海校区管委会党政办在动员大会后及时召开教师、教辅人员座谈会。党政办、实验中心、网信办、图书馆和翻译学院、旅游学院、国际商学院、海洋学院等实体学院

---

① 中山大学新闻中心：《深入学习实践科学发展观，进一步推进高水平大学建设——中山大学2009年工作研讨会召开》，见《中山大学报》（新）第195期，2009年3月3日。
② 中山大学党委宣传部：《我校组织开展藏历新年走访慰问活动》，见中山大学新闻网（http://news2.sysu.edu.cn/news01/116447.htm），2009年2月25日。
③ 中山大学校长办公室：《中山大学年鉴（2009）》，中山大学出版社2010年12月第1版，第641页。
④ 中山大学校长办公室：《中山大学年鉴（2009）》，中山大学出版社2010年12月第1版，第641页。
⑤ 谭杰：《书记校长带头深入基层调研，双组长制确保学习实践活动深入开展》，见《中山大学报》（新）第197期，2009年3月31日。

教师、教辅人员代表参加了会议。会议指出,校区的工作要以实践科学发展观为指导,体现以人为本,从提高校区办学层次和教学质量着手,整合教学资源,优化资源配置,突出教学中心,扎扎实实地开展工作。①

△中法核工程合作项目法方代表团,法国驻华大使馆核参赞,法国驻华大使馆高等教育合作处、法国驻广州总领事馆文化处代表一行访问中山大学,探讨在核工程与技术方面的办学合作。②

3月17日 《关于印发2009年工作要点的通知》(中大党发〔2009〕3号)下发。文中指出:"分步推进珠海校区国际化建设,发展本科生联合培养项目,设立海外项目拓展与管理中心(珠海校区),继续推进中法核工程学院项目的相关工作。"③

3月19日 晚,由校团委主办、校学生会承办的中山大学第七届DV大赛作品展播会在珠海校区举行。本届大赛于2008年12月中旬在广州校区、珠海校区两地启动。④

3月27日 中午,珠海校区管委会党政办和团工委共同组织开展珠海校区2009年春季环校长跑活动。长跑队伍由教工方阵和来自18个院系的学生方阵共同组成。

△晚,珠海校区举行"为地球熄灯一小时"活动。⑤

3月28日 由教育部财务司主办,中山大学承办的教育部直属高校2009年预算执行工作会议在珠海校区召开。教育部财务司相关负责人,华东、中南和华南片区29所高校的代表出席会议。会议主题是"深入学习实践科学发展观,贯彻落实财政部、教育部关于加强预算执行管理有关精神,提高部属高校预算管理水平"。⑥

3月 中山大学翻译学院与英国埃塞克斯大学签署合作协议,双方商定进行翻译学院"2+2"商务系本科生联合培养。王宾和Colin Rioedon代表双方在协议书上签字,协议书有效期为三年。⑦

△由海洋学院负责筹建的水产品安全教育部重点实验室获准建设。该重点实验室于2012年顺利通过教育部组织的专家验收。⑧

---

① 中山大学党委宣传部:《深入调研,谋划发展,努力提高校区办学层次和教学质量——珠海校区召开教师、教辅人员座谈会》,见中山大学新闻网(http://news2.sysu.edu.cn/news01/116557.htm),2009年4月1日。
② 中山大学校长办公室:《中山大学年鉴(2009)》,中山大学出版社2010年12月第1版,第624页。
③ 中山大学校长办公室:《中山大学年鉴(2009)》,中山大学出版社2010年12月第1版,第32页。
④ 胡家玥:《用不平凡的视界,记录平凡的世界》,见《中山大学报》(新)第199期,2009年4月30日。
⑤ 陈建群:《为地球熄灯一小时》,见《中山大学报》(新)第199期,2009年4月30日。
⑥ 中山大学党委宣传部:《教育部直属高校2009年预算执行工作会议在珠海校区举行》,见中山大学新闻网(http://news2.sysu.edu.cn/news01/116520.htm),2009年4月2日。
⑦ 中山大学校长办公室:《中山大学年鉴(2009)》,中山大学出版社2010年12月第1版,第618页。
⑧ 中山大学海洋科学学院:《立足广东,面向南海——中山大学海洋科学学院》宣传册,自印,第4页。

4月1日 晚,2009年学生干部培训专题讲座在珠海校区举办。①

朱孔军副书记出席讲座,并主讲"大学生要与大学共同成长——兼谈学生干部的责任与担当"。2003年至今,珠海校区学生干部培训已举办了7届,邀请了多位校内外嘉宾主讲,累计培训2000多人。今年,珠海校区学生干部培训以"贯彻落实科学发展观,深入了解珠三角改革发展规划"为主题,使学生干部更好地适应时代要求,增强学生干部的历史责任感和使命感。

4月10日 由历史学系团总支、学生会主办的第六届历史文化节在珠海校区开幕。本届历史文化节将开展讲座、本科生论坛、口述史大赛、电影展播等相关活动。

4月20日 上午,珠海市科学技术局局长兼信息产业局局长周建纯率队到中大创新科技研究院,就珠海市与我校共建的公共实验室的发展状况及珠海市企业与我校科技合作情况进行调研。②

我校何建国教授、周毅人副研究员就珠海市海洋生物技术公共实验室、珠海市电力电子及控制技术公共实验室的建设与服务珠海企业情况做了汇报。上述实验室均建设在珠海校区。周建纯肯定了上述两个公共实验室在服务珠海地方经济建设方面所取得的成绩,认为实验室的研究方向与珠海市的发展布局结合紧密,珠海市科技局将联合相关部门加大对公共实验室技术成果及服务设施的宣传力度,引导和推动珠海市企业与公共实验室建立更加全面、深入的合作,进一步提高实验室的使用效率。校长助理夏亮辉、珠海市科技局等相关人员参加了座谈会。

4月中旬 由中山大学学生职业生涯发展协会主办的第六届英才节在珠海校区开幕。开幕式上,珠海可口可乐饮料有限公司销售与市场总监麦晋平主讲了关于求职与职业发展的讲座。③

4月21日 晚,由校党委宣传部、学生工作部、研究生工作部、校团委共同举办的河北燕赵残疾人艺术团中山大学演出专场在珠海校区举行。

4月28日 下午,国际商学院实习基地签约仪式暨中国企业家创业就业高校论坛在珠海校区举行。④

本次活动由国际商学院与《中国企业家》杂志社联合举办。包括深圳中航信息科技产业股份有限公司、天创数码集团等9家大中型民营企业与国际商学院签订了实习基地合约。珠海校区党工委书记唐燕,国际商学院党委书记张文彪,校团委相关负责人等出席了本次活动。

---

① 中山大学校长办公室:《中山大学年鉴(2009)》,中山大学出版社2010年12月第1版,第643页。
② 中山大学党委宣传部:《珠海市科技局局长周建纯一行到我校调研》,见中山大学新闻网(http://news2.sysu.edu.cn/news01/116593.htm),2009年4月23日。
③ 杨璧君:《金融风暴下的职场人生》,见《中山大学报》(新)第199期,2009年4月30日。
④ 中山大学党委宣传部:《高层企业家论道,创业就业需科学发展,国际商学院与9家企业缔结首批实习基地合约》,见中山大学新闻网(http://news2.sysu.edu.cn/news01/116620.htm),2009年5月4日。

4月30日 萧净宇任翻译学院副院长。

△中山大学"岁月知味"杯百科知识竞赛总决赛在珠海校区举行。①

总决赛共有四支队伍，12名选手参加，他们来自四个校区。由中文系吴翀、理工学院林枫灿、岭南学院成韵同学组成的"六七八"队获得冠军。比赛由校学生会主办，珠海校区学生会承办，是深入学习贯彻科学发展观、纪念五四运动90周年的系列活动之一。比赛同时为一年一度的海峡两岸知识大赛选拔队员。入围总决赛的优秀选手将有机会代表我校参加于2009年10月17日至29日在台北市举行的第八届海峡两岸知识大赛。珠海校区党工委书记唐燕出席比赛。

4月下旬 中国文化节游园会暨翻译学院第二届"译中天"文化节开幕式在珠海校区榕园广场举行。②

5月4日 在共青团广东省委开展的五四评优表彰活动中，翻译学院2005级本科生罗琼获"广东省优秀团员"称号。③

5月8日 围绕在国际金融危机形势下大学生创业就业的热点问题，校友总会携手中文系在珠海校区举办"情系中大"校友论坛。人文科学学院党委书记丘国新、校友总会秘书长许东黎出席论坛。广东学而优图书文化发展有限公司总经理、中文系校友陈定方以"'学而优'，人文之花的美丽绽放"为主题，和同学们分享了自己的创业经历。④

5月9日 晚，由校党委组织部指导，《求进》报社主办的第三届党员个性风采大赛珠海校区决赛在榕园学生活动中心落幕。珠海校区党工委书记唐燕、组织部副部长罗镇忠等人担任评委。郝莱坞和孙浩同学获得一等奖。⑤

5月16日 晚，中山大学第二十三届动感地带维纳斯歌手大赛珠海校区决赛在教学实验大楼B区架空层上演。本次决赛由珠海市音乐家协会主席、珠海广播电视台副台长侯学俊，珠海市音乐家协会副秘书长吴连群等人担任评委。刘洋冬一同学获得冠军。⑥

5月20日 晚，第六届历史文化节闭幕式在珠海校区举行。⑦

---

① 中山大学党委宣传部：《中山大学"岁月知味"杯百科知识竞赛总决赛在珠海校区举行》，见中山大学新闻网（http://news2.sysu.edu.cn/news01/116707.htm），2009年6月3日。

② 章文：《文明溢彩，国粹流芳》，见《中山大学报》（新）第199期，2009年4月30日。

③ 共青团中山大学委员会：《"五·四"青年节之际，我校团组织团干团员获多项荣誉》，见《中山大学报》（新）第201期，2009年5月20日。

④ 中山大学党委宣传部：《校友齐聚"情系中大"论坛，为师弟师妹创业就业献策支招》，见中山大学新闻网（http://news2.sysu.edu.cn/news01/116687.htm），2009年5月15日。

⑤ 《求进》报社：《第三届党员个性风采大赛珠海校区决赛圆满落幕》，见中山大学珠海校区网（http://zhuhai.sysu.edu.cn/content/2137），2009年5月15日。

⑥ 胡家钥：《中山大学第二十三届维纳斯歌手大赛珠海校区决赛举行》，见中山大学珠海校区网（http://zhuhai.sysu.edu.cn/content/2136），2009年5月18日。

⑦ 中山大学校长办公室：《中山大学年鉴（2009）》，中山大学出版社2010年12月第1版，第648页。

中山大学珠海校区编年史（1999—2018）

闭幕式上，副校长陈春声教授做了题为"台湾的族群和民间信仰"的讲座。他从台湾的历史发展与族群问题、移民社会的民间信仰、"选举政治"下的族群与信仰问题等方面进行阐述，认为族群和民间信仰对当代台湾的社会和政治生活有着重要影响，对台湾族群和民间信仰进行社会史角度的解读，有利于我们对台湾的社会结构、政治现状以及文化风俗进行较为全面和客观的认识。历史学系副主任曹家齐、党总支副书记任虹以及300多名师生参加了讲座。第六届历史文化节由历史学系团总支、学生会主办。

△晚，经济学系1979级校友、天涯社区副总裁武戈赴珠海校区做客"情系中大——校友面对面论坛"，向师生做题为"浮沉百态人生，选择决定命运"的讲演。①

5月22日 晚，由珠海校区团工委主办、珠海校区学生会承办，历时半个月的"星光杯"珠海校区2009年院系风采大赛落幕。化学与化学工程学院夺得总分第一名。②

5月24日 晚，由珠海校区学工办主办、珠海校区大学生党员文明示范义务服务队、化学与化学工程学院珠海校区学生党支部和翻译学院2007级商务外语系学生党支部联合承办的"中山大学珠海校区学生党员演讲大赛决赛"在教学实验大楼开幕。翻译学院2008级张敏同学夺得桂冠。③

6月1日 上午，由旅游学院承办的广东省领导干部生态文明与旅游资源开发研讨班开班典礼在中山大学举行。校党委书记郑德涛出席典礼并发表讲话，典礼由校长助理、旅游学院院长保继刚主持。④

6月5日 晚，2009年珠港澳青年创业大赛巡回路演暨中山大学创业培训班第五场讲座在珠海校区举行。主讲嘉宾为珠海万禾通信技术集成有限公司董事长邰鸿。讲座由珠海团市委、珠海市劳动与社会保障局、中山大学团委主办，由珠海校区营销协会承办。⑤

6月6日 由中大就业指导中心与共青团香洲区委、香洲区人力资源中心共同

---

① 中山大学党委宣传部：《天涯社区副总裁武戈做客校友论坛》，见中山大学新闻网（http://news2.sysu.edu.cn/news01/116691.htm），2009年5月25日。
② 姚梓婵：《"星光杯"中山大学珠海校区2009年院系风采大赛完美落幕》，见中山大学珠海校区网（http://zhuhai.sysu.edu.cn/content/2134），2009年5月28日。
③ 中山大学珠海校区学生工作办公室：《情系校友，你我同行》，见中山大学珠海校区网（http://zhuhai.sysu.edu.cn/content/2135），2009年5月26日。
④ 中山大学党委宣传部：《广东省领导干部生态文明与旅游资源开发研讨班在我校开班》，见中山大学新闻网（http://news2.sysu.edu.cn/news01/116745.htm），2009年6月4日。
⑤ 姚梓婵：《创业集训，点燃梦想》，见中山大学珠海校区网（http://zhuhai.sysu.edu.cn/content/2132），2009年6月6日。

举办的"2009年中山大学珠海校区实习生专场招聘会"在珠海校区体育馆举行。①

6月9日 创建中山大学中法核工程与技术学院合作意向书签署。②

法国民用核能工程师教学联盟（FINUCI）牵头单位法国格勒诺布尔国立综合理工学院（INPG）副校长德麦赛（Jean – Marie Bourgeois – Demersay）、法国驻华使馆文化参赞齐安杰（Alexandre Ziegler）、法国驻广州总领事馆总领事章泰年（Jean – Raphael Peytregnet）一行访问我校，黄达人校长、许宁生副校长、魏明海校长助理接待来宾。许宁生与德麦赛分别代表中山大学和FINUCI签署了有效期为六年半的合作意向书。③ 根据意向书，双方将以中法两国政府扶持、大学企业通力合作的形式，在中大珠海校区建立中法核工程与技术学院，以法国工程师学院精英式教学为基础、高水平科研为突破口，在华南形成核工程与技术高级人才培养和技术开发系统。中法核工程与技术学院拟于2010年9月正式运作，每届招生约100人，学制六年。中山大学中法核工程与技术学院的设立将引入法国在核能工程师培养上的先进经验、雄厚的科研实力以及产业资源，对国家的工程师教育体制的探索和重大产业发展具有重大意义。

FINUCI由法国格勒诺布尔国立理工学院牵头，携法国原子能委员会 – 国立核科学与技术学院、法国国立南特高等矿业学院、法国国立巴黎高等化学学院、法国国立蒙贝利埃高等化学学院等作为集团成员，涵盖核能各领域学科，这些成员在各自的教学科研领域均为法国的领头羊。

我校物理科学与工程技术学院院长王彪，副院长陈敏、杨佩青等参加会谈。法国使领馆文化、科技合作部门的官员也参与了此次交流活动。

6月10日 黄达人校长在汪洋书记到中山大学调研学习实践科学发展观活动座谈会上做汇报发言。在谈到校区定位时，他提到："珠海校区以新兴学科和港澳合作办学、国际合作办学为主。"④ 学校"有意把珠海校区建成国际合作办学的试验区"⑤，致力于提升中大的办学水平。

6月11日 第三届全国高校辅导员工作创新论坛在江南大学举办。在论坛上，我校国际商学院党委副书记钟一彪撰写的《高校思想政治教育：多元博弈与策略抉择》荣获2009年全国高校辅导员优秀论文一等奖。⑥

6月26日 下午，校党委在珠海校区举行新党员入党宣誓仪式。⑦

---

① 中山大学党委宣传部：《我校2009年珠海校区实习生招聘会成功举行》，见中山大学新闻网（http://news2.sysu.edu.cn/news01/116747.htm），2009年6月9日。
② 黄西霖：《创建中法核工程与技术学院》，见《中山大学报》（新）第204期，2009年6月15日。
③ 中山大学校长办公室：《中山大学年鉴（2009）》，中山大学出版社2010年12月第1版，第617页。
④ 中山大学校长办公室：《中山大学年鉴（2009）》，中山大学出版社2010年12月第1版，第139页。
⑤ 中山大学校长办公室：《中山大学年鉴（2009）》，中山大学出版社2010年12月第1版，第144页。
⑥ 《我校钟一彪同志荣获2009年全国高校辅导员优秀论文一等奖》，见中山大学国际金融学院网（http://isbf.sysu.edu.cn/cn/sylm01/671.htm），2010年6月15日。
⑦ 中山大学党委组织部：《开创党建工作新局面》，见《中山大学报》（新）第205期，2009年7月1日。

中山大学珠海校区编年史（1999—2018）

6月28日 晚，教育学院郭文亮教授在珠海校区做了题为《回顾党的光辉历程，坚定中国特色社会主义理想信念》的宣传报告。①

6月29日 下午，中山大学国家大学科技园珠海大学生创业园揭牌仪式在珠海校区举行。②

这是学校为响应中央关于鼓励大学生创业、以创业带动就业的号召而进行的。珠海市政协副主席、国家高新技术产业开发区管委会副主任刘青华，珠海市政府大学园区工作委员会副主任吴凡，校党委副书记朱孔军，珠海校区、就业指导中心、中大控股、中大科技园等单位的领导参加了揭牌仪式。在仪式上，中大控股有限公司总经理、中大科技园有限公司董事长祁军介绍了中大科技园的发展近况和珠海大学生创业园的运作模式；刘青华介绍了珠海高新区的布局规划和发展前景，鼓励大学生在高新区和创业园建功立业；随后，朱孔军对珠海市政府和高新区自中山大学珠海校区建立以来的一贯支持表示感谢；我校地理规划学院学生、艾若文化传播公司总经理潘文伟作为首批入园项目负责人的代表，表达了对创业的热情和入驻园区的激动之情。

朱孔军、刘青华、吴凡、祁军共同为大学生创业园揭牌。珠海电视台、南方都市报、珠海特区报等媒体对此次开园仪式进行了相关报道。

7月25日 由旅游学院主持，联合广州对口援建威州前线工作组开展的"汶川布瓦寨旅游发展规划项目"顺利完成。③

9月6日 晚，珠海校区举行新生党员培训班开班典礼。7日，新生党员在珠海校区学生干部的带领下参观校园，随后听取了校党委副书记朱孔军主讲的"漫谈中大"校情校史讲座，以及"我选择，我担当——学生干部应具备的素质""校园活动策划与组织""理想、信念和入党动机""如何做一名合格的共产党员"等讲座。培训后，这批新生党员将投入到迎新工作中。④

9月8日 郑德涛书记到珠海校区视察新生报到工作。他详细询问了迎新工作的各项安排，了解各个新生报到点的情况，指示一定要把迎新工作做好、做细。⑤

9月9日 陈春声副校长赴珠海校区视察迎新工作。⑥ 在珠海校区就读的各类

---

① 张旭：《"回顾党的光辉历程，坚定中国特色社会主义理想信念"宣传报告会在珠海校区举行》，见中山大学珠海校区网（http://zhuhai.sysu.edu.cn/content/2131），2010年6月29日。

② 中山大学科技园办公室：《鼓励大学生创业政策的有益尝试——中大科技园珠海大学生创业园揭牌》，见《中山大学报》（新）第205期，2009年7月1日。

③ 中山大学校长办公室：《中山大学年鉴（2009）》，中山大学出版社2010年12月第1版，第652页。

④ 中山大学党委宣传部：《桂香时节迎新生，共建中大温馨家——我校2009级迎新工作圆满结束》，见中山大学新闻网（http://news2.sysu.edu.cn/news01/116955.htm），2009年9月12日。

⑤ 中山大学党委宣传部：《桂香时节迎新生，共建中大温馨家——我校2009级迎新工作圆满结束》，见中山大学新闻网（http://news2.sysu.edu.cn/news01/116955.htm），2009年9月12日。

⑥ 中山大学党委宣传部：《桂香时节迎新生，共建中大温馨家——我校2009级迎新工作圆满结束》，见中山大学新闻网（http://news2.sysu.edu.cn/news01/116955.htm），2009年9月12日。

新生共计3787名。① 翻译学院19名研究生到珠海校区报到，进一步增强了校区的学术氛围。

△下午，旅游学院徐红罡、国际商学院周吉梅、翻译学院张钟黎老师荣获珠海市"先进教师"荣誉称号。②

9月10日 珠海市副市长王庆利在大学园区工委领导的陪同下，来到中大珠海校区慰问教职工代表。校长助理、珠海校区管委会主任保继刚，校区党工委书记唐燕以及旅游学院、翻译学院、国际商学院和海洋学院四个整建制学院的教师代表共25人参加了慰问座谈会。③

9月11日 珠海校区2009年开学典礼在风雨操场举行。④

校党委书记郑德涛、校长黄达人、党委副书记兼副校长朱孔军、副校长黎孟枫、校长助理保继刚以及相关院系负责人等出席开学典礼。陈春声副校长主持典礼。

黄达人校长在典礼上致训词。他表示得天下英才而育之，是一所大学最大的责任，也是最大的光荣。培养富有社会责任感和历史使命感的学生，是中山大学的优良传统，也是我们这个学术共同体的价值追求。他勉励同学们要知礼诚信、勤奋阳光，还要敢于担当，具有职业准备，成为"具有领袖气质的文明的现代人"。学校也在为培养这样的人才而努力奋斗。

教师代表、理工学院王雪华教授在典礼上致辞，勉励同学们做好人生规划，自立自强，实现自我超越。在校生代表潘文伟、新生代表段旭分别做了发言。

9月13日 2009级"逸仙班"开班典礼在珠海校区举行。⑤

陈春声副校长，"逸仙班"教学执行总监、生命科学学院王金发教授，相关学院主管教学副院长，入选"逸仙班"的逾百名新生参加了典礼。典礼由教务处副处长吴晓枫主持。

陈春声在讲话中表示，当前学校正在不断提升整体教育教学质量，推进文、理、医等学科精英教育的系列改革。"逸仙班"是从全校本科新生中选拔出100多名学生组建而成的。作为"优生优培"的实验班，学校在师资配备等多个环节上给予了强有力的支持。注重学科交叉、个性化教学以及拓宽知识基础等培养模式正逐渐成为学校人才培养的亮点之一。陈春声对入选"逸仙班"的同学表达了殷切

---

① 中山大学珠海校区党政工作办公室：《珠海校区2009年迎新工作顺利完成》，见《中山大学珠海校区工作简报》2009年第一期，第1页，2009年10月26日。

② 中山大学珠海校区党政工作办公室：《我校区三名教师获珠海市表彰》，见《中山大学珠海校区工作简报》2009年第一期，第4页，2009年10月26日。

③ 中山大学珠海校区党政工作办公室：《珠海市副市长王庆利来我校区慰问》，见《中山大学珠海校区工作简报》2009年第一期，第3页，2009年10月26日。

④ 中山大学珠海校区党政工作办公室：《提前准备，精心布置，珠海校区2009年开学典礼顺利举行》，见《中山大学珠海校区工作简报》2009年第一期，第2页，2009年10月26日。

⑤ 中山大学校长办公室：《中山大学年鉴（2009）》，中山大学出版社2010年12月第1版，第653页。

中山大学珠海校区编年史（1999—2018）

期望，希望他们以更强的责任感和荣誉感圆满完成学业。

9月14日 澳大利亚昆士兰大学代表团一行访问中山大学，双方探讨签署旅游学院校级合作协议等问题。① 双方签署联合培养项目，进行非整建制"2.5 + 1.5"本科生联合培养，于2010年开始执行，中山大学旅游学院首批派出4人到昆士兰大学进行联合培养。②

9月15日 国家旅游研究院首批外设研究基地在京授牌。其中，"旅游影响研究基地"落户中大旅游学院。校长助理、旅游学院院长保继刚参加授牌仪式。③

9月19日 晚，由省委宣传部、团省委、南方影视传媒集团联合主办的广东青年庆祝新中国成立60周年系列活动之"闪亮广东，祝福祖国"中山大学珠海校区亮灯仪式，在榕园5号和6号学生宿舍举行。同学们还在珠海校区榕园广场上用蜡烛拼出一幅中国地图，并高喊着"祖国母亲，六十华诞。中大学子，爱我中华"的口号。④

9月20日 以"我爱我的祖国"为主题的中山大学2009年迎新晚会在珠海校区图书馆广场举行。晚会由校团委、艺术教育中心主办，校学生会承办。⑤

9月21日 广州中大控股有限公司2009年中期总结工作会议暨产学研工作会议在珠海校区召开。校长助理兼中大控股董事长魏明海、校长助理夏亮辉出席会议。⑥

△学校在珠海校区率先实行通识教育，5000多名学生开始接受"通识教育共同核心课程"，内容涉及中国文明、西方视野、科技、人文等各方面。⑦

9月21日至22日 珠海校区2009年工作研讨会召开。珠海校区党工委书记唐燕及校区各部门负责人参加会议。⑧

9月28日 学校在珠海校区召开2009年新生辅导员工作述职会。校党委副书记、副校长朱孔军出席会议并讲话。⑨

---

① 中山大学校长办公室：《中山大学年鉴（2009）》，中山大学出版社2010年12月第1版，第626页。
② 中山大学校长办公室：《中山大学年鉴（2010）》，中山大学出版社2011年11月第1版，第600页。
③ 万忠娟：《国家旅游研究院在我校设立旅游影响研究基地》，见《中山大学报》（新）第209期，2009年9月28日。
④ 中山大学珠海校区团工委：《祝福祖国，祝福中大》，见《中山大学报》（新）第209期，2009年9月28日。
⑤ 中山大学珠海校区党政工作办公室：《欢声笑语，喜迎八方学子——中山大学珠海校区2009年迎新晚会举行》，见《中山大学珠海校区工作简报》2009年第一期，第3页，2009年10月26日。
⑥ 中山大学珠海校区校长办公室：《中山大学年鉴（2009）》，中山大学出版社2010年12月第1版，第654页。
⑦ 中山大学珠海校区党政工作办公室：《珠海校区学生首先接受学校通识教育》，见《中山大学珠海校区工作简报》2009年第一期，第7页，2009年10月26日。
⑧ 中山大学珠海校区党政工作办公室：《围绕学校科学发展观学习要求，研讨和落实校区整改方案》，见《中山大学珠海校区工作简报》2009年第一期，第8页，2009年10月26日。
⑨ 中山大学校长办公室：《中山大学年鉴（2009）》，中山大学出版社2010年12月第1版，第654页。

9月 《抓机遇，强特色，科学发展推进高水平大学建设——中山大学领导班子贯彻落实科学发展观分析检查报告》公布，报告提出，"珠海校区的公共英语教学改由翻译学院承担"；"组建珠海校区体育教研室，实行属地管理"；"加强珠海校区管委会属地管理职能。进一步理顺珠海校区管委会与院系、延伸职能部门之间的关系"；"进一步加强珠海校区、东校区党工委建设"。①

9月 湛江国联水产开发股份有限公司捐赠设立"中山大学海洋学院国联奖学金"，每年奖励20名优秀学生。②

10月9日 晚，由珠海市总工会主办的"庆国庆60周年，情系职工慰问演出"在珠海校区上演。晚会由中大珠海校区分工会、珠海市高新区工会承办。③

10月11日 上午，黄达人校长、保继刚校长助理为联合国世界旅游组织阳朔旅游可持续发展观测点暨中山大学阳朔社区旅游研究基地揭牌。位于阳朔遇龙河畔的阳朔旅游观测站是世界旅游组织于2005年在全球确立的首个旅游可持续发展观测点。中山大学旅游学院受世界旅游组织委托，从2006年开始对阳朔多项涉及旅游的指标进行持续观测，其报告成为阳朔县发展旅游的重要参考资料。主导这项工作的是中大旅游学院保继刚教授。④

10月26日至27日 由网络与信息技术中心珠海校区IT服务部主办的校园网服务周活动在珠海校区举办。⑤

10月28日 上午，中山大学旅游学院、翻译学院及旅游影响研究基地挂牌仪式在珠海校区旅游学院楼前举行。校长助理、珠海校区管委会主任、旅游学院院长保继刚，珠海校区党工委书记唐燕，珠海校区管委会副主任、党政办主任李烨，翻译学院教学总监林裕音，翻译学院副院长程立以及来自两个学院的教职工参加仪式。保继刚在挂牌仪式上致辞。⑥

10月30日 下午，中山大学2009级新生"我为祖国做贡献，我与学校共成长"专题征文活动表彰及座谈会在珠海校区学工办举行。珠海校区党工委书记唐

---

① 中山大学校长办公室：《中山大学年鉴（2009）》，中山大学出版社2010年12月第1版，第82～84页。
② 中山大学海洋科学学院：《中山大学海洋科学学院大事记》，见中山大学海洋科学学院网（http://marine.sysu.edu.cn/landmarks），2016年5月。
③ 中山大学珠海校区党政工作办公室：《喜庆华诞60载，心寄职工爱国情——珠海市总工会来珠海校区进行慰问演出》，见《中山大学珠海校区工作简报》2009年第一期，第6页，2009年10月26日。
④ 中山大学校长办公室：《与世界旅游组织合作，为中国旅游可持续发展提供经验——黄达人校长为联合国世界旅游组织阳朔旅游可持续发展观测点暨中山大学阳朔社区旅游研究基地揭牌》，见《中山大学报》（新）第211期，2009年10月28日。
⑤ 中山大学网络中心IT服务部：《全心服务，为数字化校园建设添砖加瓦》，见《中山大学珠海校区工作简报》2010年第一期（总第二期），第6页，2010年3月15日。
⑥ 中山大学旅游学院：《旅游学院、翻译学院及国家旅游影响研究基地举行挂牌仪式》，见《中山大学珠海校区工作简报》2010年第一期（总第二期），第4页，2010年3月15日。

中山大学珠海校区编年史（1999—2018）

燕等人出席活动。①

10月31日至11月1日 由珠海校区学工办主办、学生宿舍管理委员会承办的"珠海校区2009级宿舍长系列培训"在教学实验大楼举行。校区全体2009级宿舍长参加培训，国际商学院钟一彪副书记、中文系罗燕副书记、教育学院古南永副教授等10名从事学生管理工作的党委副书记和教师主讲。②

11月2日 中山大学与美国俄克拉荷马州立大学签署协议书，合作举办旅游管理专业学士学位教育项目。黄达人校长代表中大签署有效期为五年的协议书。③旅游管理专业设在旅游学院。

11月5日至8日 中国高等教育学会后勤管理分会房地产管理专业委员会2009年年会在珠海校区召开。来自全国77所高校的120余名代表参加了会议。校党委副书记兼副校长喻世友出席开幕式并介绍了我校公房改革与周转房住房市场租金改革的基本情况。④

11月7日 晚，由珠海校区学工办主办、校区大学生党员文明示范义务服务队承办的"珠海校区院系本科生党支部座谈会"举行。⑤

11月8日 上午，珠海校区举行以"传承历史，有你有我"为主题的85周年校庆校道接力赛。来自校区16个院系的逾200位选手参加了比赛。化学与化学工程学院代表队以1小时36分55秒的成绩夺得冠军。本次活动由珠海校区团工委主办，珠海校区学生会承办。⑥

11月10日 为响应珠海市抗旱节水工作会议号召，确保完成珠海市保障珠澳供水指挥部发布的《关于在全市强化节约用水的公告》中的节水目标，珠海校区管委会党政办公室召开校区节水动员会议，就珠海校区供水、用水、节水工作进行安排与调整。⑦

11月12日 中山大学85周年校庆之日，由珠海校区管委会主办，珠海校区

---

① 《学生处召开09级新生"我为祖国做贡献，我与学校共成长"专题征文表彰及座谈会》，见中山大学珠海校区网（http://zhuhai.sysu.edu.cn/content/2121），2009年11月10日。

② 陈嘉欣：《中山大学珠海校区2009级宿舍长系列培训成功举行》，见中山大学珠海校区网（http://zhuhai.sysu.edu.cn/content/2125），2009年11月5日。

③ 中山大学校长办公室：《中山大学年鉴（2009）》，中山大学出版社2010年12月第1版，第618页。

④ 中山大学党委宣传部：《全国高校房专会2009年年会在我校珠海校区召开》，见中山大学新闻网（http://news2.sysu.edu.cn/news01/117052.htm），2009年11月16日。

⑤ 中山大学珠海校区学生工作办公室：《珠海校区院系本科生党支部座谈会圆满举行》，见《中山大学珠海校区工作简报》2010年第一期（总第二期），第8页，2010年3月15日。

⑥ 中山大学珠海校区党政工作办公室、团工委：《传承历史，有你有我——庆祝85周年校庆珠海校区举行校道接力赛》，见《中山大学珠海校区工作简报》2010年第一期（总第二期），第1页，2010年3月15日。

⑦ 中山大学珠海校区党政工作办公室、后勤办公室：《多管齐下，确保完成节水目标——珠海校区召开紧急节水动员会议》，见《中山大学珠海校区工作简报》2010年第一期（总第二期），第6页，2010年3月15日。

分工会承办的珠海校区第五届教职工趣味运动会在校区田径运动场举行。来自校区各职能部门和旅游学院、翻译学院、国际商学院三个整建制学院,网络教育学院,附属第五医院的教职员工参加了运动会。①

11月14日 上午,由中文系学生会主办,岭南书画协会、灯谜协会、岭南诗词研习社,逸仙书社协办的中华传统文化游园会在珠海校区榕园广场举行。②

11月16日 中法核工程与技术学院法方工作组一行访问中山大学,商讨合作事宜。③

11月17日 下午,2008—2009年度可口可乐优秀学生奖学金颁奖典礼在珠海校区举行,来自旅游学院、翻译学院、国际商学院和网络教育学院的15名学子获奖。珠海校区党工委书记唐燕、珠海可口可乐饮料有限公司市场销售总监麦晋平出席典礼并讲话。获奖学生代表徐焕生发表感言。④

11月19日 由哲学系主办的第十二届"哲学月"在珠海校区开幕。

11月21日 上午,珠海校区图书分馆举行庆祝建馆十周年活动。⑤

11月28日 上午,第二届"认知珠海,了解你生活的城市"新生珠海游活动启动。⑥

11月29日 翻译学院主办的第四届韩国文化节闭幕晚会在珠海校区举行。⑦

大韩民国驻广州总领事馆总领事金长焕、领事李钟模,中山大学副校长陈春声、翻译学院院长王宾、珠海校区党工委书记唐燕及其他中韩嘉宾出席了本次晚会。金长焕在致辞中希望韩国文化节能够促进韩中双方的交流与合作。陈春声表示,韩国文化节加深了中大学子对韩国的了解,拓展了学生的国际视野,希望中韩两国大学在教育教学改革上也能够加强交流与合作。第四届韩国文化节举办了韩语演讲、话剧、歌唱、电影配音大赛以及游园会等一系列活动,本次闭幕晚会标志着为期一个月的第四届韩国文化节落幕。

---

① 中山大学珠海校区分工会:《珠海校区第五届教职工趣味运动会举行》,见《中山大学珠海校区工作简报》2010年第一期(总第二期),第1页,2010年3月15日。

② 王安浙:《文学魅力,焕然一新》,见中山大学珠海校区网(http://zhuhai.sysu.edu.cn/content/2118),2009年11月16日。

③ 中山大学校长办公室:《中山大学年鉴(2009)》,中山大学出版社2010年12月第1版,第627页。

④ 中山大学党委宣传部:《可乐奖学,励志成才:2008—2009年度可口可乐优秀学生奖学金颁奖典礼在珠海校区举行》,见中山大学新闻网(http://news2.sysu.edu.cn/news01/117026.htm),2009年11月24日。

⑤ 中山大学珠海校区图书分馆:《珠海校区图书分馆建馆十周年活动》,见《中山大学珠海校区工作简报》2010年第一期(总第二期),第5页,2010年3月15日。

⑥ 中山大学党委宣传部:《中大新生游珠海,踌躇满志展未来——我校珠海校区第二届"认知珠海"新生游启动》,见中山大学新闻网(http://news2.sysu.edu.cn/news01/117079.htm),2009年11月30日。

⑦ 中山大学校长办公室:《中山大学年鉴(2009)》,中山大学出版社2010年12月第1版,第660页。

中山大学珠海校区编年史（1999—2018）

11月　海洋学院与国家海洋局南海工程勘察中心签署联合办学协议。①
△海洋学院与中交广州航道局有限公司签署产学研合作框架协议。②

12月2日至4日　由中大旅游学院参与举办的"第三届目的地品牌与目的地营销"国际会议在澳门旅游学院举行。③

12月7日　上午，校通识教育指导委员会召开全体会议。④

会议专题讨论进一步推进通识教育工作。通识教育指导委员会主任黄达人校长主持会议，副校长、通识教育指导委员会副主任陈春声、黎孟枫、许家瑞出席会议。会议通报了目前珠海校区开设通识教育课程的情况。本学期，珠海校区共开了26门通识教育课程，平均每名新生可以上一门课，在没有触动原来课程结构和体系的前提下实现了平稳过渡，节省了成本。同时坚持选派优秀教师上通识教育课，并为每门课程配博士生助教，建立了博士生与低年级学生交流的渠道。

12月8日　上午，广东省打击传销工作督察考核组到珠海校区检查打击传销宣传教育工作。⑤

珠海校区管委会、保卫办负责人向检查组做工作汇报。珠海校区管委会副主任李烨在汇报中指出，珠海校区高度重视打击传销和变相传销工作，专门成立了中山大学珠海校区打击传销宣传教育领导小组。校区采取各种宣传形式，加大反传销宣传教育力度。校区保卫办能够将打击传销工作责任落实到位，将反传销教育作为学生安全教育的重要内容纳入院系的学生安全教育工作，收到了良好的效果，2009年全年，珠海校区实现了"无传销社区"的目标。检查组在听取汇报和实地检查后，对珠海校区打击传销宣传教育工作给予肯定。

12月12日至13日　中山大学第二期青年马克思主义者培养工程学员到珠海校区参加培训。⑥

整个培训包括参观、考察、讲座等内容。校党委副书记朱孔军、珠海校区党工委书记唐燕、校团委书记黄山参加培训活动。社会学与人类学学院党委书记周大鸣教授做关于"田野调查研究方法"的讲座，教育学院党委书记郭文亮教授做关于

---

① 中山大学海洋科学学院：《中山大学海洋科学学院大事记》，见中山大学海洋科学学院网（http://marine.sysu.edu.cn/landmarks），2016年5月。
② 中山大学海洋科学学院：《中山大学海洋科学学院大事记》，见中山大学海洋科学学院网（http://marine.sysu.edu.cn/landmarks），2016年5月。
③ 中山大学旅游学院：《中山大学旅游学院参与举办"第三届目的地品牌与目的地营销"国际会议》，见中山大学旅游学院网（http://stm.sysu.edu.cn/content/1531），2009年12月10日。
④ 中山大学党委宣传部：《校通识教育指导委员会召开会议研讨推进通识教育》，见中山大学新闻网（http://news2.sysu.edu.cn/news01/117144.htm），2009年12月15日。
⑤ 中山大学党委宣传部：《省打击传销工作督查考核组到珠海校区检查工作》，见中山大学新闻网（http://news2.sysu.edu.cn/news01/117204.htm），2009年12月15日。
⑥ 中山大学党委宣传部：《中山大学第二期青年马克思主义者培养工程顺利开展》，见中山大学新闻网（http://news2.sysu.edu.cn/news01/117149.htm），2009年12月16日。

"中国化马克思主义研究方法"的报告,让学员学习掌握马克思主义的核心内涵和解读视角,同时也激发了青马班学员对马克思主义深入研究的积极性。本期青马班学员由四个校区涵盖本、硕、博各个年级的优秀学生干部共150多人组成。

△校机关团委与珠海校区青年教工在珠海校区举行学习联谊活动,共庆珠海校区成立十周年。50多名青年教工参加此次活动。①

12月14日 珠海校区整建制学院学生工作研讨会在旅游学院召开。②

校党委副书记朱孔军、珠海校区党工委书记唐燕、学生处处长漆小萍、校团委书记黄山、就业指导中心主任李明章、心理健康教育咨询中心主任李桦等相关负责人,国际商学院、翻译学院、海洋学院、旅游学院四个珠海校区整建制学院学生工作人员参加了会议。此次研讨会的主题是探讨在校区布局调整后,珠海校区整建制学院学生工作如何做到既传承中大精神,又具有珠海校区的特色。与会者研讨了珠海校区整建制学院的党团工作、班级建设与队伍建设,安全稳定与宿舍文化,在珠海校区中的学生实习、实践与就业工作等议题。

朱孔军充分肯定了珠海校区整建制学院学生工作人员能够积极思考,紧密围绕学生的成长成才这个核心,结合实际情况创新性地开展工作。他鼓励大家继续为构建具有创造力、亲和力和影响力的现代学生工作体系而不懈努力。

12月18日 中山大学珠海校区首场毕业生供需见面会暨中山大学2010届毕业生供需见面会第四场在珠海校区体育馆举行。本次见面会由中山大学就业指导中心与香洲区人力资源中心联合举办。③

12月18日至19日 翻译学院教工党支部到湛江市遂溪县遂城镇大岭村开展城乡党支部互帮互助"献爱心、送温暖"活动,实施"共建一个支部,发展一名党员,帮助一名老党员,帮助一名困难学生,帮助一个困难家庭"的帮扶计划。④

12月19日 晚,为庆祝澳门回归十周年,由珠海校区团工委主办,珠海校区广播台和学生会港澳台同学部承办的音乐晚会在珠海校区举行。⑤

12月20日 由珠海校区学工办主办的庆祝澳门回归十周年首届雁行社"珍珠乐园"杯20人21足大赛在珠海校区田径运动场举行。珠海校区党工委书记唐燕,学生处副处长、学工办主任林俊洪出席比赛开幕式。共有30支队伍600多名师生

---

① 中山大学党委宣传部:《机关团委——珠海校区青年教工学习联谊活动举行》,见中山大学新闻网(http://news2.sysu.edu.cn/news01/117203.htm),2009年12月14日。
② 中山大学校长办公室:《中山大学年鉴(2009)》,中山大学出版社2010年12月第1版,第663页。
③ 中山大学珠海校区党政工作办公室:《中山大学2010届毕业生供需见面会在珠海校区举办》,见《中山大学珠海校区工作简报》2010年第一期(总第二期),第7页,2010年3月15日。
④ 中山大学党委宣传部:《翻译学院教工党支部赴湛江开展城乡党支部互帮互助活动》,见中山大学新闻网(http://news2.sysu.edu.cn/news01/117241.htm),2009年12月23日。
⑤ 中山大学珠海校区党政工作办公室:《庆祖国六十华诞,迎澳门十年回归》,见《中山大学珠海校区工作简报》2010年第一期(总第二期),第3页,2010年3月15日。

中山大学珠海校区编年史（1999—2018）

参加了比赛。①

12月中旬 "中山大学第四十届学生会委员会第三次全体会议"在珠海校区举行。团省委副书记曾颖如、中山大学党委副书记朱孔军出席会议并讲话，校团委书记黄山出席会议。②

12月21日 中山大学与法国民用核能工程师教学联盟正式合作签约仪式在京举行。③

傍晚，国务院总理温家宝和法国总理菲永共同出席在北京人民大会堂河北厅举行的中法两国一系列合作文件签字仪式。中山大学与法国民用核能工程师教学联盟（FINUCI）合作签约仪式是其中一项，黄达人校长与FINUCI牵头学校——法国格勒诺布尔国立综合理工学院Paul Jacquet校长在协议书上签字，协议书有效期为六年。中山大学副校长许宁生院士出席签约仪式。在我国国际化合作办学项目中，双方总理共同出席见证是非常罕有的。黄达人和Paul Jacquet在签约仪式之前进行了交流，双方均表示要把这一合作项目落到实处、做成精品。Paul Jacquet还表示会积极做好FINUCI五所学校的协调工作，推动该项目的落实。双方决定在明年春天进行互访，落实合作协议的相关细节。

中山大学中法核工程与技术学院（Sino – French Institute of Nuclear Engineering & Technology Sun Yat – sen University，简称SFINET）旨在民用核能领域建立一所高水平教育机构，利用双方的教育资源为两国培养将核能应用于民用领域的高资质工程师，为经济及社会发展提供稳固的智力支持。学院引入法国精英学校预科教育体制，以法国工程师培养的条件和质量为基本要素。该学院落户于中大珠海校区，预计2010年9月开始招生，最初几年每届招收学生100人左右，学制六年，分三年精英学校预科阶段和三年工程师阶段。学生在第四学年末修完本科文凭（包括撰写论文）所需学分后，可申请学士学位和中山大学本科毕业证。学生在完成第六学年毕业设计，完成论文并通过答辩，修满所需学分后，将被授予由法国工程师学位委员会（CTI）认证的"中法核工程与技术学院核能工程师证书"和中山大学硕士学位证书及硕士研究生毕业证书。

12月22日 中大与中国广东核电集团在中广核北京办事处进行会谈，就中大筹建的中法核科学与技术研发中心商谈合作事宜。④

---

① 中山大学珠海校区党政工作办公室、珠海校区学生工作办公室：《珠海校区20人21足大赛庆澳门回归》，见《中山大学珠海校区工作简报》2010年第一期（总第二期），第2页，2010年3月15日。
② 中山大学党委宣传部：《"中山大学第四十届学生会委员会第三次全体会议"在珠海校区举行》，见中山大学新闻网（http://news2.sysu.edu.cn/news01/117197.htm），2009年12月21日。
③ 中山大学新闻中心：《共同培养将核能应用于民用领域的高资质工程师》，见《中山大学报》（新）第217期，2010年1月13日。
④ 中山大学新闻中心、国际合作与交流处：《我校与中广核电集团商谈合作事宜》，见《中山大学报》（新）第217期，2010年1月13日。

黄达人校长、许宁生副校长、夏亮辉校长助理、魏明海校长助理、物理科学与工程技术学院院长王彪、中广核集团总经理贺禹等人参加了相关活动。黄达人介绍了我校拟与法国合作建设中法核科学与技术研发中心的背景、目前进展及合作建议，希望中广核集团一方面能关注研发中心的建设、发展与支持，另一方面为我校相关专业学生提供实习基地。同时，法国核能相关企业也非常希望与中国企业在相关领域开展实质性合作。通过建立共同的研发中心，学校也会成为中法企业沟通的桥梁，促进共同合作与发展。贺禹表达了对研发中心项目的认可，并表示中广核集团愿意参与及支持研发中心的建设与发展。

12月23日 中共中央政治局委员、广东省委书记汪洋在广州会见了来访的法国阿海珐集团总裁安娜·罗薇中一行。①

汪洋代表广东省委、省政府对罗薇中一行访粤表示欢迎。对阿海珐积极参与中大与法方合办的中法核工程与技术学院表示赞赏，希望其支持我省培养更多核能方面的人才。省委常委、常务副省长黄龙云，中广核集团董事长钱智民，省政府外事办公室主任傅朗，省发改委主任李妙娟，中大副校长许宁生院士陪同会见了法方客人。法国驻穗总领事章泰年等参加了会见。

阿海珐集团是世界著名的核能企业，全球500强企业之一，积极参与中大中法核工程与技术学院建设。会见中，中广核集团董事长钱智民向许宁生副校长表示，中广核集团会对中大与法方在核科学研究与人才培养方面给予有力支持。②

12月26日 第十二届"哲学月"在珠海校区闭幕。本届"哲学月"邀请复旦大学吴晓明教授、东南大学樊和平教授、同济大学孙周兴教授、北京大学周伟驰博士、中山大学朱菁教授等专家学者开展了内容丰富的专题讲座。闭幕式上，哲学系倪梁康教授做了题为"哲学的定位"的讲座。③

12月27日 下午，中山医学院医学系列讲座第一讲在珠海校区开讲。中山医学院药理教研室黎明涛教授为临床医学专业八年制学生做了题为"如何走进医学研究——从博士培养目标谈起"的讲座。④

12月29日 中山大学受助学生系列教育活动启动仪式在珠海校区举行。⑤

校党委副书记朱孔军、珠海校区党工委书记唐燕及教育发展基金会、党委宣传部、校友会等职能部门的领导出席仪式，各院系受助学生代表600余人参加了本次

---

① 中山大学党委宣传部：《汪洋书记会见法国阿海珐集团总裁，赞赏我校中法核工程与技术学院》，见中山大学新闻网（http://news2.sysu.edu.cn/news01/117219.htm），2009年12月31日。

② 中山大学党委宣传部：《我校与中广核电集团商谈合作事宜》，见中山大学新闻网（http://news2.sysu.edu.cn/news01/117249.htm），2009年12月31日。

③ 中山大学党委宣传部：《我校第十二届"哲学月"系列活动落幕》，见中山大学新闻网（http://news2.sysu.edu.cn/news01/117183.htm），2009年12月29日。

④ 中山大学中山医学院：《中山医学院名师讲堂开讲》，见中山大学珠海校区网（http://zhuhai.sysu.edu.cn/content/2103），2009年12月30日。

⑤ 中山大学校长办公室：《中山大学年鉴（2009）》，中山大学出版社2010年12月第1版，第664页。

活动。南方日报、南方都市报、广州日报、羊城晚报等多家媒体记者对此活动进行了报道。

12月31日 地球科学系第二届教职工大会暨第三次工会会员大会在珠海校区举行。①

12月下旬 我校2009年冬季征兵工作结束,共有7名本科生应征入伍,来自国际商学院2008级的刘玉娟同学成为我校近年来应征入伍的首位女兵。②

12月 依托海洋学院建设的广东省海洋资源与近岸工程重点实验室获准更名,其后于2013年顺利通过广东省科技厅组织的专家验收。③

---

① 罗永明:《中山大学工会编年史(1949—2010)》上册,中山大学出版社2011年6月第1版,第418页。
② 中山大学党委宣传部:《7名学生投笔从戎,首位女兵告别校园》,见中山大学新闻网(http://news2.sysu.edu.cn/news01/117246.htm),2009年12月29日。
③ 中山大学海洋科学学院:《立足广东,面向南海——中山大学海洋科学学院》宣传册,自印,第4页。

2010年

2010年

1月6日 英国利物浦希望大学、法国里昂第三大学校长代表团来访我校，探讨合作。① 其后，我校翻译学院与英国利物浦希望大学开展非整建制"2+2"联合培养项目。2010年，翻译学院派出6位本科生到利物浦希望大学学习。② 翻译学院与法国里昂第三大学也开展了交换生项目。③

1月12日 下午，珠海校区2009年年终总结表彰大会在图书馆举行。珠海校区党工委书记、校区管委会常务副主任唐燕代表校区做2009年工作总结。校长助理、珠海校区管委会主任保继刚发表了讲话。④

晚上，由珠海校区管委会、党工委主办，珠海校区分工会承办的珠海校区迎新春联欢晚会举行。来自珠海市教育局、中大珠海校友会等单位的嘉宾和在珠海校区工作的教职员工共300余人欢聚一堂，喜迎新春佳节。⑤

1月19日 国家发改委副主任朱之鑫在广东省发改委主任李妙娟、副主任蔡允革，珠海市副市长王庆利、市政协副主席刘青华等领导的陪同下，到我校珠海校区参观考察。校长助理、珠海校区管委会主任保继刚接待了朱之鑫一行。⑥

1月29日 墨西哥驻广州总领事馆代总领事Alejanedro

---

① 中山大学校长办公室：《中山大学年鉴（2010）》，中山大学出版社2011年11月第1版，第603页。
② 中山大学校长办公室：《中山大学年鉴（2010）》，中山大学出版社2011年11月第1版，第600页。
③ 中山大学校长办公室：《中山大学年鉴（2010）》，中山大学出版社2011年11月第1版，第602页。
④ 中山大学珠海校区党政工作办公室：《珠海校区举行2009年年终总结表彰大会》，见《中山大学珠海校区工作简报》2010年第一期（总第二期），第13页，2010年3月15日。
⑤ 中山大学党委宣传部：《珠海校区举办迎新春联欢晚会》，见中山大学新闻网（http://news2.sysu.edu.cn/news01/117255.htm），2010年1月18日。
⑥ 中山大学校长办公室：《中山大学年鉴（2010）》，中山大学出版社2011年11月第1版，第619页。

Rivera、领事 Socorro Dorantes 一行到珠海校区参观访问。①

2月12日 郑德涛书记前往珠海校区，看望寒假留校学生。②

2月25日至26日 中山大学2010年工作研讨会在珠海校区召开。③

郑德涛书记、黄达人校长主持会议并发表讲话。2月25日下午，许宁生副校长、黎孟枫副校长、陈春声副校长、夏亮辉校长助理分别就学校的学科建设、研究生教育、本科教学、科研工作进行专题发言。

黄达人在发言中谈到，学科建设水平代表着一个大学的发展水平，各个单位要做好学科规划的路线图，明确在各个节点上所要实现的目标和任务。在研究生教育方面，稳定学术型硕士研究生招生，同时增加专业型硕士研究生的招生是今后发展的趋势。在人才引进方面，要着力解决目前学院之间存在的人才引进的不均衡状态。在产学研合作方面，要跟自己学科相近的部门去建立合作关系，向社会寻求资源，在做好服务地方经济社会发展的同时，进一步壮大学科的发展。

26日下午，郑德涛做总结讲话。他还对如何做好2010年的各项工作提出三点要求：一要抓住新机遇，二要明确新要求，三要迎接新挑战。

其他校领导梁庆寅、李萍、喻世友、朱孔军、颜光美、汪建平、许家瑞，校长助理李祥之、魏明海、保继刚等人和各单位主要负责人参加了会议。

3月15日 下午，翻译学院直属部门工会成立暨工会委员选举大会在珠海校区召开。李卓任工会主席。④ 2009年11月5日，校工会批准成立翻译学院直属部门工会。

3月17日 中午，为迎接第32个植树节的到来，珠海校区举行校区成立十周年系列活动之"绿化校区，美化人生"植树活动。珠海校区党工委书记唐燕、校区相关职能部门负责人、学生辅导员代表、多个捐树的团体和同学共200多人参加了植树活动。⑤

3月18日 珠海市高新区召开2010年工作会议。会议对2009年度珠海市高新区各先进单位和先进个人进行了表彰。中山大学珠海校区荣获"高新区森林防火先进单位"和"高新区人口和计划生育先进工作单位"称号。珠海校区党政办李烨和袁婷同志分别获得"高新区安全生产工作先进个人"和"高新区人口和计

---

① 中山大学珠海校区党政工作办公室：《墨西哥驻穗代总领事访问珠海校区》，见《中山大学珠海校区工作简报》2010年第一期（总第二期），第12页，2010年3月15日。

② 中山大学校长办公室：《中山大学年鉴（2010）》，中山大学出版社2011年11月第1版，第620页。

③ 中山大学新闻中心：《新机遇，新要求，新挑战》，见《中山大学报》（新）第218期，2010年3月1日。

④ 罗永明：《中山大学工会编年史（1949—2010）》上册，中山大学出版社2011年6月第1版，第422页。

⑤ 中山大学党委宣传部：《绿化校区，美化人生——珠海校区举行植树活动，庆祝校区成立十周年》，见中山大学新闻网（http://news2.sysu.edu.cn/news01/117362.htm），2010年3月23日。

划生育工作先进个人"荣誉称号。①

3月20日 岭南学院第十六届经济文化节开幕式在珠海校区举行。岭南学院党委书记张文彪出席开幕式。②

3月22日 由国际商学院与百度公司合作开设的国内首门"搜索引擎营销教育"选修课开班仪式在珠海校区举行。国际商学院常务副院长吴培冠、党委副书记钟一彪,百度公司企业市场部高级经理胡春燕、熊赟等管理人员出席仪式。③

3月27日 下午,广东省第三届大学生"蓝鸽杯"英语口译大赛在南方医科大学举行。由我校翻译学院翻译系2007级张素君、王舒迟、张浩文三位本科生组成的中大参赛队夺冠。④

翻译学院自成立以来,狠抓教学质量,大力提高学生的英语运用能力。在学校的支持下,翻译学院已建成同声传译实验室,并开设同声传译课程,为培养高素质人才搭建了平台。

3月29日 法国教育部、法国驻广州总领事馆及中法核工程与技术学院法方院长代表团来访我校,进行实地考察,探讨落实中法核工程与技术学院合作事宜。⑤

3月 旅游学院通过联合国世界旅游组织的旅游教育质量认证审核,并获得世界旅游组织颁发的认证证书。联合国世界旅游组织旅游教育质量认证主要评估全世界范围内的旅游院校能否在专业领域中为学生提供高标准的专业教育和实践训练,并积极地将旅游教育质量提升到更高平台。2009年9月15日至18日,评估小组前来我校旅游学院,对各个专业进行旅游教育质量认证评估。⑥

4月1日 主题为"迎亚运,促发展,强体魄,展风采"的珠海校区2010年迎亚运春季环校长跑活动暨体育节开幕式举行。来自珠海校区各个院系、职能部门和中山大学附属第五医院的19支代表队约800人参加了此次春季环校长跑活动。⑦

4月1日至3日 约旦大学副校长Salah Jarrar来访我校,许宁生副校长会见来宾,并与对方签订合作备忘录。Salah Jarrar到珠海校区参观,并与翻译学院、旅游

---

① 中山大学党委宣传部:《珠海校区获得珠海高新区多项表彰》,见中山大学新闻网(http://news2.sysu.edu.cn/news01/117401.htm),2010年3月23日。
② 中山大学珠海校区党政工作办公室:《岭南学院第十六届经济文化节开幕式暨巅峰论坛在珠海校区举行》,见《中山大学珠海校区工作简报》2010年第二期(总第三期),第12页,2010年6月2日。
③ 中山大学国际商学院、新闻中心珠海校区记者站:《国际商学院携手百度公司开设国内首门搜索引擎营销选修课》,见《中山大学报》(新)第220期,2010年3月30日。
④ 赵睿:《我校学子在广东省大学生英语口译大赛夺魁》,见《中山大学报》(新)第223期,2010年4月26日。
⑤ 中山大学校长办公室:《中山大学年鉴(2010)》,中山大学出版社2011年11月第1版,第603页。
⑥ 中山大学旅游学院:《我院顺利通过世界旅游组织"旅游教育质量认证"》,见中山大学旅游学院网(http://stm.sysu.edu.cn/content/1506),2010年7月20日。
⑦ 中山大学党委宣传部:《激情亚运,有你有我——珠海校区举办2010年迎亚运春季环校长跑暨体育节开幕式》,见中山大学新闻网(http://news2.sysu.edu.cn/news01/117407.htm),2010年4月2日。

学院就开展学生交换事宜进行商谈。①

4月8日 庆祝中山大学珠海校区建立十周年活动拉开序幕。②

活动的首发式节目——"中山大学·岐关车路有限公司合作续约暨珠海校区岐关车站候车室落成仪式"在隐湖之畔举行。校长助理李祥之、保继刚，珠海校区党工委书记唐燕和岐关车路有限公司总经理冯岩等双方相关部门负责人、校区师生代表出席了落成仪式。保继刚回顾了学校自创立"中大—珠海"异地办学模式至今十年，珠海校区在教学、科研以及管理等方面取得的全面发展。最近岐关车路有限公司又斥资30万元人民币修建了200余平方米的珠海校区候车室，并配套无线上网、手机充电等乘客服务项目，改善了校园候车环境，更好地满足了师生的要求。

珠海校区建立十周年系列庆祝活动还包括名师名家讲坛、校区成立十周年摄影展以及庆祝大会暨联欢晚会等。

4月9日 晚，由历史学系团总支、学生会主办的第七届历史文化节开幕式暨首场讲座在珠海校区举行。英国曼彻斯特大学东亚研究系主任、中国研究中心主任暨孔子学院院长、中山大学亚太研究院"长江学者"讲座教授刘宏做了题为"中国的崛起与亚太地区华人社会的变迁"的讲座。珠海校区党工委书记、管委会常务副主任唐燕、历史学系系主任吴义雄等领导以及珠海校区师生代表共300多人参加了本次活动。③

4月10日 陈小明院士为"名师名家"论坛做题为"享受工作——我的科研经历与感想"的首场讲座。④

讲座中，中国科学院院士、化学与化学工程学院陈小明教授围绕科研实例、博士生培养、科研所需素质、对同学的期望四个方面展开演讲。他对同学们提出了四点期望：踏实做人、有浓厚的兴趣并且有理想、培养坚毅和自信的品质、有科学精神。本次论坛由化学与化学工程学院承办。珠海校区党工委、校区管委会、珠海校区学工办、化学与化学工程学院相关领导出席。

"名师名家"系列讲坛是珠海校区管委会、党工委为庆祝珠海校区建立十周年而举办的，将从4月份持续至7月份，多位校内外名家学者将应邀作客论坛。

4月14日 下午，由珠海校区学工办举办的学生宿舍文化室雅名挂牌揭幕仪

---

① 中山大学校长办公室：《中山大学年鉴（2010）》，中山大学出版社2011年11月第1版，第624页。
② 中山大学珠海校区党政工作办公室：《珠海校区十年庆，岐关车路十载情——中山大学·岐关车路有限公司合作续约暨珠海校区岐关车站候车室落成仪式在珠海校区举行》，见《中山大学报》（新）第223期，2010年4月26日。
③ 中山大学党委宣传部：《"第七届历史文化节"开幕，刘宏教授做首场讲座》，见中山大学新闻网（http://news2.sysu.edu.cn/news01/117463.htm），2010年4月14日。
④ 中山大学珠海校区党政工作办公室、化学与化学工程学院：《陈小明院士为珠海校区建立十周年"名师名家"系列论坛作首场讲座》，见《中山大学报》（新）第222期，2010年4月16日。

式在榕园七号宿舍楼举行。①

珠海校区相关部门负责人、学生宿舍管理委员会同学和部分同学代表参加了仪式。该活动于2009年12月中旬开展，面向全校同学征集文化室雅名，旨在加深同学对宿舍文化室的理解，让文化室建设深入到同学内部，让文化室的作用得以真正发挥。活动期间共征集到雅名100多个，经过初步筛选和网络投票等环节，珠海校区16个楼栋最后都选出了各自心目中的文化室雅名。今日，榕园七号宿舍文化室"静雅阁"挂牌亮相，珠海校区各宿舍楼文化室从此有了属于自己的"雅名"。

4月21日　清晨7时30分，珠海校区举行降半旗仪式，深切哀悼青海玉树地震遇难同胞。②

4月23日　由珠海校区管委会、党工委主办，化学与化学工程学院承办的庆祝中山大学珠海校区建立十周年"名师名家"系列活动之"春风'化'语·院士论坛"第三场讲座举行。中国科学院院士、北京大学医学部药学院张礼和教授主讲"化学生物学——化学与生物学融合的新学科"。出席讲座的有珠海校区党工委书记唐燕、化学与化学工程学院院长毛宗万教授等嘉宾。③

4月24日　下午，岭南学院第七届企业文化案例分析大赛粤港澳高校总决赛在珠海校区举行。来自粤港澳三地的10所高校，包括香港中文大学、澳门大学、中山大学等高校的学生代表队同台竞技。中山大学代表队最终拔得头筹，荣获冠军。岭南学院党委书记张文彪，学生处副处长、珠海校区学工办主任林俊洪，岭南学院副院长李胜兰、副书记余立人等出席活动。该项赛事的举行标志着岭南学院第十六届经济文化节落幕。④

△珠海校区分党校邀请在广州东校区就读的国防生为党校学员开展"树立当代大学生核心价值观"主题报告会。来自珠海校区各院系的300多名入党积极分子与东校区沈栋文、卢思阳等4位国防生共同探讨当代大学生关注的这一话题。⑤

4月24日至25日　由珠海血站主办、中大红十字会珠海校区分会承办的无偿献血活动在珠海校区举行。⑥

---

①　中山大学党委宣传部：《宿舍文化室喜添雅名》，见中山大学新闻网（http://news2.sysu.edu.cn/news01/117473.htm），2010年4月26日。

②　中山大学党委宣传部：《珠海校区举行降半旗仪式哀悼玉树地震遇难同胞》，见中山大学新闻网（http://news2.sysu.edu.cn/news01/117454.htm），2010年4月22日。

③　中山大学党委宣传部：《春风"化"雨：当化学遇上生命科学》，见中山大学新闻网（http://news2.sysu.edu.cn/news01/117467.htm），2010年4月26日。

④　中山大学党委宣传部：《岭南学院举办企业文化案例分析大赛，粤港澳十所高校学子同台竞技》，见中山大学新闻网（http://news2.sysu.edu.cn/news01/117497.htm），2010年4月27日。

⑤　中山大学党委宣传部：《忠诚党现身使命，铸军魂报效祖国——东校区国防生为珠海校区分党校举行"树立当代大学生核心价值观"主题报告会》，见中山大学新闻网（http://news2.sysu.edu.cn/news01/117507.htm），2010年5月4日。

⑥　中山大学党委宣传部：《送给生命的礼物——特殊意义的无偿献血活动在珠海校区进行》，见中山大学新闻网（http://news2.sysu.edu.cn/news01/117469.htm），2010年4月26日。

4月26日 翻译学院主办"海外礼仪及海外汉语教学现状"系列论坛，本期由美国印第安纳波利斯孔子学院中方院长张哲老师主讲涉外社交礼仪。①

4月27日 上午，珠海校区建立十周年系列庆祝活动之逸仙大道辅道开通仪式在校区教学实验大楼辅道路口举行。②

校长助理、珠海校区管委会主任保继刚，珠海校区管委会副主任、党政办主任李烨，校区各部门负责人、部分学院的党委副书记等出席开通仪式。保继刚、李烨、基建办主任曾国良、学生提案代表和珠海校区学生代表等为辅路工程开通进行剪彩。珠海校区逸仙大道增设辅道工程于1月19日动工，4月20日竣工，是校区将学生合理提案落于实处的一个举措。地理科学与规划学院2006级安宁等同学针对在校区珠影超市路口出现的一些影响交通安全的问题，提交了"关于放学高峰期珠海校区逸仙大道交通拥挤问题"的提案。此项提案受到学校重视，并得以落实。辅道的建成体现了学校"善待学生"的办学理念。

△珠海校区建立十周年"名师名家"系列论坛第五讲举行。③

中国外交部外交政策咨询委员会委员、国际欧亚科学院院士、国际展览局名誉主席吴建民教授应邀做客论坛，向珠海校区师生讲述上海世博会申办前后的种种故事。校长助理、珠海校区管委会主任保继刚教授出席了讲座。讲座由珠海校区管委会、党工委主办，旅游学院承办。

4月28日 在广东省纪念五四运动91周年表彰大会上，翻译学院梁梦滢同学获评"广东省百佳团支部书记"，受到团省委的表彰。④

5月1日至3日 第五届"中山大学杯"全国青少年击剑锦标赛在珠海校区举行。校党委副书记、中国大学生体育协会击剑分会主席朱孔军，教育部大学生体育协会联合会秘书处竞赛部副部长华爱军，珠海校区党工委书记唐燕，教育学院院长、击剑分会副主席兼秘书长钟明华等出席了开幕式。中大代表队将男子花剑个人等项目的金牌收入囊中。⑤

5月5日 黄国文代表中大翻译学院与西班牙巴利亚多利德大学签署合作协议书，双方在学生交换、合作科研等方面开展合作。协议有效期为两年。⑥

△黄国文代表中大翻译学院与墨西哥伊比利亚美洲大学签署合作协议书，双方

---

① 蔡博：《让母语走向世界》，见中山大学珠海校区网（http://zhuhai.sysu.edu.cn/content/2077），2010年5月27日。
② 中山大学党委宣传部：《我与校区齐发展，珠海校区举行逸仙大道辅道开通仪式》，见中山大学新闻网（http://news2.sysu.edu.cn/news01/117485.htm），2010年4月30日。
③ 中山大学校长办公室：《中山大学年鉴（2010）》，中山大学出版社2011年11月第1版，第626页。
④ 《中山大学外语学科90年史稿（1924—2014）》编委会：《中山大学外语学科90年史稿（1924—2014）》，中山大学出版社2014年10月第1版，第285页。
⑤ 中山大学校长办公室：《中山大学年鉴（2010）》，中山大学出版社2011年11月第1版，第627页。
⑥ 中山大学校长办公室：《中山大学年鉴（2010）》，中山大学出版社2011年11月第1版，第596页。

在学生交换方面开展合作。①

5月7日 下午，国际商学院在珠海校区与10家企业达成共建大学生实习基地协议，并举行了中国企业家第二届"问道面对面"创业就业高校论坛。活动中，国际商学院常务副院长吴培冠代表学院与来自广州、深圳、珠海、中山等地的10家企业的董事长、总经理签订共建实习基地合约，并授予实习基地牌匾。学院党委副书记钟一彪向企业家们颁发国际商学院职业发展导师聘书。在论坛环节，11位高层企业家纷纷畅谈了自己的创业故事，为大学生职业发展出谋划策。②

△黄国文任翻译学院院长。③ 王宾不再续聘翻译学院院长职务，改任翻译学院学术总监。

△晚，庆祝珠海校区建立十周年系列活动之第四届院系学生会风采大赛启动仪式在珠海校区举行。珠海校区16个院系学生会通过丰富多彩的表现形式向到场的师生展示了在过去一年所举办的学生品牌活动。珠海校区管委会常务副主任、党工委书记唐燕，珠海校区管委会副主任、党政办主任李烨出席并一同为启动仪式剪彩。④

△晚，由孙中山基金会主办，中山大学孙中山纪念馆、历史学系团总支学生会承办的"中山大讲坛第四期暨中山大学第七届历史文化节闭幕式讲座"在珠海校区举行。⑤

闭幕式上，希腊驻广州总领事馆总领事夫人乔安娜女士做"徜徉在希腊"主题讲座。出席讲座的嘉宾有希腊驻广州总领事馆总领事康士坦丁·卡其武斯、中山大学历史学系副主任黄国信教授、中山大学历史学系赵立彬教授等。乔安娜女士来到广州后，很快就参与到中大历史学系的教学活动中。

第七届历史文化节历时一个月。除4月9日进行的开幕式讲座外，还有在4月15日进行的历史题材电影展播，播放影片《末代皇帝》；4月21日起面向全校同学进行了为期一周的"三国知识竞赛"，以新颖的形式吸引了众多同学参与；4月23日，历史学系章文钦教授为同学们带来"中国古代的爱国主义和民族斗争"的讲座；4月25日，历史学系团总支、学生会联合灯谜协会共同举办了"十年辉煌，历史馨香"历史文化节游园会，庆祝珠海校区成立十周年。

5月9日 下午，中山大学第八届英语口语大赛珠海校区决赛举行，来自岭南

---

① 中山大学校长办公室：《中山大学年鉴（2010）》，中山大学出版社2011年11月第1版，第596页。
② 周润权：《国际商学院与10家企业联手共建大学生实习基地》，见《中山大学报》（新）第225期，2010年5月17日。
③ 中山大学校长办公室：《中山大学年鉴（2010）》，中山大学出版社2011年11月第1版，第627页。
④ 中山大学党委宣传部：《珠海校区第四届院系学生会风采大赛启动仪式举行》，见中山大学新闻网（http://news2.sysu.edu.cn/news01/117569.htm），2010年5月13日。
⑤ 中山大学党委宣传部：《第七届历史文化节在浪漫的希腊风情中闭幕》，见中山大学新闻网（http://news2.sysu.edu.cn/news01/117585.htm），2010年5月13日。

学院的蔡哲同学获得一等奖。①

△晚上9点，珠海校区举行亮灯仪式。亮灯仪式是珠海校区在"母亲节"期间举行的传统活动，旨在营造一种温馨的氛围，感谢母亲的恩情。2010年恰逢珠海校区建立十周年，亮灯仪式被列为校区庆祝系列活动之一。②

5月12日 庆祝珠海校区建立十周年系列活动之2010年学生干部培训专题讲座第二场在珠海校区举行。校长助理、珠海校区管委会主任保继刚为400多名学生干部做了题为"理想与现实的冲突——香格里拉断想"的培训讲座。③

5月13日 晚，庆祝珠海校区成立十周年系列讲座之健康讲座在珠海校区举行。中山大学附属第五医院主任医师晶丽教授做了题为"健康、亚健康与疾病"的讲座。④

5月16日 晚，庆祝珠海校区建立十周年系列活动之"青春的脚步跟党走"院系合唱比赛在珠海校区榕园广场举行。珠海校区党工委书记唐燕出席比赛。比赛中，来自各院系的20支队伍参赛。中山医学院凭一曲《游击队之歌》获得冠军。⑤

5月17日 上午，校工会联同珠海校区分工会以及财务与国资管理处、人事处的相关负责人召开珠海校区工会工作协调会。⑥

△校长助理、旅游学院院长保继刚代表中大旅游学院与泰国宋卡王子大学签署合作备忘录，双方在学生交换、教师交流、科研等方面开展合作。⑦

5月18日 系统功能语言学著名学者、英国加的夫大学Robin P. Fawcett教授应邀为我校翻译学院师生主讲题为"Introduction to the Second Version of Systemic Functional Linguistics: the Cardiff Model"的讲座。⑧

5月20日 中国国民党革命委员会广东省委员会向我校党委统战部发来感谢信，对广东省政协委员、民革广东省委会委员、国际商学院常务副院长吴培冠在参政议政工作中做出的贡献给予表扬，并对我校党委统战部表示感谢。来信提到，近几年来，吴培冠积极参与民革广东省委会参政议政课题调研，2009年以来，其撰

---

① 中山大学珠海校区党政工作办公室：《中山大学第八届英语口语大赛决赛在珠海校区举行》，见《中山大学珠海校区工作简报》2010年第二期（总第三期），第11~12页，2010年6月2日。
② 中山大学党委宣传部：《大雨浇不灭的爱——庆祝中山大学珠海校区建立10周年暨母亲节亮灯仪式在珠海校区举行》，见中山大学新闻网（http://news2.sysu.edu.cn/news01/117521.htm），2010年5月11日。
③ 中山大学党委宣传部：《理想照入现实，愿景展望未来——保继刚校长助理在珠海校区为学生干部做培训讲座》，见中山大学新闻网（http://news2.sysu.edu.cn/news01/117546.htm），2010年5月13日。
④ 中山大学党委宣传部：《关注亚健康，改善价值观》，见中山大学新闻网（http://news2.sysu.edu.cn/news01/117572.htm），2010年5月17日。
⑤ 中山大学党委宣传部：《珠海校区举办"青春的脚步跟党走"院系合唱比赛》，见中山大学新闻网（http://news2.sysu.edu.cn/news01/117574.htm），2010年5月20日。
⑥ 中山大学校长办公室：《中山大学年鉴（2010）》，中山大学出版社2011年11月第1版，第151页。
⑦ 中山大学校长办公室：《中山大学年鉴（2010）》，中山大学出版社2011年11月第1版，第595页。
⑧ 黄国文、王宾、许东黎：《从这里走向世界——中山大学翻译学院建院十周年回眸》，中山大学出版社2015年10月第1版，第230页。

写的两份建议均被民革广东省委会采用,作为集体提案提交省政协大会,其中前一个提案还在2010年初召开的广东省政协十届三次会议上获评优秀提案。吴培冠在2010年5月被评为"2009年为民革广东省委会参政议政工作做出贡献先进个人"。①

5月21日 庆祝中山大学珠海校区建立十周年系列活动之"高雅艺术进校园"——星海音乐学院单弦管乐团专场音乐会在榕园学生活动中心举行。珠海校区党工委书记唐燕、中山大学新华学院院长陈伟林、中山大学新华学院党委副书记陈荣冠等领导和嘉宾出席活动。②

5月22日 旅游学院在珠海校区举办"2010年旅游教育高峰论坛"。③

论坛以"学科建设与高层次人才培养"为主题。来自北京大学、复旦大学等拥有旅游相关学科博士学位授予权的35家高校和研究机构的负责人齐聚一堂,探讨"旅游管理专业博士培养理念、方案与思考""旅游管理专业硕士学位(MTA)的培养方案与创新""旅游管理科学硕士培养方案设计与案例教学"等议题。会议通过并签署了《关于旅游学科建设与高层次人才培养的珠海共识》。

6月3日 由珠海市人力资源和社会保障局主办、中大珠海校区协办的"创业专家校园行"专题报告会在珠海校区举行。活动旨在引领大学生走向成功的创业之路。珠海信禾集团董事长、珠海公交集团董事长范锦文,演讲专家温良为同学们做了关于创业方面的讲座。④

6月5日 中大就业指导中心与中共香洲区委组织部、共青团香洲区委、香洲区人力资源中心合作在珠海校区举办"2010年中山大学珠海校区实习生专场招聘会"。⑤

△由珠海校区管委会、党工委主办,校区团工委承办的"我的珠海校区——中山大学珠海校区建立十周年文艺晚会"在图书馆前广场举行。校党委常务副书记梁庆寅,校长助理、珠海校区管委会主任保继刚,学校部分职能部门、院系负责人,珠海校区历任老领导和在校区各办工作过的负责同志、师生代表一同庆祝珠海校区建立十周年。此外,中大珠海校友会、暨南大学珠海校区等单位的代表也应邀

---

① 中山大学党委宣传部:《民革广东省委来信对我校吴培冠教授给予表扬》,见中山大学新闻网(http://news2.sysu.edu.cn/news01/117658.htm),2010年5月28日。
② 黄旭珍:《高雅艺术进校园》,见中山大学珠海校区网(http://zhuhai.sysu.edu.cn/content/2078),2010年5月26日。
③ 中山大学党委宣传部:《旅游学院举办"2010年旅游教育高峰论坛"》,见中山大学新闻网(http://news2.sysu.edu.cn/news01/117625.htm),2010年5月27日。
④ 蔡博:《点燃青春梦想,创业成就未来——珠海市2010年"创业专家校园行"专题报告会在珠海校区召开》,见《中山大学报》(新)第227期,2010年6月8日。
⑤ 中山大学党委宣传部:《珠海校区实习生专场招聘会举行》,见中山大学新闻网(http://news2.sysu.edu.cn/news01/117664.htm),2010年6月8日。

出席晚会。①

△晚，珠海广播电视台总编辑、高级记者殷亚敏作客珠海校区第二期"周末聊天室"，在学生宿舍文化室与中大学子就"大学生讲话能力训练"这一话题展开深入交流。殷亚敏曾任中央电视台《新闻调查》主持人，曾获中国金话筒奖。② 珠海校区"周末聊天室"自5月15日启动以来，备受学生关注与欢迎。活动由珠海校区学工办指导，珠海校区宿舍管理学生委员会主办。

6月7日 晚，珠海校区2009—2010年勤工助学表彰典礼在伍舜德国际学术交流中心举行。珠海校区党工委书记唐燕、学生处处长漆小平等出席了典礼。③

6月13日 "与歌同行——中山大学珠海校区学生合唱团十周年专场音乐会"在南校区举行。专场音乐晚会由校团委、艺术教育中心主办。十届学子欢聚一堂，用歌声庆祝合唱团的十周岁生日。校党委常务副书记梁庆寅、学生处处长漆小萍、校团委书记黄山等出席了音乐会。十年来，在指导老师周莉的带领下，珠海校区学生合唱团曾在全国及省级比赛中多次获奖，为学校争得荣誉。④

6月17日 珠海校区举行"纪律教育学习月"辅导报告会。校纪委副书记王录德做了题为《加强制度教育，构筑拒腐防线》的报告。珠海校区教工党员代表参加了报告会。⑤

6月25日 晚，珠海校区新党员入党宣誓仪式在教学实验大楼举行。珠海校区党工委书记唐燕领誓。⑥

6月28日 上午，中法核工程与技术学院第一届联合行政委员会第一次会议在中山大学召开。⑦

会议由委员会主席、中山大学校长黄达人主持。出席会议的法方委员有：法国格勒诺布尔国立综合理工学院Paul Jacquet校长（委员会副主席）、法国国立巴黎高等化学学院Valérie Cabuil校长、法国国立南特高等矿业学院Stéphane Cassereau校长、法国国立蒙彼利埃高等化学学院Moreau校长、法国格勒诺布尔国立综合理

---

① 中山大学校长办公室：《中山大学年鉴（2010）》，中山大学出版社2011年11月第1版，彩页。

② 中山大学党委宣传部：《提高当众讲话能力，走向自信人生——珠海广播电视台总编辑、高级记者殷亚敏做客珠海校区第二期"周末聊天室"》，见中山大学新闻网（http://news2.sysu.edu.cn/news01/117615.htm），2010年6月10日。

③ 中山大学珠海校区党政工作办公室：《与雁同行，情深雁行——中山大学珠海校区2009—2010年勤工助学表彰典礼举行》，见《中山大学珠海校区工作简报》2010年第三期（总第四期），第12页，2010年10月8日。

④ 共青团中山大学委员会：《"十年，我们与歌同行"——珠海校区学生合唱团十周年专场音乐会在南校区举行》，见《中山大学报》（新）第228期，2010年6月22日。

⑤ 中山大学党委宣传部：《珠海校区、东校区举行"纪律教育学习月"辅导报告会》，见中山大学新闻网（http://news2.sysu.edu.cn/news01/117753.htm），2010年7月6日。

⑥ 中山大学党委宣传部：《珠海校区举行新党员宣誓仪式，庆贺党的89岁生日》，见中山大学新闻网（http://news2.sysu.edu.cn/news01/117651.htm），2010年7月1日。

⑦ 中山大学校长办公室：《中山大学年鉴（2010）》，中山大学出版社2011年11月第1版，第604页。

工学院 Jean‐Marie Bourgeois‐Demersay（德麦赛）副校长。中方委员有：中山大学徐安龙副校长（代表许宁生副校长）、陈春声副校长、魏明海校长助理、物理科学与工程技术学院王彪院长及杨佩青副院长。

会议一致通过了学院第一任中方院长王彪和第一任法方院长德麦赛的任命；听取了中法双方院长关于学院的筹建、总体发展规划、2010—2011学年度发展计划等的工作进展报告；审议并通过了学院联合行政管理委员会内部规章，学院总体教学计划、教师配备计划，2010—2011学年度招生、教学大纲、人员招聘等年度发展计划，2010—2011年度财政预算等相关议案。最后，委员会指出了学院发展的近期目标和需要关注的事项。本次会议的成功举行，为中山大学中法核工程与技术学院的顺利运作和发展打下了良好的基础。

7月2日至3日 旅游学院"2009—2010年度学术交流会暨专业发展战略研讨会"在珠海校区举行。①

7月5日 民盟中央副主席、中国科学院院士郑兰荪教授作客珠海校区建立十周年"名师名家"论坛第七讲，为珠海校区学子们讲授"物质结构与原子团簇"。珠海校区党工委书记唐燕、化学与化学工程学院院长毛宗万、化学与化学工程学院副院长巢晖等出席了此次活动。②

△国际商学院和岭南学院联合开设的职业规划与个人发展课程开班仪式在珠海校区举行。两个学院共600多名师生参加了开班仪式。仪式上，岭南学院、国际商学院舒元院长介绍了个人发展规划的重要性，并向同学们阐释了开设职业规划与个人发展课程的意义和目的，希望同学们正确把握专业学习与社会实践之间的关系。③

7月6日 晚，珠海校区建立十周年"名师名家"论坛第八讲举行。美国长岛大学商学院管理系萧柏春教授做了题为"精细管理与企业飞跃"的讲座。珠海校区党工委书记唐燕、国际商学院党委副书记钟一彪等出席论坛。本次论坛由珠海校区管委会、党工委主办，岭南学院、国际商学院、翻译学院和旅游学院四个学院承办。④

7月7日 晚，珠海校区党工委组织主题为"加强制度建设、构筑拒腐防线、建设和谐校区"的纪律教育学习月心得展示会。校区党工委下属各党支部的党员

---

① 中山大学旅游学院：《旅游学院2009—2010年度学术交流会暨专业发展战略研讨会圆满召开》，见中山大学旅游学院网（http://stm.sysu.edu.cn/content/1508），2010年7月16日。
② 中山大学党委宣传部：《"物质结构与原子团簇"——中山大学珠海校区建立十周年"名师名家"第七讲日前举行》，见中山大学新闻网（http://news2.sysu.edu.cn/news01/117746.htm），2010年7月12日。
③ 张耀升：《国际商学院、岭南学院联合开设职业规划与个人发展课程》，见《中山大学报》（新）第230期，2010年7月15日。
④ 中山大学党委宣传部：《精细管理与企业飞跃——珠海校区建立十周年"名师名家"第八讲举行》，见中山大学新闻网（http://news2.sysu.edu.cn/news01/117763.htm），2010年7月14日。

和入党积极分子、各职能部门的教职工参加了活动。展示形式有情景剧、诗朗诵，也有演讲、合唱，内容生动，形式活泼。①

7月12日 我校在珠海校区欢迎2009级学生军训教官进校承训。②

今年承担我校2009级学生军训任务的教官是武警广东省总队官兵和我校国防生。学校党委副书记朱孔军、武警国防生选培办主任陈晓东大校、学校相关部门负责人和军训师、团教官出席了欢迎会。朱孔军在讲话中指出，今年军训是我校实行三学期制后的第一次军训，也是学校本科教学改革调整前提下组织的军训。今年军训实行的是具有中大特色的军训模式——国防生训练新生。实行这种模式是为了适应学校的三学期制，它不但利于军训工作的顺利开展，还有利于国防生自身的成长和成才。随后，陈晓东对武警军训教官和国防生教官提出要求，赋予任务，明确责任。238名武警和国防生教官均表示坚决完成军训任务。

7月14日 陈春声副校长到珠海校区看望正在军训的2009级学生。③

陈春声在武警国防生选培办、武装部、珠海校区相关部门负责人的陪同下，先后来到军训二团各营的训练场地，对承训官兵和参训学生进行慰问，详细了解参训学生的训练和适应情况，对全体参训学生提出期望。他强调，同学们一定要克服炎热天气的影响，服从命令、听从指挥，在军训中要发扬不怕苦、不怕累的精神，真正体现出中大学子的风采。

7月15日 晚，国际商学院第三学期职业规划与个人发展课程系列讲座在珠海校区举行。雅典奥运会10米跳台冠军胡佳校友应邀担任主讲嘉宾，与同学们分享了他在21年跌宕起伏的运动员生涯中所领悟到的人生哲理。讲座由国际商学院党委副书记钟一彪主持。④

7月20日 晚，为了让学生掌握急救医学的基本知识和技能，医学教务处组织中大附属医院的医生在珠海校区对参加军训的2009级医科和部分文、理、工科学生开展急救心肺复苏术培训。陈春声副校长出席培训活动。⑤

7月21日 珠海校区举行2009级军训学生军歌大赛。⑥

---

① 中山大学党委宣传部：《珠海校区举行纪律教育学习月心得展示会》，见中山大学新闻网（http://news2.sysu.edu.cn/news01/117703.htm），2010年7月9日。

② 古添雄、谢华：《独具中大特色的军训新模式亮相今夏》，见《中山大学报》（新）第230期，2010年7月15日。

③ 中山大学校长办公室：《中山大学年鉴（2010）》，中山大学出版社2011年11月第1版，第634页。

④ 罗晓敏：《用意志力战胜自我，用信念超越自我》，见中山大学珠海校区网（http://zhuhai.sysu.edu.cn/content/2074），2010年7月16日。

⑤ 中山大学党委宣传部：《我校在参加军训的2009级学生中开展急救心肺复苏术培训》，见中山大学新闻网（http://news2.sysu.edu.cn/news01/117779.htm），2010年7月26日。

⑥ 中山大学党委宣传部：《用青春唱响嘹亮的军歌——我校2009级学生军歌大赛举行》，见中山大学新闻网（http://news2.sysu.edu.cn/news01/117790.htm），2010年7月26日。

7月29日 上午，珠海校区2009级学生军训阅兵暨总结大会举行。①

武警广东省总队政委亢进忠少将、黄达人校长出席大会，黄达人检阅了军训新生。今年是我校首次实行三学期制，将学生军训安排在夏季学期，并且由武警广东总队一支队108名官兵和130名我校国防生担任教官的第一年。承训期间，教官们过硬的军事素质、优良的纪律作风受到了校领导和师生的一致好评。

△我国台湾大学校长李嗣涔一行到珠海校区参观。②

8月4日 下午，珠海校区党工委召开创先争优工作布置暨公开承诺会。③

校区党工委中心组成员、下属各党支部书记参加会议。会议首先布置了校区创先争优工作，重点强调了"四个环节"中的公开承诺，要求党员做出公开承诺要紧紧围绕校区中心工作，重点放在校区师生员工关心的热点、难点问题上，要把为校区师生员工办实事、做好事体现在承诺中，落实在行动中，通过创先争优活动，提高校区党员干部素质，提升校区基层党组织的凝聚力与战斗力，切实为校区的发展出谋划策，发挥好校区党员干部的先进模范带头作用。会议要求党员干部要加强学习，按照校区的读书实施方案做好个人读书计划，将"建设学习型党组织"与创先争优活动紧密结合起来。

8月5日至7日 2010年珠海校区搬迁工作顺利完成。今年搬迁广州的学生来自12个院系，共计2370人。由于三学期制的实行，今年的搬迁工作安排到8月份进行。为做好相关工作，珠海校区专门召开搬迁工作协调会，早做工作部署，同时成立回迁工作指挥部，组织编写了《中山大学珠海校区2010年部分学生搬迁工作指南》，用于指导学生搬迁工作。④

8月16日 纪念珠海经济特区建立30周年珠海"十大知名建筑"颁奖仪式和珠海城市建设成就摄影展活动在珠海市举行，中山大学珠海校区教学实验大楼凭借其独特的设计理念、先进的工艺技术和优良的建筑质量成功入选"珠海十大知名建筑"。⑤

8月30日 由旅游学院承办的"海南省旅游发展委员会干部专题培训班"在珠海校区开班。⑥

---

① 中山大学校长办公室：《中山大学年鉴（2010）》，中山大学出版社2011年11月第1版，第635页。
② 中山大学珠海校区党政工作办公室：《台湾大学代表团访问珠海校区》，见《中山大学珠海校区工作简报》2010年第三期（总第四期），第14页，2010年10月8日。
③ 中山大学党委宣传部：《珠海校区召开创先争优工作布置暨公开承诺会》，见中山大学新闻网（http://news2.sysu.edu.cn/news01/117833.htm），2010年8月9日。
④ 中山大学党委宣传部：《珠海校区顺利完成2010年搬迁工作》，见中山大学新闻网（http://news2.sysu.edu.cn/news01/117891.htm），2010年8月9日。
⑤ 中山大学党委宣传部：《珠海校区教学实验大楼荣获"珠海十大知名建筑"称号》，见中山大学新闻网（http://news2.sysu.edu.cn/news01/117864.htm），2010年8月18日。
⑥ 中山大学党委宣传部：《"海南省旅游发展委员会干部培训班"在旅游学院正式开班》，见中山大学新闻网（http://news2.sysu.edu.cn/news01/117835.htm），2010年9月13日。

中山大学珠海校区编年史（1999—2018）

本次培训是我校与海南省开展省校合作的内容之一。今年6月5日，黄达人校长一行赴琼，与海南省省长罗保铭洽谈了省校合作事宜，双方就旅游培训、教育教学等方面的具体合作深入交换了意见，并签署了合作协议。旅游学院与海南旅游委员会就旅游研究与培训达成了全面合作意向。9月27日下午，培训班结业。海南省省长助理、旅游发展委员会主任陆志远，我校党委副书记李萍，校长助理、旅游学院院长保继刚等出席结业典礼。陆志远高度评价中大在推动海南国际旅游岛发展中对海南的支持和帮助。李萍表示，中大将充分发挥作为一流综合性大学的教学和科研优势，积极为海南的发展提供智力支持。①

9月4日至6日 学校在珠海校区举行2010级新生党员培训。在三天的时间里，新生党员对党的基本知识和校史校情进行专题学习并参加迎新培训，随后参加各院系的迎新工作。校党委副书记朱孔军为新生党员做了校史校情专题讲座。校党委组织部、学生工作部、校团委和有关院系负责人分别向新生党员讲授了"理想、信念和入党动机""如何做一名合格的大学生党员""学生干部的素质"等课程并开展了一系列交流讨论活动。②

9月7日 教育部批复，同意设立中山大学中法核工程与技术学院。批准文号：教外综函〔2010〕85号。③

△珠海校区新生报到工作顺利完成。郑德涛书记、陈春声副校长到珠海校区视察了迎新工作。④

9月10日 中山大学珠海校区2010年开学典礼举行。⑤

校党委书记郑德涛、校长黄达人、校党委常务副书记梁庆寅、校党委副书记李萍、副校长汪建平、副校长许宁生、副校长黎孟枫、副校长陈春声、校长助理保继刚等出席典礼。典礼由黎孟枫副校长主持。

黄达人在典礼上训词。他强调素质教育是高等教育的核心之一，人才培养是大学的根本使命。此外，他对同学们提出七点希望，即知礼、诚信、勤奋、阳光、敢于超越、勇于担当，并且具有职业准备，勉励中大学子要成为具有"领袖气质的文明的现代人"。

教师代表、生命科学学院王金发教授，在校学生代表谭彬，新生代表田思思分别做了发言。典礼上，陈春声领导全体新生庄严宣誓。

---

① 中山大学党委宣传部：《海南旅游发展委员会干部培训班在我校圆满结束》，见中山大学新闻网（http://news2.sysu.edu.cn/news01/117959.htm），2010年9月29日。
② 中山大学党委宣传部：《勇于担当，立志成才——我校2010级新生党员培训工作圆满结束》，见中山大学新闻网（http://news2.sysu.edu.cn/news01/117883.htm），2010年9月13日。
③ 中山大学校长办公室：《中山大学年鉴（2010）》，中山大学出版社2011年11月第1版，第771页。
④ 中山大学校长办公室：《中山大学年鉴（2010）》，中山大学出版社2011年11月第1版，第637页。
⑤ 中山大学新闻中心：《人才培养是大学的根本使命——中山大学2010年开学典礼隆重举行》，见《中山大学报》（新）第233期，2010年9月16日。

9月14日 校工会常务副主席罗永明率团到珠海校区慰问教职工。①

9月17日 下午,我校与海南省产学研合作协议签署仪式在海口市举行。根据协议,双方将在科研与科研成果转化、人才培养等方面进行全面合作。我校校长黄达人、党委副书记李萍,海南省委副书记、省长罗保铭等出席了签约仪式。此前,我校旅游学院、翻译学院等院系已分别与海南大学、海南软件职业技术学院等开展了合作项目。协议内容包括我校旅游学院与海南省旅游发展委员会共同探索组建海南旅游研究院等。②

9月19日 晚,由校团委、艺术指导中心主办,珠海校区学生会、广播台承办的珠海校区2010级迎新晚会在图书馆广场举行。

9月20日 上午,珠海校区党工委结合落实"创先争优"活动实施方案,邀请国际商学院党委副书记钟一彪博士为校区行政干部、党员员工和入党积极分子做了一场题为"在教育管理服务工作中落实科学发展观"的学习报告会。校区党工委书记唐燕主持报告会。③

9月27日 由世界旅游组织、国家旅游局和广东省人民政府联合主办,广东省旅游局、中山大学旅游学院和网易联合承办的"旅游、生物多样性和可持续发展"高峰对话在广东省博物馆举行。我校党委书记郑德涛出席了高峰对话,旅游学院院长保继刚做了主旨演讲。④

9月29日 珠海校区学工办举行学生党支部开展创先争优活动宣讲会。校党委组织部副部长何晓钟,学生处副处长、珠海校区学工办主任林俊洪出席活动,珠海校区17个院系的学生党支部的支部书记、副书记、组织委员参加会议。⑤

9月30日 上午,珠海校区召开"庆国庆、迎亚运、保平安"维稳工作布置会。

9月 海洋科学一级学科博士点和硕士点获准设立,开始独立招收首届博士研究生和硕士研究生。⑥

△旅游管理硕士专业学位(MTA)获得专业学位授权点。⑦

---

① 罗永明:《历程·风采:中山大学工会60周年纪念专刊》,中山大学出版社2011年7月第1版,第147页。

② 中山大学新闻中心:《我校与海南省签署产学研全面合作协议,共谋国际旅游岛建设》,见《中山大学报》(新)第234期,2010年10月8日。

③ 中山大学党委宣传部:《创先争优学习先行,科学发展重在实践——珠海校区党工委举办"创先争优"活动学习报告会》,见中山大学新闻网(http://news2.sysu.edu.cn/news01/117856.htm),2010年9月25日。

④ 中山大学旅游学院:《旅游、生物多样性与可持续发展高峰对话27日成功举行》,见中山大学旅游学院网(http://stm.sysu.edu.cn/content/1497),2010年9月28日。

⑤ 中山大学珠海校区学生工作办公室:《创先争优,学习先行》,见中山大学新闻网(http://zhuhai.sysu.edu.cn/content/2070),2010年10月1日。

⑥ 中山大学海洋科学学院:《立足广东,面向南海——中山大学海洋科学学院》宣传册,自印,第4页。

⑦ 中山大学校长办公室:《中山大学年鉴(2012)》,中山大学出版社2014年1月第1版,第206页。

中山大学珠海校区编年史（1999—2018）

△国际商学院周天芸老师获得2009—2010年度"珠海市先进教师"称号。①

10月16日 珠海校区2010年度秋季分党校开班仪式举行。珠海校区党工委书记唐燕出席开班仪式。由于入党积极分子人数较多，本学年珠海校区秋季分党校将分为两个班。本日参加开班仪式的共有300余名入党积极分子，另外300余名入党积极分子组成的2班于10月23日开课。②

10月18日 国际商学院与特许公认会计师公会（简称ACCA）合作举办的本科成建制班签字仪式在珠海校区举行。国际商学院副院长周天芸、党委副书记钟一彪、ACCA广州代表处首席代表袁哲及国际商学院300多名师生参加签字仪式。国际商学院与ACCA合作设立本科成建制班，目的在于借鉴ACCA的国际化培训模式，从多个方面增强学生的就业竞争力。③

10月20日 下午，珠海校区勤工助学工作座谈会在学工办会议室举行，33个勤工助学用人单位的负责老师参加会议，学生处副处长、珠海校区学工办主任林俊洪主持会议。④

10月23日 2011年第26届世界大学生运动会"大运之星"礼仪选拔赛全国总决赛在深圳举行。我校翻译学院2010级外国语言学与应用语言学研究生吴辰岑荣膺亚军。她将在2011年世界大学生运动会上从事火炬手、护旗手、颁奖礼仪等工作。⑤

11月7日 应翻译学院黄国文教授邀请，系统功能语言学创始人M. A. K. Halliday教授，以及香港理工大学英文系主任Christian Mathiessen教授在珠海校区为翻译学院师生以及珠海校区外语学科的教职工做了题目分别为"What Is Appliable Lingguistics?"和"What Is Appliable Discourse Analysis?"的讲座。⑥

11月8日 国际商学院在珠海校区举行兼职硕士生导师聘任仪式。⑦

校党委常务副书记梁庆寅、研究生院副院长周云、珠海校区党工委书记唐燕、国际商学院院长舒元、党委书记张文彪等出席聘任仪式。梁庆寅在仪式上致辞说，国际化办学已经成为潮流，而珠海校区几个整建制学院的办学模式是推进中山大学

---

① 中山大学校长办公室：《中山大学年鉴（2010）》，中山大学出版社2011年11月第1版，第685页。
② 中山大学党委宣传部：《珠海校区2010年度党课培训秋季班开班》，见中山大学新闻网（http://news2.sysu.edu.cn/news01/117981.htm），2010年10月18日。
③ 徐晓静：《国际商学院与ACCA合作设立本科成建制班》，见《中山大学报》（新）第236期，2010年10月28日。
④ 中山大学珠海校区学生工作办公室：《关爱学生，发挥勤工助学育人功能》，见中山大学珠海校区网（http://zhuhai.sysu.edu.cn/content/2064），2010年10月22日。
⑤ 中山大学党委宣传部：《我校学子吴辰岑荣膺"大运之星"亚军》，见中山大学新闻网（http://news2.sysu.edu.cn/news01/118016.htm），2010年10月29日。
⑥ 黄国文、王宾、许东黎：《从这里走向世界——中山大学翻译学院建院十周年回眸》，中山大学出版社2015年10月第1版，第230页。
⑦ 中山大学校长办公室：《中山大学年鉴（2010）》，中山大学出版社2011年11月第1版，第643页。

国际化办学的一种尝试。他对国际商学院采取的博雅教育和专业教育相结合的办学模式以及其国内一流、国际知名的商学院奋斗目标表示肯定。国际商学院院长舒元详细介绍了学院的研究生办学情况及发展特色。

珠海市副市长王庆利、格力电器股份有限公司总裁董明珠、深圳市天成投资集团有限公司董事长孙明高、立信大华会计师事务所有限公司总经理邬建辉获聘成为国际商学院兼职硕士生导师。兼职硕士生导师的引入是国际商学院贯彻落实学校研究生培养制度改革的一项举措。以此为契机,国际商学院将加大与地方的产学研合作力度,服务地方经济社会发展,培养高素质的经济管理类人才。

11月11日 中法核工程与技术学院成立。①

根据国家教育部批复,同意设立中山大学中法核工程与技术学院。经第一届中法核工程与技术学院联合行政管理委员会第一次会议研究审定,Jean – Marie Bourgeois – Demersay(德麦赛)任中法核工程与技术学院法方院长。王彪任中法核工程与技术学院中方院长(兼),陈敏、杨佩青、杨东华任中法核工程与技术学院中方副院长(兼)。中法核工程与技术学院招生层次为本科生和研究生。学院首批招收107名本科生。②

△陈东任保卫处副处长兼珠海校区保卫(武装)工作办公室主任。

11月14日 王宾代表我校翻译学院与科威特海湾科技大学签署合作协议书,海湾科技大学为我校翻译学院赞助演播室及阿拉伯语实验室。③

11月16日 晚,"庆祝2010年世界哲学日暨中山大学哲学系第十三届哲学月开幕式"在珠海校区举行。哲学系主任黎红雷教授在开幕式上致辞表示,今年恰逢哲学系复办50周年,本次"哲学月"活动将为此次50年庆典增添一抹亮丽的色彩。哲学系党总支书记李善如宣布"哲学月"开幕。本届"哲学月"主题为"以哲悟人生,以学探世界"。④

11月21日至23日 翻译学院与外国语学院等共同举办"批评语言学首届高层论坛:从话语批评到文化批评"。⑤

11月22日 翻译学院"教学与科研论坛"系列讲座开讲。翻译学院院长黄国文教授以"大学的外语教学与研究"为题做第一场讲座。⑥

---

① 《关于设立中法核工程与技术学院的通知》,见中大组〔2010〕6号文,2010年11月11日。
② 中山大学校长办公室:《中山大学年鉴(2010)》,中山大学出版社2011年11月第1版,第600页。
③ 中山大学校长办公室:《中山大学年鉴(2010)》,中山大学出版社2011年11月第1版,第596页。
④ 中山大学党委宣传部:《以哲悟人生,以学探世界——"庆祝2010年世界哲学日暨中山大学哲学系第十三届哲学月开幕式"在珠海校区举行》,见中山大学新闻网(http://news2.sysu.edu.cn/news01/118062.htm),2010年11月24日。
⑤ 《中山大学外语学科90年史稿(1924—2014)》编委会:《中山大学外语学科90年史稿(1924—2014)》,中山大学出版社2014年10月第1版,第285页。
⑥ 黄国文、王宾、许ericas黎:《从这里走向世界——中山大学翻译学院建院十周年回眸》,中山大学出版社2015年10月第1版,第28页。

11月26日 学校决定：中法核工程与技术学院党团、工会、学生工作归口物理科学与工程技术学院党委管理。①

11月30日 学校教代会代表到珠海校区巡视。②

喻世友副书记兼副校长担任巡视组组长。巡视组听取了珠海校区党工委书记、校区管委会常务副主任唐燕代表校区管委会、党工委所做的校区建设发展情况汇报，实地察看校区教学、办公环境，学生学习、生活设施建设等情况，并召开教工代表座谈会和学生代表座谈会。校工会把座谈会上收集的意见和实地察看到的问题反馈给珠海校区管委会及相关职能部门负责人。

珠海校区自建设至今，校教代会常设委员会已先后四次组织巡视组前来巡视调研，为校区的规划建设以及教学、管理、后勤服务等方面提出了许多有建设性的意见和建议。

12月1日 珠海校区分工会举行增补选举会议，选举产生新一届分工会委员会。胡海峰任分工会主席。③

12月2日 下午，珠海校区分工会承办的"校区第六届教职工趣味运动会"举行。100多名教职工参加了活动。本次趣味运动会还邀请了中山大学附属第五医院和珠海市第一中学的老师共同参与。

△"中外优秀文化系列讲座"在珠海校区开讲。中文系彭玉平教授做了题为"中国古典诗词之神韵"的讲座，正在珠海校区参观考察的全国各重点中学校长，珠海校区党工委、学工办等部门的负责人前来听讲。讲座由国家大学生文化素质办公室、通识教育部和校区团工委共同主办，历史学系团总支和学生会协办。④

12月5日 由翻译学院主办的第五届韩国文化节闭幕晚会在珠海校区举行。⑤

韩国驻广州总领事馆总领事金长焕、副总领事李守远，我校副校长陈春声出席晚会。陈春声在致辞中盛赞举办文化节有助于展现韩国文化魅力，为同学们了解韩国文化、欣赏韩国艺术提供了机会和平台，也展示了青年学生的才艺。金长焕在致辞中表示，一年一度的韩国文化节活动在今后两国关系的发展中有着积极的影响。本届文化节先后举办了韩文歌唱、配音、诗朗诵、演讲比赛、韩国电影展播、韩国游园会等活动。

12月9日 我国台湾中山大学行政人员标杆学习计划代表团来珠海校区交流参观。梁庆寅常务副书记会见了代表团一行。来访期间，我校相应职能部门与代表团成员开展了对口交流，双方分别就校友经营、学生事务、教师评鉴、资产管理、

---

① 中山大学校长办公室：《中山大学年鉴（2010）》，中山大学出版社2011年11月第1版，第645页。
② 中山大学校长办公室：《中山大学年鉴（2010）》，中山大学出版社2011年11月第1版，第151页。
③ 罗永明：《中山大学工会编年史（1949—2010）》上册，中山大学出版社2011年6月第1版，第435页。
④ 中山大学新闻中心珠海校区记者站：《中外优秀文化再开讲，诗词经典神韵续篇章》，见中山大学新闻网（http://zhuhai.sysu.edu.cn/content/2060），2010年12月8日。
⑤ 中山大学校长办公室：《中山大学年鉴（2010）》，中山大学出版社2011年11月第1版，第646页。

产学研合作、国际化、图书与数字化校园、财务管理等领域进行了深入探讨,共同促进了两校行政管理能力的提升。①

12月18日 上午,旅游学院校友会成立。校党委副书记李萍出席会议并讲话,校长助理、旅游学院院长保继刚,华南师范大学副校长朱竑校友,校友总会秘书长许东黎,旅游学院党委书记张元勋、学院教师以及来自全国各地的153名校友参加会议。保继刚被推选为第一届校友会会长。②

12月23日 下午,学校召开教师干部代表大会,中央组织部干部三局副局长杨春光代表中组部宣布中共中央、国务院关于中山大学校长职务任免的决定:任命许宁生为中山大学校长,因年龄原因黄达人不再担任中山大学校长。③

12月29日 许宁生校长到珠海校区调研。④

刚刚上任的许宁生校长在陈春声副校长、保继刚校长助理等人的陪同下到珠海校区调研。许宁生走访了校区党政管理部门、翻译学院、国际商学院、中法核工程与技术学院、旅游学院和基础教学实验中心,还看望了校区的全体辅导员,再次强调了学校对青年教师的关注,寄望青年教师在校区管理和发展方面尤其是在发挥国际化办学特色上做出成绩。图书馆馆长程焕文、校长办公室主任陈望南、宣传部部长李汉荣、发展规划办公室主任杨清华、基建处处长刘春阳、校区党工委书记唐燕等陪同调研。

12月 由海洋学院与广东省水利水电科学研究院共建的广东省河口水利工程实验室获得广东省发展与改革委员会批准建设。⑤

---

① 中山大学党委宣传部:《"台湾中山大学"行政人员标杆学习计划代表团来我校访问》,见中山大学新闻网(http://news2. sysu. edu. cn/news01/118154. htm),2010年12月15日。
② 中山大学校长办公室:《中山大学年鉴(2010)》,中山大学出版社2011年11月第1版,第647页。
③ 中山大学校长办公室:《中山大学年鉴(2010)》,中山大学出版社2011年11月第1版,第648~649页。
④ 中山大学新闻中心:《许宁生校长到各校区及附属医院了解情况》,见《中山大学报》(新)第242期,2011年1月6日。
⑤ 中山大学海洋科学学院:《立足广东,面向南海——中山大学海洋科学学院》宣传册,自印,第4页。

2011年

2011年

1月4日 下午，珠海校区党工委创先争优活动点评会暨党工委中心学习组学习会举行。①

1月10日 珠海校区2010年总结表彰会暨2011年教职工新年晚会举行。②

校长助理、珠海校区管委会主任保继刚，珠海校区党工委书记唐燕，职能部门和学院的部分负责人，常住校区工作的教职工约300人参加大会。会上，校区和各部门的有关同志回顾总结了过去一年的工作业绩，提出2011年的工作目标。会议还表彰了珠海校区2010年度先进单位、先进工作者和工会活动积极分子。保继刚、唐燕为获奖者颁发了奖状。保继刚发表讲话，肯定珠海校区教职员工在过去一年里所做出的工作成绩，希望大家在珠海校区下一个"十年"开始之际，能一如既往地围绕学校发展的中心工作，心里想事，眼中有事，手上做事，为学校发展尽自己最大的努力。

1月12日 珠海校区隐湖南畔的六角亭——"惜亭"落成揭幕仪式举行。③

珠海校区党工委唐燕书记、校区相关部门负责人参加了仪式。亭名通过征集，由旅游学院2009级马向远同学创作的"惜亭"入选，寓意希望同学们珍惜拥有的一切，找到自我，努力奋斗，成为国家的栋梁之材。门额书法创作者为国际商学院2009级严峻同学。该亭为企业捐建。

1月26日 上午，郑德涛书记到珠海校区慰问值班教

---

① 中山大学珠海校区党政工作办公室：《珠海校区创先争优活动点评会暨党工委中心学习组学习举行》，见中山大学珠海校区网（http://zhuhai.sysu.edu.cn/content/2059），2011年1月6日。
② 中山大学校长办公室：《中山大学年鉴（2011）》，中山大学出版社2012年12月第1版，第605页。
③ 中山大学党委宣传部：《隐湖之畔，惜亭落成》，见中山大学新闻网（http://news2.sysu.edu.cn/news01/118265.htm），2011年1月17日。

中山大学珠海校区编年史（1999—2018）

职员工。朱孔军副书记慰问留校值班学生辅导员。

2月2日 是日为农历除夕。上午11点，朱孔军副书记到珠海校区看望留校学生，并与同学们欢度春节。部分职能部门负责人、留校老师也参加了慰问活动。①

2月19日 上午，国务院研究室调研组一行到珠海校区调研中法核工程与技术学院。②

国务院研究室综合司司长宋大伟，国务院研究室综合司巡视员王敏，国务院研究室科教文卫司副司长侯万军，教育部港澳台办副主任刘建丰，中科院副秘书长、规划战略局局长潘教峰等单位相关人员一行莅临我校中法核工程与技术学院进行调研。珠海市副市长王庆利、中山大学副校长陈春声等陪同调研。宋大伟一行考察了中法核工程与技术学院的办公场所与教学实验情况，听取了中方院长王彪关于学院合作组建、教学招生、实习工作等相关情况的汇报。宋大伟对于中法合作建设学院的办学情况给予了高度评价。

2月23日 法国驻华大使馆核参赞访问中法核工程与技术学院。

2月26日 中山大学附属第一医院外科第三党支部应邀到珠海校区，与珠海校区党工委及下属党政办党支部开展一系列围绕"实践创先争优——学校发展我担当"为主题的创先争优交流学习活动。③

2月下旬 "大学生思想政治教育育人精品实践活动项目"评审答辩大会在珠海校区举行。物理科学与工程技术学院、法学院和光华口腔医学院等10个院系获得校级精品实践活动建设项目。④

3月6日 为庆祝"三八"国际劳动妇女节，服务社区，关注青少年教育，上午，珠海校区党工委在珠海市青少年活动中心举行了青少年教育咨询交流活动。活动引起珠海电视台、珠海特区报、珠江晚报等媒体的关注。⑤

3月8日 旅游学院新增本科专业——酒店管理专业获得教育部批准，可自2011年开始招生，修业年限为四年，学位授予门类为管理学。这是旅游学院继旅

---

① 中山大学党委宣传部：《校领导与留校学生聚餐共庆新春》，见中山大学新闻网（http://news2.sysu.edu.cn/news01/118274.htm），2011年2月3日。

② 中山大学党委宣传部：《国务院研究室调研组一行莅临珠海校区调研中法核工程与技术学院》，见中山大学新闻网（http://news2.sysu.edu.cn/news01/118283.htm），2011年2月21日。

③ 中山大学党委宣传部：《珠海校区党工委与附属一院外三党支部开展创先争优交流学习活动》，见中山大学新闻网（http://news2.sysu.edu.cn/news01/118307.htm），2011年3月3日。

④ 中山大学党委宣传部：《"大学生思想政治教育育人精品实践活动项目"评审答辩大会在珠海校区举行》，见中山大学新闻网（http://news2.sysu.edu.cn/news01/118308.htm），2011年3月4日。

⑤ 中山大学党委宣传部：《服务社区，关注家庭教育——中山大学珠海校区开展庆"三八节"青少年教育咨询交流活动》，见中山大学新闻网（http://news2.sysu.edu.cn/news01/118356.htm），2011年3月7日。

游管理专业、会展经济与管理专业之后第三个获正式批准的本科专业。①

3月10日 中法核工程与技术学院与中广核集团进一步商谈合作事宜。②

中法核工程与技术学院院长王彪率学院领导、相关学院教师一行赴中国广东核电集团，分别与集团下属核电学院、中科华核电技术研究院有限公司的领导和专家进行会谈。双方介绍了各自在核电人才培养、科技研发方面的工作，并在中山大学与中广核集团原合作框架协议的基础上，就进一步落实合作培养人才、建立实习基地、开展双方共同关注的核能技术发展相关研究，特别是核电安全防范及严重事故缓解技术研究等领域的合作进行具体磋商。王彪一行还参观了中广核集团技术与教育培训中心、反应堆工程设计与燃料管理研究中心严重事故研究所、核电全范围培训模拟机系统等。

3月11日 校领导接待日在珠海校区行政楼举行。校党委常务副书记梁庆寅接待来访师生。下午，梁庆寅检查珠海校区安防系统监控情况，并认真听取了保卫处副处长、保卫办陈东主任的汇报。之后，梁庆寅检查了校区饭堂及学生就餐情况，并与学生就在就餐时遇到的一些常见问题进行交流。

3月13日 国际商学院与博雅学院联合开展主题团日活动。③

3月17日至18日 "台湾清华大学"原子科学院同仁到我校中法核工程与技术学院进行交流访问。珠海校区党工委书记唐燕、中法核工程与技术学院院长王彪教授出席交流活动。3月17日晚，原子科学院叶宗洸、施纯宽、李志浩教授在珠海校区举办了主题为"核工业知识，解读核电厂事故的评估与核泄漏辐射"的讲座。3月18日上午，原子科学院喻冀平教授等人参观了珠海校区基础物理实验室和中法核工程与技术学院实验室，并与中法核工程与技术学院的教授们就核能领域的合作展开了友好深入的交流。④

3月20日 珠海校区党工委与附属第一医院中医科党支部在珠海校区举行"争先创优"党员交流活动。

3月22日 黄国文代表我校翻译学院与西班牙圣地亚哥·德·孔波斯特拉大学签署合作协议书，双方在交换生方面进行合作。协议书有效期为五年。⑤

3月23日 校体育运动委员会和校工会联合在珠海校区举行2011年"幸福广

---

① 教育部：《教育部关于公布2010年度高等学校专业设置备案或审批结果的通知》，见教高〔2011〕4号文，2011年3月8日。

② 中山大学党委宣传部：《我校与中国广东核电集团进一步商谈合作事宜》，见中山大学新闻网（http://news2.sysu.edu.cn/news01/118373.htm），2011年3月15日。

③ 中山大学党委宣传部：《国际商学院与博雅学院联合开展团建活动》，见中山大学新闻网（http://news2.sysu.edu.cn/news01/118376.htm），2011年3月16日。

④ 中山大学党委宣传部：《台湾新竹清华大学原子科学院同仁来我校参观访问》，见中山大学新闻网（http://news2.sysu.edu.cn/news01/118368.htm），2011年3月22日。

⑤ 中山大学校长办公室：《中山大学年鉴（2011）》，中山大学出版社2012年12月第1版，第581页。

东，健康中大"春季环校长跑活动。①

3月23日至27日 以洪敬燮副校长为团长的朝鲜平壤外国语大学代表团一行来访我校翻译学院。校党委副书记李萍与洪敬燮副校长一行进行了座谈。珠海校区党工委书记唐燕、翻译学院学术总监王宾教授等参加了座谈。②

3月27日 广东省第三届大学生"蓝鸽杯"英语口译大赛举行。由我校翻译学院翻译系2007级本科生张素君、王舒迟、张浩文组成的中大参赛队夺得冠军。③

3月27日至31日 我校旅游学院与西班牙巴利阿里群岛大学共同举办的第二届中国—西班牙旅游合作国际会议召开。校长助理、旅游学院院长保继刚担任中方大会主席。保继刚教授在开幕式上发表了题为"海外中国旅游研究述评"的主题演讲，旅游学院常务副院长彭青教授，罗秋菊和曾国军副教授分别主持了分组会议并发表学术演讲。④

3月29日 国际商学院创业教育启动仪式暨创业班开班典礼在珠海校区举行。珠海校区党工委书记唐燕、岭南学院党委书记张文彪、就业指导中心副主任岳军、珠海市职业培训中心主任王志渊等人参加启动仪式。国际商学院创业班第一期学生来自国际商学院、翻译学院和旅游学院。国际商学院创业教育得到了珠海市人力资源和社会保障局以及珠海市职业培训中心的支持。⑤

3月 核科学与技术获得硕士学位授权一级学科。⑥ 该学科主要依托中法核工程与技术学院建设。

4月7日 国际商学院校友发展宣传月开幕式在珠海校区举行。岭南学院党委书记张文彪、国际商学院常务副院长吴培冠、国际商学院党委副书记钟一彪、校友总会以及国际商学院师生、校友共100多人出席开幕式。⑦

4月8日 "第八届历史文化节"开幕式讲座在珠海校区举行。广东省社科院原院长、省社科联原主席、党组书记张磊应邀为珠海校区师生讲述了"从辛亥革命到国民革命"这段波澜壮阔的历史进程。珠海校区党工委书记唐燕、校团委书记黄山、历史学系主任吴义雄教授与师生一起参加了开幕式。本届历史文化节由历

---

① 黄凯颖：《幸福广东，健康中大》，见《中山大学报》（新）第248期，2011年4月8日。
② 黄国文、王宾、许东黎：《从这里走向世界——中山大学翻译学院建院十周年回眸》，中山大学出版社2015年10月第1版，第139页。
③ 赵睿：《我校学子在广东省大学生英语口译大赛夺魁》，见《中山大学报》（新）第248期，2011年4月8日。
④ 曾国军：《我校旅游学院与西班牙巴利阿里群岛大学在西班牙主办中国—西班牙旅游合作国际会议》，见《中山大学报》（新）第249期，2011年4月20日。
⑤ 中山大学党委宣传部：《国际商学院与珠海市合作开办创业教育》，见中山大学新闻网（http://news2.sysu.edu.cn/news01/118384.htm），2011年3月30日。
⑥ 中山大学校长办公室：《中山大学年鉴（2012）》，中山大学出版社2014年1月第1版，第201页。
⑦ 中山大学党委宣传部：《我校国际商学院举办校友发展宣传月活动》，见中山大学新闻网（http://news2.sysu.edu.cn/news01/118404.htm），2011年4月11日。

史学系主办,历史学系团总支、学生会承办,主题为"重温记忆,缅怀先贤:20世纪的中国革命——纪念辛亥革命100周年和建党90周年"。①

4月9日 上午,珠海校区分党校2011春季要求入党积极分子培训一班开班仪式举行。珠海校区党工委书记唐燕为分党校开班致辞。②

△生命科学学院嘉宝华第三届生物节在珠海校区开幕。

4月10日 五四青年节来临之际,国际商学院"'青春·若海之绽放的青春'——迎接建党90周年班际合唱比赛"在珠海校区举行。③

4月12日 郑德涛书记到珠海校区开展创先争优工作调研,与珠海校区各部门、各单位负责同志座谈。他认真听取了与会人员对校区建设发展有关问题的建议,指出对于会上反映的问题,要认真进行梳理,分类提出方案,切实予以推进解决。郑德涛还视察了珠海校区整建制学院,并到校区学工办与校区辅导员们进行了交流。④

△珠海校区2011年宣传工作会议召开。校党委宣传部部长李汉荣、校区党工委书记唐燕、校区各办主任、整建制学院党委副书记、校区其他负责宣传工作的老师和同学们参加了会议。会议表彰了珠海校区记者站2010年"优秀学生干部"和"优秀学生记者",聘请了珠海校区记者站2011年指导老师和宣传信息联络员。会议之后,光明日报驻珠海市记者站站长杨连成对珠海校区记者站和校区宣传信息联络员进行了新闻宣传方面的培训。⑤

4月16日 上午,由珠海校区红十字分会主办的心肺复苏CPR救护讲座在教学实验大楼举行。由中山大学附属第五医院张晓冬护士长讲解心肺复苏和其他一些基本急救措施的理论知识、救护技能,现场还进行了模拟救护。⑥

△下午,由珠海市青年联合会和中山大学岭南学院主办,岭南学院珠海校区学生会承办的"毕马威"第八届企业文化案例分析大赛校区决赛举行。⑦

4月27日 下午,根据《中山大学珠海校区创先争优活动实施方案》要求,

---

① 中山大学党委宣传部:《从辛亥革命到国民革命——第八届历史文化节开幕式讲座举行》,见中山大学新闻网(http://news2.sysu.edu.cn/news01/118568.htm),2011年4月11日。

② 中山大学党委宣传部:《推陈出新的分党校管理模式——珠海校区2011春季要求入党积极分子培训班一班开班》,见中山大学新闻网(http://news2.sysu.edu.cn/news01/118408.htm),2011年4月15日。

③ 中山大学党委宣传部:《我校国际商学院举办迎接建党90周年班际合唱比赛》,见中山大学新闻网(http://news2.sysu.edu.cn/news01/118557.htm),2011年4月15日。

④ 中山大学工学院、珠海校区党政工作办公室:《郑德涛书记到工学院珠海校区开展创先争优工作调研》,见《中山大学报》(新)第249期,2011年4月20日。

⑤ 中山大学党委宣传部:《我校珠海校区2011年宣传工作会议顺利召开》,见中山大学新闻网(http://news2.sysu.edu.cn/news01/118671.htm),2011年4月21日。

⑥ 王晓莹:《健康保险,生命护航》,见中山大学珠海校区网(http://zhuhai.sysu.edu.cn/content/2049),2011年4月19日。

⑦ 中山大学党委宣传部:《"毕马威"第八届企业文化案例分析大赛粤港澳高校总决赛成功举办》,见中山大学新闻网(http://news2.sysu.edu.cn/news01/118579.htm),2011年4月21日。

中山大学珠海校区编年史（1999—2018）

为继续推进创先争优活动的深入开展，珠海校区党工委举办了"中山大学珠海校区教职工学习暨读书月活动之'党在我心中'系列讲座"，本期讲座的主题是"革命、革命史、革命史观——对于国共两党与20世纪中国的若干思考"，由历史学系赵立彬教授主讲。①

4月 海洋学院与珠海市斗门区政府签署《现代渔业发展合作框架协议》。②

5月1日 舒元院长代表我校国际商学院与日本明治大学商学院签署合作协议书，双方在交换生方面进行合作。协议书有效期为五年。③

5月3日 校党委书记郑德涛到珠海校区进行工作调研。保卫处、人事处领导陪同调研。

5月9日 晚，由历史学系主办，历史学系团总支、学生会承办的第八届中山大学历史文化节闭幕式暨首届中山大学全国口述史成果交流赛启动仪式在珠海校区举行。历史学系主任吴义雄教授在闭幕式上致辞，美国巴特勒大学韩孝荣副教授发表了演讲。④

5月12日 浙江大学党风廉政建设考察团一行到珠海校区参观考察。

△重庆市教育代表团到珠海校区参观，考察国际合作办学情况。中法核工程与技术学院负责人参加了交流座谈会。

△晚，由校团委主办、国际商学院承办的讲座"传统里的美与爱——白燕升畅谈艺术与人生"在珠海校区教学实验大楼举行。主讲嘉宾是曾获2001年度"金话筒"奖的中央电视台戏曲频道主持人、制片人白燕升。⑤

5月13日 下午，"与哲学同行的日子"——哲学系首届本科生主题演讲比赛在珠海校区举行。

5月15日 晚，中山大学第二十五届"动感地带"维纳斯歌手大赛珠海校区决赛在体育馆举行。

5月18日 下午，通识讲座（中外优秀文化讲座）——"化学大视野系列"讲座第一讲在珠海校区举行。⑥

---

① 中山大学党委宣传部：《"革命、革命史、革命史观：对于国共两党与20世纪中国的若干思考"——赵立彬主讲珠海校区"党在我心中"系列讲座之一》，见中山大学新闻网（http：//news2. sysu. edu. cn/news01/118615. htm），2011年4月29日。
② 中山大学海洋科学学院：《立足广东，面向南海——中山大学海洋科学学院》宣传册，自印，第4页。
③ 中山大学校长办公室：《中山大学年鉴（2011）》，中山大学出版社2012年12月第1版，第582页。
④ 中山大学党委宣传部：《重温记忆，缅怀先贤——第八届中山大学历史文化节闭幕式暨首届全国口述史成果交流赛启动仪式在珠海举行》，见中山大学新闻网（http：//news2. sysu. edu. cn/news01/118712. htm），2011年5月16日。
⑤ 中山大学党委宣传部：《品赏梨园雅事，感受艺术人生——中央电视台著名主持人白燕升来我校演讲》，见中山大学新闻网（http：//news2. sysu. edu. cn/news01/118802. htm），2011年5月17日。
⑥ 中山大学党委宣传部：《通识启迪人生，化学创造未来——通识讲座（中外优秀文化讲座）：化学大视野系列之开幕讲座在珠海校区举办》，见中山大学新闻网（http：//news2. sysu. edu. cn/news01/118837. htm），2011年5月20日。

本系列讲座由化学与化学工程学院陈六平教授、毛宗万教授筹划。校长助理保继刚在致辞中介绍了珠海校区校园文化建设情况以及学校首先在珠海校区开展通识教育计划的缘由，期望学校通识教育部把更多更好的文化讲座带到珠海校区。通识教育部总监甘阳教授通过中西教育制度对比，强调了通识教育对于当代大学生培养的重要性。第一讲由中国科学院院士、化学与化学工程学院计亮年教授主讲，主题为"学科交叉研究方法促进化学和其他学科的发展"。讲座由学校通识教育部、国家大学生文化素质教育基地、化学与化学工程学院主办，校团委，化学与化学工程学院团委、学生会，历史学系团总支、学生会协办。

5月25日　由以色列驻广州总领事馆与珠海校区图书馆合作举办的"以色列文化图片展"在珠海校区开幕。①

5月26日　由学生处主办、珠海校区整建制学院承办的"国际化视野下的学生事务管理工作论坛"在珠海校区举行。学生处副处长、珠海校区党工委副书记林俊洪，学生处副处长、国际商学院党委副书记钟一彪以及来自珠海校区、东校区的辅导员参加了论坛。②

5月28日　由韩国旅游发展局广州办事处及韩国蔚山大学举办的华南地区"FRIENDSHIP DAY，韩·中演讲大赛"举行。来自我校翻译学院韩语系的王海涛同学、对外汉语系的韩国留学生金正敏同学分别摘得韩语演讲比赛第一名、汉语演讲比赛第一名。③

5月31日　港珠澳大桥建设指挥部到珠海校区访问，组织与贫困生结对帮扶活动。

5月　海洋学院罗凯文同学获得2010—2011年度"珠海市优秀共青团干部"称号。

6月2日　上午，法国驻华大使白林女士、法国驻广州总领事馆章泰年总领事等一行到珠海校区访问。校长助理保继刚、中法核工程与技术学院法方院长德麦赛、中方院长王彪等接待了来宾，并陪同客人参观校园。④

△中山大学雁行社成立九周年晚会暨2010—2011年度勤工助学表彰大会在珠海校区举行。⑤

---

①　中山大学珠海校区党政工作办公室：《以色列驻广州总领事馆在图书馆举办图片展》，见中山大学珠海校区网（http://zhuhai.sysu.edu.cn/content/2044），2011年5月30日。

②　中山大学珠海校区学生工作办公室：《应对全球化挑战，提高学生事务管理质量》，见中山大学珠海校区网（http://zhuhai.sysu.edu.cn/content/2035），2011年7月21日。

③　黄国文、王宾、许东黎：《从这里走向世界——中山大学翻译学院建院十周年回眸》，中山大学出版社2015年10月第1版，第133页。

④　中山大学党委宣传部：《法国驻华大使白林女士到访珠海校区》，见中山大学新闻网（http://news2.sysu.edu.cn/news01/118848.htm），2011年6月10日。

⑤　中山大学党委宣传部：《雁行社：致力于共同成长——雁行社九周年晚会暨勤工助学表彰典礼举行》，见中山大学新闻网（http://news2.sysu.edu.cn/news01/118813.htm），2011年6月7日。

校长助理、珠海校区管委会主任保继刚，珠海校区党工委书记唐燕，学生处、总务处、保卫处、珠海校区各部门负责人出席了晚会。保继刚在致辞中表达了对雁行社勤工助学工作的肯定和赞许，鼓励同学们都积极参与勤工助学活动。60名勤工助学先进个人和5名先进工作者受到表彰。

中山大学雁行社是珠海校区的勤工助学组织，成立九周年来，以"致力于共同成长的理念"，开展校内外的勤工助学工作，是学生自我管理、自我教育、自我服务的精神家园。目前已有900多名同学分布在图书馆、实验中心、保卫办等各个岗位上，服务广大同学，形成了一个个优秀团体。

6月8日　上午，郑德涛书记到珠海校区召开调研反馈会。①

郑德涛书记针对今年4月在珠海校区工作调研会上师生提出的热点、难点问题，以及5月到翻译学院现场办公听取的具体意见和建议，召开调研反馈会，向珠海校区师生员工代表反馈解决问题进展情况。人事处处长骆腾、房地产管理处处长陆缨、教务处副处长何洪、总务处副处长李坤、网络与信息技术中心副主任兰国秋、校区党工委书记唐燕等相关部门负责人，对珠海校区集体户口管理、周转房建设、课程安排、课室多媒体管理和网络管理、校园文化设施建设等问题的解决和处理进展情况做了通报。郑德涛强调，各单位要重视后续跟踪工作，健全并畅通信息沟通渠道，加大工作协作力度；党员干部要用心关注热点、难点问题，尽力及时帮助师生员工解决；职能部门要坚持经常性、有侧重点地进行工作调研，建立反馈问题、解决问题的长效机制。

6月21日　中国广东核电集团董事长贺禹一行来访我校。②

许宁生校长、颜光美副校长、陈春声副校长等会见了来宾。中法核工程与技术学院中方院长王彪、法方院长德麦赛陪同会见。中广核集团科技与生产管理部总经理邹勇平、中广核集团节能产业发展有限公司总经理姚秋明、中广核集团人力资源部副总经理李阳、中广核集团核电学院执行副院长别必凡等陪同来访。许宁生就中法核工程与技术学院的办学目标等做了介绍。贺禹对中山大学引进法国工程师精英教育模式表示赞赏，对中法核工程与技术学院培养的学生寄予很大期望。双方表达了在原有的框架合作协议的基础上进一步加强合作的强烈愿望。颜光美、王彪、德麦赛等学院领导和贺禹一行进行了会谈。王彪就中法核工程与技术学院的招生、运作等情况做了详细的介绍，双方就人才培养、科研合作等问题进行了深入讨论。会后，贺禹一行参观了中法核工程与技术学院的实验室。

△晚，为庆祝中国共产党建党90周年，珠海校区党工委组织校区全体党员观

---

① 中山大学珠海校区党政工作办公室、孙逸仙纪念医院：《创先争优基层调研，实事求是解决问题》，见《中山大学报》（新）第254期，2011年6月20日。

② 中山大学党委宣传部：《中国广东核电集团贺禹董事长一行来访我校》，见中山大学新闻网（http://news2.sysu.edu.cn/news01/118884.htm），2011年6月30日。

看了影片《建党伟业》。

6月23日 晚,珠海校区"庆祝中国共产党成立90周年文艺晚会暨第四届读书月活动颁奖典礼"在职工之家举行。活动由珠海校区党工委主办,校区分工会承办。①

6月27日 珠海校区党工委被评为"珠海市先进基层党组织";珠海校区党工委书记唐燕被评为"珠海市优秀党务工作者";珠海校区基础教学实验中心主任龙天澄、后勤办毕为众、翻译学院学生王梦雪被评为"珠海市先进共产党员"。②

△欢迎军训教官来校承训仪式在珠海校区举行。2010级学生军训拉开帷幕。

6月 依托海洋学院筹建的海洋石油勘探开发广东高校重点实验室获准建设。③

7月1日 珠海校区党工委书记唐燕同志荣获"广东省教育系统优秀党务工作者"称号,获得中共广东省委教育工委的表彰。

7月5日 由国际商学院与南方企业家杂志社联合主办的"中山大学国际商学院实习基地签约仪式暨'问道面对面'创业就业高校论坛"在珠海校区举行。④

△吴长征任岭南学院党委副书记(分管国际商学院学生工作),钟一彪不再兼任岭南学院党委副书记(分管国际商学院学生工作)职务。

7月6日 下午,珠海校区党工委学习中心组举行专题学习报告会。⑤

报告会邀请了校区各整建制学院的党委副书记参加。报告会指出,珠海校区深入贯彻学习胡锦涛总书记的"七一"讲话精神,坚持秉承中山大学创新的教学理念和善待学生的人文精神,致力于将中大学子培养成为诚信知礼、敢于超越、勇于担当、顺应时代发展的新时代大学生。珠海校区党工委长期坚持落实建设学习型党组织,通过开展读书月、专题学习报告会,编撰中心组学习文摘《它山之石》等多种形式,促进了校区党员同志思想觉悟和理论水平的提高。

7月14日 2010级学生军训阅兵暨总结大会在珠海校区举行。校党委常务副书记梁庆寅、珠海校区党工委书记唐燕等校方和部队领导出席大会。梁庆寅检阅了军训学生方阵。⑥

---

① 中山大学党委宣传部:《红歌嘹亮颂党恩,奉献爱心传真情——我校珠海校区庆祝中国共产党成立90周年文艺晚会暨第四届读书月活动颁奖典礼举行》,见中山大学新闻网(http://news2.sysu.edu.cn/news01/118928.htm),2011年6月28日。

② 中山大学珠海校区党政工作办公室:《表彰先进》,见《中山大学珠海校区工作简报》2011年第一期(总第五期),第9页,2011年7月20日。

③ 中山大学海洋科学学院:《立足广东,面向南海——中山大学海洋科学学院》宣传册,自印,第4页。

④ 中山大学党委宣传部:《秉承"七一"讲话精神,支持青年就业创业——我校国际商学院与南方企业家杂志合作举办"创业就业高校论坛"》,见中山大学新闻网(http://news2.sysu.edu.cn/news01/118919.htm),2011年7月8日。

⑤ 中山大学党委宣传部:《认真学习胡锦涛总书记"七一"重要讲话,珠海校区党工委营造校区良好氛围》,见中山大学新闻网(http://news2.sysu.edu.cn/news01/118952.htm),2011年7月7日。

⑥ 中山大学党委宣传部:《沙场秋点兵,学子展风采——我校举行2010级新生军训阅兵暨总结大会》,见中山大学新闻网(http://news2.sysu.edu.cn/news01/118434.htm),2011年7月20日。

中山大学珠海校区编年史（1999—2018）

7月27日 晚，翻译学院在珠海校区召开深圳世界大学生运动会小语种志愿者代表座谈会。①

翻译学院党委书记谢曼华、副书记陈有志、部分领队教师以及小语种志愿者代表参加了座谈会。谢曼华在座谈会上说，在大运会这种国际性赛事中担任志愿者，我们所代表的不单纯是翻译学院学子的形象，也代表中山大学学子的形象，还代表中国大学生的形象，因而大家要以高度的责任感和强烈的事业心来投入到此次志愿服务工作中去。翻译学院对志愿者培训工作十分重视，7月14日晚，翻译学院院长黄国文为大运会志愿者们带来了一场题为"语言与跨文化沟通"的讲座。214名小语种志愿者于7月31日从珠海校区奔赴深圳，开始为期接近一个月的志愿服务工作。

9月6日至7日 珠海校区迎新。9月6日，郑德涛书记、许宁生校长来到珠海校区学生宿舍，看望刚刚入住的新生。②

9月9日 2011年新生开学典礼在珠海校区举行。③

校领导郑德涛、许宁生、梁庆寅、朱孔军、颜光美、许家瑞、黎孟枫等人出席，陈春声副校长主持典礼。

许宁生校长在开学典礼上致训词，希望同学们着眼未来，有美好的理想，有对未来事业的追求，有振兴中华的抱负。他指出，同学们必须十分珍惜在中山大学的宝贵学习时间，以"增长知识、学好本领"为中心任务，铭记和遵循孙中山先生亲手书写的校训，开启学习深造成才的新征程，为成为一名更加优秀的青年打下坚实的基础。中山大学有深厚的学术底蕴，有优秀的大师学者，有良好的学术生态，有"海纳百川、包容大气"的文化气息，有翠绿的校园与和谐的氛围。中山大学是学习深造、孕育人才、施展才华的好地方。最后，许宁生勉励中大学子要立志干大事，学会干大事，要学会敢于担当，要有社会责任感，要关心社会，关心国家，关心人类文明进步事业，成为一名以振兴中华为己任的中大人。

教师代表、生命科学学院施苏华教授，在校生代表詹靖蕙，新生代表蔡师博先后做了发言。

9月14日 下午，中法核工程与技术学院揭牌暨开学典礼在珠海校区举行。④
法国国务部长兼外交和欧洲事务部长阿兰·朱佩、法国驻华大使白林、法国格

---

① 中山大学党委宣传部：《翻译学院组织召开大运会小语种志愿者部分代表座谈会》，见中山大学新闻网（http://news2.sysu.edu.cn/news01/118443.htm），2011年7月28日。
② 中山大学新闻中心：《传承校园文化，彰显人文关怀——我校2011年迎新工作圆满结束》，见《中山大学报》（新）第258期，2011年9月20日。
③ 中山大学新闻中心：《不断超越自己，成为名副其实的中大人——中山大学2011年开学典礼隆重举行》，见《中山大学报》（新）第258期，2011年9月20日。
④ 中山大学新闻中心：《培育国际一流核电产业卓越人才》，见《中山大学报》（新）第258期，2011年9月20日。

勒诺布尔国立理工学院校长保罗·雅凯、我校校长许宁生、教育部国际司原司长曹国兴、教育部国际司副司长徐永吉、国家外国专家局科教文卫司副司长穆洁林、广东省教育厅副厅长魏中林、广东省人民政府外事办公室副主任任永驹、珠海市副市长王庆利等领导及嘉宾出席仪式。仪式由陈春声副校长主持。

阿兰·朱佩在致辞中表示此次合作项目把中国名牌大学和法国式优质培养模式结合起来，把高校和企业联合起来，这象征着法中在科技和大学合作方面的活力，也象征着两国对发展核能的重视。希望能将此项目建设成为培养顶尖学生的摇篮，同学们能在理论学习和工程师学校学习中取得成功，富有热情的两国青年能使两国的合作更具活力。

徐永吉宣读了教育部部长袁贵仁的贺信。贺信表示，中山大学中法核工程与技术学院的建设使中法教育交流迈出新的步伐，此项目进一步促进了两国核电等新能源产业的发展，巩固了两国的友谊，希望青年能在此学业有成，为两国的友谊添砖加瓦。

许宁生在致辞中表示，希望通过合作办学，吸收法国工程师教育的成功经验，与我国高等教育体系相结合，探索出一条国际化精英教育的新路子，最终形成符合我国国情的民用核工业领域高端人才培养体系；勉励同学们努力学习，早日成为国际一流的核电产业的卓越人才。同时，为纪念阿兰·朱佩部长的此次来访，中山大学荣幸地将中法核工程与技术学院2010级命名为"阿兰·朱佩班"。

保罗·雅凯表示，工业界非常支持中法核工程这个项目，并祝愿中山大学中法核工程与技术学院成为肩负两国文化、企业以及青年学生未来交往的纽带。

在阿兰·朱佩、白林、王庆利等嘉宾的见证下，保罗·雅凯和许宁生为中山大学中法核工程与技术学院揭牌。中法核工程与技术学院学生向阿兰·朱佩赠送了亲手制作的礼物。

参加仪式的还有法国外交部、法国驻华大使馆、法国驻广州总领事馆等来自法国政府及企业的代表，中国外交部的代表，境内外媒体代表和中山大学中法核工程学院的全体师生。仪式结束后，中共中央政治局委员、广东省委书记汪洋在广州会见了阿兰·朱佩一行，许宁生陪同会见。

9月23日 校党委书记郑德涛到珠海校区进行工作调研。

9月23日至25日 由中国社会科学院《当代语言学》编辑部主办，我校翻译学院承办的"第四届当代语言学圆桌会议"在珠海校区召开。中国社会科学院《当代语言学》杂志主编顾曰国教授、我校翻译学院院长黄国文教授先后在开幕式上致辞。来自中国社会科学院、中山大学等单位的代表与会。①

9月25日 晚，由珠海校区管委会和党工委主办，珠海校区第十七期马研班

---

① 黄国文、王宾、许东黎：《从这里走向世界——中山大学翻译学院建院十周年回眸》，中山大学出版社2015年10月第1版，第239页。

中山大学珠海校区编年史（1999—2018）

承办的"周末论坛第十一讲"在珠海校区教学实验大楼举行。本期论坛的主题是"文化地理学及其应用领域"，北京师范大学城市与区域规划研究所所长周尚意教授应邀主讲。我校旅游学院院长保继刚教授及有关部门领导等参与本次论坛。①

△全国高校后勤集团财务人员到珠海校区参观学习。

10月13日 郝登峰任珠海校区党工委书记，唐燕不再兼任珠海校区党工委书记、珠海校区管委会常务副主任职务。②

郝登峰书记上岗会于10月21日在珠海校区举行，学校党委常务副书记、纪委书记梁庆寅出席上岗会并讲话，校党委组织部部长国亚萍宣读任命文件。

10月17日 珠海校区举行教职工培训。原党委书记李延保教授应邀主讲"大学精神"，校长助理、珠海校区管委会主任保继刚教授主持讲座。

10月18日 西班牙巴利阿里群岛大学副校长Catalina Juaneda Sampo女士一行来访我校，与旅游学院、翻译学院等单位商讨合作。魏明海副校长会见了Catalina Juaneda Sampo一行。双方有意向在旅游、语言等领域拓展两校合作。代表团一行与旅游学院、翻译学院等院系的相关领导、学者进行了会谈，并在学生交换、学生实习、学者交流、共同举办国际会议、合作科研等方面达成合作意向。③

10月24日至25日 许宁生校长、陈春声副校长到珠海校区检查指导工作。许宁生对校区工作人员提出"振奋人心、树立形象"的工作要求。④

10月25日 下午，法国电力集团董事长Henri PROGLIO一行访问中法核工程与技术学院。⑤

许宁生校长在中法核工程与技术学院会见了Henri PROGLIO一行，学院中方院长王彪和法方院长德麦赛陪同会见。许宁生表示，国家和广东省对学校引进法国工程师精英教育模式给予很大的支持，对学院的发展寄予很大期望。中山大学将对中法核工程与技术学院的发展给予大力支持。Henri Proglio表示，法国政府对该项目十分重视，外长阿兰·朱佩专程到中山大学参加学院揭牌暨开学典礼仪式。法国电力集团作为该项目法方最大资助方，将对该项目的实施予以大力支持，并对学院的发展前景充满信心。双方在会谈中表达了进一步加强合作的强烈愿望。Henri Proglio一行还参观了珠海校区，并在教学实验大楼与学院全体师生进行了交流。

10月27日 上午，2011年党政管理干部兼职辅导员工作交流会在珠海校区

---

① 《体验文化地理之精髓，感受中华文明之魅力》，见中山大学珠海校区网（http://zhuhai.sysu.edu.cn/content/2028），2011年9月27日。

② 中山大学校长办公室：《中山大学年鉴（2011）》，中山大学出版社2012年12月第1版，第40页。

③ 中山大学国际合作与交流处：《西班牙巴利阿里群岛大学副校长来访我校》，见《中山大学报》（新）第261期，2011年11月7日。

④ 张乐：《振奋精神聚力量，提升人气树形象》，见中山大学珠海校区网（http://zhuhai.sysu.edu.cn/content/2022），2011年11月15日。

⑤ 中山大学党委宣传部：《法国电力集团董事长Henri PROGLIO一行访问我校中法核工程与技术学院》，见中山大学新闻网（http://news2.sysu.edu.cn/news01/118541.htm），2011年11月4日。

召开。①

校党委副书记朱孔军出席并讲话。他指出,兼职辅导员们要平衡本职工作与兼职工作的关系,在工作中要关注学生、耐心细致、承担责任、深入思考。学校党委高度重视党政干部兼职辅导员工作,校党委郑德涛书记亲自担任兼职辅导员。党政干部兼职辅导员工作是我校的一种行政文化,有利于党政管理干部深入了解学生实际,更好地做好管理育人工作,是我校善待学生的生动体现。他希望兼职辅导员付出辛劳的同时也收获快乐,与学生们共同成长。与会的兼职辅导员总结了自己一年来的工作。朱孔军为新任的兼职辅导员颁发聘书。机关党委书记罗镇忠、校学生处处长漆小萍、校研究生院研究生管理处处长莫华、校团委书记黄山、珠海校区党工委书记郝登峰,以及就业指导中心、武装部等职能部门领导、兼职辅导员和全体珠海校区辅导员出席会议。

10月28日 晚,第八届中华传统文化节大型开幕式讲座——"生命悲歌与文学经典"在珠海校区教学实验大楼举行。主讲人为中文系黄天骥教授和彭玉平教授。②

△晚,第二十三期岭南大讲堂讲座"'化'说人生"在珠海校区举办,本期大讲堂由我校化学与化学工程学院化学系主任陈六平教授主讲。③

10月30日 由珠海市社科联、珠海校区党工委等单位共同举办的辛亥百年与珠海人文历史主题报告会暨研讨会在珠海校区举行,珠海市社科联副主席杨穆、民革珠海市委主委潘明、珠海校区党工委书记郝登峰分别致辞,6位专家学者做了主题报告。④

△孙中山先生的外曾孙王祖耀先生在珠海校区做题为"巍巍中山魂,百年强国路——孙中山先生与《实业计划》"的讲座。岭南学院党委书记张文彪、著名雕塑家曹崇恩教授参加了讲座。⑤

11月1日 由广东省教育厅主办,中山大学承办的"2011年广东高校校园文化建设论坛"在珠海校区召开。广东省教育厅党组成员李小鲁巡视员、校党委副书记朱孔军以及来自全省90多个兄弟院校的专家、代表共160多人出席论坛。论

---

① 中山大学校长办公室:《中山大学年鉴(2011)》,中山大学出版社2012年12月第1版,第621页。
② 叶楚仪:《悲歌唱尽,经典永存》,见中山大学珠海校区网(http://zhuhai.sysu.edu.cn/content/2025),2011年11月2日。
③ 中山大学新闻中心珠海校区记者站:《人生如"化",且来徐行》,见中山大学珠海校区网(http://zhuhai.sysu.edu.cn/content/2027),2011年11月2日。
④ 中山大学党委宣传部:《追忆百年辛亥,共创珠海人文——辛亥百年与珠海人文历史主题报告会暨研讨会在我校珠海校区举行》,见中山大学新闻网(http://news2.sysu.edu.cn/news01/118648.htm),2011年11月2日。
⑤ 中山大学党委宣传部:《巍巍中山魂,百年强国路——孙中山先生后人为我校学子讲述"孙中山先生与〈实业计划〉"》,见中山大学新闻网(http://news2.sysu.edu.cn/news01/118539.htm),2011年11月3日。

中山大学珠海校区编年史（1999—2018）

坛主题为"打造特色校园文化，构建可持续和谐校园"，朱孔军代表承办方致欢迎辞。论坛上还举行了"2011年广东高校校园文化建设成果奖以及广东高校校园文化建设论坛优秀论文"的颁奖仪式，我校有多项成果和论文获奖。①

11月2日 上午，墨西哥驻广州总领事专题讲座在珠海校区图书馆举行。②

讲座邀请墨西哥驻广州总领事大卫·纳赫拉（David Najera）先生和副总领事卞德路（ArturoVillarruel）先生担任主讲。大卫·纳赫拉从地理位置、人口、语言、文化等方面详细介绍了墨西哥，重点介绍了玛雅文明和阿兹特克文明，解开了古老中美洲文化的神秘面纱。他同时对墨西哥当代的文明做了介绍。讲座是翻译学院主办的第二届西班牙语文化节系列活动中的一项。

我校翻译学院与墨西哥伊比利亚美洲大学、墨西哥尤卡坦自治大学具有良好的合作关系，每年向墨西哥输送6～8名交换生。

11月3日 由历史学系主办的"辛亥百年名家论坛"第五讲在珠海校区举办。日本关西大学沈国威教授主讲题为"清末关键词的获得——以辛亥革命时期为中心"的讲座。③

11月4日至6日 由翻译学院和中山大学功能语言学研究所主办的"首届《论语》翻译研讨会"召开。北京大学许渊冲教授和我校王宾教授为大会分别做了《我的〈论语〉英语翻译》和《〈论语〉翻译与经典诠释》的主题报告。来自北京大学、四川大学、高等教育出版社《中国外语》编辑部等单位的20多位学者参会。④

11月6日 晚，莎士比亚英文原版经典喜剧《仲夏夜之梦》在珠海校区上演。此剧由翻译学院邀请著名话剧团——英国TNT剧团演绎，是翻译学院第五届"译中天"文化节的开幕式节目。⑤

11月7日至10日 珠海校区举办第一届教职工羽毛球比赛。来自11个工会小组和17个院系的50多位教职员工参加了比赛。⑥

11月10日 上午，国家食品安全第六督察组一行到珠海校区检查食品安全和

---

① 中山大学校长办公室：《中山大学年鉴（2011）》，中山大学出版社2012年12月第1版，第621～622页。

② 中山大学党委宣传部：《墨西哥驻广州总领事应邀到翻译学院开展专题讲座》，见中山大学新闻网（http://news2.sysu.edu.cn/news01/119109.htm），2011年11月9日。

③ 中山大学党委宣传部：《近代关键词的获得——以辛亥革命时期为中心："辛亥百年名家论坛"第五讲举行》，见中山大学新闻网（http://news2.sysu.edu.cn/news01/119106.htm），2011年11月9日。

④ 中山大学党委宣传部：《首届〈论语〉翻译研讨会在我校翻译学院举行》，见中山大学新闻网（http://news2.sysu.edu.cn/news01/119120.htm），2011年11月11日。

⑤ 中山大学党委宣传部：《莎翁经典戏剧〈仲夏夜之梦〉走进珠海校区——翻译学院第五届"译中天"文化节开幕》，见中山大学新闻网（http://news2.sysu.edu.cn/news01/119118.htm），2011年11月10日。

⑥ 张乐：《振奋精神聚力量，提升人气树形象》，见中山大学珠海校区网（http://zhuhai.sysu.edu.cn/content/2022），2011年11月15日。

商品质量情况。①

珠海市副市长邓群芳、珠海校区领导及相关部门负责人陪同检查工作。督察组先到珠海校区饭堂实地查看和了解食品安全和商品质量情况，重点指导并督促学校对饭堂工作人员的健康管理、食品材料的进货登记、餐具消毒、环境清洁卫生等工作进行严格把关。督察组还与学生进行交谈，询问学生对饭堂餐饭的满意度以及对学校饭堂工作的意见。督查组听取了校区主要负责人对珠海校区近年来食品安全工作情况的汇报。经过检查，督查组一致认为，珠海校区食品安全工作管理规范、设施完备、制度健全、运行机制顺畅，希望不断提高食品安全工作的管理水平与服务质量。

11月12日 上午，参加由广东省人民政府新闻办公室、省外事办公室、省发改委共同组织的"世界主流媒体看广东"活动的记者团一行参观访问我校中法核工程与技术学院。来自中国、日本、韩国、新加坡、越南、美国等国家的40余家中外媒体的记者听取了中法核工程与技术学院中方院长王彪关于学院基本情况的介绍，并就其感兴趣的问题进行了采访。值得赞赏的是，中法核工程与技术学院的二年级学生已经可以用熟练的法语接受来自《今日中国》杂志社法国记者的采访。②

11月16日 由海洋学院与广东省水利水电研究院共建的河口水利技术国家地方联合工程实验室获国家发展与改革委员会批准筹建。工程实验室集河口水利技术研发、应用测试、分析测试与标准化体系于一体。③

11月17日 下午，美国加州富乐顿州立大学副校长王世本博士受邀在珠海校区做关于美国高校学生事务管理的专题讲座。珠海校区党工委书记郝登峰与王世本博士进行交谈，珠海校区分管学生工作的学院副书记、辅导员、助理辅导员听取了本次讲座。④

△ 英国利物浦大学英文学院 Geoff Thompson 教授应我校翻译学院黄国文院长邀请，到珠海校区为翻译学院师生做了题为 "Systemic Functional Linguistics: Theory and Application" 的讲座。⑤

11月17日至19日 由中国地质学会海洋地质专业委员会和中国海洋学会海洋地质分会主办，中山大学海洋学院和广州海洋地质调查局承办的2011年全国"海洋地质、矿产资源与环境学术研讨会"在中山大学举行。来自德国波罗的海研

---

① 中山大学党委宣传部：《国务院食品安全督查组到我校珠海校区检查食品安全和商品质量情况》，见中山大学新闻网（http://news2.sysu.edu.cn/news01/119161.htm），2011年11月16日。

② 中山大学党委宣传部：《境内外主流媒体采访我校中法核工程与技术学院》，见中山大学新闻网（http://news2.sysu.edu.cn/news01/119144.htm），2011年11月17日。

③ 何建国、陈省平：《中山大学海洋科学学院年鉴2017》，自印，第29页。

④ 中山大学党委宣传部：《美国富乐顿州立大学副校长王立本博士珠海校区做演讲》，见中山大学新闻网（http://news2.sysu.edu.cn/news01/119181.htm），2011年11月21日。

⑤ 黄国文、王宾、许东黎：《从这里走向世界——中山大学翻译学院建院十周年回眸》，中山大学出版社2015年10月第1版，第230页。

究所、台湾成功大学和大陆40多个高等院校、科研机构和政府部门的200多位代表参会。徐安龙副校长，组委会主任、广州海洋地质调查局局长马申达出席会议并致辞。①

11月18日 晚，由珠海校区管委会和党工委主办，第十七期马研班承办的珠海校区周末论坛第十二讲在珠海校区举行。本期论坛主题为"北京共识和华盛顿共识"，由清华大学公共管理学院崔之元教授主讲。②

11月20日 2011"外研社杯"全国英语演讲比赛广东赛区选拔赛暨广东省大学生英语演讲比赛落幕，国际商学院乔亦星同学荣获比赛一等奖。③

11月25日 上午，广东省公安厅出入境管理局局长陈沂雄莅临珠海校区，就师生办理港澳通行证事宜做具体指导。此后，保卫处联合省公安厅出入境管理局在珠海校区开展了为期三天的"为民服务，争先创优"主题服务活动，上门为珠海校区师生办理出入境证件和各项因私出入境业务。④

△教育部直属高校第四协作组审计工作研讨会在珠海校区召开。教育部财务司审计办公室主任刘宜、校党委常务副书记兼纪委书记梁庆寅出席研讨会。⑤

11月26日 上午，由珠海校区团工委主办、珠海校区学生会承办的珠海校区校道接力赛举办。化学与化学工程学院以1小时44分46秒成功卫冕，蝉联八连冠。翻译学院代表队荣获拉拉操表演赛冠军。⑥

△由翻译学院主办的第六届韩国文化节闭幕晚会在珠海校区举行。⑦

大韩民国驻广州总领事馆金长焕总领事及夫人、韩国旅游发展局广州办事处金成珍次长、中山大学党委副书记朱孔军、珠海市外事局副局长赵学军等出席晚会。珠海校区党工委书记郝登峰、外语学院党委书记许东黎、翻译学院副书记陈有志等参加了晚会。朱孔军在致辞中肯定了韩国文化节的意义，希望青年学生成为具有国际视野、文化品位、社会责任感的现代人。金长焕认为韩国文化节是中国人了解韩国文化再好不过的机会，他指出，2012年是中韩建交20周年，希望通过举办韩国文化节等活动，进一步促进中韩学生的沟通交流，增进彼此之间的友谊。朱孔军、

---

① 中山大学党委宣传部：《2011年全国"海洋地质、矿产资源与环境学术研讨会"在我校举行》，见中山大学新闻网（http://news2.sysu.edu.cn/news01/119182.htm），2011年11月22日。
② 中山大学党委宣传部：《从华盛顿共识到北京共识——清华大学崔之元教授做客珠海校区周末论坛》，见中山大学新闻网（http://news2.sysu.edu.cn/news01/119154.htm），2011年11月23日。
③ 中山大学国际商学院：《我院乔亦星同学喜获"外研社杯"全国英语演讲比赛广东赛区选拔赛暨广东省大学生英语演讲比赛一等奖》，见中山大学国际金融学院网（http://isbf.sysu.edu.cn/cn/sylm01/835.htm），2011年11月20日。
④ 《广东省出入境管理局领导莅临我校指导工作》，见中山大学珠海校区网（http://zhuhai.sysu.edu.cn/content/2016），2011年11月30日。
⑤ 中山大学校长办公室：《中山大学年鉴（2011）》，中山大学出版社2012年12月第1版，第624页。
⑥ 孙玉彤：《历史与青春共传，八十七周年我们在奔跑》，见中山大学珠海校区网（http://zhuhai.sysu.edu.cn/content/2018），2011年11月28日。
⑦ 中山大学校长办公室：《中山大学年鉴（2011）》，中山大学出版社2012年12月第1版，第625页。

金长焕共同启动了第六届韩国文化节闭幕晚会。本届韩国文化节内容丰富,有演讲比赛、配音比赛、歌唱比赛、韩国美食游园会以及闭幕晚会等一系列活动。

11月30日 晚,由中法核工程与技术学院主办的"福岛第一核电站事故及其后果"讲座在珠海校区教学实验大楼举行。讲座由中法核工程与技术学院法方院长德麦赛主持,中方院长王彪以及其他老师出席了本次讲座。法国驻华大使馆核工业参赞杜迪克洛先生应邀主讲。①

12月1日 是日为世界艾滋病日。晚上,由中山大学红十字会珠海校区分会和青年志愿者协会承办的"艾滋病如何传播"讲座在珠海校区教学实验大楼举行。主讲嘉宾为中大附属第五医院传染科主任夏瑾瑜。各班生活委员和各宿舍舍长参加了讲座。②

12月2日 黄国文任翻译学院院长,萧净宇任副院长,陈有志任副院长(兼)。③

△晚,由中大校友总会主办、中文系团总支协办的"情系西藏数十年,中大校友莫树吉交流会"在珠海校区教学实验大楼举行。莫树吉于1976年从中文系毕业后主动请缨援藏,担任过县委干部与西藏广播电台新闻记者及台长。之后,莫树吉曾于1988年离开西藏,但始终不能割舍西藏情结,心中深受西藏召唤,2001年,莫树吉立下生死状再次入藏,并决心将西藏广播电台办得更好。④

12月6日 下午,何镜波教育基金会一行到珠海校区看望受助学子,与同学们进行交流座谈,勉励大家要珍惜大学时光,努力学习,回报社会。⑤

12月8日 下午,受学校外事处的委托,珠海校区党工委书记郝登峰等人在校区接待了瑞典耶夫勒大学项目考察团一行。⑥

△重庆交通大学双福校区管委会负责人来珠海校区考察交流。珠海校区党工委书记郝登峰及相关部门负责人出席交流座谈会。⑦

12月9日 心理测量学专家、中国科学院心理研究所副所长张建新研究员受

---

① 赵田:《福岛第一核电站事故及其后果》,见中山大学珠海校区网(http://zhuhai.sysu.edu.cn/content/2014),2011年12月2日。
② 彭洁雅:《真心为艾,防止滋蔓》,见中山大学珠海校区网(http://zhuhai.sysu.edu.cn/content/2013),2011年12月2日。
③ 中山大学校长办公室:《中山大学年鉴(2011)》,中山大学出版社2012年12月第1版,第41页。
④ 中山大学中文系团总支:《情系西藏数十年》,见中山大学珠海校区网(http://zhuhai.sysu.edu.cn/content/2011),2011年12月6日。
⑤ 《何镜波教育基金会与受助学子交流座谈》,见中山大学珠海校区网(http://zhuhai.sysu.edu.cn/content/2008),2011年12月9日。
⑥ 中山大学珠海校区党政工作办公室:《瑞典耶夫勒大学项目考察团来校区参观考察》,见中山大学珠海校区网(http://zhuhai.sysu.edu.cn/content/2007),2011年12月9日。
⑦ 中山大学珠海校区党政工作办公室:《重庆交通大学双福校区考察团来珠海校区交流》,见中山大学珠海校区网(http://zhuhai.sysu.edu.cn/content/2006),2011年12月9日。

国际商学院之邀,为珠海校区同学带来讲座"幸福、人格与成功——从老年到青年"。①

12月10日　"第七届韩语演讲比赛"举行。来自我校翻译学院2007级韩语双专毕业生吴曼青获得大赛演讲组特等奖,并获得参加第十七届世界韩语演讲比赛资格。韩国联合通讯社、《亚洲经济》、《庆尚日报》等多家媒体对本届大赛进行了报道。②

12月12日　合肥工业大学副校长陈朝阳一行来访珠海校区。珠海校区党工委书记郝登峰接待了来宾,并举行座谈会。

12月13日　珠海校区第七届教职工趣味运动会举行。

12月14日至17日　由翻译学院与全国高校外语学刊研究会等联合主办的"全国高校外语学刊研究会2011年年会"举行。③

12月19日　下午,珠海校区召开学生代表座谈会。座谈会以"做有知识的文明人"为主题,深入贯彻落实党的十七届六中全会精神和校党委《关于我校学习宣传贯彻党的十七届六中全会精神的实施意见》。珠海校区党工委书记郝登峰出席会议,校区学生会、各院系学生会和学生社团主要负责同学共40多人以及部分辅导员参加座谈会。④

12月21日　珠海市副市长王庆利一行到珠海校区调研。

△旅游学院召开"2011年度实习合作单位座谈与答谢会"。旅游学院常务副院长彭青教授、副院长徐红罡教授,长隆集团、深圳欢乐谷等14家旅游学院实习合作单位的负责人出席了会议。⑤

12月23日　由历史学系主办的"辛亥百年名家论坛"第七讲"末代王朝的最后时光——辛亥时期清政府的所作所为"在珠海校区举行。主讲人为历史学系桑兵教授。⑥

12月27日　部分高校纪委书记到珠海校区调研。

---

①　张乐:《幸福、人格与成功》,见中山大学珠海校区网(http://zhuhai.sysu.edu.cn/content/2005),2011年12月12日。

②　黄国文、王宾、许东黎:《从这里走向世界——中山大学翻译学院建院十周年回眸》,中山大学出版社2015年10月第1版,第136页。

③　黄国文、王宾、许东黎:《从这里走向世界——中山大学翻译学院建院十周年回眸》,中山大学出版社2015年10月第1版,第240页。

④　中山大学党委宣传部:《做有知识的文明人——珠海校区召开学生代表学习贯彻十七届六中全会精神座谈会》,见中山大学新闻网(http://news2.sysu.edu.cn/news01/119263.htm),2011年12月22日。

⑤　中山大学党委宣传部:《我校旅游学院举办2011年度实习合作单位座谈与答谢会》,见中山大学新闻网(http://news2.sysu.edu.cn/news01/119271.htm),2011年12月26日。

⑥　中山大学历史学系:《"末代王朝的最后时光——辛亥时期清政府的所作所为":"辛亥百年名家论坛"第七讲在历史系举行》,见中山大学新闻网(http://news2.sysu.edu.cn/news01/126593.htm),2011年12月31日。

2012年

2012年

1月5日 珠海校区2011年度工作总结表彰大会暨迎新春联欢晚会在伍舜德国际学术交流中心举行。校长助理、珠海校区管委会主任保继刚，校党委办公室主任唐燕，珠海校区党工委书记郝登峰与学校有关部处、院系、校区各部门的负责人、珠海校友代表及校区教职工近300人出席晚会。保继刚在晚会上致辞，肯定成绩，感谢员工，感谢支持，期望发展。表彰大会上，保继刚、郝登峰向荣获珠海校区先进单位、先进工作者、工会活动积极分子的单位和个人颁发了荣誉证书。本次表彰大会还特别颁发了"珠海校区优秀服务奖"，32名为珠海校区做出积极贡献、辛勤工作10年及以上的教职工获此殊荣。①

1月12日 王毅任地理科学与规划学院党委副书记（分管旅游学院学生工作）。

1月13日 下午，郑德涛书记来到珠海校区开展调研慰问工作。珠海校区党工委书记郝登峰汇报了珠海校区的相关工作。郑德涛走访慰问了珠海校区各办、各整建制学院，仔细听取工作人员的情况介绍，并深入实地察看，对校区整建制学院的发展情况给予肯定。他还详细询问了校区教职员工的工作、家庭以及生活状况，感谢他们为学校做出的贡献，并送上新春的祝福和亲切的问候。校党委办公室主任唐燕陪同调研。②

1月17日 校党委副书记朱孔军到珠海校区慰问留校师生。

---

① 中山大学珠海校区党政工作办公室：《珠海校区举行年度工作总结表彰大会暨迎新春联欢晚会》，见中山大学新闻网（http://news2.sysu.edu.cn/news01/127033.htm），2012年1月6日。

② 中山大学珠海校区党政工作办公室、附属第五医院：《郑德涛书记到珠海校区、附属五院调研慰问》，见中山大学新闻网（http://news2.sysu.edu.cn/news01/127217.htm），2012年1月18日。

中山大学珠海校区编年史（1999—2018）

1月18日 上午，中山大学光电材料与技术国家重点试验室珠海实验室揭牌仪式在珠海校区举行。参加仪式的有珠海市人民政府副秘书长钟国胜、珠海市科技工贸和信息化局长杨川、中山大学校长助理夏亮辉、中山大学光电材料与技术国家重点试验室副主任兼珠海实验室主任沈辉教授等。仪式上，杨川宣读了珠海市科技工贸和信息化局批准建立中山大学光电材料与技术国家重点试验室珠海实验室的通知。钟国胜和夏亮辉分别做了讲话。参会人员在沈辉的陪同下参观了实验室。①

△珠海市副市长龙广艳前往珠海校区学生公寓看望寒假留校学生，并向师生送上新年祝福。珠海市教育局领导、珠海校区党工委书记郝登峰等陪同看望。②

1月22日 是日为农历年二十九。上午，校党委副书记朱孔军在相关职能部门负责人的陪同下，前往珠海校区看望留校学生，共迎新春。

2月20日 上午，受珠海校区领导委托，珠海校区党工委副书记林俊洪率校区党政办、教务办、保卫办、后勤办、实验中心领导等组成的检查小组对新学期开学各项工作进行检查。③

△由珠海市高新区唐家居委会规划专用场地，对珠海校区北门外摊贩进行集中管理，较好解决了占道经营乱摆卖的问题及交通隐患。④

近年来，珠海校区小北门外一直存在占道经营乱摆乱卖的现象，严重影响了我校区车辆进出及师生出行的安全。珠海校区管委会、党工委、保卫办与相关部门密切配合，积极与当地公安、工商、城市执法、属地居委会等部门沟通协商，终于在2012年寒假前从根本上改善了该地环境。

2月22日 朱孔军副书记到珠海校区看望留校学生。

2月28日 下午，喻世友副书记兼副校长到珠海校区调研。⑤

保卫处、设备与实验管理处等相关部门负责人陪同调研。校区党工委书记郝登峰及各部门负责人参加调研。郝登峰汇报了珠海校区的相关情况，并在交通管理和实验室消防安全管理方面做了重点介绍。校区基础教学实验中心、保卫办、后勤办等部门负责人汇报了各自在校区交通安全及消防安全方面所做的工作。喻世友强调，校区工作应将安全放在首位，做好了各项安全措施，在交通管理和实验室消防安全方面有所作为，就是实现校领导所提出的让校区变得更有生气的重要前提和内

---

① 中山大学科技处：《中山大学光电材料与技术国家重点试验室珠海实验室揭牌仪式在珠海校区》，见中山大学新闻网（http://news2.sysu.edu.cn/news01/127243.htm），2012年1月21日。

② 中山大学珠海校区党政工作办公室：《珠海市副市长龙广艳看望我校珠海校区留校学生》，见中山大学新闻网（http://news2.sysu.edu.cn/news01/127222.htm），2012年1月19日。

③ 中山大学珠海校区党政工作办公室：《珠海校区领导检查开学工作情况》，见中山大学珠海校区网（http://zhuhai.sysu.edu.cn/content/1993），2012年2月23日。

④ 《整治校区周边治安环境工作卓有成效》，见中山大学珠海校区网（http://zhuhai.sysu.edu.cn/content/1991），2012年3月1日。

⑤ 中山大学珠海校区党政工作办公室、东校区管理委员会：《喻世友副书记副校长到珠海校区、东校区调研》，见中山大学新闻网（http://news2.sysu.edu.cn/news01/127670.htm），2012年3月9日。

容。他勉励各行政部门要为师生员工创造安全舒适的校园工作生活环境。喻世友还实地考察了校区的道路交通、教学实验大楼以及教学实验室。

2月28日至3月1日 法国民用核能工程师教学联盟代表团来访，与中法核工程与技术学院探讨合作。①

法国原子能委员会-法国核科学与技术学院教授、中法核工程与技术学院工程师阶段负责人 Bertrand Mercier，法国原子能委员会核设备研发高级专家 Abdallah Lyoussi，法国原子能委员会核能培训项目副主任 Jean-Philippe Nabot，法国原子能委员会核能创新与支持总部模拟项目负责人 Daniel Caruge，法国格勒诺布尔综合理工学院亚原子物理与宇宙学实验室 Adrien Bidaud，法国电力集团研发部材料和机械组件部主任 Christophe Varé 一行来访我校，魏明海副校长会见了代表团。

代表团在中法核工程与技术学院中方院长王彪、法方院长德麦赛等人的陪同下参观了珠海校区基础物理实验室、电子技术实验室、基础化学实验室等地。通过参观和交流，法方代表团了解了实验室的主要设备功能、开设的实验课程以及可以从事的研究内容等。代表团与中法核工程与技术学院相关领域的教师就研发中心合作、教学合作等事宜进行了交流探讨。双方就若干科研课题达成共识，确定了初步的合作方式。陪同访问的还有法国驻广州总领事馆科技专员 David Bassir 和法国驻华使馆核工业处核参赞 Pierre-Yves Cordier。

2月29日 学校成立移动信息工程学院筹备组，李文军任筹备组组长。② 移动信息工程学院拟安排在珠海校区办学。

3月3日 由珠海校区学工办主办的"音乐之夜"艺术沙龙活动举行。北京师范大学珠海分校艺术团民乐团应邀为我校珠海校区师生做了主题为"当古典邂逅现代"的演出。③

3月6日 上午，由洛阳市委书记毛万春带领的党政考察团一行来珠海校区参观考察，珠海市委常委、市委组织部部长刘振新，珠海市政府副秘书长梁兆雄，珠海市教育局局长钟以俊陪同考察。珠海校区党工委书记郝登峰等接待了来宾。考察团对珠海校区的办学特色、校区管理模式以及美丽的校园环境表示赞赏。④

3月13日 下午，珠海校区第一期辅导员职业生涯规划培训会举行，校区全体辅导员参加了培训。培训会由珠海校区党工委书记郝登峰研究员主讲。⑤

---

① 中山大学校长办公室：《中山大学年鉴（2012）》，中山大学出版社2014年1月第1版，第678页。
② 中山大学校长办公室：《中山大学年鉴（2012）》，中山大学出版社2014年1月第1版，第700页。
③ 罗园：《当古典邂逅现代——新学期"音乐之夜"拉开帷幕》，见中山大学珠海校区网（http://zhuhai.sysu.edu.cn/content/1986），2012年3月14日。
④ 李苗：《洛阳市党政考察团来珠海校区参观考察》，见中山大学新闻网（http://news2.sysu.edu.cn/news01/127707.htm），2012年3月12日。
⑤ 罗园：《探索职业规划，促进辅导员队伍职业化建设》，见中山大学珠海校区网（http://zhuhai.sysu.edu.cn/content/1987），2012年3月14日。

3月16日 新鸿基地产郭氏基金助学金受助学子座谈会在珠海校区举行,校党委副书记朱孔军参加了座谈会。①

3月22日 中山大学辅导员职业外语培训班第一场专题培训在珠海校区举行。各院系学生工作主管领导、辅导员以及相关职能部门学员参加了培训课程。第一场专题培训课以留学生接待、注册及交通为主题,由翻译学院辅导员蓝澍德、穆小路、叶玮茵主讲。②

3月23日 上午,贵州省教育厅调研组一行来珠海校区参观考察,珠海校区党工委书记郝登峰接待了来宾。③

△中法核工程与技术学院法方院长德麦赛当选为第八届珠海市"荣誉市民"。

3月24日 第二届全国口译大赛广东海南赛区复赛举行。本次比赛由中国翻译协会主办、团中央学校部指导。我校翻译学院翻译系2008级黄静然同学、2009级刘海燕同学喜获一等奖,成功晋级华南大区决赛。④

△岭南学院第十八届经济文化节开幕式分别在广州南校区和珠海校区举行。在珠海校区开幕式上,岭南学院副院长、金融系主任陆军教授以"透析错综金融,指点方圆人生"为题,围绕"人民币国际化"这一主题做讲座。⑤

3月27日 上午,校党委书记郑德涛到珠海校区就基层组织建设年活动、校区管理工作进行调研。⑥

珠海校区党工委、校区管委会党政办、后勤办、保卫办、基础教学实验中心、翻译学院、国际商学院、中法核工程与技术学院有关负责人参加了座谈。珠海校区党工委书记郝登峰汇报了珠海校区基层组织建设、校区管理工作情况。

郑德涛指出,开展基层组织建设年活动,夯实组织基础是难点,创新活动载体是亮点,完善制度机制是重点,服务中心工作是着眼点;绝不搞形式主义,不搞"两张皮",广大党员要将党组织开展的活动与本职工作结合起来,推动教学科研和社会服务等中心工作。在校区管理方面,一是进一步细化校区管理工作;二是继续研究如何增强学生的归属感,努力增强学术氛围,活跃校园学术气氛,提升校区文化,促进学生发展。

3月30日 上午,珠海校区本年度首次行政人员培训会在行政楼举行。财务

---

① 中山大学校长办公室:《中山大学年鉴(2012)》,中山大学出版社2014年1月第1版,第701页。
② 中山大学学生处:《夯实语言基础,服务学校国际化战略——我校辅导员职业外语培训班第一场专题培训顺利举行》,见中山大学新闻网(http://news2.sysu.edu.cn/news01/128053.htm),2012年4月1日。
③ 《贵州省教育厅调研组来珠海校区参观考察》,见中山大学珠海校区网(http://zhuhai.sysu.edu.cn/content/1977),2012年3月23日。
④ 赵睿:《我校翻译学院学子荣获"第二届全国口译大赛"广东海南赛区复赛一等奖》,见中山大学新闻网(http://news2.sysu.edu.cn/news01/127952.htm),2012年3月27日。
⑤ 岭南通讯社:《岭南学院第十八届经济文化节开幕》,见中山大学新闻网(http://news2.sysu.edu.cn/news01/127989.htm),2012年3月28日。
⑥ 中山大学校长办公室:《中山大学年鉴(2012)》,中山大学出版社2014年1月第1版,第702页。

与国资管理处副处长劳楚华等人就"财务预算"等方面的工作进行了培训与交流。①

△晚,心理学系主办的"心球崛起"第七届心理宣传月第一场讲座"古老文字的最新来电"在珠海校区教学实验大楼举办。香港中文大学心理学系张学新教授应邀主讲。②

4月5日 上午,校党委常委(扩大)会议和校长办公会在珠海校区召开。③

会议主要讨论了珠海校区发展的有关问题。郑德涛书记、许宁生校长分别主持会议,全体在校领导、校长助理出席会议。会前,校领导一行实地考察了珠海校区拟于近期兴建的科技创新大厦、多功能体育馆、北区二期教工周转房等项目。会上,校领导听取了关于珠海校区拟建项目详细方案汇报,一致认为拟建项目关系到学校尤其是珠海校区的长远发展,要进一步加强研究部署,尽快启动,落实好各项筹备工作。

4月6日 下午,旅游学院"服务缔造成功"学生职业指导系列活动启动仪式举行。该活动由旅游学院与广州富力丽思卡尔顿酒店共同策划实施。广州富力丽思卡尔顿酒店总经理辛兆和等酒店高管,旅游学院常务副院长彭青、党委副书记王毅、酒店与俱乐部管理系主任饶勇及旅游学院近200名同学参加了仪式。辛兆和总经理等人以"什么是服务行业"为主题在仪式上发表了演讲。④

△下午,国际商学院职业发展导师聘任仪式暨职业发展讲座在珠海校区举行。⑤

珠海校区党工委书记郝登峰、就业指导中心主任李明章、学生处副处长林俊洪以及国际商学院党委书记张文彪、副院长周天芸、党委副书记吴长征等出席了聘任仪式。此次聘任的三位职业发展导师均来自香港地区,包括中山大学-何镜波教育基金理事长、通达顾问有限公司董事何镜波先生,香港新界总商会常务董事、骏卓发展有限公司董事黄其就先生及香港商报全球商务中心副总经理胡玉贞女士。聘任仪式后,三位职业发展导师围绕"打造自身核心能力与个人职业发展"发表演讲。为帮助学生更好地进行职业规划,国际商学院于2009年开始实行兼职职业发展导师聘任制度,至今已经聘请了近30位职业发展导师。

---

① 《珠海校区举行财务工作培训会》,见中山大学珠海校区网(http://zhuhai.sysu.edu.cn/content/1969),2012年4月1日。

② 中山大学心理学系:《古老文字的最新来电》,见中山大学珠海校区网(http://zhuhai.sysu.edu.cn/content/1970),2012年4月1日。

③ 中山大学珠海校区党政工作办公室:《深入校区办公,现场解决问题》,见《中山大学报》(新)第271期,2012年4月10日。

④ 中山大学旅游学院学生工作办公室:《旅游学院携手行业领军企业,共同打造系列学生职业指导活动》,见中山大学新闻网(http://news2.sysu.edu.cn/news01/128131.htm),2012年4月10日。

⑤ 王晓航、钟映红:《我校国际商学院聘任何镜波先生等香港商界人士为学院职业发展导师》,见中山大学新闻网(http://news2.sysu.edu.cn/news01/128146.htm),2012年4月11日。

中山大学珠海校区编年史（1999—2018）

4月7日 上午，中山大学珠海校区分党校2012年春季要求入党积极分子培训一班在教学实验大楼举行开班仪式。仪式后，珠海校区党工委书记郝登峰研究员主讲题为"理想、信念和入党动机"的培训课。①

△下午，生命科学学院第四届生物节开幕式暨贺雄雷教授主题讲座在珠海校区图书馆举行。珠海校区党工委副书记兼学工办主任林俊洪、生命科学学院党委副书记黄勇平以及来自校区的师生参加了开幕式。贺雄雷教授就不久前在Science杂志上发表的论文内容展开讲解。本届生物节系列活动还包括林浩然院士主题讲座、生物标本主题展、"锁定生命之绿"植物定向越野、种子计划、生物学实验技能大赛等。②

△晚，旅游学院第四届团支部风采展示大赛决赛在珠海校区榕园学生活动中心举行。团支部风采大赛在旅游学院已连续举办四年。③

4月9日 晚，由珠海校区管委会、党工委主办，第十七期马研班承办的"周末论坛"第十四讲在珠海校区教学实验大楼举行。中国社会科学院文学研究所孙歌研究员应邀主讲"我们为什么要谈东亚"。④

4月12日 《中山大学关于珠海校区发展的规划与构想》公布。⑤

《中山大学关于珠海校区发展的规划与构想》主要内容是：

一、中山大学理工、化工、生科三个学院和临床医学八年制的一、二年级学生回迁广州，是2008年已经编制的《中山大学校区布局调整路线图（2008—2012）》（以下简称《路线图》）所规定的，属于学校办学布局调整的正常工作。

二、按照《路线图》的规划，从2008年至2012年，中山大学各校区将逐步形成如下办学格局：广州南校区以基础学科为主，广州东校区以应用学科为主，广州北校区以医科为主，珠海校区则在提高办学层次的基础上，以新兴学科及港澳台合作办学和国际合作办学为特色。2008年以后，中山大学按照《路线图》的规划，在珠海校区新组建了海洋学院、中法核工程与技术学院，2012年9月新设立的移动信息工程学院也将正式招生。这些新组建的学院本科生、硕士生、博士生的培养都将在珠海校区完成。

三、珠海校区的布局调整完成后，中文系、历史学系、哲学系、岭南学院、外

---

① 中山大学珠海校区党政工作办公室：《珠海校区分党校2012年春季要求入党积极分子培训一班开班》，见中山大学珠海校区网（http://zhuhai.sysu.edu.cn/content/1963），2012年4月9日。

② 中山大学生命科学学院：《探索生命奥秘，见证生命奇迹——第四届生物节开幕式暨贺雄雷教授主题讲座举行》，见中山大学新闻网（http://news2.sysu.edu.cn/news01/128393.htm），2012年4月23日。

③ 中山大学旅游学院学生工作办公室：《旅游学院举办第四届团支部风采展示大赛 践行学生思想教育"三项工程"》，见中山大学新闻网（http://news2.sysu.edu.cn/news01/128300.htm），2012年4月16日。

④ 《我们为什么要谈东亚》，见中山大学珠海校区网（http://zhuhai.sysu.edu.cn/content/1964），2012年4月9日。

⑤ 《中山大学关于珠海校区发展的规划与构想》，见中山大学珠海校区网（http://zhuhai.sysu.edu.cn/content/1958），2012年4月13日。该文件落款为"中山大学新闻中心，二〇一二年四月十二日"。

国语学院、地理科学与规划学院等院系的一、二年级本科生仍将继续在该校区学习。

四、按照《路线图》的规划，珠海校区的学生总数仍将继续保持在10000～12000名。

五、中山大学高度重视珠海校区的建设和发展，4月5日在珠海校区举行校长办公会，规划了珠海校区的进一步发展。学校近期将在珠海校区开展一系列建设工程项目，包括兴建多功能体育馆、北区二期教工周转房等。

六、未来几年，中山大学可能在珠海校区筹建其他新的整建制学院。

4月14日 下午，第六届珠海校区院系风采大赛启动仪式暨主席论坛举行。①

本届院系风采大赛以"路"为主题，包括"路·问道"主席论坛、"路·践行"服务周、"路·迹城"宣传周和"路·远扬"闭幕晚会四个环节，持续一个月。"路·问道"主席论坛邀请了珠海校区各院系学生会主席以及三位嘉宾出席。"路·践行"第六届院系学生会风采大赛"路"之服务周于4月26日至27日举办。以"路·迹城"为主题的宣传周系列活动，包括服务周摊位装饰评比、环保袋设计以及视频拍摄制作活动。该活动由珠海校区团工委主办，珠海校区学生会承办。大赛颁奖典礼暨闭幕晚会于5月19日晚上在风雨操场上演，翻译学院蝉联第六届院系风采大赛冠军。

4月16日 下午，珠海校区举行近期情况通报会。②

通报会由校长助理、珠海校区管委会主任保继刚主持。珠海校区各职能部门全体教职工，整建制学院党委副书记、办公室主任，学工办辅导员，校区各院系主要学生干部等近150人参加了会议。保继刚利用翔实的图片数据资料，系统讲解了《中山大学校区布局调整路线图（2008—2012）》情况，对今年校区的学科调整和布局进行了解释说明，并介绍了学校近期将在珠海校区开展的包括多功能体育馆在内的一系列建设工程项目、一批体育设施等。珠海校区党工委书记郝登峰也对召开本次通报会的必要性进行了介绍。

4月18日 晚，旅游学院学生德国实习分享会在珠海校区举行。旅游学院近年来积极开展国际交流与合作，为学生们提供各种海外实习考察机会，学院目前已组织8批次134名本科生到法国、德国、日本、加拿大实习，不断推进国际化进程。③

---

① 吴曼瑜：《路在中珠，路在脚下》，见中山大学珠海校区网（http://zhuhai.sysu.edu.cn/content/1917），2012年4月22日。

② 中山大学珠海校区党政工作办公室：《我校珠海校区举行近期情况通报会》，见中山大学新闻网（http://news2.sysu.edu.cn/news01/128349.htm），2012年4月19日。

③ 中山大学旅游学院：《旅游学院学生德国实习分享会圆满举行》，见中山大学新闻网（http://news2.sysu.edu.cn/news01/128457.htm），2012年4月26日。

4月19日 下午，珠海校区召开2012年宣传工作会议。①

珠海校区党工委书记郝登峰，校党委宣传部部长谢曼华、副部长朱志辉，珠海校区党工委副书记林俊洪，整建制学院党委副书记、校区各办负责人以及校区各单位宣传信息联络员、校区记者站学生记者共计100余人出席会议。会议围绕珠海校区2012年宣传工作的主要部署和工作重心两项议题展开。郝登峰首先提出珠海校区宣传工作的定位，对做好珠海校区2012年宣传工作提出具体要求和落实措施。谢曼华就2012年学校宣传工作的总体要求、工作思路、重点任务做了介绍，同时希望校区各单位宣传信息联络员要充分利用新闻网、中山大学报、中大电视台、5D空间、中大官方微博、中大学子等宣传平台，及时提供新闻线索和宣传信息，进一步扩大珠海校区的影响力。随后，朱志辉与校区各单位宣传信息联络员和校区记者站学生记者进行了工作交流。

会后，珠海校区还召开了媒体座谈会，邀请珠海特区报、珠海新闻网、广州日报、文汇报、珠江晚报、珠海电视台等多家驻珠海的媒体记者与校区有关单位和部门负责人进行了座谈，旨在加强沟通交流与合作，促进珠海校区宣传工作再上一个新台阶。

4月21日 由岭南学院和珠海市企业文化协会主办、岭南学院珠海校区学生会承办的"毕马威"第九届企业文化案例分析大赛粤港澳高校总决赛在珠海校区举行。珠海团市委副书记纪锐、珠海市企业文化协会编导张杨女士、毕马威华南区人力资源主任梁健祺先生、岭南学院党委书记张文彪等参加了本次大赛。中山大学"6 Plus"队伍获得冠军。企业文化案例分析大赛在今年被评为中山大学"大学生思想政治教育育人精品实践活动"项目。②

4月22日 "首届俄语文化节"在珠海校区拉开帷幕。③

俄罗斯驻广州总领事馆领事阿列克谢携夫人、俄罗斯莫斯科大学国际政治系玛利亚教授、校党委常务副书记兼副校长陈春声教授、珠海校区党工委书记郝登峰、外国语学院党委书记许东黎、翻译学院院长黄国文教授等出席了活动，来自俄罗斯的20多名留学生和翻译学院的师生参加了本次文化节。文化节由翻译学院主办，翻译学院俄语系、学生会承办。阿列克谢用流利的中文致辞，他认为本次俄语文化节恰逢列宁同志诞辰140周年，具有重要意义。陈春声认为，学校在做教学布局调整的时候把珠海校区作为国际化合作办学的重点发展校区，把俄语专业放在珠海校区是整个教区布局调整的一个重要部分。

---

① 中山大学珠海校区党政工作办公室：《我校珠海校区召开2012年宣传工作会议》，见中山大学新闻网（http://news2.sysu.edu.cn/news01/128402.htm），2012年4月23日。

② 中山大学岭南学院学工部：《"毕马威"第九届企业文化案例分析大赛总决赛举行》，见中山大学新闻网（http://news2.sysu.edu.cn/news01/128426.htm），2012年4月24日。

③ 中山大学翻译学院俄语系、学工部：《我校首届俄语文化节成功举办》，见中山大学新闻网（http://news2.sysu.edu.cn/news01/128427.htm），2012年4月25日。

2009年,中山大学把复办的俄语系放在珠海校区进行教学,并于2011年9月招收了第一届俄语专业学生。自2006年以来,翻译学院已与莫斯科大学、俄罗斯新大学等多所高校建立了良好合作关系,迄今已经互派了8批交换生,增进了中俄文化交流。

4月26日 下午,广东省纪念建团90周年暨五四运动93周年表彰大会召开。翻译学院2009级商务外语F班团支部获得"广东省五四红旗团支部"荣誉称号。①

△下午,由中山大学基础教学实验中心、翻译学院、国际商学院首次联合主办的教职工羽毛球联谊赛在珠海校区风雨操场举行。②

4月27日 翻译学院英语翻译专业2010级本科生杨孟衡获得"中国大学生自强之星"称号。③

杨孟衡,1990年11月生于云南宜良,1997年因高压线电击失去双臂,成为高位截肢残疾人。但他自强不息,2007年参加了第七届全国残疾人运动会。2010年6月参加全国高考,以总分594分的成绩成为云南省昆明市宜良县文科状元,并以全省前60名的成绩考入中山大学翻译学院英语翻译专业。2010年9月1日,杨孟衡成为教育部和中央电视台联合录制的大型公益电视晚会《开学第一课》的特邀嘉宾。曾荣获中山大学2010年"大学生年度人物"。

寻访"中国大学生自强之星"活动由共青团中央、全国学联举办。通过校级、省级团委的推荐,经专家委员会审定,最终产生10名"中国大学生自强之星标兵"。

△为进一步推进创先争优和基层组织建设年活动,由珠海校区党工委主办,珠海校区学生会承办的职能部门咨询日活动在珠海校区教学实验大楼举行。党政办、学工办、教务办、后勤办、保卫办和IT服务部等校区有关职能部门领导悉数到场,接受同学们的现场咨询,为同学们答疑解惑,并听取广大师生的意见和建议。④

4月28日 翻译学院学子获得第五届广东省"蓝鸽杯"口译大赛中译英最佳单项奖。⑤

---

① 中山大学校长办公室:《中山大学年鉴(2012)》,中山大学出版社2014年1月第1版,第748页。
② 何静雯、周燕宁:《以球会友,加强沟通》,见中山大学珠海校区网(http://zhuhai.sysu.edu.cn/content/1947),2012年4月28日。
③ 共青团中山大学委员会:《我校学生荣获2011年度"中国大学生自强之星"奖项》,见中山大学新闻网(http://news2.sysu.edu.cn/news01/128558.htm),2012年5月2日;参见李浩蔚、黎影、王迪:《无边苍穹,星光闪耀——访"2011年度中国大学生自强之星"获得者杨孟衡,提名奖获得者陈世明、李真》,见《中山大学报》(新)第276期,2012年6月11日。
④ 《服务向下,人心向学》,见中山大学珠海校区网(http://zhuhai.sysu.edu.cn/content/1946),2012年4月28日。
⑤ 鲁彦君:《迎接挑战,培养具有"全球视域、中国立场"的全新外语人才》,见《中山大学报》(新)第364期,2016年5月5日。

4月　海洋学院举办第一届海洋文化节。①

5月2日　国际商学院举办首次书记院长座谈会。国际商学院院长舒元教授、党委书记张文彪、常务副院长吴培冠教授、副院长周天芸教授、党委副书记吴长征与国际商学院本科一、二年级及研究生的17名代表进行座谈，倾听来自学生的声音。②

5月4日　下午，珠海校区人工足球场启用仪式举行。仪式由珠海校区管委会党政办主任胡海峰主持，珠海校区党工委副书记林俊洪、团工委书记刘泽炀、保卫办主任陈东、后勤办主任李珅等出席了此次活动。③

△下午，翻译学院与药学院学生工作队伍及主要团学干部召开座谈会，共庆五四青年节。珠海校区党工委副书记林俊洪、药学院党委副书记丁小球、翻译学院党委副书记兼副院长陈有志及两院辅导员、团学干部参加座谈交流。④

5月8日　校党委副书记朱孔军到珠海校区调研学生宿舍文化建设及文体设施建设工作，出席研究生担任本科生楼长聘任仪式。⑤

朱孔军听取了珠海校区宿舍管理学生委员会的工作汇报，深入宿舍文体室了解设施建设和文化建设情况，听取同学们对宿舍生活文体设施建设的意见和建议。珠海校区在宿舍管理中大胆发挥同学们的自主性和创造性，成立宿舍管理学生委员会，形成了"宿舍长—层长—楼长—楼委会—宿管委"完整的管理结构。宿管会同学在宿舍管理的调查研究、信息通报、协调服务、文化建设、制度建设等方面发挥积极作用，长期开展了"家园有约""周末聊天室""学工办主任交流日""宿舍草地音乐会""原创艺术作品大赛""宿舍文化节""宿舍装饰大赛"等丰富多彩的活动，丰富了宿舍文化生活。朱孔军充分肯定了研究生入住本科生楼栋担任楼长的有益探索，认为这是思想教育深入到宿舍的举措，研究生楼长将在学习指导、情感交流、咨询服务、文化沟通等方面发挥积极作用。他鼓励楼长和宿管会的同学们大胆工作，勇于创新，调动同学们在丰富宿舍生活中的积极性和自主性，发挥同学们自我教育、自我管理、自我服务的能动性，促进宿舍和谐，让同学们留下大学宿舍生活的美好回忆。珠海校区党工委书记郝登峰及校区党政、学工、后勤、学院的相关负责人陪同调研。

△校党委副书记朱孔军到珠海校区慰问翻译学院"中国大学生自强之星"称

---

① 中山大学海洋科学学院：《立足广东，面向南海——中山大学海洋科学学院》宣传册，自印，第4页。
② 雷媛：《我校国际商学院举办首次院长书记座谈会》，见中山大学新闻网（http://news2.sysu.edu.cn/news01/128960.htm），2012年5月8日。
③ 中山大学新闻中心珠海校区记者站：《珠海校区举行人工足球场启用仪式》，见中山大学珠海校区网（http://zhuhai.sysu.edu.cn/content/1940），2012年5月7日。题目有修改。
④ 中山大学翻译学院：《翻译学院与药学院师生共度五四青年节》，见中山大学珠海校区网（http://zhuhai.sysu.edu.cn/content/1938），2012年5月9日。
⑤ 中山大学珠海校区学生工作办公室：《研究生担任本科生楼长，我校探索宿舍思教新模式》，见中山大学新闻网（http://news2.sysu.edu.cn/news01/128983.htm），2012年5月10日。

号获得者杨孟衡同学。① 珠海校区党工委书记郝登峰、学生处副处长兼校区党工委副书记林俊洪、珠海校区党政办主任胡海峰、翻译学院党委副书记兼副院长陈有志等陪同慰问。

5月9日 由特许公认会计师公会（ACCA）主办的2012年"全国就业力大比拼"华南赛区决赛举行，国际商学院ACCA成建制班学生王辉宏荣获亚军，国际商学院学生黄晓喻与其他院校四名学生组成的小组获得最佳团队奖。王辉宏将代表华南赛区参加7月在香港举行的全国总决赛。②

5月10日 上午，珠海市副市长龙广艳到珠海校区调研。③

校长助理、珠海校区管委会主任保继刚，珠海校区党工委书记郝登峰等接待了龙广艳一行。龙广艳参观了旅游学院、中法核工程与技术学院。在旅游学院举行的座谈会上，保继刚向龙广艳汇报了相关工作。龙广艳充分肯定中山大学珠海校区的建设和发展为珠海市社会经济发展做出的贡献。她认为，中山大学在珠海办学12年来，在学科建设和人才培养方面做出了珠海市政府和广大市民有目共睹的成绩。珠海市人民政府副秘书长梁兆雄、珠海市教育局局长钟以俊等领导陪同调研。

△下午，珠海校区2012年宣传信息联络员第一次会议在行政楼第一会议室召开。珠海校区党工委书记郝登峰就宣传信息工作重要性的认识问题做了讲话。党工委副书记林俊洪就如何进一步做好宣传信息工作提出了具体要求。④

5月11日 由历史学系主办的第九届历史文化节开幕讲座在珠海校区举行。南开大学侯杰教授应邀主讲"中国近代社会性别史研究的几个问题——以天津为中心"。珠海校区工委书记郝登峰、历史学系党总支书记赵立斌教授出席相关活动。⑤

5月12日 上午，中山大学珠海校区分党校2012年春季要求入党积极分子培训二班开班仪式在教学实验大楼举行。珠海校区党工委郝登峰书记等出席开班仪式。⑥

5月13日 晚，中山大学第二十六届"动感地带"维纳斯歌手大赛珠海校区

---

① 中山大学校长办公室：《中山大学年鉴（2012）》，中山大学出版社2014年1月第1版，第703页。
② 黄洁宏、卢珍：《我校国际商学院学子在ACCA就业力大比拼华南赛区决赛中斩获亚军》，见中山大学新闻网（http://news2.sysu.edu.cn/news01/129161.htm），2012年5月21日。
③ 中山大学珠海校区党政工作办公室：《龙广艳副市长来珠海校区调研》，见中山大学新闻网（http://news2.sysu.edu.cn/news01/129008.htm），2012年5月11日。
④ 中山大学珠海校区记者站：《2012年珠海校区宣传信息联络员会议召开》，见中山大学珠海校区网（http://zhuhai.sysu.edu.cn/content/1932），2012年5月12日。
⑤ 王秋语：《中国近代社会性别史研究的几个问题——以天津为中心》，见中山大学珠海校区网（http://zhuhai.sysu.edu.cn/content/1930），2012年5月12日。
⑥ 卓少冰：《珠海校区分党校2012年春季要求入党积极分子培训二班开班》，见中山大学珠海校区网（http://zhuhai.sysu.edu.cn/content/1928），2012年5月15日。

决赛在体育馆露天舞台举行。方小异同学获得冠军。①

5月17日 北京师范大学—香港浸会大学联合国际学院（UIC）学生事务总监黄匡忠教授一行造访我校珠海校区。黄匡忠做了关于UIC学生事务管理理念的报告。随后，我校珠海校区学生工作团队一行前往UIC考察访问，重点了解UIC的宿舍文化小镇。通过考察，校区同事们对宿舍建设达成一种理念：宿舍不仅仅是住宿的地方，同时对大学生人格养成和素质培养有更重要的意义。②

5月19日 生命科学学院第四届生物节闭幕式暨林浩然院士主题讲座在珠海校区举行。生命科学学院副院长陆勇军教授、党委副书记黄勇平及师生参加相关活动。③

△晚，由校工会主办、珠海校区分工会承办的首届中山大学武术文化节"武动人生"晚会在珠海校区榕园学生活动中心举行。本届武术文化节活动包括武术电影展播、武术文化讲座以及武术表演晚会等一系列活动。④

5月23日 珠海市委副书记、纪委书记王衍诗，副市长龙广艳一行到珠海校区调研，郑德涛书记主持调研座谈会。⑤

校长助理、珠海校区管委会主任保继刚，珠海校区党工委书记郝登峰，珠海市相关职能部门、珠海校区相关职能部门及国际商学院、翻译学院、海洋学院、旅游学院、中法核工程与技术学院等部分院系负责人参加了座谈会。座谈会上，郑德涛介绍了珠海校区概况，指出近年来在珠海市委、市政府的大力支持下，珠海校区办学条件不断改善、办学水平不断提高、毕业生人数不断增加，目前正朝着国际化合作办学方向稳健迈进。保继刚汇报了珠海校区目前存在的困难与问题。旅游学院、海洋学院相关负责人介绍了其学科专业与珠海市旅游产业、海洋产业的合作情况。

△受山西省外宣办委托，"2012山西省新闻发言人突发事件新闻发布（中山大学）培训班"在珠海校区开班，陈春声常务副书记兼副校长出席开班典礼并致辞。⑥

5月25日至27日 由翻译学院和功能语言学研究所联合主办的"第八届功能语言学与语篇分析高层论坛"在珠海校区举行。论坛主题是"语篇分析与语料库

---

① 中山大学珠海校区广播台：《音乐激荡青春，演绎未知力量》，见中山大学珠海校区网（http://zhuhai.sysu.edu.cn/content/1926），2012年5月15日。
② 中山大学珠海校区党政工作办公室：《我校与UIC开展学生工作事务交流活动》，见中山大学新闻网（http://news2.sysu.edu.cn/news01/129162.htm），2012年5月21日。
③ 中山大学生命科学学院：《鱼知·渔趣》，见中山大学新闻网（http://news2.sysu.edu.cn/news01/129451.htm），2012年5月23日。
④ 向麟沂：《刚柔并济，"武"耀中华》，见中山大学珠海校区网（http://zhuhai.sysu.edu.cn/content/1922），2012年5月21日。
⑤ 中山大学校长办公室：《中山大学年鉴（2012）》，中山大学出版社2014年1月第1版，第705页。
⑥ 中山大学校长办公室：《中山大学年鉴（2012）》，中山大学出版社2014年1月第1版，第705页。

语言学"。①

6月1日 珠海校区第二届"文明修身"学生原创艺术作品大赛颁奖典礼举行。②

大赛由珠海校区管委会、党工委举办。校党委副书记朱孔军、珠海校区党工委书记郝登峰等出席了颁奖仪式。朱孔军在仪式上对大赛的意义给予肯定,表示这将活跃和丰富珠海校区校园文化。他鼓励同学们在专业学习之余,热爱艺术学习和创作,培养艺术爱好,努力将自己培养成注重文明修身、有良好综合素质的大学生。大赛作品装裱之后将在珠海校区图书馆一楼展览厅展出。作品展出之后,将长期张挂于珠海校区学生宿舍楼文化室,丰富文化室和宿舍楼文化艺术氛围。

△晚,中山大学雁行社成立十周年庆祝晚会在珠海校区伍舜德国际学术交流中心举行。③

作为珠海校区勤工助学组织,雁行社秉承"助人自助,共同成长"的理念迎来了十周岁生日。校党委副书记朱孔军、校党委办公室主任唐燕、珠海校区党工委书记郝登峰以及学校相关部处、珠海校区相关单位负责人和雁行社新老社员、勤工助学学生300余人出席了晚会。朱孔军在晚会上致辞时指出,自强不息和助人互助的精神是雁行社十年积淀下来的优良传统,同学们要自立自强,将团结协作的优良品质保持下去,在勤工助学的岗位中磨炼自我、收获成长、再创辉煌。晚会上重启了雁行社互助金,社会人士、校友、师生在晚会上纷纷为互助金捐款,现场募得捐款3万余元,并现场向患有尿毒症和脑血管畸形的两位困难学生捐款。

雁行社成立十年来,在学校和相关部门的大力支持和关心指导下,一直致力于勤工助学同学们的共同成长,目前已有1000多名同学勤劳的身影活跃于珠海校区图书馆、实验中心等35个勤工助学用人单位的岗位上,积极服务广大师生,为学校的教学管理工作做出了积极贡献,成为学校教学管理服务工作中的一部分。雁行社不仅提供了一个自立自强的平台,更成为学生自我管理、自我教育、自我服务的典型模式,是我校倡导实践育人的有益尝试,也是勤工助学育人模式的一个创新。

6月3日 下午,以"奉献爱心,服务珠海"为主题的第二届珠海校区学生社会实践活动总结大会召开。10支优秀队伍介绍了过去一年所从事的公益活动,金峰童话团队和爱佑淇澳团队获得一等奖。④

---

① 黄国文、王宾、许东黎:《从这里走向世界——中山大学翻译学院建院十周年回眸》,中山大学出版社2015年10月第1版,第240页。
② 中山大学校长办公室:《中山大学年鉴(2012)》,中山大学出版社2014年1月第1版,第706页。
③ 赖培洁、蔡梓瑜:《我校雁行社举行十周年庆祝晚会并重启雁行社互助金》,见中山大学新闻网(http://news2.sysu.edu.cn/news01/129893.htm),2012年6月5日。
④ 吴曼瑜:《第二届珠海校区学生社会实践活动总结大会举行》,见中山大学新闻网(http://news2.sysu.edu.cn/news01/129943.htm),2012年6月8日。

6月6日 移动信息工程学院成立。①

移动信息工程学院设立在珠海校区,采用新机制管理。学院将面向实际产业需求、面向前沿最新技术,以移动信息领域核心知识为基础,以强化外语(英语)能力为重点,以实际移动信息工程管理与开发能力培养为特色,以产业需求与新技术交叉融合为导向,致力于培养具有实战能力的国际化移动信息工程与技术高端人才,推动移动产业发展。移动信息工程学院党组织关系归口信息科学与技术学院(软件学院)党委管理。

△苟祯成任移动信息工程学院副院长。②

△余展涛任中法核工程与技术学院副院长;杨佩青不再兼任中法核工程与技术学院副院长。③

6月9日 就业指导中心与珠海市香洲区人力资源和社会保障局、珠海市香洲区人力资源中心在珠海校区体育馆举办2012年实习生专场招聘会。④

△第四届昆虫病毒感染宿主的分子生物防治学术年会在珠海校区召开。⑤

△国际商学院团委获得共青团珠海市委颁发的"珠海市五四红旗团委"荣誉称号。旅游学院2010级会展经济管理B1班团支部、翻译学院2009级商务英语F班团支部获"珠海市五四红旗团支部"荣誉称号。⑥

6月11日 舒元院长代表中大国际商学院与美国马奎特大学工商管理学院签署关于开展学生交换的合作协议书。协议书有效期为五年。⑦

6月15日 上午,珠海校区学工办召开"珠海校区学生宿舍管理工作交流会"。会议由学生处副处长、珠海校区学工办主任林俊洪主持。⑧

△下午,翻译学院与珠海市公安局出入境管理处实习基地签约仪式举行。珠海市公安局出入境管理处处长沙伟春,翻译学院副院长、党委副书记陈有志出席协议签订仪式。根据协议,翻译学院将会在暑期派出各语系的20名学生到珠海市公安局出入境管理处实习,协助该处工作人员处理日常国际事务。⑨

6月22日 许宁生校长代表中山大学与法国昂热大学签署关于开展旅游管理

---

① 中山大学校长办公室:《中山大学年鉴(2012)》,中山大学出版社2014年1月第1版,第38页。
② 中山大学校长办公室:《中山大学年鉴(2012)》,中山大学出版社2014年1月第1版,第42页。
③ 中山大学校长办公室:《中山大学年鉴(2012)》,中山大学出版社2014年1月第1版,第42页。
④ 董哲:《我校在珠海校区举办2012年实习生专场招聘会》,见中山大学新闻网(http://news2.sysu.edu.cn/news01/130012.htm),2012年6月14日。
⑤ 张月迎、谢露西:《生物防治学术年会召开》,见中山大学珠海校区网(http://zhuhai.sysu.edu.cn/content/1897),2012年6月11日。
⑥ 中山大学校长办公室:《中山大学年鉴(2012)》,中山大学出版社2014年1月第1版,第749页。
⑦ 中山大学校长办公室:《中山大学年鉴(2012)》,中山大学出版社2014年1月第1版,第668页。
⑧ 中山大学珠海校区学生工作办公室:《深入交流,加强宿舍管理》,见中山大学珠海校区网(http://zhuhai.sysu.edu.cn/content/1891),2012年6月19日。
⑨ 《记翻译学院与珠海市公安局出入境管理处实习基地签约仪式》,见中山大学国际翻译学院网(http://sti.sysu.edu.cn/zh-hans/node/1112),2012年6月19日。

专业本科生双学位合作项目的合作意向书。①

6月25日 下午，中大翻译学院与韩国成均馆大学签署关于开展学生交换的合作协议书。协议书有效期为五年。翻译学院院长黄国文、韩国成均馆大学文科学院院长洪德善等出席签字仪式。②

6月26日 黄国文院长代表中大翻译学院与西班牙马德里自治大学签署关于开展学生交换的合作协议书。协议书有效期为五年。③

6月29日 上午，校党委副书记朱孔军在珠海校区党工委书记郝登峰，军训师师长、武警选培办主任管明华，军训师二团团长郑丛武等有关领导的陪同下，前往珠海校区军训场地考察军训实施情况，慰问军训教官和学生，并召开珠海校区军训工作协调会。④

6月 海洋学院与珠海市海洋农渔和水务局签署《海洋与渔业技术合作框架协议》。⑤

7月4日 上午，珠海校区党工委学习中心组在行政楼第一会议室召开中心组（扩大）学习会议。珠海校区党工委书记郝登峰传达了学校近期两次中层干部培训的相关内容，并做了题为《略谈大学职员的执行力》的主题报告。⑥

7月6日 珠海校区举办2011级军训学生歌咏比赛。比赛由武装部指导，珠海校区广播台主办，二团三营十三连（地理科学与规划学院）获得冠军。

7月7日 特许公认会计师公会（ACCA）主办的"全国就业力大比拼"全国总决赛在香港会议展览中心举行，我校国际商学院ACCA成建制班二年级学生王辉宏与香港中文大学莫智杰、清华大学黄成、上海财经大学童晓晨同学所组成的团队荣获"最佳团队"奖。⑦

7月12日 上午，中山大学珠海校区2011级军训阅兵仪式暨总结大会召开。校党委副书记朱孔军，珠海校区党工委书记郝登峰，武警珠海市支队队长陈如利上校，珠海校区军训二团团长、武警珠海市副支队长郑丛武中校等领导莅临现场。朱孔军检阅受训新生。⑧

△晚，"珠海校区第五届读书月表彰暨读书汇报会"在珠海校区职工之家举

---

① 中山大学校长办公室：《中山大学年鉴（2012）》，中山大学出版社2014年1月第1版，第666页。
② 黄国文、王宾、许东黎：《从这里走向世界——中山大学翻译学院建院十周年回眸》，中山大学出版社2015年10月第1版，第139页。
③ 中山大学校长办公室：《中山大学年鉴（2012）》，中山大学出版社2014年1月第1版，第669页。
④ 中山大学校长办公室：《中山大学年鉴（2012）》，中山大学出版社2014年1月第1版，第708页。
⑤ 中山大学海洋科学学院：《立足广东，面向南海——中山大学海洋科学学院》宣传册，自印，第4页。
⑥ 中山大学珠海校区党政工作办公室：《珠海校区党工委召开中心组（扩大）学习会议》，见中山大学珠海校区网（http://zhuhai.sysu.edu.cn/content/1886），2012年7月6日。
⑦ 黄洁宏、徐永怡：《我校王辉宏同学参加ACCA"全国就业力大比拼"全国总决赛 荣获最佳团队奖》，见中山大学新闻网（http://news2.sysu.edu.cn/news01/130794.htm），2012年8月20日。
⑧ 中山大学校长办公室：《中山大学年鉴（2012）》，中山大学出版社2014年1月第1版，第709页。

行。珠海校区党工委书记郝登峰等人出席活动。①

7月15日 "珠海旅游发展高端论证会"在珠海举行。②

珠海市委副书记、市长何宁卡出席会议并讲话。会上，校长助理、旅游学院院长保继刚教授发表了题为"珠海城市旅游：环境制胜与功能提升"的主旨演讲。此外，中山大学旅游学院与珠海市政府、中国城市规划设计研究院就推动珠海旅游发展签订战略合作框架协议，保继刚受聘为珠海市旅游发展战略顾问。本次"高端论证会"由我校旅游学院等单位联合承办。

7月18日 李文军任移动信息工程学院院长（兼）。③

△陈凌任信息科学与技术学院（软件学院）副书记，分管移动信息工程学院学生工作。④

7月23日至26日 旅游学院项琳、李晓君同学代表广州市参加在韩国釜山举行的首届TPO大学生城市旅游产品企划比赛，获得金奖。⑤

7月25日 上午，珠海校区党工委召开校区各办主任会议，组织学习学校夏季工作研讨会议精神。会议由校区党工委书记郝登峰主持。⑥

△由国际商学院2011级学生王子旗、王柱锋、高尚组成的参赛队伍获得第四届"全国大学生管理决策模拟大赛"全国总决赛亚军。学院指导老师黄文锋博士获评"优秀指导老师"。"全国大学生管理决策模拟大赛"是由高等学校国家级实验教学示范中心联席会主办的比赛。⑦

7月26日 上午，珠海校区2012年回迁纪念砖揭砖仪式举行，珠海校区党工委书记郝登峰、珠海校区学工办主任兼党工委副书记林俊洪等人参加仪式。本年度回迁砖的设计者是曾宪玮同学。⑧

7月 依托海洋学院建设的海洋微生物功能分子广东高校重点实验室项目通过广东省教育厅组织的专家验收。⑨

---

① 中山大学珠海校区党政工作办公室：《中山大学珠海校区第五届读书月表彰暨读书汇报会成功举行》，见中山大学珠海校区网（http://zhuhai.sysu.edu.cn/content/1883），2012年7月13日。

② 中山大学旅游学院：《我校旅游学院参与承办的"珠海旅游发展高端论证会"日前举行》，见中山大学新闻网（http://news2.sysu.edu.cn/news01/130721.htm），2012年7月30日。

③ 中山大学校长办公室：《中山大学年鉴（2012）》，中山大学出版社2014年1月第1版，第43页。

④ 中山大学校长办公室：《中山大学年鉴（2012）》，中山大学出版社2014年1月第1版，第44页。

⑤ 中山大学旅游学院学生工作办公室：《旅游学院项琳、李晓军在首届TPO大学生城市旅游产品企划比赛中获得金奖》，见中山大学新闻网（http://news2.sysu.edu.cn/news01/130803.htm），2012年8月23日。

⑥ 中山大学珠海校区党政工作办公室：《珠海校区学习传达学校夏季工作研讨会精神》，见中山大学珠海校区网（http://zhuhai.sysu.edu.cn/content/1878），2012年7月27日。

⑦ 王珠峰、王子旗、高尚：《我校国际商学院学生荣获"全国大学生管理决策模拟大赛"全国总决赛亚军》，见中山大学新闻网（http://news2.sysu.edu.cn/news01/130730.htm），2012年7月31日。

⑧ 中山大学新闻中心珠海校区记者站：《中山大学珠海校区回迁纪念砖揭砖仪式》，见中山大学珠海校区网（http://zhuhai.sysu.edu.cn/content/1877），2012年7月27日。

⑨ 中山大学海洋科学学院：《立足广东，面向南海——中山大学海洋科学学院》宣传册，自印，第4页。

8月7日 上午,许家瑞常务副校长到珠海校区考察校园规划建设工作。①

许家瑞在珠海校区党工委书记郝登峰、总务处处长刘春阳、基建处处长李永乐等有关职能部门领导的陪同下,考察珠海校区校园规划情况,并召开珠海校区校园规划建设工作现场办公会。许家瑞听取了基建处关于珠海市有关部门对金唐快速路改线的初步设计方案的情况报告后,实地考察了校区规划建设中的多功能体育场馆用地、海边地块等涉及金唐路改线的重点路段,并结合珠海校区近期基建项目建设对有关工作提出具体的指导意见。此次考察工作正值暑期校区多项公共设施维修时期,许家瑞对图书馆及行政楼中央空调的维修工作提出要求,强调要坚持"节能减排"的环保原则,为师生提供舒适良好的工作学习环境的同时,也要注意提高能源使用率。

8月16日 翻译学院志愿服务深圳世界大学生运动会喜获表彰。②

"2011年世界大学生夏季运动会总结大会"在厦门市召开。会上宣读了国务院批准的国家人力资源和社会保障部、教育部、国家体育总局、解放军总政治部、中共广东省委、广东省人民政府六单位联合文件《关于表彰深圳世界大学生运动会先进集体和先进个人的决定》。我校翻译学院喜获表彰:翻译学院获得"深圳世界大学生运动会先进集体"称号;翻译学院辅导员宋海峰老师获得"深圳世界大学生运动会先进个人"称号;中共广东省委和广东省人民政府授予翻译学院2009级学生赵悦盈同学"广东省深圳世界大学生运动会先进个人"称号。

2011年3月,翻译学院承接为深圳世界大学生运动会提供志愿者服务的任务。学院迅速组织开展了大运会小语种志愿者及高校代表志愿者的招募、培训及管理工作。从1300余名报名者中招募了7个语种共214名小语种志愿者,以及10名广东省高校代表志愿者,其中小语种志愿者超过大运会所需小语种志愿者半数,涵盖所有所需语种。为保证志愿者的服务水准,翻译学院对214名志愿者进行了为期近一个月的语言培训及通用知识培训,院长黄国文教授为志愿者做"跨文化沟通技巧"培训,同时配备了7名各语种的专业教师作为带队指导老师随行。在志愿服务大运会期间,翻译学院小语种志愿者遍布20余座比赛场馆。辛勤的付出获得了累累硕果:郑倩旻同学获得了团中央书记处第一书记陆昊亲自颁发的"每日之星"奖章,比利时随团志愿者席玉皇的《比利时日记》获得世界媒体的广泛关注,黄韵孜、陈倩霞、廖孟尹、王媛媛、陈栩颖、麦楚琪等同学获得了组委会颁发的"杰出志愿者"称号,翻译学院获得大运组委会颁发的优秀组织奖,以"不一样的努力"实现"不一样的精彩"。志愿服务期间,校党委副书记朱孔军、学生处处长漆小萍

---

① 中山大学珠海校区党政工作办公室:《许家瑞常务副校长来珠海校区考察校园规划建设工作》,见中山大学珠海校区网(http://zhuhai.sysu.edu.cn/content/1875),2012年8月8日。
② 中山大学翻译学院学生工作办公室:《我校翻译学院志愿服务深圳世界大学生运动会喜获表彰》,见中山大学新闻网(http://news2.sysu.edu.cn/news01/132225.htm),2012年12月21日。

中山大学珠海校区编年史（1999—2018）

等领导还率队到深圳看望翻译学院志愿者们。校团委副书记唐锐进行了全程指导。

8月21日 学校启动珠海校区校园修建性详细规划。①

8月 中法核工程与技术学院研发中心开始建设。②

9月8日 珠海校区与其他校区同时迎来了2012级新生党员。校党委副书记朱孔军为新生党员们做了题为"吾师吾校——中大精神一席谈"的培训讲座。经历三天的培训后，新生党员将参与到9月11日的迎新工作当中。③

9月11日 珠海校区迎来2012级新生。陈春声常务副书记兼副校长、保继刚校长助理到珠海校区检查迎新工作，看望新生。④

9月13日 下午，2012年开学典礼在珠海校区风雨操场举行。⑤

校领导郑德涛、许宁生、许家瑞、李萍，校长助理保继刚、李文军，各院系负责人、师生代表出席典礼。典礼由常务副书记兼副校长陈春声主持。

许宁生校长在开学典礼上致训词，寄望同学们立志干大事，学会干大事。中大学生要学会敢于担当，有社会责任感，关心社会，关心国家，关心人类文明进步事业，成为一名以振兴中华为己任的中大人。中山大学倡导"人心向学"，同学们要把增长知识、学好本领作为中心任务，铭记校训，储备充分的知识，练就过硬的本领，同时还要注重人格修养，知礼诚实，尊师重道爱校，恪守学术道德。中山大学有着深厚的学术底蕴和良好的学术生态，文理医工学科门类齐全，海纳百川，包容大气，是学习深造、孕育人才、施展才华的好地方。他勉励新生们艰苦奋斗，学有所成，成为一名对祖国建设和人类文明进步事业大有作为的中大人。

教师代表、珠海校区第一届本科生、历史学系谢湜副教授在致辞中希望同学们珍惜时间、读书历练、知人阅世、培养智慧、追求理想，从整体上调整大学生活的节奏；通过自我认知、不断反思、学术提升，实现自我把握，倾听自己内心的声音，找到自己成长和发展之路。高年级学生代表朱鸣华、新生代表潘文敏分别发言。在新生宣誓环节，由李萍副书记领誓。

9月14日 许家瑞常务副校长到珠海校区视察校区规划建设。

9月18日 下午，在中秋节与国庆节来临之际，校工会常务副主席周云带领校工会领导及部分学院教代会代表团团长，到珠海校区慰问全体教职工，这是校工会第十三次到珠海校区慰问教职工。珠海校区党工委书记郝登峰及各职能部门、各

---

① 中山大学校长办公室：《中山大学年鉴（2012）》，中山大学出版社2014年1月第1版，第614页。
② 中山大学中法核工程与技术学院：《中山大学中法核工程与技术学院》宣传册，自印，第8页。
③ 中山大学新闻中心：《高度重视，协同高效，确保2012迎新工作有序展开》，见中山大学新闻网（http://news2.sysu.edu.cn/news01/130885.htm），2012年9月10日。
④ 中山大学新闻中心、张莹、何超、珠海校区党政工作办公室、东校区党政工作办公室：《从细微处着手，协同高效，共同营造温馨氛围——2012年迎新工作圆满落幕》，见中山大学新闻网（http://news2.sysu.edu.cn/news01/130901.htm），2012年9月12日。
⑤ 中山大学新闻中心：《为成为一名能干大事的中大人而努力——中山大学2012年开学典礼隆重举行》，见《中山大学报》（新）第281期，2012年9月20日。

整建制学院工会负责老师及校区分工会委员等出席了座谈会。[1]

9月20日 值中秋佳节到来之际，校党委副书记李萍来到珠海校区，代表许宁生校长看望慰问中法核工程与技术学院的法方院长德麦赛教授及家人。[2]

9月22日 上午，国际商学院首届金融学研究生课程进修班开班仪式在珠海校区教学实验大楼举行。国际商学院院长舒元、党委书记张文彪、常务副院长吴培冠等人出席开班仪式，研究生院培养处、珠海校区教务办负责人应邀出席活动。开班仪式由副院长周天芸主持。[3]

△由教育部主办的全国高校俄语大赛落幕。我校翻译学院学子在比赛中获得一等奖。[4]

9月23日 上午，由国家体育总局和中国大学生体育协会联合主办的全国啦啦操联赛（广东站）比赛举行，我校翻译学院啦啦队14名队员在教练张红星的带领下，夺得舞蹈啦啦操大学组花球二级的冠军及规定套路大学花球一级组的季军，全队队员获"全国啦啦操星级运动员"称号。[5]

翻译学院啦啦队成立于2007年，五年来在各类比赛中取得了不俗的成绩。

9月24日 由校团委、艺术教育中心主办的2012年迎新晚会在珠海校区举行，晚会主题为"远航"。[6]

9月27日 陈春声常务副书记、副校长到珠海校区主持召开信访工作座谈会。

△许家瑞常务副校长主持召开珠海校区修建性详细规划第一次座谈会。

△晚，由中文系学生会主办，中文系李炜教授主讲的大型名师讲座——"言语表达与你的人生"在珠海校区图书馆举行。讲座面向全校大一新生，目的是使新生们尽快打开人际沟通的大门，迎接未来社会交往的新挑战。[7]

10月9日至12日 翻译学院与外国语学院等联合主办的"第九届功能语言学与语篇分析"高层论坛在广州校区和珠海校区召开。论坛主题是"功能语言学研

---

[1] 中山大学珠海校区分工会：《十三载温情，紧系珠海心》，见中山大学珠海校区网（http://zhuhai.sysu.edu.cn/content/1862），2012年9月19日。

[2] 余展涛：《李萍副书记亲切慰问中法核工程与技术学院德麦赛院长》，见中山大学新闻网（http://news2.sysu.edu.cn/news01/131120.htm），2012年9月25日。

[3] 中山大学国际商学院：《我校国际商学院首届金融学研究生课程进修班在珠海开办》，见中山大学珠海校区网（http://zhuhai.sysu.edu.cn/content/1858），2012年9月27日。

[4] 鲁彦君：《迎接挑战，培养具有"全球视域、中国立场"的全新外语人才》，见《中山大学报》（新）第364期，2016年5月5日。

[5] 于洋：《我校翻译学院啦啦队勇夺全国啦啦操联赛（广东站）冠军》，见中山大学新闻网（http://news2.sysu.edu.cn/news01/131130.htm），2012年9月26日。

[6] 中山大学珠海校区团工委：《面朝缤纷大学，乘风自信起航》，见中山大学珠海校区网（http://zhuhai.sysu.edu.cn/content/1859），2012年9月26日。

[7] 中山大学新闻中心珠海校区记者站：《你会说话吗？》，见中山大学珠海校区网（http://zhuhai.sysu.edu.cn/content/1857），2012年9月28日。

究的战略转移"。①

10月12日 晚,由珠海校区管委会、党工委主办,珠海校区马克思主义理论研修班承办的周末论坛在教学实验大楼举行。旅游学院孙九霞教授应邀主讲题为"文化旅游与文化创意产业"的讲座。②

10月14日 中山大学2012年迎新及新生教育工作交流会在珠海校区召开。③

校党委副书记朱孔军,珠海校区党工委、学生处等职能部门负责人,各院系学生工作负责人、辅导员出席了会议。朱孔军在交流会上发表致辞时指出,今年的新生公益囊活动、微博迎新、发放《家长手册》等好做法应该在各院系推广。他强调,辅导员要结合新生教育贯彻落实学校"人心向学"的办学理念:一是要善于专业融入,加强对专业的理解和认知;二是要善于"频道转换",能适应多重角色;三是要帮助学生进行价值"澄清",引导学生对学术的追求;四是要努力"固化"学生的好习惯,帮助学生适应大学生活;五是要注意整合资源,力争形成学生工作的合力。

△下午,由地理科学与规划学院主办的第七届暨华南高校第五届地理文化presentation大赛珠海校区预选赛开赛,来自地理科学与规划学院、海洋学院、国际商学院等学院的21支队伍参赛。④

10月15日 上午,埃及坦塔大学副校长Mohamed Dabaon教授一行来访我校。陈春声常务副书记兼副校长会见了来宾。翻译学院行政与学术总监王宾教授、阿拉伯语系主任马妍哲教授一同参加会谈。翻译学院与坦塔大学文学院已就交换生合作达成意向。借此次来访之际,双方拟商谈具体的合作细节并签署交换生合作协议书。⑤

10月16日 校党委书记郑德涛到珠海校区调研。⑥

郑德涛在珠海校区各职能部门负责人的陪同下,到校区食堂、学生宿舍进行实地调研。暑假期间珠海校区对学生饭堂、学生宿舍等进行了改善与维护,郑书记对饭堂的环境卫生、饭菜质量和经营情况表示肯定,要求饭堂为广大教工提供更贴心的后勤服务。在学生宿舍区调研时,郑书记看望了患有"进行性肌营养不良症"

---

① 黄国文、王宾、许东黎:《从这里走向世界——中山大学翻译学院建院十周年回眸》,中山大学出版社2015年10月第1版,第33页。
② 中山大学新闻中心珠海校区记者站:《文化旅游与文化创意产业》,见中山大学珠海校区网(http://zhuhai.sysu.edu.cn/content/1853),2012年10月14日。
③ 中山大学学生处:《我校举办2012年迎新及新生教育工作交流会》,见中山大学新闻网(http://news2.sysu.edu.cn/news01/131366.htm),2012年10月18日。
④ 中山大学地理科学与规划学院:《第七届暨华南高校第五届地理文化presentation大赛珠海校区预选赛拉开帷幕》,见中山大学珠海校区网(http://zhuhai.sysu.edu.cn/content/1852),2012年10月15日。
⑤ 中山大学国际合作与交流处:《埃及坦塔大学代表团来访我校》,见中山大学新闻网(http://news2.sysu.edu.cn/news01/131365.htm),2012年10月17日。
⑥ 中山大学校长办公室:《中山大学年鉴(2012)》,中山大学出版社2014年1月第1版,第715页。

的心理学系新生陈斌，视察了宿舍楼长室，提出要以实际行动关心学生、爱护学生，不断改善各项设施，让学生在一个和谐的环境中学习、成长。

10月18日　许宁生校长代表中山大学与澳大利亚昆士兰大学签署中大旅游学院与昆士兰大学商学、经济与法律学院本科生联合培养项目教学协议书，协议书有效期为两年。①

本年度，旅游学院按照协议派出33名学生前往昆士兰大学进行联合培养。②

△珠海校区党工委邀请校纪委副书记、监察处处长王录德同志为党工委全体党员做了题为《加强党性与作风修养，保持党的纯洁性与廉洁性》的专题报告。③

△晚，由中文系珠海校区学生会主办的第九届中华传统文化节开幕讲座举行。中文系吴承学教授应邀主讲题为"诗人的宿命"的讲座。④

10月19日　下午，2012—2013年度中山大学珠海校区宣传信息联络员会议召开。⑤

10月22日　中山大学与珠海市人民政府战略合作协议签约仪式举行。⑥

中山大学常务副校长许家瑞与珠海市政府副市长龙广艳代表双方签署了"珠海市人民政府与中山大学战略合作协议"。珠海市委副书记、市长何宁卡，秘书长张松，相关区局领导，我校党委书记郑德涛，校长助理、珠海校区管委会主任保继刚等领导出席签约仪式。

郑德涛在致辞中代表学校对珠海市长期以来的大力支持表示衷心感谢。他表示，中山大学近年来不断完善和丰富珠海校区的内涵：一是面向珠海市，适应珠海经济社会发展的要求；二是坚持国际化办学，使办学模式、人才培养与国际接轨，有更宽阔的视野；三是进一步注重发挥大学的人才培养、科学研究、社会服务、文化引领等功能，更好地服务于珠海经济社会发展。此次我校与珠海市政府签署战略合作框架协议，标志着双方的合作再上新台阶。学校将围绕三个方面工作下更大功夫：一是在双方更紧密合作上下更大功夫，围绕珠海建设珠江口西岸核心城市、构建"三高一特"现代产业体系以及重大项目建设等方面做出更大贡献；二是在丰富合作形式、拓展合作渠道、提高服务功能上下更大功夫，充分发挥高校"智囊团"的作用；三是在取得务实成效上下更大功夫，更加扎实地为地方服务，回报

---

① 中山大学校长办公室：《中山大学年鉴（2012）》，中山大学出版社2014年1月第1版，第667页。
② 中山大学校长办公室：《中山大学年鉴（2012）》，中山大学出版社2014年1月第1版，第672页。
③ 中山大学珠海校区党政工作办公室：《珠海校区邀请校纪委副书记、监察处处长王录德同志做纪律教育专题报告》，见中山大学珠海校区网（http://zhuhai.sysu.edu.cn/content/1846），2012年10月19日。
④ 中山大学新闻中心珠海校区记者站：《诗人的宿命》，见中山大学珠海校区网（http://zhuhai.sysu.edu.cn/content/1845），2012年10月21日。
⑤ 中山大学新闻中心珠海校区记者站：《中山大学珠海校区宣传信息联络员会议召开》，见中山大学珠海校区网（http://zhuhai.sysu.edu.cn/content/1844），2012年10月21日。
⑥ 中山大学珠海校区党政工作办公室：《我校与珠海市人民政府签署战略合作协议》，见《中山大学报》（新）第283期，2012年11月6日。

中山大学珠海校区编年史（1999—2018）

珠海人民的支持。

何宁卡在致辞中指出，中山大学珠海校区是珠海发展高等教育引进的第一所国内著名院校，它的建设发展充分发挥了名牌大学和经济特区两个品牌的效应。实施珠海市政府与中山大学深化战略合作，是现阶段适应珠海发展新形势和新时期促进珠海高等教育跨越式发展的重要举措，必然对珠海高素质人才的培养、产业转型升级的推动、区域创新体系的建设和文化强市的打造等产生重要的促进作用。他鼓励双方积极推进战略合作协议的落实，加强双方在人才培养、产学研结合、医疗卫生、城市功能提升等方面的合作。他还提到，珠海市将一如既往地提供优质服务，创造良好条件，全力支持中山大学在珠海实现更大更好的发展。

协议的签订表明，中山大学与珠海市就人才培养、产学研、提升城市功能建设、共建科技创新平台、医疗卫生合作等方面，本着"资源互补、全面创新、互利共赢"的原则达成共识，致力于提升中山大学的科技创新能力及服务区域经济和社会发展的能力，促进珠海市战略性新兴产业发展。

10月24日 中法核工程与技术学院第三届联合行政管理委员会第一次会议在珠海校区召开。①

会议由委员会主席、中山大学校长许宁生主持，主要听取并审议了中法双方院长关于2011—2012年的工作报告，重点讨论了工程师阶段的实习政策、教师的招聘和培训计划、教学和研发的场地建设、学院发展的现存问题与困难等相关事项。会议结束后，与会人员还与中法核工程与技术学院全体学生举行了师生见面会暨颁奖仪式。许宁生与法国格勒诺布尔国立综合理工学院校长Brigitte Plateau分别致辞，勉励同学们刻苦学习，早日成为卓越的人才，为国家乃至世界的能源发展做出贡献。许宁生、Brigitte Plateau以及其他与会领导还为各年级取得优异成绩的学生们颁奖。

出席本次会议的中方委员还有广东省发改委能源局局长张祖林、中山大学副校长颜光美、中法核工程与技术学院中方院长王彪教授等。法方委员还有中法核工程与技术学院法方院长德麦赛、法国国立南特高等矿业学院校长Anne Beauval、高等教育与研究部亚洲司司长Marc Melka等。法国驻中国大使馆文化参赞Anthony Chaumuzeau、法国电力集团中国项目负责人Jean Dorey等应邀参会。

10月24日至25日 档案馆馆长吕雅璐一行到珠海校区为校区行政人员进行档案管理业务培训。珠海校区党工委书记郝登峰主持培训。②

10月27日 上午，珠海校区第三届"创先争优"公益实践活动启动仪式在

---

① 中山大学中法核工程与技术学院：《中山大学中法核工程与技术学院第三届联合行政管理委员会第一次会议召开》，见中山大学珠海校区网（http://zhuhai.sysu.edu.cn/content/1832），2012年10月25日。

② 中山大学珠海校区党政工作办公室：《珠海校区不断提升行政人员业务素质，进一步将行政工作专业化、规范化》，见中山大学珠海校区网（http://zhuhai.sysu.edu.cn/content/1827），2012年10月29日。

珠海校区教学实验大楼举行。①

△由国家海洋局、教育部、共青团中央和海军政治部共同主办的第五届全国大学生海洋知识竞赛珠海赛区复赛在中山大学珠海校区举行。国家海洋局极地考察办公室原党委书记魏文良、国家教育部思政司等单位相关领导出席了比赛活动。来自9所高校的代表队参加了比赛。②

10月28日 上午，珠海校区2012年秋季入党积极分子培训一班在教学实验大楼举行开班仪式，并进行第一次党课培训。③

10月29日 下午，美国印第安纳大学波利斯分校（IUPUI）副校长Laze到珠海校区参观访问。Laze走访了中法核技术与工程学院和珠海校区校园。④

10月 海洋学院牵头组织的海洋经济创新发展区域示范公共服务平台项目"海洋生物天然产物化合物库"获得国家财务部和国家海洋局批准立项。⑤

11月2日 上午，广东省普通高校思想政治教育骨干第五十期高级研修班交流会在珠海校区旅游学院大楼举行。来自研修班的学员和我校珠海校区的辅导员分享和交流了学生工作体会。⑥

△国际商学院学生学术交流协会成立仪式在珠海校区教学实验大楼举行。学生处处长漆小萍、教务处副处长尹小川、国际商学院党委书记张文彪以及班主任、辅导员出席成立仪式。在仪式上，漆小萍处长阐述了学校"人心向学"的理念；教务处尹小川副处长则围绕"大学生实践能力与创新能力培养的思考"这一主题，对学校的相关政策进行了介绍。学生学术交流协会是一个致力于商科学生学术交流与提升学生学术素养的专业性学术类社团。⑦

11月3日 上午，由翻译学院主办的第六届译中天文化节开幕活动——中华传统文化游园会在珠海校区榕园广场举行。本次游园会旨在让同学们领略中华传统文化的源远流长与博大精深。⑧

---

① 中山大学新闻中心珠海校区记者站：《中山大学珠海校区第三届"创先争优"公益实践活动正式启动》，见中山大学珠海校区网（http://zhuhai.sysu.edu.cn/content/1824），2012年10月30日。

② 中山大学学生处：《学习海洋知识，维护海洋权益》，见中山大学珠海校区网（http://zhuhai.sysu.edu.cn/content/1828），2012年10月29日。

③ 中山大学新闻中心珠海校区记者站：《珠海校区分党校2012年秋季入党积极分子培训一班开班》，见中山大学珠海校区网（http://zhuhai.sysu.edu.cn/content/1825），2012年10月30日。

④ 中山大学珠海校区党政工作办公室：《美国IUPUI副校长访问珠海校区》，见中山大学珠海校区网（http://zhuhai.sysu.edu.cn/content/1820），2012年10月31日。

⑤ 中山大学海洋科学学院：《立足广东，面向南海——中山大学海洋科学学院》宣传册，自印，第4页。

⑥ 中山大学珠海校区学生工作办公室：《交流有道此为梯》，见中山大学珠海校区网（http://zhuhai.sysu.edu.cn/content/1812），2012年11月6日。

⑦ 中山大学国际商学院学生工作办公室：《国际商学院成立第一届学生学术交流协会》，见中山大学新闻网（http://news2.sysu.edu.cn/news01/131649.htm），2012年11月7日。

⑧ 中山大学新闻中心珠海校区记者站：《中华传统文化游园会》，见中山大学珠海校区网（http://zhuhai.sysu.edu.cn/content/1817），2012年11月5日。

11月7日 上午，珠海校区研究生担任本科生楼长聘任仪式在榕园10号学生宿舍举行。珠海校区党工委书记郝登峰、副书记兼学工办主任林俊洪、后勤办主任李珅、国际商学院党委副书记吴长征、移动信息工程学院党委副书记陈凌出席仪式，四位受聘楼长的研究生和学生代表数十人参加了仪式。郝登峰书记和林俊洪主任共同为榕10宿舍楼长室揭牌并为研究生楼长颁发聘书。①

此次聘任研究生楼长是继2012年上半年研究生楼长制度试行后的正式实施，新聘的研究生楼长聘期一年，要求研究生楼长入住本科生楼栋，在学习、学业、生活和思想等方面提供咨询和指导，带领本科生共同建设宿舍家园。

△遵义医学院党委副书记、珠海校区党委书记田宗远一行来我校珠海校区参观交流。校长助理、珠海校区管委会主任保继刚，党工委书记郝登峰及各职能部门负责人接待了来宾。②

11月11日 法国阿尔图瓦大学副校长Stephen Rowley教授访问我校翻译学院。5月18日，中山大学与阿尔图瓦大学正式签署了《中国中山大学与法国阿尔图瓦大学学生交流与学术交流协议书》。③

△晚，移动信息工程学院团委、学生会成立大会在珠海校区召开。珠海校区党工委副书记兼学工办主任林俊洪、珠海校区党政办主任胡海峰和移动信息工程学院党委副书记陈凌出席成立大会。④

11月15日 下午，珠海校区第八届教职工趣味运动会在田径场拉开帷幕。⑤

11月16日 首届PATA中国青年旅游专家挑战赛在上海举行决赛，旅游学院倪思斯、段采邑、李灵佳三位同学组成的团队获得比赛冠军和最受观众欢迎奖。比赛由世界三大旅游组织之一的亚太旅游协会（PATA）主办。⑥

11月18日 由国际商学院、翻译学院、旅游学院、移动信息工程学院联合主办的"FREECODE·解密青春"珠海校区四院系迎新晚会举行。⑦

校党委副书记朱孔军、学生处处长漆小萍、就业指导中心主任李明章、珠海校区党工委书记郝登峰、中大珠海校友会副会长李东生以及四个学院党委书记、副书

---

① 中山大学珠海校区学生工作办公室：《珠海校区四位研究生受聘本科生楼长》，见中山大学珠海校区网（http://zhuhai.sysu.edu.cn/content/1804），2012年11月9日。

② 中山大学珠海校区党政工作办公室：《遵义医学院一行来我校珠海校区参观交流》，见中山大学珠海校区网（http://zhuhai.sysu.edu.cn/content/1806），2012年11月8日。

③ 黄国文、王宾、许东黎：《从这里走向世界——中山大学翻译学院建院十周年回眸》，中山大学出版社2015年10月第1版，第264～265页。

④ 中山大学新闻中心珠海校区记者站：《体验中开创历史》，见中山大学珠海校区网（http://zhuhai.sysu.edu.cn/content/1802），2012年11月12日。

⑤ 中山大学珠海校区分工会：《相约暖冬，共迎校庆》，见中山大学珠海校区网（http://zhuhai.sysu.edu.cn/content/1798），2012年11月16日。

⑥ 中山大学旅游学院学生工作办公室：《旅游学院学子在PATA中国青年旅游专家挑战赛中获得冠军》，见中山大学新闻网（http://news2.sysu.edu.cn/news01/131841.htm），2012年11月22日。

⑦ 中山大学校长办公室：《中山大学年鉴（2012）》，中山大学出版社2014年1月第1版，第718页。

记、珠海校区各办负责人和校区师生们观赏了演出。本场晚会由国际商学院承办，并得到了中大珠海校友会的大力支持。晚会整合了珠海校区四个整建制学院的资源，节约了成本，打造了品牌，增强了珠海校区整建制学院学生的凝聚力和对珠海校区的归属感。

11月21日 杨然任移动信息工程学院副院长。①

11月22日 下午，由珠海校区管委会、保卫处联合主办，珠海校区保卫办承办的消防安全培训暨消防疏散演练活动在珠海校区图书馆广场举行。珠海校区党工委书记郝登峰、保卫处处长范元办以及珠海校区各部门、各院系及珠海市消防局、高新区公安分局防火监督大队、唐家派出所等相关领导出席了活动，校区师生代表和物业公司等乙方单位员工约300余人参加了活动。②

11月23日 翻译学院主办的主题为"流年二十载，中韩馥韵长"的第七届韩国文化节闭幕晚会在珠海校区举行。③

韩国驻广州总领事馆杨昌洙总领事、崔康锡领事，校党委常务副书记兼副校长陈春声、翻译学院院长黄国文，珠海市教育局副局长邬向明等与珠海校区600余名师生共同观看了晚会。陈春声、杨昌洙先后在闭幕式上致辞，他们共同希望能借助韩国文化节这类平台，让更多的年轻学生来关注韩国文化，期待着他们为中韩友好做出更大贡献。闭幕晚会前，陈春声与杨昌洙举行了会谈，双方表达了继续加强合作的愿望。黄国文等参加了会谈。本届文化节包括开幕式、演讲比赛、配音比赛、歌唱比赛、韩国美食游园会、闭幕晚会六个部分。

△晚，由外国语学院主办的第十八届外语节在珠海校区教学实验大楼开幕。本届文化节以"四洲志"为主题。开幕式后，外国语学院区鉷教授带来了主题讲座"文人的第三只眼：文学与科技面面观"。④

11月23日至25日 由中华诗教学会和我校中文系主办的"传统诗词与当代诗教学术研讨会暨中华诗教学会第二届年会"在珠海校区召开。我校陈永正教授、澳门大学施议对教授等来自海峡两岸暨港澳地区的40多位学者、诗人出席了会议。⑤

11月24日 上午，中山大学88周年校庆校道接力赛在珠海校区举行。比赛由珠海校区团工委主办，珠海校区学生会承办，共有12个院系的代表队参加接力

---

① 中山大学校长办公室：《中山大学年鉴（2012）》，中山大学出版社2014年1月第1版，第45页。
② 中山大学珠海校区保卫办：《加强消防教育，防患于未然》，见中山大学珠海校区网（http://zhuhai.sysu.edu.cn/content/1791），2012年11月23日。
③ 中山大学校长办公室：《中山大学年鉴（2012）》，中山大学出版社2014年1月第1版，第719页。
④ 中山大学珠海校区新闻中心记者站：《第十八届外语节"四洲志"开幕式举行》，见中山大学珠海校区网（http://zhuhai.sysu.edu.cn/content/1789），2012年11月26日。
⑤ 罗婵媛：《传统诗词与当代诗教学术研讨会暨中华诗教学会第二届年会在珠海校区举行》，见中山大学新闻网（http://news2.sysu.edu.cn/news01/132047.htm），2012年12月10日。

赛。与此同时，啦啦队比赛也在风雨操场拉开帷幕，来自13个院系的啦啦队参赛，并为校道接力的选手们献上鼓励与祝福。地球科学系和外国语学院代表队获得接力赛并列第一名，岭南学院代表队在啦啦队比赛中力拔头筹。①

11月25日至28日 由共青团中央、中国科协、教育部、全国学联、上海市人民政府主办的第八届"挑战杯"中国大学生创业计划竞赛决赛在同济大学举行。我校旅游学院2010级学生朱鸣华率领的南粤博济团队的《南粤博济医疗器械有限公司》获得全国金奖。朱鸣华现任南粤博济CEO。②

11月26日 晚，由英国TNT剧团演绎的"莎翁经典中国行"来到珠海校区，为中珠学子表演了莎士比亚的著名悲剧《李尔王》。③

11月27日 上午，中法核工程与技术学院法方院长德麦赛先生获得广东省人民政府颁发的"广东国际友谊贡献奖"。④

该奖项是广东省政府首次设立，旨在鼓励和表彰在广东省对外开放、经济建设和社会发展中做出突出贡献的外籍人士。中山大学中法核工程与技术学院于2010年9月正式运作。同年，曾任法国格勒诺布尔国立综合理工学院副院长的德麦赛获聘担任中法核工程与技术学院法方院长，并正式移居珠海，负责学院的教学管理。出生于巴黎的他，为了做好这份工作，把全家从法国搬来中国。德麦赛如此形容自己肩上的重任："我们要培养一批优秀的中国'核'人才。"移居珠海后，德麦赛全身心投入到学院的建设工作中，将法国工程师学校的教学模式引入学院，按照法国核工程及相关领域工程师培养的模式，制订教学计划、落实教学安排、寻找合适的教师，并根据学生的学习情况调整教学方法和进度，以适应中国学生的学习。同时，为了更好地与法国的相关学校和企业沟通，他还频繁往来于中法两国之间，积极安排落实学院与法国核能及相关领域的学校、研究机构之间的沟通和互访，为中山大学中法核工程与技术研发中心的筹建做出了积极的贡献。

11月28日 珠海校区联合珠海市人力资源开发管理服务中心、珠海市高新区人力资源和社会保障局为2013届毕业生在珠海校区风雨操场举办校园招聘会。⑤

---

① 中山大学珠海校区新闻中心记者站：《中山大学八十八周年校庆校道接力赛圆满结束》，见中山大学珠海校区网（http://zhuhai.sysu.edu.cn/content/1788），2012年11月26日。

② 中山大学旅游学院：《我院朱鸣华同学率队在第八届"挑战杯"中国大学生创业计划竞赛中荣获金奖》，见中山大学旅游学院网（http://stm.sysu.edu.cn/content/1315），2012年12月2日。

③ 中山大学翻译学院新闻中心：《莎翁经典中国行，东西文化相辉映——莎士比亚的著名悲剧〈李尔王〉在珠海校区上演》，见中山大学新闻网（http://news2.sysu.edu.cn/news01/131960.htm），2012年11月30日。

④ 中山大学校长办公室：《中山大学年鉴（2012）》，中山大学出版社2014年1月第1版，第756页。中山大学国际合作与交流处：《我校中法核工程与技术学院法方院长德麦赛先生荣获"广东国际友谊贡献奖"称号》，见中山大学新闻网（http://news2.sysu.edu.cn/news01/132032.htm），2012年12月6日。

⑤ 中山大学珠海校区记者站：《中山大学珠海校区2013届毕业生校园招聘会顺利举行》，见中山大学珠海校区网（http://zhuhai.sysu.edu.cn/content/1783），2012年11月29日。

11月30日 由旅游学院承办的"2012中国旅游协会旅游教育分会年会"在珠海举行。教育部高教司综合处处长韩筠做了题为《中国高等教育学科建设》的主题报告。她介绍,最新普通高等学校本科专业目录调整后,"旅游管理"升格为专业类,成为一级学科。校长助理、旅游学院院长保继刚出席年会,并做了主题为《学术研究与旅游管理学科建设》的报告。①

△由翻译学院西班牙语系、翻译学院团委和珠海校区广播台联合举办的第五届西班牙语文化节开幕。开幕式上,北京外国语大学常福良教授做了题为"独特的拉美文学"的讲座。西班牙语文化节于12月15日闭幕。②

11月30日至12月2日 由旅游学院参与主办的第三届中国—西班牙旅游与接待业国际会议在珠海召开。大会主席由我校旅游学院院长保继刚教授和西班牙巴里阿利大学罗宇华教授担任。珠海市人民政府副市长龙广艳出席开幕式并致辞。③

12月4日 郑德涛书记在中共中山大学第十二次代表大会上做报告。他指出,珠海校区形成以新兴学科及中外合作办学为主的格局,进一步健全多校区管理运行体制,加强校区管委会的管理职能,加强安全保卫、后勤保障方面的属地管理,完善事权财权统一的校区管理体制。④

12月8日 晚,由珠海校区话剧社主办的第八届话剧小品决赛在珠海校区榕园学生活动中心开幕。由中文系同学带来的《故事》摘得桂冠。⑤

12月9日 下午,雁行社第四届"20人21足"大赛在珠海校区田径场举行,19支参赛队伍由来自珠海校区各勤工助学用工单位的老师及学生助理共400多人组成。本次大赛由珠海校区学工办主办,雁行社承办。⑥

12月12日 晚,"新起点·新征程"中山大学学生工作系统学习贯彻党的十八大精神培训班暨"百千万传递"学习行动珠海校区第一场培训讲座举行。教育学院周全华教授应邀讲解党的十八大精神。珠海校区学工办主任林俊洪主持讲座。各院系团委书记、辅导员及珠海校区主要学生干部共约200人参加了本次培训。⑦

---

① 中山大学旅游学院:《我校旅游学院承办的2012中国旅游协会旅游教育分会年会在珠海圆满举行》,见中山大学新闻网(http://news2.sysu.edu.cn/news01/132037.htm),2012年12月7日。

② 中山大学翻译学院:《中山大学翻译学院第五届西语文化节成功开幕》,见中山大学国际翻译学院网(http://sti.sysu.edu.cn/zh-hans/node/1084),2012年12月3日。

③ 中山大学旅游学院:《第三届中国—西班牙旅游与接待业国际会议隆重在珠海举办》,见中山大学旅游学院网(http://stm.sysu.edu.cn/content/1314),2012年12月3日。

④ 中山大学校长办公室:《中山大学年鉴(2012)》,中山大学出版社2014年1月第1版,第119页。

⑤ 中山大学新闻中心珠海校区记者站:《中珠话剧小品大赛决赛顺利举办》,见中山大学珠海校区网(http://zhuhai.sysu.edu.cn/content/1771),2012年12月10日。

⑥ 中山大学珠海校区学生工作办公室:《你我同行肩并肩,鸿雁展翅创辉煌》,见中山大学珠海校区网(http://zhuhai.sysu.edu.cn/content/1773),2012年12月10日。

⑦ 中山大学珠海校区团工委:《中山大学学生工作系统学习贯彻党的十八大精神培训班暨"百千万传递"学习行动珠海校区第一场讲座圆满举办》,见中山大学珠海校区网(http://zhuhai.sysu.edu.cn/content/1762),2012年12月18日。

中山大学珠海校区编年史（1999—2018）

12月14日 晚，由国际商学院团委和职业拓展协会联合举办的第一届"职上云霄"大型职业技能挑战赛决赛在珠海校区举行。①

12月15日 下午，由校团委主办、校学生会承办的2012年中山大学院（系）际辩论赛四校区总决赛在珠海校区举行。来自珠海校区的翻译学院与来自广州东校区的软件学院就"屌丝现象是积极的社会心态还是消极的社会心态"的辩题展开交锋，软件学院辩论队获得冠军。②

△下午，由校团委主办的中山大学2012科技艺术节"幸福广东"四校区急救总动员在珠海校区开展。本次讲座由广州北校区护理学院团委和珠海校区翻译学院学生会共同承办，护理学院赵娟娟老师担任主讲，主题为"常见急性伤害及处理"。③

12月16日 珠海校区"有爱最美"助学服务社成立。服务社由珠海校区学工办指导。

12月18日 中山大学2011—2012学年度珠海可口可乐优秀学生奖学金颁奖仪式在珠海校区图书馆举行。学生处副处长兼珠海校区党工委副书记林俊洪、国际商学院党委副书记吴长征、珠海可口可乐饮料有限公司销售及市场总监曹剑宏等领导嘉宾及相关院系师生共百余人参加了颁奖仪式。今年是可口可乐优秀学生奖学金设立的第九年，来自旅游学院、翻译学院、国际商学院、海洋学院和心理学系的共18名优秀学子获奖。④

12月20日 许家瑞常务副校长主持召开珠海校区修建性详细规划第二次座谈会。

12月21日 上午，中山大学国家大学科技园珠海科技创新大厦奠基仪式在珠海校区举行。⑤

珠海市委副书记、市长何宁卡，珠海市人大常委会主任王广泉，科学技术部火炬高技术产业开发中心副主任张卫星，珠海市委常委、政法委书记焦兰生，市政府秘书长、市政府办公室主任王庆利，珠海市高新区党委书记郭毅，我校党委书记郑德涛，校长助理、珠海校区管委会主任保继刚，中大产业集团党委书记陈金华等领导、嘉宾出席签约仪式。仪式由珠海市高新区管委会主任邱轼主持。

郑德涛在致辞中表示启动国家大学科技园珠海科技创新大厦建设计划，是珠海

---

① 中山大学国际商学院：《国际商学院"职上云霄"大型职业技能挑战赛决赛顺利举行》，见中山大学新闻网（http://news2.sysu.edu.cn/news01/132254.htm），2012年12月25日。

② 黄韵芯：《2012年中山大学院（系）际辩论赛四校区总决赛圆满结束》，见中山大学新闻网（http://news2.sysu.edu.cn/news01/132209.htm），2012年12月20日。

③ 中山大学新闻中心珠海校区记者站：《珠海校区——急救总动员》，见中山大学珠海校区网（http://zhuhai.sysu.edu.cn/content/1760），2012年12月18日。

④ 中山大学珠海校区学生工作办公室：《中山大学2011—2012年度可口可乐优秀学生奖学金颁奖仪式举行》，见中山大学珠海校区网（http://zhuhai.sysu.edu.cn/content/1758），2012年12月20日。

⑤ 中山大学校长办公室：《中山大学年鉴（2012）》，中山大学出版社2014年1月第1版，第722页。

市人民政府与中山大学战略合作协议的一项重要内容,是中山大学与珠海市就人才培养、产学研合作、提升城市功能建设方面的重要举措,也是我校珠海校区规划建设中的重要组成部分。我校将高度重视珠海科技创新大厦项目建设,力争把创新科技大厦建设成为我校与珠海经济社会发展相联系的桥梁,珠海乃至周边地区人才培养、科技成果转化和高科技产业孵化的基地。

12月25日 舒元院长代表中大国际商学院与英国兰克斯特大学签署联合培养合作协议书。协议书有效期为三年。①

△旅游学院会展协会成立。学生处处长漆小萍、学生处副处长钟一彪、珠海校区党政办主任胡海峰、旅游学院党委副书记王毅、旅游学院会展经济与管理系主任罗秋菊教授以及华南理工大学、华南师范大学代表出席了成立仪式。②

12月 海洋科学一级学科被批准为第九轮广东省重点学科优势重点学科。③

△海洋学院牵头组织的国家海洋公益性行业专项项目"来源于海洋真菌的先导化合物规模化制备技术及新药开发研究"获准立项。④

△中山大学海洋科学实验教学中心成立。⑤

---

① 中山大学校长办公室:《中山大学年鉴(2012)》,中山大学出版社2014年1月第1版,第668页。
② 中山大学旅游学院学生工作办公室:《旅游学院成立学生会展协会》,见中山大学新闻网(http://news2.sysu.edu.cn/news01/132374.htm),2012年12月31日。
③ 中山大学海洋科学学院:《立足广东,面向南海——中山大学海洋科学学院》宣传册,自印,第4页。
④ 中山大学海洋科学学院:《立足广东,面向南海——中山大学海洋科学学院》宣传册,自印,第4页。
⑤ 中山大学海洋科学学院:《立足广东,面向南海——中山大学海洋科学学院》宣传册,自印,第4页。

2013年

2013年

1月4日 下午，2012年珠海校区年终工作总结会在行政楼十三楼第一会议室举行。会议由珠海校区党工委书记郝登峰主持，校区11个行政办公室的主任、副主任，校区分工会主席、副主席参加会议。会上，珠海校区11个部门分别对各自过去一年来的工作进行了回顾与总结，并相互交流了工作经验与心得。述职汇报后，与会代表投票评选了珠海校区2012年度先进个人、工会活动积极分子、先进集体。①

1月9日 下午，珠海校区年终总结表彰大会在图书馆举行。②

校长助理、珠海校区管委会主任保继刚，珠海校区党工委书记郝登峰，整建制学院有关领导，珠海校区各职能部门负责人参加了大会。保继刚在讲话中指出，珠海校区已经做好了快速发展的准备，鼓励全体教职员工为珠海校区更美好的未来而努力工作。保继刚和郝登峰还先后为获得珠海校区"先进集体""先进工作者""工会积极分子"和"优秀辅导员"称号的单位和个人颁奖。晚上，举行了2013年迎新春联欢晚会。

1月13日至19日 由海洋学院主办的第七届矿床模型与找矿勘查国际研讨会召开。③

1月17日 下午，珠海校区党工委在行政楼第一会议室召开职能部门负责人工作会议。会议传达了郑德涛书记参加第二十一次全国高校党建工作会议的内容，传达了陈春声

---

① 中山大学珠海校区党政工作办公室：《2012年中山大学珠海校区年终工作研讨会顺利进行》，见中山大学珠海校区网（http://zhuhai.sysu.edu.cn/content/1749），2013年1月5日。
② 中山大学新闻中心珠海校区记者站：《珠海校区2012年终总结暨联欢晚会圆满结束》，见中山大学新闻网（http://news2.sysu.edu.cn/news01/132576.htm），2013年1月10日。
③ 中山大学校长办公室：《中山大学年鉴（2013）》，中山大学出版社2014年11月第1版，第676页。

中山大学珠海校区编年史（1999—2018）

常务副书记兼副校长对学校近期情况的通报等会议精神，并对学期末工作做了两点提示：一是廉政问题；二是校园安全稳定问题。珠海校区党工委书记郝登峰主持会议。①

1月 在珠海团市委主办的第六届珠海大学生文化艺术节"舞动全城"——珠海大学生舞蹈大赛中，中山大学珠海校区组织的参赛项目《花儿为什么这样红》获得一等奖，中山大学珠海校区团工委获得优秀组织奖。②

△海洋学院牵头组织的中国—东盟海水养殖技术联合研究与推广中心通过国家科技部和外交部组织的专家论证，成为第一批落实的17个中国—东盟海上合作基金项目之一。③

2月7日 翻译学院院长黄国文入选2011年度教育部长江学者特聘教授。

2月27日 以"加强沟通，协调一致，促进校园和谐发展"为主题的珠海校区2013年春季工作会议召开。会议由珠海校区党工委书记郝登峰主持，校长助理、校区管委会主任保继刚，校区各职能部门负责人参加会议，特别邀请校区整建制学院党委副书记、行政副院长、办公室主任列席会议。④

3月4日 陈春声常务副书记、副校长到珠海校区考察幼儿园办学需求情况。

3月6日至12日 中法核工程与技术学院马月红老师志愿为一名白血病患儿捐献造血干细胞，挽救其生命。

3月9日 软件学院、移动信息工程学院首届"编程之美"程序设计挑战赛在珠海校区信息技术实验中心举行。⑤

3月11日 我校外国语学院、翻译学院与美国迈阿密州立大学人文科学学院签署合作协议书，进行本科生交换方面的合作，常晨光、黄国文分别代表我校两个学院签字。协议有效期为三年。⑥

3月12日 上午，珠海校区召开党风廉政建设汇报会，向以校党委组织部副部长、机关党委书记罗镇忠为组长的校党风廉政建设检查组汇报四个方面的工作：珠海校区领导干部履行党风廉政建设责任制情况、校区贯彻落实党风廉政建设责任制的总体情况、学校2012年党风廉政建设主要工作任务分解单位负责工作落实情况、校区落实"三重一大"决策制度情况和开展廉政风险防控管理工作情况。校

---

① 《珠海校区召开职能部门负责人工作会议》，见中山大学珠海校区网（http://zhuhai.sysu.edu.cn/content/1745），2013年1月18日。
② 中山大学校长办公室：《中山大学年鉴（2012）》，中山大学出版社2014年1月第1版，第749页。
③ 中山大学海洋科学学院：《立足广东，面向南海——中山大学海洋科学学院》宣传册，自印，第5页。
④ 中山大学珠海校区党政工作办公室：《加强沟通 协调一致 促进校园和谐发展——珠海校区2013年春季工作会议顺利召开》，见《中珠快讯》第三期，第1页，2013年3月7日。
⑤ 中山大学移动信息工程学院学生工作办公室：《软件学院、移动信息工程学院首届"编程之美"挑战赛成功举办》，见中山大学新闻网（http://news2.sysu.edu.cn/news01/132946.htm），2013年3月12日。
⑥ 中山大学校长办公室：《中山大学年鉴（2013）》，中山大学出版社2014年11月第1版，第720页。

区各职能部门负责人、教工党支部书记等参加了会议。①

△我校翻译学院与美国迈阿密州立大学签署合作协议书,进行研究生交换方面的合作,黄国文代表翻译学院签字。协议有效期为三年。②

3月14日 澳门大学学生事务部学生辅导及发展处处长苏桂龙一行来我校珠海校区交流工作,校区党工委书记郝登峰接待了来宾。双方就今后在学生就业指导方面加强交流与合作达成共识。③

3月16日 由旅游学院学生会举办的以"光路"为主题的第九届"走四方"旅游文化节正式开幕。④

3月18日 下午,广州鹰击长空企业顾问有限公司—中山大学移动信息工程学院"鹰击长空创业教育培训课程"(鹰击长空奖学金)捐赠仪式暨移动信息工程学院学生创业俱乐部揭牌仪式在珠海校区举行。鹰击长空总经理翁山校友、学生处处长漆小平、移动信息工程学院党委书记林明河等人出席仪式。⑤

△珠海市创建全国文明城市指挥部办公室向翻译学院发来感谢信。⑥

珠海创文办对翻译学院学生会开展的"文明来找茬"语言志愿服务活动给予高度评价,对学生撰写提交《珠海市公共场所中英文标识翻译规范报告》,为珠海创建全国文明城市建言献策的助力行动表达了诚挚的感谢。2012年10月至11月,由翻译学院学生会组织的语言志愿服务活动——"文明来找茬"在珠海市区展开。活动主题为"献力公共文明,促进规范用语,为珠海创建全国文明城市建言献策"。志愿者利用周末走上街头,找寻公共设施的中译英错误,并通过自身的专业知识进行规范化翻译,再将结果提交给学院专业老师审阅核查,并整理撰写成报告,提交珠海市创文办。

3月19日 上午,珠海校区2013年党政管理系列培训在行政楼举行。本次培训由岭南学院党委书记张文彪与珠海校区党政管理人员分享"行政管理心得"。培训会由校区党工委书记郝登峰主持。珠海校区6个整建制学院、11个职能部门的

---

① 中山大学珠海校区党政工作办公室:《校党风廉政建设检查组来珠海校区检查工作》,见中山大学珠海校区网(http://zhuhai.sysu.edu.cn/content/1734),2013年3月13日。
② 中山大学校长办公室:《中山大学年鉴(2013)》,中山大学出版社2014年11月第1版,第721页。
③ 中山大学珠海校区党政工作办公室:《澳门大学学生事务部一行来访珠海校区》,见中山大学珠海校区网(http://zhuhai.sysu.edu.cn/content/1732),2013年3月15日。
④ 薛茜尹:《第九届"走四方"旅游文化节之"红门宴"活动》,见中山大学新闻网(http://news2.sysu.edu.cn/news01/133157.htm),2013年3月18日。
⑤ 中山大学移动信息工程学院:《广州鹰击长空企业顾问有限公司—中山大学移动信息工程学院"鹰击长空创业教育培训课程"(鹰击长空奖学金)捐赠仪式暨移动信息工程学院学生创业俱乐部揭牌仪式成功举办》,见中山大学新闻网(http://news2.sysu.edu.cn/news01/133201.htm),2013年3月19日。
⑥ 于洋:《翻译学院助力珠海,建言献策协同创文》,见中山大学新闻网(http://news2.sysu.edu.cn/news01/133577.htm),2013年4月9日。

中山大学珠海校区编年史（1999—2018）

教职员工参加了培训。①

△下午，珠海校区2013年学生工作交流会在学工办会议室举行。学生处处长漆小萍、学生处副处长兼珠海校区学工办主任林俊洪及珠海校区14个院系分管学生工作的副书记和负责老师出席会议。交流会围绕学生工作如何促进学生发展、提升珠海校区学生校园认同感的主题，就进一步加强学生生活园区建设、学生宿舍管理、迎新工作、创建公益平台等问题进行了交流和讨论。漆小萍处长在讨论中指出，珠海校区是富有活力的校园。他鼓励珠海校区学生工作敢于探索、勇于创新，边干边总结，注重实践和理论相结合，使学生事务工作有力地促进学生学习和发展。②

3月20日　广东省高校学生工作专业委员会2012年年会在我校珠海校区举行。广东省教育厅思政处袁本新处长、校党委副书记朱孔军，以及来自全省100多所高校主管学生工作的领导、嘉宾共260余人出席年会。朱孔军以《学生工作走内涵式发展道路》为主题做了讲话。美国俄克拉荷马州立大学Lee Bird副校长应邀做题为《美国高校学生事务管理的核心任务及实现路径》的主题报告。③

3月22日　晚，由珠海市高新区发展改革和财政局、珠海校区团工委主办，珠海校区学生会承办的"携手诚信，一路前行"海报设计大赛颁奖仪式在珠海校区举行。珠海市"两建办"（"两建"指社会信用体系建设和市场监管体系建设）专职副主任梁培忠、中山大学学生处副处长兼珠海校区学工办主任林俊洪、中山大学团委副书记兼珠海校区团委书记刘泽炀等领导作为嘉宾出席颁奖仪式。本次海报设计大赛以"诚信"为主题，旨在弘扬诚信理念，贯彻新时期广东精神——"厚于德、诚于信、敏于行"。④

3月25日　国际商学院乔亦星同学获选参加G8伦敦青年峰会。第八届八国集团峰会将于今年6月18日在英国伦敦召开。G8 Youth Summit是G8国家未来领袖的高端对话机制，旨在聚集各国优秀青年对当前世界面临的最紧迫问题进行对话和协商。⑤

3月26日　我校翻译学院与美国雷蒙特国际研究院签署合作协议书，进行学

---

① 中山大学珠海校区党政工作办公室：《加强业务学习，提升行政能力》，见中山大学珠海校区网（http://zhuhai.sysu.edu.cn/content/1728），2013年3月20日。

② 中山大学珠海校区学生工作办公室：《促进学生发展，提升学生校园认同感》，见中山大学珠海校区网（http://zhuhai.sysu.edu.cn/content/1722），2013年3月26日。

③ 中山大学学生处：《广东省高校学生工作专业委员会2012年年会在我校区召开》，见中山大学珠海校区网（http://zhuhai.sysu.edu.cn/content/1716），2013年3月29日。

④ 中山大学珠海校区团工委：《用诚信撑起一片蓝天》，见中山大学珠海校区网（http://zhuhai.sysu.edu.cn/content/1718），2013年3月28日。

⑤ 中山大学国际商学院：《我校国际商学院乔亦星同学获选参加G8伦敦青年峰会》，见中山大学新闻网（http://news2.sysu.edu.cn/news01/133369.htm），2013年3月25日。

生交换方面的合作。黄国文代表翻译学院签字。协议有效期为三年。①

△香港中文大学学生事务处处长梁汝照一行到访珠海校区,与我校学生处召开了以"学生学习和发展"为主题的交流会。学生处处长漆小萍及珠海校区各院系辅导员出席了交流会,会议由学生处副处长林俊洪主持。②

3月27日 下午,"中外教育教学经验交流"座谈会在珠海校区召开。来自珠海、中山、桂林等地高校的代表参加会议。

△东南大学无锡分校党委书记徐悦一行来珠海校区参观交流,珠海校区党工委书记郝登峰与客人在行政楼第一会议室举行了座谈会。③

3月28日 珠海校区周末论坛之特别专场——"开拓公共外交的重要意义"在珠海校区举行。主讲嘉宾为国务院新闻办公室原主任、中国人民大学新闻学院院长赵启正。副校长颜光美及珠海校区师生共计300余人聆听了讲座。④

△晚,中山大学通识讲座、中外优秀文化讲座"文学系列讲座"第一讲暨珠海校区周末论坛第二十讲在珠海校区开讲。中文系彭玉平教授主讲"'无我之境'与王国维的人生诗学"。⑤

上学期,通识教育部与珠海校区管委会主办了CNEX-AOC明日家园主题影展,本学期又在珠海校区组织策划了十讲文学系列讲座,希望通过这些活动,让同学们更多地了解并吸收世界各国先进文化,活跃学校学术文化氛围,不断提升学生的文化品位。

3月30日 旅游学院学生会和国际青年旅舍中国总部合作举办的"走四方"旅游文化节之"绿元素活动——青旅博物馆"在珠海校区结束,第九届旅游文化节落幕。⑥

3月31日 由地理科学与规划学院主办,定向越野协会协办的"地造传奇"夜间定向越野大赛在珠海校区举行。

3月 《中山大学2013年工作要点》(中大党发〔2013〕6号)下发,要点中提到:⑦

---

① 中山大学校长办公室:《中山大学年鉴(2013)》,中山大学出版社2014年11月第1版,第721页。
② 中山大学珠海校区学生工作办公室:《两地"中大"研讨学生事务》,见中山大学珠海校区网(http://zhuhai.sysu.edu.cn/content/1721),2013年3月28日。
③ 中山大学珠海校区党政工作办公室:《东南大学无锡分校来珠海校区参观交流》,见中山大学珠海校区网(http://zhuhai.sysu.edu.cn/content/1720),2013年3月28日。
④ 中山大学校长办公室:《中山大学年鉴(2013)》,中山大学出版社2014年11月第1版,第750页。
⑤ 中山大学通识教育部、新闻中心珠海校区记者站:《"无我之境"与王国维的人生诗学——中山大学通识讲座、中外优秀文化讲座文学系列在珠海校区开讲》,见中山大学新闻网(http://news2.sysu.edu.cn/news01/133461.htm),2013年4月1日。
⑥ 黄智端:《"青旅博物馆"——推广自助健康的环保旅游,"走四方"旅游文化节在珠海校区圆满落幕》,见中山大学新闻网(http://news2.sysu.edu.cn/news01/133474.htm),2013年4月3日。
⑦ 中山大学校长办公室:《中山大学年鉴(2013)》,中山大学出版社2014年11月第1版,第92~95页。

中山大学珠海校区编年史（1999—2018）

1. 在珠海校区试点学生生活园区建设，生活园区集生活、学习、运动、文化、交流等功能于一体。
2. 启动珠海校区建设规划方案：
（1）推进珠海校区校园规划的调整工作；
（2）推进珠海校区多功能体育馆建设工作；
（3）推进珠海校区学院办公楼群建设工作；
（4）推进珠海校区住宅楼、幼儿园规划工作；
（5）推进珠海校区科技创新大厦建设工作；
（6）推进珠海校区国家大学科技园规划工作；
（7）完成珠海校区提升计划的总体规划和论证。

△海洋学院牵头组建的南海资源开发与保护2011协同创新中心成为广东省首批认定的20个协同创新平台之一。①

4月1日 由翻译学院研究生会、外国语学院研究生会合办的第二届中山大学"外国语言文学"研究生学术论坛在珠海校区落幕。②

4月3日 上午，珠海校区教职工培训系列讲座——财务报账业务在教学实验大楼举行。财务与国资管理处劳楚华副处长、曾青青等人对来自珠海校区各职能部门、整建制学院及研究所的负责财务报销业务的行政人员进行培训。③

4月8日 我校与新西兰怀卡托大学（University of Waikato）在广州签署合作谅解备忘录。④

在新西兰高等教育部部长Steven Joyce先生见证下，我校魏明海副校长和怀卡托大学Roy Crawford校长共同签署备忘录。我校旅游学院副院长徐红罡出席签约仪式。我校旅游学院与怀卡托大学管理学院共同签署合作意向书，双方同意探讨潜在的研究和教学合作机遇，特别是合建中国/新西兰旅游管理方面的研究中心。此前，怀卡托大学与我校旅游学院、国际商学院在学生交换、本科生联合培养方面有所合作。

4月8日至11日 翻译学院MTI接受第一次全国性教学合格评估。评估专家组由来自上海外国语大学、解放军外国语学院、北京外国语大学的专家组成。陈春

---

① 中山大学海洋科学学院：《立足广东，面向南海——中山大学海洋科学学院》宣传册，自印，第5页。
② 中山大学外国语学院：《分享智慧，合作进步，激励创新——第二届中山大学"外国语言文学"研究生论坛成功举办》，见中山大学新闻网（http://news2.sysu.edu.cn/news01/133552.htm），2013年4月8日。
③ 中山大学珠海校区党政工作办公室：《2013年珠海校区党政管理系列培训——财务报销业务》，见中山大学珠海校区网（http://zhuhai.sysu.edu.cn/content/1709），2013年4月4日。
④ 中山大学国际合作与交流处：《我校与新西兰怀卡托大学签署合作谅解备忘录》，见中山大学新闻网（http://news2.sysu.edu.cn/news01/133614.htm），2013年4月11日。

声常务副书记兼副校长陪同专家组到珠海校区进行评估。①

4月9日 下午,旅游学院举办2013年旅游企业专场招聘会。②

4月10日 学生处党支部与翻译学院学工党支部在珠海校区联合开展"我的中国梦"主题教育工作研讨会。③

4月11日 校领导午餐会在珠海校区举行。郑德涛书记与校区学生代表进行了交流。

△晚,由通识教育部主办、珠海校区管委会协办的通识讲座、中外优秀文化讲座文学系列第二讲在珠海校区举行,中文系王坤教授主讲"文学与个体生命价值"。④

4月12日 由历史学系主办的第十届历史文化节"千年辨——重构中国古史"在珠海校区开幕。开幕式上,清华大学历史学系侯旭东教授应邀主讲"制造农民——中国古代耕织为本传统的形成"。珠海校区党工委书记郝登峰、历史学系主任吴义雄、党总支书记赵立彬等人出席开幕式讲座。⑤

4月13日 珠海校区分党校2013年春季入党积极分子培训班一班开班。

4月17日 海南医学院副院长曾渝一行到珠海校区参观交流。珠海校区党工委书记郝登峰接待了曾渝副院长一行,并在行政楼第一会议室召开座谈会。⑥

4月18日 下午,国际商学院与易方达基金管理有限公司党支部共建仪式暨组织生活会在珠海校区举行。易方达公司党总支书记张碧莹出席本次活动。双方签署了开展支部共建活动的相关协议。仪式结束后,易方达公司的6名党员参加了国际商学院教工党支部组织生活会。当天上午,易方达公司副总裁肖坚还受聘成为国际商学院兼职硕士生导师,并为国际商学院的学生做了题为"证券、基金行业从业人员能力素质要求"的讲座。⑦

△陈省平任海洋学院党总支书记。⑧

---

① 黄国文、王宾、许东黎:《从这里走向世界——中山大学翻译学院建院十周年回眸》,中山大学出版社2015年10月第1版,第176页。

② 中山大学旅游学院学生工作办公室:《我校旅游学院举办2013年旅游企业专场招聘会》,见中山大学新闻网(http://news2.sysu.edu.cn/news01/133647.htm),2013年4月12日。

③ 中山大学翻译学院、学生处:《解读梦想,一起追梦》,见《中山大学报》(新)第213期,2013年5月14日。

④ 范小瑜、吴晓敏:《王坤教授解读"文学与个体生命价值"》,见中山大学新闻网(http://news2.sysu.edu.cn/news01/133680.htm),2013年4月15日。

⑤ 中山大学历史学系:《"制造农民——中国古代耕织为本传统的形成"讲座开讲》,见中山大学珠海校区网(http://zhuhai.sysu.edu.cn/content/1697),2013年4月17日。题目有修改。

⑥ 中山大学珠海校区党政工作办公室:《海南医学院曾渝副院长一行来访珠海校区》,见中山大学珠海校区网(http://zhuhai.sysu.edu.cn/content/1694),2013年4月18日。

⑦ 中山大学国际商学院:《我校国际商学院与易方达基金管理有限公司举行党支部共建仪式暨组织生活会》,见中山大学新闻网(http://news2.sysu.edu.cn/news01/133933.htm),2013年4月25日。

⑧ 中山大学校长办公室:《中山大学年鉴(2013)》,中山大学出版社2014年11月第1版,第50页。

△晚，由我校通识教育部主办，珠海校区管委会协办的通识讲座、中外优秀文化讲座文学系列第三讲在珠海校区举行，中文系郭冰茹副教授应邀主讲"新文学中的女性角色"。①

4月19日 下午，珠海市体育中心党总支书记何礼为我校送来写有"救死扶伤、品德高尚"的锦旗，向中山大学和珠海校区教务办主任王庆国表示感谢。②

珠海校区党工委书记郝登峰代表学校接过了锦旗。据了解，4月17日下午18时左右，王庆国在珠海市体育中心羽毛球馆打球，忽然听到有人喊他去救人。王庆国立即跑到现场，发现一名男子躺在地上，已经没有心跳并且停止呼吸。有着专业从医经验的王庆国知道患者情况非常危险，即刻组织急救，对患者进行人工呼吸。在救护车到达现场的10多分钟里，患者心跳停止了两次，但是在王庆国持续施救的情况下维持了生命。据医务人员说，患者发病属于"室颤"，幸好现场抢救及时，不然患者极有可能在缺氧的情况下危及生命。患者现已脱离生命危险，正在康复中。

4月20日 国际商学院校友会成立仪式暨首届"校友发展论坛"举行。150余名校友代表回到母校参加成立仪式。国际商学院党委书记张文彪、院长舒元希望校友会成为"帮助校友、联系学院"的桥梁和纽带。成立仪式后还举办了首届"校友发展论坛"。③

4月21日 上午，珠海校区团工委、珠海校区学生会与青年志愿者协会、爱心同盟、爱心助学协会、珠海校区红十字会和绿叶社5个学生社团联手在珠海校区开展爱心募捐行动，支援雅安地震灾区人民。本次募捐行动持续至4月23号晚上19时结束，共进行了6次募捐活动，合计筹集爱心善款折合人民币达50000余元，还募集衣物一批。④

△由岭南学院主办的经济文化节赛事——"毕马威"第十届企业文化案例分析大赛决赛在珠海校区落幕。

4月23日 我校与中广核集团签署《核电"工程师教育"人才培养合作协议》。⑤

---

① 吴小靖、何慧莹：《新文学中的女性角色——平权和自主的实现：通识讲座、中外优秀文化讲座文学系列第三讲在珠海校区举行》，见中山大学新闻网（http://news2.sysu.edu.cn/news01/133883.htm），2013年4月24日。

② 中山大学珠海校区党政工作办公室：《珠海市体育中心为我校送来锦旗表示感谢》，见中山大学珠海校区网（http://zhuhai.sysu.edu.cn/content/1691），2013年4月20日。

③ 中山大学国际商学院：《我校国际商学院举行校运会成立仪式暨首届校友发展论坛》，见中山大学新闻网（http://news2.sysu.edu.cn/news01/133918.htm），2013年4月25日。

④ 中山大学新闻中心珠海校区记者站：《守护雅安，我们在行动》，见中山大学珠海校区网（http://zhuhai.sysu.edu.cn/content/1683），2013年4月25日。

⑤ 高菲：《我校与中广核集团联合开展核电工程师教育》，见中山大学新闻网（http://news2.sysu.edu.cn/news01/133979.htm），2013年4月28日。

中山大学校长许宁生，广东省教育厅副厅长魏中林，中广核集团公司党组书记、董事长贺禹出席签约仪式并发表讲话。仪式由中法核工程与技术学院中方院长王彪主持，中大副校长魏明海与中广核集团有限公司总经济师岳林康签署了合作协议。

许宁生在致辞中谈到，中大始终秉承将学科建设、国家重大需求以及国际优质资源紧密结合的理念，力争为广东省核产业链以及中国核产业发展做出重要贡献。魏中林赞誉此次双方在核电"工程师教育"人才培养领域的合作是一次订单式、高层次、具有国际化特色的工程实践型人才培养模式的全新探索。贺禹表示，中山大学与技术处于领先行列的法国进行合作办学，为我国核电发展特别是人才培养打下良好基础。作为全世界最大核电建造商，中广核集团愿与中山大学和法国的工程师学校强强合作，为核电发展人才需求做出保障，也将为学校提供支持和服务。

双方将依托中广核集团的产业优势，借鉴法国工程师精英培养模式，通过共建产学研一体的实践实习基地，培养核能工程建设与管理、环境安全管理、核电站运营等领域从事科研、教学、工程技术及技术管理等工作的国际高端专门人才。按照合作协议要求，中广核集团将接纳中法核工程与技术学院学生进行工程师教育阶段持续三年的实习，提供奖学金、奖教金及学科建设经费支持，并接收合格毕业生。

4月24日 上午，珠海校区消防申报、网上备案业务培训会在行政楼十三楼第一会议室举行，由珠海市消防局防火处梁亮余警官主讲。保卫处副处长、珠海校区保卫办主任陈东主持培训会，珠海校区党工委书记郝登峰出席会议并讲话，校区各职能部门、各学院的教职员工参加此次培训会。①

4月25日 晚，由通识教育部主办、珠海校区管委会协办的通识讲座、中外优秀文化讲座文学系列第四讲在珠海校区举行，本期讲座主题为"厓山记忆与岭南遗民精神的发生"，由珠江学者、华南师范大学文学院左鹏军教授主讲。②

4月28日 教育部成立2013—2017年高等学校有关学科专业教学指导委员会，本届各委员会担任相关委员并在珠海校区办学院系工作的教师有：③

保继刚任旅游管理类专业教学指导委员会副主任委员；

孙晓明任海洋科学类专业教学指导委员会委员；

王彪任核工程类专业教学指导委员会委员。

上述专业教学指导委员会任期为2013年4月1日至2017年12月31日。

---

① 中山大学珠海校区保卫办：《珠海校区举办公共用房修缮与装修工程消防业务培训讲座》，见中山大学珠海校区网（http://zhuhai.sysu.edu.cn/content/1680），2013年4月26日。

② 中山大学通识教育部、新闻中心珠海校区记者站：《"厓山记忆与岭南遗民精神的发生"——通识讲座、中外优秀文化讲座文学系列第四讲举行》，见中山大学新闻网（http://news2.sysu.edu.cn/news01/133977.htm），2013年4月27日。

③ 中山大学校长办公室：《中山大学年鉴（2013）》，中山大学出版社2014年11月第1版，第73～75、861页。

中山大学珠海校区编年史（1999—2018）

4月　翻译学院举办第四届"宿舍文化展示月"系列活动。①

活动包括"十佳文明宿舍"评比、"宿舍长培训大会暨第四届宿舍文化展示月表彰大会"、邀请心理咨询中心李宝山老师做题为"宿舍与心理健康"的讲座等。翻译学院学生工作队伍按照学生成长及心理健康的季节性和规律性，每年在春季三四月份开展"Do sport, Be happy"体育月活动、宿舍文化展示月活动，以此来倡导每一个学生"外强身体素质，内建宿舍关系"。

5月3日　林俊洪任校党委学生工作部副部长、珠海校区党工委副书记（兼）、珠海校区学生工作办公室主任（兼）。②

陈东任保卫处副处长、珠海校区保卫（武装）工作办公室主任（兼）；田宝才任总务处副处长、珠海校区后勤办公室主任（兼）；胡海峰任珠海校区党政工作办公室主任；王庆国任珠海校区教务工作办公室主任。③

5月9日　中山大学校园公益策划大赛优秀项目展示会在珠海校区举行。学生处处长漆小萍以及相关院系学生工作负责人、辅导员和学生代表参加了评审大会。大会评选出一批高质量、可行的校园公益项目予以立项并提供经费支持实施。④

5月11日　晚，由校团委、艺术教育中心主办，校广播台承办的第二十七届动感地带维纳斯歌手大赛珠海校区决赛在体育馆举行。翻译学院王楚同学凭借一曲《月光爱人》摘取桂冠。⑤

5月13日　共青团珠海市委书记王晓彬应邀到珠海校区参加"我的梦，中国梦"主题团日活动。

5月16日　中山大学2013年示范性学生学术社团珠海校区评审大会举行。⑥

学生处处长漆小萍、学生处副处长林俊洪、国际商学院常务副院长吴培冠教授以及相关院系学生工作负责人和辅导员、学生代表参加了评审大会。评审会上，中山大学口述史协会、磨刀石学术社团、海精灵志愿者协会等9个学术社团代表向与会者展示了本社团的由来、历史发展、特色成果等内容。漆小萍在总结中表示，开展示范性学生学术社团评审活动是学生工作部门贯彻学校"人心向学"的具体举措之一，目的在于为学生搭建一个课外学习和学术交流展示的平台。

△福州大学及晋江市人民政府联合考察团一行来珠海校区就异地办学运行机

---

① 于洋：《我校翻译学院举办第四届"宿舍文化展示月"活动》，见中山大学新闻网（http://news2.sysu.edu.cn/news01/134131.htm），2013年5月9日。
② 中山大学校长办公室：《中山大学年鉴（2013）》，中山大学出版社2014年11月第1版，第51页。
③ 中山大学校长办公室：《中山大学年鉴（2013）》，中山大学出版社2014年11月第1版，第53页。
④ 中山大学学生处：《我校举办校园公益策划大赛优秀项目展示会》，见中山大学新闻网（http://news2.sysu.edu.cn/news01/134265.htm），2013年5月16日。
⑤ 中山大学珠海校区新闻中心记者站：《维纳斯歌手大赛珠海校区决赛举行》，见中山大学珠海校区网（http://zhuhai.sysu.edu.cn/content/1674），2013年5月13日。
⑥ 《珠海校区举办2013年示范性学生学术社团评审大会》，见中山大学珠海校区网（http://zhuhai.sysu.edu.cn/content/1663），2013年5月18日。

制、高校与地方政府合作办学管理模式进行考察交流。珠海校区党工委书记郝登峰接待了客人。①

△由珠海校区学工办承办的"我的中国梦"——珠海校区第三届学生原创作品艺术大赛、宿舍文化节落幕。

5月18日 中午,由珠海校区武术协会主办的武术文化节在珠海校区榕园广场举行。②

△由珠海校区学生会港澳台同学部承办的"粤唱粤强K歌大赛"暨港澳台文化周在珠海校区闭幕。"粤唱粤强K歌大赛"连续举办多届,成为珠海校区学生会港澳台同学部的一项品牌活动。

5月19日 下午,由珠海校区团工委主办的中山大学2013年"心系校园绘蓝图,筑梦中大谋发展"——为学校发展建言献策的"十大提案"征集活动珠海校区复赛在图书馆举行。《关于建立中山大学珠海校区校史馆的提案》获得一等奖。③

5月23日 晚,由通识教育部主办,珠海校区管委会协办的中外优秀文化通识讲座文学系列暨中山大学珠海校区周末论坛第二十六讲在珠海校区举行。本次讲座的主题是"莫言小说与诺贝尔文学奖的价值",主讲嘉宾为中文系谢有顺教授。④

5月24日 珠海校区第七届院系学生会风采大赛颁奖仪式暨闭幕晚会举行。活动主题为"织梦",由珠海校区团工委主办、校区学生会承办。14个院系的学生会做了风采展示。地理科学与规划学院学生会的话剧《老屋新梦》夺得冠军,并获得"最具院系特色奖"和"最具舞台表现力奖"。仪式上还颁发了珠海校区第七届院系风采大赛服务周的奖项,翻译学院获得服务周一等奖。⑤

5月25日 由韩国旅游发展局广州办事处及韩国蔚山大学共同举办的华南地区"2013年韩国语演讲比赛"举行。翻译学院朝鲜语系的童允婷同学荣获一等奖。⑥

5月 翻译学院团委获得"珠海市五四红旗团委"称号。⑦

---

① 中山大学珠海校区党政工作办公室:《福州大学及晋江市人民政府联合考察团来访珠海校区》,见中山大学珠海校区网(http://zhuhai.sysu.edu.cn/content/1665),2013年5月16日。
② 中山大学新闻中心珠海校区记者站:《在趣味中传承中华文化》,见中山大学珠海校区网(http://zhuhai.sysu.edu.cn/content/1655),2013年5月28日。
③ 中山大学新闻中心珠海校区记者站:《心系校园绘蓝图,筑梦中大谋发展》,见中山大学珠海校区网(http://zhuhai.sysu.edu.cn/content/1662),2013年5月20日。
④ 中山大学新闻中心珠海校区记者站:《莫言小说与诺贝尔文学奖的价值》,见中山大学珠海校区网(http://zhuhai.sysu.edu.cn/content/1658),2013年5月24日。
⑤ 谢颂情:《"织梦":珠海校区第七届院系风采大赛完美闭幕》,见中山大学新闻网(http://news2.sysu.edu.cn/news01/134540.htm),2013年6月4日。
⑥ 黄国文、王宾、许东黎:《从这里走向世界——中山大学翻译学院建院十周年回眸》,中山大学出版社2015年10月第1版,第134页。
⑦ 《中山大学外语学科90年史稿(1924—2014)》编委会:《中山大学外语学科90年史稿(1924—2014)》,中山大学出版社2014年10月第1版,第267页。

中山大学珠海校区编年史（1999—2018）

6月1日 "APEC未来之声"中国区选拔活动广东赛区决赛举行。国际商学院乔亦星同学荣获一等奖。①

6月2日 下午，珠海校区第三届"创先争优"公益社会实践总结表彰大会举行。②

珠海市高新区团工委、珠海市公益组织负责人和珠海校区职能部门相关老师出席了本次大会。12支晋级队伍分享了团队开展"牵手学子，爱满课堂""情暖社区，爱在身边""心系患者，与爱同行"三个分主题公益活动的点点滴滴。哲学系团总支、凝炬创优A组获一等奖；近100名志愿者获优秀个人奖。本届"创先争优"公益社会实践自2012年10月开始，历时近8个月。活动以"服务珠海，齐心公益"为主题，从众多报名队伍中遴选出25支队伍，共招募志愿者2797人，服务人次达15902人次，志愿时长达15119.2小时，累计服务次数280次。各志愿队伍在珠海市高新区开展公益活动，包括义教、义诊、环保宣传、社区服务、照顾孤寡老人与残疾人、医院志愿服务等，展现了中大学子的志愿服务精神，受到了各村镇、社区、单位服务对象的好评。

6月3日 海南医学院副院长陈玉民一行来访珠海校区，珠海校区党工委书记郝登峰接待了来宾，并召开了座谈会。③

6月4日 上午，珠海校区提升计划研讨会在校区行政楼第一会议室召开。④

校长许宁生、校长助理李善民、校长助理兼珠海校区管委会主任保继刚及珠海校区各整建制学院、校区各职能部门负责人出席会议。会议由校区党工委书记郝登峰主持。

保继刚汇报了珠海校区提升计划思路，明确了珠海校区的定位和发展目标，即在提高办学层次的基础上，以新兴学科及港澳台合作办学和国际合作办学为特色，依托校区现有学科，开拓不同层次的国际合作；以建设一个符合现代教育要求的、功能齐全的校园为中心目标。校区基建办、后勤办、学工办、团工委、图书馆、保卫办、IT服务部先后汇报了珠海校区提升计划中完善教学科研、生活服务、安全保障等设施，以及提升校区办学层次、教学科研水平、校区管理水平、服务师生水平、服务社会水平等重点项目。各学院和相关部门负责人结合本单位实际，就提升计划的具体实施提出了意见和建议。

---

① 中山大学国际商学院：《我院乔亦星同学获"APEC未来之声"广东赛区决赛一等奖》，见中山大学国际金融学院网（http://isbf.sysu.edu.cn/cn/sylm01/2304.htm），2013年6月13日。

② 中山大学珠海校区团工委：《服务珠海，齐心公益——珠海校区第三届"创先争优"公益社会实践总结表彰大会举行》，见中山大学新闻网（http://news2.sysu.edu.cn/news01/134549.htm），2013年6月5日。

③ 中山大学珠海校区党政工作办公室：《海南医学院陈玉民副院长一行来访珠海校区》，见中山大学新闻网（http://news2.sysu.edu.cn/news01/134539.htm），2013年6月4日。

④ 中山大学校长办公室：《中山大学年鉴（2013）》，中山大学出版社2014年11月第1版，第754页。

许宁生肯定了各单位前期所做的调研和准备工作。他指出,珠海校区提升计划的目标要有高度、有品位,推进实施工作安排要实事求是,要有侧重点,按照轻重缓急开展各项工作,要在学生学业支撑平台、教学质量、科研平台建设、服务地方和国际化水平等方面提升;校区要完善相关管理机制,统筹规划各类活动,有计划地逐步推进落实。

△下午,海洋学院2013年第四次党政联席(扩大)会议在珠海校区召开,许宁生校长、陈春声常务副书记兼副校长出席会议。

许宁生肯定了海洋学院的发展思路,并对学院今后的发展提出新要求,要求学院抓住当前国家和地方大力开发海洋资源这一重大机遇,处理好海洋学科与海洋学院、学院空间布局与管理协调之间的关系,以机制促发展,着力发展学科特色。立足广东近岸,面向南海,在国家海洋化合物库、协同创新中心、海洋环境监测科研平台等方面取得新突破,希望海洋学院进一步加强本科教学工作,积极推进各项具体措施的落实,立足新的起点,取得更好的成效。

陈春声就如何强化学生专业思想、促进教授融入本科教学、提升学生科研学术活动内涵、加强专业硕士培养等方面提出一些要求和建议。会议还就海洋学院未来发展思路以及在珠海校区的定位等议题进行了深入讨论。校团委书记黄毅、教务处副处长何洪等参加相关活动。

△由通识教育部主办,珠海校区管委会协办的中外优秀文化通识讲座文学系列暨中山大学珠海校区周末论坛举行。校长许宁生、常务副书记兼副校长陈春声、校长助理兼珠海校区管委会主任保继刚等领导出席论坛,珠海校区400多名学生前来听讲。中文系彭玉平教授做了主题为"从王国维到胡适:新文化运动的'源'与'流'"的讲座。[1]

△2013年"心系校园绘蓝图,筑梦中大谋发展——为学校发展规划建言献策"十大提案征集活动四校区总决赛在珠海校区举办。[2]

校长许宁生,党委常务副书记、副校长陈春声,校长助理、珠海校区管委会主任保继刚,以及十多个职能部门的负责人和教授代表出席活动。许宁生在致辞中回顾了历届"十大提案"活动的落实情况,认为"十大提案"是同学们共同描绘学校发展蓝图的学生活动品牌。许宁生希望同学们围绕"把中山大学建设成为世界一流大学"的战略目标,提出更多有关促进学习、互助互爱、尊师重道、自律自强的提案。常务副书记兼副校长陈春声在总结发言中充分肯定了同学们对于学校发展建设的关注,并鼓励广大同学今后能提更多与学术息息相关的提案。

经过评比,由肖婧璇、周翔、赖晓丽、耿卉四位同学提出的《关于解决珠海

---

[1] 中山大学校长办公室:《中山大学年鉴(2013)》,中山大学出版社2014年11月第1版,第754页。
[2] 共青团中山大学委员会:《心系校园绘蓝图,筑梦中大谋发展——2013年"十大提案"圆满结束》,见中山大学新闻网(http://news2.sysu.edu.cn/news01/134956.htm),2013年7月1日。

校区教学楼地砖"遇水滑"问题》夺得桂冠——"凤凰杯"。活动由校党委组织部、学生工作部、研究生工作部、校团委主办,校学生会承办。

△"美丽中国"第三届全国红色旅游线路设计大赛决赛在北京举行,我校旅游学院鲁辉、赖梓锋、周旖旎、周文婷和刘峥五位同学组成的代表队设计的"踏上新思路、寻梦中国途"的旅游线路,以广东"敢为天下先"的精神为主旨,通过"维新革命引思潮""辛亥风云逸仙梦""改革天地换新颜"三个模块,展现了广东的红色旅游元素以及岭南文化特色,获得一等奖。①

6月5日 上午,由学生自发组织的公益性"互助书屋"在珠海校区教学实验大楼 C104 揭牌。②③

珠海校区党工委、校区相关部门、院系负责人为"互助书屋"揭牌。"互助书屋"是学生自发成立的公益书店,旨在让旧书循环利用,传递爱心,助人互助。现有书籍为师生员工捐赠的旧书,首期获赠 2500 册。"互助书屋"由雁行互助基金会(珠海校区学工办领导下的学生公益组织)联合学校其他 7 个公益社团及校区宿舍管理委员会组建的监事会监管书店的资金流向,各大社团、院系组织通过立项、展示、商讨来决定资金的分配。书屋将旧书折价后卖给师生,所得款项用于帮扶校内外公益活动。

△珠海校区第三届"中国梦·我的梦"学生原创作品艺术大赛颁奖仪式暨作品展举行。许宁生校长参观了学生原创作品艺术大赛作品展。大赛由珠海校区管委会和党工委主办,珠海校区学生宿管会承办。④

6月6日 由通识教育部主办、珠海校区管委会协办的中外优秀文化通识讲座暨中山大学珠海校区第二十九讲举行,中文系魏朝勇教授应邀主讲"阿里斯托芬喜剧中的反启蒙与性别政治"。⑤

6月8日 下午,珠海校区体育馆概念性设计方案功能意见征询会在珠海校区召开。会议由珠海校区基建办主任严熙主持。珠海校区党工委书记郝登峰、各职能部门相关人员、该项目的设计师以及校区主要学生干部参加了会议。⑥

---

① 中山大学旅游学院学生工作办公室:《旅游学院代表队在"美丽中国"第三届全国红色旅游线路设计大赛中获得一等奖》,见中山大学新闻网(http://news2.sysu.edu.cn/news01/134596.htm),2013 年 6 月 7 日。
② 中山大学珠海校区学生工作办公室:《珠海校区学生公益组织"互助书屋"揭牌》,见中山大学新闻网(http://news2.sysu.edu.cn/news01/134569.htm),2013 年 6 月 6 日。
③ 陈思敏:《校园公益书店,卖书资助校园社团——中山大学珠海校区"互助书屋"开张半年纯收入 2 万元》,见《南方都市报》,2013 年 11 月 20 日 ZB12 版。
④ 中山大学珠海校区学生工作办公室:《用艺术舞动梦想——中山大学珠海校区学生原创作品艺术大赛作品展出》,见中山大学新闻网(http://news2.sysu.edu.cn/news01/134574.htm),2013 年 6 月 7 日。
⑤ 中山大学新闻中心珠海校区记者站:《阿里斯托芬喜剧中的反启蒙与性别政治》,见中山大学珠海校区网(http://zhuhai.sysu.edu.cn/content/1641),2013 年 6 月 13 日。
⑥ 中山大学珠海校区基建工作办公室:《珠海校区召开体育馆概念性设计方案功能意见征询会》,见中山大学珠海校区网(http://zhuhai.sysu.edu.cn/content/1642),2013 年 6 月 13 日。

6月13日　珠海校区2013年文明宿舍标兵候选宿舍评比大会召开。

6月14日　下午,由喻世友副书记任组长、校工会常务副主席周云任副组长、教代会代表组成的教代会巡视组来珠海校区调研。①

校区党工委书记郝登峰、校区各整建制学院代表、各职能部门负责人出席了巡视座谈会。座谈会上,与会人员就多校区办学体制下管委会、党工委的职能,校区管委会、党工委与整建制学院的关系、与相关职能部门的关系,延伸管理与属地化管理的关系等进行了深入讨论,为珠海校区的规划建设提出了许多有建设性的意见和建议。教代会巡视组表示,对目前珠海校区存在的问题,代表们可以通过教代会提案的形式向学校教代会提案工作委员会提出,提交学校相关职能部门处理,争取尽快得到解决。

△由通识教育部主办、珠海校区管委会协办的中外优秀文化通识讲座暨中山大学珠海校区周末论坛第三十讲,邀请到广州大学新闻与传播学院院长纪德君教授为珠海师生做了题为"西游记:'冰糖葫芦'里的哲学"的讲座。②

至此,本着"用生命书写生命,用生命体验生命"宗旨的中山大学通识讲座、中外优秀文化讲座(文学系列)在珠海校区圆满落幕。

6月15日　由校团委主办,校学生会承办的毕业生经验分享讲座在珠海校区举办。③

6月19日　珠海市高新区"加强校园安全建设、创建平安高校"工作会议在我校珠海校区召开。珠海市高新区党委副书记罗锡强、珠海校区党工委书记郝登峰、保卫处处长陈文波,以及高新区兄弟院校有关领导出席会议。会议由珠海市高新区综治局局长彭志斌主持。会上,保卫处副处长、珠海校区保卫办主任陈东介绍了珠海校区加强校园安全建设方面的经验。④

6月20日　许海舟任珠海校区基础教学实验中心主任。⑤

6月26日　下午,加强暑假期间珠海校区安全保卫工作会议在行政楼十三楼第一会议室召开,珠海校区党工委书记郝登峰、唐家派出所所长廖绍祥、珠海保卫

---

① 中山大学珠海校区党政工作办公室:《教代会巡视组来珠海校区调研》,见中山大学珠海校区网(http://zhuhai.sysu.edu.cn/content/1640),2013年6月17日。

② 中山大学新闻中心珠海校区记者站:《〈西游记〉——"冰糖葫芦"里的哲学》,见中山大学珠海校区网(http://zhuhai.sysu.edu.cn/content/1639),2013年6月17日。

③ 共青团中山大学委员会:《毕业生经验分享讲座在我校三个校区成功举办》,见《中山大学报》(新)第297期,2013年6月28日。

④ 中山大学珠海校区党政工作办公室:《珠海市高新区加强校园安全建设、创建平安高校工作会议在我校珠海校区顺利召开》,见中山大学新闻网(http://news2.sysu.edu.cn/news01/134742.htm),2013年6月21日。

⑤ 中山大学校长办公室:《中山大学年鉴(2013)》,中山大学出版社2014年11月第1版,第56页。

办等单位相关负责人参加会议。①

6月27日 中山大学新增"核能与核能技术工程"工程硕士专业学位授权点获得批准。② 该授权点依托单位为中法核工程与技术学院。

6月29日 上午,中山大学2012—2013学年度"文明宿舍""文明标兵宿舍"表彰大会在珠海校区举行。学生处处长漆小萍出席大会。③

△上午,珠海校区2013年回迁砖发布仪式在图书馆前广场进行。校区党工委书记郝登峰出席仪式并致辞。回迁纪念砖由2012级移动信息工程学院的陆扬和岭南学院的杨舒棋两位同学共同设计。④

6月30日 我校国际商学院与葡萄牙新里斯本大学签署合作协议书,进行短期游学方面的合作,舒元代表国际商学院签字。协议有效期为一年。⑤

6月 翻译学院团委获得2012年广东大学生"福彩公益优秀团队奖",受到共青团广东省委、广东省福利彩票发行中心、广东省学联的表彰。⑥

7月2日 上午,由人类学系、环南中国海研究院主办暑期教学活动——"2013年中山大学海域的社会与文化研究生暑期学校"在珠海校区举行开班仪式。⑦

7月4日 珠海校区部分院系的2011、2012级学生回迁广州校区。

7月6日 中山大学与中广核集团在深圳大亚湾核电基地签署《合作共建"核电安全联合研究中心"合作协议》。我校校长许宁生,中广核集团公司党组书记、董事长贺禹,广东省教育厅副厅长魏中林出席签约仪式并讲话。中法核工程与技术学院院长王彪与中国广核集团中科华核电技术研究院有限公司总经理徐文兵代表两单位签署合作协议。根据协议,双方将共建"中国广核集团—中山大学核电安全联合研发中心",分别在深圳和珠海建设两个核电安全研发实验室,继续深化双方在科学研究和人才培养方面的协作发展。⑧

7月9日至11日 校党委副书记兼副校长朱孔军到珠海校区、南校区等四个

---

① 《珠海校区召开暑期前的安保工作会议》,见中山大学珠海校区网(http://zhuhai.sysu.edu.cn/content/1637),2013年6月27日。

② 中山大学校长办公室:《中山大学年鉴(2013)》,中山大学出版社2014年11月第1版,第861页。

③ 中山大学学生处:《我校举行2012—2013学年度"文明宿舍""文明标兵宿舍"表彰大会》,见中山大学新闻网(http://news2.sysu.edu.cn/news01/135021.htm),2013年7月5日。

④ 中山大学新闻中心珠海校区记者站:《离别季的纪念》,见中山大学珠海校区网(http://zhuhai.sysu.edu.cn/content/1636),2013年6月29日。

⑤ 中山大学校长办公室:《中山大学年鉴(2013)》,中山大学出版社2014年11月第1版,第719页。

⑥ 《中山大学外语学科90年史稿(1924—2014)》编委会:《中山大学外语学科90年史稿(1924—2014)》,中山大学出版社2014年10月第1版,第267页。

⑦ 羡晓蔓:《"2013年中山大学海域的社会与文化研究生暑期学校"开班仪式在珠海校区举行》,见中山大学新闻网(http://news2.sysu.edu.cn/news01/135032.htm),2013年7月8日。

⑧ 中山大学中法核工程与技术学院:《我校与中国广核集团共建"核电安全联合研究中心"》,见《中山大学报》(新)第298期,2013年8月12日。

校区检查总务处暑期工程的落实情况。在珠海校区,朱孔军检查了学生宿舍维修改造工程、教学实验大楼二期空调安装工程、荔园饭堂防水工程、岁月湖饭堂屋面防水改造工程等项目,强调要在确保安全、文明施工、保证工程质量的前提下,合理控制造价,加快整个工程建设进度,按计划完成暑期各项工程的维修改造任务。①

7月24日至26日 经广州市旅游局选派,旅游学院侯冠玉和李峥怡同学代表广州市参加在韩国釜山举行的第二届TPO城市旅游商品企划比赛,获得银奖。②

7月29日至8月2日 第21届国际核工程大会在四川成都召开,中法核工程与技术学院核工程与核技术专业刘仕倡同学荣获学生竞赛"钱三强"最佳论文奖。③

7月 中山大学海洋科学实验教学中心被列入广东省实验教学示范中心建设计划。④

8月4日至9日 由共青团广东省委、省学联主办,我校承办的第十二期广东大学生骨干"青马工程"培训班在珠海校区举办,校党委副书记李萍教授担任授课导师。党委副书记李萍、团省委副书记池志雄出席了开幕仪式,团省委书记曾颖如、副校长李善民等出席了结业座谈会。⑤

8月6日 教育部项目评审专家组一行莅临珠海校区,实地考察珠海校区体育馆建设选址现场,并对体育馆建设项目可行性研究报告进行评审。校长助理、珠海校区管委会主任保继刚,珠海校区党工委书记郝登峰,基建处处长李永乐陪同考察,并与评审专家组成员进行了交流。⑥

8月13日 下午,来自全国各地的2013级新生党员齐聚珠海校区教学实验大楼,参加新生党员培训系列讲座。校党委副书记兼副校长朱孔军主讲"吾校吾师:中大精神一席谈"。经过培训后,这批新生党员将参与到迎新工作中。⑦

8月15日 迎新工作在珠海校区等四个校区同时展开,陈春声常务副书记兼副校长、朱孔军副书记兼副校长到珠海校区迎新现场视察并慰问工作人员。⑧ 本年

---

① 中山大学总务处:《校党委朱孔军副书记检查暑期工程进展情况》,见中山大学新闻网(http://news2.sysu.edu.cn/news01/135074.htm),2013年7月16日。
② 中山大学旅游学院学生工作办公室:《我校旅游学院学子在第二届TPO城市旅游商品企划赛中获得银奖》,见中山大学新闻网(http://news2.sysu.edu.cn/news01/135218.htm),2013年8月8日。
③ 中山大学理工学院:《我校学生荣获第21届国际核工程大会"钱三强"最佳论文奖》,见中山大学新闻网(http://news2.sysu.edu.cn/news01/135211.htm),2013年8月7日。
④ 中山大学海洋科学学院:《立足广东,面向南海——中山大学海洋科学学院》宣传册,自印,第5页。
⑤ 中山大学校长办公室:《中山大学年鉴(2013)》,中山大学出版社2014年11月第1版,第757页。
⑥ 中山大学珠海校区基建工作办公室:《珠海校区体育馆项目可行性研究报告评审会在珠海校区召开》,见中山大学珠海校区网(http://zhuhai.sysu.edu.cn/content/1633),2013年8月10日。
⑦ 中山大学新闻中心珠海校区记者站:《珠海校区2013年新生党员提前报到参加培训活动》,见中山大学珠海校区网(http://zhuhai.sysu.edu.cn/content/1631),2013年8月15日。
⑧ 中山大学校长办公室:《中山大学年鉴(2013)》,中山大学出版社2014年11月第1版,第757页。

度到珠海校区报到的新生有 3143 名，其中研究生有 97 名。①

8 月 17 日　下午，2013 级开学典礼在珠海校区举行。②

校领导许宁生、陈春声、颜光美、朱孔军、国亚萍、朱熹平，校长助理保继刚、李文军，以及在珠海校区办学院系负责人出席了在珠海校区举行的开学典礼。典礼由陈春声常务副书记兼副校长主持。

许宁生校长在开学典礼上致辞。他说，一流的大学要培养一流的学生，中山大学的目标是培养以振兴中华为己任的学术精英、行业领袖和社会英才，希望同学们为此而努力。学校倡导"人心向学"，同学们要"人心向学习"，希望大家珍惜在中山大学的宝贵学习时间，用自己的实际行动来践行"人心向学"，遵循孙中山先生亲手写下的十字校训，把增长知识、追求学术、学好本领、为国服务作为自己的首要任务。

教师代表、中文系黄仕忠教授，在校生代表、国际商学院 2012 级研究生岳科研，新生代表、翻译学院 2013 级李琪云分别在典礼上发言。

△我校国际商学院与捷克托马斯拔佳大学签署合作协议书，进行学生交换方面的合作。舒元代表国际商学院签字。协议有效期为三年。③

8 月 19 日至 23 日　新学期伊始，为宣传推广图书馆文献资源，让新生尽快了解图书馆的资源和服务，珠海校区图书馆与 IT 服务部联合举办 2013 年新生入学培训，此次培训共举办讲座 17 场，约 3100 名新生参与培训。④

8 月 21 日　下午，珠海校区党工委在行政楼第一会议室举行党的群众路线教育实践活动学习交流会。会议由校区党工委书记郝登峰主持。⑤

8 月 28 日　上午，珠海校区举行 2012 级学生军训总结表彰大会。珠海校区党工委书记郝登峰，军训师参谋长、学校武装部副部长古添雄等领导嘉宾出席大会。郝登峰在讲话中期望同学们通过对军队精神和军事本领的学习，为个人成材和母校发展做出贡献。学生处副处长林俊洪宣读了军训嘉奖令。⑥

8 月 29 日　法国阿尔图瓦大学校长 Francis Marcoin 教授和巴黎第三大学（新索邦大学）副校长 Emmanuel Fraisse 教授借参加"广州论坛"之机应邀来访我校。陈春声常务副书记兼副校长会见来宾，翻译学院学术行政总监王宾教授等陪同会

---

①　中山大学校长办公室：《中山大学年鉴（2013）》，中山大学出版社 2014 年 11 月第 1 版，第 914 页。
②　中山大学新闻中心、招生办公室、研究生招生办公室：《努力成为一名拥有伟大梦想的中大人》，见《中山大学报》（新）第 299 期，2015 年 8 月 28 日。
③　中山大学校长办公室：《中山大学年鉴（2013）》，中山大学出版社 2014 年 11 月第 1 版，第 719 页。
④　中山大学珠海校区图书馆：《多媒体时代全新培训体验》，见中山大学珠海校区网（http://zhuhai.sysu.edu.cn/content/1619），2013 年 8 月 30 日。
⑤　中山大学珠海校区党政工作办公室：《珠海校区举行党的群众路线教育实践活动学习交流会》，见中山大学珠海校区网（http://zhuhai.sysu.edu.cn/content/1626），2013 年 8 月 22 日。
⑥　中山大学新闻中心珠海校区记者站：《别样青春，军姿飒爽》，见中山大学珠海校区网（http://zhuhai.sysu.edu.cn/content/1622），2013 年 8 月 28 日。

见。陈春声代表我校与巴黎第三大学 Emmanuel Fraisse 签署了学术交流协议书,双方拟在合作的初期启动我校翻译学院与对方的硕士生交流、实习等项目。①

9月1日 我校旅游学院与美国中佛罗里达大学签署合作协议书,进行本科生培养方面的合作。保继刚院长代表旅游学院签字。协议有效期为三年。②

9月2日 下午,珠海校区党工委书记郝登峰带领校区有关部门负责人与翻译学院的师生代表举行座谈会,认真听取师生代表们对解决制约校区进一步发展的突出问题的意见和建议。③

9月4日 下午,珠海校区群众路线教育实践活动辅导报告会在教学实验大楼举行,珠海校区党工委书记郝登峰主持了会议,社会科学教育学院副院长李辉教授做了《群众路线的现实解读》的辅导报告。④

9月9日 李善民副校长带队到珠海市高新区管委会,就珠海校区修建性详细规划存在的问题,与高新区管委会商讨解决方案。

9月14日 晚,由珠海校区团工委与学生会联合举办的珠海校区迎新晚会在风雨操场舞台开幕。晚会主题为"新力量,梦飞扬"。校团委书记黄毅、学生处副处长林俊洪等出席晚会。⑤

9月17日 上午,郑德涛书记到珠海校区进行工作调研。

△下午,珠海市台胞台属联谊会会长余淑玲一行来珠海校区慰问我国台湾籍同学,为他们送上节日的问候和祝福。⑥

△中秋佳节将至,校党委副书记、校工会主席李萍率团赴珠海校区,向在校区工作的教职工送上节日慰问。李萍在慰问座谈会上鼓励大家要保持积极心态,营造良好氛围,把珠海校区作为自己的家园去守护和建设,共同打造其作为"国际化教育之窗口"的亮丽形象。晚上,由学校安排广东音乐曲艺团演出的"中国梦·珠江情"广东音乐精品音乐会在珠海校区举行。校党委宣传部、校工会、校团委、校党委学生工作部等多个部门的负责人参加了相关活动。⑦

9月22日 珠海校区基础教学实验中心完成了省级实验教学示范中心验收的

---

① 中山大学国际合作与交流处:《法国阿尔图瓦大学校长和巴黎第三大学副校长来访我校暨我校与巴黎第三大学签署学术交流协议书》,见中山大学新闻网(http://news2.sysu.edu.cn/news01/135644.htm),2013年9月6日。

② 中山大学校长办公室:《中山大学年鉴(2013)》,中山大学出版社2014年11月第1版,第723页。

③ 李苗:《坚持党的群众路线,深入基层解决实际问题——珠海校区职能部门与翻译学院师生代表座谈听取意见建议》,见中山大学新闻网(http://news2.sysu.edu.cn/news01/135627.htm),2013年9月4日。

④ 中山大学珠海校区党政工作办公室:《珠海校区举行群众路线教育实践活动辅导报告会》,见中山大学珠海校区网(http://zhuhai.sysu.edu.cn/content/1615),2013年9月7日。

⑤ 中山大学新闻中心珠海校区记者站:《新力量,梦飞扬》,见中山大学珠海校区网(http://zhuhai.sysu.edu.cn/content/1610),2013年9月16日。

⑥ 中山大学珠海校区党政工作办公室:《珠海市台胞台属联谊会领导看望慰问我校珠海校区台湾学生》,见中山大学新闻网(http://news2.sysu.edu.cn/news01/135850.htm),2013年9月18日。

⑦ 中山大学校长办公室:《中山大学年鉴(2013)》,中山大学出版社2014年11月第1版,第759页。

中山大学珠海校区编年史（1999—2018）

校内专家评审工作。9月25日，设备与实验室管理处处长陈敬德一行到珠海校区基础教学实验中心指导实验室建设等工作。

9月25日 下午，珠海校区运动健身园地"乐动园"揭幕仪式在榕园广场举行。珠海校区党工委书记郝登峰、学生处副处长林俊洪，以及珠海市可口可乐饮料有限公司销售市场总监曹剑宏出席仪式。"乐动园"中的健身运动器材为珠海市可口可乐饮料有限公司捐赠。①

△下午，珠海校区安全工作会议在行政楼召开，珠海校区党工委书记郝登峰主持会议，校区各职能部门、整建制学院的代表参加会议。②

9月26日 由珠海校区管委会、党工委主办的珠海校区群众路线教育暨第六届读书月颁奖活动在职工之家举行。③

9月26日至27日 由我校翻译学院与葡萄牙里斯本大学文学院联合主办的以"东西方翻译研究论坛——翻译史的重要性"为主题的国际会议召开。④

9月28日至30日 下午，由翻译学院和功能语言学研究所联合主办的"第十一届功能语言学与语篇分析高层论坛"在珠海校区举行。论坛的主题是"功能语言学与翻译研究"。⑤

9月30日 《中国中山大学与法国昂热大学合作举办旅游管理专业本科教育双学士文凭合作协议》签署。许宁生校长代表中山大学签字。协议有效期为四年。⑥

△《中国中山大学旅游学院与澳大利亚昆士兰大学商学、经济与法律学院合作举办会展经济与管理专业本科教育项目附件三》签署，许宁生校长代表中山大学签字。协议有效期至2019年12月底。⑦

10月10日 晚，由海洋学院举办的海洋大讲堂2013年第一讲在珠海校区教学实验大楼举行，海洋学院孙晓明教授做了题为"南海的形成演化与矿产资源"的讲座。⑧

---

① 中山大学新闻中心珠海校区记者站：《珠海校区运动健身园地揭幕》，见中山大学新闻网（http://news2.sysu.edu.cn/news01/136015.htm），2013年10月10日。
② 中山大学珠海校区党政工作办公室：《珠海校区召开安全工作会议》，见中山大学珠海校区网（http://zhuhai.sysu.edu.cn/content/1603），2013年9月27日。
③ 中山大学新闻中心珠海校区记者站：《珠海校区第六届读书月活动圆满结束》，见中山大学新闻网（http://news2.sysu.edu.cn/news01/135997.htm），2013年10月9日。
④ 黄国文、王宾、许东黎：《从这里走向世界——中山大学翻译学院建院十周年回眸》，中山大学出版社2015年10月第1版，第242～243页。
⑤ 黄国文、王宾、许东黎：《从这里走向世界——中山大学翻译学院建院十周年回眸》，中山大学出版社2015年10月第1版，第33～34页。
⑥ 中山大学校长办公室：《中山大学年鉴（2013）》，中山大学出版社2014年11月第1版，第715页。
⑦ 中山大学校长办公室：《中山大学年鉴（2013）》，中山大学出版社2014年11月第1版，第716页。
⑧ 中山大学海洋学院：《海洋大讲堂2013年第一讲在珠海校区举行》，见中山大学新闻网（http://news2.sysu.edu.cn/news01/136041.htm），2013年10月12日。

10月11日 《中国中山大学与美国俄克拉荷马州立大学合作举办旅游管理专业本科教育项目合作协议书》签署,许宁生校长代表中山大学签字。协议有效期至2019年12月底。①

10月14日 上午,完善珠海校区管理机制座谈会召开。②

校党委书记郑德涛率领总务处、保卫处、房管处负责人来到珠海校区,与校区有关负责人一起,就如何进一步完善珠海校区的管理机制进行座谈。会上,郑书记针对师生对多校区办学的意见与建议向与会者提出要求:希望各单位明确自身的定位,在延伸管理与属地管理中找到平衡点。与会人员畅所欲言,坦率地就校区管理中的一些工作做了认真沟通。郑书记强调,珠海校区应从人(人员考核)、事(办事流程)、财(经费划拨)三个方面加强属地管理。本次座谈会的召开有助于进一步厘清珠海校区现行管理体制,完善校区管理,进一步提高校区管理水平,更好地服务师生。

△下午,珠海校区各职能部门负责人与学生干部代表就校区建设问题举行座谈会。校区党工委书记郝登峰、各职能部门负责人、学生会干部及社团负责人共40余人出席了座谈会。③

△晚,珠海团市委联合中山大学珠海校区团工委在珠海校区举行杰出青年高校宣讲启动仪式暨首场报告会。珠海团市委书记王小彬在启动仪式上致辞。"大学生农民"邹子龙和"十佳青年"代表刘毅梅两位杰出青年代表做了首场报告。邹子龙作为北京大学、中国人民大学的高才生主动放弃一线城市高薪职业转而投身发展绿色农业,刘毅梅从一名普通的女工一步步通过自身打拼成长为国企高管。④

10月16日 中午,珠海校区举行午餐会,13名学生代表与职能部门负责人面对面进行交流与沟通。近期,珠海校区广开言路,通过设置意见箱、微博、网上投诉建议、座谈会、情况通报会等途径完善沟通平台,让职能部门与学生进行密切沟通,真实了解学生的所思所想,为学生解决实际问题。引导学生自我教育、自我管理、自我服务,培养学生的主人翁意识和责任感,让学生积极主动地参与到校区的服务管理工作中来,让学生在自助互助中得到锻炼,成长成才。⑤

10月17日 房地产管理处内部机构调整,增设珠海校区房地产管理科。⑥

---

① 中山大学校长办公室:《中山大学年鉴(2013)》,中山大学出版社2014年11月第1版,第716页。
② 中山大学珠海校区党政工作办公室:《完善管理,提升服务》,见中山大学珠海校区网(http://zhuhai.sysu.edu.cn/content/1587),2013年10月16日。
③ 中山大学珠海校区党政工作办公室:《珠海校区召开职能部门与学生干部代表座谈会》,见中山大学珠海校区网(http://zhuhai.sysu.edu.cn/content/1588),2013年10月15日。
④ 中山大学珠海校区团工委:《珠海市"十大杰出青年、十佳青年"首场报告会在我校珠海校区举行》,见中山大学新闻网(http://news2.sysu.edu.cn/news01/136130.htm),2013年10月21日。
⑤ 中山大学珠海校区党政工作办公室:《广开言路征求意见,引导学生自助互助、成长成才》,见中山大学珠海校区网(http://zhuhai.sysu.edu.cn/content/1585),2013年10月17日。
⑥ 中山大学校长办公室:《中山大学年鉴(2013)》,中山大学出版社2014年11月第1版,第45页。

中山大学珠海校区编年史（1999—2018）

10月18日 中午，本学期珠海校区第一次校领导午餐会举行。李善民副校长与珠海校区15名学生代表进行座谈，深入了解学生们在校园学习、生活中遇到的困难与问题，耐心听取学生们对校区发展的意见与建议。①

△由翻译学院、旅游学院、移动信息工程学院与国际商学院联合举办的四院迎新晚会在珠海校区上演。晚会的主题是"WISHINE"，学生通过"wishshine，weshine"来诠释了对于大学梦想的追求和希望。校党委副书记、副校长朱孔军，学生处处长漆小萍，研究生管理处处长莫华以及四个学院的有关领导出席晚会。②

10月20日 2013年全国啦啦操联赛中国啦啦之星争霸赛（广州站）比赛举办，代表中山大学参赛的翻译学院啦啦队夺得舞蹈啦啦操大学组花球二级冠军、规定套路大学爵士三级组冠军，全队队员荣获"啦啦操星级运动员"称号。本次比赛由国家体育总局和中国大学生体育协会联合举办。③

10月中旬 翻译学院和移动信息工程学院学生课外实践与素质提升计划合作协议签约仪式在珠海校区举行。学生处处长漆小萍，移动信息工程学院党委书记谢曼华，翻译学院党委书记许东黎，翻译学院党委副书记、副院长陈有志，移动信息工程学院副院长苟祯成，移动信息工程学院党委副书记陈凌等出席签约仪式。按协议商定，两院将互认学生课外实践与素质拓展。翻译学院将向移动信息工程学院开放团委、学生会、新闻中心、留学生接待团等组织以及英语学习互助项目、珠海校区留学生"国际桥"校园公益项目。移动信息工程学院也将对翻译学院开放团委、学生会以及电子设计自动化俱乐部、安卓应用开发俱乐部以及科技主题校园公益项目。④

10月21日 晚，国际商学院在珠海校区举办主题为"横琴，'一国两制'新探索"讲座，主讲嘉宾为珠海市横琴新区财金事务局局长阎武博士。⑤

10月22日 晚，由校团委主办，珠海校区团工委和地球科学系联合承办的"全球观·新视野"系列讲坛第一讲在珠海校区举行。首讲邀请了2004年雅典奥运会男子10米高台跳水冠军、广州柯美利环保科技有限公司董事长胡佳校友就"两种身份间的转型之路"与同学们进行交流。校团委书记黄毅、地球科学系党总

---

① 中山大学珠海校区党政工作办公室：《李善民副校长与珠海校区学生举行午餐会》，见中山大学珠海校区网（http://zhuhai.sysu.edu.cn/content/1581），2013年10月22日。

② 于洋：《珠海校区四院迎新晚会圆满举办》，见中山大学新闻网（http://news2.sysu.edu.cn/news01/136189.htm），2013年10月23日。

③ 于洋：《我校翻译学院啦啦队在2013年全国啦啦操联赛（广州站）中国啦啦之星争霸赛（广州站）中获佳绩》，见中山大学新闻网（http://news2.sysu.edu.cn/news01/136224.htm），2013年10月25日。

④ 中山大学移动信息工程学院：《同践行"人心向学"，共携手深化合作——我校翻译学院与移动信息工程学院达成学生课外实践与素质提升计划合作协议》，见中山大学新闻网（http://news2.sysu.edu.cn/news01/136174.htm），2013年10月23日。

⑤ 中山大学国际商学院记者团：《我校国际商学院举办"横琴，'一国两制'新探索"讲座》，见中山大学新闻网（http://news2.sysu.edu.cn/news01/136226.htm），2013年10月25日。

支书记唐锐及国际商学院党委副书记吴长征出席活动。①

10月23日 上午,国际商学院与珠海社会科学联合会共建的"珠江口西岸区域经济发展研究基地"在珠海校区揭牌。珠海社科联主席刘福祥、珠海校区党工委书记郝登峰、国际商学院党政领导和老师代表出席揭牌仪式。②

△下午,珠海校区体育场馆物业管理工作专题座谈会在行政楼第一会议室召开,校区党政工作办公室、教务办公室、体育工作办公室等单位负责人与各院系学生会体育部长就体育场馆管理工作中遇到的问题进行了沟通与交流。校区党工委书记郝登峰做总结讲话。③

10月24日 以"为建设海洋强国奉献青春"为主题的第六届全国大学生海洋知识竞赛华南赛区复赛在珠海校区举行。广东海洋大学代表队获得团体一等奖,厦门大学、中山大学代表队获得团体二等奖。该竞赛由国家海洋局、教育部、共青团中央、海军政治部联合主办,华南赛区复赛由我校海洋学院承办。④

△珠海校区党工委书记郝登峰带队到我校珠海校区挂点对接村居——珠海市斗门区乾务镇新村村调研幸福村居开展情况。幸福村居工作是珠海市委、市政府统一部署的工作,学校领导高度重视,要求珠海校区积极支持该项工作。⑤

10月25日 《关于中国中山大学与法国昂热大学合作举办旅游管理专业本科教育双学士文凭项目的补充协议》签署,许宁生校长代表中山大学签字。协议有效期为六年。⑥

△珠海校区团工委召开第一次院系及社团宣传联络员会议暨社团大会。

10月26日 珠海校区2013级新生宿舍长系列培训在教学实验大楼开讲。此次系列培训由珠海校区宿舍管理学生委员会主办,围绕新生关心的"安全防护""人际交往""校区适应"等话题,邀请保卫处副处长、珠海校区保卫办主任陈东,心理健康教育咨询中心李宝山,学生处副处长、珠海校区学工办主任林俊洪主讲。校区近500名新生宿舍长参加了培训。⑦

△晚,由中文系、外国语学院、中法核工程与技术学院三院学生会联合举办的

---

① 中山大学珠海校区团工委:《"全球观·新视野"系列讲坛在珠海校区开讲》,见中山大学新闻网(http://zhuhai.sysu.edu.cn/content/1573),2013年10月24日。

② 中山大学国际商学院:《我校国际商学院"珠江口西岸区域经济发展研究基地"揭牌仪式顺利举行》,见中山大学珠海校区网(http://zhuhai.sysu.edu.cn/content/1565),2013年10月26日。

③ 中山大学珠海校区党政工作办公室:《珠海校区召开体育场馆管理工作专题座谈会》,见中山大学新闻网(http://zhuhai.sysu.edu.cn/content/1566),2013年10月25日。

④ 中山大学海洋学院:《第六届全国大学生海洋知识竞赛华南赛区复赛在我校珠海校区举行》,见中山大学新闻网(http://news2.sysu.edu.cn/news01/136223.htm),2013年10月25日。

⑤ 中山大学珠海校区党政工作办公室:《珠海校区党工委至乾务镇新村村调研幸福村居开展情况》,见中山大学新闻网(http://news2.sysu.edu.cn/news01/136296.htm),2013年11月1日。

⑥ 中山大学校长办公室:《中山大学年鉴(2013)》,中山大学出版社2014年11月第1版,第716页。

⑦ 中山大学珠海校区学生工作办公室:《珠海校区2013级新生宿舍长培训开讲》,见中山大学新闻网(http://news2.sysu.edu.cn/news01/136291.htm),2013年10月31日。

中山大学珠海校区编年史（1999—2018）

"心·眺"迎新晚会在珠海校区举行。①

10月28日 《中国中山大学与澳大利亚昆士兰大学关于中国中山大学旅游学院与澳大利亚昆士兰大学商学、经济与法律学院本科生联合培养项目教学管理协议书的补充协议》签署。许宁生校长代表中山大学签字。②

10月30日 珠海市人力资源和社会保障局有关负责人来珠海校区调研大学生参保情况。

10月30日至11月1日 全国高校西班牙语专业教学研讨会在珠海校区举行。来自中山大学、北京外国语大学等众多高校的专家学者和西班牙语专业教师，以及上海外语教育出版社、外语教学与研究出版社等出版社代表出席会议。③

10月31日 我校翻译学院与以色列耶路撒冷希伯来大学签署合作协议书，进行学生交换方面的合作。黄国文代表翻译学院签字。协议有效期为五年。④

△珠海校区学工办举办辅导员工作坊，社会学与人类学学院党委副书记张斯虹、信息科学与技术学院党委副书记陈建存、光华口腔医学院学生科许俊卿老师就"如何撰写高质量的思政文章暨申报思政类课题"与珠海校区全体辅导员进行交流。

11月1日 晚，由珠海校区团工委主办的系列讲座"全球观·新视野"第二讲"College life we share, global view we bear"举行。第二讲由翻译学院承办，打破传统讲座的模式，以文化沙龙的方式邀请中外学子前来互动，来自英国、葡萄牙、法国、西班牙、德国和墨西哥等国家的六组留学生走上讲台，为同学们讲述外国大学生活的点滴，并与观众进行了互动。本次沙龙活动得到了学生处2013年"国际桥"校园公益项目的支持。⑤

11月2日 上午，珠海校区分党校入党积极分子培训班举行"劳模进校园"活动。珠海市总工会常务副主席李奕根出席活动。三位全国五一劳动奖章获得者——IT界女强人、金山软件质量守护者李爱华，扎根斗门一中十多年的美术老师兰卫军，坚守海岛岗位20多载的邮政员工谢坚先后走上讲台，与在场的同学们分享自己的人生经历和人生感悟。⑥

△下午，主题为"关爱生命 关注未来"的中山医学院、海洋学院、附属第五

---

① 中山大学新闻中心珠海校区记者站：《"心·眺"迎新晚会圆满结束》，见中山大学珠海校区网（http://zhuhai.sysu.edu.cn/content/1563），2013年10月28日。
② 中山大学校长办公室：《中山大学年鉴（2013）》，中山大学出版社2014年11月第1版，第717页。
③ 《中山大学外语学科90年史稿（1924—2014）》编委会：《中山大学外语学科90年史稿（1924—2014）》，中山大学出版社2014年10月第1版，第286页。
④ 中山大学校长办公室：《中山大学年鉴（2013）》，中山大学出版社2014年11月第1版，第721页。
⑤ 中山大学翻译学院、珠海校区团工委：《我校珠海校区留学生文化沙龙活动圆满落幕》，见中山大学新闻网（http://news2.sysu.edu.cn/news01/136308.htm），2013年11月4日。
⑥ 中山大学珠海校区分党校：《劳模精神谨记在心——中山大学珠海校区分党校"劳模进校园"活动开展》，见中山大学新闻网（http://news2.sysu.edu.cn/news01/136309.htm），2013年11月5日。

医院"三院团委交流活动"在珠海校区举行。中山医学院副院长陈琼珠、附属第五医院党委副书记李广君、海洋学院党总支书记陈省平等人出席活动。①

11月3日 下午,地理科学与规划学院院长交流会在珠海校区举行。柳林院长与近百名2012级、2013级的本科生进行了交流。②

11月4日 晚,由翻译学院与移动信息工程学院携手打造的"英语能力提升计划"第一期活动在珠海校区举行。来自翻译学院的4名Group Leaders和移动信息工程学院的30名参与者用英语对大学生活和规划进行了交流和讨论。③

11月5日 李善民副校长到珠海校区进行工作调研。

11月6日 晚,中山大学2012—2013学年度优良学风标兵班(珠海校区)展示评比大会在教学实验大楼举行。来自翻译学院、国际商学院、旅游学院等六个学院的七个候选班级登场展示。岭南学院2012级经济学2班夺得冠军。④

△学生处召开珠海校区"公益囊"和"悦读感"院系交流会。

11月8日 上午,移动信息工程学院2012级本科生初级工程实训作品展示决赛暨中山大学—Xilinx FPGA联合实验室揭牌仪式在珠海校区举行。⑤

美国Xilinx公司大学计划大中华区总经理谢凯年博士,珠海市科技工贸和信息化局负责人,广州科腾信息技术有限公司负责人,中山大学校长助理、移动信息工程学院院长李文军教授等出席活动并担任评委。会上,谢凯年首先做了题为《From Embedded Computing to All Programmable》的学术报告,接着举行中山大学—Xilinx FPGA联合实验室揭牌仪式。2012级本科生工程实训作品展示及评比决赛随后展开。本次工程实训全程采用企业化管理,让学生提早体验企业运作环境,锻炼团队协作能力。

△中山大学张家界本科教学实习基地在张家界国家森林公园挂牌成立,校长助理、旅游学院院长保继刚教授出席挂牌仪式。张家界国家森林公园将成为旅游学院本科生的年度定点实习基地。⑥

同日,第二届"中国·张家界大学生世界遗产保护论坛"系列活动在全国百

---

① 中山大学海洋学院:《关爱生命,关注未来——中山医学院、海洋学院、附属第五医院"三院团委交流活动"在珠海校区举行》,见中山大学新闻网(http://news2.sysu.edu.cn/news01/136310.htm),2013年11月4日。

② 中山大学地理科学与规划学院:《地理科学与规划学院在珠海校区举办院长交流会》,见中山大学新闻网(http://news2.sysu.edu.cn/news01/136317.htm),2013年11月5日。

③ 中山大学移动信息工程学院:《我校翻译学院与移动信息工程学院携手打造"英语能力提升计划"》,见中山大学新闻网(http://news2.sysu.edu.cn/news01/136490.htm),2013年11月15日。

④ 中山大学珠海校区学生工作办公室:《珠海校区优良学风标兵班展示评比大会顺利举行》,见中山大学珠海校区网(http://zhuhai.sysu.edu.cn/content/1544),2013年11月7日。

⑤ 金刁:《梦不远,就在前方——记移动信息工程学院2012级本科生初级工程实训》,见中山大学新闻网(http://news2.sysu.edu.cn/news01/136521.htm),2013年11月18日。

⑥ 刘逸:《中山大学张家界国家森林公园本科教学实习基地正式挂牌成立》,见中山大学新闻网(http://news2.sysu.edu.cn/news01/136440.htm),2013年11月13日。

余所高校同步启动。本届论坛由联合国世界旅游组织旅游可持续发展监测中心和张家界市武陵源区人民政府主办,中山大学旅游学院承办。

△中法核工程与技术学院第一届预科教学研讨会召开。中法核工程与技术学院法方院长德麦赛、法国教育部预科阶段物理和数学学科教学督导 Torossiant Charles 和 Pietryk Gilbert 等法方嘉宾,中法核工程与技术学院中方院长王彪,人事处、教务处、珠海校区基础教学实验中心其他领导和教师出席了研讨会。会上,以法方教学负责人为主、中方教师为中坚力量的法语、物理和数学教学组依次针对学院成立三年以来的预科教学情况进行了交流和总结。①

△珠海校区体育馆项目建筑设计方案公开投票、征求意见活动在珠海校区教学实验大楼举行。②

为广泛征集意见、提高师生参与程度,学校举行基建项目设计方案公开投票、征求意见活动。350多名师生参加了此次活动。珠海校区体育馆项目5家设计院的主创人员对各自的设计方案进行讲解和答疑。其后,学校于11月12日至17日,在校园网上对项目设计方案选择进行了全校师生网络投票。在上述投票基础上,11月18日,学校基建组织专家评委对5个设计方案进行了评审。经2013年第14次校长办公会讨论,原则同意采用北京市建筑设计研究院设计的方案。

学校2012年第4次校长办公会决定启动珠海校区体育馆项目建设。

11月8日至10日 第十届中国模拟联合国大会在广东外语外贸大学召开,我校翻译学院刘洋同学荣获"最佳风采"奖。③

11月10日 由珠海校区管委会、党工委主办,学校大学生马克思主义理论研修班承办的周末论坛第31讲举办。论坛邀请复旦大学葛剑雄教授主讲"中国边疆问题的由来与现状"。④

11月14日 珠海校区管委会办公例会决定在校园用地红线部分地段建立围墙分界。基建办于11月21日编写了珠海校区红线围墙建设方案。

11月15日 国际商学院召开学院就业工作会议,专题研讨在新的形势下如何进一步推进学院就业工作可持续发展。国际商学院舒元院长、张文彪书记、学校就业指导中心李明章主任参加,会议由吴长征副书记主持。⑤

---

① 中山大学中法核工程与技术学院:《我校中法核工程与技术学院第一届预科教学研讨会顺利召开》,见中山大学新闻网(http://news2.sysu.edu.cn/news01/136487.htm),2013年11月15日。

② 中山大学基建处:《珠海校区体育馆项目设计方案评选结果揭晓》,见中山大学新闻网(http://news2.sysu.edu.cn/news01/137104.htm),2013年12月27日。

③ 中山大学翻译学院:《我院刘洋同学荣获"第十届中国模拟联合国大会(CNMUNC 2013)"最佳风采奖》,见中山大学国际翻译学院网(http://sti.sysu.edu.cn/zh-hans/node/1012),2013年11月19日。

④ 中山大学新闻中心珠海校区记者站:《葛剑雄教授:中国边疆问题的由来和现状》,见中山大学珠海校区网(http://zhuhai.sysu.edu.cn/content/1541),2013年11月11日。

⑤ 中山大学国际商学院:《国际商学院召开就业工作专题会议》,见中山大学新闻网(http://news2.sysu.edu.cn/news01/136563.htm),2013年11月21日。

△晚,《致我们终将逝去的青春》作者辛夷坞作客珠海校区与中大学子进行交流。①

11月16日 上午,珠海市副市长龙广艳到"第一届中国国际马戏节"场馆看望慰问来自我校翻译学院的翻译志愿者。由于本届马戏节对于小语种志愿者需求较多,我校翻译学院承担了西班牙语、俄罗斯语、法语、德语等小语种志愿服务的主要任务,以学科优势和语言技能实现了"高校助力珠海"的核心价值。

11月17日 下午,珠海校区第四届"创先争优"公益社会实践活动启动仪式在教学实验大楼举行。珠海校区党工委副书记林俊洪、珠海市高新区管委会调研员钟惠平、珠海市高新区团工委书记曹小丽以及相关部门负责人和院系辅导员出席启动仪式。"创先争优"公益社会实践活动由珠海市高新区团工委与珠海校区团工委共同主办,旨在让更多的学生有机会参与公益、服务社会。第四届活动以"心系公益,情暖珠海"为主题,遴选出来的32支队伍将紧紧围绕该主题在珠海市高新区辖区内的中小学、社区以及医院开展一系列公益活动。②

△第三届"中译杯"全国口译大赛广东、海南赛区复赛举行。翻译学院2013级研究生瞿玉洁获得一等奖。③

11月19日 桂林电子科技大学北海校区管理委员会常务副主任佘秋平一行来访珠海校区,就异地办学管理模式进行考察交流。珠海校区党工委书记郝登峰会见了来访客人。④

11月22日 下午,由珠海市公安局副局长邓志民带队,珠海市创建平安校园办公室督导组一行到珠海校区检查创建平安校园工作。⑤

11月23日 下午,大韩民国驻广州总领事馆杨昌洙总领事、崔康锡领事等嘉宾来访我校,与校党委常务副书记、副校长陈春声,珠海市教育局副局长邬向明等进行会谈。⑥

当晚,以"华风韩香清,携手廿一情"为主题的第八届韩国文化节闭幕晚会在珠海校区举行。陈春声、杨昌洙等出席了晚会并为韩国文化节致辞。陈春声认

---

① 中山大学新闻中心珠海校区记者站:《知名作家辛夷坞作客珠海校区》,见中山大学珠海校区网(http://zhuhai.sysu.edu.cn/content/1525),2013年11月18日。
② 中山大学珠海校区团工委:《珠海校区第四届"创先争优"公益社会实践活动正式启动》,见中山大学珠海校区网(http://zhuhai.sysu.edu.cn/content/1519),2013年11月21日。
③ 中山大学翻译学院:《我院学子荣获全国口译大赛广东、海南赛区一等奖》,见中山大学国际翻译学院网(http://sti.sysu.edu.cn/zh-hans/node/1010),2013年11月21日。
④ 中山大学珠海校区党政工作办公室:《桂林电子科技大学北海校区领导一行来访珠海校区》,见中山大学珠海校区网(http://zhuhai.sysu.edu.cn/content/1522),2013年11月20日。
⑤ 中山大学珠海校区保卫工作办公室:《珠海市创建平安大学园区周边环境综合治理工作会议在我校区召开》,见中山大学珠海校区网(http://zhuhai.sysu.edu.cn/content/1510),2013年11月26日。
⑥ 中山大学翻译学院:《我校翻译学院第八届韩国文化节圆满闭幕》,见中山大学新闻网(http://news2.sysu.edu.cn/news01/136673.htm),2013年11月27日。

为，近年来我校韩语系发展快速，取得不俗的成绩。韩国文化节属于文化和人文交流的内容，有利于增进中国青年学生对韩国文化的理解，也有利于韩国留学生更好地融入中国大学生活。杨昌洙认为，中韩两国经贸日益频繁，广东省更是与韩国贸易联系紧密。这种情况下，两国文化上的交流更需要加强。经济是外在的联系，文化是内在的联系。中山大学韩国文化节就是很好的文化交流范例。

△翻译学院羽毛球队荣获2013年中山大学四校区羽毛球赛总冠军。这是珠海校区整建制学院第一次获得该赛事总冠军。①

11月24日 第五届雁行社"20人21足运动大赛"在珠海校区举行。由珠海校区各单位学生助理和指导老师组成的21支队伍参加了比赛。②

11月26日 珠海校区体育馆项目可行性研究报告获得教育部批复。③

△下午，珠海校区第九届教职工趣味运动会在田径场举行。④

△我校海洋学院与美国麻省大学达特茅斯分校签署合作协议书，进行学生交流方面的合作。陈长胜代表海洋学院签字。协议有效期为五年。⑤

11月27日 珠海校区党工委在行政楼召开党的群众路线教育实践活动专题民主生活会情况通报会，并集中学习了党的十八届三中全会精神。

11月28日 海洋学院行政领导班子换届，何建国任海洋学院院长，孙晓明、刘军任海洋学院副院长。⑥

△晚，作家蒋方舟做客珠海校区，与中大学子一同探讨如何善待青春。本次讲座由中大青年报社主办。⑦

11月29日 下午，旅游学院和国际商学院学生党建工作交流会在珠海校区举行。交流会的目的在于分享两院学生党建工作的做法和经验，促进相互交流学习。⑧

11月30日至12月1日 11月30日晚，校团委举办的"全球观·新视野"系列讲坛在珠海校区举行。澳门理工学院社会经济与公共政策研究所王五一研究员做了主题为"历史进步主义观念的来龙去脉"和"数千年未有之变局"的讲座。

---

① 中山大学翻译学院：《我院羽毛球队荣获中山大学四校区决赛总冠军》，见中山大学国际翻译学院网（http://sti.sysu.edu.cn/zh-hans/node/1006），2013年11月27日。

② 中山大学珠海校区学生工作办公室：《我校珠海校区举办庆祝89周年校庆第五届雁行社"20人21足运动大赛"》，见中山大学新闻网（http://news2.sysu.edu.cn/news01/136688.htm），2013年11月28日。

③ 中山大学校长办公室：《中山大学年鉴（2013）》，中山大学出版社2014年11月第1版，第673页。

④ 中山大学珠海校区保卫工作办公室：《珠海校区第九届教职工趣味运动会顺利举行》，见中山大学珠海校区网（http://zhuhai.sysu.edu.cn/content/1508），2013年11月28日。

⑤ 中山大学校长办公室：《中山大学年鉴（2013）》，中山大学出版社2014年11月第1版，第721页。

⑥ 中山大学校长办公室：《中山大学年鉴（2013）》，中山大学出版社2014年11月第1版，第59页。

⑦ 中山大学新闻中心珠海校区记者站：《知名青年作家蒋方舟做客中山大学珠海校区》，见中山大学珠海校区网（http://zhuhai.sysu.edu.cn/content/1505），2013年11月29日。

⑧ 中山大学旅游学院：《加强交流，共促发展》，见中山大学珠海校区网（http://zhuhai.sysu.edu.cn/content/1496），2013年12月6日。

许宁生校长和部分相关职能部门负责人应邀出席了讲座。①

12月2日 2013年度高等学校科学研究优秀成果奖（科学技术）授奖项目公布，海洋学院孙晓明教授研究团队完成的《板块俯冲和折返过程中的成岩成矿作用和定年》科技成果获得自然科学奖二等奖。②

12月2日至4日 由我校旅游学院、荷兰鹿特丹伊拉斯谟大学（Erasmus University）管理学院联合主办的第四届旅游接待业管理国际会议举行。来自中山大学、复旦大学，以及来自荷兰、美国、德国等国家和地区的知名学者参会。我校校长助理兼旅游学院院长保继刚教授、荷兰伊拉斯谟大学管理学院营销管理系主任兼旅游研究中心主任弗兰克·高（Frank Go）教授出席大会开幕式并发言。③

12月3日 上午，由珠海校区党工委书记郝登峰带队，保卫办、学工办等单位人员组成四个检查组分别对学生宿舍、危险品仓库、实验室、煤气瓶组站、图书馆、行政楼、食堂、校区商铺进行安全检查。④ 12月13日上午，珠海校区党工委组成督查组，对校区危险品仓库、煤气瓶组站等地方进行了复查。

12月5日 中国旅游协会教育分会第二届会员代表大会举行。会议由我校旅游学院承办。李善民副校长出席会议。本次会议进行了教育分会第二届理事换届选举，旅游学院院长保继刚教授当选第二届中国旅游协会教育分会会长。⑤

△为进一步加强珠海校区各单位行政工作，提升办公效率与服务质量，珠海校区管委会、党工委邀请校长办公室陈望南主任来到珠海校区，为校区各职能部门、各学院行政人员做题为"大学行政：观念、规范与实务"的业务培训。⑥

△珠海校区学工办开展辅导员"进社区、走企业、拓就业、宽视野"系列活动，是日到珠海国家高新技术产业开发区进行学习。⑦

12月6日 晚，珠海校区周末论坛第32讲在教学实验大楼开讲。校党委常务副书记、副校长陈春声教授应邀做主题为"客从何来——南岭山脉与客家族群身

---

① 共青团中山大学委员会：《"全球观·新视野——与信仰对话"系列讲坛相继开讲》，见中山大学新闻网（http://news2.sysu.edu.cn/news01/137110.htm），2013年12月30日。
② 中山大学海洋学院：《我校海洋学院1项科技成果获高等学校科学研究优秀成果奖》，见中山大学珠海校区网（http://zhuhai.sysu.edu.cn/content/1438），2014年3月11日。
③ 中山大学校长办公室：《中山大学年鉴（2013）》，中山大学出版社2014年11月第1版，第678页。
④ 中山大学珠海校区保卫工作办公室：《珠海校区开展2013年岁末年终安全大检查》，见中山大学新闻网（http://news2.sysu.edu.cn/news01/136840.htm），2013年12月6日。
⑤ 中山大学旅游学院：《保继刚教授当选第二届中国旅游协会教育分会会长》，见中山大学新闻网（http://news2.sysu.edu.cn/news01/136871.htm），2013年12月10日。
⑥ 中山大学珠海校区党政工作办公室：《珠海校区开展行政工作专题培训活动》，见中山大学珠海校区网（http://zhuhai.sysu.edu.cn/content/1497），2013年12月6日。
⑦ 中山大学珠海校区学生工作办公室：《进社区、走企业、拓就业、宽视野——我校珠海校区辅导员开展社会考察活动》，见中山大学新闻网（http://news2.sysu.edu.cn/news01/136898.htm），2013年12月11日。

份的构建"的讲座。①

12月6日至7日 由中山大学就业指导中心和珠海校区管委会共同主办的第一届珠港澳高校就业指导与职业规划教育学术研讨会在珠海校区举行。校党委副书记、副校长朱孔军,珠海市教育局局长钟以俊出席研讨会并致辞。来自香港大学、澳门大学、中山大学等珠港澳11所高校的就业工作负责人和有关专家学者参会。②

12月7日 下午15时,中山大学院系辩论赛决赛在珠海校区举行。多次代表马来亚大学参加国际大专辩论会的胡渐彪先生应邀担任评委及点评嘉宾。本次辩论赛以"人类变得越来越坚强/脆弱"为主题,岭南学院辩论队获得冠军。③

12月8日 晚,第九届珠海校区话剧小品大赛决赛在榕园学生活动中心拉开帷幕。中文系《翩尼倩小屋》赢得一等奖。④

12月11日 上午,墨西哥驻广州总领事馆 David Najera 总领事应翻译学院西语系邀请,来到珠海校区做关于墨西哥地理和文化概况的讲座。⑤

12月11日至17日 "山西省人大信访系统领导干部能力提升研修班"在珠海校区举办。11日上午,开班仪式举行。校党委常务副书记、副校长陈春声出席了仪式并致欢迎辞。⑥

12月12日 珠海校区提升计划工作会议在行政楼召开。⑦

许宁生校长,颜光美、李善民副校长以及有关职能部门、校区整建制学院负责人出席会议,就进一步完善珠海校区提升计划进行讨论,会议由许宁生主持。会上,珠海校区党工委书记郝登峰汇报了珠海校区提升计划的思路及进展情况。房地产管理处、总务处、基建处、教务处、学生处、校团委、保卫处、档案馆、图书馆等职能部门负责人分别谈了对珠海校区提升计划的想法与建议。颜光美提出,珠海校区要着眼学校大局,以国际化为抓手,做出特色,校区建设要综合考虑教学、科研等特点,做好调研,结合未来的发展规划去建设,要倾全校之力打造几个知名品牌活动。李善民提出,珠海校区提升要从硬件条件建设和软件条件建设两个方面

---

① 中山大学新闻中心珠海校区记者站:《客从何来》,见中山大学珠海校区网(http://zhuhai.sysu.edu.cn/content/1495),2013年12月9日。

② 中山大学珠海校区党政工作办公室:《第一届珠港澳高校就业指导与职业规划教育学术研讨会在我校珠海校区成功举办》,见中山大学新闻网(http://news2.sysu.edu.cn/news01/136909.htm),2013年12月12日。

③ 中山大学新闻中心珠海校区记者站:《中山大学珠海校区院系辩论赛决赛隆重举行》,见中山大学珠海校区网(http://zhuhai.sysu.edu.cn/content/1494),2013年12月9日。

④ 中山大学新闻中心珠海校区记者站:《好戏连场,精彩纷呈》,见中山大学珠海校区网(http://zhuhai.sysu.edu.cn/content/1482),2013年12月16日。

⑤ 中山大学翻译学院:《墨西哥驻广州总领事应邀给我院西语系师生做讲座》,见中山大学国际翻译学院网(http://sti.sysu.edu.cn/zh-hans/node/986),2013年12月16日。

⑥ 中山大学高等继续教育学院:《山西省人大信访系统领导干部能力提升研修班在我校开班》,见中山大学新闻网(http://news2.sysu.edu.cn/news01/136919.htm),2013年12月12日。

⑦ 中山大学校长办公室:《中山大学年鉴(2013)》,中山大学出版社2014年11月第1版,第764页。

下功夫。在软件条件建设中,应站在师生的角度考虑;在硬件条件建设方面,要坚持两个基本原则,一要与中大的档次相当,二要勤俭办学,充分利用现有的资源。

许宁生对如何做好珠海校区提升工作做了具体部署。他指出,学校坚持多校区办学的发展思路,珠海校区的提升计划要与学校的发展规划相结合。接下来应完善校区的管理和运行机制,推行校区政务公开、明确校区权责,校区管委会、党工委作为校区提升计划的主抓部门,应全面负责统筹协调工作,对条件成熟的工作应明确时间节点,按时完成。

△上午,魏明海副校长到珠海校区调研公房管理工作。①

魏明海听取了房地产管理处处长温光浩关于珠海校区公房使用和管理的现状、存在问题以及对未来校区公房调整规划的设想,视察了中法核工程与技术学院公房、教学实验大楼、基础教学实验中心、行政办公用房以及教师住房等的使用现状,重点调研了榕一学生饭堂、榕二学生饭堂、岁月湖餐厅、学生活动中心场地、荔园6号和荔园19号;对拓展学生活动场地和教职工周转住房建设,要求房地产管理处近期做出规划方案,并明确要求校区公房使用调整的规划建议需要征询校区师生和管委会的意见。经学校批准,通过机构调整,房地产管理处设立珠海校区房地产管理科,今后校区的公房地产资源的规划、管理、配置、调整由房地产管理处负责,珠海校区房地产管理科将在校区管委会统一协调和各相关部门配合下履行房地产管理工作的延伸职能,为广大师生服务。

12月13日 旅游学院行政领导班子换届,保继刚任旅游学院院长,张朝枝、孙九霞、罗秋菊任旅游学院副院长。②

12月19日 中央群众路线教育实践活动第43督导组一行三人,莅临珠海校区指导检查校区群众路线教育实践活动的开展情况并召开座谈会。③

校区党工委书记郝登峰,校区各职能部门、各整建制学院负责人以及学生会代表出席座谈会。郝登峰向督导组详细汇报了珠海校区开展群众路线教育实践活动的情况。他说,珠海校区是在校党委的统一部署下,结合珠海校区实际,制订开展群众路线教育实践活动具体实施方案,主要从学习教育和听取意见、查摆问题和开展批评、整改落实和建章立制三个环节扎实抓好工作。学校领导高度重视,亲自指导校区活动的开展,多位校领导多次来校区调研。

督导组祝江南处长说,珠海校区群众路线教育实践活动在校党委的领导下稳步推进,抓的扎实,抓的有效。在听取意见环节能达到基层,达到一线,与师生面对面,查摆问题很深刻,整改落实很有动作,珠海校区全方位、有深度地开展群众路

---

① 中山大学房地产管理处:《我校魏明海副校长调研珠海校区公房管理工作》,见中山大学新闻网(http://news2.sysu.edu.cn/news01/136939.htm),2013年12月13日。
② 中山大学校长办公室:《中山大学年鉴(2013)》,中山大学出版社2014年11月第1版,第59页。
③ 中山大学珠海校区党政工作办公室:《中央群众路线教育实践活动第43督导组莅临珠海校区检查指导工作》,见中山大学珠海校区网(http://zhuhai.sysu.edu.cn/content/1475),2013年12月20日。

中山大学珠海校区编年史（1999—2018）

线教育实践活动很有成效。他对珠海校区开展群众路线教育实践活动提出四点建议：一是深入扎实学习贯彻党的十八届三中全会精神；二是扎扎实实地抓整改；三是巩固现有成效；四是搞好统筹结合，将群众路线教育实践活动与校区中心工作结合起来。

12月21日 2013年广东省大学生"蓝鸽杯"英语口译大赛决赛举行。翻译学院2011级英语翻译系本科生文洁怡、蔡晓仪、黎立威夺得冠军，赵睿老师获评"优秀指导教师"。①

12月21日至22日 由国际商学院合作主办的"产业与区域经济发展国际研讨会暨经济历史研究学术论坛"在珠海校区召开，来自中日两国的40余位代表参加了研讨会。这是国际商学院主办的首个国际学术研讨会。②

12月24日 珠海校区基础教学实验中心完成分析化学、热力学电化学实验室建设。

12月25日 上午，珠海校区第四届"飞翔青春"原创艺术作品大赛颁奖暨研究生楼长聘任仪式在行政楼一楼展厅举行。校长助理、珠海校区管委会主任保继刚，珠海校区党工委书记郝登峰等领导出席仪式，并为获奖作品颁奖。③

12月28日 上午，中山大学天文与空间科学研究院在珠海校区揭牌成立。④⑤中国科学院院士、中山大学校长许宁生出席揭牌仪式。仪式邀请了陈建生、周又元和顾逸东等在天文和空间科学学科有杰出贡献的中科院院士参与。各位院士对中山大学复办天文学科表示祝贺，并对天文学科和空间科学的发展提出了很多建设性的建议。期望中山大学天文与空间科学研究院的成立可以作为华南地区天文学科的发展大平台，同时发挥中山大学多学科的优势，配合现今天文与空间技术的快速发展和国家需求，培育更多优秀的人才。

△旅游学院参与承办的中国·张家界第二届大学生世界遗产保护论坛系列活动落幕。作为本届论坛系列活动之一，"世界自然遗产保护与可持续旅游发展"提案大赛总决赛同日举行，我校旅游学院代表队获得大赛第一名。⑥

---

① 《中山大学外语学科90年史稿（1924—2014）》编委会：《中山大学外语学科90年史稿（1924—2014）》，中山大学出版社2014年10月第1版，第286页。
② 中山大学校长办公室：《中山大学年鉴（2013）》，中山大学出版社2014年11月第1版，第679页；国际商学院：《学院首个国际学术研讨会顺利落幕——中日共议产业与区域经济发展》，见中山大学国际金融学院网（http://isbf.sysu.edu.cn/cn/sylm01/4623.htm），2013年12月24日。
③ 中山大学珠海校区学生工作办公室：《伴青春飞翔，扬艺术风帆——我校珠海校区第四届"飞翔青春"原创艺术作品大赛颁奖暨研究生楼长聘任仪式举行》，见中山大学新闻网（http://news2.sysu.edu.cn/news01/137112.htm），2013年12月30日。
④ 中山大学校长办公室：《中山大学年鉴（2013）》，中山大学出版社2014年11月第1版，彩页第16页。
⑤ 雷雨：《中山大学复办天文学科》，见《南方日报》，2013年12月31日A09版。
⑥ 中山大学旅游学院团委：《中国·张家界第二届大学生世界遗产保护论坛圆满落幕》，见中山大学新闻网（http://news2.sysu.edu.cn/news01/137148.htm），2013年12月31日。

12月31日 晚,由珠海校区团工委主办的珠海校区2014新年舞会在风雨操场举行。①

12月 翻译学院团委志愿者队获得第一届中国国际马戏节志愿者服务队"优秀组织奖",受到共青团珠海市委的表彰。②

---

① 中山大学新闻中心珠海校区记者站:《因爱舞一世》,见中山大学珠海校区网(http://zhuhai.sysu.edu.cn/content/1462),2014年1月3日。
② 《中山大学外语学科90年史稿(1924—2014)》编委会:《中山大学外语学科90年史稿(1924—2014)》,中山大学出版社2014年10月第1版,第267页。

2014年

珠海市人民政府与中山大学进一步深化战略合作协议签约仪式

2014年

1月4日 珠海校区2013年年终工作研讨会召开。①

会议对校区及各职能办公室2013年度工作进行总结，并部署2014年度重点工作。校区各办负责人出席会议，会议特别邀请整建制学院负责人及学生代表参加。珠海校区党工委书记郝登峰主持会议并作总结发言。珠海校区2013年度完成的重点工作包括：一是进一步密切师生沟通渠道，切实服务师生需求，如解决珠海校区教职工户口问题、解决学生宿舍热水供应问题；二是进一步明确校区管委会职能定位，明确权责。2014年度校区重点工作计划：一是建立一站式服务中心，解决师生办证办事难问题；二是进一步落实群众路线要求，建立健全校区和整建制学院院长联席会议机制，校区办公室负责人和学院行政副院长、党委副书记联席会议机制。

△地球科学系2014年工作研讨会在珠海校区召开。全系教职工和珠海校区部分同学参加了会议。②

1月8日 上午，张家界市政府副秘书长高靖生、市旅游局局长丁云勇一行来访我校旅游学院，与校长助理、旅游学院院长保继刚教授等人就张家界市人民政府联合中山大学等高校共建科研基地的事宜进行了商谈。③

1月9日 下午，珠海校区2013年度总结表彰大会

---

① 中山大学珠海校区党政工作办公室：《珠海校区召开2013年年终工作研讨会》，见中山大学珠海校区网（http://zhuhai.sysu.edu.cn/content/1454），2014年1月7日。
② 中山大学地球科学系：《感受危机，抓住机遇，追求卓越》，见中山大学珠海校区网（http://zhuhai.sysu.edu.cn/content/1457），2014年1月6日。
③ 中山大学旅游学院：《张家界市有关领导率队来访我校旅游学院》，见中山大学新闻网（http://news2.sysu.edu.cn/news01/137362.htm），2014年1月15日。本条题目有所修改。

举行。①

校长助理、珠海校区管委会主任保继刚,珠海校区党工委书记郝登峰,各学院负责人,各职能部门教职工及学生代表出席了会议。总结表彰会上,保继刚从落实群众路线教育实践活动、解决师生实际问题、珠海校区提升计划、加强组织建设、提高干部素质、加强校园整治等方面对2013年珠海校区工作做了总结。他表示,过去的一年里,校区充分利用群众路线教育实践活动契机,为校区师生解决了一些实际问题,基本做到了让师生满意。在今后的一年,校区管委会、党工委将继续大力推进校区提升计划,争取为校区广大师生创造更好的学习、生活条件。

保继刚和郝登峰等人为2013年度珠海校区先进集体、先进乙方单位、先进工作者、工会活动积极分子以及刚刚结束的校区教职工羽毛球比赛获奖者颁奖。

△海洋学院与香港海洋公园保育基金联合发布关于中华白海豚的研究报告。研究结果初步显示,在香港水域与珠江口的中华白海豚体内积聚多种重金属物质,预计珠江口的中华白海豚数量有可能在未来60年内大幅减少74%,濒临绝种危险。海洋学院与香港海洋公园保育基金于2011—2012年度合作成立了中国最大的中华白海豚基因数据库与海洋环境样本数据库。②

1月10日 下午,珠海校区在教学实验大楼召开见义勇为表彰大会。③

珠海校区党工委书记郝登峰,珠海市公安局唐家派出所所长廖绍祥,校区党政办、学工办、保卫办和珠海丹田物业有限公司负责人以及保安员共60多人出席表彰会,会上对陈正清等8名物业保安员予以表彰。郝登峰指出,校区保安员用自己的实际行动乃至鲜血和生命实践了"保安"这一称号,确保校区的安全有序。他表示,召开此次表彰大会,一是为了进一步弘扬正气、鼓励先进,二是维护校区安全稳定的工作任重而道远,寒假即将到来,希望各位保安人员和校区保卫干部职工一起坚守岗位,为构建和谐珠海校区做出努力。廖绍祥通报了2013年"11.10"案件中,中大珠海校区保安员陈正清只身赤手空拳勇抓歹徒,身负重伤的英雄事迹以及公安机关的破案经过,高度肯定了珠海校区保安人员在维护校区安全稳定工作中所做出的贡献。

1月17日 下午,颜光美副校长到珠海校区调研学生工作。④

旅游学院、翻译学院、国际商学院、海洋学院、移动信息工程学院等单位分管

---

① 中山大学珠海校区党政工作办公室:《我校珠海校区2013年度总结表彰大会顺利召开》,见中山大学新闻网(http://news2.sysu.edu.cn/news01/137290.htm),2014年1月10日。
② 中山大学海洋学院:《我校海洋学院与香港海洋公园保育基金联合发布关于中华白海豚的研究报告》,见中山大学新闻网(http://news2.sysu.edu.cn/news01/137305.htm),2014年1月13日。
③ 中山大学珠海校区党政工作办公室:《我校珠海校区召开见义勇为表彰大会》,见中山大学新闻网(http://news2.sysu.edu.cn/news01/137371.htm),2014年1月16日。
④ 中山大学学生处:《我校颜光美副校长到珠海校区调研学生工作并探望生病学生》,见中山大学新闻网(http://news2.sysu.edu.cn/news01/137399.htm),2014年1月20日。

学生工作的书记、副书记汇报了各自学院的学生工作特点,珠海校区学工办、团工委的负责同志也汇报了相关工作。颜光美与各学院和部门深入讨论了第二课堂如何促进国际化人才和领袖气质人才培养等问题。他鼓励珠海校区学工业务口的同志们结合校区提升计划,开展创新性的工作。学生处处长漆小萍、珠海校区党工委书记郝登峰参加了调研交流。

1月18日 上午,珠海市海洋资源保护开发协会第四届理事会议召开,我校海洋学院被推举为副会长单位,海洋学院党总支书记陈省平参加会议,并被推选为副会长。①

1月20日 校党委副书记、纪委书记国亚萍到珠海校区慰问假期值班人员。②

1月30日 是日为农历除夕。上午,学校组织珠海校区留校学生共庆除夕。校党委常务副书记、副校长陈春声教授前来珠海校区看望留校学生,与同学们共庆马年新春。研究生院研究生管理处处长莫华和珠海校区党工委书记郝登峰陪同慰问。③

2月20日至21日 中山大学2014年春季工作会议在珠海校区召开。④

会议内容主要包括部署2014年学校工作,讨论《中山大学章程(草案)》等。校党委书记郑德涛、校长许宁生分别主持两天的会议,全体校领导、校长助理,以及各二级单位、职能部门、有关科研单位的负责人与会。

许宁生提出了2014年学校工作的宏观思路和总体要求。他讲了13个方面的内容,其中第11点为校区管理工作,提出:"今年我们把校区管理作为一个重点提出来,研究出台珠海校区和东校区管理体制机制实施方案,强化上述校区属地化管理功能和扩大延伸管理覆盖面,特别是在这两个校区没有延伸管理的部门,要考虑怎么做好延伸。珠海校区要落实提升计划以及跟珠海市的合作协议。"⑤汪建平、陈春声、颜光美、李萍、黎孟枫、魏明海、国亚萍、李善民、朱熹平,校长助理夏亮辉、李文军、陈绍彬、马骏分别结合各自分管工作,就今年的工作思路与设想做了专题发言。

郑德涛做会议总结,并就切实做好今年各项任务提出三点意见:一是要增强工作的责任感和紧迫感;二是要把握好全面深化改革;三是要加强工作的组织领导。按照中组部、教育部要求,本次会议还安排了"一报告两评议"环节,校党委副

---

① 中山大学海洋学院:《我校海洋学院被推举为珠海市海洋资源保护开发协会副会长单位》,见中山大学新闻网(http://news2.sysu.edu.cn/news01/137397.htm),2014年1月20日。

② 中山大学校长办公室:《中山大学年鉴(2014)》,中山大学出版社2016年6月第1版,第794页。

③ 中山大学珠海校区学生工作办公室:《陈春声常务副书记、副校长与留校学生共庆新春》,见中山大学珠海校区网(http://zhuhai.sysu.edu.cn/content/1445),2014年2月7日。

④ 中山大学新闻中心:《中山大学2014年春季工作会议召开》,见《中山大学报》(新)第307期,2014年2月27日。

⑤ 中山大学校长办公室:《中山大学年鉴(2014)》,中山大学出版社2016年6月第1版,第169页。

书记、纪委书记国亚萍报告了我校2013年中层领导干部选拔任用工作的情况,与会人员还对2013年学校新任校领导、新任中层干部以及学校选人用人工作进行了民主评议。

2月24日 根据学校党委2014年第4次常委会研究,决定陈春声常务副书记、副校长分管珠海校区。①

2月26日 马骏任珠海校区管理委员会主任(兼);同意保继刚辞去珠海校区管委会主任职务。②

马骏校长助理兼任珠海校区管委会主任上岗仪式于3月7日举行,陈春声常务副书记、副校长出席仪式,校党委组织部部长武少新宣读了任命文件。

2月28日 国际商学院第五届职业发展训练营在珠海校区开营,国际商学院院长舒元做了关于职业生涯规划的讲座。6月7日,训练营举行结营仪式。国际商学院党委书记张文彪等出席仪式。③

3月7日 河南省副省长张广智一行来访中山大学,与魏明海副校长进行了会谈。旅游学院院长保继刚向张广智介绍了中山大学在联合国世界旅游组织旅游可持续发展工作中的角色地位与工作历程,汇报了中山大学专家组对河南旅游可持续发展考察评估的基本情况,并讨论了河南省建设旅游可持续发展观测点的工作方案。随后,河南省旅游局局长寇武江与魏明海分别代表河南省人民政府和中山大学签署合作协议,河南省政府正式委托中山大学负责建设联合国世界旅游组织河南观测点的技术工作。④

△为提高我校珠海校区广大师生的遵纪守法和安全防范意识,共同抓好平安校园建设,珠海市公安局高新分局来我校珠海校区召开安全保卫会议。珠海校区党工委书记郝登峰,各职能部门、各学院负责人参加会议。⑤

3月10日 由校团委主办的"学术与人生"系列讲坛在珠海校区开讲。香港大学政治哲学博士凌友诗应邀主讲"中西文化情理之辨"。⑥

3月11日 珠海校区学工办组织开展第三次辅导员"进社区、走企业、拓就业、宽视野"系列活动。全体辅导员到珠海市高栏港经济区、斗门区莲洲镇参观考察了珠海太阳鸟游艇生产有限公司、广东省粤电集团珠海发电厂等企业以及莲洲

---

① 中山大学校长办公室:《中山大学年鉴(2014)》,中山大学出版社2016年6月第1版,第88页。
② 中山大学校长办公室:《中山大学年鉴(2014)》,中山大学出版社2016年6月第1版,第51页。
③ 中山大学国际商学院:《国际商学院第五届学生职业发展训练营顺利结营》,见中山大学新闻网(http://news2.sysu.edu.cn/news01/139335.htm),2014年6月19日。
④ 中山大学旅游学院:《河南省副省长访问我院并签署合作协议》,见中山大学旅游学院网(http://stm.sysu.edu.cn/content/1238),2014年3月25日。
⑤ 中山大学珠海校区党政工作办公室:《警校联动,共建平安校园——我校珠海校区召开安全保卫会议》,见中山大学新闻网(http://news2.sysu.edu.cn/news01/137827.htm),2014年3月13日。
⑥ 共青团中山大学委员会:《弘毅以行远,尚德以至和,修身以效国——"学术与人生"系列讲坛在四校区相继开讲》,见中山大学新闻网(http://news2.sysu.edu.cn/news01/138224.htm),2014年4月9日。

社区。①

3月12日 下午,珠海校区图书馆(含行政楼)、教学实验大楼修缮工程师生意见征集会在行政楼召开。会议由总务处副处长、珠海校区后勤办主任田宝才主持,校长助理、珠海校区管委会主任马骏,校区各行政部门、各学院师生代表参加会议。②

3月14日 旅游学院学生会主办的第十届"走四方"旅游文化节开幕活动"旅友去哪儿"游园会在珠海校区举办。今年的"走四方"旅游文化节以"妙旅连珠"为主题,得到广东省旅游局和广东省旅游协会的支持。③ 旅游文化节于3月23日结束。④

3月16日 珠海校区党工委书记郝登峰一行赴珠海校区援建"幸福村居"联系点——珠海市斗门区乾务镇新村村选举现场,协助换届选举工作,监督选举各个环节,确保新村村"两委"换届选举工作顺利进行。按照珠海市委、市政府的要求,新村村"两委"换届选举之前,我校珠海校区派专人到新村村了解选举的准备情况。郝登峰还与前来指导选举的珠海市水产养殖科学技术推广站、乾务镇党委领导进行交流,探讨援建工作的具体举措。⑤

3月18日至19日 网络与信息技术中心主任温武少带队来珠海校区调研。3月18日晚,珠海校区学生会、中大青年共12名学生代表应邀参加座谈会。3月19日上午,网信中心与珠海校区整建制办学学院的领导进行了座谈。⑥

3月19日 上午,校长助理、珠海校区管委会主任马骏到学工办调研珠海校区学生工作。⑦

旅游学院、翻译学院、国际商学院、海洋学院、移动信息工程学院等校区整建制学院分管学生工作的书记、副书记,各院系辅导员以及校区党工委、党政办、学工办、团工委、后勤办等单位负责人参加调研会。马骏在调研座谈会上指出,学校

---

① 中山大学珠海校区学生工作办公室:《宽视野、拓就业——我校珠海校区组织开展第三次辅导员"进社区、走企业、拓就业、宽视野"系列活动》,见中山大学新闻网(http://news2.sysu.edu.cn/news01/137854.htm),2014年3月17日。

② 中山大学珠海校区后勤办公室:《珠海校区召开修缮工程师生意见征集会》,见中山大学珠海校区网(http://zhuhai.sysu.edu.cn/content/1435),2014年3月13日。

③ 中山大学旅游学院:《旅院十周年——旅友赏粤"走四方"暨2014广东大学生旅游文化节顺利开幕》,见中山大学珠海校区网(http://zhuhai.sysu.edu.cn/content/1423),2014年3月21日。

④ 中山大学旅游学院学生工作办公室:《我校旅游学院第十届"走四方"旅游文化节活动圆满举行》,见中山大学新闻网(http://news2.sysu.edu.cn/news01/138049.htm),2014年3月31日。

⑤ 中山大学珠海校区党政工作办公室:《我校珠海校区赴新村村积极协助做好幸福村居村委换届选举工作》,见中山大学新闻网(http://news2.sysu.edu.cn/news01/137881.htm),2014年3月18日。

⑥ 中山大学珠海校区IT服务部:《我校网络与信息技术中心来珠海校区开展调研工作》,见中山大学珠海校区网(http://zhuhai.sysu.edu.cn/content/1418),2014年3月26日。

⑦ 中山大学珠海校区学生工作办公室:《马骏校长助理调研珠海校区学生工作》,见中山大学珠海校区网(http://zhuhai.sysu.edu.cn/content/1421),2014年3月22日。

中山大学珠海校区编年史（1999—2018）

对珠海校区的发展正在进行新一轮规划布局，珠海校区将迎来进一步的提升，大家对珠海校区的未来要充满信心，学工系统的工作对校区稳定、健康、和谐发展的意义重大，大家应一起努力，共同推动校区的学生工作和人才培养工作。

△珠海校区教职工在翰林路两侧进行植树活动。珠海校区管委会、党工委近日倡议校区教职工开展"美化校园"捐款植树种花活动。倡议发出后，教职工积极响应，纷纷捐款，主动参加到植树种花活动中。校长助理、珠海校区管委会主任马骏参加了植树活动。①

3月20日　邵元智任中法核工程与技术学院副院长，陈敏不再兼任中法核工程与技术学院副院长职务。②

△鲁书喜任移动信息工程学院副院长（挂职，一个学期）。③

3月22日　上午，法国阿尔图瓦大学副校长Stephen Rowley教授来访翻译学院，给国际事务系的同学们上了一节以"Intercultural Communication"为主题的公开课，阐述了认识国际事务与跨文化沟通的意义与重要性。④

3月23日　晚，以"破晓"为主题的岭南学院第一届博雅文化节开幕式暨博雅论坛在珠海校区举办。本届博雅文化节于5月10日结束。⑤

3月24日　菲律宾雅典耀大学副校长Jose M. Cruz来访翻译学院，翻译学院黄国文院长与Jose M. Cruz进行了会谈。⑥

3月28日　下午，移动信息工程学院在珠海校区举办首次"工程嘉年华"。校长助理、移动信息工程学院院长李文军，校长助理、珠海校区管委会主任马骏，校团委书记黄毅，珠海校区党工委书记郝登峰等到场观看了学生们的作品展示。珠海国家高新技术产业开发区主任杨川等嘉宾应邀前来指导。在观看了学生科技创新作品展示后，杨川表示，珠海高新区将对我校学生的优秀创新创业项目提供支持。⑦

3月30日　上午，中大珠海校友会组织校友来到珠海校区参与美化校园植树活动。珠海校区党工委书记郝登峰、校区各职能部门负责人参加了植树活动。此外，由中山大学绿叶社和中山大学绿色青年组织招募的植树志愿者团队也参加了此

---

① 中山大学珠海校区党政工作办公室：《植树种花，美化校园——我校珠海校区开展教职工捐款植树种花活动》，见中山大学新闻网（http://news2.sysu.edu.cn/news01/137940.htm），2014年3月20日。
② 中山大学校长办公室：《中山大学年鉴（2014）》，中山大学出版社2016年6月第1版，第51页。
③ 中山大学校长办公室：《中山大学年鉴（2014）》，中山大学出版社2016年6月第1版，第51页。
④ 中山大学翻译学院：《法国阿尔图瓦大学副校长来访我院并授课》，见中山大学国际翻译学院网（http://sti.sysu.edu.cn/zh-hans/node/906），2014年3月31日。
⑤ 中山大学新闻中心珠海校区记者站：《第一届博雅文化节开幕式暨博雅论坛在珠海校区举行》，见中山大学珠海校区网（http://zhuhai.sysu.edu.cn/content/1416），2014年3月26日。
⑥ 中山大学翻译学院：《菲律宾雅典耀大学副校长来访我院》，见中山大学国际翻译学院网（http://sti.sysu.edu.cn/zh-hans/node/926），2014年3月28日。
⑦ 中山大学移动信息工程学院：《我校移动信息工程学院首次"工程嘉年华"活动成功举办》，见中山大学新闻网（http://news2.sysu.edu.cn/news01/138182.htm），2014年4月4日。

次活动。在本次植树活动中，校友为母校捐赠了100棵桃树、上百棵沉香、毛杜鹃、白玉兰、黄花梨等树种。①

3月31日 由珠海市委、珠海市政府联合召开的珠海高校发展工作会议在珠海市举行。许宁生校长代表中山大学参会。②

广东省教育厅厅长罗伟其及珠海市有关领导出席会议。会议由珠海市市长何宁卡主持。珠海拟出台《珠海市关于促进高等教育发展的若干意见》，探索高校改革发展、创新发展、与地方协同发展的新路径。

许宁生在发言中表示，中山大学在珠海的发展正面临着难得的历史新机遇，珠海市委、市政府提出的《珠海市关于促进高等教育发展的若干意见》为我校在珠海的发展注入了新动力、指明了新方向，中山大学按照建设世界一流大学的发展目标谋划珠海校区发展。一流的中山大学必定有一流的珠海校区。随后，他围绕"如何深度融入区域发展，促进政产学研资紧密结合"做了主题发言。他提到，中山大学将全方位与珠海市的总体发展战略接轨，将珠海校区打造成驱动中大发展的新的增长点，打造成中大参与国际、国内合作与竞争的前沿阵地。因此，中山大学一是要加强人才培养合作，加快教育事业发展，加强整建制学院的建设，加强研究生培养体系建设和进一步提升国际合作办学水平；二是实施"科技提升服务珠海"计划，加强高水平研究机构建设，积极推动成果转化，开展科技协同创新，建设"协同创新区"；三是合作提升城市功能、推动城市形象建设，开展决策咨询研究合作，与珠海市合作建设文化研究机构，协助珠海市创建高端国际交流平台，提升珠海市的国际影响力。校党委常务副书记、副校长陈春声，校长助理、珠海校区管委会主任马骏参加了会议。

4月1日 珠海校区整建制学院院长联席会议召开。③

校党委常务副书记、副校长陈春声，校长助理、珠海校区管委会主任马骏，珠海校区六个整建制学院院长、副院长出席会议。珠海校区党工委书记郝登峰主持会议，校区各职能部门负责人列席会议。

陈春声结合参加珠海市高校发展工作会议的精神，对珠海校区的发展定位、管理模式、办学模式、基础设施建设、学术氛围以及服务珠海等方面做了介绍。马骏强调，珠海校区的办学主要依靠整建制学院，希望各整建制学院能结合珠海市的资源，进一步谋划学院发展，提升教学科研水平。会上，郝登峰简单汇报了校区提升计划实施情况。各学院负责人结合学院发展情况，从硬件设施、人才培养、国际交流、校区管理体制、学术氛围等方面为珠海校区提升计划及学院自身发展提出了很

---

① 中山大学珠海校区党政工作办公室：《心系母校，美化校园——我校校友美化校园植树活动在珠海校区顺利进行》，见中山大学新闻网（http://news2.sysu.edu.cn/news01/138091.htm），2014年4月1日。
② 中山大学校长办公室：《中山大学年鉴（2014）》，中山大学出版社2016年6月第1版，第798页。
③ 中山大学校长办公室：《中山大学年鉴（2014）》，中山大学出版社2016年6月第1版，第798页。

中山大学珠海校区编年史（1999—2018）

多建设性的意见与建议。陈春声对各学院提出的问题做了回应，认为校区整建制学院院长联席会议这一务实高效的沟通模式应继续坚持。他呼吁要把学生放在心上，注意和重视学生的感受，让学生热爱校区、热爱珠海这座城市。

△舒元代表中大国际商学院与葡萄牙新里斯本大学签订交流协议，进行学位项目方面的合作。协议有效期为五年。①

4月2日 为进一步确定珠海校区教学实验大楼、图书馆（含行政楼）卫生间的改造方案及校区饭堂调整方案，珠海校区管委会组织校区各职能部门负责人、各整建制学院代表和学生代表参加听证会。会上，珠海校区后勤办人员对两栋大楼维修中卫生间改造方案及饭堂调整方案进行了详细说明，与会人员提出了一些意见与建议。校区党工委书记郝登峰在会上表示，校区的建设与发展要广泛征求师生意见，希望师生代表参加听证会能做好充分的调研，多提合理化意见与建议。②

4月3日 晚，由翻译学院和珠海校区团工委主办，翻译学院研究生会承办的"全球观·新视野"系列讲坛之"大山侃大山"在珠海校区举行。加拿大中国亲善大使大山先生分享了他25年来在中西文化交流方面的所思所想。珠海市外事局副局长赵学军，翻译学院党委副书记、副院长陈有志等领导及师生出席了讲座。③

4月10日 由翻译学院院长黄国文、外国语学院院长常晨光主编的国际学术期刊《功能语言学》（Functional Linguistics，德国斯普林格出版社）第1期出版。④

4月10日至12日 由校团委主办、国际商学院和地理科学与规划学院承办的"学术与人生"系列讲坛，邀请到新华社中国特稿社原副社长熊蕾和军史研究专家双石到珠海校区陆续开讲。4月10日晚，熊蕾做了主题为"不战而屈人之兵"的讲座。军史研究专家双石分别于4月11日晚、12日晚围绕"雅尔塔阴影与板门店回声""大潮前的抉择——国共两党在民族危机到来时的抉择"两个主题开讲。⑤

4月12日 由岭南学院主办，岭南学院珠海校区学生会承办的"毕马威"第十一届企业文化案例分析大赛决赛在珠海校区举行。大赛初赛吸引了来自国际商学院、翻译学院、旅游学院等多个院系的队伍参加。6支队伍晋级决赛。

4月14日 晚，海洋学院"海洋大讲堂"总第九讲——"海洋哺乳动物生物声学研究进展"在珠海校区举行。讲座邀请到美国夏威夷大学海洋生物研究所

---

① 中山大学校长办公室：《中山大学年鉴（2014）》，中山大学出版社2016年6月第1版，第762页。
② 中山大学珠海校区后勤办公室：《珠海校区教学楼、图书馆（含行政楼）卫生间改造方案及校区饭堂调整方案听证会顺利召开》，见中山大学珠海校区网（http://zhuhai.sysu.edu.cn/content/1410），2014年4月4日。
③ 中山大学翻译学院、珠海校区团工委：《"全球观·新视野"系列讲坛之"大山侃大山"》，见中山大学新闻网（http://news2.sysu.edu.cn/news01/138183.htm），2014年4月4日。
④ 中山大学翻译学院：《院长黄国文教授主编的国际学术期刊〈功能语言学〉第1期出版》，见中山大学国际翻译学院网（http://sti.sysu.edu.cn/zh-hans/node/863），2014年5月5日。
⑤ 共青团中山大学委员会：《"学术与人生"系列讲坛在珠海校区继续开讲》，见中山大学新闻网（http://news2.sysu.edu.cn/news01/138341.htm），2014年4月18日。

Paul Eugene Nachtigall 教授、中国科学院三亚深海科学与工程研究所李松海研究员作为主讲嘉宾。①

4月18日　由旅游学院参与承办的中国"一带一部"旅游发展战略暨中国洞庭湖博览园推介研讨会举行。②

△广西教育学院党委书记陈洛一行来我校珠海校区考察交流。珠海校区党工委书记郝登峰接待了客人。③

4月19日　上午,2014年首届珠海极限飞盘分组邀请赛在我校珠海校区田径场举办。比赛由北京师范大学—香港浸会大学联合国际学院飞盘队主办,我校翻译学院留学生接待团协办。香港代表队获得冠军。④

4月20日　由外交部、团中央、2014APEC青年节组委会主办,校团委和翻译学院学生会承办的2014模拟APEC高校落地赛中大选拔赛在珠海校区举行。⑤

4月23日　陈春声会见珠海市有关部门领导推进解决校区建设难题。⑥

陈春声常务副书记、副校长带领校长助理、珠海校区管委会主任马骏,珠海校区党工委书记郝登峰以及有关职能部门负责人,前往珠海市高新区管委会,拜访张宜生书记、杨川主任等领导。上午,陈春声还在珠海校区会见了珠海市住房和城乡规划建设局副局长李志平一行,商谈推进解决校区建设发展中遇到的问题。

在与高新区、珠海市住房和城乡规划建设局领导会谈中,陈春声代表中山大学对珠海市的大力支持表示衷心感谢。他强调学校高度重视珠海校区的建设和发展,详细介绍了学校为落实珠海市与中山大学进一步深化战略合作协议而即将采取的若干举措,着重提出珠海校区目前面临的几个问题,包括校区修建性详细规划、金唐东路北线改线方案、博雅苑未开发用地权属和464套住宅房产证办理问题,以及中山大学附属第五医院职工宿舍建设清地问题等等,希望高新区、珠海市住房和城乡规划建设局按照市政府办公会议的精神,大力支持并协助解决上述问题。张宜生、李志平分别表示将会帮助中山大学解决实际困难,支持珠海校区的建设和发展。

---

①　中山大学海洋学院:《海洋学院"海洋大讲堂"——海洋哺乳动物生物声学研究进展》,见中山大学珠海校区网(http://zhuhai.sysu.edu.cn/content/1397),2014年4月15日。

②　中山大学旅游学院:《我院承办的"中国'一带一部'旅游发展战略暨中国洞庭湖博览园推介研讨会"圆满落幕》,见中山大学旅游学院网(http://stm.sysu.edu.cn/content/1225),2014年4月19日。

③　中山大学珠海校区党政工作办公室:《广西教育学院党委书记陈洛一行来校区考察交流》,见中山大学珠海校区网(http://zhuhai.sysu.edu.cn/content/1395),2014年4月19日。

④　中山大学翻译学院:《首届珠海极限飞盘分组邀请赛在珠海校区举行》,见中山大学珠海校区网(http://zhuhai.sysu.edu.cn/content/1388),2014年4月23日。

⑤　中山大学翻译学院:《我院承办2014模拟APEC高校落地赛中大选拔赛》,见中山大学国际翻译学院网(http://sti.sysu.edu.cn/zh-hans/node/887),2014年4月29日。

⑥　中山大学珠海校区党政工作办公室:《陈春声常务副书记、副校长会见珠海市有关部门领导推进解决校区建设难题》,见中山大学新闻网(http://news2.sysu.edu.cn/news01/138424.htm),2014年4月25日。

中山大学珠海校区编年史（1999—2018）

　　△校党委学工部在珠海校区召开"如何利用新媒体践行人心向学"专题研讨会。①

　　校党委学工部、统战部、珠海校区整建制学院学生工作负责人及校区全体辅导员与会。与会代表认为，利用微博、微信等新兴社会媒体开展学生工作是大势所趋，是与青年学子对话和沟通的重要渠道，也是做好大学生思想教育工作的有效途径。会议号召广大辅导员进一步关注网络新媒体对青年大学生的影响，主动研究、积极用好新媒体，使之成为思想政治教育和育人成才服务的新阵地，开拓育人成才新空间，形成网上网下全方位践行"人心向学"的良好态势。

　　4月26日　下午，由国际商学院联合易方达基金管理有限公司共同举办的第五届"智·商"商业技能大赛全国总决赛在珠海校区举行。本届大赛是该赛事第一次从中山大学走向全国，吸引了来自清华大学、浙江大学等全国各地多所重点高校的80多支队伍参赛。②

　　△下午，由国际商学院主办的2014年"职上云霄"大型职业技能挑战赛决赛在珠海校区举行。③

　　4月27日　下午，由校团委、珠海团市委、岭南学院、珠海企业文化协会共同主办的"毕马威"第十一届企业文化案例分析大赛全国总决赛在珠海校区举行。总决赛吸引了来自中国科学技术大学、香港中文大学、澳门大学、中山大学等全国12所高校的代表队伍参赛。④

　　4月28日　中午，珠海校区后勤办组织各学院学生代表召开翰林山西侧景观改造方案听证会。⑤

　　4月29日　校学工系统在珠海校区举行"如何做好学生学业辅导"专题研讨会。颜光美副校长、学生工作职能部门领导、各院系学生工作主管领导和院系辅导员代表参加了研讨会。⑥

　　5月3日　翻译学院啦啦队在"2014年广东省大学生健美操锦标赛"荣获花

---

① 中山大学党委学生工作部：《用新媒体传播正能量，拓新途径践行"人心向学"——我校辅导员积极利用新媒体开展育人成才工作》，见中山大学新闻网（http://news2.sysu.edu.cn/news01/138491.htm），2014年4月29日。
② 中山大学国际商学院：《第五届"智·商"商业技能大赛全国总决赛在珠海校区顺利举行》，见中山大学新闻网（http://news2.sysu.edu.cn/news01/138719.htm），2014年5月14日。
③ 中山大学国际商学院：《国际商学院2014年"职上云霄"大型职业技能挑战赛决赛在珠海校区顺利进行》，见中山大学新闻网（http://news2.sysu.edu.cn/news01/138534.htm），2014年5月4日。
④ 中山大学岭南学院：《"毕马威"第十一届企业文化案例分析大赛全国总决赛在珠海校区举行》，见中山大学新闻网（http://news2.sysu.edu.cn/news01/138565.htm），2014年5月5日。
⑤ 中山大学珠海校区后勤办公室：《珠海校区召开景观改造方案听证会》，见中山大学珠海校区网（http://zhuhai.sysu.edu.cn/content/1380），2014年4月30日。
⑥ 中山大学学生处：《注重内涵建设，聚焦学生学习——我校学工系统积极建构学生学业辅导平台》，见中山大学新闻网（http://news2.sysu.edu.cn/news01/138531.htm），2014年4月30日。

球舞蹈啦啦操冠军。①

5月4日、8日 珠海校区分党校要求入党积极分子培训班的学员们分别前往香洲吉之岛超市、拱北口岸参与"服务珠海,共创文明"志愿者服务活动。通过亲身参与到志愿者服务之中,让入党积极分子对党的群众路线有进一步的了解。②

5月7日 珠海校区失物招领平台开始运营。③

校党委常务副书记、副校长陈春声,校长助理、珠海校区管委会主任马骏,珠海校区党工委书记郝登峰,以及珠海校区职能部门相关负责人出席了平台揭牌仪式。陈春声、马骏、郝登峰与学生代表一起为失物招领平台揭牌,平台开始运营。珠海校区失物招领平台是在珠海校区学工办、保卫办和团工委指导下,由校区学生会、宿管会以及校园安全文明宣传协会三个学生组织共同组建并运营的公益服务组织。

△晚,海洋学院第三届海洋文化节开幕仪式暨开幕式讲座在珠海校区举行。④

校党委常务副书记、副校长陈春声教授,珠海校区党工委书记郝登峰,海洋学院党总支书记陈省平,珠海市海洋农渔和水务局工会主席周炳贤,珠江口中华白海豚国家级自然保护区管理局局长古锡纯等领导和师生出席了开幕式。陈春声教授在开幕式后主讲题为"海盗与英雄——16—17世纪环中国海"的讲座。

5月8日 晚,珠海校区周末论坛第34讲在教学实验大楼举行。讲座由通识教育部及珠海校区管委会、党工委主办,大学生马克思主义理论研修班(珠海校区)承办。英国维多利亚阿伯特博物馆亚洲部中国藏品主任、博雅学院访问学者刘明倩女士应邀作主讲嘉宾。⑤

5月9日 许宁生校长在中山大学第八届教职工代表大会暨第十九届工会会员代表大会第三次会议上做工作报告。报告中提到:"今年3月,我校参加了珠海市高校发展工作会议,明确表示中山大学将全方位与珠海市的总体发展战略接轨,将珠海校区打造成驱动中大发展的新增长点,打造成中大参与国际、国内合作与竞争的前沿阵地。"⑥

5月11日 上午,国际商学院深港校友会成立仪式暨第二届校友发展论坛举

---

① 中山大学翻译学院:《我院啦啦队荣获2014年广东省大学生健美操锦标赛冠军》,见中山大学国际翻译学院网(http://sti.sysu.edu.cn/zh-hans/node/886),2014年5月2日。

② 中山大学珠海校区分党校:《服务珠海,中大学子的别样青年节》,见中山大学珠海校区网(http://zhuhai.sysu.edu.cn/content/1366),2014年5月13日。

③ 中山大学珠海校区团工委:《我校珠海校区失物招领平台正式运营》,见中山大学新闻网(http://news2.sysu.edu.cn/news01/138618.htm),2014年5月8日。

④ 中山大学海洋学院:《海洋学院第三届海洋文化节开幕式在珠海校区顺利举行》,见中山大学珠海校区网(http://zhuhai.sysu.edu.cn/content/1370),2014年5月13日。

⑤ 中山大学新闻中心珠海校区记者站:《珠海校区周末论坛"乾隆皇帝的礼物"开讲》,见中山大学珠海校区网(http://zhuhai.sysu.edu.cn/content/1371),2014年5月12日。

⑥ 中山大学校长办公室:《中山大学年鉴(2014)》,中山大学出版社2016年6月第1版,第170~171页。

行。国际商学院院长舒元、党委书记张文彪，深圳校友会常务副会长陈宏良等领导和嘉宾出席了此次活动。①

5月12日 珠海市委宣传部副部长崔旭明一行来珠海校区商谈合作事宜。校区党工委书记郝登峰及有关部门负责人与来宾进行了会谈，双方就加强我校与珠海市管媒体合作达成共识。②

5月13日 由珠海校区分工会主办的校区第五届教职工排球赛在风雨操场举行。③

△晚，由校团委、艺术教育中心主办，校广播台承办的第二十八届维纳斯歌手大赛珠海校区决赛在风雨操场举行。黄沁然同学夺得桂冠。④

5月15日 下午，校长许宁生，校党委常务副书记、副校长陈春声到旅游学院调研。⑤

旅游学院领导班子及部分教师代表参加了调研座谈会。在听取了旅游学院保继刚院长的汇报和教师代表们的发言之后，许宁生充分肯定了旅游学院建院十年来，在新机制政策指导下人才培养和学术研究方面取得的成绩。针对学院发展面临的问题及未来规划，许宁生强调，旅游学院应结合国际化、信息化优势，积极建设教育部文科基地的发展大平台，以此推进国际合作研究大项目开展，并建议进一步扩展旅游学院对外培训项目，提升旅游行业影响力，通过交叉学科申请的方式寻求旅游学科发展的新路径。

5月16日 上午，全国高等学校学生信息咨询与就业指导中心主任张凤有一行到珠海校区实地考察调研高校毕业生就业工作。校党委常务副书记、副校长陈春声，校长助理、珠海校区管委会主任马骏会见了张凤有主任一行。学校就业指导中心主任李明章、珠海市人才资源与就业服务中心相关负责人、珠海市用人单位代表参加了调研座谈会。⑥

△上午，由旅游学院承办的亚太旅游协会青年论坛在珠海校区举办。论坛主题为"未来属于那些为今天做准备的人"，由亚太旅游协会（Pacific Asia Travel Asso-

---

① 中山大学国际商学院：《我校国际商学院举行深港校友会成立仪式暨第二届校友发展论坛》，见中山大学新闻网（http://news2.sysu.edu.cn/news01/138938.htm），2014年5月23日。

② 中山大学珠海校区党政工作办公室：《珠海市委宣传崔旭明副部长一行来我校珠海校区商谈合作事宜》，见中山大学新闻网（http://news2.sysu.edu.cn/news01/138852.htm），2014年5月16日。

③ 中山大学珠海校区分工会：《珠海校区第五届教职工排球赛顺利举行》，见中山大学珠海校区网（http://zhuhai.sysu.edu.cn/content/1339），2014年6月10日。

④ 中山大学新闻中心珠海校区记者站：《维纳斯歌手大赛珠海校区决赛顺利举行》，见中山大学珠海校区网（http://zhuhai.sysu.edu.cn/content/1360），2014年5月20日。

⑤ 中山大学旅游学院：《许宁生校长、陈春声副校长到旅游学院调研指导工作》，见中山大学旅游学院网（http://stm.sysu.edu.cn/content/1211），2014年5月17日。

⑥ 中山大学就业指导中心：《教育部高校学生司和全国就业指导中心到我校开展调研》，见中山大学新闻网（http://news2.sysu.edu.cn/news01/138886.htm），2014年5月20日。

ciation,简称PATA)主办。校党委常务副书记、副校长陈春声,校长助理、珠海校区管委会主任马骏,旅游学院院长保继刚,PATA首席执行官Martin Craigs,马来西亚旅游局副局长Haji Azizan Noordin等多位嘉宾出席此次论坛。陈春声在致辞中表示,论坛的举办对提升我校旅游专业学生的专业素养以及全球化视野具有重要作用。①

5月16日至17日 许宁生校长到珠海校区调研。②

调研期间,许宁生分别与整建制学院、职能部门负责人进行了座谈交流。校党委常务副书记、副校长陈春声,校长助理、珠海校区管委会主任马骏陪同调研。

在与整建制学院座谈会上,许宁生听取了各学院在人才培养、科研教学、学科建设、服务社会以及未来发展思路与规划等方面的报告后指出,珠海校区应该是一个小型的"综合性大学",学校正大力促进珠海校区的建设,加强对珠海校区的组织和管理,推进与珠海市的战略合作协议;珠海校区的整建制学院从成立十年到两年的都有很多的经验,也有很清新的感受,希望各学院要好好抓住这次机会,做好新的规划;目前珠海校区相对于广州校区来说硬件设施条件还稍弱一些,学校要加强珠海校区的管理,推出新的管理模式,希望各学院一起支持,进一步改善现有的条件,逐步投入经费解决问题。

在与职能部门座谈会上,珠海校区党工委书记郝登峰汇报了珠海校区近期工作情况后,许宁生表示,目前校区最紧迫的事情就是要把围墙建好;教学实验大楼的改造是珠海校区提升计划的重点,要整体提升;教师公寓的改造要做几套较高标准的方案,在不妨碍教师工作的前提下一次性完成;校园绿化景观、安全保卫等方面也要做整体规划,加强与学校其他职能部门的沟通,共同做好珠海校区的提升。

在珠海校区调研期间,许宁生还走访了整建制学院,实地了解情况;与学生举行了午餐会,倾听学生的意见与建议。15日晚,应校团委之邀,许宁生为珠海校区学生做了题为"光电显示与成像趣谈"的学术讲座,该讲座是"学术与人生"讲坛中的一讲。

5月18日 下午,第七届"中山大学十大提案"珠海校区决赛在教学实验大楼举行。活动由校党委组织部、党委学生工作部、校团委主办,珠海校区学生会承办。珠海校区党工委书记郝登峰,党政办、团工委等职能部门的负责人,校区部分社团的负责人担任评委。10支代表队在比赛中胜出,他们将代表珠海校区参加在广州南校区举行的"中山大学十大提案总决赛"。③

---

① 中山大学旅游学院:《亚太旅游协会青年论坛在我校圆满举行》,见中山大学新闻网(http://news2.sysu.edu.cn/news01/138910.htm),2014年5月22日。
② 中山大学珠海校区党政工作办公室:《许宁生校长来珠海校区调研》,见中山大学珠海校区网(http://zhuhai.sysu.edu.cn/content/1364),2014年5月19日。
③ 中山大学新闻中心珠海校区记者站:《中山大学十大提案珠海校区决赛举行》,见中山大学珠海校区网(http://zhuhai.sysu.edu.cn/content/1353),2014年5月28日。

中山大学珠海校区编年史（1999—2018）

5月21日 下午，法中电力协会（PFCE）代表团一行在法国电力集团亚太区执行副总裁Jean-Claude Prenez的带领下，访问中法核工程与技术学院。中法核工程与技术学院法方院长德麦赛、中方行政副院长余展涛接待了代表团一行。①

5月24日 晚，由珠海校区团工委主办，珠海校区学生会承办的第八届院系学生会风采大赛"愿风裁尘"闭幕晚会在风雨操场前舞台举行。②

△由中山大学辩论队主办，国际商学院团委承办的2014年度珠海校区八院系辩论赛决赛举行。地理科学与规划学院辩论队获得冠军。③

5月28日 学校在外国语学院与翻译学院的基础上，组建外语与翻译大学院；外语与翻译大学院下设外国语学院、翻译学院。④ 翻译学院仍设立在珠海校区。

学校于5月30日召开外语与翻译大学院组建大会。校党委常务副书记、副校长陈春声主持大会。校党委组织部部长武少新宣读了学校组建大学院和有关干部任职决定。⑤ 黄国文任外语与翻译大学院院长；许东黎任外语与翻译大学院党委书记，曹新任副书记。⑥

5月29日 上午，珠海校区2013—2014学年度"勤工助学先进单位"评选暨表彰大会在学工办会议室举行。IT服务部、岭南学院学工办等6个单位荣获"先进单位"称号。⑦

△晚，珠海校区举行职能部门与学生干部代表座谈会。校区党工委书记郝登峰、校区各职能部门负责人以及学生干部代表30余人出席会议。⑧

△晚，由校团委主办，岭南学院承办的"学术与人生"讲坛第35讲在珠海校区举行。中国证券业协会副会长冯国荣做了题为"坚持道路自信、制度自信、理论自信——中国资本市场发展新认识"的讲座。⑨

6月3日 珠海市高新区管委会副主任梁兆雄一行来珠海校区商谈合作事宜。

---

① 刘冬香：《法中电力协会（PFCE）代表团访问我校中法核工程与技术学院》，见中山大学新闻网（http://news2.sysu.edu.cn/news01/139023.htm），2014年5月29日。
② 中山大学新闻中心珠海校区记者站：《珠海校区第八届院系学生会风采大赛闭幕晚会圆满结束》，见中山大学珠海校区网（http://zhuhai.sysu.edu.cn/content/1351），2014年5月28日。
③ 中山大学国际商学院：《思辨而智——2014年度八院系际辩论赛圆满落幕》，见中山大学国际金融学院网（http://isbf.sysu.edu.cn/cn/sylm01/7007.htm），2014年5月26日。
④ 中山大学校长办公室：《中山大学年鉴（2014）》，中山大学出版社2016年6月第1版，第48页。
⑤ 中山大学党委组织部：《学校正式组建生命科学大学院、外语与翻译大学院》，见中山大学新闻网（http://news2.sysu.edu.cn/news01/139136.htm），2014年5月30日。
⑥ 中山大学校长办公室：《中山大学年鉴（2014）》，中山大学出版社2016年6月第1版，第53页。
⑦ 中山大学珠海校区学生工作办公室：《中山大学珠海校区2013—2014学年度"勤工助学先进单位"评选会顺利召开》，见中山大学珠海校区网（http://zhuhai.sysu.edu.cn/content/1343），2014年6月5日。
⑧ 中山大学珠海校区党政工作办公室：《珠海校区举行职能部门与学生干部代表座谈会》，见中山大学珠海校区网（http://zhuhai.sysu.edu.cn/content/1348），2014年5月30日。
⑨ 共青团中山大学委员会：《申银万国证券前总裁、中国证券业协会副会长冯国荣先生做客我校珠海校区》，见中山大学新闻网（http://news2.sysu.edu.cn/news01/139263.htm），2014年6月11日。

根据安排，校区党工委书记郝登峰接待了梁兆雄一行，双方就如何加强高校与地方社区项目合作、活动合作、平台合作等方面达成共识。校区有关职能部门负责人参加了座谈会。①

6月4日 珠海校区召开教学实验大楼改造方案讨论会。校长助理、珠海校区管委会主任马骏，教务处处长邓少芝，珠海校区党工委书记郝登峰，校区有关职能部门负责人以及师生代表参加了讨论会。②

6月5日 "21世纪海上丝绸之路研究院"揭牌成立仪式在中山大学举行。广东省发改委主任李春洪，广东省海洋与渔业局局长文斌，广东省委宣传部副部长莫高义，中山大学党委常务副书记、副校长陈春声共同为研究院揭牌。研究院以中山大学环南中国海研究院、海洋学院等单位为基础组建。同日，海洋学院参与承办的"广东与21世纪海上丝绸之路"研讨会举行。海洋学院何建国、殷克东教授等专家出席研讨会。③

6月7日 上午，法国电力集团（Electricité de France，简称为EDF）研究开发与国际合作执行副总裁Michel Maschi一行来访我校。颜光美副校长会见了代表团一行，中法核工程与技术学院法方院长德麦赛陪同会见。颜光美向来宾介绍了我校的基本概况和中法核工程与技术学院的办学情况。Michel Maschi指出EDF希望能够与中山大学在核电人才培养方面进一步加强合作。会后，颜光美代表我校与EDF签署了合作框架协议，双方拟在核科学与技术领域开展教育和研究活动等合作。④

△下午，珠海校区第四届"创先争优"公益社会实践活动总结大会召开。珠海市高新区管委会副主任梁兆雄，珠海校区党工委副书记、学工办主任林俊洪等人出席总结大会。活动以"心系公益，情暖珠海"为主题，从珠海校区学生中遴选了32支队伍，在珠海各社区、医院、敬老院、中小学等开展了包括关爱老年人、支持残障群体、保护生态环境、宣传科学文化知识、服务青少年等一系列公益实践，志愿者人数达2700人，服务总时长达45000小时，受益群众超过1万人。⑤

6月8日 是日为世界海洋日。由海洋学院主办的第三届海洋文化节闭幕式暨游园会在珠海校区举行。自5月7日开始，本届海洋文化节陆续开展开幕式讲座、

---

① 中山大学珠海校区党政工作办公室：《珠海市高新区管委会梁兆雄副主任一行来我校区商谈合作事宜》，见中山大学珠海校区网（http://zhuhai.sysu.edu.cn/content/1347），2014年6月5日。

② 中山大学珠海校区党政工作办公室：《珠海校区召开教学楼改造方案讨论会》，见中山大学珠海校区网（http://zhuhai.sysu.edu.cn/content/1346），2014年6月5日。

③ 中山大学海洋学院：《"21世纪海上丝绸之路研究院"揭牌成立》，见中山大学海洋科学学院网（http://marine.sysu.edu.cn/article/3787），2014年6月9日。

④ 中山大学国际合作与交流处：《我校与法国电力集团签署合作框架协议》，见中山大学新闻网（http://news2.sysu.edu.cn/news01/139237.htm），2014年6月10日。

⑤ 共青团中山大学委员会：《心系公益，情暖珠海——第四届"创先争优"公益社会实践总结大会在珠海校区召开》，见中山大学新闻网（http://news2.sysu.edu.cn/news01/139243.htm），2014年6月11日。

中山大学珠海校区编年史（1999—2018）

"益"起来看海公益活动、吉祥物设计大赛、海洋知识竞赛等活动。①

6月10日　我校翻译学院志愿者队荣获第四届广东志愿服务银奖，受到共青团广东省委、广东省志愿者联合会的表彰。②

6月12日　下午，由国际合作与交流处主办的国际大师前沿论坛第一期在珠海校区举行。副校长颜光美主持论坛并致辞。本期论坛主讲嘉宾为美国国家科学院、国家医学院院士伯纳德·罗依兹曼（Bernard Roizman）教授，他以"The long voyage in search of the right questions"为题讲述了他在疱疹病毒领域长达四十多年的科学研究之路。③

6月15日　第五届广东大学生翻译大赛决赛举行，翻译学院翻译系2012级本科生许旭东荣获口译比赛一等奖，2011级本科生汤楚珊荣获笔译比赛一等奖。④

6月17日　聘任徐信忠为国际商学院院长；因年龄原因，免去舒元国际商学院院长职务。⑤

6月19日　下午，广州市公安局海珠分局综合办证中心丁教导员一行到珠海校区交流户证办理等相关工作。珠海校区党工委书记郝登峰、保卫处副处长陈东及唐家派出所领导参加了交流会。⑥

6月20日　珠海校区党工委书记郝登峰率校区党政办、团工委等部门负责人赴唐国安纪念学校召开共建交流会。会上，唐国安纪念学校校长罗琳介绍了校园基本情况，表达了与珠海校区共建的意愿。郝登峰感谢唐国安纪念学校近几年接收了珠海校区十几位教职工子女入读，为珠海校区教职工在珠海安心工作解决了后顾之忧。唐国安纪念学校也可把珠海校区作为学生社会实践、科普教育的基地，希望两校在英语、艺术等方面加强交流。⑦

6月20日至21日　海洋学院、近岸海洋科学与技术研究中心所承担的"973"课题（流域—海岸—陆架物质交换）专家咨询与学术研讨会在珠海校区召开。来自我校海洋学院、地球科学与地质工程学院、中科院南海海洋研究所等单位的专家学者出席会议。⑧

---

① 中山大学海洋学院：《第三届海洋文化节圆满落幕》，见中山大学新闻网（http://news2.sysu.edu.cn/news01/139264.htm），2014年6月12日。
② 中山大学校长办公室：《中山大学年鉴（2014）》，中山大学出版社2016年6月第1版，第873页。
③ 中山大学校长办公室：《中山大学年鉴（2014）》，中山大学出版社2016年6月第1版，第802页。
④ 中山大学翻译学院：《我院翻译系学子荣获第五届广东大学生翻译大赛一等奖》，见中山大学国际翻译学院网（http://sti.sysu.edu.cn/zh-hans/node/833），2014年6月17日。
⑤ 中山大学校长办公室：《中山大学年鉴（2014）》，中山大学出版社2016年6月第1版，第53页。
⑥ 中山大学珠海校区保卫工作办公室：《广州海珠公安分局综合办证中心一行四人到珠海校区交流工作》，见中山大学珠海校区网（http://zhuhai.sysu.edu.cn/content/1324），2014年6月20日。
⑦ 《珠海校区与唐国安纪念学校召开共建交流会》，见中山大学珠海校区网（http://zhuhai.sysu.edu.cn/content/1319），2014年6月26日。
⑧ 中山大学海洋学院：《海洋学院积极举办973课题"流域—海岸—陆架物质交换"专家咨询与学术研讨会》，见中山大学珠海校区网（http://zhuhai.sysu.edu.cn/content/1320），2014年6月24日。

6月27日 上午，旅游学院与江门市旅游局签署战略合作协议。旅游学院院长保继刚与江门市旅游局局长邵建代表双方在协议上签字。协议旨在加强产学互动，发挥中山大学旅游学院的教学与科研优势，促进江门市旅游产业更好、更快发展。江门市副市长易中强在签约仪式上致辞。旅游学院党委书记张元勋，副院长张朝枝、孙九霞、罗秋菊教授及教师代表出席签约仪式。①

△下午，珠海校区2014年回迁纪念砖发布仪式在图书馆广场举行。本次纪念砖采用移动信息工程学院2013级本科生魏泽华同学的设计方案。珠海校区党工委书记郝登峰、学工办主任林俊洪、党政办主任胡海峰和珠海校区各个院系的学生代表出席了仪式。②

7月1日 校党委常务副书记、副校长陈春声代表学校党委到珠海校区看望党员同志及值班人员，校长助理、珠海校区管委会主任马骏，珠海校区党工委书记郝登峰陪同慰问。③

△为庆祝中国共产党成立93周年，珠海校区党工委在行政楼召开了"七一"表彰座谈会。受校党委委托，珠海校区党工委书记郝登峰对珠海校区获得校党委表彰的先进单位和个人颁发了获奖证书。④

7月3日 常晨光任外语与翻译大学院副院长；李春荣任外语与翻译大学院党委副书记。⑤

7月4日 珠海校区党工委主持召开珠海校区建设发展成就展文案终稿讨论会，校区各职能部门负责人、各整建制学院师生代表参与了讨论。珠海校区建设发展成就展意在通过展板图文并茂地再现珠海校区建设与发展的全过程。这不仅是全校教职员工了解珠海校区的渠道，也是珠海校区向社会各界展示风采的窗口。⑥

7月8日 中山大学与珠海市人民政府进一步深化战略合作协议签约仪式举行。⑦

上午，中山大学与珠海市人民政府进一步深化战略合作协议签约仪式在珠海市人民政府举行。校党委常务副书记、副校长陈春声与珠海市副市长龙广艳代表双方

---

① 中山大学旅游学院：《我院与江门市旅游局签署战略合作协议》，见中山大学旅游学院网（http://stm.sysu.edu.cn/content/1184），2014年7月3日。
② 中山大学珠海校区党政工作办公室：《心系中大 不忘珠海——2014年珠海校区回迁纪念砖发布仪式》，见中山大学珠海校区网（http://zhuhai.sysu.edu.cn/content/1317），2014年6月29日。
③ 中山大学校长办公室：《中山大学年鉴（2014）》，中山大学出版社2016年6月第1版，第803页。
④ 中山大学珠海校区党政工作办公室：《我校珠海校区召开"七一"表彰座谈会》，见中山大学新闻网（http://news2.sysu.edu.cn/news01/139552.htm），2014年7月3日。
⑤ 中山大学校长办公室：《中山大学年鉴（2014）》，中山大学出版社2016年6月第1版，第53～54页。
⑥ 中山大学珠海校区党政工作办公室：《珠海校区建设发展成就展讨论会顺利召开》，见中山大学珠海校区网（http://zhuhai.sysu.edu.cn/content/1313），2014年7月5日。
⑦ 中山大学珠海校区党政工作办公室：《珠海校区与珠海市人民政府进一步深化战略合作协议签约仪式举行》，见《中山大学报》（新）第315期，2014年8月20日。

签署了《珠海市人民政府与中山大学进一步深化战略合作协议》。珠海市教育局、科技工贸和信息化局领导,我校校长助理、珠海校区管委会主任马骏,珠海校区党工委书记郝登峰,附属第五医院院长伍卫等出席了签约仪式。仪式由珠海市教育局局长钟以俊主持。

本次签署的协议将在五个方面进一步深化我校与珠海市人民政府的战略合作:加强人才培养合作,加快教育事业发展;推进基础设施建设,完善事业发展条件;统筹规划,建设协同创新区;合作提升城市功能,推进城市形象建设;加强合作机制建设,保障合作项目实施。其中,协同创新区的建设将是本次深化校市战略合作的一大亮点。根据协议规定,珠海市人民政府将积极支持我校开发利用珠海校区东部沿海地块,将其建设成一个集教育培训功能区、交叉研究与协同研发功能区、产学研转化功能区、创新企业孵化园区、公共服务园区及公共配套与生活服务功能区五大功能聚集的"协同创新区"。我校将发挥该地块区位优势,利用校内外优质资源,推动新兴学科、交叉学科以及国际合作(含港澳台合作)办学的发展,推动产学研合作,服务珠海市"三高一特"产业发展规划。

本协议的签订是我校与珠海市2012年签署的《珠海市人民政府与中山大学战略合作协议》的进一步深化与拓展,既是提升珠海校区的办学层次和办学水平,落实珠海校区提升计划的重要举措,也是落实珠海市高校发展工作会议精神,促进珠海市经济社会发展,提高珠海市科技实力、文化魅力和可持续发展能力的重要举措。我校将充分发挥高校的人才、科技、文化优势,以及珠海市的区位、空间、产业、市场和环境优势,与珠海市凝聚共识,明确目标,抓住机遇,推进合作项目的建设实施,开拓双方合作的新空间、新形式、新内容。

△晚,以"关注海洋、认识海洋、经略海洋"为主题的首届粤港澳海洋科学大学生暑期联合夏令营开营仪式在珠海校区举行。我国台湾中山大学杨磊教授、香港浸会大学张燕杰博士、中山大学团委书记黄毅、海洋学院党总支书记陈省平等人出席开营仪式。①

7月12日至13日 由旅游学院主办的"全球变化中的会展与节事国际研讨会"举行。近80位来自国内外的代表与会。②

7月21日 上午,由海洋学院与国土资源部广州海洋地质调查局共建的中山大学海洋地质本科教学实践基地于广海局南岗基地举行揭牌仪式。广海局总工程师杨胜雄、海洋学院党总支书记陈省平共同为实习基地揭牌。③

7月27日至31日 由旅游学院主办的中山大学2014年第一届全国旅游管理

---

① 中山大学海洋学院:《首届粤港澳海洋科学大学生暑期联合夏令营在中山大学珠海校区开营》,见中山大学珠海校区网(http://zhuhai.sysu.edu.cn/content/1311),2014年7月10日。
② 中山大学校长办公室:《中山大学年鉴(2014)》,中山大学出版社2016年6月第1版,第687页。
③ 中山大学海洋学院:《中山大学海洋地质本科教学实践基地揭牌仪式顺利举行》,见中山大学海洋科学学院网(http://marine.sysu.edu.cn/article/3800),2014年8月7日。

优秀大学生夏令营在珠海校区举行。①

7月29日 下午，校党委常务副书记、副校长陈春声在珠海校区党工委书记郝登峰、总务处副处长田宝才的陪同下，视察珠海校区教学实验大楼、图书馆及行政楼等工地现场。陈春声对暑假期间坚守工作岗位的后勤办管理人员进行慰问，强调要在保证安全及文明施工的前提下，加强工程质量管理，加快施工进度，按期完成维修任务。②

7月 旅游学院主办的"中山大学旅游管理专业应用型人才培养示范基地"获得2014年广东省应用型人才培养示范基地。③

8月2日 毕业于上世纪80年代至本世纪10年代的深圳和珠海两地中大校友来到珠海校区，举办联谊活动，为母校90周年生日献上祝福。珠海校区党工委书记郝登峰出席相关活动。④

8月10日 下午，由我校旅游学院、香港理工大学酒店及旅游业管理学院等单位联合举办，以"旅游研究方法论"为主题的第一届中国旅游管理博士学术训练营在珠海校区落幕。来自复旦大学、南开大学等40余所高校旅游管理专业的近百名博士生参加了训练营。⑤

8月11日至13日 国际商学院首届优秀大学生夏令营在珠海校区举行。⑥

8月11日至14日 教育部直属高校财务、审计人员培训班在珠海校区伍舜德国际学术交流中心举办。李善民副校长出席开班仪式并致辞。⑦

8月15日 由教育部高等学校计算机类教学指导委员会主办，移动信息工程学院承办的"2014全国大学生物联网设计竞赛（TI杯）华南分赛区决赛"在珠海校区落幕。移动信息工程学院2012级本科生黄嘉琳、黄楚传、黄创涛组成的代表队荣获特等奖，并获得参加全国总决赛的资格。校长助理、移动信息工程学院院长李文军，移动信息工程学院副院长杨然出席闭幕式。⑧

---

① 刘逸：《我校旅游学院2014第一届全国旅游管理优秀大学生夏令营顺利举行》，见中山大学新闻网（http://news2.sysu.edu.cn/news01/139813.htm），2014年8月18日。

② 中山大学珠海校区后勤办公室：《陈春声常务副书记、副校长视察珠海校区工地》，见中山大学珠海校区网（http://zhuhai.sysu.edu.cn/content/1309），2014年8月2日。

③ 中山大学校长办公室：《中山大学年鉴（2014）》，中山大学出版社2016年6月第1版，第275页。

④ 中山大学珠海校区党政工作办公室：《再见珠海，艺网情深——深圳暨珠海校友会联谊活动圆满举行》，见中山大学珠海校区网（http://zhuhai.sysu.edu.cn/content/1308），2014年8月6日。

⑤ 中山大学旅游学院：《第一届中国旅游管理博士学术训练营圆满举办》，见中山大学新闻网（http://news2.sysu.edu.cn/news01/139860.htm），2014年8月21日。

⑥ 中山大学国际商学院：《国际商学院首届优秀大学生夏令营成功举办》，见中山大学珠海校区网（http://zhuhai.sysu.edu.cn/content/1294），2014年8月27日。

⑦ 中山大学财务与国资管理处：《我校财务与国资管理处顺利承办教育部直属高校财务、审计人员培训班》，见中山大学新闻网（http://news2.sysu.edu.cn/news01/139852.htm），2014年8月20日。

⑧ 中山大学移动信息工程学院：《2014全国大学生物联网设计竞赛（TI杯）华南分赛区决赛在我校珠海校区顺利举行》，见中山大学新闻网（http://news2.sysu.edu.cn/news01/139778.htm），2014年8月16日。

中山大学珠海校区编年史（1999—2018）

TI 杯全国总决赛于 8 月 27 日在上海交通大学举行，黄嘉琳、黄楚传、黄创涛组成的代表队凭借作品"基于微信平台实现硬件远程控制"夺得一等奖。①

8 月 17 日 上午，"第四届华南地区社会经济考察计划"（粤港合作项目）在珠海校区落幕。来自中山大学和香港中文大学崇基学院的 20 名学子在香港中文大学陈永勤教授等老师的带领下，自 8 月 5 日至 17 日围绕"粤港融合与共荣——机遇与挑战"这一主题，在香港和珠三角地区进行为期两周的考察活动。②

8 月 21 日 珠海校区迎新。今年有 3200 名新生到珠海校区报到，学校采取"先入住后注册"的安排，为新生报到提供更加简便的服务。下午，陈春声常务副书记、副校长到珠海校区看望前来报到的新生和家长们，并慰问参与迎新的工作人员和学生志愿者。③

根据学校部署，从本学期开始，地球科学与地质工程学院将在珠海校区完成四年本科教学和部分研究生的培养。④

8 月 25 日 上午，中山大学珠海校区 2014 级新生开学典礼举行。⑤

校领导许宁生、颜光美、李萍、魏明海、国亚萍、李善民、朱熹平、余敏斌，珠海校区办学院系负责人等出席开学典礼。典礼由校党委常务副书记、副校长陈春声主持。

许宁生校长在开学典礼上致辞。他勉励学生具有国际视野、人文情怀和领袖气质，努力成为学术精英、行业领袖和社会英才。"同学们，你们所学的专业既有文史哲等传统学科，又有核工程、移动信息、旅游、翻译等国内外热门的新兴学科。希望你们努力学好专业知识，充分利用珠海校区毗邻港澳的地域优势，加强与国际和港澳台知名高校的合作交流，不断吸收当今世界先进的文化知识，早日成为建设国家的栋梁！"⑥

教师代表、哲学系马天俊教授，在校学生代表、2012 级移动信息工程学院黎明光，新生代表、2014 级翻译学院周麓露分别做了发言。典礼上，全体新生还在颜光美副校长的领导下庄严宣誓："谨记中山校训，肩负时代使命；恪守学术道德，崇尚科学理性；尊师重道守法，勤学求是创新"。

8 月 30 日至 9 月 1 日 校团委与武装部合作，将"学术与人生"系列讲座融

---

① 中山大学移动信息工程学院：《我校学子在"2014 年全国大学生物联网设计竞赛（TI 杯）"全国总决赛中荣获佳绩》，见中山大学新闻网（http://news2.sysu.edu.cn/news01/139933.htm），2014 年 8 月 28 日。
② 中山大学地理科学与规划学院：《"第四届华南地区社会经济考察计划"圆满落幕》，见中山大学新闻网（http://news2.sysu.edu.cn/news01/139826.htm），2014 年 8 月 19 日。
③ 胡晓虹：《中大珠海校区新生报到 先入住后注册贴心简便》，见《珠海特区报》，2014 年 8 月 22 日 03 版。
④ 《校区大事记》，见《中山大学报》（新）第 321 期，2014 年 10 月 27 日。
⑤ 中山大学新闻中心：《中山大学 2014 年开学典礼举行》，见《中山大学报》（新）第 318 期，2014 年 9 月 17 日。
⑥ 中山大学校长办公室：《中山大学年鉴（2014）》，中山大学出版社 2016 年 6 月第 1 版，第 191 页。

入新生军事理论课程体系当中,构建了涵盖"解放军精神、解放军管理、国防教育、政治道路选择以及人生规划"等多位一体的新式课程体系。开国上将李克农之孙、曾任总参政治部政研室主任的李凯城大校为珠海校区的新生主讲"解放军的精神",为高年级学生主讲"解放军的管理"。①

9月1日 上午,由海洋学院与广东海大集团股份有限公司共建的"中山大学海洋生物资源与环境本科教学实践基地"于海大集团珠海斗门区莲溪镇大沙地基地举行揭牌仪式。海洋学院刘军副院长、海大集团服务营销中心副总监刘栋辉共同为实习基地揭牌。②

9月2日 上午,珠海校区保卫(武装)办公室邀请珠海市公安局警察训练支队干部对珠海校区保卫干部、校卫队员、安全文明宣传协会学生等40多人进行反恐防暴技能培训。③

9月4日 上午,陈春声常务副书记、副校长在海洋学院党总支陈省平书记的陪同下参观了海洋学院刚完工的海洋科学实验教学中心、实验室等地,了解各实验室的功能和建设情况。陈春声表示,希望海洋学院继续保持前进的步伐,配合学校的整体规划和布局,统筹处理好学院发展过程中的问题。④

△成立中山大学公共实验教学中心,为直属教学单位;珠海校区基础教学实验中心职能从设备与实验室管理处划归公共实验教学中心;珠海校区基础教学实验中心更名为珠海校区实验教学中心。⑤

△许海舟任公共实验教学中心副主任兼珠海校区实验教学中心主任。⑥

9月5日 颜光美副校长到珠海校区训练场看望慰问正在军训的2014级新生及教官。学生处处长漆小平、珠海校区党工委书记郝登峰等人陪同慰问。⑦

9月10日 上午,珠海校区举行2014级新生军训总结大会。校长助理、珠海校区管委会主任马骏检阅新生军训方阵。⑧武警珠海市支队政委陈宏懋、珠海校区党工委书记郝登峰出席总结大会。

△下午,珠海校区开展职员行政规范培训。珠海校区党工委书记郝登峰做了题

---

① 共青团中山大学委员会:《凝聚精神,修身效国——"学术与人生"系列讲座暨新生军事理论课在我校开讲》,见中山大学新闻网(http://news2.sysu.edu.cn/news01/140043.htm),2014年9月3日。
② 中山大学珠海校区:《中山大学海洋生物资源与环境本科教学实践基地揭牌仪式顺利举行》,见中山大学珠海校区网(http://zhuhai.sysu.edu.cn/content/1287),2014年9月2日。
③ 中山大学珠海校区:《珠海校区邀请珠海市公安局到校区开展反恐防暴技能培训》,见中山大学珠海校区网(http://zhuhai.sysu.edu.cn/content/1284),2014年9月4日。
④ 中山大学珠海校区:《陈春声常务副书记、副校长莅临海洋学院参观指导》,见中山大学珠海校区网(http://zhuhai.sysu.edu.cn/content/1282),2014年9月6日。
⑤ 中山大学校长办公室:《中山大学年鉴(2014)》,中山大学出版社2016年6月第1版,第48页。
⑥ 中山大学校长办公室:《中山大学年鉴(2014)》,中山大学出版社2016年6月第1版,第54页。
⑦ 中山大学人民武装部:《校领导慰问2014级军训新生及教官》,见中山大学新闻网(http://news2.sysu.edu.cn/news01/140116.htm),2014年9月9日。
⑧ 中山大学校长办公室:《中山大学年鉴(2014)》,中山大学出版社2016年6月第1版,第805页。

中山大学珠海校区编年史（1999—2018）

为"浅谈珠海校区职员的素质要求"的讲座。校区各职能部门、各院系的职员70余人参加了培训。

9月上旬 广东省环境辐射监测中心和中法核工程与技术学院共同建设的国家级环境辐射监测自动站在珠海校区建成并投入使用。①

9月上旬 由海洋学院何建国院长牵头申报的"海洋科学"专业综合改革试点项目获得2014年教育部本科教学改革与教学质量工程建设项目立项。②

9月12日 上午，由中山大学与广东珠江口中华白海豚国家级自然保护区管理局共建的中山大学海洋生物资源与环境本科教学实践基地于保护区管理局举行了签字揭牌仪式。珠海校区党工委书记郝登峰、保护区管理局副局长万焕通共同为基地揭牌。海洋学院副院长刘军出席仪式。

9月13日 上午，校党委常务副书记、副校长陈春声在珠海校区会见来访的英国剑桥大学副校长、英国皇家工程院院士伊恩·怀特（Ian White）一行。在陈春声的陪同下，伊恩·怀特一行参观了移动信息工程学院和中法核工程与技术学院。③

9月15日 由海洋学院与广东省水利水电科学研究院共建的中山大学海岸海洋科学与海岸工程本科教学实践基地于飞来峡水利枢纽举行揭牌仪式。广东省水利水电科学研究院党委书记李铁、海洋学院党总支书记陈省平出席揭牌仪式。④

9月16日 下午，珠海校区校园整体规划工作会议召开。⑤

校长许宁生，校党委常务副书记、副校长陈春声，副校长李善民、余敏斌，校长助理、珠海校区管委会主任马骏，校长助理、旅游学院院长保继刚，以及学校相关职能部门负责人出席了会议。与会人员就珠海校区校园整体规划情况进行了讨论。在听取基建处关于珠海校区校园整体规划工作进展情况的汇报后，许宁生指出，珠海校区的校园整体规划，应该围绕学校确定的"提高办学层次，建设相对齐全的学科体系和人才培养体系"的办学定位来进行，珠海校区将是学校未来十年战略发展的重点，首先要做好校区的事业发展规划，然后据此做好基建规划。

会议认为，珠海校区的整体规划要按照相对完整的现代大学应具备的要素来统筹考虑，规划中要整体考虑各院系办公楼、校区行政楼、教学实验大楼、体育馆、博物馆、音乐厅、教学实验室、科研实验室、交叉创新中心、学生综合服务中心、

---

① 余展涛：《国家级环境辐射监测自动站选址珠海校区中法核工程与技术学院》，见中山大学新闻网（http://news2.sysu.edu.cn/news01/140208.htm），2014年9月17日。
② 中山大学海洋学院：《喜报：海洋科学专业被列入国家级专业综合改革试点》，见中山大学海洋科学学院网（http://marine.sysu.edu.cn/article/3860），2014年9月10日。
③ 中山大学校长办公室：《中山大学年鉴（2014）》，中山大学出版社2016年6月第1版，第806页。
④ 中山大学海洋学院：《中山大学海岸海洋科学与海岸工程本科教学实践基地揭牌仪式顺利举行》，见中山大学海洋科学学院网（http://marine.sysu.edu.cn/article/3894），2014年9月15日。
⑤ 中山大学校长办公室：《中山大学年鉴（2014）》，中山大学出版社2016年6月第1版，第806页。

学生活动中心、学生创新创业基地、学生宿舍、教工宿舍、医院、幼儿园等设施的合理布局，努力使珠海校区成为一个相对独立的完善的现代大学校区。会议建议，校园中泗水以西的地块近期应加强景观规划、生态保育、环境保护和土地管理工作，成为地球科学、地理科学、生命科学、农学、环境科学、水资源研究等多学科的综合实验基地和教学实习基地。在该区域内暂不规划建设永久性建筑。会议要求相关部门尽快进行研究，制订具有可操作性的具体工作方案。

9月17日 上午，中法核工程与技术学院2014级新生开学典礼在珠海校区举行。①

许宁生校长出席典礼，中法核工程与技术学院中方院长王彪教授、法方院长德麦赛教授等人参加了典礼。许宁生介绍了中法核工程与技术学院在中法两方政府直接推动下成立的背景，肯定了专业的优势和良好的发展前景，予新生以厚望，并且勉励新生认真学习，为将来投身于核能事业，成为在核能工程建设与管理、环境安全管理、核电站安全运营等领域从事科研、教学、工程技术及技术管理等工作的国际高端专门人才奠定良好的基础。

王彪向同学们提出四点学院人才培养定位：具有扎实的基础和前沿知识，善于解决复杂的工程实际问题；培养过程紧密结合实际，具有较强的现实工程的创新能力；具有多元文化素养，能够较好地适应国际环境和国际竞争压力；掌握中、英、法三种语言，具有较强的语言能力。

9月18日 李善民副校长来到珠海校区，在保卫处处长陈文波、总务处处长刘春阳、后勤集团总经理阮映东和校区职能部门负责人的陪同下，对校区榕园饭堂、学生宿舍、逸仙大道、视频监控中心等场所进行检查，并针对食堂管理、自行车停放规划、校区内广告牌规范管理、逸仙大道及岁月湖前路灯照明、视频监控系统改造等方面提出了改进建议和要求。②

△由校团委、艺术教育中心主办，主题为"以梦为帆，逐浪远航"的2014年珠海校区迎新晚会在风雨操场前上演。许宁生校长、颜光美副校长、李萍副书记观看了晚会。③

9月18日至19日 中山大学2014年夏季工作研讨会在珠海校区召开。④

会议围绕"落实教育部直属高校工作咨询委员会第24次全体会议精神，研讨学校全面深化综合改革的相关问题"的主题，就如何深入推进我校综合改革进行了研讨。全体校领导、校长助理、各二级单位党政负责人、教授二级岗以上教师等

---

① 中山大学中法核工程与技术学院：《我校中法核工程与技术学院2014级新生开学典礼举行》，见中山大学新闻网（http://news2.sysu.edu.cn/news01/140254.htm），2014年9月22日。
② 中山大学珠海校区：《李善民副校长检查指导珠海校区后勤保卫工作》，见中山大学珠海校区网（http://zhuhai.sysu.edu.cn/content/1264），2014年9月20日。
③ 中山大学校长办公室：《中山大学年鉴（2014）》，中山大学出版社2016年6月第1版，第806页。
④ 中山大学校长办公室：《中山大学年鉴（2014）》，中山大学出版社2016年6月第1版，第119页。

中山大学珠海校区编年史（1999—2018）

240多人出席会议。校党委书记郑德涛、校长许宁生分别主持两天的会议。

会上，郑德涛做了《关于我校深化综合改革的若干思考》的专题报告。报告指出，我校深化综合改革的总体要求是要全面贯彻党的教育方针，坚持立德树人的根本导向，以推动内涵发展、促进人心向学、全面提升教育质量为主线，加快在重要领域和关键环节的改革步伐，建立现代大学制度，落实大学章程，不断完善学校内部治理结构，提升治理能力，构建起充满活力、富有效率、更加开放的办学体制机制。其基本思路是围绕全面提高人才培养质量这一核心，坚持"价值追求、问题导向、依靠师生"三个原则，突出改革人才培养模式、办学管理机制、资源配置方式，提升教育质量、办学活力及办学效益，摆正单向改革与综合改革的关系、继承与创新的关系、制度与文化的关系、中国特色与世界一流的关系。他强调，学校深化综合改革还需要加强学校的组织领导。

许宁生做了《深入推进综合改革，建设中国特色世界一流大学》的专题报告。报告结合高等学校综合改革的出发点，联系我校实际工作，对制订我校综合改革方案指出了明确方向，做出了具体工作部署。他提出，高等学校综合改革是影响学校全面发展的改革，其有效措施最终要形成现代大学制度。建立现代大学制度是学校发展的要求，也是建设中国特色世界一流大学的制度保障，其核心包含治理结构及运行机制。我校综合改革方案的目标是要促成建立一套能够不断激发内生动力、与外部环境和谐交流、不断追求卓越、符合中山大学办学实际的现代大学制度。与现行的体制机制比较，这套制度应该更加充满活力、更富有效率、更加开放、更有力促进学校事业发展。为了确定我校现代大学制度的治理结构和运行机制，我们首先要紧扣立德树人的根本任务，以人才培养为根本出发点，考虑学校办学的愿景、类型和规模，注重人才培育结构和质量、学术水平和影响力、文化创新传承水平和能力、服务社会水平和能力。通过综合改革和规划建设，到百年校庆时，学校能建设成为结构优化、质量优异、特色鲜明、高峰突出的大学，文、理、医、工具有雄厚实力，部分办学核心指标跻身世界一流，呈现出世界一流大学的初步轮廓和基本特质，为建设成为中国特色世界一流大学打下坚实的基础。

李萍副书记、魏明海副校长、李善民副校长、马骏校长助理分别结合各自分管工作做了专题发言。会议期间，校党委组织召开了党风廉政建设专题工作会议和党建工作专题会议，就加强我校党风廉政建设合作和党建工作分别进行了部署。

9月19日 保继刚代表中大旅游学院与赞比亚利文斯敦旅游与工商管理国际学校签订合协议书。协议有效期为三年。①

9月23日 本学期珠海校区第一次校领导午餐会举行。②

---

① 中山大学校长办公室：《中山大学年鉴（2014）》，中山大学出版社2016年6月第1版，第766页。
② 中山大学珠海校区：《陈春声常务副书记、副校长与珠海校区学生举行午餐会》，见中山大学珠海校区网（http://zhuhai.sysu.edu.cn/content/1258），2014年9月25日。

陈春声常务副书记、副校长与珠海校区16名学生代表进行座谈。陈春声首先向同学们介绍了珠海校区的发展定位和校园整体规划,珠海校区将建设成为一个相对独立完善的现代大学校区。随后,同学们咨询了在学习、就业、校园生活、体育运动等方面发现的问题。陈春声详细地解答了各位同学的问题。他勉励大家,大学的发展是一步一步来的,好的大学是要屹立上千年的,很多改变需要慢慢来。学校会将大家的意见记下来,一件一件地讨论,能立即解决的一定尽快解决,暂时未能解决的,校区管委会将持续跟进,保证给同学们一个满意的答复。他希望全校师生齐心协力,用好心来办好中大。珠海校区党工委书记郝登峰、校长办公室副主任王琤参加了座谈。

9月25日 下午,由校工会、珠海校区分工会和中大附属第五医院承办的健康咨询活动在珠海校区举行。来自附属第五医院6个专科的专家现场进行义务咨询,医护人员为教职工们免费提供视力检测、血压血糖和头皮发质测量。[①]

9月26日 上午,珠海市政府召开高校发展专题工作会议。珠海市副市长龙广艳,以及市教育局、市卫生和计划生育局、市外事局、市住房和城乡规划建设局代表和各高校负责人出席会议,陈春声常务副书记、副校长代表中山大学参会。[②]

陈春声在讲话中指出,中山大学在7月8日与珠海市人民政府签署了进一步深化战略合作协议,将以此为契机,充分发挥中大的人才、科技、文化优势,与珠海市凝聚共识,开拓双方合作的新空间、新形式和新内容。他介绍了珠海校区未来学科布局、科学研究、师资队伍、人才培养等方面的发展规划,到2020年,珠海校区将形成文、理、工科齐全的整建制学院办学格局。学校在上周召开了珠海校区校园整体规划工作会议,已经确定珠海校区作为中山大学未来发展战略重点,珠海校区将建设成为一个学科体系和人才培养体系相对齐全的现代大学校区,整体规划要按照相对完整的现代大学应具备的要素来统筹考虑。11月份,珠海校区多功能体育将动工建设;同时,为了推进综合改革和服务校区各项事业的蓬勃发展,学校已经启动了珠海校区管理体制机制的改革。

9月28日 庆祝中华人民共和国成立65周年外国专家招待会在北京人民大会堂举行。招待会由国家外国专家局局长张建国主持,中共中央政治局常委、中央书记处书记刘云山出席招待会并致辞。做出卓越贡献的在华外国技术、经济、管理、文教专家及配偶等应邀出席了招待会。应国家外国专家局邀请,我校中法核工程与技术学院法方院长德麦赛教授赴京参加了此次招待会。[③]

[①] 中山大学珠海校区:《珠海校区校园健康咨询活动顺利举行》,见中山大学珠海校区网(http://zhuhai.sysu.edu.cn/content/1257),2014年9月26日。

[②] 中山大学珠海校区:《陈春声常务副书记、副校长参加珠海市高校发展专题工作会议》,见中山大学珠海校区网(http://zhuhai.sysu.edu.cn/content/1253),2014年9月29日。

[③] 中山大学国际合作与交流处:《中法核工程与技术学院法方院长德麦赛应邀参加国庆外国专家招待会》,见中山大学新闻网(http://news2.sysu.edu.cn/news01/140581.htm),2014年10月9日。

9月30日 上午，在中国第一个烈士纪念日来临之际，珠海校区的学生代表们在珠海市香洲区烈士陵园开展了烈士纪念活动。①

10月15日 下午，教育部在我校珠海校区召开高校出版管理工作座谈会。教育部副部长李卫红、社会科学司副司长徐艳国、我校副校长李善民出席会议。② 10月16日下午，李卫红一行考察了珠海校区，校党委副书记李萍陪同考察。③

△暨南大学副校长兼珠海校区管委会主任刘洁生一行来我校珠海校区考察交流，校长助理、珠海校区管委会主任马骏会见客人，并举行交流座谈会，校区各职能部门负责人、整建制学院教师代表参加了座谈会，校区党工委书记郝登峰主持座谈会。④

10月16日 晚，由通识教育部、国家社科基金重大项目"中国宗教艺术遗产调查与数字化保存整理研究"项目组联合主办，珠海校区管委会协办的"佛教艺术遗产"系列讲座在珠海校区开讲。第一期讲座由社会学与人类学学院邓启耀教授主讲，题为"佛教艺术遗产：隐性博物馆的多媒体呈现（之一）"。⑤

10月17日 由旅游学院、移动信息工程学院、海洋学院、国际商学院四院学生会联合举办的"Forward"四院迎新晚会在珠海校区风雨操场前上演。校党委常务副书记、副校长陈春声，学生处处长漆小平，珠海校区党工委书记郝登峰以及各院系师生代表出席了晚会。⑥

△晚，由珠海校区学工办主办，中山大学第一期逸仙思源班承办的学术讲座在珠海校区教学实验大楼举行。广东省委宣传部讲师团副团长冯永忠博士应邀主讲题为"为了成为有思想的民族"的讲座。⑦

10月18日 由外语与翻译大学院、中国语言文学系、中法核工程与技术学院共同主办的"三原色"三院迎新晚会在珠海校区风雨操场前舞台举行。校党委常务副书记、副校长陈春声，珠海市万山区管委会副主任、1994级校友纪锐，校团委书记黄毅以及三院系的师生出席晚会。⑧

---

① 中山大学珠海校区：《铭记历史，缅怀先烈》，见中山大学珠海校区网（http：//zhuhai.sysu.edu.cn/content/1252），2014年10月8日。

② 中山大学校长办公室：《中山大学年鉴（2014）》，中山大学出版社2016年6月第1版，第808页。

③ 中山大学校长办公室：《中山大学年鉴（2014）》，中山大学出版社2016年6月第1版，第808页。

④ 中山大学珠海校区：《暨南大学珠海校区刘洁生副校长一行来我校区考察交流》，见中山大学珠海校区网（http：//zhuhai.sysu.edu.cn/content/1247），2014年10月17日。

⑤ 中山大学通识教育部：《通识讲座、中外优秀文化讲座"佛教艺术遗产"系列在珠海校区开讲》，见中山大学新闻网（http：//news2.sysu.edu.cn/news01/140748.htm），2014年10月22日。

⑥ 中山大学珠海校区：《因为期待，所以前行——"Forward"四院迎新晚会圆满落幕》，见中山大学珠海校区网（http：//zhuhai.sysu.edu.cn/content/1242），2014年10月20日。

⑦ 中山大学珠海校区：《修齐治平，我思我在》，见中山大学珠海校区网（http：//zhuhai.sysu.edu.cn/content/1240），2014年10月21日。

⑧ 中山大学翻译学院新闻中心：《三院迎新夜，红绿蓝闪耀——"三原色"迎新晚会顺利举行》，见中山大学珠海校区网（http：//zhuhai.sysu.edu.cn/content/1241），2014年10月20日。

10月21日 中法核工程与技术学院第五届联合行政管理委员会第一次会议在珠海校区召开。①

会议由委员会主席、我校校长许宁生主持。中方委员广东省教育厅副厅长魏中林，委员会副主席、法国格勒诺布尔国立综合理工学院校长Brigitte Plateau（同时代表法国蒙彼利埃高等化学学院校长Pascal Dumy），法国驻华大使馆文化教育合作参赞Anthony Chaumuzeau等21位领导和专家出席会议。会后，中法核工程与技术学院举行优秀学生颁奖仪式，许宁生及其他与会委员和专家们出席仪式并颁奖。随后，"中山大学与中广核集团核电安全与应急联合研发中心"揭牌仪式在化学楼举行，副校长朱熹平、中广核集团总工程师赵华为中心揭牌。

10月22日 国人字〔2014〕142号文下发，许宁生任复旦大学校长，不再担任中山大学校长职务。②

10月23日 旅游学院院长保继刚代表中大旅游学院与马来西亚泰勒大学签订框架合作备忘录。框架协议有效期为一年。③

△珠海校区举行本学期第二期职员行政规范培训活动，校区各职能部门、院系职员40余人参加了此次讲座。此次培训邀请校党委办公室主任陈险峰做专题报告，报告会由珠海校区党工委书记郝登峰主持。④

10月30日 上午，江西省副省长朱虹率江西省政府考察团一行参观考察珠海校区。校党委常务副书记、副校长陈春声，珠海市副市长龙广艳会见了朱虹一行，并陪同参观。⑤

△上午，古巴共和国驻广州总领事费利克斯先生携夫人安娜女士应邀莅临珠海校区，为翻译学院西班牙语专业及辅修学生带来了一场有关古巴现状和卡斯特罗生平的讲座。2014年是费利克斯总领事先生驻华任期的最后一年，在任期间他一直关心翻译学院西班牙语系的发展，曾多次在学生实习、就业以及文化交流方面予以支持。⑥

△中共中山大学海洋学院总支部委员会更名为中共中山大学海洋学院委员会。⑦ 陈省平任海洋学院党委书记，刘军任副书记。⑧

---

① 中山大学校长办公室：《中山大学年鉴（2014）》，中山大学出版社2016年6月第1版，第808页。
② 中山大学校长办公室：《中山大学年鉴（2014）》，中山大学出版社2016年6月第1版，第55页。
③ 中山大学校长办公室：《中山大学年鉴（2014）》，中山大学出版社2016年6月第1版，第766页。
④ 中山大学珠海校区：《珠海校区举行职员行政规范培训讲座》，见中山大学珠海校区网（http://zhuhai.sysu.edu.cn/content/1237），2014年10月25日。
⑤ 中山大学校长办公室：《中山大学年鉴（2014）》，中山大学出版社2016年6月第1版，第809页。
⑥ 黄国文、王宾、许东黎：《从这里走向世界——中山大学翻译学院建院十周年回眸》，中山大学出版社2015年10月第1版，第235页。
⑦ 中山大学校长办公室：《中山大学年鉴（2014）》，中山大学出版社2016年6月第1版，第48页。
⑧ 中山大学校长办公室：《中山大学年鉴（2014）》，中山大学出版社2016年6月第1版，第55页。

中山大学珠海校区编年史（1999—2018）

10月31日 珠海校区整建制学院院长联席会议在行政楼十三楼第一会议室召开。①

校长助理、校区管委会主任马骏及校区六个整建制学院的院领导出席会议，校区各职能部门负责人列席会议。会议由珠海校区党工委书记郝登峰主持。会上，郝登峰介绍了2014年校区已经完成以及即将完成的工作和校区2015年的工作重点。马骏通报了学校常委会已通过珠海校区管理体制的改革方案，确定工作重点之一为编制校区年度综合预算，并将在今年成立计划和预算工作小组。各学院领导结合本学院的发展规划实际从硬件设施、教师住宿、人才引进、校区管理服务、学科建设等方面，为珠海校区提升计划以及学院建设发展提出了许多建设性的意见与建议。

11月1日 以"品廿二甘醇，赏华风韩韵"为主题的第九届韩国文化节闭幕晚会在珠海校区举行。大韩民国驻广州总领事馆总领事杨昌洙、领事朴成焕，我校党委常务副书记、副校长陈春声，校长助理、珠海校区管委会主任马骏等领导嘉宾出席活动。杨昌洙在致辞中期望中韩两国在全球化中能继续加强文化交流，推进中韩关系友好。陈春声在致辞中表示，加强中韩文化交流，拓展学生国际视野，有利于培养专业化的人才。②

△旅游学院院长保继刚代表中大旅游学院与美国伊利诺伊大学签订合作协议书，进行科研合作。协议书有效期为五年。③

11月2日 下午，由珠海校区团工委举办的第五届"创优争先"公益社会实践启动仪式暨共青团志愿服务队成立大会在珠海校区教学实验大楼举行。④

11月3日至7日 国际科联海洋研究科学委员会第137工作小组第5届年会在珠海校区召开。本次会议由中山大学海洋学院联合主办，由中山大学海洋学院殷克东教授和北卡罗来纳州立大学海洋科学学院的Hans Paerl共同担当会议主席。⑤

11月9日 为庆祝中山大学成立90周年，珠海校区在教学实验大楼以及图书馆前的广场举办校友嘉年华。本次嘉年华活动以科技成果展示、文化游园会、摄影展、开放实验室参观等形式展开，展示了珠海校区建设发展15周年的成果。⑥

△下午，国际商学院在珠海校区举行首届校友导师聘任仪式、珠澳中山地区校友会成立大会暨第三届校友发展论坛。会议由国际商学院党委副书记吴长征主持。

---

① 中山大学珠海校区：《珠海校区召开整建制学院院长联席会议》，见中山大学珠海校区网（http://zhuhai.sysu.edu.cn/content/1219），2014年11月13日。

② 中山大学校长办公室：《中山大学年鉴（2014）》，中山大学出版社2016年6月第1版，第809页。

③ 中山大学校长办公室：《中山大学年鉴（2014）》，中山大学出版社2016年6月第1版，第766页。

④ 中山大学新闻中心珠海校区记者站：《第五届"创优争先"启动仪式暨团服队成立大会顺利举行》，见中山大学珠海校区网（http://zhuhai.sysu.edu.cn/content/1229），2014年11月3日。

⑤ 中山大学海洋学院：《国际科联海洋研究科学委员会第137工作小组第5届年会在我校珠海校区举行》，见中山大学珠海校区网（http://zhuhai.sysu.edu.cn/content/1213），2014年11月18日。

⑥ 中山大学新闻中心珠海校区记者站：《"校友嘉年华"助力90周年校庆》，见中山大学珠海校区网（http://zhuhai.sysu.edu.cn/content/1225），2014年11月10日。

院长徐信忠教授出席大会,并为第三届校友发展论坛做了题为"历史的衍生:金融危机和全球经济未来"的主题演讲。①

11月11日 珠海校区邀请中大附属第五医院医护人员共赴珠海校区挂点幸福村居——珠海市斗门区乾务镇新村村开展送医送药活动。②

11月13日 罗斌任翻译学院副院长。③

△晚,中山大学90周年校庆系列活动之美国印第安纳大学—普渡大学印第安纳波利斯分校(IUPUI)音乐团专场演出在珠海校区风雨操场举办。IUPUI孔子学院院长徐超成应邀出席演出并致辞。④

11月15日 晚,"珍藏那些笑脸"校友音乐作品及校园歌曲演唱会在珠海校区风雨操场前舞台举行。本次演唱会为庆祝孙中山先生创办中山大学90周年而举办,由校团委、校友总会以及艺术教育中心主办,校广播台承办。校党委常务副书记、副校长陈春声,校区师生和校友一同观看了演唱会。⑤

11月15日至16日 中山大学珠海校区合唱团应邀代表珠海市高新区参加珠海市第三十二届"海滨之声"音乐节、首届珠海市民文化节市民合唱大赛暨第六届珠海合唱节,荣获金奖。⑥

11月16日至17日 由旅游学院主办的"旅游科学国际学术研讨会暨中国旅游学院院长论坛"在中山大学举行。魏明海副校长出席大会开幕式并致辞,旅游学院院长保继刚主持开幕式。⑦

11月17日 上午,由以色列驻广州总领事馆和中山大学主办的"一个中国人眼中的以色列"摄影展在珠海校区图书馆揭幕。⑧

以色列驻广州总领事安亚杰,中山大学党委常务副书记、副校长陈春声出席开幕式并致辞。陈春声在致辞中介绍了中山大学和以色列多所高校的渊源和密切合作关系,以及中山大学在促进中以两国交流上发挥的重要作用。安亚杰在致辞中公布了以色列驻广州总领事馆和中山大学合作的课程即将在珠海校区开设的消息,希望此次摄影展能成为大家了解以色列的一个窗口并欢迎大家到以色列参观。陈春声和

---

① 中山大学:《国际商学院举行首届校友导师聘任仪式、珠澳中山地区校友会成立大会暨第三届校友发展论坛》,见中山大学珠海校区网(http://zhuhai.sysu.edu.cn/content/1222),2014年11月11日。
② 中山大学:《中山大学珠海校区赴乾务镇新村村开展送医送药活动》,见中山大学珠海校区网(http://zhuhai.sysu.edu.cn/content/1218),2014年11月13日。题目有修改。
③ 中山大学校长办公室:《中山大学年鉴(2014)》,中山大学出版社2016年6月第1版,第55页。
④ 中山大学新闻中心珠海校区记者站:《美国IUPUI音乐团专场演出圆满落幕》,见中山大学珠海校区网(http://zhuhai.sysu.edu.cn/content/1215),2014年11月17日。
⑤ 中山大学新闻中心珠海校区记者站:《珍藏·回忆——校友音乐作品及校园歌曲演唱会圆满落幕》,见中山大学珠海校区网(http://zhuhai.sysu.edu.cn/content/1217),2014年11月17日。
⑥ 中山大学校长办公室:《中山大学年鉴(2014)》,中山大学出版社2016年6月第1版,第888页。
⑦ 中山大学校长办公室:《中山大学年鉴(2014)》,中山大学出版社2016年6月第1版,第688页。
⑧ 中山大学新闻中心珠海校区记者站:《"一个中国人眼中的以色列"摄影展走进中山大学珠海校区》,见中山大学珠海校区网(http://zhuhai.sysu.edu.cn/content/1214),2014年11月18日。

安亚杰共同为本次摄影展揭幕。

11月20日 上午,"珠海校区发展论坛——过去、现在和未来"之珠海校区建设者代表座谈会在行政楼十三楼第一会议室召开。①

校党委常务副书记、副校长陈春声,珠海校区建设时期的珠海市及有关部门领导余荣霭、钟国胜、汤建军、方小勇,佛山市政协主席杨晓光,珠海校区历任领导樊筑生、卞瑜、黄治河、黄喜、余瑞昆、唐燕、邹和平等嘉宾出席会议。珠海校区管委会和各职能部门负责人及学生干部代表列席会议。会议由珠海校区党政办主任胡海峰主持。与会人员首先观看了珠海校区建设十五周年的纪念短片。该视频展现了珠海校区的建设历程和校园美景。随后,陈春声就珠海校区的下一步发展战略设想,包括对办学格局的调整、管理体制的改革和关于校园的总体规划做了介绍。他指出,学校已经确定了珠海校区将作为中山大学未来发展的战略重点,并会在未来十年内积极投入,努力将其建设成为文、理、工学科格局相对完整,人才培养体系相对完整,以国际合作办学和新兴学科为特色,适应地方经济社会发展需要,具有一流水平的大学校区。陈春声特别提到了《珠海市人民政府与中山大学进一步深化战略合作协议》的签订,表达了对珠海市政府大力支持珠海校区建设工作的感谢。

在座谈会上,时任分管珠海校区建设的副校长、现佛山市政协主席杨晓光也肯定了目前珠海校区的发展方向与战略规划,并分析了校区建设初期的种种困难。他指出,校区建设的成功离不开对学校制订的建设意图和大政方针的贯彻执行,也离不开地方政府的大力支持和建设者的团结、奉献、勇于克服困难和敢于担当的精神。此外,他还对校区未来发展提出了两点建议:希望学校能够注重培养学生独立思考和创新能力并加强学生的综合素质,同时希望珠海市政府也能够依托大学这一平台促进科研事业的建设。紧接着,珠海市原副市长余荣霭、珠海市政府副秘书长钟国胜、珠海校区管委会原主任樊筑生、珠海校区党工委原书记唐燕等领导嘉宾都相继发言,纷纷肯定了校区的战略规划并提出了中肯建议。他们在动情回顾珠海校区建设历史的同时,也表示对珠海校区的未来发展充满了信心与期待。

△下午,珠海校区建设十五周年回顾展与论坛报告会在珠海校区图书馆举行。②

活动由珠海校区管委会主办。国家教育部原副部长周远清,校党委原书记李延保,校党委书记郑德涛,佛山市政协主席、原副校长杨晓光,原党委常务副书记梁庆寅,珠海市副市长龙广艳,珠海市政府副秘书长、珠海市大学园区工作委员会原

---

① 中山大学:《珠海校区发展论坛——"过去、现在和未来"之珠海校区建设者代表座谈会顺利召开》,见中山大学珠海校区网(http://zhuhai.sysu.edu.cn/content/1211),2014年11月22日。

② 中山大学珠海校区党政工作办公室:《珠海校区举办建设十五周年回顾展与论坛报告会》,见中山大学新闻网(http://news2.sysu.edu.cn/news01/141183.htm),2014年11月24日。

主任钟国胜,珠海校区历任管委会、党工委负责人出席活动。活动由校党委常务副书记、副校长陈春声主持。周远清、郑德涛、杨晓光、梁庆寅、陈春声、龙广艳共同为珠海校区建设十五周年回顾展揭幕。

在珠海校区发展论坛上,郑德涛致辞,衷心感谢所有参与开拓珠海校区的建设者和热爱珠海校区的师生。他强调,珠海校区要持续深入地推进改革,抓好队伍建设,营造办学环境和氛围,进一步加强对珠海市的服务合作,努力建设好珠海校区。龙广艳指出大学对区域经济社会发展的重要性,期盼中山大学更好地和珠海融合,并表示,珠海会更好地服务中大。作为论坛报告会的主讲人,周远清回顾了中山大学珠海校区的建设历史,对十五年来所取得的成就表示祝贺。他就如何办好高等教育提出了"四本经":学校的根本任务是培养人;提高质量是学校永恒的主题;本科是基础;知识、能力、素质是培养人的三要素。他强调了学风的重要性,认为学风就是一个学校的质量,是一个学校的文化,希望高校领导狠抓学风建设,提高人才培养质量。李延保表示,中山大学珠海校区的办学目标是办一个原汁原味的中山大学。珠海校区为中山大学在新世纪快速良好的发展奠定了基础,珠海校区的建成也大大地凝聚了中大人,给中山大学文化传统增添了丰富的色彩。杨晓光充分肯定中大珠海校区建设者精神,对校区学生寄予殷切希望。

本次珠海校区发展论坛系列活动通过回顾和梳理校区建设发展十五年的历程,总结过去,展望未来,为珠海校区进一步发展出谋划策,共商规划大计。

11月21日 下午,"院系推动培育和践行社会主义核心价值观建设的工作交流会(第二组)"在珠海校区举行。地球科学与地质工程学院、海洋学院、中法核工程与技术学院、移动信息工程学院等单位分管学生工作负责人、辅导员等参加了会议,会议由海洋学院党委书记陈省平主持。①

11月22日 中山大学90周年校庆学生田径运动会在珠海校区举行。校党委常务副书记、副校长陈春声出席上午举行的开幕式并致辞,校长助理、珠海校区管委会主任马骏,珠海市教育局、高新区管委会、文化体育旅游局,校学生处、教育学院、珠海校区党工委等单位的领导嘉宾出席了开幕式。来自全校34个院系的1326名学生运动员参加此次运动会。②

△上午,珠海市文体旅游局、我校旅游学院共建"珠海旅游研究院"成立仪式在珠海校区举行。校党委常务副书记、副校长陈春声,校长助理、珠海校区管委会主任马骏,珠海市文化体育旅游局局长张梅生,旅游学院院长保继刚等领导嘉宾出席成立仪式。③

---

① 中山大学:《院系推动培育和践行社会主义核心价值观建设工作交流会(第二组)顺利举行》,见中山大学珠海校区网(http://zhuhai.sysu.edu.cn/content/1207),2014年11月23日。
② 中山大学校长办公室:《中山大学年鉴(2014)》,中山大学出版社2016年6月第1版,第812页。
③ 中山大学旅游学院:《珠海市文体旅游局与我校旅游学院共建"珠海旅游研究院"成立仪式举行》,见中山大学新闻网(http://news2.sysu.edu.cn/news01/141232.htm),2014年11月26日。

中山大学珠海校区编年史（1999—2018）

△珠海校区新体育馆在教学实验大楼东北侧奠基。校党委常务副书记、副校长陈春声等出席奠基仪式。仪式由校长助理、珠海校区管委会主任马骏主持。① 新体育馆设计方案由师生在网上投票产生，"屋顶绿地版"入选。

11月25日 上午，珠海校区2014年消防安全培训暨灭火演练活动举行。珠海校区党工委书记郝登峰做动员讲话，来自校区各职能部门、各学院和驻校服务单位责任人、师生员工代表约200人参加培训。广州市公安消防局防火监督处培训中心谢中原主任应邀为培训活动授课。②

△下午，珠海校区第十届教职工趣味运动会在田径场举行。③

11月28日 国际商学院与珠海市斗门区政府签订人才战略合作框架协议。④

11月29日 下午，由珠海校区学工办主办的珠海校区2014级本科班长培训会暨新生调查工作动员会在教学实验大楼召开，80名班长参加培训。⑤

△下午，珠海校区校道接力比赛暨啦啦操比赛举行。外国语学院夺得第一名。⑥

△由韩中友好协会、中国韩国友好协会主办的第九届锦湖韩亚杯中国大学生韩国语演讲大赛（两广海南赛区）举行。翻译学院韩语系2011级杨吉柳和苏月玲同学分获冠亚军。⑦

11月30日 晚，庆祝中山大学90周年校庆交响音乐会在珠海校区风雨操场前举行。中山大学交响乐团、学生合唱团和老教授合唱团联袂出演。校党委常务副书记、副校长陈春声出席音乐会。⑧

12月3日 下午，秘鲁前驻华大使Jesus Wu Luy先生、秘鲁驻广州总领事David Gamarra先生偕同秘鲁皮乌拉大学（UEDP）校长代表团莅临珠海校区，为翻译学院西班牙语系师生带来了关于秘鲁文化以及秘鲁留学生活的讲座。⑨

---

① 中山大学校长办公室：《中山大学年鉴（2014）》，中山大学出版社2016年6月第1版，第812页。
② 中山大学珠海校区：《珠海校区举行2014年消防安全培训暨灭火演练活动》，见中山大学珠海校区网（http://zhuhai.sysu.edu.cn/content/1199），2014年11月27日。
③ 中山大学珠海校区：《中山大学珠海校区第十届教职工趣味运动会顺利举行》，见中山大学珠海校区网（http://zhuhai.sysu.edu.cn/content/1200），2014年11月26日。
④ 中山大学国际商学院：《我校国际商学院与珠海市斗门区政府签署人才战略合作框架协议》，见中山大学新闻网（http://news2.sysu.edu.cn/news01/141374.htm），2014年12月5日。
⑤ 中山大学珠海校区：《珠海校区2014级新生本科班长培训会召开》，见中山大学珠海校区网（http://zhuhai.sysu.edu.cn/content/1189），2014年12月2日。
⑥ 中山大学新闻中心珠海校区记者站：《跑出90心，舞动90魂》，见中山大学珠海校区网（http://zhuhai.sysu.edu.cn/content/1191），2014年12月1日。
⑦ 黄国文、王宾、许东黎：《从这里走向世界——中山大学翻译学院建院十周年回眸》，中山大学出版社2015年10月第1版，第137页。
⑧ 中山大学新闻中心珠海校区记者站：《中山大学90周年校庆交响音乐会成功举办》，见中山大学珠海校区网（http://zhuhai.sysu.edu.cn/content/1192），2014年12月1日。
⑨ 中山大学翻译学院：《秘鲁皮乌拉大学代表团莅临我校翻译学院》，见中山大学珠海校区网（http://zhuhai.sysu.edu.cn/content/1183），2014年12月8日。

12月5日 经学校批准,翻译学院与以色列驻广州总领事馆总领事 Yaacov Avrahamy 先生签署合作项目,项目名称为"当代以色列的身份建构:宗教、历史、社会与国际关系"。①

12月6日 国际商学院师生党支部与易方达基金管理有限公司党支部合作,在珠海校区举办"与你'益'起跑"主题党日活动,为由自闭症患者组成的珠海"海之星"艺术团募集善款。②

12月6日至7日 由就业指导中心和珠海校区管委会联合主办的第二届珠港澳高校就业指导与职业规划教育学术研讨会在珠海校区举行。③

12月7日 第五届中山大学四校区羽毛球院系赛在广州南校区英东体育馆结束,翻译学院羽毛球队荣获总冠军,成功卫冕。④

12月8日 成都学院副院长赵钢一行到珠海校区考察交流。

12月9日 珠海市高新区国土分局局长列君泽一行到珠海校区就博雅苑土地划拨问题与我校沟通。珠海校区党工委、基建处有关负责人参加了沟通会。⑤

12月10日 珠海校区综合服务中心启动,进入运营阶段。⑥

12月11日 下午,由新鸿基地产郭氏基金会主办,我校承办的"新鸿基地产郭氏基金励志奖学金颁发暨大学生研修基地启动仪式"在国际商学院举行。新鸿基地产郭氏基金总监李家华、我校校长助理陈绍彬、珠海校区党工委书记郝登峰、国际商学院副院长周天芸、学生处副处长兼珠海校区学工办主任林俊洪、学生处副处长兼校学生资助管理中心主任钟一彪以及来自复旦大学、南京大学、邝维煜中学等单位的领导嘉宾、励志奖学金获奖学生代表参加了仪式。⑦

12月12日 下午,中山大学 2013—2014 年度珠海可口可乐优秀学生奖学金颁奖典礼在珠海校区图书馆举行。珠海校区党工委书记郝登峰、学生处副处长林俊

---

① 黄国文、王宾、许东黎:《从这里走向世界——中山大学翻译学院建院十周年回眸》,中山大学出版社 2015 年 10 月第 1 版,第 278 ~ 279 页。

② 中山大学国际商学院:《创新基层党组织活动形式,校企合作为公益而"跑"——我校国际商学院携手易方达基金管理有限公司举办"与你'益'起跑"主题党日活动》,见中山大学新闻网(http://news2.sysu.edu.cn/news01/141475.htm),2014 年 12 月 16 日。

③ 中山大学珠海校区党政工作办公室:《第二届珠港澳高校就业指导与职业规划教育学术研讨会在珠海校区成功举办》,见中山大学新闻网(http://news2.sysu.edu.cn/news01/141498.htm),2014 年 12 月 16 日。

④ 中山大学翻译学院:《我院羽毛球队卫冕中山大学四校区院系赛总冠军》,见中山大学国际翻译学院网(http://sti.sysu.edu.cn/zh-hans/node/731),2014 年 12 月 9 日。

⑤ 中山大学珠海校区:《珠海市高新区国土分局列君泽局长一行来我校区调研》,见中山大学珠海校区网(http://zhuhai.sysu.edu.cn/content/1179),2014 年 12 月 10 日。

⑥ 中山大学珠海校区党政工作办公室:《珠海校区综合服务中心正式运营》,见中山大学新闻网(http://news2.sysu.edu.cn/news01/141474.htm),2014 年 12 月 14 日。

⑦ 中山大学珠海校区学生工作办公室:《新鸿基地产郭氏基金励志奖学金颁发暨大学生研修基地启动仪式在珠海校区举行》,见中山大学新闻网(http://news2.sysu.edu.cn/news01/141532.htm),2014 年 12 月 18 日。

中山大学珠海校区编年史（1999—2018）

洪、珠海可口可乐饮料有限公司销售市场总监陈迪康先生等出席颁奖典礼。①

12月13日 "2014年全国高校移动互联网应用开发创新大赛总决赛"开赛。移动信息工程学院2012级本科生赵毓佳、黄焕、陈上宇组成的队伍在学院张子臻老师的指导下，凭借作品《想你》获得二等奖。②

△移动信息工程学院本科生在中山大学第十届软件创新开发大赛中夺冠。

12月14日 下午，2014年"正青春、青春有态度"珠澳大专辩论赛决赛暨颁奖典礼在珠海校区教学实验大楼举行。比赛的辩题为"青春应该有悔/无悔"，参赛双方为中山大学珠海校区辩论队与北京师范大学珠海分校辩论队。中山大学珠海校区辩论队获得冠军，2013级岭南学院本科生蔡熠宸获得"最佳辩手"称号。③

12月18日 中山大学珠海校区与珠海特区报社共建学生实习实践基地签约暨揭牌仪式在珠海报业大厦举行。珠海校区党工委书记郝登峰，珠海特区报社党组副书记、总编辑孙锡炯等出席了签约仪式。④

12月19日 上午，中山大学2014学年春季学期交换生行前宣讲会（第一场）在珠海校区教学实验大楼举行。广东省教育厅，中山大学学生处、教务处、国际合作与交流处（港澳台事务办公室）等部门就交换生外出学习的学籍管理、安全纪律、出访签证等内容进行宣讲，珠海校区80多名参加交换学习的本科生参加了宣讲会。⑤

△晚，复旦大学教授张维为作客"学术与人生"系列讲座现场，为珠海校区的师生带来题为"中国崛起与制度自信"的演讲。本次讲座由校团委主办，珠海校区团工委、翻译学院承办。⑥

12月22日 江苏师范大学副校长黄军伟一行来珠海校区考察交流，珠海校区党工委书记郝登峰接待来宾，并在行政楼十三楼第一会议室主持召开座谈会。⑦

12月23日 复旦大学基建处处长吉青克一行来访珠海校区，珠海校区党工委

---

① 中山大学新闻中心珠海校区记者站、雁行社：《沿承十一载不变传统，可口可乐再励优秀学子》，见中山大学珠海校区网（http://zhuhai.sysu.edu.cn/content/1176），2014年12月15日。

② 中山大学移动信息工程学院：《移动信息工程学院学生团队获2014年全国高校移动互联网应用开发创新大赛总决赛二等奖》，见中山大学珠海校区网（http://zhuhai.sysu.edu.cn/content/1169），2014年12月16日。

③ 中山大学新闻中心珠海校区记者站：《珠澳大专辩论决赛 中山大学珠海校区夺魁》，见中山大学珠海校区网（http://zhuhai.sysu.edu.cn/content/1171），2014年12月16日。

④ 中山大学珠海校区党政工作办公室：《我校珠海校区与珠海特区报社共建学生实习实践基地》，见中山大学新闻网（http://news2.sysu.edu.cn/news01/141572.htm），2014年12月22日。

⑤ 中山大学珠海校区：《细致宣讲，明晰准备——珠海校区2014学年春季学期交换生行前宣讲会顺利举行》，见中山大学珠海校区网（http://zhuhai.sysu.edu.cn/content/1162），2014年12月22日。

⑥ 中山大学新闻中心珠海校区记者站：《张维为教授做客我校"学术与人生"讲座》，见中山大学珠海校区网（http://zhuhai.sysu.edu.cn/content/1164），2014年12月22日。

⑦ 中山大学珠海校区：《江苏师范大学副校长黄军伟一行访问珠海校区》，见中山大学珠海校区网（http://zhuhai.sysu.edu.cn/content/1160），2014年12月24日。

副书记、学工办主任林俊洪接待了来访人员。①

12月24日 上午，珠海校区校园规划工作座谈会召开。②

珠海市副市长潘明、副秘书长何庆明、住房与城乡规划建设局局长王朝晖与校党委常务副书记、副校长陈春声以及基建处负责人，围绕珠海校区的校园规划进行商谈。

会上，陈春声介绍了我校关于珠海校区的发展规划。珠海校区的校园整体规划要围绕学校确定的"战略发展重点"和"建设相对完整的学科体系和人才培养体系"的办学定位进行，按照相对完整的现代大学校区应具备的要素统筹考虑，在满足人才培养的基础上，同时关注科学研究、文化传承、服务社会等功能需求，努力使珠海校区成为一个相对独立的、完善的现代大学校区。

潘明对珠海校区初步的校园规划方案表示肯定，并针对珠海校区校园规划提出了五个方面的建议：一是校园规划要充分利用土地，提高土地使用率；二是校区规划要与珠海城市建设规划相协调；三是要传承原有规划设计理念，赋予校园景观原有的意义，体现延续性；四是要将东部滨海区、港湾大道、逸仙大道及翰林路这四个地方发挥出最高价值；五是要前瞻性地思考珠海校区未来发展需求，打造可经久不衰、永远传承的校园环境，为中山大学的百年校庆做准备。潘明表示，珠海市政府会协同相关部门，积极协调、推进和落实珠海校区发展规划的有关工作。王朝晖从专业角度提出了建设性的意见。他认为，珠海校区建设时将自然资源、人文和设计氛围充分结合，从方案、选址到建设都是一流水平。他强调现今的规划要做到延续和传承。他赞成珠海校区规划中对于功能分区的初步设想，认为校区的内部空间还有很大的发展余地，并提出学校的规划要和珠海市的发展对接。

△下午，2014年"成长轨"院系辅导员工作交流会在珠海校区召开。陈春声常务副书记、副校长出席会议，相关职能部门及各院系学生工作主管领导和辅导员参会。③

△下午，研究生担任本科生楼长聘任仪式在珠海校区举行，校党委常务副书记、副校长陈春声，学生处处长漆小萍，珠海校区党工委书记郝登峰等出席活动并为8名研究生颁发楼长聘书。④

12月26日 晚，珠海校区名师系列讲座第34期在珠海校区教学实验大楼举行。旅游学院副院长孙九霞教授做了题为"回望香格里拉——旅游文化与藏区文

---

① 中山大学珠海校区：《复旦大学来访我校珠海校区》，见中山大学珠海校区网（http://zhuhai.sysu.edu.cn/content/1159），2014年12月24日。

② 中山大学珠海校区党政工作办公室：《珠海校区举行校园规划工作座谈会》，见中山大学新闻网（http://news2.sysu.edu.cn/news01/141618.htm），2014年12月26日。

③ 中山大学学生处：《2014年"成长轨"院系辅导员工作交流会在珠海校区举办》，见中山大学新闻网（http://news2.sysu.edu.cn/news01/141625.htm），2014年12月29日。

④ 中山大学校长办公室：《中山大学年鉴（2014）》，中山大学出版社2016年6月第1版，第814页。

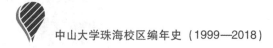

化的碰撞与融汇"的讲座。①

△晚,岭南学院第二届博雅文化节闭幕式暨忆事故乡情"以忆敌百"活动在珠海校区举行。②

---

① 中山大学岭南学院:《珠海校区名师系列讲座第三十四期顺利举办》,见中山大学珠海校区网(http://zhuhai.sysu.edu.cn/content/1150),2014年12月30日。

② 中山大学岭南学院:《我校岭南学院第二届博雅文化节在珠海校区圆满闭幕》,见中山大学新闻网(http://news2.sysu.edu.cn/news01/141676.htm),2014年12月31日。

2015年

2015年

1月4日 上午,由学生处主办,国际商学院承办的2015年第一期辅导员工作坊于珠海校区举行。本期工作坊的主题为"港澳台学生教育管理"。学生处处长漆小萍、统战部副部长杨云、国际合作与交流处副处长黄瑞敏及部分院系学生工作主管领导、辅导员参加了工作坊。①

1月4日至6日 由学生处主办,旅游学院、国际商学院承办的全校辅导员"学生辅导技术专题培训班"在珠海校区举行。来自4个校区28个院系的学生工作负责人、辅导员参加了培训。学生处处长漆小萍等出席了开班仪式。②

1月8日 下午,珠海校区2014年度年终工作总结会在行政楼召开。③

副校长兼珠海校区管委会主任马骏、珠海校区党工委书记郝登峰以及珠海校区各职能部门负责人出席会议。会议邀请学院负责人、学生代表参加。珠海校区12个职能部门负责人汇报了2014年度工作的完成情况。述职汇报后,与会代表评选了珠海校区2014年度的先进集体、先进乙方单位、先进工作者和工会活动积极分子。应邀参会师生肯定了珠海校区及各职能部门2014年度的工作,就与学校财务处加强沟通、改善教职工用餐环境和住宿条件、设立研究生讨论室等提出建议。

马骏做总结发言。他肯定了各部门有成效、创新性地解

---

① 中山大学国际商学院:《2015年第一期辅导员工作坊在珠海校区举行》,见中山大学新闻网(http://news2. sysu. edu. cn/news01/141795. htm),2015年1月12日。

② 中山大学旅游学院、国际商学院:《全校辅导员"学生辅导技术"专题培训在珠海校区顺利举行》,见中山大学新闻网(http://news2. sysu. edu. cn/news01/141768. htm),2015年1月9日。

③ 中山大学珠海校区党政工作办公室:《珠海校区召开2014年度年终工作总结会》,见中山大学新闻网(http://news2. sysu. edu. cn/news01/141792. htm),2015年1月12日。

中山大学珠海校区编年史（1999—2018）

决历史遗留问题的做法，希望全校区人员在2015年继续保持上下一心，共同努力，不断推进校区工作。同时指出，有必要加强跨部门的协调和沟通，在校区管理体制改革后尽快组建新的部门，并起草相关工作章程。

1月8日至10日 地球科学与地质工程学院2014年工作总结汇报会暨2015年工作研讨会在珠海校区召开。

1月13日 旅游学院与我国台湾海洋科技大学分别签署教师交流协议书和学生交换协议书。协议有效期均为五年。①

1月16日 珠海校区分工会第三届工会会员大会第一次会议在图书馆召开，校工会常务副主席周云、珠海校区党工委书记郝登峰、珠海校区教师代表40余人参加会议。会议选举产生了由毕为等7位同志组成的第三届珠海校区分工会委员会。②

1月16日至19日 由外语与翻译大学院联合主办的"第十三届功能语言学与语篇分析高层论坛"在珠海校区举行。论坛主题是"翻译研究的功能语言学视角"。③

1月20日 下午，珠海校区2014年度总结表彰大会举行。④

副校长兼珠海校区管委会主任马骏、珠海校区党工委书记郝登峰、各学院负责人、各职能部门教职工以及学生代表出席会议。马骏对2014年珠海校区工作进行了总结和回顾。从建立属地管理机制、强化行政管理、提升服务质量，举办校庆系列活动，校园景观美化、基础设施改造，建设珠海校区特色文化、营造校园学术氛围，完善校区规划建设、确保用地安全，密切与珠海市沟通、强化市校战略合作等方面通报了校区一年来的各项工作。他提到，在过去的一年里，校区的各项工作取得了不错的成绩，为师生解决了一些实际问题，但仍有一些工作尚未完成。今后的一年，校区管委会、党工委将深入贯彻《中山大学珠海校区管理体制改革试点方案》，推动落实珠海校区管理工作创新升级，协助推进校区重点项目的建设实施，争取为校区广大师生创造更好的学习、生活条件。

会上，马骏和郝登峰分别为2014年度校区先进集体、先进乙方单位、先进工作者、工会活动积极分子和优秀辅导员颁奖。

1月22日至23日 海洋学院2015年学术发展与学科建设研讨会在珠海校区

---

① 中山大学校长办公室：《中山大学年鉴（2015）》，中山大学出版社2017年10月第1版，第691页。
② 中山大学珠海校区党政工作办公室：《珠海校区分工会第三届工会会员大会第一次会议顺利召开》，见中山大学珠海校区网（http://zhuhai.sysu.edu.cn/content/1136），2015年1月17日。
③ 黄国文、王宾、许东黎：《从这里走向世界——中山大学翻译学院建院十周年回眸》，中山大学出版社2015年10月第1版，第34页。
④ 中山大学珠海校区党政工作办公室：《我校珠海校区2014年度总结表彰大会召开》，见中山大学新闻网（http://news2.sysu.edu.cn/news01/141901.htm），2015年1月22日。

召开。①

1月27日 上午,学校召开干部教师大会。中共中央组织部干部三局局长喻云林在会上宣读了中共中央、国务院关于中山大学校长职务任命的决定,任命罗俊同志为中山大学校长。教育部党组副书记、副部长杜玉波,广东省委常委、组织部部长李玉妹出席会议并讲话。会议由校党委书记郑德涛主持。②

1月28日 罗俊校长到珠海校区调研。③

罗校长在珠海校区调研时,与校区管委会及校区有关延伸机构负责人进行座谈,听取副校长、珠海校区管委会主任马骏所做的工作汇报,并实地考察校区建设情况。罗俊希望珠海校区思考好角色定位,做好校区的发展规划,推动学校发展。他指出,学校会继续坚持对珠海市的承诺,把珠海校区建设成"原汁原味"的中山大学,做到和而不同。和,是指中山大学的文化在每个校区都是一致的;不同,是指各校区在地域上具有差异,在校区定位和学科布局上有所差异。珠海校区的建设要融入中山大学的文化元素,体现对中山大学历史的传承,珠海校区的建筑和风格要经得起历史和时间的考验。校党委常务副书记、副校长陈春声,校长办公室主任陈望南等陪同调研。

1月30日 国际金融学院蒋廉雄等人的学术论文《利用产品塑造品牌:品牌的产品意义及其理论发展》获得广东省2012—2013年度哲学社会科学优秀成果奖论文类二等奖。④

2月3日 上午,余敏斌副校长在基建处处长李永乐、珠海校区党工委书记郝登峰等人的陪同下,来到珠海校区检查指导体育馆建设工作。⑤

2月7日 根据中共中山大学委员会2015年第3次常委(扩大)会议研究,决定马骏副校长分管珠海校区。⑥

2月11日 罗俊校长率队到中法核工程与技术学院进行工作调研。

2月18日 是日为农历羊年除夕。中午,受学校委托,珠海校区党工委书记郝登峰向假期留校学生和值班老师拜年。⑦

---

① 中山大学海洋学院:《我院2015年学术发展与学科建设研讨会顺利召开》,见中山大学海洋科学学院网(http://marine.sysu.edu.cn/article/3994),2015年1月26日。

② 中山大学党委办公室:《中共中央国务院任命罗俊为中山大学校长》,见《中山大学报》(新)第330期,2015年3月5日。

③ 中山大学校长办公室:《罗俊校长到东校区、珠海校区、北校区及各附属医院调研》,见《中山大学报》(新)第330期,2015年3月5日。

④ 中山大学校长办公室:《中山大学年鉴(2015)》,中山大学出版社2017年10月第1版,第467页。

⑤ 中山大学珠海校区党政工作办公室:《余敏斌副校长检查指导珠海校区体育馆建设工作》,见中山大学珠海校区网(http://zhuhai.sysu.edu.cn/content/1132),2015年2月3日。

⑥ 中山大学校长办公室:《中山大学年鉴(2015)》,中山大学出版社2017年10月第1版,第85~86页。

⑦ 中山大学珠海校区学生工作办公室:《留校学生聚餐,喜气洋洋贺新春》,见中山大学珠海校区网(http://zhuhai.sysu.edu.cn/content/1131),2015年2月21日。

中山大学珠海校区编年史（1999—2018）

2月20日 罗俊校长陪同湖北省科协主席、华中科技大学樊明武院士一行参观珠海校区，并考察中法核工程与技术学院。

2月 依托海洋学院建设的广东省海洋资源与近岸工程重点实验室评估获得优秀。①

3月3日 上午，余敏斌副校长带领珠海校区后勤办、基建办负责人深入校区后勤工作一线，检查指导开学前各项后勤保障准备工作。余敏斌对饭堂、学生宿舍、教学实验大楼、门诊楼等工作运行情况进行了检查。检查中，重点查看了饭堂的主副食原料来源、教师休息室改造、一站式服务中心建设情况，并与同学们交谈，了解同学们对饭堂服务的意见和建议。②

3月5日 以色列驻广州总领事馆总领事 Yaacov Avrahamy 先生在珠海校区为翻译学院以色列研究项目暨第一轮课程揭幕。Yaacov Avrahamy 做了首场讲座。③

3月6日 下午，珠海校区体育馆项目开工动员会召开。副校长余敏斌出席会议并讲话，珠海校区管委会、学校纪委、审计处、财务与国资管理处、保卫处、基建处等相关职能部门负责人及各参建方代表参加会议。④

3月6日至7日 中山大学2015年春季工作会议在珠海校区召开。⑤

会议围绕"十三五"规划和2015年学校工作部署的主题进行了研讨。校领导、校长助理、各二级单位党政负责人、两院院士、教授二级岗教师及各类人才等200余人出席会议，郑德涛书记、罗俊校长分别主持会议。

罗俊做了题为《凝聚共识、主动发展，建设世界一流大学》的报告。罗俊从规划的内涵、功能和架构三个方面探讨了怎么做规划。关于规划的内涵，要解决"从哪来（现状）""到哪去（目标）""怎么去（路径）"的问题。"从哪来"指的是学校的基础和背景，表明我们既要了解自己的优势，也要看到存在的不足。"到哪去"涉及学校的定位和方向。"怎么去"则要抓住三个转变，即由外延式发展向内涵式发展转变，由常规发展向主动发展转变，由文理医优势向文理医工各具特色、融合发展转变；以"三个面向"作为指导思想，即面向学术前沿、面向国家重大战略需求、面向国家和区域经济社会发展，最终实现文理医工的全方位发展；树立"三大"的基本思路，即大团队、大项目、大平台，引进一批帅才，组织大团队，组建大平台，争取大项目，尽快提升我校的学科水平；紧紧扣住学科建设这

---

① 中山大学海洋科学学院：《立足广东，面向南海——中山大学海洋科学学院》宣传册，自印，第5页。
② 中山大学珠海校区党政工作办公室：《余敏斌副校长检查指导开学前后勤准备工作》，见中山大学珠海校区网（http://zhuhai.sysu.edu.cn/content/1130），2015年3月4日。
③ 黄国文、王宾、许东黎：《从这里走向世界——中山大学翻译学院建院十周年回眸》，中山大学出版社2015年10月第1版，第279页。
④ 中山大学珠海校区基建工作办公室：《我校珠海校区体育馆项目开工动员会顺利召开》，见中山大学新闻网（http://news2.sysu.edu.cn/news01/142138.htm），2015年3月11日。
⑤ 中山大学新闻中心：《凝聚共识，开拓进取，推进学校工作迈上新台阶——我校2015年春季工作会议召开》，见中山大学新闻网（http://news2.sysu.edu.cn/news01/142125.htm），2015年3月10日。

个主题。对于规划的功能,一是能凝聚共识,即统一思想认识,形成凝聚力;二是能明确目标和任务;三是能为制定政策提供依据;四是能对学校和学院的发展起保障作用。在规划的架构方面,规划要有主题和主线,要制订明确的目标和任务,要有与之相应的政策和项目。机关职能部门的规划一定要为学校规划的实现做好服务保障。希望能与大家共同努力,通过做好规划并落地实施,缩小中大与国内高校"第一方阵"的差距,让学校迈上一个新的历史台阶。

校党委常务副书记、副校长陈春声从学校干部队伍的基本数据、党委领导下的校长负责制、院系党政联席会议制度、加强党建工作、加强干部队伍建设、领导干部监督的具体工作等方面做了题为《加强干部队伍建设 强化组织制度保障》的报告。副校长魏明海、李善民,校长助理夏亮辉则分别结合各自工作,阐述了我校有关人才队伍建设规划、财务发展规划和科研发展规划的思考。

郑德涛做会议总结。他从凝聚发展共识、明确任务要求、加强统筹协调三个方面,对扎实做好今年各项工作提出要求。首先应该凝聚三点共识:一是积极参与国家《"争创一流"行动计划》是学校当前乃至今后一个时期十分重大而紧迫的战略任务;二是把立德树人、关心学生、爱护学生、提高人才培养质量置于学校工作全局中更重要的位置上;三是积极服务国家地方经济社会发展。关于明确任务要求,一是着手编制学校"十三五"发展规划;二是在深化改革中推进内涵建设;三是抓机遇,服务国家发展大局;四是深化国际交流合作,不断增强国际竞争力;五是依法办学,推进学校治理体系和治理能力建设;六是切实加强和改进党的建设,认真落实中央从严治党的各项要求。在做好统筹协调方面,要处理好统筹推进与分类指导的关系,处理好内涵建设与指标排名的关系,处理好制度建设与文化传承的关系,处理好发展与民生的关系。各单位要联系实际,切实抓好学校春季工作会议精神的落实,推动各项工作上新台阶。会议期间,郑德涛还主持召开了党风廉政建设专题工作会议,对全年的党风廉政建设工作进行部署。

3月11日 秦皇岛市委常委、北戴河新区工委书记刘宝岐一行,在珠海市教育局副局长曹风云等领导的陪同下到珠海校区考察交流,珠海校区党工委书记郝登峰接待了刘宝岐一行。①

△下午,我校旅游学院与新西兰马努卡理工学院签署合作备忘录,在学术交流方面进行合作。备忘录有效期为五年。②

3月12日 下午,珠海校区召开专题会,副校长兼珠海校区管委会主任马骏传达学校2015年春季工作会议精神,附属第五医院领导、珠海校区各职能部门负

---

① 中山大学珠海校区党政工作办公室:《秦皇岛市考察团来珠海校区考察交流》,见中山大学珠海校区网(http://zhuhai.sysu.edu.cn/content/1123),2015年3月12日。
② 中山大学校长办公室:《中山大学年鉴(2015)》,中山大学出版社2017年10月第1版,第691页。

责人出席。①

△下午,海洋学院在珠海校区教学实验大楼召开"2015年春季工作会议"精神传达交流会。② 其后,中法核工程与技术学院、翻译学院、移动信息工程学院等学院陆续召开了2015年春季工作会议精神传达宣讲会,并结合各自学院的实际对"十三五"规划进行了讨论。③④

3月13日 《中山大学2015年工作要点》下发,文件提出:"调整完善各校区的管理机构,适应多校区办学实际和重点发展珠海校区的战略目标""进一步推进和完善珠海校区整体规划工作,提升珠海校区的规划层次和水平"。⑤

3月14日 美国蒙大拿大学理工分校布莱凯德（Donald Blackketter）先生一行访问珠海校区。副校长兼珠海校区管委会主任马骏、地球科学与地质工程学院院长张珂与布莱凯德一行进行了会谈。⑥

3月15日 上午,珠海市副市长龙广艳到珠海校区调研。⑦

龙广艳率珠海市教育局、住房和城乡规划建设局、交通运输局、高新区管委会等单位主要负责人到珠海校区调研,校党委常务副书记、副校长陈春声,副校长兼珠海校区管委会主任马骏出席调研座谈会,相关部门负责人参加了座谈。座谈会上,龙广艳指出,珠海市政府非常重视与中山大学下一步全方位的战略合作,"天琴计划"是本次合作中重中之重的项目,希望通过此次来访进一步了解该计划,并实地勘察该计划所需的配套基础设施,初步估算造价。作为"天琴计划"团队负责人之一的叶贤基教授在会上做了《空间精密测量科学与技术研究院初步规划》的报告,并介绍了该计划的整体目标、重要意义、重点任务、项目规划和预计成果。双方还就该计划所需建设的基础设施进行了讨论。座谈会后,与会人员一同去大南山和小南山实地勘察,为合作项目所需的观测台站、实验室和研发大楼进行初步选址。

3月16日 翻译学院"外语与翻译论坛"系列讲座开讲。翻译学院院长黄国

---

① 中山大学珠海校区党政工作办公室:《珠海校区召开专题会传达学校2015年春季工作会议精神》,见中山大学珠海校区网（http://zhuhai.sysu.edu.cn/content/1122）,2015年3月13日。

② 中山大学海洋学院:《海洋学院:召开春季工作会议学习交流会》,见《中山大学报》（新）第332期,2015年3月19日。

③ 朱佳方、林彩云:《我校翻译学院师生学习贯彻学校2015年春季工作会议精神》,见中山大学新闻网（http://news2.sysu.edu.cn/news01/142322.htm）,2015年3月27日。

④ 中山大学移动信息工程学院:《移动信息工程学院召开专题会议》,见中山大学新闻网（http://news2.sysu.edu.cn/news01/142357.htm）,2015年3月27日。

⑤ 中山大学校长办公室:《中山大学年鉴（2015）》,中山大学出版社2017年10月第1版,第101~105页。

⑥ 中山大学珠海校区党政工作办公室:《美国蒙大拿大学理工分校代表团访问我校珠海校区》,见中山大学珠海校区网（http://zhuhai.sysu.edu.cn/content/1121）,2015年3月16日。

⑦ 中山大学校长办公室:《中山大学年鉴（2015）》,中山大学出版社2017年10月第1版,第726页。

文教授以"学术兴趣与职业规划"为题做了第一场讲座。①

3月18日 下午,珠海校区职能部门负责人与学生干部座谈会在行政楼十三楼第一会议室举行。会上,珠海校区党工委书记郝登峰介绍了珠海校区近期工作,各职能部门负责人介绍了工作职责,并解答了学生干部们提出的问题。②

3月20日 海洋学院与珠海市港澳流动渔民工作办公室战略合作签约暨流动渔民研究中心揭牌仪式在珠海校区举行。珠海市副市长、市港澳流动渔民协会会长刘嘉文,我校副校长、珠海校区管委会主任马骏,珠海市港澳流动渔民工作办公室主任周成,香港渔民团体联会主席张少强,澳门渔民互助会会长郭沛,海洋学院院长何建国等人参加仪式。何建国、周成分别代表双方签署合作协议。刘嘉文、马骏、周成、何建国共同为流动渔民研究中心揭牌。③

3月25日 法国驻中国大使馆核能参赞 Dominique Ochem 一行参观访问中法核工程与技术学院。

3月26日 上午8时,港珠澳大桥岛隧工程 E15 管节成功沉放。海洋学院委派河口海岸研究所李春初、雷亚平、郭晓娟等教师组成的专题研究小组,参与 E15 管节及其后续管节的基槽泥沙回淤预警预报研究工作。研究小组依托珠江河口50余年研究积累,在"伶仃水道—铜鼓浅滩—龙鼓水道"滩槽动力地貌格局、高盐陆架水入侵沉积动力效应和河口羽状流动力结构研究等方面做出了贡献。④

中国交通建设股份有限公司联合体港珠澳大桥岛隧工程项目总经理部于4月25日授予中山大学隧道基槽回淤专题研究攻关组"集体特等功"。⑤

3月28日 珠海校区第三届公益节启动仪式举行。活动由青年志愿者协会、绿色青年组织、Allshare 义务服务协会、爱心同盟、地院凝炬基金会、爱心助学、绿叶社等八个公益学生社团共同组织。⑥

3月30日至4月3日 法国昂热大学副校长 Jean-René Morice 教授来访旅游学院,推进双方"3+1联合培养"项目、我校旅游学院2012级学生赴法学习事宜。旅游学院2012级学生是双方合作项目的第一批本科生,将于2015年8月赴法进行

---

① 黄国文、王宾、许东黎:《从这里走向世界——中山大学翻译学院建院十周年回眸》,中山大学出版社2015年10月第1版,第28页。
② 中山大学珠海校区党政工作办公室:《珠海校区召开职能部门负责人与学生干部座谈会》,见中山大学珠海校区网(http://zhuhai.sysu.edu.cn/content/1116),2015年3月19日。
③ 中山大学珠海校区党政工作办公室:《我校海洋学院与珠海市港澳流动渔办签署合作协议》,见中山大学新闻网(http://news2.sysu.edu.cn/news01/142302.htm),2015年3月24日。
④ 中山大学海洋学院:《我校海洋学院荣获港珠澳大桥岛隧工程E15管节"集体特等功"》,见中山大学新闻网(http://news2.sysu.edu.cn/news01/143593.htm),2015年7月15日。
⑤ 奖牌存中山大学海洋科学学院。
⑥ 赖文红:《中山大学珠海校区第三届公益节启动仪式举行》,见中山大学珠海校区网(http://zhuhai.sysu.edu.cn/content/1109),2015年3月30日。

中山大学珠海校区编年史（1999—2018）

大学最后一年的学习。①

3月31日 下午，副校长兼珠海校区管委会主任马骏、珠海校区党工委书记郝登峰、校区各职能部门及各学院教职员工一起在图书馆西南侧山坡种下杜鹃等树木，为美丽的校园再添春意。此前，珠海校区管委会、党工委发出倡议，组织校区广大教职工开展"美化校园"捐款植树种花活动。倡议发出后，教职工积极响应，自愿捐款，主动参加到植树种花活动中。②

4月初 翻译学院成立阿拉伯文化中心。该中心为华南地区首个阿拉伯文化中心。③

4月1日 上午，校长罗俊，校党委常务副书记、副校长陈春声，珠海市副市长龙广艳、珠海市教育局局长钟以俊等人共同到珠海校区后山勘察"天琴计划"基础设施建设用地，为天文台选址。

△上午，珠海市副市长刘嘉文一行到海洋学院调研，副校长、珠海校区管委会主任马骏，海洋学院院长何建国等出席调研座谈会。双方就我校与珠海市在科技合作、"中国—东盟海水养殖产业发展论坛"（又称"珠海论坛"）、中国（珠海）国际海洋高新科技展览会等合作事宜展开讨论，最终达成一致意见。刘嘉文一行还参观了海洋科学实验教学中心。④

△上午，香港渔民社会团体和香港农业社会团体代表在香港立法会渔农界议员何俊贤先生的带领下，来海洋学院交流访问。副校长、珠海校区管委会主任马骏会见了来宾。中央人民政府驻香港特别行政区联络办公室新界工作部等单位的相关领导，海洋学院院长何建国、党委书记陈省平等出席了会谈。⑤

△下午，中法核工程与技术学院与中广核集团举行校企合作平台交流会。中广核电力股份有限公司副总裁苏圣兵、中广核大学常务副校长陈泰，中法核工程与技术学院中方院长王彪、法方院长德麦赛等出席交流会。⑥

---

① 中山大学旅游学院：《法国昂热大学副校长来访我院并积极协调法国班学生赴法事宜》，见中山大学旅游学院网（http://stm.sysu.edu.cn/content/1105），2015年4月8日。
② 中山大学珠海校区党政工作办公室：《植树造绿，美化校园》，见中山大学珠海校区网（http://zhuhai.sysu.edu.cn/content/1103），2015年4月3日。
③ 黄国文、王宾、许东黎：《从这里走向世界——中山大学翻译学院建院十周年回眸》，中山大学出版社2015年10月第1版，第155页。
④ 中山大学校长办公室：《中山大学年鉴（2015）》，中山大学出版社2017年10月第1版，第727～728页。
⑤ 中山大学海洋学院：《香港渔农界一行来我校海洋学院交流访问》，见中山大学新闻网（http://news2.sysu.edu.cn/news01/142521.htm），2015年4月10日。
⑥ 中山大学中法核工程与技术学院：《我校中法核工程与技术学院举行校企合作平台交流会议——中国广核集团、法国电力集团启动2016届毕业生宣讲会》，见中山大学新闻网（http://news2.sysu.edu.cn/news01/142504.htm），2015年4月8日。

△晚，中山大学人才培养专题会议在珠海校区召开。①

黄达人老校长做了关于人才培养的专题报告。全体校领导、校长助理，各二级单位的正职负责人出席会议。

黄达人指出，大学的根本是人才培养，本质在于平等对待每一个学生；教学改革是教育综合改革的深水区，既要触动灵魂又要触动利益，教学改革依然是一场攻坚战；教学改革需要关注人才培养的全过程；而学校的不同层面在教学改革上侧重面各有不同。教学改革之所以艰难，有三方面的原因：一是源自教育行政主管部门的管理思维；二是由于大学管理者的自我定位；三是教学改革其实是教师的自我革命。教学改革有宏观、中观、微观三个层面，分别对应着校长、院长和教师。面对人才培养的问题，校长要有理念，既要尊重历史，也要有所发展；推动教学改革的关键在于院长，重视教学，特别是课程改革，需要学院的重视而且院长要动起来；课程改革的关键在于教师，教师对待教学的态度影响学生对于学习的态度；需要营造良好的行政文化氛围，一个好的行政文化甚至决定了大学的学术文化和整个文化氛围。

校党委书记郑德涛表示，大家要学习新、老校长相互信任与支持的精神，共同为学校发展贡献力量。罗俊校长对黄达人老校长的精彩讲座表达了感谢之情并希望大家要共同努力，缩小中大与"第一方阵"大学的差距。

△依托我校海洋学院建设的广东省海洋资源与近岸工程重点实验室在广东省科学技术厅组织的2014年广东省重点实验室考评中获评为"优秀"。②

4月2日 上午，珠海市与中山大学开展新型战略合作工作会议在珠海校区召开。③

会议就共同推进双方进一步的深化合作，开展新型战略合作关系做更深入的探讨。珠海市委副书记、市长江凌，市人大常委会主任、党组书记王广泉，珠海市及各局的负责人，以及我校全体校领导、校长助理、各二级单位的正职负责人与会。会议由罗俊校长主持。

江凌在致辞中阐述了珠海与中山大学的紧密联系。从历史的方面来说，珠海与中山大学有着共同的文化认同；从现在的角度来看，珠海是珠三角地区发展势头最好的城市；而未来的珠海将融入珠港澳国际都会区，尤其在中山大学的帮助支持下，珠海会发展得更好。

校党委书记郑德涛指出，自1999年中大与珠海市政府签署协议合作建设珠海

---

① 中山大学新闻中心：《我校召开人才培养专题会议》，见《中山大学报》（新）第334期，2015年4月15日。

② 广东省科技厅：《广东省科学技术厅关于2014年广东省重点实验室考评工作结果的通知》，见粤科函基字〔2015〕363号，2015年4月1日。

③ 中山大学新闻中心：《珠海市与中山大学开展新型战略合作工作会议召开》，见《中山大学报》（新）第334期，2015年4月15日。

校区开始,校区发展一直得到历届珠海市委、市政府的大力支持和珠海市人民的真情关爱,共同开创了中国高等教育发展的新模式。近年来,双方继续不断推进合作的深入。近期,为研究新一轮的《中山大学与珠海市人民政府新型战略合作协议》,双方进行了充分酝酿讨论,其签署将把校市合作进一步引向深入。郑德涛介绍了珠海校区已取得的成果,认为珠海校区的发展正面临难得的历史新机遇,并就中山大学如何发挥自身优势、深化校市合作,进一步谋划和推动珠海校区长远发展谈了三点看法:一是要着眼学校长远发展,加快优化完善现有四个校区的功能定位。对于珠海校区,要充分认识和发挥它不可替代的作用和独特优势。未来若干年,学校发展做增量的重点将放在珠海校区,不仅仅意味着量的增加,更重要的是质的跃升。珠海校区的规划和建设,要以"世界一流"的标准来进行。二是要服务珠海发展战略。中山大学将积极主动对接地方经济社会发展的要求,以珠海市战略需求为导向,坚持协同共赢、创新发展的合作原则,全面深化双方合作,不断加大投入力度,不断提高中山大学特别是珠海校区服务珠海经济社会发展的能力,也进一步凸显珠海校区在中山大学发展中的战略地位。三要加快推进珠海校区各项工作。珠海校区的发展定位已经初步明确,要加快推进珠海校区各项事业的发展,充分发挥珠海校区在建设世界一流大学进程中的作用,不断提高服务珠海市经济社会发展的能力和水平。要抓紧调研和论证,根据世界一流大学建设的需要和珠海市经济社会发展的战略需求,制订详细的珠海校区事业发展规划;学科专业设置要充分考虑珠海市经济社会发展需求,形成对珠海"三高一特"发展战略在旅游、文化创意、电子技术、生物医药、金融(国际金融)、海洋、航空、自贸区外向型经济等领域人才和技术需求的有力支撑;要抓紧抓好当前校市合作的重点工作,不断推进深入,取得实效。

罗俊校长指出,在珠海市委、市政府的关心支持下,珠海校区15年来得到了长足发展;未来10年,珠海校区将成为增强中大实力和提高中大声誉的中坚力量。学校将全方位投入,在战略规划、学科布局、高层次人才引进、经费投入等诸方面协同推进校区建设。珠海校区的发展离不开珠海市的鼎力支持,而校区的发展也将进一步助力珠海,为珠海的经济发展、科技转型、文化教育贡献应有的力量,提升珠海市文化品位。珠海的发展及珠海市委、市政府的决心,增强了我们把中山大学建设成世界一流大学的信念;坚定了我们做大做强珠海校区的信心,珠海校区在珠海的发展中应该是珠海未来提升品位、实现腾飞的一个支点;加强了我们相互间的信任,这种信任将在未来的竞争中带来大家所期待的结果。中山大学以"三个面向"为指导思想,即面向学术前沿、面向国家重大战略需求、面向国家和区域经济社会发展,学校一定会尽我所能,面向珠海的经济社会发展需要,为珠海的发展继续贡献力量。中山大学树立了"大团队、大平台、大项目"的基本思路,未来将尽可能地在珠海落户部分大团队、大平台、大项目,希望珠海市委、市政府继续给予相关的配套支持。中山大学正推行"倍增"计划,尽快缩短与国内"第一方阵"大学的差距。双方应努力共建共同的家园。

△上午,"中山大学—东西方教育国际化项目捐赠仪式"暨"翻译学院兼职教授聘任仪式"在珠海校区举行。东西方国际教育集团董事长王伟、我校副校长黎孟枫、翻译学院院长黄国文、翻译学院党委书记许东黎等出席活动。东西方教育国际化项目设立60万元基金,主要用于资助翻译学院推进本科生、研究生教育国际化,支持留学生暑期班和各项留学生活动,资助家庭经济困难学生参加国际化项目等。①

△下午,珠海校区整建制学院院长联席会议召开。②
副校长兼珠海校区管委会主任马骏及珠海校区七个整建制学院的院长、书记出席会议,校区各职能部门负责人列席会议。会议主要就珠海校区事业发展规划及各学院急需解决的问题展开讨论。马骏通报了珠海校区事业发展规划的概要。珠海校区围绕建设世界一流大学的战略目标,配合珠海市经济社会发展的实际需求,将作为"十三五"期间学校投入建设的重点,依托我校优势学科建设一批整建制学院,与现有学院形成错位发展、学科优势互补的格局,构建完备的学科与人才培养体系,推动实施大平台、大团队和大项目倍增计划,全面提升办学规模和层次。近期珠海市与我校开展新型战略合作会议上提到,将以世界一流的标准,制订珠海校区详细的事业发展规划和校园规划。学校将重新整改校区的管理体制改革方案,在做好校园规划的基础上,启动基础设施建设。

4月9日 上午,珠海校区党工委书记郝登峰为校区全体辅导员做主题为"如何成为研究型辅导员"的讲座。③

4月10日 陈春声常务副书记、副校长来珠海校区参加校领导接待日,并参与图书馆西南侧山坡植树活动。

4月11日 "唱响青春中国梦——首届全国高校'校园好声音'大赛"总决赛在上海落幕。我校翻译学院2011级本科生徐锋达等五位同学组成的代表队以广东赛区第一名成绩进入华南赛区决赛,获得第四名,进入全国总决赛。在总决赛上,徐锋达的原创歌曲《屋檐下的月光》获得"十佳校园原创歌曲"大奖,我校获得"优秀组织奖",周莉获"优秀指导教师奖"。④

4月12日 珠海校区举行2013级、2014级本科生班长培训会。学生处林俊洪

---

① 林晨仪:《"中山大学—东西方教育国际化项目捐赠仪式"暨"翻译学院兼职教授聘任仪式"在珠海校区举行》,见中山大学新闻网(http://news2.sysu.edu.cn/news01/142517.htm),2015年4月10日。
② 中山大学珠海校区党政工作办公室:《我校珠海校区召开2015年整建制学院院长联席会》,见中山大学新闻网(http://news2.sysu.edu.cn/news01/142505.htm),2015年4月8日。
③ 中山大学珠海校区学生工作办公室:《如何成为"研究型辅导员"——珠海校区举办辅导员专题讲座》,见中山大学珠海校区网(http://zhuhai.sysu.edu.cn/content/1089),2015年4月14日。
④ 共青团中山大学委员会:《校园好声音,唱响中大学子梦——我校学子在首届全国高校"校园好声音"大赛喜获佳绩》,见中山大学新闻网(http://news2.sysu.edu.cn/news01/142747.htm),2015年4月30日。

中山大学珠海校区编年史（1999—2018）

副处长出席，100多名班长参与培训。①

4月13日 下午，广中珠三地十校"经管杯"辩论邀请赛总决赛在北京理工大学珠海学院举行。辩论双方为中山大学国际商学院与北京师范大学珠海分校国际商学部。我校国际商学院辩论队获得冠军。②

4月16日 陶亮任珠海校区管理委员会主任，马骏副校长不再兼任珠海校区管理委员会主任职务。③

新任管委会主任陶亮的就职会议于4月24日下午在珠海校区行政楼第一会议室举行。副校长马骏、校党委组织部专职组织员黄小华、校区各职能部门及七个整建制学院负责人出席会议。会议由珠海校区党工委书记郝登峰主持。④

4月18日 根据移动信息工程学院、翻译学院的《学生课外实践与素质提升计划合作协议》，移动信息工程学院2013级、2014级20个班级与翻译学院2014级20个班级开展"译·动年华"结对子活动，旨在共同探索"1+1＞2"的本科生课外实践和素质教育的联合发展模式。⑤

4月19日 下午，由国际商学院职业拓展协会主办的第三届"职上云霄"大型职业技能挑战赛决赛在珠海校区举行。⑥

4月20日 我校旅游学院与阿联酋酒店管理学院签署合作备忘录，在师生交流方面进行合作。备忘录有效期为三年。⑦

4月21日 由旅游学院承办，第二期"云南省凤庆县干部综合能力提升培训班"开班仪式在珠海校区举行。旅游学院院长保继刚教授、校工会常务副主席周云等出席了仪式。凤庆县是我校对口帮扶地区。⑧

△下午，校工会副主席李烨带队来珠海校区召开新常态下做好工会工作调研座谈会。珠海校区分工会、校区七个整建制学院及附属第五医院工会代表参加

---

① 中山大学珠海校区学生工作办公室：《分享交流，学习提升》，见中山大学珠海校区网（http://zhuhai.sysu.edu.cn/content/1090），2015年4月13日。

② 中山大学国际商学院：《我校国际商学院辩论队获得广中珠三地十校"经管杯"辩论邀请赛冠军》，见中山大学珠海校区网（http://zhuhai.sysu.edu.cn/content/1088），2015年4月17日。

③ 中山大学校长办公室：《中山大学年鉴（2015）》，中山大学出版社2017年10月第1版，第44页。

④ 中山大学珠海校区党政工作办公室：《珠海校区新任管委会主任陶亮上任》，见中山大学珠海校区网（http://zhuhai.sysu.edu.cn/content/1075），2015年4月28日。

⑤ 中山大学移动信息工程学院、翻译学院：《我校移动信息工程学院、翻译学院开展"译·动年华"班级结对子活动 共同探索"1+1＞2"联合发展模式》，见中山大学新闻网（http://news2.sysu.edu.cn/news01/142629.htm），2015年4月20日。

⑥ 中山大学国际商学院：《第三届"职上云霄"大型职业技能挑战赛总决赛在我校圆满落幕》，见中山大学新闻网（http://news2.sysu.edu.cn/news01/142718.htm），2015年4月28日。

⑦ 中山大学校长办公室：《中山大学年鉴（2015）》，中山大学出版社2017年10月第1版，第692页。

⑧ 张新楠：《第二期"云南省凤庆县干部综合能力提升培训班"在我校开班》，见中山大学新闻网（http://news2.sysu.edu.cn/news01/142720.htm），2015年4月28日。

座谈。①

4月25日 旅游学院2011级学生张爽荣获中山大学2014年"王老吉杯"大学生年度人物。②

张爽同学于2012年12月自愿参军入伍,成为中山大学当年唯一入伍女兵。2013年3月,张爽分至东海舰队某通信总站中队报务专业,进行摩尔斯电码抄收及电传拍发等专业训练,由于在训练过程中成绩优异并圆满完成中队布置的各项任务,担任中队团组织委员、大队参观讲解员,并屡次在文艺工作中表现出色,2013年底获营嘉奖一次。后因专业业务水平比较好,被调至长春号导弹驱逐舰帮助工作,先后随舰执行了东联、搜救马航失联客机、第十七批亚丁湾护航、搜救韩国海军舰艇失踪船员、营救意大利失火商船等任务,航程遍布三大洋。任务期间担任舰广播、电视主播及文艺骨干,在出访任务中临时出任翻译工作,因表现优异获得重大任务嘉奖(团以上)一次,并于年底被评为优秀士兵。

△下午,由国际商学院主办的第六届中国大学生"智·商"商业技能大赛总决赛在珠海校区举行。来自山东大学、华南理工大学等高校的学生同场竞技,我校学生组成的"Vigor&Rigor"队夺得总冠军。③

4月26日至27日 在北京举行的2015年中国旅游科学年会上,旅游学院孙九霞的学术著作获得2014年国家旅游局优秀旅游学术成果专著类一等奖,左冰、保继刚的学术论文获得论文类一等奖。④

4月27日 上午,中山大学2014年入职辅导员工作交流会在珠海校区举行。⑤

△我校国际翻译学院与智利圣托马斯大学签署框架协议和协议书,在学术交流、学生交换方面进行合作。协议有效期均为五年。⑥

△山东大学青岛校区启动运行办公室常务副主任韩明涛一行来珠海校区考察交流,珠海校区管委会主任陶亮、党工委书记郝登峰接待并召开座谈会。⑦

4月28日 上午,校党委书记郑德涛到珠海校区考察,听取珠海校区党工委书记郝登峰关于校区党工委落实群众路线教育实践活动整改工作的全面汇报,并就

---

① 中山大学珠海校区党政工作办公室:《校工会来珠海校区召开新常态下做好我校工会工作调研座谈会》,见中山大学珠海校区网(http://zhuhai.sysu.edu.cn/content/1081),2015年4月22日。
② 王婉珠:《中华儿女多奇志 不爱红装爱武装——专访2014年中大年度人物张爽》,见《中山大学报》(新)第339期,2015年6月15日。
③ 中山大学国际商学院:《第六届中国大学生"智·商"商业技能大赛总决赛圆满落幕》,见中山大学新闻网(http://news2.sysu.edu.cn/news01/142740.htm),2015年4月30日。
④ 中山大学校长办公室:《中山大学年鉴(2015)》,中山大学出版社2017年10月第1版,第770页。
⑤ 中山大学珠海校区学生工作办公室:《我校2014年入职辅导员工作汇报交流会在珠海校区举行》,见中山大学珠海校区网(http://zhuhai.sysu.edu.cn/content/1071),2015年4月30日。
⑥ 中山大学校长办公室:《中山大学年鉴(2015)》,中山大学出版社2017年10月第1版,第692页。
⑦ 中山大学珠海校区党政工作办公室:《山东大学青岛校区来访我校珠海校区》,见中山大学珠海校区网(http://zhuhai.sysu.edu.cn/content/1077),2015年4月28日。

中山大学珠海校区编年史（1999—2018）

开展"三严三实"专题学习活动征求意见和建议。期间，郑德涛还考察了校区综合服务中心。①

△珠海校区体育馆项目开始进行桩基础试桩施工，顺利打下工程第一根桩，标志着体育馆进入主体施工阶段。②

△晚，珠海校区学工办邀请澳门书法家协会会长连家生、汕头书画名家子林在榕园7号文化室举行书法名家交流会。珠海校区管委会主任陶亮、党工委书记郝登峰和数十名书法爱好者参加了交流会。该活动是珠海校区"书香家园"系列文化活动之一。③

4月30日 共青团珠海市委召开表彰大会，我校翻译学院团委被授予"2014年度珠海市五四红旗团委"荣誉称号。④

5月6日 中午，本学期珠海校区第一次校领导午餐会举行。马骏副校长与15名学生代表在榕园饭堂进行交流，了解同学们在学习、生活中遇到的困难，听取同学们对珠海校区建设发展的意见和建议。⑤

5月7日 珠海市高新区管委会副主任周火根一行来访珠海校区，与校区有关负责人及老师就与我校合作在唐家湾片区建设中山大学附属中小学征询意见。珠海校区党工委书记郝登峰在行政楼第一会议室召开座谈会，七个整建制学院教师代表及相关职能部门负责人参加征询意见座谈会。周火根表示，目前该附属学校的选址及占地面积已确定，建成后，我校珠海校区教职工子女可以享受良好的教育资源。座谈会上，双方就该附属学校的校园方案设计、建成后学校的管理体制等问题进行了意见交流。⑥

5月8日 下午，香港特区政府教育局局长吴克俭一行来访珠海校区，与珠海校区25名香港籍同学进行座谈。珠海校区党工委书记郝登峰、港澳台事务办公室副主任黄瑞敏、珠海校区学工办主任林俊洪等出席座谈会。⑦

5月10日 下午，海洋学院第四届海洋科技文化节在珠海校区开幕。珠海校区管委会主任陶亮、海洋学院党委书记陈省平、珠海市港澳流动渔民工作办公室副

---

① 中山大学珠海校区党政工作办公室：《郑德涛书记高度赞扬珠海校区综合服务中心》，见中山大学珠海校区网（http://zhuhai.sysu.edu.cn/content/1073），2015年4月30日。

② 中山大学校长办公室：《中山大学年鉴（2015）》，中山大学出版社2017年10月第1版，第622页。

③ 中山大学珠海校区学生工作办公室：《澳门书法家协会会长连家生交流会在珠海校区举行》，见中山大学新闻网（http://news2.sysu.edu.cn/news01/142769.htm），2015年5月5日。

④ 中山大学翻译学院：《我校翻译学院团委荣获"2014年度珠海市五四红旗团委"》，见中山大学珠海校区网（http://zhuhai.sysu.edu.cn/content/1030），2015年6月19日。

⑤ 中山大学珠海校区党政工作办公室：《建言献策，共谋校区发展——马骏副校长与珠海校区学生举行午餐会》，见中山大学珠海校区网（http://zhuhai.sysu.edu.cn/content/1068），2015年5月7日。

⑥ 中山大学珠海校区党政工作办公室：《珠海市高新区管委会周火根副主任一行来我校区商谈合作事宜》，见中山大学珠海校区网（http://zhuhai.sysu.edu.cn/content/1067），2015年5月8日。

⑦ 中山大学珠海校区党政工作办公室：《香港特区政府教育局局长吴克俭一行访问我校珠海校区》，见中山大学新闻网（http://news2.sysu.edu.cn/news01/142835.htm），2015年5月12日。

主任杨向东等出席活动。本届海洋科技文化节将持续到6月8日，内容包括公益骑行海洋科普宣传、海洋知识竞赛、海洋意识调研大赛、大学生创新沙龙大赛、水上运动会等。①

5月12日 由外语与翻译大学院主办、翻译学院研究生会承办的第二届广东省外国语言文学论坛在珠海校区举行。②

5月13日 下午，以色列驻华大使马腾先生（Matan Vilnai）、以色列驻广州总领事安亚杰先生（Yaacov Avrahamy）来访翻译学院，Matan Vilnai 为翻译学院以色列研究项目做了主题为"以色列的地缘政治环境"的讲座。副校长马骏在珠海校区接待了 Matan Vilnai 一行。③

5月14日 晚，珠海校区文明标兵候选宿舍展示评比会在教学实验大楼举行。④

5月15日 晚，由历史学系主办、以"回溯·前行"为主题的第十二届历史文化节在珠海校区开幕。历史学系主任吴义雄、党总支书记赵立彬等出席开幕式。⑤

5月16日 下午，旅游学院珠中澳校友会成立大会在珠海校区举行。旅游学院院长保继刚、三地校友参加了大会。陈傲华当选为首任会长。⑥

5月17日 下午，第八届"中山大学十大提案"珠海校区决赛举行。活动由校党委组织部、党委学生工作部、校团委主办，珠海校区学生会承办。《关于设立中珠小绿公益自行车的提案》夺得一等奖。⑦

△晚，中山大学第二十九届维纳斯歌手大赛珠海校区决赛在风雨操场举办。活动由校团委、艺术教育中心主办，校广播台承办。⑧

---

① 中山大学海洋学院：《第四届海洋科技文化节在珠海校区拉开帷幕》，见中山大学新闻网（http://news2.sysu.edu.cn/news01/142839.htm），2015年5月11日。

② 黄国文、王宾、许东黎：《从这里走向世界——中山大学翻译学院建院十周年回眸》，中山大学出版社2015年10月第1版，第245页。

③ 黄国文、王宾、许东黎：《从这里走向世界——中山大学翻译学院建院十周年回眸》，中山大学出版社2015年10月第1版，第279页。

④ 中山大学珠海校区学生工作办公室：《珠海校区文明宿舍评比会圆满落幕》，见中山大学珠海校区网（http://zhuhai.sysu.edu.cn/content/1061），2015年5月18日。

⑤ 中山大学历史学系：《"回溯·前行"第十二届历史文化节在珠海校区开幕》，见中山大学珠海校区网（http://zhuhai.sysu.edu.cn/content/1052），2015年5月30日。

⑥ 中山大学旅游学院：《我校旅游学院珠中澳校友会成立》，见中山大学新闻网（http://news2.sysu.edu.cn/news01/142956.htm），2015年5月22日。

⑦ 中山大学新闻中心珠海校区记者站：《中山大学十大提案珠海校区决赛举行》，见中山大学珠海校区网（http://zhuhai.sysu.edu.cn/content/1059），2015年5月19日。

⑧ 中山大学新闻中心珠海校区记者站：《狂想青春——维纳斯之夜》，见中山大学珠海校区网（http://zhuhai.sysu.edu.cn/content/1058），2015年5月19日。

5月17日至19日 第二届天琴空间科学任务研讨会在珠海校区举行。①

中国科学院力学研究所胡文瑞院士、中国科学院武汉物理与数学研究所叶朝辉院士、我校校长罗俊院士、珠海市副市长龙广艳、我校副校长马骏等出席会议。来自莫斯科大学、中国科学院数学与系统科学研究院、华中科技大学等多家校内外单位的专家学者近50人与会。

会上,罗俊表示将在珠海校区建设空间精密测量实验室和天文台站,并且将向珠海市民开放部分设施作为科普教育基地。天琴空间科学任务的实施将为国家在空间精密测量领域培育人才,提升中山大学在空间科学与技术的科研学术水平,也将为珠海市在尖端科技研究和产业方面再添成绩。

5月20日 中午,珠海校区学生午餐会举行,珠海校区管委会主任陶亮、党工委书记郝登峰、后勤办主任田宝才等领导与10名同学进行了面对面的交流。②

5月26日至29日 中法核工程与技术学院完成法国教育部工程师职衔委员会认证专员实地考察与现场评估。

5月28日 下午,珠海校区举办本学年第三期职员培训讲座。原珠海校区管委会主任樊筑生应邀主讲题为"漫谈珠海校区青年职员职业发展"的讲座。③

△我校翻译学院与西班牙萨拉曼卡天主教大学签署框架协议和协议书,在学术交流、学生交换方面进行合作。协议有效期均为五年。④

5月29日 珠海校区学工办邀请法学院党委书记罗镇忠为旅游学院、国际商学院两院党员骨干举行培训讲座,讲座主题为"党建活动和党员的先进模范作用"。

6月2日 下午,移动信息工程学院与珠海市企业对接交流会在珠海校区举行。本次交流会由珠海市人力资源和社会保障局、珠海市科技和工业信息化局、珠海市高新区管委会、我校移动信息工程学院联合主办。⑤

6月3日 下午,珠海市领导来访珠海校区,就校园规划等工作进行座谈。⑥

珠海市副市长龙广艳、潘明,以及珠海市住房和城乡规划建设局、高新区国土分局、格力地产等单位负责人一行就珠海校区校园规划等工作与我校进行座谈。校

---

① 中山大学新闻中心:《第二届天琴空间科学任务研讨会于我校珠海校区举行》,见《中山大学报》(新)第338期,2015年5月29日。
② 中山大学珠海校区党政工作办公室:《珠海校区举行校区领导午餐会》,见中山大学珠海校区网(http://zhuhai.sysu.edu.cn/content/1057),2015年5月21日。
③ 中山大学珠海校区党政工作办公室:《珠海校区举办本学年第三期职员培训讲座》,见中山大学珠海校区网(http://zhuhai.sysu.edu.cn/content/1051),2015年6月1日。
④ 中山大学校长办公室:《中山大学年鉴(2015)》,中山大学出版社2017年10月第1版,第692页。
⑤ 林仪:《我校移动信息工程学院举办面向珠海企业对接交流会》,见中山大学新闻网(http://news2.sysu.edu.cn/news01/143122.htm),2015年6月4日。
⑥ 中山大学珠海校区党政工作办公室:《珠海市领导一行来访珠海校区,就校园规划等工作进行座谈》,见《中山大学报》(新)第339期,2015年6月15日。

党委常务副书记、副校长陈春声出席座谈会,珠海校区管委会主任陶亮及相关职能部门负责人参会。

会上,陈春声代表学校对珠海市大力支持珠海校区发展表示衷心感谢。他指出,珠海校区是学校未来战略发展的重点。近几年,将引进7~10名院士,新增1000名高水平教师,校区人数总规模将达到15000人。他希望珠海市政府能为校区新引进教师入住人才公寓提供协助和支持。

潘明表示,珠海校区的校园规划要与珠海城市建设规划相协调,要前瞻性地思考珠海校区未来的发展需求,营建经久不衰、永远传承的校园环境。因唐家湾海滨公园的设计可能会对珠海校区的校园规划产生影响,珠海市住房和城乡规划建设局和格力地产负责人分别汇报了唐家湾整体规划和情侣北路延长段方案。

座谈结束后,与会人员一同查看了"天琴计划"所需场地。

△晚,"译动年华"青马学堂开班仪式暨翻译学院与移动信息工程学院班级结对仪式在珠海校区举行。副校长颜光美、学生处处长漆小萍、校团委书记黄毅、信息科学与技术学院党委书记谢曼华、外语与翻译大学院党委书记许东黎等参加了仪式。①

△晚,由翻译学院和岭南学院主办的"翻山越岭之悦跑越 young"荧光夜跑活动在珠海校区举行。副校长颜光美、学生处处长漆小萍、校团委书记黄毅、外语与翻译大学院党委书记许东黎、珠海市文体旅游局副局长邬向明等与各院系师生代表一起参加了夜跑活动。"翻山越岭"夜跑活动旨在号召学生"走下网络、走出宿舍、走向操场",培养学生强身健体的意识、帮助养成定期运动习惯。②

6月6日 就业指导中心与香洲区团委、香洲区人力资源与社会保障局、香洲区人力资源中心合作在珠海校区举办"2015年中山大学实习生专场招聘会"。③

6月6日至8日 海洋学院与珠海市港澳流动渔民工作办公室合作,在珠海校区召开珠港澳流动渔民休渔期反走私反偷渡业务培训交流会,来自香港和澳门的80余名渔民参加培训交流会。④

6月7日 由共青团广东省委、省教育厅、省科技厅等单位联合主办的第六届广东大学生翻译大赛决赛举行。我校翻译学院学生郑蕾获得本科英语口译组一等奖,缪若辰获本科英语笔译组一等奖。指导教师招晓杏、赵睿均获"优秀指导老

---

① 中山大学翻译学院:《"译动年华"青马学堂开班仪式暨翻译学院与移动信息工程学院班级结对仪式成功举办》,见中山大学新闻网(http://news2.sysu.edu.cn/news01/143163.htm),2015年6月9日。
② 中山大学翻译学院:《我校举行"翻山越岭"荧光夜跑活动》,见中山大学新闻网(http://news2.sysu.edu.cn/news01/143165.htm),2015年6月8日。
③ 中山大学就业指导中心、珠海校区党政工作办公室:《我校在珠海校区举办2015年实习生专场招聘会》,见中山大学新闻网(http://news2.sysu.edu.cn/news01/143181.htm),2015年6月8日。
④ 中山大学海洋学院:《我校海洋学院与珠海市流渔办合作开展港澳流动渔民培训》,见中山大学新闻网(http://news2.sysu.edu.cn/news01/143241.htm),2015年6月11日。

中山大学珠海校区编年史（1999—2018）

师"称号。①

6月10日 珠海校区整建制学院院长联席会议举行。②

副校长马骏、珠海校区管委会主任陶亮、七个整建制学院院长或书记出席会议，校区各职能部门负责人列席。会议由珠海校区党工委书记郝登峰主持。马骏从事业发展规划、校园规划、管理体制规划等方面介绍了学校对珠海校区发展的新想法，并请各学院对校区未来的规划、管理体制、基础设施建设等方面提出意见和建议，以确定校园规划设计任务书。陶亮通报了上一次院长联席会议中所提出问题的解决办法，以及校区教职工子女入学、教职工户口办理、住房及教工住宅建设规划情况。

6月11日 下午，珠海校区2015年宣传工作会议召开。会议主题是"全面践行大宣传格局的理念，不断推进校区宣传工作，维护校区形象和师生利益"。校党委宣传部部长丘国新、珠海校区管委会主任陶亮、珠海校区党工委书记郝登峰，以及校区各职能部门、各学院宣传工作负责人出席会议。③

6月13日 移动信息工程学院与附属第三医院在珠海校区联合举办"移动医疗与健康学术研讨会"，旨在加强医科和信息学科的交叉融合。本次研讨会吸引了来自移动信息工程学院、中山大学—卡内基梅隆联合工程学院、附属第三医院的60余位教师、医生及研究生参加。④

6月14日 北京天文馆馆长朱进应邀到珠海校区开设天文知识讲座。

6月17日 上午，按照学校党委关于"三严三实"专题教育的部署和要求，珠海校区党工委举行"三严三实"专题教育学习，由校区党工委书记郝登峰上题为"认真学习贯彻'三严三实'，推进校区干部队伍建设"的党课。⑤

△我校旅游学院与奥地利IMC克莱姆斯应用科技大学签署合作备忘录，在学术交流方面进行合作。备忘录有效期为两年。⑥

△贵州省委组织部副部长夏一庆一行来访珠海校区。

6月18日 王彪任中法核工程与技术学院院长，赵福利、余展涛任副院长。⑦

---

① 刘家因：《翻译学院学生在第六届广东大学生翻译大赛中获佳绩》，见中山大学新闻网（http://news2.sysu.edu.cn/news01/143327.htm），2015年6月19日。

② 中山大学珠海校区党政工作办公室：《我校珠海校区召开整建制学院院长联席会议》，见中山大学新闻网（http://news2.sysu.edu.cn/news01/143278.htm），2015年6月16日。

③ 中山大学珠海校区党政工作办公室：《我校珠海校区召开2015年宣传工作会议》，见中山大学珠海校区网（http://zhuhai.sysu.edu.cn/content/1039），2015年6月12日。

④ 中山大学珠海校区党政工作办公室：《我校移动信息工程学院和附属第三医院联合举办"移动医疗与健康学术研讨会"》，见中山大学新闻网（http://news2.sysu.edu.cn/news01/143282.htm），2015年6月16日。

⑤ 中山大学珠海校区党政工作办公室：《珠海校区组织开展"三严三实"专题党课》，见《中山大学报》（新）第340期，2015年6月30日。

⑥ 中山大学校长办公室：《中山大学年鉴（2015）》，中山大学出版社2017年10月第1版，第693页。

⑦ 中山大学校长办公室：《中山大学年鉴（2015）》，中山大学出版社2017年10月第1版，第46页。

6月24日 珠海校区保卫办、党政办、学工办、后勤办等相关部门工作人员联合组成检查组，开展2015年暑期前校区安全大检查并召开总结会。①

6月26日 中法核工程与技术学院新近开发的核电应急监测指挥系统顺利完成了"神盾-2015"国家级核事故应急联合演习任务，该系统在演习中发挥了良好的指挥协调作用，得到广东省应急环境监测部门的肯定。②

6月29日 下午，广东省住房和城乡建设厅、珠海市水务局的领导和专家一行到珠海校区就创建"节水型单位"情况进行考查、验收。珠海校区党工委书记郝登峰、总务处副处长田宝才及相关职能部门负责人出席验收会。通过考查、验收，我校珠海校区获评广东省节水型先进单位。③

7月1日 上午，珠海校区2015年回迁纪念砖发布仪式在图书馆广场举行。纪念砖采用移动信息工程学院2013级李新泽同学的设计方案。珠海校区管委会主任陶亮、党工委书记郝登峰和珠海校区各个院系的学生代表出席仪式。④

7月3日 下午，我校与珠海市人民政府签署协议，全面开展新型战略合作。⑤

珠海市委副书记、市长江凌，珠海市副市长龙广艳，珠海市委秘书长郭才武，我校党委书记郑德涛，校长罗俊，校党委常务副书记、副校长陈春声，校党委副书记李萍，副校长马骏，校长助理夏亮辉出席签约仪式。郑德涛首先代表学校致欢迎辞。江凌和罗俊分别代表珠海市和我校签署了协议。

郑德涛在致辞中指出，市校双方签署协议旨在以珠海校区建设为着力点，制订新的合作计划，将中大建设世界一流大学目标和珠海创新驱动发展战略要求更加紧密地结合起来，通过合作引育高水平团队、新建一批院系、构建国家重大创新平台，全面提升珠海校区办学水平，努力把珠海校区建设成为学科门类比较齐全、具有一流办学水平和良好国际声誉的现代化滨海校区，更好地为珠海经济社会发展服务。本次协议的签署对于在毗邻港澳的珠海进一步探索社会主义制度下世界一流大学的办学模式、推进国家重大战略实施具有积极意义。

根据协议，市校双方将全面共建珠海校区，参照国际上具有影响力的公立大学系统多校区办学模式，将珠海校区逐步建设成为保持中山大学办学传统、学科布局

---

① 中山大学珠海校区党政工作办公室：《我校珠海校区开展2015年暑期前安全大检查》，见中山大学珠海校区网（http://zhuhai.sysu.edu.cn/content/1026），2015年6月25日。

② 中山大学中法核工程与技术学院：《我校中法核工程与技术学院环境辐射应急监测指挥系统顺利参演"神盾-2015"核事故应急演习》，见中山大学珠海校区网（http://zhuhai.sysu.edu.cn/content/1014），2015年7月23日。

③ 中山大学珠海校区党政工作办公室：《我校珠海校区获评广东省节水型先进单位》，见中山大学珠海校区网（http://zhuhai.sysu.edu.cn/content/1023），2015年7月1日。

④ 中山大学珠海校区党政工作办公室：《斗志昂扬 追逐理想——2015年珠海校区回迁纪念砖发布仪式》，见中山大学珠海校区网（http://zhuhai.sysu.edu.cn/content/1021），2015年7月1日。

⑤ 中山大学发展规划办公室、新闻中心：《我校与珠海市人民政府签署协议，全面开展新型战略合作》，见《中山大学报》（新）第341期，2015年7月6日。

和人才培养体系相对完整、具有一流办学水平和广泛国际声誉的现代化滨海校区。珠海校区将成为支撑中山大学建设世界一流大学的重要增长点,成为珠海市培养高层次创新人才的重要基地、高技术领域原始创新的主力军、技术转移和成果转化的生力军,以及区域发展问题决策的重要思想库和智囊团。市校双方将共同支持在珠海校区构建覆盖人文学科、社会学科、理学和工学等完整的学科体系,珠海校区学院(系)的学科方向、研究领域和专业以提升珠海创新驱动核心竞争力为主要目标,以支撑珠海市支柱产业,以及"三高一特"(高端制造业、高新技术产业、高端服务业、特色海洋经济和生态农业)等重点发展的战略性产业对高层次人才和技术的需求为重点设置。

未来五年里,珠海校区将是中山大学投入建设的重点,珠海校区将按照一所完整的高水平大学架构,在现有学院基础上,新建一些学院(系)。这些学院(系)全部整建制办学,其学生培养方案与广州校区设立的同类型学院(系)相同,招生要求和培养水平一致,但在学科方向、高水平科学研究和高层次创新人才培养方面实行错位发展。新组建的学科专业,主要是围绕珠海市在科技服务业、食品和农产品安全关键技术、生物医药、智慧城市、新材料、文化创意和航空航天等领域的产业发展需求,包括物理学、电子科学与技术(含微电子方向)、化学工程与技术、大气科学、文化创意等学科专业。在此基础上,珠海校区还将建设"天琴计划"国家级重大科学研究平台,以及核工程与技术、海洋、生物医药和食品安全领域国家级科学研究平台,以汇聚国际国内优势资源,重点支撑珠海市现代装备制造、电力能源、新材料、特色海洋经济、生物医药、食品安全等产业发展,全面提升珠海的核心创新力。

珠海市政府将给予珠海校区建设大力支持,为国家重大科学工程,以及在与珠海产业关联度高、发展战略导向契合的领域建设学院(系)、高层次研究平台,引进高层次人才,国际合作办学,以及校区的基础设施建设等方面提供政策和专项经费支持。

预计到2020年,常驻珠海校区的教师和研究人员总数将超过2000人,其中包括两院院士、长江学者、海外高层次人才引进计划入选者、国家杰出青年科学基金项目获得者、青年海外高层次人才引进计划入选者等一大批国家级领军人才和优秀青年人才。珠海校区在校生人数将超过14000人,其中全日制本科生人数10000～12000人,全日制硕士生人数2000人左右,全日制博士生人数达到300人左右。珠海校区将构建起文理医工门类齐全的学科体系,大多数一级学科在全国名列前茅,校区总体办学水平形成较大的国际影响力。我校已经全面启动面向全球公开招聘珠海校区各新建学院院长、教师和研究人员的工作,按照国际一流大学的标准,招收优秀学者到珠海校区工作。

7月11日 罗俊校长到翻译学院调研。陈春声常务副书记、副校长,黎孟枫副校长、魏明海副校长等陪同调研。翻译学院院长黄国文在调研会上做工作报告及关于翻译学院"十三五"发展规划的报告。①

7月12日 上午，罗俊校长一行到海洋学院调研。②

陈春声常务副书记兼副校长、魏明海副校长、马骏副校长、夏亮辉校长助理，发展规划与学科建设办公室、校长办公室、珠海校区管委会、研究生院、人事处、教务处等相关部门负责人，及海洋学院党政领导班子、学科带头人出席了调研座谈会。海洋学院院长何建国做了学院"十三五"规划草案汇报。罗校长就学科交叉引领、本科人才培养、规划路线图、"十三五"目标（大团队、大平台、大项目）、国家工程中心、新建海洋大楼、海洋科考船、高层次人才队伍、特聘研究员等方面提出了一些具体要求和建议。

7月14日 珠海市引进和建设国家重点实验室项目——光电材料与技术国家重点实验室珠海实验室项目的结题验收会议在珠海校区召开。③

会议由珠海市科技工贸和信息化局组织和主持。珠海实验室先进热管理技术集成与应用平台负责人何振辉教授介绍了实验室建设的基本要求和项目完成情况。课题验收专家组认为，项目完成建设，实验室与珠海多家企业开展了产学研项目合作，提高了企业的自主创新能力，为珠海市企业提供了技术支撑，培养了人才，取得了若干成果，同时也建议进一步完善实验室环境建设，一致同意通过课题验收。

中山大学光电材料与技术国家重点实验室珠海实验室项目于2011年开始筹建，2012年获得珠海市科技工贸和信息化局经费支持，以中大珠海校区电力电子及控制技术研究所和空间技术中心为基本依托，建立了光伏技术集成应用及软件开发和先进热管理技术集成与应用两个研究平台，主要开展光伏并网逆变器、光伏水泵、图形设计web展示平台及其光伏应用系统、光伏电站运行状态监控系统、电化学与动力电源技术研究与应用、航空航天热管理技术、民用电子及通信设备热管理技术等方面的新技术研究、开发及产业化，成为国家重点实验室在珠海市的一个窗口，为珠海的发展提供高新技术新应用的技术支撑和科技服务。

7月17日 中法核工程与技术学院"核工程与技术实验教学示范中心"获得2015年广东省省级实验教学示范中心立项，项目负责人为王彪。中心下设核基础化学实验室、放射化学教学实验室、核辐射探测教学实验室、中子探测教学实验室、核电流体热力循环实验室、核电厂全范围模拟机培训实验室。④

---

① 黄国文、王宾、许东黎：《从这里走向世界——中山大学翻译学院建院十周年回眸》，中山大学出版社2015年10月第1版，第37页。

② 中山大学海洋学院：《纲举目张，交叉引领——罗俊校长一行调研海洋学院》，见中山大学海洋科学学院网（http://marine.sysu.edu.cn/article/4122），2015年7月21日。

③ 中山大学科学研究院：《我校承担的珠海市引进和建设国家重点实验室项目——光电材料与技术国家重点实验室珠海实验室项目顺利通过验收》，见中山大学新闻网（http://news2.sysu.edu.cn/news01/143648.htm），2015年7月23日。

④ 广东省教育厅：《广东省教育厅关于公布2015年广东省本科高校教学质量与教学改革工程立项建设项目的通知》，见粤教高函〔2015〕133号文，2015年7月17日。

中山大学珠海校区编年史（1999—2018）

△海洋学院"海洋科学"专业获得2015年广东省省级战略性新兴产业特色专业建设点，专业负责人为何建国。①

△海洋学院"中山大学—广东省水利水电科学研究院海岸海洋科学本科教学实践基地"获得2015年广东省省级大学生实践教学基地立项建设项目，项目负责人为杨清书。②

△海洋学院"海岸动力地貌学课程教学团队"（负责人杨清书）和"结晶学与矿物学课程教学团队"（负责人孙晓明）获得2015年广东省省级教学团队立项。③

7月18日至19日 由旅游学院主办的"会展与节事国际学术研讨会"在广州召开，110多位国内外代表与会。④

7月20日至27日 由中国旅游协会旅游教育分会、中山大学旅游学院共同主办的"全国旅游院校（会展经济与管理）师资培训班"在珠海校区举行。

7月24日 我国台湾中山大学校长杨弘敦一行来珠海校区参观考察，珠海校区管委会主任陶亮、党工委书记郝登峰、港澳台事务办公室副主任黄瑞敏接待来宾，并召开座谈会。⑤

△深圳市教育局局长郭雨蓉、深圳市光明新区、深圳市发展改革委、市规划国土委和市财政委负责人等一行16人到访珠海校区，与发展规划办公室主任杨清华、基建处处长李永乐、珠海校区管委会主任陶亮、珠海校区党工委书记郝登峰就珠海校区的办学和建设情况进行座谈。

7月27日 上午，珠海校区体育馆项目现场协调会召开。副校长余敏斌、基建处处长李永乐、珠海校区党工委书记郝登峰，以及审计处、基建处、各参建方代表参会。余敏斌副校长在会议上要求参建各方实事求是、扎实做好工程优化设计，严格控制工程造价，处理好工程技术难点，严把质量关，共同努力把珠海校区体育馆建设好。⑥

△中法核工程与技术学院核安全与应急技术重点实验室入选珠海市重点实验室，中法核工程与技术学院院长王彪被珠海市政府聘任为"珠海市特聘学者"。⑦

---

① 广东省教育厅：《广东省教育厅关于公布2015年广东省本科高校教学质量与教学改革工程立项建设项目的通知》，见粤教高函〔2015〕133号文，2015年7月17日。
② 广东省教育厅：《广东省教育厅关于公布2015年广东省本科高校教学质量与教学改革工程立项建设项目的通知》，见粤教高函〔2015〕133号文，2015年7月17日。
③ 广东省教育厅：《广东省教育厅关于公布2015年广东省本科高校教学质量与教学改革工程立项建设项目的通知》，见粤教高函〔2015〕133号文，2015年7月17日。
④ 中山大学校长办公室：《中山大学年鉴（2015）》，中山大学出版社2017年10月第1版，第625页。
⑤ 中山大学珠海校区党政工作办公室：《我国"台湾中山大学"校长杨弘敦一行来我校珠海校区参观考察》，见中山大学珠海校区网（http://zhuhai.sysu.edu.cn/content/1012），2015年7月26日。题目有修改。
⑥ 中山大学珠海校区基建工作办公室：《珠海校区体育馆项目现场协调会在珠海校区体育馆项目部会议室召开》，见中山大学珠海校区网（http://zhuhai.sysu.edu.cn/content/1010），2015年7月30日。
⑦ 中山大学中法核工程与技术学院：《中山大学中法核工程与技术学院》宣传单，自印。

8月4日 广东省国际生命科学基金会一行来珠海校区考察交流，珠海校区管委会主任陶亮接待来宾并召开了座谈会。①

8月9日 珠海校区铁丝网围墙（白埔路段及伍舜德国际学术交流中心段）通过竣工验收。

8月10日至24日 翻译学院首届中华语言文化夏令营在珠海校区举行。来自韩国、英国等国家的15所高校共80名教师和学生参加了夏令营。②

8月14日 京津冀国家大学科技创新基地调研组来珠海校区调研。③

国家发改委地区经济司副司长安利民、国家教育部发展规划司直属基建处处长韩劲红率京津冀国家大学科技创新基地调研组到我校珠海校区调研，并就珠海校区的发展规划进行座谈交流。校长罗俊、副校长余敏斌、马骏等出席座谈会。

罗俊介绍了珠海校区的历史、现状及未来发展的整体思路和理念。从三个层面阐述了珠海校区面临的机遇和要求：一是学科布局围绕国家"一带一路"倡议的需求；二是配合珠海市创新驱动战略需求，重点发展与珠海市"三高一特"对接的学科；三是中山大学承担着建设世界一流大学的使命，珠海校区将与广州校区形成错位发展、学科优势互补的格局，构建完备的学科与人才培养体系。余敏斌汇报了我校未来五年规划建设项目情况，发展规划办公室主任杨清华汇报了珠海校区"十三五"发展规划。根据介绍，珠海校区将建成保持中山大学办学传统、学科布局和人才培养体系相对完整、具有一流办学水平和广泛国际声誉的现代化滨海校区。未来五年，珠海校区全部学院（系）实现整建制办学，覆盖人文、社会、管理、工学和理学等学科，构建完整的本硕博人才培养体系，实施高水平人才和团队倍增计划，并逐步建立具有中国特色多校区、世界一流大学的管理模式。

8月19日 3000名新生在珠海校区报到入学。在珠海校区办学的各院系在迎新工作上也展现了自己的特色。海洋学院首次举办家长会；旅游学院则在迎新注册点设立了高尔夫体验区；移动信息工程学院给每位新生安排了高年级师兄师姐担任新生导师；中法核工程与技术学院采用通过一位在校生与四位新生结成AIMS活动负责小组的形式，由AIMS活动负责小组指导在校生为新生提供生活和学习上的帮助。④

8月21日 我校在珠海校区举行2015级新生开学典礼。

校领导罗俊、陈春声、颜光美、李萍、魏明海、余敏斌、马骏，校长助理李文

---

① 中山大学珠海校区党政工作办公室：《广东省国际生命科学基金会一行来珠海校区考察交流》，见中山大学珠海校区网（http://zhuhai.sysu.edu.cn/content/1008），2015年8月18日。

② 中山大学翻译学院：《语言·文化·友谊——中山大学珠海校区首次成功举办大规模留学生夏令营》，见中山大学珠海校区网（http://zhuhai.sysu.edu.cn/content/1001），2015年8月28日。

③ 中山大学珠海校区党政工作办公室：《京津冀国家大学科技创新基地调研组来我校珠海校区调研》，见中山大学新闻网（http://news2.sysu.edu.cn/news01/143741.htm），2015年8月20日。

④ 中山大学新闻中心：《新生到家，梦圆中大》，见《中山大学报》（新）第343期，2015年9月2日。

中山大学珠海校区编年史（1999—2018）

军，各院系负责人出席开学典礼。典礼由副校长黎孟枫主持。

罗俊校长在开学典礼上致训词，寄望中大学子珍惜大学的美好时光，践行校训精神，做到"德才兼备、领袖气质、家国情怀"十二字，努力成为一个无愧于家人、无愧于师长、无愧于自己的有用之才！对十二字人才培养方针，罗校长说道："第一，希望大家德才兼备。德才兼备，首先是立德树人。德，是做人，做一个具有良好品德修养的君子，树立正确的世界观、人生观、价值观和荣辱观。其次，是具备才能。才，是做事，通过在大学里的学习，你们要具备专业知识和专业精神，掌握过硬的专业本领。你们要做到德才兼备，努力成为德智体美全面发展的社会主义事业的合格建设者和可靠接班人。第二，希望大家要着意培养领袖气质。同学们踏进中大的校门，充满了自豪和荣耀，你们理所当然是中国青年中的优秀分子。在你们身上，应该具备宽广的胸怀与视野，有理想、有信念、有担当、有勇气，要立志成为各界的精英和帅才，要有舍我其谁的气概，因为你们就是未来的国之栋梁。第三，希望大家要有家国情怀。"家国"，自古便是中国知识分子共同的情怀，《大学》有云：'古之欲明明德于天下者，先治其国；欲治其国者，先齐其家；欲齐其家者，先修其身。'将国家、社会、家庭和个人串连成一个不可分割的整体，将个人追求与社会目标相统一，奠定了中国人修身、齐家、治国、平天下的道德理想和行为准则。希望大家树立为国为民的远大志向，担负起时代赋予你们的光荣使命，爱国荣校，为民族的复兴和人类的进步贡献自己的心智。"①

教师代表、岭南学院教授李胜兰，在校生代表、2012级国际商学院梁永业，新生代表、2015级翻译学院戴紫薇分别发言。

8月23日 珠海校区新生开始军训。珠海校区新生编为军训二团。军训期间，校团委与武装部联合举办"将军与青年学生话人生"新生军事理论课专场，邀请总参谋部军训兵种部原政委、正军职少将田永清，海军工程大学原政委、正军职少将高学敏为珠海校区等三个校区的本科新生授课。②

8月27日 珠海校区管委会组织各职能部门负责人学习珠海校区发展规划。珠海校区管委会主任陶亮主持学习会，并解读了《中山大学珠海校区事业发展规划》和《珠海市人民政府与中山大学全面开展新型战略合作协议》。③

8月31日 由移动信息工程学院承办的"2015全国大学生物联网设计竞赛（TI杯）华南分赛区决赛"在珠海校区落幕。我校共有8支代表队进入华南赛区决赛，其中移动信息工程学院学生组成的3支代表队荣获华南赛区特等奖，获得参加

---

① 中山大学新闻中心：《努力成长为德才兼备、具有领袖气质和家国情怀的中大人——中山大学2015年开学典礼举行》，见《中山大学报》（新）第343期，2015年9月2日。
② 共青团中山大学委员会、中山大学人民武装部：《"将军与青年学生话人生"新生军事理论课专场举行》，见中山大学新闻网（http://news2.sysu.edu.cn/news01/143871.htm），2015年9月2日。
③ 中山大学珠海校区党政工作办公室：《我校珠海校区组织学习校区发展规划》，见中山大学新闻网（http://news2.sysu.edu.cn/news01/143853.htm），2015年9月1日。

全国总决赛的资格。①

TI 杯全国总决赛于 9 月 24 日至 26 日在无锡进行。移动信息工程学院学子表现优异，2012 级本科生王超颖、刘健、梁乔生、吴晓悦组成的代表队凭借作品"基于动态 PPG 信号处理的心率表"夺得一等奖，2012 级本科生曾兆阳、吴璐璐、曾丽仪、杨剑飞组成的代表队凭借作品"基于微信平台的家庭娱乐系统"荣获一等奖，2013 级本科生陈晓旋、储莹、江鑫、吴冰龙组成的代表队凭借作品"智能头盔"荣获二等奖，我校获得"优秀组织奖"。②

△珠海校区召开 2015 年迎新工作总结会。会议由珠海校区管委会主任陶亮主持。③

9 月 1 日 珠海校区管委会主任陶亮、珠海校区党工委书记郝登峰，以及党政办、学工办、后勤办、保卫办等部门负责人和后勤集团代表一同慰问参加军训的教官和新生。④

9 月 6 日 "天琴计划"项目建设推进座谈会在珠海校区行政楼召开，珠海市高新区规划局相关领导参加了此次会议。

9 月 7 日 上午，珠海校区 2015 级新生军训阅兵暨总结大会举行。副校长马骏，军训师师长、武警驻中大选培办主任管明华上校，学生处处长莫华，珠海校区党工委书记郝登峰等领导以及珠海校区各院系学生工作负责人出席大会。马骏对参训新生进行了检阅。⑤

△下午，珠海校区举办"德才兼备、领袖气质、家国情怀"人才培养目标专题研讨会。会议由颜光美副校长主持，学生处处长莫华、珠海校区党工委书记郝登峰、珠海校区各院系学生工作负责人出席会议，各院系辅导员列席会议。⑥

△下午，由马骏副校长主讲的"三严三实"专题学习研讨会在珠海校区举行。珠海校区管委会主任陶亮、党工委书记郝登峰、各职能部门负责人及校区教工党员参加学习。马骏要求各位党员将"三严三实"的精神落实到个人的工作岗位上，

---

① 中山大学移动信息工程学院：《2015 全国大学生物联网设计竞赛（TI 杯）华南赛区决赛在我校珠海校区顺利举行》，见中山大学珠海校区网（http://zhuhai.sysu.edu.cn/content/988），2015 年 9 月 11 日。
② 中山大学移动信息工程学院：《移动信息工程学院学子于 2015 年全国大学生物联网设计竞赛（TI 杯）全国总决赛中获佳绩》，见中山大学新闻网（http://news2.sysu.edu.cn/news01/144329.htm），2015 年 10 月 13 日。
③ 中山大学珠海校区党政工作办公室：《人心向学 服务育人——珠海校区召开 2015 年迎新工作总结会》，见中山大学珠海校区网（http://zhuhai.sysu.edu.cn/content/984），2015 年 9 月 18 日。
④ 中山大学新闻中心珠海校区记者站：《校区领导看望慰问 2015 级军训新生和承训部队教官》，见中山大学珠海校区网（http://zhuhai.sysu.edu.cn/content/997），2015 年 9 月 2 日。
⑤ 中山大学新闻中心珠海校区记者站：《恰同学少年，展英姿，显风采——我校珠海校区 2015 级新生军训阅兵暨总结大会顺利举行》，见中山大学珠海校区网（http://zhuhai.sysu.edu.cn/content/995），2015 年 9 月 9 日。
⑥ 中山大学校长办公室：《中山大学年鉴（2015）》，中山大学出版社 2017 年 10 月第 1 版，第 732 页。

中山大学珠海校区编年史（1999—2018）

推动珠海校区未来的发展。①

△晚，珠海校区迎新晚会暨纪念中国人民抗日战争胜利、世界反法西斯战争胜利70周年晚会在风雨操场举办。副校长颜光美、马骏，珠海校区管委会主任陶亮等领导及各院系学生工作负责人出席了晚会。②

9月8日 罗俊校长在文科工作会议上发表讲话，提出"入主流，立潮头，走出去"的发展战略。在"立潮头"方面，他举例说："学校现在在珠海校区组建一些学科，如设置国际关系学院等院系，就是从南中国海问题、'一带一路'考虑，提升学校相关学科的研究水平，为国家战略服务。"③ 在"走出去"方面，他提到："考虑到珠海校区的区位优势，学校准备以其为依托，做好南中国海问题研究，服务国家'一带一路'倡议。文科除了错位发展文、史、哲之外，还要建设国际金融学院、国际翻译学院和国际关系学院。"④

△国际商学院黄新飞获得广东省"南粤优秀教师"称号。⑤

△珠海校区开展2015年秋季消防、治安安全大检查，全面排查、整治校园消防和治安隐患。珠海校区管委会主任陶亮、党工委书记郝登峰、保卫处副处长游展高和唐家派出所副所长廖永清带队进行检查。⑥

△由海洋学院与广州市正源生态农业有限公司共建的中山大学海洋生物资源与环境本科教学实习基地，于正源生态农业有限公司举行揭牌仪式。广州市正源生态农业有限公司股东叶成河、海洋学院党委书记陈省平共同为实习基地揭牌。⑦

9月9日 "天琴计划"项目建设推进座谈会在珠海校区行政楼召开，珠海市高新区管委会相关领导参加会议。

9月16日 以天文与空间研究院为基础，成立物理与天文学院。⑧ 物理与天文学院设在珠海校区。

△国际商学院更名为国际金融学院。⑨ 聘任徐信忠为国际金融学院院长，吴培

---

① 中山大学珠海校区党政工作办公室：《马骏副校长主讲珠海校区"三严三实"专题学习研讨会》，见中山大学珠海校区网（http://zhuhai.sysu.edu.cn/content/991），2015年9月10日。
② 中山大学新闻中心珠海校区记者站：《珠海校区2015校园迎新晚会演绎"民族魂 中国梦"》，见中山大学珠海校区网（http://zhuhai.sysu.edu.cn/content/994），2015年9月9日。
③ 中山大学校长办公室：《中山大学年鉴（2015）》，中山大学出版社2017年10月第1版，第194页。
④ 中山大学校长办公室：《中山大学年鉴（2015）》，中山大学出版社2017年10月第1版，第195页。
⑤ 陈秋敏：《陈那波等12人荣获2015年"南粤优秀教师""南粤优秀教育工作者"称号》，见中山大学新闻网（http://news2.sysu.edu.cn/news01/143958.htm），2015年9月9日。
⑥ 中山大学珠海校区党政工作办公室：《珠海校区进行2015年秋季安全大检查》，见中山大学珠海校区网（http://zhuhai.sysu.edu.cn/content/990），2015年9月10日。
⑦ 中山大学海洋学院：《中山大学海洋生物资源与环境本科教学实习基地揭牌仪式顺利举行》，见中山大学海洋科学学院网（http://marine.sysu.edu.cn/article/4154），2015年9月8日。
⑧ 中山大学校长办公室：《中山大学年鉴（2015）》，中山大学出版社2017年10月第1版，第37页。
⑨ 中山大学校长办公室：《中山大学年鉴（2015）》，中山大学出版社2017年10月第1版，第37页。

冠任常务副院长，周天芸任副院长。①

9月17日 中山大学与珠海市新型战略合作启动项目——中山大学珠海校区捐建项目签约仪式在珠海校区举行。②

仪式上，长期关注中山大学发展的社会贤达、校友捐赠2.8亿元人民币，用于支持中山大学珠海校区基础设施建设、面向全球引进高水平人才，推动中山大学珠海校区办学水平的全面提升，推动《珠海市人民政府与中山大学全面开展新型战略合作协议》的贯彻落实，推动珠海创新驱动发展战略实施。校党委书记郑德涛，校长罗俊，常务副书记、副校长陈春声，副书记李萍，副校长余敏斌、马骏，校长助理陈绍彬、程焕文，珠海市委常委、常务副市长刘小龙，珠海市高新区和教育局负责人，捐赠方代表碧桂园集团董事局主席杨国强、副主席杨惠妍，加多宝集团董事长助理周伟雄，广东方圆集团公司总裁徐珺，富港集团公司董事总经理陈光明校友，及捐赠方汇辉置业有限公司、禾田投资集团、广州佳郡集团有限公司的代表和校友代表张汉辉、陈乐田、刘伟、欧小卫及特邀嘉宾香港金城营造集团董事局主席、香港中华总商会副会长王国强等出席活动。签约仪式由陈春声主持。

李萍代表学校与各位捐赠代表签署捐赠协议。杨国强、杨惠妍以个人名义捐赠人民币1亿元，加多宝集团、汇辉置业有限公司、禾田投资集团、广东方圆集团公司、广州佳郡集团、陈光明校友各捐赠人民币3000万元，合计捐赠人民币2.8亿元。郑德涛、罗俊代表学校向捐赠者回赠鸣谢证书。罗俊在讲话中表示，中山大学将不负使命，将珠海校区建设成为具有一流办学水平和广泛国际声誉的现代化滨海校区。杨国强表示，对有机会参与中大的建设感到十分高兴，希望同学们不仅要学好科学文化知识，还要懂得做人的道理。陈乐田在讲话中表示，此次捐赠既是表达对母校的感谢，也是表达对母校的期盼。

在签约仪式之前，郑德涛、罗俊、李萍、刘小龙等领导与参加仪式的社会贤达、校友进行了座谈。郑德涛感谢社会贤达和校友对中山大学的长期支持。他还提出，国家对中山大学非常重视，学校也在进行大思路、大举措、大布局的发展。

本次捐赠将进一步推动7月初签署的《珠海市人民政府与中山大学全面开展新型战略合作协议》的贯彻落实，有力推动中山大学珠海校区办学水平的全面提升，预计整个"十三五"期间，中山大学珠海校区还将投入超过30亿元，用于基础设施建设和引进高层次人才，到"十三五"末期，中山大学珠海校区将建设成为具有一流办学水平和广泛国际声誉的现代化滨海校区，在"21世纪海上丝绸之路"的重要节点——珠海，为"一带一路"倡议的实施做出积极贡献。在新的历史条件下，中山大学珠海校区重新确立了建设成为保持中山大学办学传统、学科布

---

① 中山大学校长办公室：《中山大学年鉴（2015）》，中山大学出版社2017年10月第1版，第48页。
② 中山大学新闻中心：《社会贤达与校友全力支持珠海校区建设 助力校市新型战略合作协议落实》，见《中山大学报》（新）第345期，2015年9月18日。

局和人才培养体系相对完整、具有一流办学水平和广泛国际声誉的现代化滨海校区新的办学定位，全面调整学科发展布局，全力支撑国家战略实施，未来的珠海校区将成为亚太地区具有重要国际影响力的创新基地。

9月18日 下午，中山大学举行教师干部大会，中组部干部三局巡视员、副局长钟海东在会上宣布中共中央关于中山大学党委书记任免的决定：陈春声同志任中山大学党委书记，郑德涛同志不再担任中山大学党委书记。教育部党组副书记、副部长杜玉波，广东省委组织部副部长郑庆顺出席会议并讲话。会议由校长罗俊主持。①

9月23日 上午，珠海校区党工委组织开展"严以律己"专题学习活动。珠海校区管委会主任陶亮主持并做学习报告，校区党工委书记郝登峰、各职能部门负责人、中心组成员及教职工党员参加学习。②

△移动信息工程学院和中山眼科中心联合举办第二届"移动医疗与健康学术研讨会"。

9月24日 吴景立任地理科学与规划学院党委副书记（分管旅游学院学生工作）。③

9月30日 我国迎来第二个"烈士纪念日"。下午，校团委组织珠海校区的师生代表和"钢八连"（中国人民解放军广东省珠海警备区某部守备第八连的荣誉称号）士兵代表，于珠海市唐家共乐园万山海战纪念碑前举行纪念仪式。④

9月 依托海洋学院建设的海洋生物资源与环境实验室入选珠海市重点实验室。⑤

10月2日 成立中共中山大学物理与天文学院直属支部委员会。

10月8日 晚，中山大学通识讲座、中外优秀文化讲座"生命、文学与文化系列讲座"第一讲暨珠海校区周末论坛第四十五讲在珠海校区举行。中文系王坤教授主讲"文学与个体生命"。⑥

10月9日 成立大气科学学院、哲学系（珠海）。⑦

---

① 中山大学新闻中心：《中共中央任命陈春声为中山大学党委书记》，见中山大学新闻网（http://news2. sysu. edu. cn/news01/144070. htm），2015年9月18日。
② 中山大学珠海校区党政工作办公室：《珠海校区党工委组织开展"严以律己"专题学习活动》，见中山大学新闻网（http://news2. sysu. edu. cn/news01/144185. htm），2015年9月28日。
③ 中山大学校长办公室：《中山大学年鉴（2015）》，中山大学出版社2017年10月第1版，第48页。
④ 共青团中山大学委员会：《我校举行第二个"烈士纪念日"纪念主题活动》，见中山大学新闻网（http://news2. sysu. edu. cn/news01/144269. htm），2015年10月8日。
⑤ 中山大学海洋科学学院：《立足广东，面向南海——中山大学海洋科学学院》宣传册，自印，第35页。
⑥ 中山大学通识教育部：《中山大学通识讲座、中外优秀文化讲座"生命、文学与文化系列"在珠海校区开讲》，见中山大学新闻网（http://news2. sysu. edu. cn/news01/144320. htm），2015年10月12日。
⑦ 《中山大学关于成立大气科学学院等的通知》，见中大组〔2015〕16号文，2015年10月9日。

△聘任董文杰为大气科学学院院长,聘任陈建洪为哲学系(珠海)主任。①

10月14日 中法核工程与技术学院第六届联合行政管理委员会第一次会议在巴黎法国原子能与可替代能源委员会总部召开。②

会议由委员会主席、中山大学校长罗俊主持。出席会议的双方委员有广东省教育厅副厅长魏中林,我校副校长魏明海,中法核工程技术与技术学院中方院长王彪,委员会副主席、法国格勒诺布尔国立综合理工学院校长Brigitte Plateau,法国原子能与可替代能源委员会总裁Daniel Verwaerde等人。会上,委员们听取了中、法两方院长的多项工作汇报,审议了学院下一年度的工作安排。罗俊对学院今后的教学计划、教师配置安排、校企合作等方面提出了进一步的工作部署。委员们对学院运作五年来取得的成绩表示赞赏。罗俊、Daniel Verwaerde、法国民用核能工程师教育联盟(FINUIC)的五所院校校长或代表共同签署第二轮合作协议——《中山大学与法国民用核能工程师教学联盟合作协议》。

本次会议是承前启后的一次会议,具有重要意义,双方在第一轮协议期内(2010—2016年)成功合作的基础上,签署了第二轮为期六年(2016—2022年)的合作协议。双方表示,将进一步完善中法合作培养精英工程师的教学模式,同时逐步开展中法教学转移,大力加强和推进中法核能领域的科研合作,训练出一支教学和科研的精英团队,为中法培养高素质的核能精英工程师。

10月15日 校党委书记陈春声、副校长余敏斌、珠海校区管委会主任陶亮、珠海校区党工委书记郝登峰及基建处负责人一行前往珠海市政府,拜会潘明副市长,就珠海校区校园规划工作进行沟通。

△珠海校区后勤办公室邀请相关学生组织召开座谈会,商谈建立并完善学生参与后勤管理督察机制工作。从本月开始,珠海校区学生膳委会、物管会、宿管会、商委会将按照新的督察机制参与对校区后勤服务的监督工作。③

10月17日至18日 "CATTI"杯第二十七届韩素音青年翻译奖竞赛终审会召开,翻译学院赵嘉玉同学获得本次竞赛英译汉一等奖。④

10月18日 晚,由珠海校区管委会、中法核工程与技术学院主办的周末论坛第四十七讲"人类利器:重离子加速器"在珠海校区教学实验大楼举行,主讲嘉宾是中国工程院院士夏佳文。⑤

---

① 中山大学校长办公室:《中山大学年鉴(2015)》,中山大学出版社2017年10月第1版,第49页。
② 中山大学中法核工程与技术学院:《中法双方第二轮六年合作协议》,见《中山大学报》(新)第348期,2015年10月30日。
③ 中山大学珠海校区后勤办公室:《珠海校区召开建立学生参与后勤管理督察机制座谈会》,见中山大学珠海校区网(http://zhuhai.sysu.edu.cn/content/969),2015年10月21日。
④ 中山大学翻译学院:《我校翻译学院赵嘉玉同学喜获"CATTI杯"第二十七届韩素音青年翻译奖竞赛英译汉一等奖》,见中山大学新闻网(http://news2.sysu.edu.cn/news01/144557.htm),2015年11月2日。
⑤ 中山大学新闻中心珠海校区记者站:《人类利器:重离子加速器》,见中山大学珠海校区网(http://zhuhai.sysu.edu.cn/content/972),2015年10月20日。

中山大学珠海校区编年史（1999—2018）

10月19日 下午，珠海市高新区管委会副主任张静华一行来珠海校区就"产学研合作"开展调研，校区管委会主任陶亮接待来宾并举行了座谈会。①

10月20日 "小绿"公益自行车项目启动仪式在珠海校区举行。②

由珠海校区党员义务服务队、安全协会联合举办的"小绿"公益自行车项目启动仪式在榕园广场举行。校区管委会主任陶亮、党工委书记郝登峰、校区各职能部门负责人及学生代表参加了仪式。陶亮在仪式上指出，"小绿"公益自行车项目不仅丰富了学生参与社会活动的经验，而且为在校师生提供了便捷环保的服务，培养了学生的公益心与责任感，为其他公益活动提供了榜样与经验。随后，大家为"小绿之家"站牌揭牌，并骑上"小绿"自行车，进行环校骑行体验。前期投入的105辆"小绿"来自保卫办及安全协会回收的校园内二手自行车，统一刷绿漆翻新，进行有效利用。每一位在珠海校区内的师生、访客等都可以使用，使用后将"小绿"停回"小绿之家"即可。"小绿"公益自行车项目是今年学生"十大提案"珠海校区冠军、四校区亚军的优秀作品。该项目以"公益、服务和环保"为理念，以"便利广大师生、建设美好中珠"为宗旨，完全由学生自行组织和管理，是具有珠海校区独创性的校园环保代表产物。

10月21日 晚，由通识教育部、国家大学生文化素质教育基地主办，珠海校区管委会协办的"生命、文学与文化系列讲座"第二讲"漫说历史小说与历史剧"在珠海校区教学实验大楼举办。本次讲座由历史学系曹家齐教授主讲。③

10月22日 成立历史学系（珠海）、中国语言文学系（珠海）、数学学院（珠海）、化学工程与技术学院。④ 化学工程与技术学院设在珠海校区。

△吴长征任国际金融学院党委副书记，吴景立任旅游学院党委副书记。⑤

10月27日 旅游学院保继刚教授、张朝枝教授应邀出席第十二届"中国旅游发展北京对话宁波峰会"，并在峰会上荣获"中国旅游发展学术创新奖"。⑥

10月29日 中央组织部干部教育局副巡视员邵建红，干部教育局一处调研员、副处长黄钦阳，干部教育局五处副调研员余佳，广东省委组织部干部培训处处长罗松一行来访珠海校区，校区党工委书记郝登峰接待了邵建红一行。

10月30日 珠海校区2014—2015学年优良学风标兵班候选班级评比展示大

---

① 中山大学珠海校区党政工作办公室：《珠海市高新区管委会副主任张静华一行来我校区调研》，见中山大学珠海校区网（http://zhuhai.sysu.edu.cn/content/974），2015年10月20日。
② 朱鹏景：《大学废弃单车何处去——珠海大学城每年废弃千辆单车，中大珠海校区设校内公益单车》，见《南方都市报》，2015年10月22日ZB07版。
③ 中山大学新闻中心珠海校区记者站：《努力追求真知，摒弃故有迷障》，见中山大学珠海校区网（http://zhuhai.sysu.edu.cn/content/968），2015年10月23日。
④ 《中山大学关于成立历史学系（珠海）等的通知》，见中大组〔2015〕17号文，2015年10月22日。
⑤ 中山大学校长办公室：《中山大学年鉴（2015）》，中山大学出版社2017年10月第1版，第50页。
⑥ 中山大学旅游学院：《我校旅游学院保继刚教授、张朝枝教授荣获中国旅游发展学术创新奖》，见中山大学珠海校区网（http://zhuhai.sysu.edu.cn/content/958），2015年11月11日。

会举行。

10月31日 由翻译学院主办的以"译千秋华章,镌廿三韩情"为主题的第十届韩国文化节闭幕晚会在珠海校区举行。韩国驻广州总领事馆总领事黄淳泽、领事朴成焕,珠海市文化体育旅游局副局长邬向明,我校马骏副校长,党委研究生工作部、外语与翻译大学院领导等应邀出席晚会。①

11月3日 教育部国有资产审查组到珠海校区检查相关工作。

11月5日 旅游学院孙九霞教授作为首席专家投标的2015年度国家社科基金重大项目(第二批)"中国西南少数民族传统村落的保护与利用研究"获得立项。这是旅游学院承担的首个重大国家社科项目。②

11月6日 中山大学附属中学师生一行150余人到珠海校区参观学习。

11月7日 新疆医科大学党委书记赵嘉麒一行访问珠海校区,珠海校区管委会主任陶亮(2011年作为援疆干部赴新疆医科大学任副校长)会见来宾并主持座谈会,双方就新校区的建设和管理交流了经验。③

11月12日 上午,在孙中山先生诞辰149周年暨创办中山大学91周年之际,学校在珠海校区举行向孙中山先生铜像敬献花篮仪式。副校长马骏出席仪式。④

△校领导午餐会在珠海校区行政楼第一会议室举办,马骏副校长与来自各院系的15位同学进行了座谈交流。

△下午,国际金融学院"珠海校友奖学金"捐赠暨颁奖仪式在珠海校区举行。国际金融学院院长徐信忠、常务副院长吴培冠等领导,国际金融学院珠中澳校友会会长张宇鹏参加了仪式。仪式上,徐信忠指出,这是第一个由国际金融学院校友发起成立的奖学金,具有重要意义。⑤

11月13日 由珠海校区管委会、党工委主办,珠海校区学生会承办的"职能部门咨询日活动之壹百"在珠海校区教学实验大楼举行。

11月14日 全国人大常委会原副委员长陈至立一行考察珠海校区。⑥

全国人大常委会原副委员长陈至立、中国高等教育学会名誉会长周远清一行来

---

① 中山大学校长办公室:《中山大学年鉴(2015)》,中山大学出版社2017年10月第1版,第734～735页。

② 全国哲学社会科学规划办公室:《2015年度国家社科基金重大项目(第二批)立项名单公布》,见全国哲学社会科学工作办公室网(http://www.npopss-cn.gov.cn/n/2015/1105/c219469-27780781.html),2015年11月5日。

③ 中山大学珠海校区党政工作办公室:《新疆医科大学党委书记赵嘉麒一行来访我校》,见中山大学珠海校区网(http://zhuhai.sysu.edu.cn/content/955),2015年11月13日。

④ 中山大学新闻中心:《校庆日中山大学师生向孙中山先生铜像敬献花篮》,见中山大学新闻网(http://news2.sysu.edu.cn/news01/144705.htm),2015年11月12日。

⑤ 中山大学国际金融学院:《国际金融学院举行珠海校友奖学金捐赠暨颁奖仪式》,见中山大学新闻网(http://news2.sysu.edu.cn/news01/144777.htm),2015年11月20日。

⑥ 中山大学珠海校区党政工作办公室:《全国人大常委会原副委员长陈至立一行考察我校珠海校区》,见《中山大学报》(新)第350期,2015年11月27日。

到珠海校区考察。校党委书记陈春声在校区行政楼接待来宾,并介绍了珠海校区未来发展规划的整体思路和理念。随后,陈至立一行参观了校园。2001年珠海校区成立之初,陈至立也曾来访,并盛赞校园环境和规划设计。广东省人大常委会副主任陈小川、广东省教育厅厅长罗伟其、教育部高教司副司长范海林、珠海市副市长龙广艳等陪同考察。

△"从这里走向世界"——纪念中山大学翻译学院创办十周年活动在珠海校区举办。①

以色列、厄瓜多尔、墨西哥、俄罗斯联邦驻穗总领事,校党委书记陈春声出席活动,校团委、珠海校区管委会负责人及翻译学院历任领导参加活动。

陈春声在致辞中表示,翻译学院经过十年的探索,坚持"应用型、双外语、国际化"人才培养宗旨,在规划学科专业、设置培养体系、铺设办学路径等方面取得丰硕成果。今天的成绩,离不开学院领导们的筚路蓝缕、栉风沐雨,离不开他们坚定的信念和反复的探索。翻译学院十年的发展,给学校和社会交出了满意的答卷,学校将一如既往地给予支持。希望翻译学院能把握机遇、找准项目、依托团队、建设平台,整合现有学科资源,继续提升教学科研水平,培养具有德才兼备、领袖气质与家国情怀的新世纪精英人才。同时,希望翻译学院能发挥潜能,面向学术前沿、满足国家战略和社会发展需要,建设优势学科,提升国际化办学层次,加强学科建设的国际合作,服务珠三角地区经济社会发展。

外院与翻译大学院院长、翻译学院院长黄国文提出,为响应罗俊校长提出的"入主流、立潮头、走出去"的九字方略,翻译学院将围绕"外国文化"和"外语翻译"这两条主线规划学院学科未来的发展路径,做精做细"实务翻译与翻译研究"高层次人才培养工作,做大做强外国语言文学视角下的国别研究、区域文化研究、国际问题研究,为国家战略发展培育智库资源。

随后,翻译学院校友会成立。第一届校友会会长、凤凰卫视主持人吴辰岑代表校友发言。由翻译学院新闻中心执导、历时一年完成的学院官方宣传片《从这里走向世界》进行了现场发布。此次活动拉开了纪念学院创办十周年系列活动的序幕,"我与翻院共成长"校友论坛、校庆嘉年华暨九国美食游园会、翻译学院十年回顾图片展、纪念翻译学院创办十周年暨国际文化节闭幕晚会及翻译学院教工和校友趣味运动会相继开展。

11月15日 上午,移动信息工程学院在珠海校区举办2015年"迎校庆·远光杯"工程嘉年华活动。活动以"Engineering Carnival——We Are Growing Up"为主题。校长助理、移动信息工程学院院长李文军等领导参加活动。珠海市第一中学

---

① 中山大学翻译学院:《"从这里走向世界"——纪念中山大学翻译学院创办十周年活动在珠海校区举办》,见中山大学新闻网(http://news2.sysu.edu.cn/news01/144750.htm),2015年11月17日。

等中小学校的师生前来观摩。①

△第六届海峡两岸口译大赛华南区赛举行。翻译学院2015级翻译硕士黎立威获得华南赛区一等奖。②

11月16日 中国石油大学（北京）副校长陈大恩一行来珠海校区调研。珠海校区党工委书记郝登峰接待来宾并召开座谈会。③

11月18日 由中山大学与中国港中旅集团公司共同主办，旅游学院参与承办的中国主题公园发展高峰论坛举办。论坛以"新时期中国主题公园的理性发展：回顾、反思与展望"为主题。副校长马骏在开幕式上致辞。旅游学院院长保继刚教授以"消费转型与中国主题公园的理性发展"为题做主题发言。④

11月19日 珠海校区研究生担任本科生楼长聘任仪式在荔园7号楼长室前举行。珠海校区党工委书记郝登峰、学工办主任林俊洪、后勤办主任田宝才出席仪式并为研究生楼长颁发聘书。⑤

11月20日 撤销外语与翻译大学院；恢复外国语学院、翻译学院；翻译学院更名为国际翻译学院。⑥ 黄国文任国际翻译学院院长，罗斌任副院长。⑦

△撤销中共中山大学外语与翻译大学院委员会，成立中共中山大学国际翻译学院委员会。⑧ 李春荣任国际翻译学院党委副书记。⑨

△整合微电子学院、中山大学—卡内基梅隆联合工程学院、信息科学与技术学院和移动信息工程学院，成立电子与信息工程学院（对外保留中山大学—卡内基梅隆联合工程学院和微电子学院的称号）。⑩ 至此，设在珠海校区的移动信息工程学院整合为电子与信息工程学院的一部分，搬迁至广州东校区办学。

11月22日 国际翻译学院啦啦操队荣获第九届珠海大学生文化艺术节啦啦操大赛冠军。

11月25日 珠海校区第十一届教职工趣味运动会举行。珠海校区管委会主任

---

① 中山大学移动信息工程学院：《移动信息工程学院举办2015年"迎校庆·远光杯"工程嘉年华活动》，见中山大学新闻网（http://news2.sysu.edu.cn/news01/144744.htm），2015年11月16日。
② 中山大学翻译学院：《翻院学子在海峡两岸口译大赛再获佳绩》，见中山大学国际翻译学院网（http://sti.sysu.edu.cn/zh-hans/node/552），2015年11月21日。
③ 中山大学珠海校区党政工作办公室：《中国石油大学（北京）副校长陈大恩一行来我校珠海校区调研》，见中山大学珠海校区网（http://zhuhai.sysu.edu.cn/content/951），2015年11月18日。
④ 中山大学旅游学院：《中国主题公园发展高峰论坛在我校成功举行》，见中山大学珠海校区网（http://zhuhai.sysu.edu.cn/content/945），2015年11月20日。
⑤ 中山大学珠海校区学生工作办公室：《珠海校区举行研究生楼长聘任仪式》，见中山大学珠海校区网（http://zhuhai.sysu.edu.cn/content/946），2015年11月20日。
⑥ 中山大学校长办公室：《中山大学年鉴（2015）》，中山大学出版社2017年10月第1版，第38页。
⑦ 中山大学校长办公室：《中山大学年鉴（2015）》，中山大学出版社2017年10月第1版，第50~51页。
⑧ 中山大学校长办公室：《中山大学年鉴（2015）》，中山大学出版社2017年10月第1版，第38页。
⑨ 中山大学校长办公室：《中山大学年鉴（2015）》，中山大学出版社2017年10月第1版，第52页。
⑩ 中山大学校长办公室：《中山大学年鉴（2015）》，中山大学出版社2017年10月第1版，第38页。

中山大学珠海校区编年史（1999—2018）

陶亮出席开幕式并致辞。来自校区各职能部门、院系等19个单位共200余名教职工参加运动会。①

11月27日 下午，为贯彻落实学校《关于在全校党员中开展"学党章守纪律当先锋"主题教育的通知》精神，旅游学院开展"学党章守纪律当先锋"主题教育研讨会。近日，在珠海校区办学的海洋学院等院系也按照学校要求举行了相关主题教育活动。②

11月28日至29日 由教育部高等学校计算机类专业教学指导委员会、我校公共实验教学中心、清华大学出版社与《计算机教育》杂志社共同举办的"第八届全国高等学校计算机实践教学论坛"在珠海校区召开。③

11月29日 常晨光任国际翻译学院副院长（主持工作）；同意黄国文辞去国际翻译学院院长职务。④

△聘任杨崧为大气科学学院副院长。⑤

11月 中法核工程与技术学院核工程与技术专业获得法国工程师职衔委员会颁发的"CTI认证"。⑥

12月2日至4日 由中法核工程与技术学院主办的"核电站严重事故仿真与实验技术国际研讨会"在珠海召开，近80位国内外学者与会。⑦

12月3日至5日 旅游学术创新与一级学科创建系列会议举行。来自全国90余所高校、科研院所、旅游相关企业与新闻媒体的专家学者和企业人士等240余人参会，围绕旅游学术创新新趋势、旅游一级学科创建思路、旅游人才培养方向等方面进行交流和对话。旅游学院院长保继刚教授做了《新时期关于旅游学科发展的思考》的报告。会议由我校主办，旅游学院承办。⑧

12月7日 下午，珠海校区总体修规研讨会在广州南校区召开。⑨

余敏斌副校长主持会议，罗俊校长做了题为《形神兼备 和而不同——谈谈校园规划及建筑风格》的主题发言。基建处负责人、报名参加珠海校区总体修规国

---

① 中山大学珠海校区党政工作办公室：《关注健康 凝心聚力——珠海校区第十一届教职工趣味运动会开展》，见中山大学珠海校区网（http://zhuhai.sysu.edu.cn/content/942），2015年11月26日。
② 中山大学旅游学院：《旅游学院开展"学党章守纪律当先锋"主题教育研讨会》，见中山大学新闻网（http://news2.sysu.edu.cn/news01/144953.htm），2015年12月3日。
③ 中山大学公共实验教学中心：《第八届全国高等学校计算机实践教学论坛在我校珠海校区召开》，见中山大学新闻网（http://news2.sysu.edu.cn/news01/145084.htm），2015年12月11日。
④ 中山大学校长办公室：《中山大学年鉴（2015）》，中山大学出版社2017年10月第1版，第53页。
⑤ 中山大学校长办公室：《中山大学年鉴（2015）》，中山大学出版社2017年10月第1版，第54页。
⑥ 中山大学中法核工程与技术学院：《中山大学中法核工程与技术学院》宣传册，自印，第9页。
⑦ 中山大学校长办公室：《中山大学年鉴（2015）》，中山大学出版社2017年10月第1版，第625页。
⑧ 中山大学旅游学院：《我校举办旅游学术创新与一级学科创建系列会议》，见中山大学新闻网（http://news2.sysu.edu.cn/news01/145086.htm），2015年12月11日。
⑨ 中山大学基建处：《珠海校区总体修规研讨会召开》，见《中山大学报》（新）第353期，2015年12月18日。

际招标的11家公司主创团队参加了研讨会。研讨会上，罗俊从国立中山大学、私立岭南大学到中山大学新校区建设，谈了校园规划及建筑风格，对建筑风格的多元融合做了解读和阐述。在珠海校区规划总体格局中应体现中山大学的精神、文化内涵和办学理念。研讨会后，珠海校区总体修规国际竞赛进入主创阶段。

12月8日 珠海校区党工委书记郝登峰带领校区驻村干部和党员赴珠海市香洲区担杆镇新村村开展援建工作。近三年来，我校通过采取多项有效措施，大力支持新村村"幸福村居"建设。期间，珠海校区党工委多次深入新村村，召开座谈会研究村发展思路，派出驻村干部定期进驻，并帮助新村村申请幸福村居专项资金，获扶持总金额达到500万元。旅游学院还对新村村进行了旅游规划设计。①

12月9日 翻译学院2014级商务英语系D班的徐冬晴同学代表我校参加广东省首届聂鲁达诗歌朗诵比赛，荣获一等奖。②

12月10日 珠海校区创建食品安全示范园区通过考核验收。③

为进一步加强平安校园建设，确保校区师生饮食健康，在珠海食品药品监督管理局的倡议下，珠海校区于2015年7月启动食品安全示范园区创建。是日，珠海校区创建食品安全示范园区评价验收会召开，验收组由珠海市食药监局副局长糜庆等五人组成，珠海校区管委会主任陶亮作为创建小组组长参加验收会。会议听取了珠海市高新区食药监局创建示范园区情况介绍和珠海校区建设食品安全示范园区工作汇报，并经实地考察，示范园区通过考核验收。

△下午，珠海校区举行2015年消防安全培训暨灭火演练活动。校区各学院、职能部门、乙方服务单位消防责任人及师生约200人参加活动。④

12月16日 上午，珠海市高新区党委书记张宜生到珠海校区实地调研"天琴计划"基础设施项目。珠海校区管委会主任陶亮及相关部门负责人陪同调研。张宜生一行前往大南山，途经上山公路起点、山洞实验室选址和山顶观测台站选址，并进行了现场勘探测量工作。此次参与调研的还有珠海市高新区规划分局、区国土分局、区建设局、区征地办、市城建集团、勘察设计单位及护林大队等相关负责人员。⑤

---

① 中山大学珠海校区党政工作办公室：《珠海校区援建珠海市幸福村居取得显著成效》，见中山大学新闻网（http://news2.sysu.edu.cn/news01/145072.htm），2015年12月10日。

② 中山大学国际翻译学院：《翻院学子在广东省首届聂鲁达诗朗诵比赛中勇夺佳绩》，见中山大学国际翻译学院网（http://sti.sysu.edu.cn/zh-hans/node/579），2015年12月16日。

③ 中山大学珠海校区总务办：《珠海校区创建食品安全示范园区顺利通过评价验收》，见中山大学珠海校区网（http://zhuhai.sysu.edu.cn/content/926），2015年12月17日。

④ 中山大学珠海校区保卫（武装）工作办公室：《珠海校区举行今冬明春消防安全培训暨灭火演练活动》，见中山大学珠海校区网（http://zhuhai.sysu.edu.cn/content/927），2015年12月11日。

⑤ 中山大学珠海校区党政工作办公室：《珠海市高新区委会书记张宜生一行来我校珠海校区调研"天琴计划"基础设施项目》，见中山大学新闻网（http://news2.sysu.edu.cn/news01/145246.htm），2015年12月24日。

中山大学珠海校区编年史（1999—2018）

△中山大学 2014—2015 年度珠海可口可乐优秀学生奖学金颁奖仪式在珠海校区举行。珠海校区党工委书记郝登峰、学生处副处长林俊洪、珠海可口可乐饮料有限公司销售总监陈迪康等领导嘉宾、获奖学生及所在院系的师生代表出席颁奖仪式。①

12 月 19 日　中山大学首届国际青年学者珠海论坛举行。②

上午，论坛主题大会在珠海市高新区软件园召开。本次论坛以"延揽英才，建业中大珠海"为主题，包括论坛主题大会、各学科分论坛、人才洽谈等方面内容。

我校校长罗俊，珠海市委副书记、宣传部部长赵建国，珠海市高新技术开发区党委书记张宜生，副校长魏明海，中国科学院院士、地球科学与地质工程学院张培震院士等出席了论坛主题大会。会议由魏明海主持。赵建国在致辞中表示，当前珠海发展迎来了历史性机遇，珠海诚邀广大青年学者积极参与到珠海市和中山大学共同发展的历史进程中。

罗俊校长做大会报告，他从学校总体发展规划、珠海校区的发展规划、珠海校区建设的重点任务三个方面介绍了中大与珠海校区的未来发展。他表示，中山大学的发展目标就是建设成为文理医工各具特色融合发展、具有广泛国际影响的世界一流大学。指导思想就是坚持"三个面向"，开展"三大建设"。主要任务就是围绕"德才兼备、领袖气质、家国情怀"的十二字人才培养目标，不断提高人才培养质量；建设"三校区五校园"的新格局；积极推进三大建设即"123"（建设国家级高端智库，建设两项国家重大科学工程，建设三个重大科学平台）。学校将从积极推进整建制学院建设、实施高水平人才和团队倍增计划、全面加强校园规划建设、营造良好的发展环境四个方面着手，推进珠海校区建设。未来五年是珠海校区发展的黄金时期，也是中山大学建设世界一流大学的关键时期，他代表学校热忱欢迎优秀人才加入珠海校区。

中法核工程与技术学院院长王彪、大气科学学院院长董文杰、哲学系（珠海）主任陈建洪在会上做了发言。珠海校区目前正处于加快发展和全面提升的阶段，学校以举办"珠海论坛"为契机，搭建良好的沟通交流平台，为进一步推动珠海校区发展提供了有力的智力支撑。

学校层面的论坛举办期间，在珠海校区办学的海洋学院等院系举办了分论坛，进一步推介学院，吸引人才加盟。③

---

① 中山大学珠海校区学生工作办公室：《我校 20 名学生获珠海可口可乐优秀学生奖学金》，见中山大学珠海校区网（http://zhuhai.sysu.edu.cn/content/920），2015 年 12 月 26 日。
② 中山大学新闻中心、人事处：《延揽英才 建业中大珠海》，见《中山大学报》（新）第 354 期，2015 年 12 月 29 日。
③ 中山大学海洋学院：《首届中山大学国际青年学者珠海论坛·分论坛举行》，见《中山大学报》（新）第 355 期，2016 年 1 月 15 日。

12月20日 在"捷信杯"第七届全国大学生经济学年会消费金融主题征文比赛总决赛上，由国际金融学院2013级杨丹、李翔宇、颜诗凯、万永昊组成的SYSU – Zhuhai队获得一等奖第一名。SYSU – Zhuhai队的指导教师是国际金融学院黄新飞教授和马克思主义学院万欣荣副教授。该团队在珠海市国资委、东信和平公司、指导教师和学生志愿者的帮助下完成了题为《农业转移人口市民化过程中的信贷行为分析——基于珠海市微观家庭数据的实证研究》的论文。①

12月25日 由教育部全国学生资助管理中心举办的第二届"国家资助，助我飞翔"励志成长成才优秀学生典型评选活动结束。我校学生资助管理中心报送的国际金融学院2011级本科生颜克明获评全国励志成长成才优秀学生典型。②

12月26日 大学生世界遗产保护论坛举行。此次论坛由旅游学院参与主办，旅游学院团委承办。旅游学院院长保继刚教授、副院长张朝枝教授出席论坛。③

12月29日 珠海校区2016年春季学期校级交换生行前宣讲会在教学实验大楼举行。会议由学生处、国际合作与交流处和教务处共同主办，50多名同学参加宣讲。④

12月31日 设立核算中心，内设珠海校区核算室。⑤

△总务处内设机构进行调整后，设立珠海校区总务办。⑥

△校团委内设机构进行调整后，设立珠海校区团工委。⑦

△保卫处（综合治理督查办公室）内设机构进行调整后，设立珠海校区保卫（综合治理）工作办公室。⑧

△基建处内设机构进行调整后，撤销珠海校区基建办。⑨

△杨建林任大气科学学院党总支书记。⑩

△学生处在珠海校区召开勤工助学工作会议。⑪

---

① 中山大学国际金融学院：《我校学子在"捷信杯"全国大学生经济学年会中获消费金融主题征文比赛总决赛一等奖》，见中山大学新闻网（http://news2. sysu. edu. cn/news01/145449. htm），2016年1月11日。

② 中山大学学生处：《我校颜克明同学获评全国励志成长成才优秀学生典型》，见中山大学新闻网（http://news2. sysu. edu. cn/news01/145471. htm），2016年1月13日。

③ 中山大学旅游学院：《大学生世界遗产保护论坛在我校成功举办》，见中山大学珠海校区网（http://zhuhai. sysu. edu. cn/content/916），2016年1月7日。

④ 中山大学珠海校区学生工作办公室：《珠海校区召开校级交换生行前宣讲会》，见中山大学珠海校区网（http://zhuhai. sysu. edu. cn/content/918），2015年12月31日。

⑤ 中山大学校长办公室：《中山大学年鉴（2015）》，中山大学出版社2017年10月第1版，第40页。

⑥ 中山大学校长办公室：《中山大学年鉴（2015）》，中山大学出版社2017年10月第1版，第40页。

⑦ 中山大学校长办公室：《中山大学年鉴（2015）》，中山大学出版社2017年10月第1版，第40页。

⑧ 中山大学校长办公室：《中山大学年鉴（2015）》，中山大学出版社2017年10月第1版，第41页。

⑨ 中山大学校长办公室：《中山大学年鉴（2015）》，中山大学出版社2017年10月第1版，第41页。

⑩ 中山大学校长办公室：《中山大学年鉴（2015）》，中山大学出版社2017年10月第1版，第58页。

⑪ 中山大学学生处：《学生处召开勤工助学会议》，见中山大学新闻网（http://news2. sysu. edu. cn/news01/145330. htm），2016年1月4日。

中山大学珠海校区编年史（1999—2018）

12月　翻译学院团委获得"2015年广东大中专学生志愿者暑期文化科技卫生'三下乡'社会实践活动优秀团队"称号，受到广东省委宣传部、省精神文明建设委员会办公室、省教育厅、团省委、省学联的表彰。①

△中法核工程与技术学院获批筹建广东省核安全与应急技术工程技术研究中心。②

是年　翻译学院增设俄语学士学位授予专业。③

△旅游学院增设酒店管理学士学位授予专业。④

△中法核工程与技术学院"核工程与核技术"获得2015年教育部"专业综合改革试点项目"立项建设，项目负责人为王彪。⑤

△海洋学院海洋科学实验教学中心获评为广东省省级实验教学示范中心。中心下设海洋生物基础教学实验室、海洋生物专业教学实验室、海洋地质专业教学实验室、物理海洋专业教学实验室。⑥

---

① 中山大学校长办公室：《中山大学年鉴（2015）》，中山大学出版社2017年10月第1版，第770页。
② 中山大学中法核工程与技术学院：《中山大学中法核工程与技术学院》宣传册，自印，第9页。
③ 中山大学校长办公室：《中山大学年鉴（2015）》，中山大学出版社2017年10月第1版，第240页。
④ 中山大学校长办公室：《中山大学年鉴（2015）》，中山大学出版社2017年10月第1版，第240页。
⑤ 中山大学校长办公室：《中山大学年鉴（2015）》，中山大学出版社2017年10月第1版，第269页。
⑥ 中山大学校长办公室：《中山大学年鉴（2015）》，中山大学出版社2017年10月第1版，第594页。

2016年

2016年

1月5日 珠海校区建设工作推进会在珠海市举行。①

珠海市委副书记赵建国、副市长龙广艳、教育局局长钟以俊,我校党委书记陈春声,以及基建处、珠海校区管委会、附属第五医院、党委宣传部、发展规划办公室的相关负责人参加会议。会议认为,"十三五"期间是珠海校区发展的黄金时期,市校双方要紧紧抓住机遇,抓紧落实各项战略合作任务,切实推动珠海校区的建设和发展,努力为中山大学建设世界一流大学、为珠海市新一轮经济社会发展贡献力量。

1月7日 下午,珠海校区2015年度总结表彰大会在图书馆多功能厅召开。②

珠海校区管委会主任陶亮、党工委书记郝登峰出席会议,各学院负责人、各职能部门教职工、学生代表及服务单位代表近100人参加会议。

陶亮从五个方面对珠海校区2015年度工作进行了总结和回顾。在过去一年中,珠海校区踏实开展"三严三实"教育实践活动,认真践行"三服务"机制,即"重视学生诉求,关注教师实际,正视学院发展需求",切实解决校区师生的实际问题;紧抓校区重点工作,扎实做好校区各项工作的推进,比如积极配合推进"天琴计划"项目、珠海校区附属学校和多功能体育馆建设;加强学习型组织建设,提升管理干部素质,创新校区管理水平;加大校园整治,健全应急防范机制,美化校园环境,浓厚校园学术氛围;与珠海

---

① 中山大学新闻中心:《市校联合举行珠海校区建设工作推进会》,见中山大学新闻网(http://news2.sysu.edu.cn/news01/145422.htm),2016年1月8日。
② 中山大学珠海校区党政工作办公室:《珠海校区2015年度总结表彰大会召开》,见中山大学新闻网(http://news2.sysu.edu.cn/news01/145443.htm),2016年1月11日。

市密切沟通，实践大学服务社会的责任。郝登峰在总结中指出，现在的珠海校区正迎来重大机遇和转型发展时期。这是珠海校区伟大的时代，伟大的时代需要伟大的实践，伟大的实践需要伟大的精神。每个"中珠人"都应在其位、谋其政，处变不惊，以拼搏的精神来迎接这大变革的时期。会上，陶亮和郝登峰分别为2015年度校区先进集体、先进服务单位、先进工作者、工会活动积极分子、优秀辅导员和先进服务个人颁奖。

1月9日 上午，"科学与中国"院士专家巡讲团秦大河科普报告会在珠海校区举行。中国科学院院士秦大河做了题为《气候变化科学与可持续发展》的报告。报告会由中国科学院、中共中央宣传部、教育部等单位主办，我校珠海校区管委会等单位承办。①

1月21日 罗燕任中国语言文学系（珠海）直属党支部书记；

朱志辉任历史学系（珠海）直属党支部书记；

陈建存任哲学系（珠海）直属党支部书记；

钟一彪任国际金融学院党委书记；

任虹任国际关系学院党总支书记；

甘远璠任数学学院（珠海）直属党支部书记；

李珅任物理与天文学院直属党支部书记；

吴长征任中法核工程与技术学院党总支书记；

黄勇平任化学工程与技术学院直属党支部书记；

林俊洪任旅游学院党委书记，免去其党委学生工作部副部长、珠海校区党工委副书记职务。②

△珠海市公安局高校保卫工作领导小组办公室负责人来我校珠海校区进行工作交流，对珠海校区安保工作给予肯定。③

1月22日 下午，海洋学院、中山医学院、附属第五医院行政专题交流会在珠海校区举行。海洋学院党委书记陈省平、中山医学院党委书记吴忠道、附属第五医院党委副书记李广君等领导以及行政人员参会。吴忠道和陈省平分别做了题为《如何做一个优秀的行政人员》《目标、执行与共识》的专题报告。④

1月29日 由上海市发改委社会发展处、上海市教委发展规划处组成的高校

---

① 中山大学珠海校区党政工作办公室：《"科学与中国"院士专家巡讲团秦大河科普报告会走进我校珠海校区》，见中山大学新闻网（http://news2.sysu.edu.cn/news01/145472.htm），2016年1月12日。

② 《中共中山大学委员会关于罗燕等同志任免职的通知》，见中大党组发〔2016〕7号文，2016年1月21日。

③ 中山大学珠海校区党政工作办公室：《珠海市公安局高度评价珠海校区安全保卫工作》，见中山大学珠海校区网（http://zhuhai.sysu.edu.cn/content/911），2016年1月25日。

④ 中山大学海洋学院：《海洋学院、中山医学院、附属第五医院行政专题交流会举行》，见中山大学新闻网（http://news2.sysu.edu.cn/news01/145600.htm），2016年1月25日。

建设情况调研组一行到珠海校区调研,珠海校区管委会主任陶亮接待来宾,并举行座谈会。①

1月 《中山大学珠海校区事业发展规划》公布,明确了珠海校区的办学定位和目标:保持中山大学办学传统,经过10～20年的建设,完善学科布局和人才培养体系,把珠海校区建成文理医工学科门类齐全、覆盖我校全部优势学科、总体实力居于国内前列、具有一流办学水平和广泛国际声誉的现代化滨海校区。②

2月3日 中国旅游协会第六届会员代表大会召开。旅游学院保继刚院长当选为中国旅游协会第六届理事会副会长。③

2月18日 上午,"天琴计划"基础设施项目研讨推进会在珠海校区召开。会议由珠海市高新区管委会副主任赖晓斌主持,高新区国土分局、规划分局、征地办、公共建设局、市城建集团等单位代表,珠海校区管委会主任陶亮、党工委书记郝登峰及相关职能部门负责人出席了会议。④

2月21日 上午,推进实施"天琴计划"研讨会在广州校区南校园召开。⑤

广东省政府副秘书长林积、省发展和改革委员会副主任陈志清、省科技厅副厅长郑海涛、省教育厅副厅长魏中林、珠海市政府副市长龙广艳、珠海市高新区管委会主任杨川,校党委书记陈春声、校长罗俊、副校长马骏,"天琴计划"项目专家以及我省相关领域的专家出席研讨会。

罗俊介绍了"天琴计划"实施的总体情况。"天琴计划"研究团队已经完成了一些关键技术的储备。未来,"天琴计划"将分步实施,每步均有明确的科学目标,逐步完成技术验证,总体规划上预期执行期为2016—2035年。

魏中林、郑海涛、陈志清分别讲话,表示将会加大在资金、政策等方面对"天琴计划"这一大科学工程的支持力度。龙广艳、杨川先后表示,"天琴计划"所涉及的关键技术领域及其实现过程将产生巨大的辐射带动效应,对高新区乃至珠海市的人才聚集、产业发展等将起到积极的引领作用。此后,珠海市重点在基础设施建设、资金保障等方面加快推进"天琴计划"前期相关基础工作在珠海校区的落实。林积受常务副省长徐少华的委托,代表省政府指出,"天琴计划"必将极大地促进广东科技创新,广东省政府将一如既往地支持中山大学的科学创新及发展,

---

① 中山大学珠海校区党政工作办公室:《上海市高校建设情况调研组来珠海校区调研》,见中山大学珠海校区网(http://zhuhai.sysu.edu.cn/content/910),2016年1月29日。
② 中山大学新闻中心:《树立主人翁意识提高主动工作热情——我校召开珠海校区办学工作会议》,见《中山大学报》(新)第363期,2016年4月25日。
③ 中山大学旅游学院:《保继刚院长当选为中国旅游协会第六届理事会副会长》,见中山大学旅游学院网(http://stm.sysu.edu.cn/content/984),2016年2月18日。
④ 中山大学珠海校区党政工作办公室:《"天琴计划"基础设施项目研讨推进会召开》,见中山大学珠海校区网(http://zhuhai.sysu.edu.cn/content/908),2016年2月19日。
⑤ 中山大学新闻中心:《提升中大核心竞争力,促进广东科技创新》,见《中山大学报》(新)第357期,2016年2月29日。

并在各方面予以大力支持。

陈春声表示，学校启动"天琴计划"遇到了非常好的时期。实施"天琴计划"的实质就是实现我们的"中国梦"。科学研究院院长、物理学院院长王雪华，天文与空间科学研究院院长李淼，科学研究院基础研究管理处处长刘梅，党委宣传部部长黄毅等出席了研讨会。

2月29日 珠海校区基建项目功能需求座谈会在行政楼第一会议室召开，会议由校长助理杨清华主持，基建处、各院系负责人及相关职能部门负责人出席会议。

3月2日 下午，旅游学院党委书记林俊洪及副院长张朝枝教授、旅游管理与规划系主任左冰副教授、酒店与俱乐部管理系副主任曾国军教授、会展经济与管理系副主任赖坤副教授一行赴珠海市文化体育旅游局商谈合作事宜。珠海市文化体育旅游局局长王玲萍、副局长闵云童等参加座谈。①

3月9日至11日 国际金融学院、哲学系（珠海）、中法核工程与技术学院先后召开教职工大会等会议，学习和传达学校春季工作会议精神。②

3月11日 上午，哲学系（珠海）在珠海校区行政楼举行仪式，聘请来自韩国的郭俊赫教授为中山大学"百人计划"引进教授。系主任陈建洪教授向郭俊赫颁发教授聘书。加盟我校之前，郭俊赫教授任韩国首尔崇实大学价值和伦理研究所联席所长。他是哲学系（珠海）以"百人计划"紧缺人才引进的首位外籍学科带头人。珠海校区党工委书记郝登峰参加聘任仪式。③

3月14日至18日 旅游学院为四川省宜宾市兴文县干部进行旅游专题培训。旅游学院院长保继刚教授、副院长张朝枝教授、孙九霞教授等院系负责人和学科带头人精心设计文化旅游、旅游市场监管、旅游产品开发等理论教学课程，量身打造了适合地方旅游界干部的特色培训班。④

3月15日 下午，校党委书记陈春声到国际关系学院调研，提出立足珠海建设国际知名的国际关系学院。⑤

校党委办公室主任陈险峰、校纪委副书记何晓钟、校党委宣传部部长黄毅、国际关系学院党总支书记任虹等老师一同参加调研。任虹从学院基层党建工作、意识形态及文化建设、党风廉政建设、党组织人才工作、围绕立德树人加强学生培养、

---

① 中山大学旅游学院：《服务地方，深化合作——旅游学院领导赴珠海市文化体育旅游局商谈合作事宜》，见中山大学珠海校区网（http://zhuhai.sysu.edu.cn/content/906），2016年3月4日。
② 《贯彻落实春季工作会议精神》，见《中山大学报》（新）第359期，2016年3月15日。
③ 中山大学哲学系（珠海）：《哲学系（珠海）布局国际化战略引进珠海校区首位外籍学科带头人》，见《中山大学报》（新）第360期，2016年3月25日。
④ 中山大学旅游学院：《旅游学院助力西部乡村旅游开发》，见《中山大学报》（新）第361期，2016年3月30日。
⑤ 中山大学国际关系学院：《学校党委陈春声书记率队莅临我院调研》，见中山大学国际关系学院网（http://sir.sysu.edu.cn/zh-hans/content/57），2016年3月16日。

制度建设等方面做了工作汇报。

陈春声书记在总结发言中肯定国际关系学院所做工作的同时，对国际关系学院提出四点希望：一是尽快完成从新创学院到成熟学院的过渡，立足珠海建设国际知名的国际关系学院。二是加强人才引进，提升学科建设和学术水平。三是加强制度建设。四是高度重视意识形态工作和涉外安全。

3月16日 上午，海洋学院迎来2016年本科专业办学校内评估检查。海洋学院党委书记陈省平向评估专家做海洋科学专业办学情况汇报。专家组按照评估流程对海洋科学专业进行了考察评估，认为"学院在专业建设、人才培养等方面都很优秀，成效显著"。① 同时，在招生宣传、教学成果、课程建设等方面向学院提出了一些有益建议。

3月17日 下午，朱熹平副校长召开座谈会，听取何莽同志挂职阶段性工作汇报。②

为贯彻落实党中央扶贫开发工作会议的精神，2015年10月，我校选派旅游学院何莽副教授参加中共中央组织部和共青团中央共同主办的第十六批博士服务团，到四川省宜宾市兴文县挂任兴文县委常委、副县长，协助兴文县旅游产业的开发与管理等工作。何莽在座谈会上汇报了挂职以来带领地方干部群众规划开展乡村旅游，举办"猪儿粑节"等特色旅游，带动当地旅游经济发展的情况。校党委组织部部长武少新、旅游学院党委书记林俊洪等出席座谈会。

3月18日 上午，珠海校区举行春季"美化校园"植树种花活动。校区各职能部门、各学院教职员工一起在图书馆西南侧山坡种下美丽异木棉、杜鹃等树木，为三月的校园再添春意。③

3月20日 "天琴计划"基础设施工程建设奠基仪式在珠海校区举行。④

上午，"天琴计划"基础设施工程建设奠基仪式在"天琴计划"上山公路起点站——珠海校区汤水湖畔举行。校党委书记陈春声、校长罗俊、副校长马骏、珠海市委副书记赵建国、副市长龙广艳等领导出席仪式。仪式由副校长余敏斌主持。

罗俊校长发表讲话。他简要介绍了"天琴计划"的背景、概况和意义，强调"天琴计划"制订了切合我国实际的发展规划来开展空间引力波探测研究。"天琴计划"的推动将使中山大学成为国际上引力波探测与空间精密测量领域的学术研

---

① 中山大学海洋学院：《海洋学院本科专业办学评估获好评：在专业建设、人才培养等方面都很优秀，成效显著》，见中山大学海洋科学学院网（http://marine.sysu.edu.cn/article/4321），2016年3月18日。
② 中山大学旅游学院：《旅游学院助力西部乡村旅游开发》，见《中山大学报》（新）第361期，2016年3月30日。
③ 中山大学珠海校区党政工作办公室：《珠海校区开展教职工捐款植树种花活动》，见中山大学珠海校区网（http://zhuhai.sysu.edu.cn/content/902），2016年3月18日。
④ 中山大学新闻中心、珠海校区党政工作办公室：《"天琴计划"梦圆中大，助力世界一流大学建设》，见《中山大学报》（新）第360期，2016年3月25日。

中山大学珠海校区编年史（1999—2018）

究重镇之一，并成为推动后续一系列空间精密测量物理实验的研究基地。他对珠海市委、市政府为"天琴计划"前期工作的开展所给予的大力支持以及30年来辛勤耕耘的团队成员表示衷心的感谢。他表示对珠海校区的发展充满信心。未来5年，还将有其他计划在珠海校区展开，相关学科将得到大力发展，珠海校区将成为中山大学迈向世界一流大学不可或缺的一个支点。随后，陈春声、罗俊、赵建国、龙广艳等为"天琴计划"基础设施工程建设奠基培土。

根据规划，"天琴计划"科研平台的主要基础设施将在珠海校区进行建设，总体分两期进行。本次仪式是第一期工程开工奠基，规划包含科研综合楼，山洞超静实验室，凤凰山顶的集科研、教学、科普于一体的多功能观测台站，以及上山公路等。目前，中山大学天琴研究中心正在组建"引力理论与实验分析""卫星平台与控制""精密光学测量与遥感""地月系统物理实验"等方面的大科研团队。出席本次仪式的还有珠海市住房和城乡规划建设局、国土资源局、市政和林业局、教育局、公安消防局、高新区党委及管委会等部门负责人，我校天琴研究中心、物理与天文学院教师代表，科学研究院、基建处及珠海校区各职能部门负责人等。

3月21日 斯里兰卡驻广州总领事Shanika Dissanayake一行来访旅游学院，罗秋菊副院长接待了来宾。[1]

△晚，由珠海校区管委会主办、金字塔学社协办的珠海校区周末论坛第五十五讲举行。天琴研究中心叶贤基教授主讲"引力波与天琴计划"。[2]

3月24日 上午，南非开普敦大学副校长DanieVisser教授一行访问海洋学院。海洋学院何建国院长会见了代表团一行。[3]

△晚，首都师范大学哲学系陈嘉映教授应邀作客珠海校区周末论坛，并以"快乐与至乐"为主题开启了中大珠海哲学论坛第一讲。该论坛由珠海校区管委会和哲学系（珠海）主办。[4]

3月24日至25日 法国昂热大学副校长Jean-René Morice访问旅游学院，谈合作项目续签事宜。旅游学院院长保继刚、党委书记林俊洪、副院长罗秋菊与Morice副校长共同就续签合作协议及2013级法国班赴法事宜进行了洽谈。昂热大学旅游学院与我校旅游学院自2004年以来一直保持良好的合作关系，双方于2012年签署了《中山大学与昂热大学"3+1"旅游管理专业本科教育双学士文凭合作

---

[1] 中山大学旅游学院：《斯里兰卡驻广州总领事Shanika Dissanayake来访我院》，见中山大学旅游学院网（http://stm.sysu.edu.cn/content/973），2016年3月22日。

[2] 中山大学新闻中心珠海校区记者站：《天琴计划团队核心负责人叶贤基教授做客"周末论坛"讲述"引力波与天琴计划"》，见中山大学珠海校区网（http://zhuhai.sysu.edu.cn/content/899），2016年3月23日。

[3] 中山大学海洋学院：《南非开普敦大学副校长率团来访交流》，见中山大学海洋科学学院网（http://marine.sysu.edu.cn/article/4327），2016年3月24日。

[4] 中山大学哲学系（珠海）：《中大珠海哲学论坛"快乐"启航》，见中山大学新闻网（http://news2.sysu.edu.cn/news01/146094.htm），2016年3月31日。

协议》，每届招生 25～35 名学生，目前共有 4 届学生在读。①

3月28日至4月2日 旅游学院徐红罡教授在旧金山召开的美国地理学会2016年会上，获得美国地理学会旅游地理专业委员会颁发的"杰出成就奖"。②

3月31日 下午，珠海市委政策研究室主任周俊波率政研室及教育局相关工作人员来珠海校区调研珠海高水平大学建设工作。科学研究院副院长陶亮、珠海校区党工委书记郝登峰及相关职能部门负责人接待来宾并举行座谈。③

△王雪梅任大气科学学院副院长。

4月1日 "旅游管理一级学科申报材料专家论证会"在北京召开。旅游学院院长保继刚主持论证会，来自国家旅游局、北京大学等单位的专家学者对"旅游管理一级学科申报材料"进行了讨论。与会专家对旅游管理申报一级学科的重要性给予充分肯定。旅游管理一级学科申报工作于2015年由我校旅游学院发起。旅游学院张朝枝教授、孙九霞教授、曾国军教授等出席本次会议。④

4月6日 下午，由国际翻译学院、国际金融学院、海洋学院联合主办，由国际翻译学院承办的首期学生党建工作坊在珠海校区举行。工作坊围绕如何贯彻落实"两学一做"和发挥党建工作在人才培养中的作用展开了研讨。珠海校区党工委书记郝登峰、校团委副书记肖力、海洋学院党委书记陈省平、国际金融学院党委书记钟一彪、国际翻译学院党委副书记李春荣及3个学院的辅导员老师参加了本次研讨活动。⑤

4月8日 2016年"校领导午餐会"在珠海校区行政楼第一会议室举行。李善民副校长与来自珠海校区8个学院的15名学生代表面对面交流，听取同学们对珠海校区建设发展的意见和建议。⑥

4月9日 由旅游学院负责监测与管理的"联合国世界旅游组织常熟可持续发展观测点"揭牌。我校旅游学院作为联合国世界旅游组织可持续发展监测中心依托单位，所主持的监测点（站）由此增至8个。世界旅游组织旅游可持续发展观测点管理与监测中心主任、旅游学院院长保继刚教授出席开幕式并致辞。⑦

---

① 中山大学旅游学院：《法国昂热大学副校长 Jean-René Morice 到我校旅游学院交流访问》，见中山大学新闻网（http://news2.sysu.edu.cn/news01/146091.htm），2016年4月1日。
② 中山大学旅游学院：《旅游学院徐红罡教授获美国地理学会旅游地理专业委员会颁发的杰出成就奖》，见中山大学新闻网（http://news2.sysu.edu.cn/news01/146205.htm），2016年4月11日。
③ 中山大学珠海校区党政工作办公室：《珠海市委政策研究室主任周俊波一行到珠海校区调研》，见中山大学珠海校区网（http://zhuhai.sysu.edu.cn/content/896），2016年4月1日。
④ 中山大学旅游学院：《我校旅游学院发起并推动旅游管理一级学科申报工作》，见中山大学新闻网（http://news2.sysu.edu.cn/news01/146143.htm），2016年4月6日。
⑤ 中山大学海洋科学学院：《学习教育——在海洋科学学院（2016）》，自印，2016年12月，第4页。
⑥ 中山大学珠海校区党政工作办公室：《李善民副校长与珠海校区学生举行午餐会》，见中山大学珠海校区网（http://zhuhai.sysu.edu.cn/content/893），2016年4月9日。
⑦ 中山大学旅游学院：《我校旅游学院主持的联合国世界旅游组织可持续发展监测点增至8个》，见中山大学新闻网（http://news2.sysu.edu.cn/news01/146230.htm），2016年4月14日。

中山大学珠海校区编年史（1999—2018）

4月14日 朱崇科任中文系（珠海）行政负责人，主持日常工作；

吕树申任化学工程与技术学院行政负责人，主持日常工作；

吴滔任历史学系（珠海）行政负责人，主持日常工作；

赵育林任数学学院（珠海）行政负责人，主持日常工作。①

△陈有志任国际翻译学院党委书记。②

△国际翻译学院辛海桥同学在第十一届全国高校葡语诗歌朗诵比赛中荣获中级组冠军。③

4月15日至18日 4月15日是我国首个"全民国家安全教育日"，为普及国家安全知识，提高师生国家安全和保密防范意识，由珠海市国家安全工作领导小组办公室主办，中山大学承办的"国家安全教育巡回展"在珠海校区举办。④

4月16日 上午，珠海校区办学工作会议召开。⑤

罗俊校长做题为《树立主人翁意识提高主动工作热情》的专题报告。会议由陈春声书记主持。

罗俊指出，珠海校区自2000年创办以来，满足了特定时代背景下国家重大战略发展的需求，为国家高等教育和珠海市发展做出了贡献。势易时移，珠海校区的发展遇到瓶颈，也正面临着三大历史发展机遇，即国家南海、海洋、空间科学发展战略和"一带一路"倡议，广东省创新驱动发展和珠海市构建"三高一特"现代产业体系战略，以及我校建设世界一流大学的发展战略。正是基于这样的背景和契机，珠海校区建设已成为学校未来五年发展的重点，是学校进入国内大学"第一方阵"、建设世界一流大学的新着力点和重要增长点。为此，学校通过全面调研、仔细谋划，于今年1月正式公布了《中山大学珠海校区事业发展规划》，明确了珠海校区的办学定位和目标，未来五年珠海校区建设的战略重点和主要任务。珠海校区将构建完整的高水平学科体系，实现全部学院（直属系）整建制办学，校区将覆盖人文、社科、理学和工学等学科领域，围绕国家南海发展和海洋战略、"一带一路"倡议以及国家空间科学发展战略重点进行学科布局；与广州校区相同的学院（直属系）错位发展，支撑基础一级学科上水平。珠海校区将构建高水平的人才培养体系，围绕"德才兼备、领袖气质、家国情怀"十二字人才培养目标，所

---

① 《中山大学关于朱崇科等作为有关院系等行政负责人的通知》，见中大组〔2016〕4号文，2016年4月14日。

② 《中共中山大学委员会关于陈有志同志任职的通知》，见中大党组发〔2016〕14号文，2016年4月14日。

③ 鲁彦君：《迎接挑战，培养具有"全球视域、中国立场"的全新外语人才》，见《中山大学报》（新）第364期，2016年5月5日。

④ 中山大学保卫处：《我校举行"国家安全教育巡回展"》，见中山大学新闻网（http：//news2.sysu.edu.cn/news01/146257.htm），2016年4月18日。

⑤ 中山大学新闻中心：《树立主人翁意识提高主动工作热情——我校召开珠海校区办学工作会议》，见《中山大学报》（新）第363期，2016年4月25日。

有学院（直属系）将建成从本科、硕士到博士结构完整、合理的人才培养体系；在保持学校现有总体招生规模的情况下，逐步增加珠海校区各学科招生指标。珠海校区将实施高水平人才和团队倍增计划，大力加强以院士为代表的高层次人才和团队引进，面向海内外招聘发展需要的学术精英，推动珠海校区办学水平提升。珠海校区将实施重大科研平台倍增计划，围绕国家战略、珠三角产业发展需求和学校发展布局，在珠海校区建设包括天琴计划、海洋国家实验室在内的国家级重大科学研究平台，支撑海洋、新能源、生物医药、食品安全、核工程与技术等产业发展；围绕"一带一路"倡议，在语言、文化和国际关系等领域建设大平台，为国家重要决策提供咨询。珠海校区将推进管理体制机制改革，按照以延伸管理为核心的多校区管理模式，让珠海校区的师生享受无差别、同等的党政管理服务。按照与中山大学传统文化相和谐、与校区自然景观相和谐、与校区学科布局相和谐的"三和谐"思路，以及"形神兼备、和而不同"的基本原则在珠海校区新建一批教学、科研和生活设施。

罗俊强调，这次珠海校区办学工作会议，既是一次动员会，也是布置会，更是一次落地会。全校上下必须抓住机遇，树立主人翁意识、服务意识、危机意识和竞争意识，始终牢记自己的职责和肩上的使命，把工作任务内化为行动自觉，主动作为，努力让珠海校区的规划"落地"。他同时明确了对新建学院（直属系）、各相关职能部门的具体工作任务。

陈春声在总结讲话时提出三点要求：一是要主动加强宣传，充分利用校内外媒体平台宣传好此次会议，特别是要宣传好珠海校区未来规划；在珠海校区办学的院系负责人要凝聚校区发展共识，主动宣传，积极做好招生、人才引进等宣传工作。学校也会进一步结合珠海市区位和生态环境优势，出台系列宣传方案，使社会各界了解并关注珠海校区的发展。二是要做好督查工作，按照罗俊校长布置的任务要求，明确各项工作的时间节点和路线图，监督落实情况。三是要对学校的快速发展有自信，尤其是对珠海校区的发展更要有信心。学校现阶段的快速发展，已充分考虑了学校的发展现状，并做好了详细的长远规划，各项工作正在稳步开展。学校已全面进入了"跻身世界一流大学、国内高校第一方阵"的发展新阶段，全体教职工要有充足的信心，放眼长远，树立大局观念，思考问题要有底线思维，积极主动工作，为珠海校区的建设发展贡献力量。

全体校领导、校长助理、校机关各部、处、室，各直属单位正职负责人，珠海校区各学院、直属系的领导班子成员和办公室主任参加会议。会议在珠海校区召开。

△中译杯第五届全国口译大赛（英语）广东海南复赛举行。国际翻译学院

中山大学珠海校区编年史（1999—2018）

MTI专业的黎立威和2012级翻译系许旭东同学包揽本次大赛的两个一等奖。①

4月17日 国际金融学院"青春主旋律"班际合唱节暨十周年院庆启动仪式在珠海校区举行。学院师生、校友近700人齐聚一堂，共庆国际金融学院成立十周年。学院党委书记钟一彪在仪式上致辞。②

4月21日 下午，校党委书记陈春声到海洋学院调研指导党建工作。③

学校纪委办公室主任胡国庆、校党委宣传部部长兼校团委书记黄毅、学生处处长莫华、党办副主任罗晶，以及海洋学院党政领导班子、各支部书记等20余人出席了调研座谈会。海洋学院党委书记陈省平进行党建工作汇报。陈春声书记对海洋学院党建工作取得的成绩给予肯定，并提出四点要求和希望：一是进一步强化党建主业意识；二是加强教师党员发展工作；三是坚持党风廉政建设常抓不懈；四是学院配合学校学科调整并适应珠海校区建设与发展。

△学生处在珠海校区召开落实学校"珠海校区办学工作会议"精神专题工作会。④

学生处处长莫华传达了校党委书记陈春声、校长罗俊在珠海校区办学工作会议上的讲话精神和工作要求，对学生处珠海校区延伸管理和机制完善问题进行专题研讨。他强调了罗校长在会议上提出的"主动谋划、主动工作、主动纾困"的工作要求，以及"让珠海校区师生享受无差别、同等的党政管理服务"的工作目标，要求学生处所有老师时刻以此为准则，进一步强化服务意识，提升工作热情，积极推进珠海校区各项学生工作的顺利开展。学生处在珠海校区的下一步工作重点：一是进一步完善学生处珠海校区延伸管理机制，尽量做到让珠海校区的学生"办事不出门"；二是每位处领导都要加强到珠海校区走访调研、开展实地工作的频率，并形成一个长效机制；三是进一步加强珠海校区辅导员培训和学生帮扶力度。随后，学生处思政办、资助中心、国防教育中心等各部门走访了哲学系（珠海）、国际金融学院、国际翻译学院、旅游学院等院系，开展业务工作调研。

4月22日 上午，校党委书记陈春声到中法核工程与技术学院调研指导党建工作。⑤

中法核工程与技术学院院长王彪、党总支书记吴长征、副院长赵福利、副院长

---

① 中山大学国际翻译学院：《我校学子在中译杯全国口译大赛（英语）广东海南复赛中斩获佳绩》，见中山大学新闻网（http://news2.sysu.edu.cn/news01/146275.htm），2016年4月19日。
② 中山大学国际金融学院：《国际金融学院举办"青春主旋律"班际合唱节暨十周年院庆启动仪式》，见中山大学国际金融学院网（http://isbf.sysu.edu.cn/cn/sylm01/18128.htm），2016年4月18日。
③ 中山大学海洋学院：《学校党委陈春声书记一行到我院调研党建工作》，见中山大学海洋科学学院网（http://marine.sysu.edu.cn/article/4352），2016年4月23日。
④ 中山大学学生处：《学生处在珠海校区召开落实学校"珠海校区办学工作会议"精神专题工作会》，见中山大学新闻网（http://news2.sysu.edu.cn/news01/146349.htm），2016年4月27日。
⑤ 金冉：《校党委陈春声书记一行莅临我院调研指导党建工作》，见中山大学中法核工程与技术学院微信公众号，2016年4月27日。

兼教工党支部书记余展涛等参加了座谈会。会上，吴长征做了党建专题汇报。

陈春声书记做总结发言。他充分肯定了中法核工程与技术学院的办学特色和人才培养质量，认为该学院是我校中外合作办学最成功的范例，为学校在珠海校区建设工科类学院积累了经验。学院党总支虽然成立不久，但在中外合作办学院系的党建工作方面做出了积极的探索。同时，他也针对如何进一步完善党组织建设和制度建设、如何加强发展青年教师党员工作、党组织如何关心并推动青年教师的职业发展问题等提出了明确的要求和具体的指导。

党委办公室主任陈险峰、纪委办公室主任胡国庆、党委宣传部部长兼校团委书记黄毅等陪同调研。

△下午，校党委书记陈春声到旅游学院调研指导党建工作。①

旅游学院院长保继刚、党委书记林俊洪、副院长罗秋菊、党委副书记吴景立以及多位教职工党支部书记参加了座谈会。林俊洪以"巩固主业，深耕文化，推进世界一流旅游学院建设"为主题做了党建工作汇报。保继刚汇报了世界一流旅游学院建设规划。

陈春声做总结讲话。他充分肯定了旅游学院党委成立后的工作成绩，对学院重视党建工作和制度建设、重视学生培养等方面给予了高度评价，认为旅游学院具有重视本科生教育的优良传统，学院形成独具特色的发展道路。同时，他要求学院党委进一步牢固树立党建主业意识，高度重视党的组织建设、党风廉政建设和意识形态工作，重视科研经费管理，希望学院顺应学校发展大局，顺势而为，加快推动旅游管理成为一级学科。

党委办公室主任陈险峰、纪委办公室主任胡国庆、校党委宣传部长兼校团委书记黄毅、党委学生工作部副部长李桦陪同调研。

△晚，应旅游学院党委邀请，广东省委宣传部讲师团副团长冯永忠为旅游学院全体学生党员主讲题为做了"做一名合格的共产党员"的讲座，旅游学院党委书记林俊洪、副书记吴景立出席了讲座。②

4月26日 东南大学无锡分校常务副校长张继文一行来珠海校区交流考察。珠海校区党工委书记郝登峰接待来宾并举行座谈，相关职能部门负责人参加。③

4月27日 下午，珠海校区院系党建工作座谈会举行。④

---

① 中山大学旅游学院：《校党委书记陈春声到我院调研党建工作》，见中山大学旅游学院网（http://stm.sysu.edu.cn/content/952），2016年4月26日。
② 中山大学旅游学院：《广东省委宣传部讲师团团长冯永忠："做一名合格党员"》，见中山大学旅游学院网（http://stm.sysu.edu.cn/content/951），2016年4月28日。
③ 中山大学珠海校区党政工作办公室：《东南大学无锡分校来珠海校区交流考察》，见中山大学珠海校区网（http://zhuhai.sysu.edu.cn/content/883），2016年4月27日。
④ 《各二级单位扎实开展学习实践"两学一做"活动》，见《中山大学报》（新）第365期，2016年5月11日。

中山大学珠海校区编年史（1999—2018）

座谈会主题是结合"两学一做"，探讨如何提升珠海校区院系党建工作的科学化水平，推动落实珠海校区工作会议精神。大气科学学院党总支书记杨建林、海洋学院党委书记陈省平分享了学院党建工作的经验与体会。珠海校区党工委书记郝登峰做了总结，他认为院系党组织应有主业意识，要紧抓党的组织建设和党风廉政建设，确保意识形态安全；同时也要有绿叶意识，扮演好提倡者、跑腿者、检查者和陪衬者的角色。座谈会由珠海校区党工委主办，中法核工程与技术学院党总支承办，中法核工程与技术学院党总支书记吴长征主持座谈会。

4月28日 下午，国际金融学院与管理学院、岭南学院联合举行"两学一做"专题学习辅导报告会第一场专题会。广东省委宣传部讲师团副团长冯永忠应邀做题为《讲政治、有信念》的学习辅导报告。①

△海洋学院更名为海洋科学学院，行政领导班子成员任职如下：②
何建国任海洋科学学院院长，孙晓明任副院长。
△中共中山大学海洋学院委员会更名为中共中山大学海洋科学学院委员会。陈省平任海洋科学学院党委书记。③

4月28日至29日 "哲学本科教育与人才培养"研讨会在珠海校区召开。④

研讨会由哲学系（珠海）主办。围绕学校"德才兼备、领袖气质、家国情怀"的十二字人才培养目标，哲学系（珠海）邀请了十多位国内哲学界的知名专家共商哲学本科教育与人才培养大计。哲学系（珠海）系主任陈建洪在总结时表示，哲学系（珠海）将围绕学校将珠海校区建设成为具有一流办学水平和广泛国际声誉的现代化滨海校区的战略规划，为培养具有浓郁人文情怀、宽阔国际视野、深刻本土关怀、良好语言功底、扎实理论素养、敏锐实践意识的高素质哲学综合人才而努力。

4月29日 珠海市高新区党委书记张宜生率区卫计局、市公安局高新分局干部一行检查珠海校区榕园饭堂食品安全工作。珠海校区党工委书记郝登峰、校保卫处副处长陈东等陪同检查。

5月1日 国际翻译学院2013级本科生赖文哲荣获"广东省优秀共青团员"

---

① 中山大学管理学院：《"讲政治、有信念"：三学院联合举行"两学一做"专题学习报告会》，见中山大学新闻网（http://news2.sysu.edu.cn/news01/146434.htm），2016年5月6日。
② 《中山大学关于姚正安等任免职的通知》，见中大干〔2016〕16号文，2016年4月28日。
③ 《中共中山大学委员会关于数学与计算科学学院等党委更名及相关干部任免职的通知》，见中大党组发〔2016〕18号文，2016年4月28日。
④ 《哲学系（珠海）邀请多位知名专家共商本科教育改革》，见《中山大学报》（新）第365期，2016年5月11日。

称号。①

5月5日 地球科学与地质工程学院新一届行政领导班子任职如下：②

王岳军任地球科学与地质工程学院院长，杨小强任副院长。

△朱崇科任中文系（珠海）副主任（主持工作）。

5月6日至7日 由海洋科学学院承办的"水产健康养殖高峰论坛暨海峡两岸鱼类生理学研讨会筹备会"在珠海举行。马骏副校长出席会议并致欢迎辞。朱作言院士、麦康森院士、桂建芳院士、林浩然院士及来自中国科学院水生生物研究所、厦门大学等高校和科研院所的50多位学者出席论坛。与会的专家学者一同参观了珠海校区，对珠海校区优美的生态环境和高速的发展建设表示赞赏。③

5月7日 上午，由海洋科学学院联合主办的第五届海洋科技文化节开幕式暨深海矿产资源及技术科普活动在珠海校区举行。④

本届海洋科技文化节举办了"走进可燃冰"海洋地质科普大讲堂与参观学习、深海矿产资源专题讲座和展览、2016中国（珠海）国际海洋展参展及参观、"疯狂海洋城"公益环保行、"Hello Water"水上运动会、大学生创新沙龙、"少年牌的奇幻漂流"海洋知识竞赛、行业—专业—就业人才需求分析调研、"游园鲸梦"游园会等活动，海洋科技文化节闭幕式于5月29日上午在珠海校区榕园广场举行。珠海电视台、珠海特区报、珠江晚报、中国海洋网、中国海洋报等媒体进行了相关报道和热议。海洋科技文化节为我校第四批实践育人精品项目。⑤

△由国际金融学院发起并主办的第七届中国大学生"智·商"商业技能大赛全国总决赛在珠海举行。来自复旦大学、南京大学等进入决赛的队伍参加了本次活动。本次大赛以非物质文化遗产的创意项目为主题，要求参赛队伍展示一个具有创新性和可行性的、能够得到推广并拟开展的项目。冠军由中山大学和华南理工大学联队获得。⑥

5月8日 第十九届"外研社杯"全国大学生英语辩论赛华南赛区选拔赛落幕。由旅游学院2014级洪艾琳、国际翻译学院2013级冯启迪组成的中山大学珠海

---

① 共青团广东省委员会：《关于表彰2015—2016年度广东省优秀共青团员、优秀共青团干部、十佳团县委书记、百佳团支部书记、五四红旗团委（标兵）和五四红旗团支部（标兵）的决定》，见广东共青团网（http://www.gdcyl.org/Article/ShowArticle.asp?ArticleID=209885），2016年5月2日；校团委：《我校师生荣获广东省"五四表彰"多项荣誉》，见《中山大学报》（新）第366期，2016年5月18日。
② 《中山大学关于王岳军等任免职的通知》，见中大干〔2016〕19号文，2016年5月5日。
③ 中山大学海洋科学学院：《大咖云集：水产健康养殖高峰论坛在珠海校区举行》，见中山大学新闻网（http://news2.sysu.edu.cn/news01/146469.htm），2016年5月11日。
④ 中山大学海洋科学学院：《第五届海洋科技文化节开幕式暨深海矿产资源及技术科普活动举行》，见《中山大学报》（新）第366期，2016年5月18日。
⑤ 中山大学海洋科学学院：《第五届海洋科技文化节获热烈反响》，见中山大学新闻网（http://news2.sysu.edu.cn/news01/146709.htm），2016年6月2日。
⑥ 中山大学国际金融学院：《中大与华工联队夺冠：第七届中国大学生商业技能大赛全国总决赛成功举行》，见中山大学新闻网（http://news2.sysu.edu.cn/news01/146454.htm），2016年5月9日。

中山大学珠海校区编年史（1999—2018）

校区英语辩论队获得冠军，晋级全国总决赛。①

第十九届"外研社杯"全国大学生英语辩论赛全国总决赛于5月18日至24日在北京外国语大学举行。洪艾琳和冯启迪组成的中山大学珠海校区英语辩论队获得全国总决赛一等奖。②

△第十四届广东省程序设计竞赛GDCPC—2016在珠海校区实验教学中心信息工程实验室举行，此次竞赛由中山大学数据科学与计算机学院和电子与信息工程学院联合举办，来自中山大学、华南理工大学等高校的68支队伍参赛。

5月11日 由中广核集团旗下9家子公司组成的招聘团在中广核研究院院长庞松涛的带领下，来我校中法核工程与技术学院举行2017届硕士毕业生专场招聘宣讲会。中法核工程与技术学院院长王彪、党总支书记吴长征、副院长余展涛参加了宣讲会。③

△国际金融学院党委召开师生党支部"两学一做"学习教育情况检查督导会。学院全体教工党支部书记和学生党支部书记参会并汇报了所在支部学习教育开展情况。④

5月12日 上午，李善民副校长主持召开珠海校区财务工作沟通协调会。⑤预算管理办公室、财务与国资管理处、核算中心等部门负责人与在珠海校区办学的相关院系负责人出席会议。李善民强调本次沟通会是根据珠海校区办学工作会议中对预算和财务部门提出的"保障经费，推进执行；加强培训，做好服务；加强监督"的总体要求而举行。

△下午，珠海市高新区党委书记张宜生一行到珠海校区调研工作。⑥珠海市教育局局长钟以俊及高新区管委会有关负责人陪同调研。校长助理杨清华及珠海校区党工委、总务处等相关部门负责人参加调研座谈。杨清华介绍了珠海校区的发展规划。就如何加强"两高"（高新技术产业与高校）深度融合有关问题，珠海校区将围绕珠海市产业发展需求和学校发展战略布局，建设若干国家级重大科学研究平台，包括"天琴计划"重大科学研究平台，海洋领域实验室以及核

---

① 中山大学外国语学院：《第十九届"外研社杯"全国大学生英语辩论赛华南赛落幕，我校学子夺冠》，见中山大学新闻网（http://news2.sysu.edu.cn/news01/146466.htm），2016年5月10日。
② 中山大学外国语学院、旅游学院：《我校两学子获"外研社杯"全国大学生英语辩论赛总决赛一等奖》，见中山大学新闻网（http://news2.sysu.edu.cn/news01/146680.htm），2016年5月31日。
③ 中山大学中法核工程与技术学院：《中国广核集团在中法核工程与技术学院举行2017届毕业生专场招聘宣讲会》，见中山大学新闻网（http://news2.sysu.edu.cn/news01/146526.htm），2016年5月16日。
④ 中山大学国际金融学院：《国际金融学院党委对师生党支部"两学一做"开展情况进行检查督导》，见中山大学新闻网（http://news2.sysu.edu.cn/news01/146527.htm），2016年5月16日。
⑤ 中山大学财务与国资管理处：《李善民副校长主持珠海校区财务工作沟通协调会》，见中山大学新闻网（http://news2.sysu.edu.cn/news01/146587.htm），2016年5月20日。
⑥ 中山大学珠海校区党政工作办公室：《珠海高新区张宜生书记一行来珠海校区调研》，见《中山大学报》（新）第366期，2016年5月18日。

工程与技术等领域的科学研究平台等。杨清华提出,目前"天琴计划"上山公路的修建、与禾田信息港合作协议签订以及附属学校的建设等方面遇到的问题需要双方共同推进。

张宜生表示,珠海市高新区高度重视中大珠海校区发展,会继续支持珠海校区建设,并回复了如何解决校区目前遇到的相关困难。会上,双方还商谈了市校合作建设中山大学(珠海)附属学校事宜,就附属学校的基础设施建设、人才队伍建设和办学经费等问题展开讨论。

5月13日 中山大学"三校区五校园"命名方案网络投票活动启动。①

学校现已形成"三校区五校园"的发展格局,亟须进一步规范"三校区五校园"名称。为此,学校决定面向校内外师生、校友和关心学校发展的热心人士,以网络投票的方式征求"三校区五校园"的命名方案。投票时间为5月13日至22日。每位参与投票者可在三个备选方案中选择一个最佳方案,也可以自行填写建议命名方案。投票结束后,得票数最多的前两个方案以及收集到的优秀建议方案同列为备选,报送学校党委常委会审定最终方案。最终结果将通过校园网进行公布。

附:

中山大学"三校区五校园"命名备选方案

方案一:"三校区"指广州校区、珠海校区和深圳校区;"五校园"只提广州校区三个校园,分别为"南校园""北校园""东校园",珠海和深圳校区校园不专门命名。

说明:本方案中,三个校区以所属城市名称命名;珠海校区、深圳校区各只有一个校园,故不再专门命名;广州校区的三个校园按照目前约定俗成的命名。

方案二:"三校区"指广州校区、珠海校区和深圳校区;"五校园"分别命名为"海珠校园""越秀校园""番禺校园""香洲校园"和"光明校园"。

说明:本方案中,三个校区以所属城市名称命名;五校园以校园所属的行政区划为命名依据,即位于广州市海珠区的校园命名为"海珠校园"、位于广州市越秀区的校园命名为"越秀校园"、位于广州市番禺区的校园命名为"番禺校园"、位于珠海市香洲区的校园命名为"香洲校园"、位于深圳市光明新区的校园命名为"光明校园"。

方案三:"三校区"指广州校区、珠海校区和深圳校区;"五校园"分别命名为"康乐校园""竹丝校园""小谷围校园""唐家湾校园"和"新陂头校园"。

说明:本方案中,三个校区以所属城市名称命名;五校园以所在位置附近的村镇名称命名,即位于广州校区海珠区康乐村附近的校园命名为"康乐校园"、位于广州校区越秀区竹丝村附近的校园命名为"竹丝校园"、位于广州校区番禺区小谷

---

① 中山大学新闻中心:《"三校区五校园"命名方案网络投票启动》,见中山大学新闻网(http://news2.sysu.edu.cn/news01/146517.htm),2016年5月13日。

围街道附近的校园为"小谷围校园"、位于珠海校区香洲区唐家湾镇附近的校园为"唐家湾校园"、位于深圳校区光明新区新陂头村附近的校园为"新陂头校园"。

经过系列决策程序，方案一成为最终入选方案。

△广东省教科文卫工会主席陈昭庆一行来珠海校区参观，珠海校区党工委书记郝登峰接待了陈昭庆一行。

5月17日 北京市教育委员会委员王定东与北京师范大学等6所高校校领导一行来珠海校区开展调研。珠海校区党工委书记郝登峰、总务处处长李明章等人接待了来宾并举行座谈。①

5月18日 珠海市科学技术协会副主席杨穆来访珠海校区，与珠海校区党工委书记郝登峰进行座谈，并参观物理与天文学院。

5月19日 黎伟标任大气科学学院副院长。

5月24日 上午，全国政协教科文卫体委员会主任张玉台一行到我校珠海校区开展专题调研。②

调研组由张玉台任组长，全国政协教科文卫体委员会副主任陈小娅、程津培任副组长，就"国际科技合作与大科学计划""大科学装置在知识创新体系中的地位和作用"进行专题调研。我校校长罗俊和广东省政协科教卫体委员会主任、省卫计委主任陈元胜等出席调研座谈会。

罗俊向调研组一行介绍我校办学和科研工作基本情况。中山大学现已形成"三校区五校园"的基本办学格局，其中珠海校区重点发展深空、深海等学科群。科技创新坚持"三个面向"指导思想，大力推进"三大建设"，如推进"天琴计划"、南海科考船等大平台建设。"天琴计划"的出发点是切实根据我国的技术能力实际和未来几十年的发展前景，提出我国自主开展空间引力波探测的可行方案。"天琴计划"将起到非常明显的技术创新的引领作用，进而改变中国在国际科技界的形象。引力波探测计划是一项庞大的科学和技术工程，需要长期的技术积累、持续攻关。此前，研究团队已经完成了很多关键技术积累。未来，"天琴计划"总体规划上预期执行期为2016—2035年，将分四步实施，即"0123计划-CLLR"路线图，每步均有明确的科学目标，逐步完成。

张玉台在听取介绍后表示，广东省具有得天独厚的优势，中山大学发起的"天琴计划"备受关注，具有极为重要的科学意义。希望大家能进一步认识到大科学工程的重要性，做好规划，相互协作，进一步夯实自主创新的基础，开展更多具有突破性、引领性的科技创新活动。广东省科技厅、省经信委、中山大学等单位有

---

① 中山大学珠海校区党政工作办公室：《北京市教育委员会委员王定东一行来珠海校区调研》，见中山大学新闻网（http://news2.sysu.edu.cn/news01/146556.htm），2016年5月18日。

② 中山大学新闻中心：《全国政协教科文卫体委员会一行到我校调研》，见中山大学新闻网（http://news2.sysu.edu.cn/news01/146638.htm），2016年5月26日。

关方面负责人出席调研座谈会。

△珠海市委书记郭元强一行到我校珠海校区调研。①

珠海市委书记郭元强、副市长龙广艳、市委秘书长郭才武一行来我校珠海校区调研。罗俊校长接待了来宾并陪同考察。在中法核工程与技术学院，罗俊向郭元强一行介绍了珠海校区的整体情况和未来五年的发展规划，张纯禹副教授向来宾重点介绍了中法核工程与技术学院的办学理念和研发中心。郭元强一行参观了核物理实验室、核电多相流和微流实验室、核电子实验室、核电环境监测及应急系统实验室，并询问了与法国合作办学、环境监测项目与政府之间的合作等方面的情况。郭元强一行还来到"天琴计划"基础设施工程建设项目现场考察，听取了罗俊校长对"天琴计划"概况和意义的介绍。郭元强要求珠海市相关部门负责同志积极配合，做好协调工作，加快"天琴计划"上山公路的修建等工作。

参与调研的还有珠海市高新区、市委政研室、市科工信局、市教育局的主要负责同志。

5月25日至27日 联合国世界旅游组织教育质量认证（UNWTO – TedQual）审核官 Antonio Carles Ramirez 教授完成了对旅游学院旅游管理大类专业的现场质量复审工作。②

旅游学院于10月10日收到 UNWTO – TedQual 中心的通知，旅游管理大类专业整体通过 UNWTO – TedQual 认证，有效期四年。UNWTO – TedQual 是联合国世界旅游组织 Themis 基金会支持下开展的全球性旅游教育质量认证项目，通过该质量认证是成为全球一流旅游教育机构的必经之路。2009年，旅游学院第一次通过 UNWTO – TedQual 认证，本次认证是在上次的基础上复审，并将认证评估范围由以往的单一专业扩大到旅游管理大类专业。③

5月27日 下午，海洋科学学院和中法核工程学院联合开展"两学一做"中心组学习活动，本次学习以"讲规矩、有纪律"为主题，邀请校纪委副书记何晓钟做专题辅导报告。④

5月28日 珠海校区海滨红楼建设项目开工仪式举行，校长助理程焕文出席仪式。

5月30日 上午，大气科学学院与珠海市气象局召开推进双方合作共建工作

---

① 中山大学新闻中心、珠海校区党政工作办公室：《珠海市委书记郭元强一行到我校珠海校区调研》，见中山大学新闻网（http://news2.sysu.edu.cn/news01/146630.htm），2016年5月25日。

② 中山大学旅游学院：《联合国世界旅游组织完成对旅游学院教育质量认证复审》，见中山大学新闻网（http://news2.sysu.edu.cn/news01/146721.htm），2016年6月3日。

③ 中山大学旅游学院：《我校旅游学院整体通过联合国世界旅游组织教育质量认证（UNWTO – TedQual）》，见中山大学新闻网（http://news2.sysu.edu.cn/news01/147707.htm），2016年10月20日。

④ 中山大学海洋科学学院：《海洋科学学院与中法核工程学院共同开展"讲规矩、有纪律"中心组专题学习》，见中山大学新闻网（http://news2.sysu.edu.cn/news01/146691.htm），2016年6月1日。

会议。①

双方就开展整体合作共建的必要性、重要意义、方式内容以及未来发展目标、方向等方面达成共识，并对下一步工作进行了安排。会议商定，将珠海市已立项准备建设的"珠海风暴潮灾害监测预警中心"及市气象局（台）现有的天气监测、预报预警业务，共同纳入到中大珠海校区大气科学学院的建设规划中，同步建设，实现风暴潮监测预警与气象监测、预报预警等业务与大气科学学院学科建设的集约化发展，构建教学、科研、培训、业务应用一体化平台，包括共建综合观测平台，共享观测资料、预报产品等设备设施，人员岗位互聘和人才共同培养等具体事宜。

△中山大学2016年实习生专场招聘会在珠海校区风雨操场举行。本次招聘会由我校就业指导中心、香洲区人力资源和社会保障局等单位联合举办。②

5月31日 校长助理杨清华、教务部主任陈敏一行到珠海校区调研新建学院办学情况。

6月2日 上午，学校召开珠海校区新建院系人事工作会议。③

珠海校区新建院系党政负责人、人力资源管理处负责人参加会议。魏明海副校长、骆腾校长助理出席会议。魏明海指出，学校于今年初正式公布《珠海校区事业发展规划》，明确了珠海校区的办学定位和目标。未来五年是珠海校区发展的黄金时期，学校也明确了未来五年珠海校区建设的战略重点和主要任务。其中，在人事人才工作方面，学校将全面实施高层次人才和团队倍增计划。在这样的背景下，召开珠海校区新建院系人事工作会议，一是指导各新建院系尽快建立健全人事制度和机制，为各项工作的开展提供保障；二是帮助各新建院系深入把握人事人才政策，加快人才引进力度，推进人才队伍建设。为了支持新建院系发展，学校近期出台了新建院系教师聘任、高年资教师聘任等一系列政策，这些政策将和"百人计划"人才引进、专职科研和博士后政策等共同成为支撑新建院系发展的人事人才制度体系。希望各院系抓住发展契机，充分利用这些政策，统筹规划人才队伍建设，尽快建立起一支一定规模的教学科研骨干队伍。在去年成功举办"珠海论坛"的基础上，学校将于近期举办第二届"珠海论坛"，继续为各院系相关学科吸引海内外优秀人才搭建平台，希望各新建院系充分利用这个平台。各新建院系也可结合学科特点搭建人才引进平台，吸引海内外优秀人才，学校将为各新建院系的发展提供支撑和保障。

骆腾就近期启动的"千人计划""长江学者"申报工作进行了布置。她详细解

---

① 祝薇：《大气科学学院与珠海市气象局召开整体合作共建推进工作会议》，见中山大学新闻网（http://news2.sysu.edu.cn/news01/146751.htm），2016年6月7日。

② 中山大学珠海校区党政工作办公室：《珠海校区2016年实习生专场招聘会举行》，见中山大学新闻网（http://news2.sysu.edu.cn/news01/146715.htm），2016年6月2日。

③ 中山大学人力资源管理处：《学校召开珠海校区新建院系人事工作会议，加快推进新建院系人才队伍建设》，见中山大学新闻网（http://news2.sysu.edu.cn/news01/146742.htm），2016年6月6日。

读了新建院系教师聘任、高年资教师聘任等政策,并通报了各新建院系在人才引进、教师聘任、专职科研和博士后队伍建设方面的情况,希望各院系在已取得成绩的基础上进一步加快队伍建设的步伐。在党政管理人员队伍建设方面,学校将按照院系党政管理人员岗位配置及编制核定的原则,帮助各新建院系尽快配备管理队伍。会上,人力资源管理处给每个新建院系发放了《珠海校区新建院系人事工作指引》。各新建院系负责人就相关问题进行了深入讨论。

6月11日至12日 由旅游学院主办的"2016粤港澳青年学者旅游研究学术沙龙"举行。①

△由国际翻译学院主办的首届粤港澳外语与翻译研究生论坛在珠海校区举行。②

6月12日 陈彪任中国语言文学系(珠海)直属党支部副书记;

万忠娟任历史学系(珠海)直属党支部副书记;

林平任哲学系(珠海)直属党支部副书记;

靳祥鹏任国际金融学院党委副书记;

陈峻任国际关系学院党总支副书记;

殷敏任物理与天文学院直属党支部副书记;

陈诗诗任大气科学学院党总支副书记;

潘云智任海洋科学学院党委副书记;

张照任地球科学与地质工程学院党委副书记;

马佳全任化学工程与技术学院直属党支部副书记;

刘李云任中法核工程与技术学院党总支副书记。③

6月14日 副校长马骏、珠海校区党工委书记郝登峰等人赴珠海市政府拜访龙广艳副市长,就珠海校区需珠海市政府协调解决的问题进行商谈。

6月16日 海洋科学学院海洋科学专业成为我校首批8个品牌专业建设点之一。④

6月17日 晚,国际关系学院学科建设报告会在珠海校区召开,学院行政负责人魏志江教授在会上做了报告,学院全体教职员工参加了会议。⑤

---

① 中山大学旅游学院:《粤港澳青年学者旅游研究学术沙龙举行》,见中山大学新闻网(http://news2.sysu.edu.cn/news01/146848.htm),2016年6月16日。

② 中山大学国际翻译学院:《首届粤港澳外语与翻译研究生论坛在珠海举办》,见中山大学珠海校区网(http://zhuhai.sysu.edu.cn/content/858),2016年6月22日。

③ 《中共中山大学委员会关于刘妍等同志任职的通知》,见中大党组发〔2016〕28号文,2016年6月12日。

④ 中山大学海洋科学学院:《协同育人研究与实践——海洋科学专业〈形势与政策〉指导书(2017)》,自印,2017年,第45页。

⑤ 中山大学国际关系学院:《国际关系学院学科建设报告会于珠海校区顺利召开》,见中山大学国际关系学院网(http://sir.sysu.edu.cn/zh-hans/content/59),2016年6月18日。

6月18日至19日 第二届中山大学国际青年学者珠海论坛在珠海校区举行。[①]

本届论坛以"延揽英才，建业中大"为主题，通过主题大会、学科分论坛、人才洽谈等方式，集聚海内外相关领域的优秀青年学者，共同探讨学术前沿话题，追踪热点问题，促进学术英才之间的交流与合作，引进各学科海内外优秀人才。

18日上午，论坛主题大会在珠海校区伍舜德国际学术交流中心举行。中山大学党委书记陈春声，珠海市副市长龙广艳，中国科学院院士、中山大学地球科学与地质工程学院张培震教授，瑞典皇家科学院院士、瑞典哥德堡大学陈德亮教授等近400位来自世界各地的学者出席会议。会议由副校长魏明海主持。

龙广艳在主题大会上致辞，对各位青年人才的到来表示热烈欢迎。她着重介绍了珠海市的发展现状及前景，表示珠海正加快实施创新驱动发展战略，全力发展高端产业，识才爱才，出台了"1+8"的人才政策。与此同时，珠海市珍视与中山大学的合作，已和中山大学签署校市新型战略合作协议，在珠海校区的规划和建设上，以及重要的市政配套设施工程建设中，给予中山大学全面的、大力的支持。

陈春声以"中山大学与珠海校区的发展与未来"为题，从学校总体发展规划、珠海校区的发展规划、珠海校区建设的主要任务等方面做主旨报告。在谈到珠海校区的发展规划时指出，学校将珠海校区定位为"保持中山大学办学传统、学科布局和人才培养体系相对完整、具有一流办学水平和广泛国际声誉的现代化滨海校区"。珠海校区目前建设的重点任务是，积极推进整建制学院建设，实施高水平人才和团队倍增计划，全面加强校园规划建设，营造良好的发展环境。他特别指出，珠海校区已有3名院士进驻，近50位"长江学者"特聘教授、"千人计划"、"杰青"、学校"百人计划"等高层次人才作为学科带头人进驻，计划到2020年常驻珠海校区的教师和研究人员将有大幅度的增加。校区正在按照"形神兼备、和而不同"的原则实施校园建设规划，将增加近百万平方米建筑体量，同时正在建设附属学校，加强附属医院建设，以消除人才引进的后顾之忧。陈春声最后热忱欢迎青年学者共同参与和见证中山大学这所百年名校新的发展。

6月20日 中法核工程与技术学院第七届联合行政管理委员会第一次会议暨第一届硕士研究生毕业典礼举行。[②]

会议由委员会主席、校长罗俊主持。会上，委员们听取了中法双方院长关于2010—2016学年中法核工程与技术学院发展的工作总结和下一步工作计划。

第一届硕士研究生毕业典礼在珠海校区伍舜德国际学术交流中心举行。校长罗

---

① 中山大学人力资源管理处：《延揽英才，建业中大——第二届中山大学国际青年学者珠海论坛举办》，见《中山大学报》（新）第369期，2016年6月25日。
② 中山大学中法核工程与技术学院：《中法核工程与技术学院第七届联合行政管理委员会第一次会议暨第一届硕士研究生毕业典礼举行》，见《中山大学报》（新）第369期，2016年6月25日。

俊、法国驻华大使 Maurice Gourdault-Montagne、法国格勒诺布尔国立综合理工学院 Brigitte Plateau 校长以及教育部国际司前司长曹国兴在会上致辞。罗俊在致辞中表示,人才培养是大学的根本任务。大学有四大使命:人才培养、科学研究、社会服务和文化传承。其中,人才培养是第一位的,具有统领意义,是核心所在。大学对于人才培养一定要从严,特别是中山大学这样一所在创校之初就带着"为社会福,为邦家光"的家国烙印的学校,"严格要求"是我校提出的"德才兼备、领袖气质、家国情怀"十二字人才培养目标的有效实现途径,是决定大学人才输出质量的关键因素,是大学社会责任的重要体现,只有牢牢地把握住这个标准,大学才能在真正意义上承担对国家、对社会人才培养责任的这份重托。同样的,大学是学习的地方,同学们来到这里,就是要好好读书,心无旁骛,主动地严格要求自己,自强、自律、自重,珍惜好时光,弘扬正能量。我们谈"善待学生"的时候,"严格要求"就是对学生最大的善待。通过六年的严格训练,中法核学子已经在人生奋斗的道路上迈开了最为关键的一步。中法核学子在学习期间,课程量、分流率都是全校最高的。希望毕业生们发扬中大精神,传承中大文化,践行孙中山先生的嘱托,博学、审问、慎思、明辨、笃行。继续坚定理想信念,严格自律,坚持终身学习、坚守学人品质,不忘初心,勇往直前,做社会主义事业合格建设者和可靠接班人!

典礼上,学院中法双方院长为 2016 届硕士毕业生颁发核能工程师证书,罗俊、Brigitte Plateau 等嘉宾为 2016 届优秀本科毕业生颁发奖励证书,并颁发 2016 届优秀硕士论文奖。

△由中华诗教学会主办、武汉大学承办的 2016 年中华大学生研究生诗词大赛结束,我校国际金融学院 2014 级本科生汤增悦获得词组冠军。[1]

6 月 21 日 上午,物理与天文学院"彩霞展翅奖学金"签约仪式举行。我校原天文系老校友向物理与天文学院捐赠 50 万元人民币,设立"彩霞展翅奖学金"。校党委副书记、教育发展基金会副理事长李萍,物理与天文学院直属党支部书记李坤,天文与空间科学研究院院长李淼、副院长何振辉,教育发展与校友事务办公室主任、教育发展基金会秘书长李汉荣出席仪式。"彩霞展翅奖学金"是物理与天文学院设立的第一个捐赠奖学金。[2]

6 月 23 日 上午,国际翻译学院副院长(主持工作)常晨光教授在珠海校区会见了来访的韩国诚信女子大学校长沈和珍、副校长申哲昊一行。[3]

---

[1] 张海鸥:《我校在 2016 年中华大学生研究生诗词大赛中获本科诗组、词组双冠军》,见中山大学新闻网(http://news2.sysu.edu.cn/news01/146999.htm),2016 年 7 月 4 日。

[2] 中山大学教育发展与校友事务办公室:《物理与天文学院"彩霞展翅奖学金"签约仪式举行》,见中山大学新闻网(http://news2.sysu.edu.cn/news01/146956.htm),2016 年 6 月 27 日。

[3] 中山大学国际翻译学院:《韩国诚信女子大学沈和珍校长一行访问中山大学国际翻译学院》,见中山大学国际翻译学院网(http://sti.sysu.edu.cn/zh-hans/node/914),2016 年 6 月 25 日。

中山大学珠海校区编年史（1999—2018）

6月28日 中法核工程与技术学院获得欧洲工程教育（EUR-ACE）认证。这意味着作为中山大学与法国五所顶尖工程师学院合作创办的中法核工程与技术学院拥有了法国工程师证书直授资格，即学院合格的硕士毕业生不出国门即可拿到欧洲认可的法国工程师证书，同时意味着该院的办学质量得到国际教育界的认可，也是对学生学术能力和职业能力的证明。①

作为中法合作办学机构，中法核工程与技术学院每年招生120名左右，实行"3+3"精英工程师培养模式，学制为6年，即3年精英学校预科阶段和3年工程师阶段，对应于我国高等教育体系的4年本科和2年硕士。今年学院第一届72名硕士毕业生在获得中山大学硕士学位的同时，获颁法国工程师证书。

△济南大学副校长周宗安一行来我校珠海校区交流考察。②

6月30日 中法高级别人文交流机制第三次会议系列活动之一——"大学与工程教育"中法高等教育论坛在法国巴黎举行。我校中法核工程与技术学院荣获中法两国政府联合颁发的"中法大学合作优秀项目"奖项。中共中央政治局委员、国务院副总理刘延东及法国政府高级官员为中法双方的获奖单位颁奖，我校党委书记陈春声代表学校领奖。③

7月2日至9日 珠海校区部分学生回迁广州校区工作顺利进行。今年回迁学生共计2346人。④

7月8日至19日 第三届海峡两岸暨港澳海洋科学优秀大学生夏令营在珠海校区等地举行。本次活动由海洋科学学院和南海资源开发与保护协同中心联合主办。⑤

7月11日 严熙任珠海校区基建办公室主任（兼）。

7月16日至21日 2016年全国大学生武术锦标赛在兰州大学举办，海洋科学学院2014级本科生周于晴斩获女子丙组长拳金牌、女子丙组陈式太极拳金牌。⑥

7月19日至25日 由大气科学学院承办的第二届"全国大气科学类本科生联

---

① 中山大学中法核工程与技术学院：《我校中法核工程与技术学院通过欧洲工程教育（EUR-ACE）认证》，见中山大学珠海校区网（http://zhuhai.sysu.edu.cn/content/837），2016年9月27日。

② 中山大学珠海校区党政工作办公室：《济南大学来珠海校区参观交流》，见中山大学珠海校区网（http://zhuhai.sysu.edu.cn/content/855），2016年6月29日。

③ 中山大学国际合作与交流处：《我校中法核工程与技术学院获颁"中法大学合作优秀项目"》，见中山大学新闻网（http://news2.sysu.edu.cn/news01/147006.htm），2016年7月6日。

④ 中山大学新闻中心珠海校区记者站：《回迁：离别亦是开始》，见中山大学珠海校区网（http://zhuhai.sysu.edu.cn/content/854），2016年7月4日。

⑤ 中山大学海洋科学学院：《关心海洋、认识海洋、经略海洋：海峡两岸暨港澳海洋科学优秀大学生夏令营活动精彩纷呈》，见中山大学新闻网（http://news2.sysu.edu.cn/news01/147093.htm），2016年7月27日。

⑥ 中山大学海洋科学学院：《喜报：我校2014级本科生周于晴斩获2016年中国大学生武术竞标赛女子丙组长拳金牌、陈式太极拳金牌》，见中山大学海洋科学学院网（http://marine.sysu.edu.cn/article/4453），2016年7月29日。

合野外实践活动"举行。①

7月20日 珠海校区20余位引进人才正式入住唐家人才公寓。

珠海校区是我校未来五年的发展重点,按照相关规划,到2020年常驻教师和研究人员将达到2000人。为使引进人才"安居乐业",总务处、珠海校区管委会多次与珠海市住房和城乡规划建设局和华发集团协商,使得校区引进人才可以集中租住唐家人才公寓的第3、第4栋,共807套。同时,学校为每套人才公寓配备有齐全的家具电器,为引进人才提供良好的居住环境。②

7月20日至29日 由旅游学院参与举办的"第三届中国旅游管理博士学术训练营"在珠海校区举行,来自复旦大学、南京大学、香港理工大学等40余所高校的100余名旅游管理博士生齐聚一堂,接受为期10天的学术训练。③

7月24日 由广东省学生体育艺术联合会主办,中山大学承办的2016年广东省中学生排球锦标赛决赛在我校珠海校区落幕。④

7月26日 上午,本科教学工作座谈会在珠海校区召开。⑤

黎孟枫副校长参加并主持座谈会,杨清华校长助理、教务部、设备与实验室管理处、总务处等职能部门负责人,珠海校区各新建院系负责人参加了座谈。座谈会上,珠海校区各新建院系负责人分别汇报了新学期各项教学工作的准备情况,各新建院系通过进一步完善专业人才培养方案,优化课程设置,强化实验实践教学资源保障,大力推进师资队伍建设,确保一流的人才培养质量。黎孟枫详细了解各项教学工作的开展情况,并针对各单位存在的问题和困难提出了指导意见。他指出,学校对珠海校区新建院系的教学工作高度重视,希望各学院立足长远,着眼于保障一流的人才培养质量,高标准来进行规划和设计。希望珠海校区各院系要互相交流,做到优势互补,加强合作,形成自身的人才培养特色。

△下午,黎孟枫副校长到海洋科学学院检查本科教学工作。海洋科学学院党委书记陈省平、副书记潘云智、珠海校区实验教学中心主任许海舟等参加了本次检查。⑥

---

① 中山大学大气科学学院:《强化气象业务实践能力,力促本科教学合作交流:大气科学学院承办"全国大气科学本科生联合野外实践活动"》,见中山大学新闻网(http://news2. sysu. edu. cn/news01/147115. htm),2016年8月1日。

② 中山大学珠海校区党政工作办公室:《珠海校区引进人才正式入住唐家人才公寓》,见中山大学珠海校区网(http://zhuhai. sysu. edu. cn/content/848),2016年7月30日。

③ 中山大学旅游学院:《百余名旅游管理博士聚中大共赴缤纷学术之旅》,见中山大学新闻网(http://news2. sysu. edu. cn/news01/147145. htm),2016年8月4日。

④ 中山大学新闻中心珠海校区记者站:《2016年广东省中学生排球锦标赛在我校珠海校区举行》,见中山大学珠海校区网(http://zhuhai. sysu. edu. cn/content/850),2016年7月6日。

⑤ 中山大学教务部:《我校召开珠海校区本科教学工作座谈会》,见中山大学新闻网(http://news2. sysu. edu. cn/news01/147091. htm),2016年7月27日。

⑥ 中山大学海洋科学学院:《黎孟枫副校长一行莅临我院检查本科教学工作》,见中山大学海洋科学学院网(http://marine. sysu. edu. cn/article/4455),2016年7月31日。

7月28日 高锐院士聘任仪式举行。①

罗俊校长向中国科学院高锐院士颁发聘书。中国科学院院士张培震教授、校长助理杨清华等参加仪式。签约仪式上，魏明海副校长、地球科学与地质工程学院王岳军院长、张培震院士分别介绍了高锐院士的学术经历和成就。张培震指出，高锐院士的研究注重实干，将地球科学与地球物理学科有效地融合，高锐院士的加盟对于我校地球科学学科发展将有巨大的推动作用。

高锐院士认为，中大正处在新的起点，正朝着创建世界一流大学、努力进入国内高校第一方阵、各学科融合发展的新时代迈进，这也是他加盟中大的重要原因。他期待为推动中大的地球物理学科建设，提升地球科学学术水平，打造地球深部探测和地球动力学创新平台，建设海洋地球物理学的创新团队，围绕国际前沿科学问题和国家重大需求进行前瞻性研究，做出自己的贡献。

罗俊校长对高锐院士对科学的孜孜追求及所取得的骄人成绩深表敬佩。他强调，地球科学是中大未来重点建设的学科之一。高锐院士的加盟，将对我校地球科学与地质工程学院提升国际学术声誉与影响力、培育地学高素质人才起到巨大的推动作用，有助中大迈向世界一流大学的战略目标、传承中大的文化、延续中大的辉煌。

8月5日 上午，中山大学南海科学考察首航动员大会举行。②

校党委书记陈春声，中国科学院院士、海洋科学研究中心主任张培震，海洋科学研究中心副主任、大气科学学院院长董文杰，相关部门和学院负责人出席动员大会。会议由副校长马骏主持。

陈春声发表动员讲话。他指出，中山大学具有海洋科学考察的传统，1928年就开始了中国历史上首次对西沙群岛的科学考察，此后西沙群岛一度被列为中山大学海洋实习基地。中山大学南海科学考察首航具有划时代的意义，将载入中山大学的历史。未来学校将进一步发挥综合性大学的多学科优势，建设世界一流的完整的"海洋学科群"，力争在世界海洋科考和研究领域掌握话语权。目前珠海校区的15个整建制学院几乎都是涉海学院。他寄望本次首航除了凝练科学问题外，更重要的是积累经验、培养人才，为将来的航次做好准备。他预祝首航顺利凯旋。

本次科考首席科学家、海洋科学学院殷克东教授介绍了"中山大学南海海洋科学考察"首航方案。海洋科学学院研究生姚娟代表参加首航的学生发言。为保障此次科考活动的顺利进行，学校成立了专门的组织机构。马骏宣读了相关任命并提出工作要求。张培震院士为首席科学家、领队等颁发聘书。陈春声为南海科学考

---

① 中山大学新闻中心：《著名地球物理学家高锐院士受聘我校》，见《中山大学报》（新）第370期，2016年8月30日。

② 中山大学海洋科学研究中心：《中山大学南海科学考察首航启动》，见中山大学新闻网（http://news2.sysu.edu.cn/news01/147160.htm），2016年8月10日。

察首航团队授旗。

"南海科学考察计划"首航于8月8日至9月7日进行。海洋科学学院、大气科学学院、地球科学与地质工程学院等单位的师生参加。此次科学考察共在100多个站位采集了上万份样品。①

8月13日至16日 中国朝鲜史研究会换届大会在延边大学举行。我校国际关系学院行政负责人魏志江教授当选为中国朝鲜史研究会副会长。②

8月16日 李锐任数学学院（珠海）直属党支部副书记。

8月17日至18日 我校2016年秋季工作会议在珠海校区召开。③

本次会议围绕如何加快推进学校建设一流大学的进程，部署学校下一阶段的工作。

罗俊校长在17日上午以《改革创新是中山大学一流大学建设的必由之路》为题做了主题报告。报告指出，目前我校发展仍面临着深层次问题，包括生师比过高、研究资源投入不足、学科结构和设置不合理、人才培养目标不明确等。针对这些问题，提出五点解决思路：一、加大生均资源投入是学校发展的当务之急；二、加快研究平台建设是学校发展的重要抓手；三、调整学科结构是学校发展的必然选择；四、提高人才培养质量是学校发展的根本目标；五、加强基层党建是学校发展的根本保障。

17日下午，黎孟枫副校长做了关于深化教学改革、培养一流人才的专题报告，李善民副校长做了财务工作的专题报告，魏明海副校长做了关于人才工作与人力资源综合改革的专题报告。

陈春声书记在18日上午做了题为《增强党建主业意识，确保学校事业健康发展——关于二级党组织建设的若干问题》的专题报告。报告指出，加强和改善党对大学的领导，是建设中国特色社会主义大学的必然要求，要以党的坚强领导为大学改革发展提供思想、政治和组织的有力保障。大学党建的重点和难点在于基层党组织，要以"立德树人"根本任务为出发点。学校党委将固本强基，以更加具体、更加有效的措施，进一步加强学校基层党建工作。加强基层党建，重在转变观念，必须与时俱进地理解党建工作对于建设中国特色世界一流大学的意义，大学党建的关键就是保障大学行稳而致远的发展。基层党建不仅仅是党组织的内部事务，还事关大学事业发展全局，希望大家用心去做，以专业精神和专业态度开创党建工作的新局面。国亚萍副书记做了关于党风廉政建设的专题报告。

---

① 《聚焦中国南海，经略深海远洋，建设世界一流海洋学科群》，见《中山大学报》（新）第373期，2016年10月12日。

② 中山大学国际关系学院：《行政负责人魏志江教授当选为中国朝鲜史研究会副会长》，见中山大学国际关系学院网（http://sir.sysu.edu.cn/zh-hans/content/65），2016年8月17日。

③ 中山大学新闻中心：《凝心聚力，改革创新，推进学校一流大学建设——我校2016年秋季工作会议召开》，见《中山大学报》（新）第370期，2016年8月30日。

中山大学珠海校区编年史（1999—2018）

18日下午，程焕文校长助理就校园综合治理工作做了专题报告。杨清华校长助理做了关于"三校区五校园"规划工作的专题报告。他指出，针对我校发展现状及所面临的瓶颈，学校提出了"三校区五校园"的发展战略，以"错位发展，合力支撑"为发展思路，其中珠海校区的发展将围绕服务国家海洋战略、"一带一路"倡议和空间科学战略，重点打造核、深海、深空、深地学科群，建设学科布局和人才培养体系相对完整、具有一流办学水平和广泛国际声誉的现代化滨海校区。

大会期间还召开了学校的党委系统工作会议。

陈春声在总结发言中提出：第一，目前学校正在形成"三校区五校园"的办学格局，虽然办学空间在扩展，但在保持学生数量不变的前提下，教师数量将会实现倍增，因此，本质上还是在做内涵式建设。第二，要抢抓机遇。目前学校发展改革有良好的内外部环境，要牢牢抓住时机，实现跨越式发展。第三，希望大家齐心协力、加强沟通、凝聚共识，共同推进学校稳步向前发展。第四，各二级党组织书记进一步牢固树立党建主业意识，切实将基层党建工作落到实处。

全体校领导、校长助理，各二级单位负责人，各有关科研机构负责人，各类人才以及部分教师代表等参加了会议。

8月19日至22日 第十届全国大学生化工设计竞赛全国总决赛举行。由我校化学工程与技术学院2013级化工班的黄耀鹏、黄佳伟、李金辉、谢青松、乌尔娜等5名学生组成的代表队"Universe"凭借作品"年产34万吨聚丙烯项目"获得全国一等奖、华南区特等奖和最佳创新奖。①

8月26日 珠海校区迎来了2016级新生。②

珠海校区今年新增了中国语言文学系（珠海）、历史学系（珠海）、哲学系（珠海）、国际关系学院、数学学院（珠海）、物理与天文学院、大气科学学院、化学工程与技术学院8个整建制学院，其中，中文系（珠海）、历史学系（珠海）、哲学系（珠海）、数学学院（珠海）、物理与天文学院、化学工程与技术学院6个整建制学院招收了第一届学生。

8月28日 上午，珠海校区2016年开学典礼暨"大学第一课"举行。③

校领导陈春声、罗俊、颜光美、李萍、魏明海、国亚萍、余敏斌，教师代表中

---

① 中山大学化学工程与技术学院：《中大学子喜获第十届全国大学生化工设计竞赛佳绩》，见中山大学新闻网（http://news2.sysu.edu.cn/news01/147230.htm），2016年8月25日。

② 中山大学新闻中心、学生处、总务处、珠海校区党政工作办公室等：《2016迎新：整洁有序，气象一新》，见《中山大学报》（新）第371期，2016年9月9日。

③ 中山大学新闻中心：《勇于担当，争做社会之英才——中山大学2016年开学典礼暨"大学第一课"开讲》，见《中山大学报》（新）第371期，2016年9月9日；中山大学新闻中心、新闻中心珠海校区记者站：《中山大学珠海校区2016年开学典礼暨"大学第一课"举行》，见中山大学珠海校区网（http://zhuhai.sysu.edu.cn/content/846），2016年8月29日。

国科学院院士张培震、我校讲座教授吕达仁院士,校长助理王雪华,各学院、直属系负责人出席开学典礼。典礼由副校长黎孟枫主持。

罗俊校长在典礼上致训词。他从历史维度阐释了"育人"是大学的责任和光荣,回顾了中山先生在创校之时对学校和学子寄予的厚望。在实现中华民族伟大复兴中国梦的历史进程中,中大要有担当,担负起培养国之栋梁、引领科学进步、服务国家社会、传承文化精神的历史使命。中大的学生要有担当,树立起高尚品德、自信气质、博大情怀,努力成为中国特色社会主义事业的合格建设者和可靠接班人。今年的录取通知书上写有"德才兼备、领袖气质、家国情怀"十二字,是学校对新生们的期待和要求。"德才兼备",就是要重修行,全面发展,在今后人生道路上行稳致远;"领袖气质",就是要养心气,特别是要有不畏担当的心气、要有追求卓越的心气、要有勇于创新的心气;"家国情怀",就是要存大志,立志将个人前途与国家命运、将家庭情感与爱国情感相联系,树立为国为民的远大志向。中山大学是文理医工融合发展的综合性大学,在两校区四校园学习生活的各院系学生,要脚踏实地、坚守初心,努力成为各领域的精英与帅才。珠海校区重点面向国家深海、深空、深地战略,学生们应时刻感受与国家战略发展休戚与共的联系,将自己的学习放之于国家、民族、人类发展的维度上寻求成长。

在校学生代表、中法核工程与技术学院蔡佳怡同学,新生代表、中文系庄泽远同学分别发言。新生入学宣誓由李萍副书记领誓。典礼之后,珠海校区"大学第一课"由地球科学与地质工程学院张培震院士主讲。

△上午,中国科学院院士、著名大气物理学家吕达仁受聘我校高级讲座教授及大气科学学院学术委员会主任仪式在珠海校区举行。①

校党委书记陈春声,中国科学院院士、校长罗俊,中国科学院院士张培震等出席聘任仪式。校党委宣传部、校长办公室、大气科学学院领导班子成员及教授代表参加了聘任仪式。仪式由副校长魏明海主持。聘任仪式上,魏明海介绍了吕达仁院士的学术经历和成就。罗俊对吕达仁院士严谨治学的态度和取得的科研成果表示敬佩。他强调,大气科学是中大未来重点建设的学科之一,吕达仁院士任大气科学学院学术委员会主任,对学院科研工作将起到推动作用。罗俊、吕达仁、大气科学学院院长董文杰共同签订了高级讲座教授的聘任协议。

8月30日 学校"三校区五校园"规划工作情况公布。②

是日出版的《中山大学报》公布我校"三校区五校园"规划工作情况。关于珠海校区的内容包括:

---

① 中山大学大气科学学院:《吕达仁院士受聘为我校高级讲座教授及大气科学学院学术委员会主任》,见中山大学新闻网(http://news2.sysu.edu.cn/news01/147270.htm),2016年8月30日。
② 中山大学发展规划办公室:《"三校区五校园"规划工作情况》,见《中山大学报》(新)第370期,2016年8月30日。

一、现状和问题

（一）现状：学校有优良的办学传统，居于国内高水平大学前列，与世界一流大学的差距逐年缩小。（二）制约发展的主要瓶颈问题：生均教育资源不足、学院与学科设置不尽合理、缺乏有特色的高水平学科群、工科水平亟须加强、医科发展空间受限。

二、发展目标

（一）"十三五"发展目标：跻身国内高校第一方阵，为建成文理医工各具特色融合发展，具有广泛国际影响的世界一流大学奠定坚实的基础。（二）中长期发展目标：建设成为世界一流大学。

三、思路和任务

（一）发展思路：针对现状和问题，为实现目标，学校提出了"三校区五校园"的发展战略。大力加强广州校区建设，提升珠海校区水平，新建深圳校区。三校区既统筹发展、合力支撑，又相互错位、各具特色，共同支撑一个世界一流大学。珠海校区的发展定位为：建设学科布局和人才培养体系相对完整、具有一流办学水平和广泛国际声誉的现代化滨海校区，围绕服务国家海洋战略、"一带一路"倡议和空间科学战略，重点打造核、深海、深空、深地学科群。

（二）针对上述定位，主要建设任务及取得进展如下：1. 统筹组建海洋高水平学科群。通过新建和调整，组建了11个涉海院系，涵盖人文社会科学、海洋科学、海洋工程、大气、地质、海洋化学、海洋生物等领域，已初步建成国内高水平大学少有的覆盖人文、社科、理学和工学的综合性海洋学科群；海洋科学研究中心建设快速推进。首次南海科考8月8日顺利启航，完成海洋实验室建设方案；人才队伍建设取得成效。启动新一轮建设不到一年的时间里，珠海校区已引进各类高层次人才12名，包括3名院士；新增副教授、讲师、专职科研人员、博士后近百人，主要为大海洋领域人才。2. 建设科研大平台。围绕建设大团队、大平台、大项目的工作思路，构建了"天琴计划"、核工程与技术、海洋、生物医药和食品安全领域国家级科研平台，基础设施和团队建设取得积极进展。其中，"天琴计划"已启动教育部重点实验室建设，引力波研究工作受到国家重视，核、深空、深海、深地等多个国家级科研平台启动建设，6000吨海洋科考船获得教育部批复同意建设。3. 提升校区功能。已完成新的校园规划；计划建设基础设施项目数为32个，拟于2020年前完工23个。

8月31日 吴滔任历史学系（珠海）副主任（主持工作）；

赵育林任数学学院（珠海）副院长（主持工作）；

吕树申任化学工程与技术学院副院长（主持工作）。①

数学学院（珠海）于9月14日召开全体教职工大会。会上，学校党委组织部

---

① 《中山大学关于刘济科等任免职的通知》，见中大干〔2016〕36号文，2016年8月31日。

部长古小红宣读了学校任命赵育林教授为中山大学数学学院(珠海)副院长(主持工作)的决定。会议由学院直属党支部书记甘远璠主持。①

9月1日 我校与珠海市高新区共建珠海校区附属中、小学合作协议签约仪式在珠海市高新区举行。②

校党委书记陈春声,校长罗俊,校长助理程焕文、杨清华、骆腾,珠海市高新区党委书记张宜生,珠海市教育局局长钟以俊,珠海市高新区管委会主任杨川,珠海市高新区管委会副主任赖晓斌、周火根等出席仪式。仪式上,罗俊与杨川分别代表中山大学与珠海市高新区在共建协议上签字。在随后的座谈交流中,珠海市高新区有关负责同志表示,目前正是中山大学重点建设珠海校区的关键时期,双方达成共建珠海校区附属中、小学的共识。珠海市高新区十分重视并积极推进项目建设,明确将珠海校区附属中、小学建设成为珠海市乃至广东省的优质品牌学校。

陈春声、罗俊在讲话中代表学校感谢珠海市和高新区的重视与支持,同时指出,珠海校区附属中、小学属于公办性质,要努力办成广东省最好的中小学之一,为大学特别是珠海校区的发展和珠海基础教育水平的提升做出应有贡献。今年将启动附属中、小学管理层和教师团队的招聘工作,计划从全国招聘优秀教研人员。我校党委宣传部、校长办公室、发展规划办公室、总务处,珠海市高新区办公室、发改局、建设局、社发局有关负责人出席签约仪式。

珠海校区附属中、小学选址在珠海市高新区前环片区,为珠海市高新区区属公办初中和公办小学,占地面积约5.2万平方米。珠海市高新区负责高标准、高质量完成附中、附小全部校舍、附属设施建设及教学设备配备,并按照公办学校标准,负责学校日常经费投入;中山大学积极利用社会资源设立基金,用于学校奖教奖学。珠海校区附属中、小学将于2017年9月正式开学。

9月2日 上午,哲学系(珠海)首届硕士研究生师生见面会在教学实验大楼举行。哲学系(珠海)陈建洪主任、钱捷教授、郭峻赫教授等导师及首届六位研究生同学出席了见面会。③

9月3日 以中山大学为项目牵头单位、海洋科学学院河口海岸研究团队杨清书教授为首席科学家的国家重点研发计划"水资源高效开发利用"专项"珠江河口与河网演变机制及治理研究"项目启动会在中山大学召开。中国工程院院士胡春宏、国家水利部珠江水利委员会原总工程师范锦春、我校副校长马骏、科学研究

---

① 李苗:《学校任命赵育林教授为我院副院长(主持工作)》,见中山大学数学学院(珠海)网(http://mathzh.sysu.edu.cn/content/89),2016年9月22日。
② 中山大学新闻中心:《中山大学与珠海市高新区签署协议,共建珠海校区附属中、小学》,见《中山大学报》(新)第371期,2016年9月9日。
③ 《中山大学哲学系(珠海)首届研究生师生见面会》,见中山大学哲学系(珠海)网(http://phil-zh.sysu.edu.cn/article/414),2016年9月7日。

院副院长刘梅、我校海洋科学学院党委书记陈省平等与会。①

9月5日 由我校大气科学学院牵头，联合北京师范大学、清华大学等单位共同承担的国家重点研发计划"全球变化及应对"重点专项——"地球系统模式与综合评估模型的双向耦合及应用"第一次项目工作会议暨项目启动会在中山大学召开。中国科学院院士符淙斌，国家气象局科技司副司长高云，我校副校长马骏，校长助理、科学研究院院长王雪华等出席会议并致辞。②

9月6日 上午，颜光美副校长在相关职能部门负责人等的陪同下看望了正在珠海校区军训的2016级新生和教官。③

9月7日 教师节前夕，校党委书记陈春声到国际金融学院检查指导工作，看望教师代表。④

国际金融学院党委书记钟一彪、副书记靳祥鹏就学院整体运行、党建工作、教师队伍建设、人才培养、学生工作等情况做了汇报。陈春声认为国际金融学院在过去十年的办学历程中，认真探索博雅教育与专业教育相结合的人才培养路子，无论是招生质量还是就业质量都赢得了社会认可，为学校发展做出了贡献。他指出，国际金融学院有很好的生源质量，有较好的办学基础，没有历史包袱。现在学校正处于快速发展时期，师生员工要凝心聚力，抢抓难得的机遇，在人才引进、学科建设、学术研究等方面下功夫，努力把学院办成国内一流、国际知名的商学院。

9月10日 珠海校区举行2016级新生军训阅兵暨总结大会。颜光美副校长出席大会并讲话。⑤

9月12日至14日 由我校海洋科学学院与英国班戈大学联合举办的"海洋湍流混合与沉积物输移过程国际学术研讨会"在中山大学召开。副校长马骏出席会议开幕式并致辞。⑥

9月17日至18日 由旅游学院、现代旅游业发展协同创新中心主办的第二届旅游科学国际学术研讨会在广州举办。研究生院院长、旅游学院院长保继刚在开幕

---

① 中山大学海洋科学学院：《国家重点研发计划"水资源高效开发利用"专项"珠江河口与河网演变机制及治理研究"项目启动会在中山大学南校区隆重召开》，见中山大学海洋科学学院网（http://marine.sysu.edu.cn/article/4472），2016年9月6日。

② 陈诗诗：《国家重点研发计划"地球系统模式与综合评估模型的双向耦合及应用"项目启动会在我校召开》，见中山大学新闻网（http://news2.sysu.edu.cn/news01/147469.htm），2016年9月12日。

③ 中山大学学生处：《颜光美副校长慰问2016级军训新生和教官》，见中山大学新闻网（http://news2.sysu.edu.cn/news01/147425.htm），2016年9月9日。

④ 中山大学国际金融学院：《中山大学党委书记陈春声教授到我院检查指导工作》，见中山大学国际金融学院网（http://isbf.sysu.edu.cn/cn/sylm01/20112.htm），2016年9月9日。

⑤ 《军旅豪情壮，青春热血扬》，见《中山大学报》（新）第372期，2016年9月18日。

⑥ 中山大学海洋科学学院：《海洋湍流混合与沉积物输移过程国际学术研讨会在我校召开》，见中山大学新闻网（http://news2.sysu.edu.cn/news01/147613.htm），2016年9月29日。

式上致辞。①

9月21日至28日 由校工会、体育部主办，珠海校区分工会承办的"2016年中山大学教职工气排球（珠海赛区）比赛"在珠海校区体育馆举行。中大附属第五医院获得冠军。②

9月22日 江汉大学副校长陈功江一行来珠海校区交流调研。珠海校区党工委书记郝登峰接待来宾并举行座谈。③

9月22日、24日 哲学系（珠海）启动政治哲学工作坊和比较哲学工作坊两个前沿国际学术工作坊。22日，来自新加坡国立大学的 Ethan Putterman 教授主讲政治哲学工作坊的第一讲；24日，哲学系（珠海）Luis Rodrigues 研究员主讲比较哲学工作坊的第一讲。④

9月23日至24日 2016年全国西班牙语演讲大赛在北京举行。我校国际翻译学院西班牙语系2013级本科生吴若童、李琪云和骆冰茹获得总决赛二等奖。⑤

9月28日 晚，中法核工程与技术学院党总支、物理与天文学院直属党支部联合举行"两学一做"专题学习会，研究生院副院长兼质量管理处处长高久群应邀做题为《学术不端离我们有多远》的报告。学习会由中法核工程与技术学院院长王彪主持，物理与天文学院直属党支部书记李珅、中法核工程与技术学院党总支书记吴长征，两个学院的教师、研究生党员和入党积极分子参加了学习。⑥

9月29日 上午，国际金融学院学生发展中心揭牌仪式在珠海校区举行。这是在学校提出"德才兼备、领袖气质、家国情怀"人才培养目标后，在院系层面成立的首个学生发展中心。⑦

9月 国际翻译学院国际资讯研究小组成立。小组凭借英、俄、韩、阿、西、日6个语种的优势和语言学科特长，通过和经济学、政治学、法学、社会学、公共管理、新闻传播等学科的跨学科合作，在国际资讯、粤港澳地区发展及"一带一

---

① 中山大学旅游学院：《我校旅游学院参与主办第二届旅游科学国际学术研讨会》，见中山大学新闻网（http://news2.sysu.edu.cn/news01/147655.htm），2016年10月8日。

② 中山大学珠海校区分工会：《2016年中山大学教职工气排球（珠海赛区）比赛圆满落幕》，见中山大学珠海校区网（http://zhuhai.sysu.edu.cn/content/835），2016年9月30日。

③ 中山大学珠海校区党政工作办公室：《江汉大学副校长陈功江一行来访我校珠海校区》，见中山大学珠海校区网（http://zhuhai.sysu.edu.cn/content/839），2016年9月23日。

④ 中山大学哲学系（珠海）：《我校哲学系（珠海）启动了两场前沿国际学术工作坊系列活动》，见中山大学新闻网（http://news2.sysu.edu.cn/news01/147656.htm），2016年10月8日。

⑤ 中山大学国际翻译学院：《我校国际翻译学院学生在2016年全国西班牙语演讲大赛中斩获二等奖》，见中山大学新闻网（http://news2.sysu.edu.cn/news01/147619.htm），2016年9月28日。

⑥ 中山大学中法核工程与技术学院：《"讲道德、有品行"：中法核工程与技术学院、物理与天文学院联合举行"学术道德与学术规范"专题学习会》，见中山大学新闻网（http://news2.sysu.edu.cn/news01/147682.htm），2016年10月10日。

⑦ 中山大学国际金融学院：《国际金融学院学生发展中心揭牌，创立校内首个学生发展综合平台》，见中山大学国际金融学院网（http://isbf.sysu.edu.cn/cn/sylm01/20538.htm），2016年9月30日。

路"沿线国家的外交政策等方面提供信息服务和专业咨询,为中山大学粤港澳发展研究院和南海战略研究院提供服务。①

10月8日 广东省教育厅公布2016年度省教学质量与教学改革工程项目,中山大学海洋科学专业被批准为重点专业建设项目。项目负责人为何建国、陈省平。②

10月9日 国际金融学院第一届教职工大会暨工会会员大会第一次会议在珠海校区召开。学院常务副院长吴培冠代表行政领导班子做学院工作报告。校工会常务副主席吴京洪、副主席李烨应邀出席会议。③

△晚,校党委书记陈春声教授在珠海校区为历史学系、历史学系(珠海)的学子们做题为"史学与以史学为业"的讲座。④

10月上旬 大气科学学院邀请学校纪委副书记、监察处处长何晓钟主讲纪律教育学习月专题辅导报告《学习〈中国共产党廉洁自律准则〉和〈中国共产党纪律处分条例〉的一些体会》。大气科学学院院长董文杰、党总支书记杨建林和全院教职工参加了报告会。⑤

10月11日 晚,国际关系学院"国关大视野"系列学术讲座第一讲在珠海校区开讲。本次活动由国际关系学院行政负责人魏志江教授主讲,题为"论中日韩三国海域安全复合体与非传统安全合作"。⑥

10月12日 物理与天文学院在珠海校区举办多信使天文学专题研讨会。本次会议邀请到南京大学、中国科学技术大学等院校的专家与会。会议由冯珑珑教授主持。⑦

△聘任刘鸿为化学工程与技术学院院长。⑧

10月14日 上午,副校长余敏斌到珠海校区调研党建及干部工作。⑨

---

① 中山大学国际翻译学院:《中山大学国际翻译学院2018—2019宣传册》,自印,第20页。
② 中山大学海洋科学学院:《喜报:我院海洋科学专业被批准为广东省重点专业》,见中山大学海洋科学学院网(http://marine.sysu.edu.cn/article/4514),2016年10月23日。
③ 中山大学国际金融学院:《国际金融学院第一届教职工大会暨工会会员大会第一次会议召开》,见中山大学国际金融学院网(http://isbf.sysu.edu.cn/cn/sylm01/20540.htm),2016年10月10日。
④ 《校党委书记陈春声教授为历史学专业本科新生开讲座》,见中山大学历史学系(珠海)网(http://historyzh.sysu.edu.cn/content/262),2016年10月12日。
⑤ 中山大学大气科学学院:《大气科学学院举行纪律教育月专题辅导报告会》,见中山大学新闻网(http://news2.sysu.edu.cn/news01/147690.htm),2016年10月13日。
⑥ 中山大学国际关系学院:《国际关系学院"国关大视野"系列学术讲座第1讲在珠海校区成功开讲》,见中山大学国际关系学院网(http://sir.sysu.edu.cn/zh-hans/content/108),2016年10月21日。
⑦ 中山大学物理与天文学院:《物理与天文学院举办多信使天文学专题研讨会》,见中山大学珠海校区网(http://zhuhai.sysu.edu.cn/content/831),2016年10月20日。
⑧ 《中山大学关于刘鸿职务聘任的通知》,见中大职聘〔2016〕11号文,2016年10月12日。
⑨ 中山大学海洋科学学院:《学习教育——在海洋科学学院(2016)》,自印,2016年12月,第58~59页。

校党委组织部部长古小红，珠海校区 14 个院系的书记、副书记及校区党工委负责人参加了调研座谈会。座谈会上，海洋科学学院陈省平、国际金融学院钟一彪作为院系党委书记代表做了专题发言，分别介绍了学院党建工作特色及"两学一做"活动中的经验。与会者就院系党组织开展工作的情况、新建院系党的建设以及工作中所遇到的问题进行了交流。

余敏斌在总结发言中指出，珠海校区的发展是学校发展的重要组成部分，是与学校一流大学建设和"双一流"建设密不可分的。要结合院系事业发展扎实推进珠海校区院系的党建和干部工作，形成好的党建体制，高效、规范、有序地做好制度建设。新建院系要以党建工作为抓手，结合院系的中心工作，探索院系事业与党建工作同步建设发展的新模式。组织部要做好对新建院系书记、副书记的培训和工作指导，珠海校区党工委要充分发挥统筹协调作用，建立定期工作交流机制，建院多年的学院要发挥示范引领作用，加快新建学院（系）的发展。

△下午，国际关系学院党总支邀请 2003 级校友、南方日报时政新闻部政法新闻工作室主任赵杨，围绕党风廉政建设与反腐败工作形势开展纪律教育学习主题报告会。学院师生党员参加了报告会。①

10 月 15 日 上午，由学校党校举办的学生入党积极分子培训班在各校园（区）开班。校党委组织部部长古小红参加了珠海校区学生入党积极分子培训班开班仪式，珠海校区党工委书记郝登峰为培训班做首场集中辅导报告。②

△由珠海校区团工委举办的第一届珠澳研究生会交流论坛在珠海校区举行。

10 月 17 日 下午，罗俊校长到珠海校区调研大气科学学院的学科建设和人才培养情况。③

副校长黎孟枫，校长助理杨清华、骆腾，大气科学学院党政领导班子成员，学院学科带头人以及部分教师代表等参加了调研。调研会由杨清华主持。大气科学学院董文杰院长首先就学院的学科发展思路与规划、目前的情况与存在问题以及未来措施的建议等几个方面做了汇报。

罗俊在讲话中表示，大气学科的发展要对海洋大学科群的发展起到标杆和引领的作用。对于学科建设问题，一是要对学科建设的内涵有个整体的把握。学科建设主要包括学科的定位、学科队伍的建设、科学研究和人才培养四个方面。其中，学科定位是基本前提，大气科学必须要厘清学科发展方向和发展目标，并在全院形成共识。学科队伍的建设则必须先有学科定位下的领军人物和学科带头人，保证人才

---

① 中山大学国际关系学院：《国际关系学院党总支举行纪律教育月学习专题报告会》，见中山大学新闻网（http://news2.sysu.edu.cn/news01/147760.htm），2016 年 10 月 20 日。
② 中山大学党委组织部：《"学、做"结合，提高质量——学校党校 2016 年秋季入党积极分子培训班开班》，见中山大学新闻网（http://news2.sysu.edu.cn/news01/147729.htm），2016 年 10 月 18 日。
③ 中山大学大气科学学院：《罗俊校长一行到大气科学学院开展学科建设调研》，见中山大学新闻网（http://news2.sysu.edu.cn/news01/147927.htm），2016 年 10 月 20 日。

中山大学珠海校区编年史（1999—2018）

队伍建设的内涵。科学研究要有灵魂，而人才培养则是学科建设的根本落脚点。二是要做好学科建设的中长期规划。要用发展的眼光去看问题，谋长远、谋全局，不断在实践中修改规划。同时，学科建设要坚持"三个面向"，即面向学术前沿、面向国家重大战略需求、面向区域经济发展需求，但其落脚点必须在人才培养上。三是要用历史的尺度和行业影响力作为衡量标准建设好学科。衡量好学科的三个标准分别是好老师、好成果、好学生，要在这三个方面下大力气。

学校党委宣传部、校长办公室、发展规划办公室、教务部、人才发展办公室、研究生院等职能部门相关负责人参加调研。

△晚，罗俊校长调研珠海校区七个院系的学科建设情况。①

副校长黎孟枫，校长助理杨清华、王雪华、骆腾，中法核工程与技术学院、化学工程与技术学院、物理与天文学院、中文系（珠海）、历史学系（珠海）、哲学系（珠海）、数学学院（珠海）七个院系的党政领导班子、学科带头人以及部分教师代表及学校相关职能部门负责人等参加了座谈会。座谈会上，七个院系依次介绍了本单位在学科建设方面的进展。总体而言，七个学院的学科建设进展良好，各院系在队伍建设、人才培养和科学研究等方面均有长足的进步。各职能部门与院系负责人及教师代表围绕院系学科建设和存在的问题等进行了深入研讨。

罗俊做了总结讲话。他表示，感受到了珠海校区的巨大变化，各个院系的党政领导班子和教师们克服困难，上下一心，工作出色，学科发展条理清晰，未来的发展目标令人振奋。对七个院系提出四点要求：一是各院系要抓好人才引进工作，包括管理团队的组建；二是在不能降低标准的前提下尽快建立和完善人才培养体系；三是各院系要做好规章制度的建设，按照有依据、有流程、有记录、有节点的"四有"标准来做，实现管理工作的规范、有序、可查、高效；四是部分学科在一级学科博士授权点的申请上，应先聚好人才队伍，做好向国家申报的准备。珠海校区的建设决定了中山大学能否尽快进入国内高校的"第一方阵"，全校各职能部门应积极配合做好校区的建设工作。

10月18日 罗俊校长在珠海校区分别召开海洋科学学院和地球科学与地质工程学院学科建设调研座谈会。②

副校长黎孟枫，校长助理王雪华、骆腾，海洋科学学院、地球科学与地质工程学院党政领导班子成员及张培震院士、高锐院士等教师代表和学校有关职能部门负责人参加调研。调研会上，海洋科学学院院长何建国、地球科学与地质工程学院院长王岳军分别就海洋科学、地质学一级学科的建设情况进行了汇报。

---

① 中山大学发展规划办公室：《罗俊校长赴珠海校区七个院系开展学科建设调研》，见中山大学新闻网（http://news2.sysu.edu.cn/news01/147947.htm），2016年10月22日。
② 中山大学发展规划办公室：《罗俊校长赴海洋科学学院、地球科学与地质工程学院开展学科建设调研》，见中山大学新闻网（http://news2.sysu.edu.cn/news01/147946.htm），2016年10月22日。

罗俊在两场调研会上分别做了讲话。他认为海洋科学学院的学科发展框架比较完善，海洋科学作为珠海校区发展海洋学科群的重要支柱，希望学院进一步从国家战略、学科前沿的高度定位学科发展，做好学科方向布局，以大平台、大团队和大项目建设为抓手，让措施更加得力，工作更加踏实。学院要多渠道加快人才引进、凝练学科方向、组织大科学工程。罗校长对地球科学与地质工程学院经过一年多的发展呈现出的崭新面貌感到振奋。学院无论在人才培养还是科学研究上，都有了非常好的开端。在人才培养方面，地质学要打好数理基础，才能更扎实地培养好人才。一流学科建设由好老师、好学生、好成果共同组成，最终要落脚于培养最优秀的学生。学院要努力让培养的毕业生未来二十年后在国际一流名校拥有影响力和话语权。

△下午，江西铜业股份有限公司董事长、党委书记李保民等一行到访国际金融学院。珠海校区党工委书记郝登峰、国际金融学院党委书记钟一彪、常务副院长吴培冠等领导老师参与了座谈交流。李保民一行还参加了"2016年江西铜业集团新提职处级管理人员培训班"在国际金融学院举行的结业典礼。[1]

△晚，中文系吴承学教授在珠海校区教学实验大楼以"阅读是一种创造"为题，做中文系（珠海）"名家讲坛"首场讲座。[2]

10月中旬 国际翻译学院周景波同学获广东省人民政府来信表扬。[3]

由广东省人民政府、国家开发银行和世界银行联合主办的第二届对非投资论坛于9月7日至8日在广州举办。来自我校国际翻译学院的35名志愿者为本届论坛提供语言志愿服务。广东省人民政府近日致函我校，对国际翻译学院周景波同学在论坛志愿服务工作中的优秀表现提出表扬，对我校一贯以来对广东省外事工作的大力支持表示衷心感谢。来函指出："周景波同学工作认真负责、积极主动，服务热情周到、及时到位，应变能力强，外语水平高，联络沟通顺畅，圆满完成了论坛期间的各项工作任务。"在为期一周的志愿服务过程中，我校志愿者兢兢业业坚守岗位，扎实的专业功底和吃苦耐劳的服务精神得到了组委会、外宾和媒体的一致好评。期间，广东省委常委、常务副省长徐少华亲临现场看望我校志愿者。

国际翻译学院志愿者队于2011年成立，秉承"倡导公益、助力发展、服务社区、牵手世界"的志愿服务理念，经过五年多的发展，已多次为大型国际赛事及会议提供志愿服务，累计输送志愿者逾千名，累计公益时近10万，并逐步建立了志愿服务长效机制。

---

[1] 中山大学国际金融学院：《江西铜业集团董事长李保民一行到访我院》，见中山大学国际金融学院网（http://isbf.sysu.edu.cn/cn/sylm01/20680.htm），2016年10月20日。

[2] 中山大学中国语言文学系（珠海）：《吴承学教授做中国语言文学系（珠海）"名家讲坛"首场讲座》，见中山大学新闻网（http://news2.sysu.edu.cn/news01/147762.htm），2016年10月19日。

[3] 中山大学国际翻译学院：《国际翻译学院周景波同学获广东省人民政府来信表扬》，见中山大学新闻网（http://news2.sysu.edu.cn/news01/147721.htm），2016年10月24日。

中山大学珠海校区编年史（1999—2018）

10月25日 下午，教育部本科教学评估专家刘志刚教授来我校海洋科学学院实地走访考察本科教学工作并召开了座谈会。海洋科学学院党委书记陈省平、邹世春教授参加了座谈会。陈省平介绍了学院本科教学工作情况。①

10月29日至30日 由中国现代外国哲学学会法国哲学专业委员会主办、我校哲学系（珠海）承办的第六届中国法国哲学年会在珠海校区召开。年会的主题为"身与心——法国哲学的进路"，来自中、法、德三国50余位学者参会。校党委书记陈春声教授出席开幕式并致辞。中共中央党史研究室副主任、中国法国哲学专业委员会会长冯俊教授也在开幕式上致辞。哲学系（珠海）主任陈建洪教授介绍了哲学系（珠海）的概况、思路和规划。②

10月 国际翻译学院"青马学堂"团支部荣获2016年全国高校"活力团支部"荣誉称号，受到团中央学校部的表彰。③

这是本次评选中中山大学唯一一个获奖单位。国际翻译学院"青马学堂"团支部的成立是学院探索"党建带团建"和"创新基层团组织管理模式"的举措，旨在凝聚一批具备坚定的马克思主义信仰的先进青年，通过理论学习、实践锻炼，提升青年学生的综合素养，培养中国特色社会主义事业的可靠接班人和合格建设者。国际翻译学院打造特色化的"青年马克思主义者培训课程"，建立了"青马调研、青马阅读、青马评论、青马讲座、青马公益、青马艺术"六位一体的培养体系和对应的学分认证体系。"青马学堂"开设至今，已完成香港高校学生干部研习营、连州三下乡等社会实践活动，形成12支社会调查团队、12个时政评论小组，累计开展讲座数十次，制订青马书单40本。经过四年的发展，国际翻译学院"青马学堂"团支部累计培养190余名优秀学生干部。

11月2日 学校同意徐信忠辞去国际金融学院院长（聘）职务。④

11月4日 上午，珠海校区院系学科建设交流会在行政楼召开。⑤

会议由杨清华校长助理主持。珠海校区所有整建制院系和发展规划办公室、校长办公室有关人员参加了会议。发展规划办公室就如何做好学科建设规划与各院系进行了交流，对一些共性问题提出了参考意见和建议，以协助各院系做好下一步规划。杨清华指出，珠海校区各院系应进一步统一思想、凝聚共识，完善学科发展规划，凝练学科方向，明确发展目标，厘清主要建设内容，为提升学科水平奠定

---

① 中山大学海洋科学学院：《教育部本科教学评估专家莅临我院走访考察》，见中山大学海洋科学学院网（http：//marine．sysu．edu．cn/article/4521），2016年10月27日。
② 中山大学哲学系（珠海）：《第六届中国法国哲学年会于我校珠海校区召开》，见中山大学新闻网（http：//news2．sysu．edu．cn/news01/148027．htm），2016年11月3日。
③ 中山大学国际翻译学院：《国际翻译学院"青马学堂"团支部喜获2016年全国高校"活力团支部"荣誉称号》，见中山大学国际翻译学院网（http：//sti．sysu．edu．cn/zh-hans/node/1268），2016年12月31日。
④ 《中山大学关于王琤等任免职的通知》，见中大干〔2016〕42号文，2016年11月2日。
⑤ 张硕辰：《珠海校区院系学科建设交流会召开》，见中山大学新闻网（http：//news2．sysu．edu．cn/news01/148109．htm），2016年11月9日。

基础。

△纪念孙中山先生诞辰150周年暨庆祝中山大学成立92周年晚会在广州校区南校园梁銶琚堂举行。由珠海校区70余名师生组成的代表队表演的合唱节目《故乡的云》荣获最佳表演奖。①

11月7日 国际金融学院黄新飞教授主持的课题"中国IFDI与OFDI互动发展的内在机制与经济学解释"获得2016年国家社科基金重大项目立项。②

11月8日 上午,珠海市2016年"119消防安全宣传日"暨大学生消防志愿者行动启动仪式举行。中山大学珠海校区保卫(综合治理)工作办公室获评珠海市"消防安全工作先进单位",保卫处陈东副处长获评珠海市"消防安全工作先进个人"。会上,珠海市副市长、公安局长史明锋为中山大学珠海校区、暨南大学珠海校区等10所在珠办学高校大学生消防志愿者协会授旗。③

11月9日 上午,在我校92周年校庆来临之际,由物理与天文学院、物理学院联合举办的"中山大学逸仙名家论坛"邀请诺贝尔物理学奖获得者丁肇中先生做题为《国际空间站上的AMS实验最新结果》的学术报告。朱熹平副校长出席并主持论坛。④

△上午,中法核工程与技术学院、海洋科学学院、珠海校区实验教学中心联合举行"讲奉献、有作为"专题学习,三个单位党组织负责人、行政和教辅人员参加了学习。活动邀请岭南学院原党委书记张文彪做主题为"增强本领,服务奉献,有所作为"的行政能力培训讲座。⑤

11月11日 上午,海滨红楼启用仪式在珠海校区举行。⑥

校党委书记陈春声、校长罗俊、珠海市高新区管委会副主任周火根,以及高新区相关职能部门负责人、即将入驻海滨红楼的各院系负责人、学校相关职能部处负责人出席仪式。仪式由校长助理程焕文主持。仪式上,总务处处长李明章汇报了海滨红楼的建设情况。珠海校区今年新增学院9个。为满足新建学院办公、教学实验需求,全面提升珠海校区的办学规模和层次,学校决定建设珠海校区海滨红楼。海

---

① 中山大学珠海校区分工会:《珠海校区合唱〈故乡的云〉荣获我校92周年晚会最佳表演奖》,见中山大学珠海校区网(http://zhuhai.sysu.edu.cn/content/826),2016年11月12日。
② 中山大学国际金融学院:《我院黄新飞教授主持的课题获国家社科基金重大项目立项》,见中山大学国际金融学院网(http://isbf.sysu.edu.cn/sylm01/20817.htm),2016年11月8日。
③ 中山大学珠海校区保卫工作办公室:《珠海校区保卫办荣获2016年度珠海市消防工作先进单位》,见中山大学珠海校区网(http://zhuhai.sysu.edu.cn/content/823),2016年11月17日。
④ 刘念、吴嘉莉:《深入解读AMS实验最新进展》,见《中山大学报》(新)第376期,2016年11月12日。
⑤ 中山大学中法核工程与技术学院:《中法核工程与技术学院、海洋科学学院、珠海校区实验教学中心联合举行"讲奉献、有作为"专题学习》,见中山大学新闻网(http://news2.sysu.edu.cn/news01/148284.htm),2016年11月16日。
⑥ 中山大学总务处、新闻中心:《海滨红楼办公区启用仪式在珠海校区举行》,见中山大学新闻网(http://news2.sysu.edu.cn/news01/148201.htm),2016年11月12日。

中山大学珠海校区编年史（1999—2018）

滨红楼取名"海滨"，一是为纪念我校首任校长邹鲁，邹鲁先生字海滨；二是意指红楼建于美丽滨海之畔。项目分办公区、教学区和实验区，总规划建筑面积为19591平方米。即将启用的办公区总建筑面积为13818平方米，共有18栋楼。该项目于今年6月1日开工，10月30日竣工。

△下午，校党委书记陈春声到国际翻译学院调研。①

国际翻译学院党政联席会议成员、教师代表等参加会议。副院长常晨光汇报了学院在人才引进、学科建设、人才培养和科学研究方面的工作情况，学院党委书记陈有志汇报了党建工作，以及国际舆情研究、服务智库建设等方面的情况。教师代表马津、刘明、骆雪娟、曾记分别汇报了"丝路班"本科教学改革项目、科学研究计划、国际舆情研究、中东问题研究等方面的工作。

陈春声充分肯定了国际翻译学院在推动学院由教学型向科研教学型转变所做的努力及其成效。希望国际翻译学院抓住学校发展的大好机会，进一步加大人才引进力度，推动学院的转型发展。他还对学院发展过程中存在的困难一一提出了指导建议。

11月12日 上午，珠海校区举行向孙中山先生铜像敬献花篮仪式，以纪念孙中山先生诞辰150周年暨中山大学创办92周年。校党委书记陈春声出席仪式，相关职能部门负责人、校区各院系师生代表也共同参加了仪式。②

△音画诗剧《中山情》在珠海校区演出。《中山情》是2016年中山大学纪念孙中山先生诞辰150周年策划组织的重点文化项目，由校团委、艺术教育中心承办。③

11月13日 为纪念孙中山先生诞辰150周年暨中山大学成立92周年，我校"逸仙思源，服务社会"优秀学生培养计划师生在珠海校区举行纪念孙中山先生诞辰150周年学术研讨会。中国光华科技基金会永庚公益基金办公室主任王灿、我校管理学院党委书记漆小萍、旅游学院党委书记林俊洪等领导出席研讨会，"逸仙思源"第一、二、三期学员及指导老师百余人参加本次活动。④

11月14日 广东省社会科学界联合会公布了"2016广东社会科学学术年会"获奖论文名单。国际金融学院周天芸教授与其硕士生郑泽楠合作的论文《港

---

① 中山大学国际翻译学院：《陈春声书记到国际翻译学院调研》，见中山大学新闻网（http://news2.sysu.edu.cn/news01/148288.htm），2016年11月22日。
② 中山大学珠海校区党政工作办公室：《中山大学珠海校区举行向孙中山先生铜像敬献花篮仪式》，见中山大学珠海校区网（http://zhuhai.sysu.edu.cn/content/825），2016年11月13日。
③ 共青团中山大学委员会：《纪念孙中山先生诞辰150周年音画诗剧〈中山情〉在珠海校区演出》，见《中山大学报》（新）第376期，2016年11月12日。标题有修改。
④ 中山大学学生处：《中山大学"逸仙思源，服务社会"优秀学生举行纪念孙中山诞辰150周年学术研讨会》，见中山大学新闻网（http://news2.sysu.edu.cn/news01/148250.htm），2016年11月15日。

珠澳大桥促进区域经济协调发展》获一等奖。①

11月15日 下午，海洋科学学院、药学院、中法核工程与技术学院在珠海校区联合举办"讲奉献、有作为"专题学习教育活动，海洋科学学院党委书记陈省平做了《行政/实验支部建设研讨：目标、执行与文化》的主题报告。药学院党委书记岳辉、中法核工程与技术学院党总支书记吴长征以及三个学院的党政和教辅人员参加了学习和研讨。②

11月16日 下午，为进一步学习贯彻十八届六中全会精神，积极推进学校关于"两学一做"中"讲奉献、有作为"的专题学习教育活动，珠海校区党工委、大气科学学院党总支、地球科学与地质工程学院党委、海洋科学学院党委、中法核工程与技术学院党总支、化学工程与技术学院直属党支部、物理与天文学院直属党支部、国际关系学院党总支在珠海校区联合举办专题学习会议。珠海校区党工委书记郝登峰做了题为《略谈增强核心意识——学习十八届六中全会精神体会》的主讲报告。会议由大气科学学院党总支书记杨建林主持。③

△下午，珠海校区召开专题学习会议，特邀珠海市民族宗教事务局副局长张利民做以《学习全国宗教工作会议精神，探索高校抵御境外宗教渗透工作》为主题的工作报告，会议由珠海校区党工委书记郝登峰主持，珠海校区党工委中心组成员，各院系党委书记、副书记及辅导员参加了学习。④

11月17日 下午，大气科学学院与珠海市气象局在珠海校区举行洽谈会，推进双方合作共建工作。⑤

珠海市气象局局长李叶新，副局长张健、王丽文，大气科学学院党总支书记杨建林、基建处副处长严熙等人出席洽谈会。洽谈会上，严熙对大气科学学院楼的规划建设进行了详细介绍。杨建林重点介绍了大气科学学院的发展现状及未来目标。他进一步强调推进双方合作共建方案的落地和实施的必要性和重要性。李叶新局长表示会尽快补充完善双方合作共建协议的细节内容，以求合作共建的具体执行方案能尽快落地。

大气科学学院与珠海市气象局全面合作共建的方案已获珠海市政府和中山大学

---

① 中山大学国际金融学院：《我院周天芸教授研究成果获广东社会科学学术年会论文一等奖》，见中山大学国际金融学院网（http://isbf.sysu.edu.cn/cn/sylm01/20972.htm），2016年11月19日。

② 中山大学海洋科学学院：《学习教育——在海洋科学学院（2016）》，自印，2016年12月，第72～73页。

③ 中山大学珠海校区党政工作办公室、大气科学学院：《珠海校区举办"两学一做"暨学习贯彻十八届六中全会精神专题报告会》，见中山大学新闻网（http://news2.sysu.edu.cn/news01/148331.htm），2016年11月21日。

④ 中山大学珠海校区党政工作办公室：《珠海校区召开探索高校抵御境外宗教渗透工作报告会》，见中山大学珠海校区网（http://zhuhai.sysu.edu.cn/content/821），2016年11月19日。

⑤ 中山大学大气科学学院：《我校大气科学学院与珠海市气象局就双方合作共建事宜的推进召开洽谈会》，见中山大学新闻网（http://news2.sysu.edu.cn/news01/148372.htm），2016年11月22日。

的批准通过。方案旨在落实珠海市政府与中山大学签署的全面新型战略合作协议，通过大气科学学院与珠海市气象局的全面合作，构建国内乃至世界首个高校与业务部门共建模式，建立国际一流的观测探测、科学研究与业务应用三位一体的平台，实现资源开放共享和人才联合培养的创新机制。

△晚，中法核工程与技术学院、物理与天文学院、历史学系党组织联合举行学习十八届六中全会精神报告会，广东省委宣传部讲师团副团长冯永忠博士做了《新时期全面从严治党的里程碑》的专题报告。物理与天文学院直属党支部书记李珅、中法核工程与技术学院党总支书记吴长征，以及三个学院的党员和入党积极分子代表参加了报告会。①

△中北大学副校长赵贵哲一行来珠海校区交流调研。珠海校区党工委书记郝登峰接待来宾并举行座谈会。②

11月17日至18日　由教育部高等学校核工程类教学指导委员会主办、中山大学承办的教育部高等学校核工程类专业教学指导委员会、核工程类专业认证委员会暨全国高校核学科院长/系主任联席会议在中山大学召开。③

来自清华大学、北京大学、中山大学等40余所高校和中广核集团等单位的70余名专家学者参加研讨会。我校中法核工程与技术学院中方院长王彪介绍了依托中法合作办学，培养具有中国特色的核能精英工程师人才的办学理念、培养方案、课程体系和取得的成绩。17日下午，教指委委员、认证委委员和院长/系主任到珠海校区参观了中法核工程与技术学院研发中心，肯定了学院的实验教学和实验室建设成果。在18日上午的院长/系主任论坛上，中法核工程与技术学院法方院长德麦赛介绍了学院获得法国工程师职衔委员会CTI认证的过程和经验。

11月19日　国际金融学院创院十周年校友论坛在珠海校区举行。国际商学院创院院长舒元教授、创院书记张文彪，国际金融学院党委书记钟一彪、副院长周天芸、副书记靳祥鹏，以及在校师生代表、来自全国各地的校友200多人参加了活动。校友论坛上举行了国际金融学院（国际商学院）教育发展基金成立仪式。④

11月19日至20日　由数学学院（珠海）主办的"2016珠海常微分方程教学与研究会议"在珠海校区召开。北京大学张芷芬教授，中国科学院院士、北京大学文兰教授等110余名来自全国各地的专家学者与会。开幕式上，数学学院（珠

---

① 刘李云：《中法核工程与技术学院、物理与天文学院、历史系联合举办学习十八届六中全会精神报告会》，见中山大学新闻网（http://news2.sysu.edu.cn/news01/148347.htm），2016年11月21日。
② 中山大学珠海校区党政工作办公室：《中北大学副校长赵贵哲一行来访我校珠海校区》，见中山大学珠海校区网（http://zhuhai.sysu.edu.cn/content/820），2016年11月19日。
③ 中山大学中法核工程与技术学院：《2016年教育部高等学校核工程类专业教学指导委员会、核工程类专业认证委员暨全国高校核学科院长/系主任联席会议在中山大学隆重召开》，见中山大学新闻网（http://news2.sysu.edu.cn/news01/148453.htm），2016年11月28日。
④ 中山大学国际金融学院：《扎根珠海谋发展，凝心聚力育英才——国际金融学院举办校友论坛庆祝创院十周年》，见中山大学新闻网（http://news2.sysu.edu.cn/news01/148391.htm），2016年11月24日。

海）赵育林副院长（主持工作）介绍了珠海校区的历史和发展战略，以及数学学院（珠海）的现状和"十三五"发展规划。①

11月19日至20日 由哲学系（珠海）举办的"2016年劳特里奇亚洲宗教与民族主义国际研讨会"召开。来自中、日、英等国的十余位学者共聚一堂。哲学系（珠海）陈建洪教授主持开幕式并致辞。②

11月21日 罗俊校长到国际翻译学院、国际金融学院和旅游学院进行学科建设调研。③

国际翻译学院、国际金融学院和旅游学院党政领导班子成员、教师代表及学校有关职能部门负责人参加了调研。国际翻译学院副院长常晨光、国际金融学院常务副院长吴培冠以及旅游学院院长保继刚先后就学院的学科重点发展方向及优势、存在的问题与不足、"十三五"期间的具体改进措施等进行了汇报。

罗俊校长在三场调研会上分别做了讲话，对三个学院在过去为学校承担广东省高等教育扩招任务做出的历史贡献给予了肯定。各个学院要志存高远，积极打造优质人才队伍、开展高水平的科学研究，以一流的学科建设带动人才培养水平的进一步提升。需认真研究未来几年学校人才培养结构调整后本学院的定位和发展方向、结构和资源配置，提前谋篇布局，为在新形势下全面提升办学水平打下坚实基础，为学校跻身国内高校第一方阵做出应有的贡献。根据三个学院当前的发展现状，他提出，国际翻译学院面临着新的发展机遇，要找准定位，在科学研究与人才培养等方面参与到国家"一带一路"倡议中；国际金融学院应结合中国特色凝练好学科方向，在师资队伍建设上做好切实可行的计划；旅游学院应进一步将学科定位与"三个面向"紧密联系起来，继续思考学科发展方向，明确学术研究目标。学校将在未来几年内投入巨量的资源加强珠海校区的各项建设，校区师生关心的各项重要问题的解决正在取得积极的进展，希望各学院抓住机遇，充分利用条件，不断提升本学院的学科发展水平。

11月22日 物理与天文学院李朝红教授研究组在光的拓扑相变与拓扑输运方面取得重要进展。该研究组发现广义AAH（Aubry – André – Harper）模型中的拓扑相变，并提出如何基于光学波导阵列利用拓扑输运测量体态拓扑数。相关结果发表于国际著名期刊《激光光子学评论》[Laser Photonics Reviews 10, 1064（2016）]，

---

① 中山大学数学学院（珠海）：《我校数学学院（珠海）主办2016珠海常微分方程教学与研究会议》，见中山大学新闻网（http://news2.sysu.edu.cn/news01/148396.htm），2016年11月23日。

② 《中山大学哲学系（珠海）成功举办亚洲宗教与民族主义国际研讨会》，见中山大学哲学系（珠海）网（http://phil-zh.sysu.edu.cn/article/424），2016年11月21日。

③ 中山大学发展规划办公室：《罗俊校长赴国际翻译学院、国际金融学院、旅游学院开展学科建设调研》，见中山大学新闻网（http://news2.sysu.edu.cn/news01/148399.htm），2016年11月23日。

中山大学珠海校区编年史（1999—2018）

并被选为封底论文。①

11月23日　郑州轻工业学院院长赵卫东一行来珠海校区交流调研。②

△下午，数学学院（珠海）教职工大会暨第一届工会会员大会在珠海校区召开。会议由学院直属党支部书记甘远璠主持，赵育林副院长（主持工作）做了学院工作总结报告。③

11月24日　上午，由物理与天文学院承办的"第六届山海论坛——'引力波时代的天文学和物理学'分论坛"在珠海校区天琴引力物理研究中心举行。来自厦门大学、中山大学等两岸三校的学者参加会议。物理与天文学院冯珑珑教授主持论坛。④

下午，第六届"山海论坛"珠海校区参访活动在校区图书馆举行。活动汇聚了来自厦门大学、中山大学等校的多名专家学者。"台湾中山大学"副校长陈英忠、厦门大学副校长詹心丽及我校副校长马骏出席参访活动，珠海校区党工委书记郝登峰主持本次活动。⑤

11月26日　第十一届"锦湖韩亚杯"中国大学生韩国语演讲大赛两广海南赛区比赛举行。来自国际翻译学院朝鲜语系的2013级本科生鲁琼获得一等奖，并取得参加全国总决赛资格。⑥

12月1日至3日　第三届中国青年志愿服务项目大赛暨2016年志愿服务交流会在浙江宁波举行。国际金融学院应用经济学专业学生叶欣瑜凭借支教项目"孵梦之巢——西部青少年梦想助力计划"荣获全国银奖。叶欣瑜作为中山大学第十八届研究生支教团成员，于今年8月赴西藏开展为期一年的支教活动。⑦

12月2至4日　中华全国外国哲学史学会和中国现代外国哲学学会2016年年会在珠海校区召开。⑧ 此次年会由哲学系（珠海）参与承办。年会的主题为"政治

---

①　中山大学物理与天文学院：《李朝红教授研究组在拓扑光子学领域取得重要进展》，见中山大学物理与天文学院网（http://spa.sysu.edu.cn/cn/content/236），2016年11月28日。

②　中山大学珠海校区党政工作办公室：《郑州轻工业学院校长赵卫东一行来访我校珠海校区》，见中山大学珠海校区网（http://zhuhai.sysu.edu.cn/content/816），2016年11月24日。

③　中山大学数学学院（珠海）：《数学学院（珠海）教职工大会暨第一届工会会员大会顺利召开》，见中山大学数学学院（珠海）网（http://mathzh.sysu.edu.cn/content/173），2016年11月30日。

④　中山大学物理与天文学院：《两岸三校学者齐聚第六届山海论坛——"引力波时代的天文学和物理学"分论坛》，见中山大学珠海校区网（http://zhuhai.sysu.edu.cn/content/814），2016年11月28日。

⑤　中山大学新闻中心珠海校区记者站：《"山海论坛"之两岸三校珠海校区参访活动》，见中山大学珠海校区网（http://zhuhai.sysu.edu.cn/content/815），2016年11月28日。

⑥　中山大学国际翻译学院：《国际翻译学院学子获"锦湖韩亚杯"韩国语演讲大赛两广海南赛区一、三等奖》，见中山大学国际翻译学院网（http://sti.sysu.edu.cn/zh-hans/node/1187），2016年11月28日。

⑦　中山大学国际金融学院：《国际金融学院叶欣瑜同学获第三届中国青年志愿服务项目大赛银奖》，见中山大学新闻网（http://news2.sysu.edu.cn/news01/148569.htm），2016年12月11日。

⑧　中山大学哲学系（珠海）：《中华全国外国哲学史学会和中国现代外国哲学学会2016年年会召开》，见中山大学新闻网（http://news2.sysu.edu.cn/news01/148554.htm），2016年12月7日。

哲学：理论与历史"，来自国内各大高校、科研机构、期刊和出版界的近200位学界同仁参会。副校长马骏、哲学系主任鞠实儿、哲学系（珠海）主任陈建洪等人分别在开幕式上致辞。

12月3日 上午，由旅游学院主办，旅游学院团委承办的大学生世界遗产保护论坛暨大学生世界遗产保护与开发提案大赛全国总决赛在我校举办。颜光美副校长出席开幕式并致辞。①

△下午，2016年中山大学院系际辩论赛冠军赛举行。国际翻译学院辩论队以珠海校区院系际辩论赛冠军的身份角逐全校冠军赛，并夺冠。②

12月4日 下午，中山大学2016年度"十大杰出青年志愿者"评选决赛举行。来自旅游学院的2016级硕士生杨艺当选。杨艺曾任研究生支教团澄江分队队长，在澄江支教一年，曾以"育苗计划"代表中山大学研究生支教团获得第二届中国青年志愿服务项目大赛全国赛银奖。③

12月5日至8日 由物理与天文学院参与承办的"中德星系形成和宇宙学国际会议"在广州举行。物理与天文学院林伟鹏教授担任组委会主席。来自马普天体物理研究所、中国科学院、北京大学、清华大学等院校和研究机构的专家学者出席会议。④

12月10日 由旅游学院参与承办的"兴文杯"第二届全国高等院校旅游创新策划大赛决赛在四川省宜宾市兴文县举办。⑤

12月13日至15日 由南开大学旅游与服务学院主办的首届"尖烽时刻"酒店管理模拟全国大赛决赛举办。我校旅游学院2015级本科生丁度植、翁钰宁、余嘉琪、郑泽鸿组成的ENSO队荣获一等奖，团队指导老师彭青教授荣获"优秀指导教师"奖。⑥

12月14日 上午，大气科学学院联合珠海市气象局在珠海校区开展主题为"讲奉献 有作为——生活与科考中的气象服务"的"两学一做"交流分享会。珠海市气象局党委副书记、副局长张健及大气科学学院师生党员代表参与分享会。分

---

① 中山大学旅游学院：《2016年大学生世界遗产保护论坛成功举办》，见中山大学旅游学院网（http://stm.sysu.edu.cn/content/898），2016年12月6日。
② 中山大学国际翻译学院：《国际翻译学院辩论队荣获2016年中山大学院系际辩论赛冠军》，见中山大学国际翻译学院网（http://sti.sysu.edu.cn/zh-hans/node/1204），2016年12月5日。
③ 共青团中山大学委员会：《中大青春梦，志愿勇担当——中山大学2016年度"十大杰出青年志愿者"评选》，见《中山大学报》（新）第384期，2017年1月13日。
④ 中山大学物理与天文学院：《中德星系形成和宇宙学国际会议成功举办》，见中山大学物理与天文学院网（http://spa.sysu.edu.cn/cn/content/268），2016年12月15日。
⑤ 中山大学旅游学院：《"兴文杯"第二届全国高等院校旅游创新策划大赛成功举办》，见中山大学旅游学院网（http://stm.sysu.edu.cn/content/892），2016年12月12日。
⑥ 中山大学旅游学院：《我院学子荣获首届"尖烽时刻"酒店管理模拟全国大赛一等奖》，见中山大学旅游学院网（http://stm.sysu.edu.cn/content/4075），2016年12月23日。

中山大学珠海校区编年史（1999—2018）

享会由大气科学学院党总支副书记陈诗诗主持。①

△下午，由珠海校区党工委、管委会主办，校区分工会承办的"珠海校区第十二届教职工趣味运动会"在田径场举行。校工会副主席彭志刚在开幕式上致辞，校工会副主席何洪及校区各部门、各院系老师160余人参加了运动会。②

12月15日至17日 第一届澳中旅游论坛在澳大利亚阿德莱德市成功召开。该论坛由南澳大学管理学院、中山大学旅游学院等单位联合主办。我校旅游学院副院长罗秋菊教授等人出席会议。③

12月16日 晚，为深入宣传毒品危害，警醒同学们远离毒品，创建无毒校园，珠海校区保卫办邀请珠海市禁毒办主任、市公安局副局长唐一怀在珠海校区为师生举办禁毒宣传专题讲座。珠海校区党工委书记郝登峰、珠海市高新区综治局局长兼区禁毒办主任彭志斌、珠海市高新公安分局局长郑木舜、我校保卫处副处长陈东等出席了讲座。④

12月17日至18日 由旅游学院参与主办的"2016中国肇庆·首届西江旅游论坛"在肇庆市举行。旅游学院院长保继刚教授参加论坛。⑤

12月18日 国际关系学院北京校友会成立。国际关系学院党总支书记任虹、党总支副书记陈峻、国际关系学系系主任张志文老师及30余名北京校友出席成立仪式。⑥

12月21日 中午，为加强校区与学生之间的沟通，更好地服务学生，珠海校区举行学生干部座谈会。在珠海校区党工委书记郝登峰的主持下，校区主要职能部门负责人、部分院系辅导员与校区学生会干部、主要社团代表及学生助理代表参加了座谈会。⑦

△下午，国务院学位委员会第七届学科评议组（海洋科学组）莅临我校开展海洋科学一级学科研究生课程建设调研。学科评议组由中国海洋大学校长于志刚教授、中国科学院海洋研究所所长孙松教授等人组成，中山大学副校长李善民，研究

---

① 中山大学大气科学学院：《大气科学学院与珠海市气象局开展"讲奉献 有作为"交流分享会》，见中山大学新闻网（http://news2.sysu.edu.cn/news01/148709.htm），2016年12月19日。

② 潘子君：《珠海校区第十二届教职工趣味运动会圆满落幕》，见中山大学新闻网（http://news2.sysu.edu.cn/news01/148711.htm），2016年12月19日。

③ 中山大学旅游学院：《我校旅游学院联合主办第一届澳中旅游论坛成功举办》，见中山大学新闻网（http://news2.sysu.edu.cn/news01/148761.htm），2016年12月22日。

④ 中山大学珠海校区保卫工作办公室：《珠海校区举办禁毒宣传专题讲座》，见中山大学新闻网（http://news2.sysu.edu.cn/news01/148738.htm），2016年12月21日。

⑤ 中山大学旅游学院：《2016中国肇庆·首届西江旅游论坛成功举行》，见中山大学新闻网（http://news2.sysu.edu.cn/news01/148768.htm），2016年12月23日。

⑥ 中山大学国际关系学院：《我校国际关系学院北京校友会在京成立》，见中山大学新闻网（http://news2.sysu.edu.cn/news01/148728.htm），2016年12月20日。

⑦ 中山大学珠海校区党政工作办公室、新闻中心珠海校区记者站：《珠海校区举行学生干部座谈会》，见中山大学珠海校区网（http://zhuhai.sysu.edu.cn/content/804），2016年12月23日。

生院质量管理处、海洋科学学院领导以及教师代表出席。李善民代表学校表达了对海洋科学一级学科的高度重视以及未来的发展规划。海洋科学学院副院长孙晓明代表学院向学科评议组专家汇报了我校海洋科学一级学科研究生课程建设情况。①

12月22日 下午,中国语言文学系(珠海)团总支第一次团员大会在珠海校区举行。②

12月23日 国际金融学院参与举办的产业经济与金融小型国际研讨会在珠海校区举行。来自美、英、中等国家的学者参加了研讨会。国际金融学院副院长周天芸在会议上致欢迎辞。③

12月28日 上午,国际金融学院发展战略研讨会在珠海校区召开。会议由学院党委书记钟一彪主持。④

△下午,中共中山大学大气科学学院第一次党员大会在珠海校区召开。会议选举产生了大气科学学院第一届党总支委员会。校党委组织部部长古小红出席了本次大会。⑤

△中共中山大学旅游学院党员大会召开。大会选举产生了新一届中共中山大学旅游学院委员会委员。校党委组织部部长古小红出席了大会。⑥

△珠海校区党工委在行政楼第一会议室组织党员学习贯彻全国高校思想政治工作会议精神,会议由珠海校区党工委书记郝登峰主持。⑦

12月30日 下午,海洋科学学院领导班子召开2016年度专题民主生活会,马骏副校长出席会议并讲话。民主生活会由学院党委书记陈省平主持。⑧

△下午,中共中山大学国际关系学院党员大会召开。会议选举产生了国际关系学院第一届总支部委员会。⑨

---

① 李颖:《国务院学位委员会第七届学科评议组莅临我校开展研究生课程建设调研》,见中山大学新闻网(http://news2.sysu.edu.cn/news01/148788.htm),2016年12月26日。

② 中山大学中文系(珠海):《热烈祝贺中文系(珠海)团总支第一次全体大会胜利召开!》,见中山大学中文系(珠海)微信公众号,2017年5月2日。

③ 中山大学国际金融学院:《产业经济与金融小型国际研讨会在我院顺利举办》,见中山大学国际金融学院网(http://isbf.sysu.edu.cn/cn/sylm01/21441.htm),2016年12月26日。

④ 中山大学国际金融学院:《国际金融学院召开学院发展战略研讨会》,见中山大学珠海校区网(http://zhuhai.sysu.edu.cn/content/798),2017年1月7日。

⑤ 中山大学大气科学学院:《我校大气科学学院第一次党员大会在珠海校区召开》,见中山大学新闻网(http://news2.sysu.edu.cn/news01/148894.htm),2016年12月30日。

⑥ 中山大学旅游学院:《旅游学院党员大会顺利召开》,见中山大学新闻网(http://news2.sysu.edu.cn/news01/148908.htm),2017年1月3日。

⑦ 中山大学珠海校区管理委员会:《珠海校区党工委认真组织学习贯彻全国高校思想政治工作会议精神》,见中山大学新闻网(http://news2.sysu.edu.cn/news01/148873.htm),2016年12月30日。

⑧ 中山大学海洋科学学院:《学习教育——在海洋科学学院(2016)》,自印,2016年12月,第88~89页。

⑨ 中山大学国际关系学院:《中共中山大学国际关系学院党员大会胜利召开》,见中山大学国际关系学院网(http://sir.sysu.edu.cn/zh-hans/content/102),2017年1月3日。

2017年

2017年

1月10日 上午,历史学系(珠海)召开领导班子民主生活会。校党委副书记、纪委书记国亚萍,校纪委副书记、监察处处长何晓钟出席会议。①

△上午,珠海校区党工委召开中层领导班子民主生活会。②

△哲学系(珠海)领导班子民主生活会在珠海校区召开。③

1月11日 国际金融学院召开领导班子民主生活会。④

1月15日至16日 海洋科学学院2017年学术发展与学科建设研讨会在珠海校区举行。⑤

1月18日 上午11时,学校在珠海校区举行海滨红楼教学区竣工仪式。校长助理程焕文、总务处处长李明章、珠海校区党工委书记郝登峰,以及校区相关职能部门负责人、部分学院教师代表等出席仪式,仪式由总务处副处长田宝才主持。⑥

---

① 中山大学历史学系(珠海):《国亚萍副书记参加历史学系(珠海)领导班子民主生活会》,见中山大学新闻网(http://news2.sysu.edu.cn/news01/149025.htm),2017年1月13日。

② 中山大学珠海校区党工委:《珠海校区党工委召开中层领导班子民主生活会》,见中山大学新闻网(http://news2.sysu.edu.cn/news01/148986.htm),2017年1月12日。

③ 中山大学哲学系(珠海):《哲学系(珠海)领导班子召开2016年度民主生活会》,见中山大学新闻网(http://news2.sysu.edu.cn/news01/149032.htm),2017年1月18日。

④ 中山大学国际金融学院:《国际金融学院领导班子召开2016年度民主生活会》,见中山大学新闻网(http://news2.sysu.edu.cn/news01/149113.htm),2017年1月25日。

⑤ 中山大学海洋科学学院:《海洋科学学院2017年学术发展与学科建设研讨会成功举行》,见中山大学海洋科学学院网(http://marine.sysu.edu.cn/article/4268),2017年1月16日。

⑥ 中山大学珠海校区党政工作办公室:《接地气,显精神》,见中山大学珠海校区网(http://zhuhai.sysu.edu.cn/content/793),2017年1月19日。

中山大学珠海校区编年史（1999—2018）

1月19日 罗俊校长率队赴中国气象局拜访交流。①

双方围绕深化气象科研和人才培养进行交流，并就数据和资源共享、联合开展科研攻关等方面的深入合作进行洽谈。中国气象局副局长宇如聪、局办主任余勇、人事司司长黎健、科技司副司长于玉斌参与座谈。会谈中，宇如聪代表刘雅鸣局长感谢中山大学对大气科学专业发展的重视与支持。他表示，中大大力推进气象、海洋、地学等学科建设，为服务国家战略、服务行业发展提供了有力支撑。中国气象局期待与中大深化合作，围绕需求优化学科布局，强化核心业务的人才培养；推进数据与资源共享，共同提升科研和业务水平；开展协同攻关，引导人才利用科研平台，围绕业务和行业需求开展研究攻关。

罗俊介绍了中山大学围绕国家战略推进大气科学学科建设以及大气科学专业发展的情况。他表示，中山大学将进一步动员专家力量，推进更多科研成果为气象行业所用。同时，希望中国气象局作为国家气象行业的主管部门，能结合未来我国气象行业的发展趋势，从顶层设计上对大气科学的学科建设和人才培养给予指导和支持。在深化科研合作方面，他提出可以共建联合实验室，推动双方围绕关心的问题开展研究攻关，并推进数据的共享。校长助理王雪华，科研院副院长、应用研究管理处处长刘梅，大气科学学院院长董文杰，大气科学学院党总支书记杨建林，大气科学学院副院长杨崧、黎伟标等随队访问交流。

1月20日 国际金融学院举行国家级科研项目申报经验分享会。②

2月15日 国家核安全局副局长郭承站一行来中法核工程与技术学院进行交流座谈。国家核安全局核设施安全监管司、核电安全监管司等司局领导陪同交流，中广核集团代表，以及中法核工程与技术学院院长王彪、党总支书记吴长征、部分教师代表和实验室负责人参加交流。③

2月23日 中共中山大学国际金融学院第一次党员大会在珠海校区召开。国际金融学院党委书记钟一彪做工作报告。会议选举产生了国际金融学院第一届党委会。④

2月24日至26日 中山大学2017年春季工作会议在珠海校区召开。⑤

会议以学科建设和党建工作为主题，旨在全校上下凝心聚力，为迎接中央巡视

---

① 中山大学大气科学学院：《罗俊校长率队赴中国气象局洽谈校人才、科研领域的相关合作》，见中山大学珠海校区网（http://zhuhai.sysu.edu.cn/content/790），2017年2月21日。

② 中山大学国际金融学院：《国际金融学院举行国家级科研项目申报经验分享会》，见中山大学新闻网（http://news2.sysu.edu.cn/news01/149116.htm），2017年1月26日。

③ 中山大学中法核工程与技术学院：《国家核安全局副局长郭承站一行莅临中法核工程与技术学院访问交流》，见《中山大学报》（新）第385期，2017年2月23日。

④ 中山大学国际金融学院学生工作部：《抓住新机遇，促成新发展——国际金融学院党员大会顺利召开》，见中山大学国际金融学院网（http://isbf.sysu.edu.cn/cn/sylm01/21676.htm），2017年2月28日。

⑤ 中山大学党委宣传部：《凝心聚力，落实责任，保障学校事业行稳致远——我校召开2017春季工作会议》，见《中山大学报》（新）第386期，2017年3月6日。

工作，为实现"跻身国内高校第一方阵，建成世界一流大学"的目标而奋斗。全体校领导、校长助理，各二级单位负责人，教师代表等出席会议。

罗俊校长在会上做了题为《关于建设中国特色、世界一流学科的思考》的主题报告，从学科方向、学科队伍、科学研究、人才培养四个方面阐释了一流学科建设的内涵，分析了学校学科发展的现状，并提出新时期学校学科建设的目标和路径。报告强调，中山大学的发展始终与国家的发展、中国高等教育的发展同向、同步、同行，"跻身国内高校第一方阵，建成世界一流大学"是中山大学在新时期矢志不渝的奋斗目标。

25日上午，学校召开了推进全面从严治党专题工作会议，校党委书记陈春声做了题为《讲政治抓党建，确保学校事业行稳致远》的主题报告，校党委副书记、纪委书记国亚萍传达了十八届中央纪委第七次全体会议精神，并做了《聚焦监督执纪问责 推进全面从严治党》的报告。会上，陈春声还通报了学校接受中央巡视的有关情况，要求从思想认识上端正态度，正确认识和理解巡视的性质和意义，并在接受巡视的具体工作中，做到真实、客观、及时和有序；要求学校各部门全力配合，立行立改，以本次巡视为契机，实现学校更快的发展。地球科学与工程学院、大气科学学院等单位作为典型代表分享了各自在学科建设与规划方面的经验做法和路径措施。

罗俊在大会总结中对学校工作提出了"四个坚持"的要求：一要坚持以全面跻身国内高校第一方阵为目标，去开展工作；二要坚持以"四有"规范作为行动的保障，通过制度与规则的建设，使学校行稳而致远；三要抓住学科建设的主线，把立德树人落到实处；四要坚持中国共产党的领导，把中国特色变成中国优势，抓好基层党建，抓好意识形态和稳定工作，保持学校的平稳发展。

2月27日 王岳军任地球科学与工程学院院长，杨小强任地球科学与工程学院副院长。① 郑文俊任地球科学与工程学院副院长。

△常晨光任国际翻译学院院长。②

国际翻译学院于3月14日下午召开教职工大会，校党委组织部部长古小红代表学校送常晨光教授上任国际翻译学院院长。仪式由国际翻译学院党委书记陈有志主持。③

3月7日 珠海校区图书分馆被珠海市妇联授予珠海市"巾帼文明岗"荣誉称号。珠海校区图书分馆现有职工15人，其中女职工12人。她们以"发扬团队精神，共创文明环境，培养优秀馆员，打造优质服务"为目标，立足平凡本职工作，

---

① 《中山大学关于王岳军等任免职的通知》，见中大干〔2017〕2号文，2017年2月27日。
② 《中山大学关于常晨光等任免职的通知》，见中大干〔2017〕4号文，2017年2月27日。
③ 中山大学国际翻译学院：《常晨光教授任国际翻译学院院长》，见中山大学国际翻译学院网（http://sti.sysu.edu.cn/zh-hans/node/1349），2017年3月16日。

中山大学珠海校区编年史（1999—2018）

在书刊借阅、馆际互借、参考咨询、阅读推广和科研支撑等方面均取得一定成绩，获得师生的肯定。①

3月13日至23日 国际金融学院通过召开党委扩大会议、党支部书记会议、学生干部会议等多种形式组织学习教育部党组于2月28日颁布的《普通高等学校学生党建工作标准》，以推进学生党建工作的组织化、制度化和具体化。②

3月14日 上午，珠海市委常委、市委宣传部部长龙广艳一行到珠海校区调研高校思想政治工作情况。③

副校长颜光美出席座谈会，党委学生工作部部长莫华、珠海校区党工委书记兼预算管理处处长郝登峰等参加了座谈会。颜光美表示，中山大学按照中央和教育部文件精神全面部署了进一步加强和改进思想政治工作的系列举措，并将紧紧抓住国家统筹建设世界一流大学和一流学科的机遇，通过人才倍增计划等一系列改革举措，向世界一流大学的建设目标奋力进取，期望珠海市能给予更多支持。

龙广艳充分肯定了我校在意识形态、思想政治工作上取得的成效。她指出，中山大学从多个层面高度重视落实意识形态"六项责任制"，严格按照相关规定抓高校学生思想政治工作落实。希望在珠海校区，中山大学能一如既往地加强党委领导以及政策的倾斜和支持。与会人员围绕珠海市与中山大学合作建立思想政治工作平台、加强珠海和澳门两地青年学生交流、实践教育基地建设等问题进行了广泛探讨和深入交流。珠海市教育局领导陪同调研。

△下午，中山大学2016年"逸仙海外学习计划"项目总结大会在珠海校区举行。颜光美副校长、学生处负责人、2016年资助项目的院系副书记、带队老师和学生代表参与了总结会。④

△大气科学学院与珠海市环境保护局的合作洽谈会在珠海校区召开。珠海市环境保护局党组书记、局长张经纬，珠海市环境保护监测站站长何山亮，大气科学学院董文杰院长，大气科学学院党总支书记杨建林等出席。洽谈会由杨建林主持。⑤

3月15日 上午，李善民副校长到哲学系（珠海）调研工作。哲学系（珠海）陈建洪主任、陈建存书记、部分青年教师代表以及行政办公室的全体成员参

---

① 中山大学珠海校区图书分馆：《珠海校区图书分馆荣获珠海市"巾帼文明岗"荣誉称号》，见中山大学新闻网（http://news2.sysu.edu.cn/news01/149327.htm），2017年3月10日。

② 中山大学国际金融学院：《国际金融学院认真学习贯彻〈普通高等学校学生党建工作标准〉》，见中山大学新闻网（http://news2.sysu.edu.cn/news01/149442.htm），2017年3月24日。

③ 中山大学珠海校区党工委：《珠海市委常委、市委宣传部部长龙广艳一行到珠海校区调研高校思想政治工作情况》，见中山大学新闻网（http://news2.sysu.edu.cn/news01/149384.htm），2017年3月17日。

④ 中山大学党委学生工作部（学生处）：《2016年"逸仙海外学习计划"项目总结大会举行》，见中山大学新闻网（http://news2.sysu.edu.cn/news01/149386.htm），2017年3月17日。

⑤ 中山大学大气科学学院：《大气科学学院与珠海市环保局召开首次合作洽谈会》，见中山大学珠海校区网（http://zhuhai.sysu.edu.cn/content/769），2017年3月23日。

加了调研座谈会。①

3月19日 下午，华中师范大学副校长蔡红生及中共鄂州市委副书记熊明新一行到珠海校区参观交流。我校校长助理杨清华及基建处、深圳校区管委会负责人等参加了座谈会，会议由珠海校区党工委书记兼预算管理处处长郝登峰主持。②

△法国昂热大学校长Christian Robledo一行与我校旅游学院领导举行会谈，双方表示将进一步推进深入合作。昂热大学副校长Jean-René Morice、Françoise Grolleau、Stéphane Amiard，昂热大学旅游学院院长Philippe Violier，以及我校旅游学院院长保继刚、党委书记林俊洪、副院长罗秋菊、副院长彭青等参加了会谈。③

3月20日 校党委书记陈春声在珠海校区为2016级本科生讲授"思政第一课"。④

陈春声书记讲授的题目为"读书不忘革命，革命不忘读书——中山大学文化血脉中的红色基因"。他介绍了学校创校至今的沿革，梳理了大学文化传统与历史记忆的建构，以图文并茂的方式重点讲述了1949年以前中国共产党在学校的革命活动，包括学校初创时期的筚路蓝缕与暴风骤雨、抗战期间的颠沛流离与弦歌不辍、从光复到解放战争时期中山大学作为广州民主运动中心的各种生动事例。他引用陈寅恪先生的"士之读书治学，盖将以脱心志于俗谛之桎梏，真理因得以发扬"，勉励中大学子超越个人日常生活经验，继承红色传统，培育家国情怀，牢记孙中山先生"诸君立志，是要做大事，不可要做大官"的训诫，将自己远大理想与信念始终与国家民族的命运紧密相连。

△下午，大气科学学院在珠海校区召开学科建设研讨会，董文杰院长介绍了大气科学学院的发展现状及总体思路。特邀嘉宾秦大河院士对学院的学科建设、科研教学等方面给予了指导。研讨会后，秦大河院士为大气科学学院新生做了题为"海洋和冰冻圈"的学术讲座。⑤

3月21日 晚，第四期中国语言文学系（珠海）名家讲坛在珠海校区开讲，中文系彭玉平教授做了题为"陈寅恪诗歌漫谈"的讲座。⑥

---

① 《李善民副校长莅临我系调研工作》，见中山大学哲学系（珠海）网（http://phil-zh.sysu.edu.cn/article/437），2017年3月16日。

② 中山大学珠海校区党政工作办公室：《华中师范大学、鄂州市政府代表团访问中山大学珠海校区》，见中山大学珠海校区网（http://zhuhai.sysu.edu.cn/content/770），2017年3月21日。

③ 中山大学旅游学院：《我院与法国昂热大学校长访问团举行会谈》，见中山大学旅游学院网（http://stm.sysu.edu.cn/content/4190），2017年3月24日。

④ 中山大学党委办公室、党委宣传部、马克思主义学院：《陈春声书记、罗俊校长为本科生讲授"思想政治理论第一课"》，见《中山大学报》（新）第389期，2017年4月1日。

⑤ 中山大学大气科学学院：《秦大河院士应邀指导大气学科建设，主讲"海洋和冰冻圈"学术讲座》，见《中山大学报》（新）第389期，2017年4月1日。

⑥ 中山大学中国语言文学系（珠海）：《第四期中国语言文学系（珠海）名家讲坛开讲，彭玉平教授漫谈陈寅恪诗歌》，见中山大学新闻网（http://news2.sysu.edu.cn/news01/149430.htm），2017年3月24日。

中山大学珠海校区编年史（1999—2018）

3月25日 由中法核工程与技术学院承办的第八届珠三角地区高校法语演讲比赛在珠海校区举行。中法核工程与技术学院法方院长德麦赛致开幕欢迎辞，法国驻穗总领事 Bertrand FURNO 应邀出席了活动。[1]

△由国际翻译学院和旅游学院联合举办的第六届"体育月"开幕式在珠海校区举行。[2]

3月30日 冯双任珠海校区党工委书记，郝登峰不再兼任珠海校区党工委书记职务。[3]

△冯双任珠海校区管理委员会主任。[4]

3月31日 旅游学院保继刚教授获评教育部"长江学者奖励计划"特聘教授，大气科学学院袁文平教授入选"长江学者青年学者"。

△下午，国际合作与交流处处长赵勇一行到哲学系（珠海）进行国际合作与交流工作调研。[5]

△晚，由物理与天文学院直属党支部、国际翻译学院党委、国际金融学院党委、海洋科学学院党委联合举办的"党员文化沙龙"在珠海校区开幕。沙龙邀请物理与天文学院冯珑珑教授主讲"宇宙学的源流与终结"。国际金融学院党委书记钟一彪、国际翻译学院党委书记陈有志以及50余名师生党员参加本次沙龙。沙龙由物理与天文学院直属党支部书记李珅主持。[6]

4月6日 国际金融学院黄新飞教授主持的国家社会科学基金重大项目"中国IFDI与OFDI互动发展的内在机制与经济学解释"开题报告会在珠海校区召开。中国世界经济学会副会长、南开大学国际经济研究所佟家栋教授，国务院学位评议组成员、南开大学国际经济研究所盛斌教授等指导专家出席开题报告会。黄新飞教授代表课题组汇报课题情况。[7]

4月8日 上午，由珠海校区分党校承办的校区2017年春季入党积极分子培训班开班仪式在珠海校区举行，120余名师生入党积极分子参加了仪式并听课。发展规划办公室预算管理处处长郝登峰、珠海校区党工委书记兼管委会主任冯双、附

---

[1] 中山大学中法核工程与技术学院：《第八届珠三角地区高校法语演讲比赛在我院举行》，见中山大学中法核工程与技术学院微信公众号，2017年3月28日。
[2] 中山大学国际翻译学院：《国际翻译学院联合旅游学院共同举办第六届"体育月"系列活动》，见中山大学国际翻译学院网（http://sti.sysu.edu.cn/zh-hans/node/1372），2017年3月27日。
[3] 参见《中共中山大学委员会关于冯双等同志任免职的通知》，中大党组发〔2017〕18号文，2017年3月30日。
[4] 参见《中山大学关于刘济科等任免职的通知》，中大干〔2017〕6号文，2017年3月30日。
[5] 《国际合作与交流处莅临哲学系（珠海）开展外事工作调研》，见中山大学哲学系（珠海）网（http://phil-zh.sysu.edu.cn/article/440），2017年4月1日。
[6] 中山大学物理与天文学院直属党支部：《跨学科，跨领域：四学院联合举办"党员文化沙龙"》，见中山大学新闻网（http://news2.sysu.edu.cn/news01/149550.htm），2017年4月7日。
[7] 中山大学国际金融学院：《国际金融学院成功举办国家社科基金重大项目开题报告会》，见中山大学新闻网（http://news2.sysu.edu.cn/news01/149575.htm），2017年4月10日。

属第五医院党委书记林伟庭等出席活动。郝登峰处长以"理想信念与入党动机"为主题讲授第一堂党课。①

4月9日至11日 由历史人类学研究中心、历史地理研究中心及历史学系（珠海）联合举办的"明清江南社会经济史基本问题"学术研讨会在珠海校区召开。本次会议是历史学系（珠海）承办的第一次正式的学术会议。历史人类学研究中心主任刘志伟教授、历史学系（珠海）副系主任吴滔教授分别代表主办方和承办方主持开幕式。来自北京大学历史学系、厦门大学历史学系、日本一桥大学大学院社会学研究科等国内外高校和科研机构的学者出席会议。②

4月上旬至5月上旬 由大气科学学院主办，大气科学学院风云学术中心承办，广州市气象局协办的大气科学学院第一届天气预报分析大赛展开。③

4月17日 下午，珠海市高新区党委书记闫昊波一行到珠海校区调研工作。④ 校长助理、发展规划办公室主任杨清华，发展规划办公室副主任、学科建设处处长刘济科，珠海校区管委会、基建处、保卫处、总务处等相关负责人参加调研座谈。

座谈会上，杨清华介绍了珠海校区的发展规划、市校合作进展并提出了市校合作的建议。珠海校区的定位是建设学科布局和人才培养体系相对完整、具有一流办学水平和广泛国际声誉的现代化滨海校区，围绕服务国家海洋战略、"一带一路"倡议和空间科学战略，重点打造核、深海、深空、深地学科群。未来五年，珠海校区还将开展大规模基本建设。天琴计划、海洋两个大科学工程进展顺利，基建工作按计划稳步推进。他表示，希望珠海市未来能在引进和培育高层次人才、高水平学科和国家级创新平台建设、校区及周边市政基础设施、科技创新产业园和附属第五医院建设等方面给予大力支持。高新区管委会副主任周火根汇报了中大附中、附小的建设进展情况。

闫昊波表示，珠海市高新区高度重视珠海校区的发展，会继续为校区的发展做好服务。希望中山大学继续做好与高新区产业对接工作，支持高新区企业发展，共同为国家"双创"发展而努力。会上，双方还就市校合作、基建工程建设等问题展开讨论。

4月20日 "天舟一号"货运飞船顺利升空。我校物理与天文学院空间技术

---

① 吴玉洁：《中山大学珠海校区2017年春季入党积极分子培训班开班》，见中山大学新闻网（http://news2.sysu.edu.cn/news01/149586.htm），2017年4月12日。

② 《"明清江南社会经济史基本问题"学术研讨会顺利召开》，见中山大学历史学系（珠海）网（http://historyzh.sysu.edu.cn/content/282），2017年4月19日。

③ 中山大学大气科学学院：《大气科学学院举办第一届天气预报分析大赛》，见中山大学新闻网（http://news2.sysu.edu.cn/news01/149966.htm），2017年5月17日。

④ 中山大学珠海校区管理委员会：《珠海市高新区闫浩波书记一行到珠海校区调研》，见中山大学新闻网（http://news2.sysu.edu.cn/news01/149686.htm），2017年4月22日。

中心研制回路子系统参与"天舟一号"空间实验。①

飞船将开展一系列空间科学实验和技术试验的任务。其中，微重力蒸发冷凝两相实验是我国首次空间冷凝与蒸发相变传热科学与热控技术实验研究，也是我国首次在一个空间实验装置中开展两种以上科学与技术实验的多目标流体物理空间实验。该项目包括空间蒸发与冷凝科学实验、两相系统实验平台关键技术研究两个部分。中山大学是参研单位之一。我校物理与天文学院空间技术中心团队在何振辉教授带领下，承担两相系统实验平台关键技术研究两相回路子系统研制，为蒸发冷凝科学实验台进行精确控温并将实验后的混合蒸汽进行回收处理。除此之外，在完成蒸发冷凝科学实验后，两相回路子系统多项新技术将独立进行测试，即所谓的验证模式。最新调试结果表明，两相回路子系统工作正常，达到设计要求。

△林伟鹏任物理与天文学院副院长（主持工作）。②

4月27日　上午，历史学系（珠海）与广东省西汉南越王博物馆、珠海校区图书分馆合作，在珠海校区图书分馆联合举办"历史文化进校园"活动启动仪式暨"海路扬帆——广州与海上丝绸之路"主题图片展开幕式。历史学系（珠海）副主任（主持工作）吴滔教授、西汉南越王博物馆宣教部副主任叶丹洋、珠海校区图书分馆馆长王晗等人出席启动仪式。下午，叶丹洋副主任为珠海校区的同学们带来主题为"南越国的海外文化交流"的讲座。③

5月2日　国际翻译学院团委荣获"广东省五四红旗团委"称号，大气科学学院2014级本科生赵泽群荣获"广东省优秀学生干部"称号。④

5月3日　上午，历史学系（珠海）第一届教职工大会暨工会会员大会第一次会议在珠海校区召开。校工会常务副主席吴京洪、校工会副主席李烨出席会议。会议由系直属党支部书记朱志辉主持。副系主任吴滔做了工作报告。会议选举产生了历史学系（珠海）第一届教代会常设小组成员、工会委员会委员。⑤

5月6日　上午，第六届"海洋科技文化节"开幕式暨"国际大洋发现计划"科普讲座在珠海校区举行。⑥

5月7日　中山大学2016年学生十大体育赛事与品牌赛事总积分颁奖仪式在

---

①　中山大学空间技术中心：《我院空间技术中心研制回路子系统参与天舟一号空间实验》，见中山大学物理与天文学院网（http://spa.sysu.edu.cn/cn/content/454），2017年5月4日。

②　参见《中山大学关于袁文平等任职的通知》，中大干〔2017〕10号文，2017年4月20日。

③　中山大学历史学系（珠海）：《历史学系（珠海）举办"历史文化进校园"系列活动》，见中山大学新闻网（http://news2.sysu.edu.cn/news01/149817.htm），2017年4月30日。

④　共青团中山大学委员会：《我校师生获全国及广东省多项"五四"表彰》，见《中山大学报》（新）第393期，2017年5月8日。

⑤　中山大学历史学系（珠海）：《历史学系（珠海）第一届教职工大会暨工会会员大会第一次会议顺利召开》，见中山大学新闻网（http://news2.sysu.edu.cn/news01/149880.htm），2017年5月10日。

⑥　中山大学海洋科学学院：《中山大学第六届海洋科技文化节开幕》，见中山大学海洋科学学院网（http://marine.sysu.edu.cn/article/3791），2017年5月8日。

广州校区南校园举行,国际金融学院、国际翻译学院荣获总积分一等奖。①

5月10日 我校与珠海市气象局在珠海校区签署全面合作协议。②

珠海市副市长刘嘉文、珠海市气象局局长李叶新、中山大学副校长杨清华、大气科学学院院长董文杰、大气科学学院党总支书记杨建林等出席协议签署仪式。董文杰和李叶新代表双方签订了全面合作协议。在协议签署前的座谈会上,刘嘉文强调珠海市政府非常重视与中山大学的全面共建合作,加快建设"珠海风暴潮灾害监测预警中心"项目与中山大学在珠海校区建设大海洋学科群也是不谋而合。合作共建是充分利用各自优势资源,同步建设,共建共享。双方应加快推进合作,加速全面融合,在合作的目标、方式、内容上达成共识。杨清华表示,中山大学和珠海市气象局全面合作共建是一种全新的合作方式,是一条创新型的产学研用紧密结合的新路。双方的合作使中山大学的人才培养直接进入实战阶段,中山大学的科研力量和智库也可以给予业务部门实际的指导和支持,帮助提升珠海的气象预报水平。

5月11日 珠海校区首期科级干部研修班开班仪式在国际金融学院举行。人力资源管理处副处长陈华桂、大气科学学院党总支书记杨建林、附属第五医院党委书记林伟庭、国际翻译学院党委书记陈有志、国际金融学院党委书记钟一彪、珠海校区党工委书记兼管委会主任冯双、党委组织部相关同志以及全体研修班学员共60余人出席了活动。本次研修班由校党委组织部、人力资源管理处联合主办,国际金融学院承办。③

△赵育林任数学学院(珠海)院长。④

数学学院(珠海)于5月25日下午召开教师干部大会,杨清华副校长代表学校送赵育林教授上任数学学院(珠海)院长。上任仪式由数学学院(珠海)直属党支部书记甘远璠主持。⑤

5月12日 上午,由化学工程与技术学院、旅游学院、大气科学学院、数学学院(珠海)和国际翻译学院联合举办的"两学一做"发挥党员先锋模范作用专题讲座在珠海校区举行。化学工程与技术学院直属党支部书记黄勇平、旅游学院党

---

① 中山大学国际金融学院学工部:《我院荣获中山大学学生十大体育赛事与品牌赛事总积分一等奖》,见中山大学国际金融学院网(http://isbf.sysu.edu.cn/cn/sylm01/22228.htm),2017年5月9日;国际翻译学院:《国际翻译学院荣获中山大学2016年"康乐杯"学生体育赛事团体总分一等奖》,见中山大学国际翻译学院网(http://sti.sysu.edu.cn/zh-hans/node/1465),2017年5月9日。

② 中山大学大气科学学院:《我校与珠海市气象局签署全面合作协议》,见《中山大学报》(新)第394期,2017年5月15日。

③ 中山大学国际金融学院:《珠海校区首期科级干部培训班顺利开班》,见中山大学新闻网(http://news2.sysu.edu.cn/news01/149968.htm),2017年5月19日。

④ 参见《中山大学关于赵育林任职的通知》,中大干〔2017〕13号文,2017年5月11日。

⑤ 中山大学数学学院(珠海):《赵育林教授任数学学院(珠海)院长》,见中山大学数学学院(珠海)网(http://mathzh.sysu.edu.cn/content/329),2017年5月26日。

委书记林俊洪、数学学院（珠海）直属党支部书记甘远燔、珠海校区团工委以及各学院师生党员代表参加了此次学习。本次活动邀请到昆仑策研究中心副会长兼秘书长王立华做题为"谈谈党员先锋模范作用"的讲座。①

△学生处在珠海校区召开勤工助学工作会议，全校各设岗单位的相关人员参加了会议。②

5月14日 晚，中山大学第三十一届维纳斯歌手大赛珠海校区决赛在风雨操场举行。

5月17日 上午，珠海市高新区党委副书记梁兆雄一行到珠海校区调研。

5月18日 "世纪伟大工程——港珠澳大桥建设报告会"在珠海校区旅游学院举行，港珠澳大桥管理局副书记、行政总监韦东庆应邀做了报告。报告会由旅游学院、物理与天文学院、数学学院（珠海）、化学工程与技术学院联合主办，旅游学院党委书记林俊洪、物理与天文学院直属党支部书记李珅、数学学院（珠海）直属党支部书记甘远燔，以及近百名师生党员参加了报告会。③

5月19日 王天琪任地球科学与工程学院党委常务副书记（正处级）。④

5月19日至21日 第二届粤港澳外语与翻译研究生论坛在珠海校区举办。本届论坛由我校国际翻译学院和广东外国语言学会共同主办。国际翻译学院院长常晨光教授致开幕辞。⑤

5月24日 海洋科学学院李朝政研究员、中法核工程与技术学院袁岑溪博士入选"广东特支计划"科技创新青年拔尖人才。

5月25日 "校领导午餐会"在珠海校区举行，杨清华副校长与15位来自珠海校区办学院系的学生代表进行座谈，听取意见和建议。

5月27日至29日 由数学学院（珠海）主办的"2017生物数学进展研讨会"在珠海校区举行。数学学院（珠海）院长赵育林教授主持了开幕式。⑥

5月29日 "第三届汇智公共经济学论坛"在珠海校区举行。本次论坛由国际金融学院承办。来自渥太华大学、上海交通大学、中山大学等高校的20多位专

---

① 姜艳琴、曾明华：《"两学一做"发挥党员先锋模范作用系列活动顺利举行》，见中山大学新闻网（http://news2.sysu.edu.cn/news01/149959.htm），2017年5月16日。

② 中山大学学生处：《学生处召开勤工助学工作会议》，见中山大学新闻网（http://news2.sysu.edu.cn/news01/149962.htm），2017年5月17日。

③ 中山大学旅游学院：《一场生动鲜活的党课："世纪伟大工程——港珠澳大桥建设报告会"在珠海校区举行》，见中山大学新闻网（http://news2.sysu.edu.cn/news01/150082.htm），2017年5月26日。

④ 参见《中共中山大学委员会关于唐锐等同志任免职的通知》，中大党组发〔2017〕31号文，2017年5月19日。

⑤ 中山大学国际翻译学院：《第二届粤港澳外语与翻译研究生论坛成功举办》，见中山大学新闻网（http://news2.sysu.edu.cn/news01/150093.htm），2017年5月31日。

⑥ 中山大学数学学院（珠海）：《数学学院（珠海）主办2017生物数学进展研讨会》，见中山大学新闻网（http://news2.sysu.edu.cn/news01/150125.htm），2017年6月2日。

家学者参加论坛。

5月 中山大学（海洋科学学院）帆船队组建。①

6月6日 校工会常务副主席吴京洪、副主席李烨一行前来珠海校区管委会调研。

6月7日 下午，珠海校区教职工文体俱乐部成立大会在图书馆举行。经过校工会批准，珠海校区分工会组建了钢琴、游泳等11个教职工文体俱乐部。校工会副主席彭志刚、体育部主任范振国等出席成立大会并讲话。

6月8日 澳大利亚驻广州总领事馆副总领事Paul Sanda先生来访旅游学院。

6月9日至11日 为传承红色基因，推进"两学一做"学习教育常态化、制度化，加强基层党支部建设，促进学科交叉整合，由国际金融学院、国际翻译学院等五个院系20个党支部的61名师生党员联合组队，赴井冈山参加"坚定理想信念，加强党性修养"主题培训班。②

6月12日 历史学系（珠海）举行第一届学生代表大会暨学生会成立大会。③

6月13日 广东省教育厅组织专家对我校申报的"热带大气海洋系统科学粤港澳联合实验室"进行现场考察论证。④

副校长王雪华，联合实验室学术委员会主任秦大河院士，实验室粤方负责人、大气科学学院院长董文杰，实验室港方负责人、香港中文大学林晖教授，实验室澳方负责人、澳门科技大学陈炯林教授，大气科学学院党总支书记杨建林，中山大学科学研究院以及广东省教育厅科研处相关负责人等陪同考察并参加论证会。会上，王雪华指出，联合实验室面向国家建设"一带一路"倡议和建设粤港澳大湾区等的重大战略需求，为国家尤其是粤港澳地区的社会经济可持续发展和生态文明建设提供服务，是进一步促进中山大学及大气学科快速发展的一大机遇。董文杰代表实验室汇报了联合实验室的建设方案、建设目的和意义以及目前已取得的基础成效等。与会专家现场考察了广东省气候变化与自然灾害研究重点实验室与中山大学季风与环境联合研究中心两大依托平台。最后，专家组一致同意立项建设热带大气海洋系统科学粤港澳联合实验室。

6月15日 晚，中国科学院院士、中山大学校长罗俊以"空间引力波探测"

---

① 中山大学海洋科学学院：《中山大学（海洋科学学院）帆船队勇夺第三届全国大学生帆船锦标赛冠军》，见中山大学新闻网（http://news2.sysu.edu.cn/news01/150634.htm），2017年8月11日。

② 中山大学公共卫生学院、心理学系：《坚定理想信念，加强党性修养——中山大学五院系联合组队奔赴井冈山革命圣地学习》，见中山大学新闻网（http://news2.sysu.edu.cn/news01/150335.htm），2017年6月22日。

③ 《历史学系（珠海）第一届学生代表大会暨学生会成立大会》，见中山大学历史学系（珠海）网（http://historyzh.sysu.edu.cn/content/289），2017年6月14日。

④ 中山大学大气科学学院：《热带大气海洋系统科学粤港澳联合实验室专家现场考察论证会在我校举行》，见中山大学新闻网（http://news2.sysu.edu.cn/news01/150312.htm），2017年6月20日。

为题为物理与天文学院本科生开设前沿讲座。①

　　罗俊院士首先介绍了引力波探测的背景及空间引力波探测的相关情况。"对科学执着的追求"——这就是天琴计划背后的驱动力。他从发展规划、技术分解、项目进展、核心关键技术积累、综合研究基础设施等方面详细讲解了天琴计划。他指出，空间引力波探测同时面向学术前沿和国家重大战略需求，科学意义重大、战略价值突出。天琴计划实施的过程中可以培养无数年轻人走向科研前沿，使得我国在高端技术方面占领有利地位。

6月16日　上午，珠海校区2017届毕业生代表座谈会举行。②

　　罗俊校长、黎孟枫副校长、程焕文校长助理出席座谈会，相关部门负责人和毕业生代表参加了座谈会。座谈会上，毕业生们畅所欲言，通过讲述自己在中大的学习生活历程，表达对学校的感恩之情。同时，大家也积极为学校的发展建言献策，希望亲身参与到学校的综合改革中去，身体力行地为学校的事业发展贡献自己的力量。校领导与各职能部门负责人就同学们的意见和建议做了回应，表示接下来将会加强与师生员工的沟通工作，通过深化改革，进一步改善存在的问题和不足，希望同学们三五年后再回母校，会见到一个更美丽、更有人文关怀、更有学术底蕴的中山大学。

　　罗俊在座谈会上表示，很高兴也很感谢同学们以主人翁的身份关心、参与学校发展并为学校的发展建言献策，同学们追求卓越、争当一流的精神和气质，是中大学子"德才兼备、领袖气质、家国情怀"素养的最生动反映，这种精神和气质也是支撑和鼓舞中大在争创"双一流"的进程中勇于开拓、不断超越的制胜法宝。罗俊为即将踏上新征程的毕业生送上了含"三个关键词"的"九句箴言"，即"三思""三行"和"三自"。"三思"是指"独立之思考""逻辑之思维""引领之思想"，希望同学们能在纷繁复杂、信息量庞大的社会中善于思辨并坚持独立思考，运用逻辑思维按规律办事，充分彰显领袖气质，做社会发展的引领者。"三行"是指"行贵在敏""行贵在实""行贵在恒"，希望同学们思考清楚之后就要付诸实践，在迅速行动的同时还要脚踏实地，在具体过程中落实、落细、落地，同时持之以恒，要有一辈子做好一件事的沉稳和气度，这样才能真正成事。"三自"是指要"自信""自律""自强"。自信是成功的基础，唯有充满自信才能开拓创新；自律是成功的保障，要遵守规矩，有所为有所不为；自强是成功的动力源泉，唯有自强，才能敢为天下先，不断追求卓越。

　　△下午，中文系（珠海）直属党支部召开组织生活会，集中学习从党的一大

---

①　中山大学物理与天文学院学生工作办公室：《走近空间引力波探测，追寻科学前沿》，见中山大学物理与天文学院网（http://spa.sysu.edu.cn/cn/content/1043），2017年6月16日。

②　中山大学党委宣传部、学生处：《追求卓越，争当一流——我校举行2017届毕业生代表座谈会》，见《中山大学报》（新）第399期，2017年6月23日。

以来历次党章的制定和修改情况。李善民副校长参加组织生活会并给予指导。会议由直属党支部书记罗燕主持。①

△下午，校长助理骆腾、人力资源管理处处长栾天罡一行到访国际金融学院，并与学院党委书记钟一彪等人就人才队伍建设等方面工作进行交谈，指导学院的人才引进工作。②

△中法核工程与技术学院核能与核技术工程硕士专业学位研究生培养案例荣获教育部哲学社会科学研究重大课题攻关项目最佳案例一等奖。

6月17日至18日 第三届中山大学国际青年学者珠海论坛在珠海校区举行。③

珠海论坛主题大会于17日上午召开。珠海市副市长阎武，珠海市高新区管委会、人力资源与社会保障局、教育局领导，校党委书记陈春声、校长罗俊、校长助理骆腾，中国科学院院士、地球科学与工程学院张培震教授、高锐教授出席会议，来自海内外的青年学者、各院系教师代表、我校相关部门负责人共300余人参加了会议。会议由陈春声主持。

陈春声表示，自2015年中山大学与珠海市人民政府签署全面新型战略合作协议以来，校市合作共同加强珠海校区建设，大大促进了珠海校区的建设和发展。国际青年学者珠海论坛作为我校全面提升珠海校区办学水平的重要举措，已成为我校人才引进的重要平台。希望青年学者们以本届论坛为契机，围绕相关学科领域，共同探讨学术前沿话题，为珠海市和中山大学珠海校区的发展建言献策，并欢迎大家积极参与到珠海和中山大学珠海校区的建设和发展中来。

阎武在致辞中表示，珠海市依托区位优势大力实施"高层次人才计划"，围绕经济社会发展需求，搭建人才创新创业平台，优化人才发展环境。中山大学国际青年学者珠海论坛已举办了三届，已成为一个国际青年学者的思想交流平台，并为珠海市聚集了大批优秀人才。他真诚邀请与会专家学者牵线搭桥，带动更多的人才到珠海施展才华、创新创业；同时，珠海也将以更大的诚意、最优的服务，为各类人才提供各项条件和发展空间。

罗俊做了主题报告，以"发展"为线索与大家分享中山大学的发展根基、发展态势以及珠海校区的发展规划。"跻身国内高校第一方阵"是中大在"十三五"期间的发展目标，"建成世界一流大学"是中大在今后很长一段时间内的发展方向和战略目标，主要包括"三校区五校园"的办学格局，"德才兼备、领袖气质、家

---

① 中山大学中文系（珠海）：《李善民副校长参加中文系（珠海）党支部组织生活——学习党章，实践党章》，见中山大学中文系（珠海）微信公众号，2017年6月20日。
② 中山大学国际金融学院学工部：《校长助理骆腾一行深入国际金融学院检查指导工作》，见中山大学国际金融学院网（http://isbf.sysu.edu.cn/cn/sylm01/22664.htm），2017年6月30日。
③ 中山大学党委宣传部、人力资源管理处：《聚英才，聚智慧，聚人心——我校举办第三届中山大学国际青年学者珠海论坛》，见《中山大学报》（新）第399期，2017年6月23日。

国情怀"的人才培养目标，文理医工融合发展的学科发展方向，"三个面向"与"三个输出"的发展宗旨。中大将珠海校区发展定位为学科布局和人才培养体系相对完整、具有世界一流办学水平和广泛国际声誉的国际化滨海校区。计划经过十余年建设，实现"文理医工学科门类齐全，在核、深空、深海和深地学科领域达到国际先进水平"的目标。未来珠海校区建设的重点任务是全面加强校园规划建设，全面实施高层次人才引进和培养计划。为吸引更多优秀人才参与珠海校区的建设，学校将提供有竞争力的薪酬待遇，并在教职员工子女教育、医疗、住房方面提供有效支持。罗俊校长最后向在座的青年人才发出热情邀请。期待大家成为新的"中大人"。

大会特邀中文系（珠海）副主任朱崇科教授、地球科学与工程学院尹常青教授、海洋科学学院李朝政特聘研究员做主题发言。

16日至18日，中法核工程与技术学院、国际关系学院、旅游学院、哲学系（珠海）、历史学系（珠海）、国际金融学院、国际翻译学院、数学学院、地球科学与工程学院、化学工程与技术学院、海洋科学学院、大气科学学院、物理与天文学院分论坛陆续在珠海校区举办，来自国内外本学科领域的学者参加了分论坛。

6月17至18日 第六届全国口译大赛（英语）总决赛在北京师范大学举行。我校国际翻译学院2016级翻译硕士（口译）研究生许旭东同学获同传一等奖及交传二等奖。①

6月20日 聘任张锦绣为物理与天文学院副院长。②

6月26日 聘任周勇为数学学院（珠海）副院长（试用期一年）。③

数学学院（珠海）于9月14日下午召开教职工会议，校党委组织部部长古小红代表学校送周勇教授上任数学学院（珠海）副院长。

6月30日 国际金融学院常务副院长吴培冠教授当选为中国国民党革命委员会广东省第十三届委员会副主任委员。④

7月3日 大大气科学学院本科生陈钛涵在中山大学2017年"党在心中"主题演讲比赛中获得一等奖。

7月4日 大气科学学院学科建设暨人才培养工作研讨会在珠海校区召开。南京大学大气科学学院副院长王体健、珠海市气象局局长李叶新，以及来自学校相关职能部门的负责人、大气科学学院全体教职工参加了会议。王体健教授受邀做了大

---

① 中山大学国际翻译学院：《我校国际翻译学院研究生许旭东同学在全国口译大赛总决赛中荣获一等奖》，见中山大学新闻网（http://news2.sysu.edu.cn/news01/150307.htm），2017年6月20日。
② 参见《中山大学关于张锦绣职务聘任的通知》，中大职聘〔2017〕4号文，2017年6月20日。
③ 参见《中山大学关于周勇职务聘任的通知》，中大职聘〔2017〕6号文，2017年6月26日。
④ 中山大学国际金融学院：《我院常务副院长吴培冠教授当选为民革广东省副主任委员》，见中山大学国际金融学院网（http://isbf.sysu.edu.cn/cn/sylm01/22680.htm），2017年7月2日。

会的主题报告。①

7月6日至9日 大气科学学院承办的2017年暑期"气候变化科学概论"专题讲座在珠海校区举行。本次专题讲座邀请到中国科学院院士秦大河、我校大气科学学院院长董文杰教授等21位科学家开展系列专题讲座。秦大河院士做了题目为"气候变化科学的发展与未来地球计划"的首场专题讲座。②

7月7日 上午,珠海市社科基地建设暨申报工作汇报会议在国际金融学院举行。珠海市社会科学界联合会主席蔡新华、国际金融学院钟一彪书记、哲学系(珠海)陈建洪主任、旅游学院院长助理曾国军教授、历史学系(珠海)于薇副教授等领导、老师出席会议。蔡新华表达了珠海市在中山大学珠海校区开展社科基地建设的期望和意义,希望充分发挥社科基地的力量,促进珠海市社科的繁荣发展。③

△周慧任国际翻译学院副院长(试用期一年)。④

7月10日至11日 珠海校区6个两地办学学院的1916名学生搬迁至广州校区南校园。⑤

7月10日至7月14日 国际翻译学院2017年优秀大学生夏令营在珠海校区举办。⑥

7月15日至16日 首届旅游研究中山大学—昆士兰大学—萨里大学三方国际旅游学术研讨会在我校珠海校区举办。中山大学旅游学院与澳大利亚昆士兰大学、英国萨里大学在教学及科研方面一直保持着合作关系。2009年,中山大学旅游学院与昆士兰大学开设了会展经济与管理专业"2+2"联合培养项目,每年招收近40名学生。2016年,中山大学旅游学院与萨里大学合作的本硕"4+1项目"启动。此外,中山大学旅游学院与两校的教师、行政人员开展交流与互访。⑦

7月16日 国家气候中心和我校大气科学学院联合举办的第十四届气候系统与气候变化国际讲习班开班仪式在珠海校区举行。

7月16日至19日 由中文系(珠海)举办的"诗与远方的海"暑期文学夏

---

① 中山大学大气科学学院:《大气科学学院召开学科建设暨人才培养工作研讨会》,见中山大学新闻网(http://news2.sysu.edu.cn/news01/150495.htm),2017年7月19日。

② 中山大学大气科学学院:《大气科学学院承办2017年暑期"气候变化科学概论"专题讲座》,见中山大学新闻网(http://news2.sysu.edu.cn/news01/150527.htm),2017年7月18日。

③ 中山大学国际金融学院:《珠海社科联蔡新华主席一行到中大珠海校区调研》,见中山大学国际金融学院网(http://isbf.sysu.edu.cn/cn/sylm01/22737.htm),2017年7月13日。

④ 参见《中山大学关于岑立全等任职的通知》,中大干〔2017〕22号文,2017年7月7日。

⑤ 中山大学学生处:《我校2017年学生搬迁工作顺利完成》,见中山大学新闻网(http://news2.sysu.edu.cn/news01/150518.htm),2017年7月17日。

⑥ 中山大学国际翻译学院:《国际翻译学院2017年优秀大学生夏令营成功举办》,见中山大学新闻网(http://news2.sysu.edu.cn/news01/150563.htm),2017年7月24日。

⑦ 中山大学旅游学院:《首届中大—昆大—萨里大学三方国际旅游学术研讨会在我院成功举办》,见中山大学旅游学院网(http://stm.sysu.edu.cn/content/4335),2017年7月26日。

中山大学珠海校区编年史（1999—2018）

令营在珠海校区举行。①

7月24日至28日 国际金融学院2017年全国优秀大学生夏令营在珠海校区举办。②

7月26日 上午，哲学系（珠海）2017年首届全国中学生暑期课堂在珠海校区开幕。③

7月27日 上午，我校"南海科学考察计划"2017年夏季航次动员大会举行。④

副校长王雪华，海洋科学学院院长、海洋科学研究中心常务副主任何建国，科学研究院副院长刘梅，相关学院负责人及课题组负责人出席动员大会。动员会由何建国主持。王雪华发表动员讲话。他指出，为更好地响应国家"海上丝绸之路""粤港澳大湾区"发展战略，学校将充分发挥综合性大学的多学科优势和地缘优势，建设世界一流的完整的"海洋学科群"，力争在海洋研究、海洋科考和海洋高端人才培养等方面做出卓越贡献。

在地球科学与工程学院倡议、海洋科学研究中心组织下，地球科学与工程学院、海洋科学学院以及大气科学学院等联合参与，南海科学考察计划2017年夏季航次正式启航。本航次将对粤港澳地区以南的南海北部地区进行多学科、多方位立体式的综合科学考察，旨在查明潜在的重大地质灾害、海洋环境变迁、海洋水动力条件、储碳能力和大气污染等重要科学问题。7月29日，生物海洋及物理海洋科考人员携带仪器设备于惠州上船，正式开始航程。

7月30日 黄爱成任国际翻译学院党委副书记；李颢任旅游学院党委副书记。⑤

8月1日至4日 第三届中国大学生帆船锦标赛暨第四届泛太平洋大学生帆船邀请赛在深圳大鹏七星湾举行。参赛的中山大学帆船队由海洋科学学院大一学生左皓晟、陈栩洋、游泽健、周宇森、郑灿坚、梁越洋6名队员组成，在学校体育部杨利春主教练等老师的科学指导下，经过5轮场地赛和1轮长航赛，最终获得场地赛

---

① 中山大学中文系（珠海）：《"诗与远方的海"暑期文学夏令营圆满落幕》，见中山大学新闻网（http://news2.sysu.edu.cn/news01/150571.htm），2017年7月24日。

② 中山大学国际金融学院：《国际金融学院成功举办2017年全国优秀大学生夏令营》，见中山大学新闻网（http://news2.sysu.edu.cn/news01/150589.htm），2017年8月1日。

③ 《哲学系（珠海）2017年首届全国中学生暑期课堂开班》，见中山大学哲学系（珠海）网（http://phil-zh.sysu.edu.cn/article/452），2017年7月31日。

④ 中山大学海洋科学研究中心：《我校"南海科学考察计划"2017年夏季航次动员会召开》，见中山大学新闻网（http://news2.sysu.edu.cn/news01/150583.htm），2017年7月28日。

⑤ 参见《中共中山大学委员会关于司飞等同志任免职的通知》，中大党组发〔2017〕44号文，2017年7月30日。

乙组冠军和长航赛季军的好成绩。①

8月3日至4日 由化学工程与技术学院承办的"东方仿真杯"2017年全国大学生化工设计竞赛暨第十一届全国大学生化工设计竞赛华南赛区决赛在珠海校区举办。中山大学代表队摘得华南赛区金奖。②

8月16日 2017年度国家自然科学基金申请项目评审结果公布。物理与天文学院冯珑珑教授主持的"恒星形成星系中的重子3循环和动力学演化：解析和数值模拟研究"获评为重点项目。③

8月16日至18日 由中文系（珠海）主办的为期三天的"第一届中文系（珠海）博士生学术论坛"在珠海校区举行。40名来自全国各大高校的优秀学者、博士生参加论坛。④

8月17日 聘任李伟华为化学工程与技术学院院长（试用期一年）。⑤

8月19日至20日 由海洋科学学院主办的"稳健潜水动力模拟方法及工程应用学术研讨会"在珠海校区举行。来自英国纽卡斯尔大学、华南理工大学等多家高校和科研院所的专家学者与会。⑥

8月23日 我校积极防抗台风"天鸽"对珠海校区的袭击。⑦

今年第13号台风"天鸽"于23日12时50分在珠海金湾区登陆，登陆时中心最大风力14级（45米/秒），成为今年来登陆广东的最强台风。由于"天鸽"的正面袭击，珠海市灾情严重，我校珠海校区也受到较大影响。尽管台风过后，有部分树木倒伏损毁，少量楼宇的屋面及雨棚、室外指示牌、宣传栏及施工围蔽等遭到损坏，但校园内秩序井然，工作人员坚守在一线岗位，为清理疏通道路、恢复校园整洁而辛勤工作。

台风登陆前及抗击台风期间，校党委书记陈春声、校长罗俊、党委副书记余敏斌等领导亲自指挥部署预防工作，并到珠海校区进行指导及看望师生和工作人员。

总务处、保卫处、珠海校区管委会等单位提早采取紧急措施，开展应急预防工

---

① 中山大学海洋科学学院：《中山大学（海洋科学学院）帆船队勇夺第三届全国大学生帆船锦标赛冠军》，见中山大学新闻网（http://news2.sysu.edu.cn/news01/150634.htm），2017年8月11日。

② 中山大学化学工程与技术学院：《第十一届全国大学生化工设计竞赛华南赛区决赛在我校成功举办，我校学子获比赛金奖》，见中山大学新闻网（http://news2.sysu.edu.cn/news01/150632.htm），2017年8月10日。

③ 国家自然科学基金委员会：《关于公布2017年度国家自然科学基金申请项目评审结果的通告》，见国科金发计〔2017〕98号文，2017年8月16日。

④ 邓秀雅：《第一届中文系（珠海）博士生学术论坛圆满落幕》，见中山大学新闻网（http://news2.sysu.edu.cn/news01/150663.htm），2017年8月21日。

⑤ 参见《中山大学关于李伟华职务聘任的通知》，中大职聘〔2017〕5号文，2017年8月17日。

⑥ 中山大学海洋科学学院：《我院召开稳健浅水动力模拟方法及工程应用学术研讨会》，见中山大学海洋科学学院网（http://marine.sysu.edu.cn/article/2885），2017年9月3日。

⑦ 中山大学党委宣传部、总务处：《众志成城，同心协力，我校积极防抗台风"天鸽"袭击》，见中山大学新闻网（http://news2.sysu.edu.cn/news01/150667.htm），2017年8月25日。

作。22日,总务处在珠海校区召开专题会议,布置开学准备和强台风防范工作。会后,总务处领导带领工作人员冒雨前往校园各处,特别是重点楼宇和维修工地进行全面检查,布置防范措施。8月23日台风登陆前,校区相关部门和物业公司值班工作人员也及时到岗,做好最后的巡查与补漏工作。保卫处安排校区校卫队员和保安将校园内室外危险性物品进行回收保管,对各保安门岗及岗亭进行检修加固。台风登陆期间,校卫队员和当值保安全部备勤,并转移受灾群众到校区安全场所。

23日上午10时开始,风雨逐渐增大,相关单位工作人员冒险巡查校园,及时报告树木倒伏情况;随时通报供电情况并及时处置图书馆、行政楼停电故障;坚守风雨操场,及时报告顶棚损毁险情,并果断安排避险工人转移。一线工作人员按照学校领导的要求,将生命放在首位,全力保障人员安全。中午台风登陆前后,总务处要求所有人员停止一切户外巡查工作并转移到安全区域,对可能存在安全隐患的建筑物实施断电处理。下午3时后,风雨减弱。校区管委会、总务、保卫部门工作人员第一时间巡查校园,安排物业人员修复水电设施,并开始对被台风刮倒且阻碍主干道通行的十余棵大树进行处理,逐步恢复交通。8月24日天气好转,总务处已及时统计并上报校区灾情,全力开展道路清理疏通、倒伏树木处置、太阳能设施和门窗维修、水电管网检修等灾后恢复工作。随着开学日期的日益临近,学校各相关部门、院系也在积极排查险情,检查教室及各教学设备仪器情况,以保证开学迎新工作的顺利如期进行。

8月26日 下午,中山大学与珠海市人民政府进一步加强新型战略合作协议签约仪式举行。①

广东省委副书记、省长马兴瑞,副省长、省科技厅厅长黄宁生,省政府副秘书长、办公厅主任张虎,省教育厅厅长景李虎,珠海市有关领导,我校党委书记陈春声、校长罗俊、常务副校长孙冬柏等参加了在广州举行的签约仪式。签约仪式由陈春声书记主持。

双方签署协议前,马兴瑞会见了陈春声、罗俊。马兴瑞对近年来中山大学与地方政府合作办学取得的成果给予充分肯定。他希望中山大学继续面向广东经济社会发展和粤港澳大湾区建设需求,优化学科结构,输出更多高素质人才,特别是海洋、智能制造、航空航天、材料等方面的工程科学人才,为广东贯彻落实好习近平总书记"四个坚持、三个支撑、两个走在前列"重要批示精神提供强有力的人才和智力支撑。

陈春声、罗俊感谢省委、省政府给予中山大学办学发展的大力支持,并表示将继续坚持走中国特色世界一流的发展道路,以改革的精神和创新的思路推动学校办学各项事业取得新的发展,为广东经济社会发展做出新的更大贡献。罗俊指出,珠

---

① 中山大学党委宣传部:《我校与珠海市人民政府加强新型战略合作》,见《中山大学报》(新)第402期,2017年9月4日。

海校区是中大的重要组成部分,在与珠海市开展新型战略合作以来,各项工作实现重大突破,不仅珠海校区办学经费和科研经费投入大幅度增长,而且办学结构和人才队伍结构更加完善,校区新规划也全面推进建设。在省市的全力支持下,中大将植根广东,建成中国特色世界一流的大学,为广东建设教育强省、落实习近平总书记"四个坚持、三个支撑、两个走在前列"总要求做出新的更大贡献。

中大与珠海市为加快建设粤港澳大湾区创新高地,加快推动我校建成世界一流大学,决定在以往合作的基础上,进一步加强新型战略合作,在珠海校区建设国际高水平创新集群,提升珠海校区在创新人才引进和培养、新型研发机构输出、原创科研成果产出、技术创新辐射等方面的能力。珠海市政府、高新区、市科工信局、教育局、人社局、财政局、市委宣传部的相关负责同志,我校全体在校领导、相关部门负责人出席了签约仪式。

8月28日 珠海校区迎新。校党委书记陈春声、校长罗俊、副校长杨清华前往珠海校区视察台风灾情,了解新生报到情况,看望学生,并慰问迎新的一线工作人员。①

8月29日 上午,珠海校区2017级开学典礼在多功能体育馆举行。②

校领导陈春声、罗俊、孙冬柏、李善民、余敏斌、杨清华、王雪华,以及多位珠海校区各院系负责人出席了本次典礼。

罗俊校长在开学典礼上致训词,他表示,大学是同学们学习成长的全新旅程,是人生爬坡的黄金阶段;承担国家民族社会的责任,成为更优秀的自己,是同学们大学期间努力的方向,也是中大的根本责任和使命。希望同学们主动、执着、修身、担当,用最美好的青春时光,努力成为"德才兼备、领袖气质、家国情怀"的人,成为有理想、有信念、有担当、有能力的人,成为社会主义事业的合格建设者和可靠接班人。

在校生代表夏燕飞同学,新生代表、历史学系(珠海)颜源相继发言。在宣誓环节,孙冬柏常务副校长领誓。典礼后,"大学第一课"讲座由大气科学学院杨崧教授主讲。

8月30日 大气科学学院在珠海校区举办"大气新生第一课",主讲嘉宾是中国气象局气象服务首席专家、中央电视台天气预报节目主持人宋英杰老师。珠海市气象局局长李叶新、大气科学学院院长董文杰、大气科学学院党总支书记杨建林等

---

① 中山大学党委宣传部:《无惧风雨,我校2017级新生报到工作圆满结束》,见《中山大学报》(新)第402期,2017年9月4日。

② 中山大学党委宣传部:《主动、执着、修身、担当——我校举行2017年开学典礼暨"大学第一课"》,见《中山大学报》(新)第402期,2017年9月4日。

领导出席本次讲座。①

9月3日 上午，2017级新生军训开训仪式在珠海校区举行。

9月5日 旅游学院孙九霞教授获聘珠江学者特聘教授，国际金融学院黄新飞教授获聘青年珠江学者。②

9月6日 上午，珠海市高新区党委书记闫浩波、管委会副主任赖晓斌一行到珠海校区检查灾后复学情况。

△晚，为深入开展"学在中大，三讲三读"主题学习教育，践行"两学一做"，校党委组织部部长古小红应邀在珠海校区为中法核工程与技术学院学生党员和入党积极分子讲授了题为"志存高远，脚踏实地，不负此生"的党课。③

9月8日 下午，广东省委书记胡春华到我校调研。④

中央政治局委员、广东省委书记胡春华到我校珠海校区调研，慰问张培震院士，参观海洋科学学院和"天琴计划"项目建设现场。广东省委常委、省委秘书长江凌，副省长、省科技厅厅长黄宁生，省教育厅厅长景李虎，珠海市委书记郭元强，我校党委书记陈春声、校长罗俊、副校长杨清华等陪同调研。

胡春华首先听取陈春声、罗俊汇报了珠海校区开展新一轮规划建设，积极引育高层次人才，以深海、深空等战略领域带动校区发展的情况，对校区新的发展规划和目标给予赞赏和肯定，勉励珠海校区要有更高的目标，为珠海和广东的经济社会发展做出更大贡献。

胡春华还来到张培震院士的办公室，询问了他工作生活方面的情况。正值教师节前夕，胡春华代表省委、省政府向我校及全省广大教职员工致以节日慰问和崇高敬意。胡春华感谢张培震院士在科研和教学方面做出的积极贡献，勉励他充分发挥学术带头人作用，做出更多科研成果，培育优秀传承者。他表示，当前广东实施创新驱动发展战略，需要一批像张培震院士这样的高素质人才扎根广东，为广东的经济社会发展贡献力量。他也希望中大能以高起点、高标准建设，为广东源源不断地输出高素质人才、高技术成果以及高水平研究机构。

胡春华还走访了海洋科学学院，听取了关于建造综合科考实习船、南海矿藏资源探测、中华白海豚保护等方面的汇报，充分肯定了我校做大做强海洋领域的战略思路，希望学校要有更大的战略性举措，加快汇聚海洋领域高水平创新资源，强调

---

① 中山大学大气科学学院：《分担风雨，分享阳光——央视著名气象主持人宋英杰老师为大气科学学院新生主讲"大气新生第一课"》，见中山大学新闻网（http://news2.sysu.edu.cn/news01/150743.htm），2017年9月1日。

② 中山大学人力资源管理处：《我校新增5位珠江学者特聘教授、2位讲座教授、8位青年珠江学者》，见《中山大学报》（新）第403期，2017年9月15日。

③ 中山大学中法核工程与技术学院：《校党委组织部部长古小红同志为中法核工程与技术学院学生讲授党课》，见中山大学珠海校区网（http://zhuhai.sysu.edu.cn/content/748），2017年9月11日。

④ 中山大学党委宣传部、发展规划办公室：《广东省委书记胡春华来我校调研》，见《中山大学报》（新）第403期，2017年9月15日。

要加强生态文明建设，要用科技手段做好海洋环境保护，勉励学校在服务国家南海战略方面做出更大贡献。胡春华还现场考察了"天琴计划"山洞实验室、激光测距平台等基础设施建设情况，对珠海市积极推动重大科技创新平台建设予以肯定，表示广东要积极支持"天琴计划"建设，服务创新驱动发展战略。

胡春华希望大家认真学习领会习近平总书记关于教育工作的重要讲话精神，全面贯彻党的教育方针，始终按照"四有标准"要求自己，立德树人，为广东实现"四个坚持、三个支撑、两个走在前列"做出更大贡献。省委、省政府，珠海市，我校部分职能部门、院系的有关领导参加调研活动。

△中山大学历史学系（珠海）与东北师范大学教学团队合作的"世界上古史"课程首课在珠海校区开讲。该课程是历史学系（珠海）与东北师范大学世界古典文明史研究所合力打造的"世界古代史课程群"中的专业基础课，由东北师范大学古典文明史研究所埃及史专家李晓东教授、罗马史专家宫秀华教授前来珠海校区担纲讲授。历史学系（珠海）副主任（主持工作）吴滔教授、系直属党支部书记朱志辉、珠海校区党工委兼管委会主任冯双参加仪式。①

9月11日至26日 国际翻译学院、哲学系（珠海）、地球科学与工程学院、中文系（珠海）、国际关系学院、大气科学学院、海洋科学学院、国际金融学院、物理与天文学院、旅游学院、中法核工程与技术学院等在珠海校区办学院系陆续召开教职工大会、党政领导班子会议等，学习和贯彻学校2017年秋季工作会议精神。

9月13日 上午，以"学在中大，追求卓越"为主题的学生工作专题研讨会在珠海校区召开。会议由学生处副处长戴红晖主持，学生处莫华处长、珠海校区党工委书记兼管委会主任冯双、珠海校区14个院系党委副书记出席会议。②

△下午，为创建学习型、创新型、服务型党组织，提高党员与时俱进、不断开拓进取的能力，珠海校区党工委组织到中国移动珠海分公司大数据基地参观学习。珠海校区党工委下属党支部党员、院系的部分党政领导干部及办公室主任参加了本次活动。③

9月14日 上午，珠海校区党工委召开全体党员会议，传达学习2017年中山大学秋季工作会议精神暨部署纪律教育学习月工作。④

△下午，校党委组织部部长古小红到国际翻译学院调研党支部工作，学院党委

---

① 中山大学历史学系（珠海）：《历史学系（珠海）"世界古代史课程群"首课开课暨"慎思班"开班仪式在珠海校区举行》，见中山大学新闻网（http://news2.sysu.edu.cn/news01/150804.htm），2017年9月8日。
② 中山大学学生处：《"学在中大，追求卓越"——珠海校区召开学生工作专题研讨会》，见中山大学新闻网（http://news2.sysu.edu.cn/news01/150907.htm），2017年9月18日。
③ 中山大学珠海校区党工委：《喜迎十九大——珠海校区党工委组织开展移动大数据参观学习活动》，见中山大学珠海校区网（http://zhuhai.sysu.edu.cn/content/2225），2017年9月21日。
④ 中山大学珠海校区党工委：《珠海校区传达学习2017年中山大学秋季工作会议精神暨部署纪律教育学习月活动》，见中山大学新闻网（http://news2.sysu.edu.cn/news01/150895.htm），2017年9月18日。

书记陈有志、副书记黄爱成及多位党支部书记参加调研。①

9月15日 下午，大气科学学院邀请我校党史党建研究所所长、马克思主义学院郭文亮教授向全院教职工主讲纪律教育月专题辅导报告，主题为"严格遵守党的政治纪律和政治规矩"。会议由学院党总支书记杨建林主持。②

9月16日 珠海校区举行2017级新生军训总结大会。朱熹平副校长出席总结大会。会上，军训团对半个月的技能训练情况进行了总结，承训部队赞扬我校学子"没有一人掉队，没有一人放弃"的优秀品质。校方代表宣读了军训师嘉奖令，对军训期间涌现出来的先进集体和个人予以表彰。③

9月17日 下午，由国际金融学院主办的中山大学首届"商·研"社会调研决赛在珠海校区举行。④

9月18日 国际金融学院新一届行政领导班子（副职）任职如下：⑤

黄新飞任国际金融学院副院长（主持工作），试用期一年；

张学志任国际金融学院副院长，试用期一年。

国际金融学院于9月27日上午在珠海校区召开黄新飞、张学志上岗会，副校长李善民、党委组织部副部长范涛出席。会议由学院党委书记钟一彪主持。⑥

△覃璇任天琴引力物理研究中心副主任（副处级）；许景明任珠海校区管理委员会副主任；胡海峰不再兼任珠海校区党政工作办公室主任职务。⑦

许景明任珠海校区管理委员会副主任上岗仪式于9月27日上午在行政楼举行。李善民副校长出席仪式并讲话，校党委组织部范涛副部长宣读了任命文件。

9月20日 上午10时，为开展2017年纪律教育学习月活动，珠海校区党工委、管委会结合"两学一做"学习教育安排，邀请审计处处长兰宇在图书馆做主题为《新时期学校中层领导人员经济责任审计的内容及要求》的专题辅导报告。珠海校区各院系、职能部门党政领导班子成员及相关行政人员参加了报告会。⑧

△上午10时20分，哲学系（珠海）举行聘任仪式，聘任我国著名学者张祥

---

① 中山大学国际翻译学院：《校党委组织部古小红部长到国际翻译学院调研党支部工作》，见中山大学国际翻译学院网（http://sti.sysu.edu.cn/zh-hans/node/1603），2017年9月19日。

② 中山大学大气科学学院：《讲政治，强党性，严纪律，守规矩——大气科学学院召开纪律教育月专题辅导报告会》，见中山大学新闻网（http://news2.sysu.edu.cn/news01/150954.htm），2017年9月20日。

③ 中山大学学生处：《我校举行2017级新生军训总结大会》，见中山大学新闻网（http://news2.sysu.edu.cn/news01/150958.htm），2017年9月20日。

④ 王琪琪：《国际金融学院主办中山大学首届"商·研"社会调研大赛》，见中山大学国际金融学院网（http://isbf.sysu.edu.cn/cn/sylm01/23273.htm），2017年9月20日。

⑤ 参见《中山大学关于黄新飞等任免职的通知》，中大干〔2017〕32号文，2017年9月18日。

⑥ 中山大学国际金融学院：《黄新飞、张学志就任中山大学国际金融学院副院长》，见中山大学国际金融学院网（http://isbf.sysu.edu.cn/cn/sylm01/23415.htm），2017年9月27日。

⑦ 参见《中山大学关于覃璇等任免职的通知》，中大干〔2017〕29号文，2017年9月18日。

⑧ 中山大学珠海校区党工委、管理委员会：《珠海校区党工委、管委会举办党风廉政建设专题辅导报告会》，见中山大学珠海校区网（http://zhuhai.sysu.edu.cn/content/2229），2017年9月27日。

龙为学校讲座教授。党委教师工作部部长、人力资源管理处处长栾天罡，珠海校区管委会主任、党工委书记冯双，哲学系主任张伟，哲学系（珠海）主任陈建洪及哲学系（珠海）师生代表等参加了聘任仪式。①

△上午11时，珠海校区党工委结合"两学一做"学习教育安排，邀请人力资源管理处处长栾天罡在图书馆做主题为"珠海校区人事人才政策"的报告会。珠海校区各院系及职能部门教职员工参加了报告会。②

9月21日 下午，物理与天文学院第一届教职工大会暨工会会员大会第一次会议在珠海校区举行。校工会副主席彭志刚莅会指导，副院长林伟鹏做学院工作报告，直属党支部书记李珅做学院财务经费使用报告，殷敏副书记做学院工会工作报告。③

9月23日 由海洋科学学院承办的"关注21世纪海上丝绸之路"第八届珠海海洋知识竞赛高校宣传仪式在珠海校区举行。来自珠海市相关职能部门、暨南大学珠海校区等单位的领导和嘉宾，以及我校海洋科学学院2017级全体本科生近300余人参加了本次活动。④

9月25日 广东省科学技术厅公布2017年度广东省工程技术研究中心名单，由海洋科学学院申报的"广东省海岸与岛礁工程技术研究中心"获得认定。⑤

9月26日 上午，李善民副校长参加中文系（珠海）党政联席会及全体党员大会，并就有关工作提出指导意见。⑥

△上午，为贯彻落实学校2017年"纪律教育学习月"活动要求，实现事业健康规范发展，加强内部治理体系建设，中法核工程与技术学院召开党总支中心组（扩大）学习会议，邀请审计处处长兰宇在珠海校区做了题为《中层领导人员经济责任审计内容与规范简介》的专题辅导报告。学院院长王彪、党总支书记吴长征、科研团队负责人及行政人员参加了本次学习。⑦

---

① 中山大学哲学系（珠海）：《著名学者张祥龙加盟中山大学哲学系（珠海）》，见《中山大学报》（新）第404期，2017年9月29日。
② 中山大学珠海校区党工委：《中山大学珠海校区党工委举办人事人才政策报告会》，见中山大学珠海校区网（http://zhuhai.sysu.edu.cn/content/2227），2017年9月27日。
③ 中山大学物理与天文学院党政工作办公室：《物理与天文学院第一届教职工大会暨工会会员大会第一次会议顺利举行》，见中山大学物理与天文学院网（http://spa.sysu.edu.cn/cn/content/1106），2017年9月27日。
④ 中山大学海洋科学学院：《海洋科学学院承办"关注21世纪海上丝绸之路"第八届珠海海洋知识竞赛高校宣传仪式》，见中山大学新闻网（http://news2.sysu.edu.cn/news01/151120.htm），2017年9月30日。
⑤ 广东省科技厅：《广东省科学技术厅关于认定2017年度广东省工程技术研究中心的通知》，见粤科函产学研字〔2017〕1649号，2017年9月25日。
⑥ 中山大学中文系（珠海）：《李善民副校长参加中文系（珠海）党政联席会及全体党员大会》，见中山大学中国语言文学系（珠海）网（http://chinesezh.sysu.edu.cn/zh-hans/node/369），2017年9月26日。
⑦ 中山大学中法核工程与技术学院：《中法核工程与技术学院召开纪律教育学习月专题辅导报告会》，见中山大学新闻网（http://news2.sysu.edu.cn/news01/151063.htm），2017年9月27日。

9月28日 珠海校区新建院系座谈会在哲学系（珠海）会议室举行。

罗俊校长出席会议。化学工程与技术学院、中文系（珠海）、历史学系（珠海）、哲学系（珠海）、大气科学学院等院系主要负责人汇报了本院系发展情况。罗俊在总结讲话中指出，在珠海校区办学的新建院系使命光荣、责任重大，虽然在发展的过程中遇到了重重困难，但是前途光明，要在发展过程中压实责任、凝练方向、建立规则、树立新风、拼搏进取、追求卓越。

9月29日 广东省发展和改革委员会副主任钟明一行到珠海校区考察"天琴计划"项目建设进展。杨清华副校长陪同考察。

△珠海市高新区召开灾后复产重建推进大会。中山大学珠海校区荣获"珠海高新区灾后复产重建先进单位"，陈东、梁钰锟荣获"珠海高新区灾后复产重建先进个人"。

△张小英任中法核工程与技术学院副院长，试用期一年。①

中法核工程与技术学院于10月24日上午召开教师代表和中层干部会议，校党委组织部部长古小红代表学校送张小英教授上岗。王彪院长参加会议，学院党总支书记吴长征主持会议。

9月30日 上午，国际金融学院召开行政班子换届后的首次党政联席会。李善民副校长出席会议。②

国际金融学院党政班子成员钟一彪、黄新飞等人结合分管业务逐一进行了汇报。李善民作为联系国际金融学院的校领导，希望国际金融学院按照学校要求，承担起应用经济学一级学科建设任务，凝练出具有特色的研究方向，在学科建设和科学研究方面实现突破性进展；重视人才引进工作，引进高端人才，壮大专职教师和科研人员队伍；将所有教师和科研人员纳入科研团队，做实做好团队建设，提升团队成员的科研能力和发展实力；根据"三个面向"的要求，开展"三大建设"，努力在经济学界发出中山大学国际金融学院的声音，快步走向世界经济前沿研究的舞台。另外，结合学校纪律教育学习月活动及新任行政班子上任的实际，李善民副校长对学院党政班子如何抓好党建工作和党风廉政建设等工作提出明确要求。

9月 国际金融学院党委开展安全与纪律教育学习月活动。③

本次安全与纪律教育学习月活动把意识形态安全、政治安全、经济安全、人身安全与师德师风和院风学风建设有机结合起来，教育对象是全体师生员工。结合实际，学院在教师中以政治纪律、政治规矩、党风廉政、保密纪律及师德师风教育为重点内容，在学生中着重抓好安全、纪律、诚信和保密等方面的教育。19日至20

---

① 参见《中山大学关于张雁等任免职的通知》，中大干〔2017〕35号文，2017年9月29日。
② 中山大学国际金融学院：《李善民副校长参加国际金融学院党政联席会》，见中山大学新闻网（http://news2.sysu.edu.cn/news01/151151.htm），2017年10月11日。
③ 中山大学国际金融学院：《国际金融学院深入推进安全与纪律教育》，见中山大学新闻网（http://news2.sysu.edu.cn/news01/151004.htm），2017年9月25日。

日，学院党委书记钟一彪为学院党政班子成员及党支部书记做了"六大纪律：党员领导干部 100 条禁令"的专题辅导报告。在做好学习教育的基础上，国际金融学院把安全与纪律教育学习月活动嵌入到人才培养工作中，在第一课堂开展"学风督查"，以加强学生的组织纪律性，保证教育教学的有序开展，推进良好院风学风建设；在第二课堂以宿舍安全为抓手，通过学院学生宿管会开展以宿舍火灾隐患整治、消防安全宣传教育及防盗教育为主要内容的安全检查，并取得较好的效果。

10 月 7 日 2017 年全国大学生武术锦标赛在湖南省娄底市落幕。来自国际金融学院的陈钊获得陈式太极拳冠军，来自中法核工程与技术学院的肖邦扬获得洪拳冠军。两人均为校武术队队员。①

10 月 12 日 国际翻译学院联合国际金融学院、物理与天文学院举办纪律教育月学习报告会，邀请学校纪委副书记、监察处处长何晓钟面向三个学院的领导班子成员、教师党员、管理干部党员做党风廉政建设专题辅导报告。报告会由国际翻译学院党委书记陈有志主持。②

10 月 16 日 珠海市委党校副校长张献斌到珠海校区党工委交流党建研究工作。

10 月 17 日 下午，珠海市社科联在我校珠海校区举行第三批珠海市社会科学研究基地授牌仪式。我校"珠海海上丝绸之路经济研究中心""珠海旅游研究院""特区历史地理研究中心"和"政治哲学与世界文明研究基地"为新增的珠海市社会科学研究基地。目前共有 5 个珠海市社会科学研究基地设在珠海校区。珠海市社科联主席蔡新华出席了授牌仪式。③

△珠海市高新区党委书记闫浩波、副书记梁兆雄一行到我校珠海校区调研思想政治工作。

10 月 23 日 下午，中山大学珠海校区基建项目开工仪式筹备工作会议在行政楼召开。珠海市委副书记赵建国、副市长阎武、高新区党委书记闫浩波、市政府秘书长刘新强、教育局局长林日团，中山大学常务副校长孙冬柏、副校长杨清华参加会议。

10 月 24 日 中午，中法核工程与技术学院行政学工教辅党支部联合本科生党支部召开师生党员会议，主题为"热议十九大"。校党委组织部部长古小红同志应邀出席会议。古小红部长在会上谈了自己的学习体会，并勉励青年师生党员要有提升自身能力的计划与想法，善于解决工作中的实际问题。在遇到挫折与困难时，学

---

① 中山大学体育部：《四金一银一铜，我校学子中国大学生武术锦标赛再创新高》，见中山大学新闻网（http://news2.sysu.edu.cn/news01/151139.htm），2017 年 10 月 10 日。
② 中山大学国际翻译学院：《国际翻译学院、国际金融学院、物理与天文学院联合举办纪律教育月学习报告会》，见中山大学国际翻译学院网（http://sti.sysu.edu.cn/zh-hans/node/1636），2017 年 10 月 17 日。
③ 中山大学科学研究院：《我校新增四个珠海市社会科学研究基地》，见中山大学新闻网（http://news2.sysu.edu.cn/news01/151141.htm），2017 年 10 月 10 日。

中山大学珠海校区编年史（1999—2018）

会以良好的心态去面对和克服，培养更坚韧的毅力，自觉接受组织的约束、教育和引导。①

△下午，校党委组织部部长古小红在珠海校区召开二级党组织书记座谈会。调研围绕加强全面党的领导、加强后备干部队伍建设等议题展开。地球科学与工程学院党委书记王岳军、海洋科学学院党委书记陈省平、国际翻译学院党委书记陈有志、数学学院（珠海）直属党支部书记甘远幡、历史学系（珠海）直属党支部书记朱志辉、中文系（珠海）直属党支部书记罗燕、哲学系（珠海）直属党支部书记陈建存等参加会议。会议由珠海校区党工委书记冯双主持。

△下午，校党委组织部部长古小红在珠海校区召开教职工入党积极分子座谈会。20多位来自院系和职能部门的入党积极分子参加座谈会。会议由珠海校区党工委书记冯双主持。

10月25日 历史学系（珠海）直属党支部召开以"学习十九大报告，分享《丝绸之路：一部全新的世界史》阅读心得，加深理解'一带一路'建设的世界意义"为主题的组织生活会。学校特邀党建组织员黎启业同志莅临指导，全系党员师生出席，部分非党员青年教师受邀参加会议。会议上，直属党支部书记朱志辉汇报了系党组织建设情况。②

10月26日 下午，物理与天文学院"彩霞展翅奖学金"颁奖仪式在珠海校区举行。学校教育发展基金会副秘书长黄源穗及物理与天文学院直属党支部书记李珅、副院长（主持工作）林伟鹏、副院长张锦绣、副书记殷敏以及部分老师和研究生代表参加了仪式。③

10月27日 上午，为深入学习领会习近平总书记党的十九大会议报告精神，物理与天文学院与中文系（珠海）联合召开学习交流座谈会。物理与天文学院直属党支部书记李珅、副院长（主持工作）林伟鹏，中文系（珠海）直属党支部书记罗燕以及教师代表参加了座谈。④

△下午，珠海市—中山大学新型战略合作项目动工仪式在珠海校区举行。⑤

珠海市委书记郭元强，市长姚奕生，市委副书记赵建国，市委常委、秘书长吴

---

① 中山大学中法核工程与技术学院：《中法核工程与技术学院召开"热议十九大"师生党员会议》，见中山大学新闻网（http://news2.sysu.edu.cn/news01/151357.htm），2017年10月26日。题目略有修改。

② 中山大学历史学系（珠海）：《学习贯彻党的十九大精神，为建设"一带一路"贡献历史学智慧——历史学系（珠海）直属党支部开展阅读分享组织生活会》，见中山大学新闻网（http://news2.sysu.edu.cn/news01/151377.htm），2017年10月27日。

③ 中山大学物理与天文学院学生工作办公室：《物理与天文学院"彩霞展翅奖学金"颁奖仪式顺利举行》，见中山大学物理与天文学院网（http://spa.sysu.edu.cn/cn/content/1145），2017年11月3日。

④ 中山大学物理与天文学院：《物理与天文学院与中文系（珠海）召开教师座谈会深入学习习近平总书记十九大报告》，见中山大学新闻网（http://news2.sysu.edu.cn/news01/151645.htm），2017年11月9日。

⑤ 中山大学党委宣传部、基建处：《中山大学与珠海市启动新型战略合作》，见《中山大学报》（新）第406期，2017年10月31日。

轼、副市长张宜生、阎武,中山大学党委书记陈春声、校长罗俊、副校长杨清华,华发集团董事长、总经理李光宁,以及珠海市高新区、我校相关院系和职能部门负责人出席仪式。仪式由陈春声主持。

仪式上,罗俊首先对珠海市委市政府、珠海市高新区以及华发集团的大力支持和高效工作表示感谢,并回顾了我校与珠海市开展新型战略合作以来取得的显著成效。他指出,珠海校区是中山大学事业发展实现核心指标倍增和内涵式发展的重要组成部分。珠海市—中山大学新型战略合作项目动工仪式代表着珠海校区新一轮建设全面启动,珠海校区事业发展将迎来新面貌、新气象、新格局。未来学校一定不忘初心、牢记使命,在国家、省市地方的大力支持下,继续紧密结合国家战略实施,加快珠海校区建设,为珠海市深入推进创新驱动发展战略,提供强有力的人才、科技和智力支持。

姚奕生在致辞中表示,贯彻落实党的十九大精神,关键在于行动。今天就是我们贯彻落实党的十九大提出的建设创新型国家、建设一流大学和一流学科的一项具体行动。姚奕生祝愿双方乘着党的十九大胜利召开的东风,在新起点上的合作取得更加丰硕的成果。

自珠海校区基础设施项目启动实施以来,珠海市政府在审批服务、建设管理以及建设经费上给予了大力支持。经过近期紧锣密鼓的前期准备,珠海校区基础设施项目进展顺利,多个项目进入施工前准备阶段。本月底首批开工项目主要集中在校区滨海区域,包括大气科学学院楼、海洋科学学院楼、四号学院楼群、多学科交叉平台楼、若海餐厅、三号学院楼群以及"天琴计划"科研综合楼(一期)等。该批项目建设规模约50万平方米。

自市校开展新型战略合作以来,珠海校区建设成效显著。校区办学经费和科研经费投入大幅度增长,2017年办学经费将超过20亿元,科研经费有望突破2.5亿元;办学结构更加完善,围绕深海、深空、深地以及核科学的15个院系和6个平台建设进展迅速,全部实现整建制学院办学,研究生培养规模大幅度增加;人才队伍结构更加完善,新引进一批院士、"长江学者"、"杰青"、"优青"等高层次人才,常驻校区的教师规模明显增加;校区基本建设全面推进,今后三年将新增超过100万平方米校舍,生均教育资源投入将大幅增长。

△我校海洋科学、旅游管理、金融学被列为珠海市优势学科。上述三个学科分别依托海洋科学学院、旅游学院和国际金融学院建设。

10月28日 《地理研究》创刊35周年学术盛典暨'观点与争鸣'栏目发展研讨会(第三届南岳论坛)召开。我校旅游学院保继刚教授被评为《地理研究》创刊35周年"杰出作者",孙九霞教授获得《地理研究》创刊35周年"优秀成果社会杰出贡献奖"。保继刚教授的论文《旅游者的行为研究及其实践意义》(与陈健昌合作,1988年7卷第3期)获得了《地理研究》创刊35周年"高引用量论文

Top10""最具影响力论文 Top30"两项论文奖。①

10月30日 旅游学院举办"第二届旅游管理学科建设学术会议"暨"旅游管理一级学科建设的学理基础研讨会"。会议举行期间,旅游学院还举办了"人力资源管理与服务绩效""酒店产业发展与学科响应"等多场分会议。②

11月1日 珠海市高新区党委书记闫浩波一行对珠海校区基建项目建设情况进行调研。

11月3日 学校党委在珠海校区组织召开2017年度务虚会。③

务虚会旨在集中学习党的十九大精神,研究学校第十三次党代会的筹备情况,研讨新时期学校事业发展的战略目标,讨论深化推进综合改革的意见建议,为新时期学校事业发展明确方向、明确目标、明确路径。全体校领导、校长助理,部分职能部门负责人、文理医工学科代表参加会议。

会议认为,党的十九大高举中国特色社会主义伟大旗帜,为新时代党和国家事业发展指明方向,明确夺取中国特色社会主义事业伟大胜利的基本方略,开启决胜全面建成小康社会、全面建设社会主义现代化强国新征程,具有重大的历史意义和深远的时代影响。实现科技强国、人才强国战略,教育强国是基础性工程,教育优先发展的定位体现了习近平中国特色社会主义思想的战略性和前瞻性。中山大学学习贯彻党的十九大精神,始终与党和国家事业发展同心同向同步同行,要紧跟新时代新蓝图,为实现"两个一百年"战略目标和"两个十五年"战略安排做出更大贡献。

会议认为,经过过去五年的快速发展,学校以坚定的理想信念、坚定的政治立场、强烈的政治担当,推动内涵发展取得扎实成效,开创办学治校的新局面,事业发展进入新的发展时期。中山大学新时期的奋斗目标是继续坚持中国特色,加快进入国内高校第一方阵步伐,努力实现迈进世界一流大学前列。实现到21世纪中叶迈进世界一流大学前列的伟大梦想,是中山大学与党和国家事业发展的现实目标和未来方向紧密结合的历史使命、时代责任和必然选择。实现这个目标,坚持"党的全面领导、社会主义办学方向、立德树人根本任务"的鲜明中国特色,坚持"三个首先想到"的一流标准,坚持综合性、研究型、开放式办学特质是核心。

会议指出,学校各级单位要持续认真学习贯彻党的十九大精神,多方研讨,凝聚共识,明确目标,为学校第十三次党代会的胜利召开做好充分准备,为实现学校新时期战略发展的新目标而共同努力奋斗。会议还听取了综合改革工作推进情况汇

---

① 中山大学旅游学院:《保继刚教授荣获〈地理研究〉35周年"杰出作者"》,见中山大学新闻网(http://news2.sysu.edu.cn/news01/151510.htm),2017年11月6日。
② 中山大学旅游学院:《我院成功举办"旅游管理一级学科建设的学理基础研讨会"》,见中山大学旅游学院网(http://stm.sysu.edu.cn/content/4419),2017年10月31日。
③ 中山大学党委宣传部:《学习贯彻十九大精神,探索新发展,明确新目标——中山大学2017年务虚会珠海校区召开》,见《中山大学报》(新)第407期,2017年11月17日。

报,就综合改革的总体部署、人力资源综合改革等主题进行了深入研讨。

11月4日 上午,"学习贯彻十九大精神,加快推进新建院系建设"座谈会在珠海校区召开。①

罗俊校长、孙冬柏常务副校长、黎孟枫副校长,以及18个新建院系党政领导班子及学校相关职能部门负责人参加了座谈会。会议由杨清华副校长主持。

座谈会上,孙冬柏就新建院系的发展规划提出了要求,希望各院系首先做好重点发展方向的规划,工科院系应该做到互相支撑,在凝练好办学方向的基础上做好人才引进、本科教学实验室建设、公共科研平台三方面的具体规划。发展规划办公室刘济科主任就18个新建院系在师资队伍、人才培养、科学研究和条件支撑4个方面的建设状况进行了整体介绍。18个院系的负责人依次介绍了本单位当前的办学现状和经验、下一步目标规划以及主要存在的问题。

罗俊在总结讲话时表示,各院系要认真学习党的十九大精神,贯彻习近平新时代中国特色社会主义思想,其中核心要义是"八个明确",实践要求是"十四项坚持"。要明确当前教育强国战略是全面建设中国特色社会主义现代化强国新征程的战略基础,高等教育面临全面推进"双一流"建设实现内涵发展的新机遇,必须扎根中国大地办好世界一流大学。扎根中国大地办大学必须有中国特色,要坚持和巩固党对高校的全面领导、坚持社会主义办学方向、坚持立德树人,培养社会主义事业的合格建设者和可靠接班人。中山大学要建设世界一流大学,要做到"三个首先想到",即社会首先想到、国家首先想到、学术圈首先想到,分别代表着社会期待、国家期待和学界期待;建设路径是坚持综合性、研究型、开放式的办学思路;希望新建院系按照学校建设中国特色世界一流大学的奋斗目标,不懈努力,追求卓越,为中山大学新一轮发展启动新引擎、注入新动能、开创新局面。

罗校长对新建院系提出四点要求:一是各院系要高度重视人才工作,加大引育力度;二是凝练学科方向,坚持学科建设这条主线,始终以"三个面向"作为凝练学科方向的指导思想;三是新建院系要尽快建立并完善人才培养体系;四是加强制度建设,落实"四有"工作,"四有"是一个整体,希望新建院系能够从思想和行动上按照"四有"来思考和推进工作,使之成为我们的管理文化。

△上午,孙冬柏常务副校长在珠海校区接受珠海电视台、《珠海特区报》记者专访。

△上午,中文系(珠海)主办的第一届"中国古典诗学研究工作坊"开幕。中文系(珠海)副主任(主持工作)朱崇科教授代表中文系(珠海)致开幕辞。

---

① 中山大学发展规划办公室:《学习贯彻十九大精神,加快推进新建院系建设工作——我校召开新建院系建设工作座谈会》,见中山大学新闻网(http://news2.sysu.edu.cn/news01/151547.htm),2017年11月6日。

中山大学珠海校区编年史（1999—2018）

近 50 位学者与会。①

△下午，珠海市高新区党委书记闫浩波一行对珠海校区排洪渠管理情况进行调研。

11 月 6 日 上午，中山大学特邀党建组织员黎启业、何国锋老师等到珠海校区，对珠海校区党工委及下属 5 个党支部的党建工作进行检查指导。②

△广东省委教育工委高校基层党支部书记示范培训中山大学班学员前往珠海校区进行集中培训。学员们听取了"中山大学的红色基因与珠海校区建设"等专题讲座，并参观了中山大学珠海校区支部建设示范点、观摩支部组织生活会。③

11 月 10 日 中法核工程与技术学院第八届联合行政管理委员会第一次会议在法国巴黎国立高等化学学院召开。④

受委员会主席、中山大学罗俊校长委托，中山大学党委书记陈春声教授出席并主持了此次会议。出席会议的委员有中山大学副校长肖海鹏教授，中法核工程与技术学院中方院长王彪教授，委员会副主席、法国格勒诺布尔综合理工学院校长 Pierre Benech，中法核工程与技术学院法方院长德麦赛等。委员们听取了中法双方院长关于 2016—2017 学年学院发展总结等情况汇报，审议通过了学院各年级培养方案、下一年度财务预算等工作报告。会议对中法核工程与技术学院今后的教学计划、校企合作等方面提出了进一步的部署。陈春声表示，中法合作办学取得了引人瞩目的成果，两届优秀的核能工程师顺利毕业走进核电公司和研究单位，受到了国内外用人单位的高度评价。目前珠海校区迎来了新的历史发展机遇，学院的中法第二轮合作已经全面展开。站在新的起点，中法双方要继续扩大和深化在教学、科研方面的合作，中山大学将对中法核工程与技术学院的各项工作继续给予支持，让这个合作项目更具特色和竞争力。

△由天琴引力物理研究中心主办的空间科学技术研讨会在珠海校区召开。来自中国航天科技集团公司科技委、中国空间技术研究院、航天东方红卫星公司等机构的专家学者以及来自中山大学航空航天学院、物理与天文学院的人员参加会议。中山大学常务副校长孙冬柏教授，中国工程院院士、导航卫星领域首席专家、导航卫星总设计师范本尧院士，中国航天科技集团公司科技委副主任、中国探月工程副总

---

① 中山大学中文系（珠海）：《中文系（珠海）第一届"中国古典诗学研究工作坊"会议精华（一）》，见中山大学中国语言文学系（珠海）网（h http://chinesezh.sysu.edu.cn/zh-hans/node/409），2017 年 11 月 5 日。

② 中山大学新闻中心珠海校区记者站：《创新党建工作方法，提高党建工作水平——中山大学特邀党建组织员对珠海校区党工委进行检查指导》，见中山大学珠海校区网（http://zhuhai.sysu.edu.cn/content/2233），2017 年 11 月 9 日。

③ 中山大学党委组织部：《广东高校基层党支部书记示范培训班开班》，见中山大学新闻网（http://news2.sysu.edu.cn/news01/151616.htm），2017 年 11 月 7 日。

④ 中山大学中法核工程与技术学院：《中法核工程与技术学院第八届联合行政管理委员会第一次会议在法国巴黎顺利召开》，见中法核工程与技术学院微信公众号，2017 年 11 月 14 日。

设计师于登云研究员,中国空间技术研究院副院长林益明研究员出席会议。与会代表参观了天琴计划珠海基地的工程建设。①

11月11日 2017年度"宝钢教育奖"颁奖仪式在上海举行。珠海校区办学院系共有5名师生荣获"宝钢教育奖"。旅游学院孙九霞获得"宝钢优秀教师奖",中法核工程与技术学院张果、国际翻译学院徐志鸿、国际金融学院陈纳宁、旅游学院赵嘉盈获得"宝钢优秀学生奖"。②

11月12日 上午,我校举行93周年校庆日向孙中山先生铜像献花仪式,向孙中山先生致敬。宋珊萍校长助理在珠海校区主礼。③

11月15日 由化学工程与技术学院主办的"南海腐蚀防护战略研讨会"在珠海校区召开。来自国内外高校及科研院所的60多名专家学者出席会议。化学工程与技术学院直属党支部书记黄勇平为大会致辞。化学工程与技术学院院长李伟华做了首场报告《新形势下的南海腐蚀与防护》。④

11月17日 由中山大学、广东省海洋与渔业厅联合主办,大气科学学院承办的2017年国际海洋论坛举行。本次论坛的主题为"海洋与气象防灾减灾及可持续发展",近150名专家学者出席会议。⑤

△张艳梅任国际翻译学院副院长。⑥

国际翻译学院于11月27日下午召开全体教职工大会,校党委组织部部长古小红代表学校送张艳梅上任国际翻译学院副院长。上任仪式由国际翻译学院党委书记陈有志主持。⑦

11月18日至19日 由国际翻译学院主办的"语料库和语篇分析高层论坛"在珠海校区举办。⑧

11月19日 "联合国世界旅游组织江门旅游可持续发展观测点"揭牌仪式

---

① 中山大学天琴引力物理研究中心:《我校召开空间科学技术研讨会》,见《中山大学报》(新)第407期,2017年11月17日。

② 中山大学教育发展与校友事务办公室:《我校15名师生荣获2017年度宝钢教育奖》,见中山大学新闻网(http://news2.sysu.edu.cn/news01/151759.htm),2017年11月16日。

③ 中山大学党委宣传部:《我校举行校庆日向孙中山先生铜像献花仪式》,见《中山大学报》(新)第407期,2017年11月17日。

④ 中山大学化学工程与技术学院:《化学工程与技术学院召开"南海腐蚀防护战略研讨会"》,见中山大学新闻网(http://news2.sysu.edu.cn/news01/151828.htm),2017年11月21日。

⑤ 中山大学大气科学学院:《2017年国际海洋论坛——"海洋与气象防灾减灾及可持续发展"在广州举行》,见中山大学新闻网(http://news2.sysu.edu.cn/news01/151811.htm),2017年11月20日。

⑥ 参见《中山大学关于刘梅等任免职的通知》,中大干〔2017〕38号文,2017年11月17日。

⑦ 中山大学国际翻译学院:《张艳梅任国际翻译学院副院长》,见中山大学国际翻译学院网(http://sti.sysu.edu.cn/zh-hans/node/1706),2017年11月30日。

⑧ 中山大学国际翻译学院:《群雄智慧,汇聚成流——中山大学国际翻译学院"语料库和语篇分析高层论坛"圆满举办》,见中山大学国际翻译学院网(http://sti.sysu.edu.cn/zh-hans/node/1699),2017年11月23日。

中山大学珠海校区编年史（1999—2018）

在江门开平自力村举行。我校旅游学院作为联合国世界旅游组织旅游可持续发展观测点管理与监测中心（MCSTO）依托单位，所主持的观测点（站）由此增至9个。旅游学院副院长张朝枝教授出席揭牌仪式。①

11月20日 下午，物理与天文学院直属党支部在珠海校区召开党员大会讨论吸收林伟鹏同志为中国共产党预备党员。②

校长罗俊、党委组织部部长古小红、珠海校区党工委书记兼管委会主任冯双出席会议，会议由物理与天文学院直属党支部书记李珅主持。会议赞成接收物理与天文学院副院长（主持工作）林伟鹏同志为中国共产党预备党员。罗校长对林伟鹏作为物理与天文学院第一位发展的教职工党员表示热烈祝贺，同时也提出了更高的要求。他从思想政治和学院工作两个方面与大家分享体会。在政治上，作为一名党员要始终做到对党忠诚、为党奉献、永不叛党，要有坚定的信念和理想追求。在实际工作中，要把具体工作落细、落地、落实，要从战略的角度上统筹学院工作，制订学院工作计划清单，合理分工、责任到人，全面、有序、高效地推进学院各项工作。

11月22日 中法核工程与技术学院主办的"新型核反应堆技术及事故管理研讨会"在珠海校区召开。会议以"核反应堆技术及相关研究方法、核反应堆安全分析及事故管理"为主题。环境保护部核与辐射安全中心、中广核研究院等单位的专家学者出席了会议。大会开幕式由中法核工程与技术学院副院长张小英教授主持。③

11月24日 上午，校党委书记陈春声到地球科学与工程学院调研党建工作。④

地球科学与工程学院院长兼党委书记王岳军，常务副书记王天琪、副院长杨小强、副书记张照等人参加调研座谈会。王岳军汇报了学院在学科建设、人才引进方面的工作进展和规划设计。王天琪代表学院做党建工作汇报。

陈春声书记在总结讲话中对学院工作给予肯定，并提出下一步发展的期望：一是积极配合学校在党政机构设置的探索与创新。希望学院继续探索党政工作的新架构与新的运作机制的方式方法，及时做好经验总结，做出榜样，更好地发挥、体现党的领导作用。二是学院风清气正，全院上下在思想上对学院的发展认识是统一

---

① 中山大学旅游学院：《我校旅游学院主持的联合国世界旅游组织旅游可持续发展观测点增至9个》，见中山大学新闻网（http://news2.sysu.edu.cn/news01/151849.htm），2017年11月22日。

② 中山大学物理与天文学院党政工作办公室：《物理与天文学院召开直属党支部党员大会讨论接收林伟鹏同志为预备党员》，见中山大学物理与天文学院网（http://spa.sysu.edu.cn/cn/content/1162），2017年11月27日。

③ 中山大学中法核工程与技术学院：《我校中法核工程与技术学院举办新型核反应堆技术及事故管理研讨会》，见中山大学新闻网（http://news2.sysu.edu.cn/news01/151882.htm），2017年11月27日。

④ 中山大学地球科学与工程学院：《校党委陈春声书记一行莅临地球科学与工程学院调研党建工作》，见中山大学地球科学与工程学院网（http://gs.sysu.edu.cn/article/425），2017年11月28日。

的,良好的凝聚力为学院的发展赢得了良好的行动力。党员在学院发展中起到了积极的促进作用。学院积极配合学校的学科调整、学科布局,加快珠海校区提升。学院在敏锐地发现现存的问题时,及时开展"三步走"设计,是有前瞻性的。希望学院能够充分做好老师们的思想政治工作,实现平稳发展。三是学院党政领导班子抓机遇、谋发展,真抓实干。近年来学院快速发展,希望学院领导班子进一步明确所肩负的历史使命和责任,继续加速学科建设。在"双一流"建设工作中,地质学科要有更大的作为,要肩负起几代地质人的期望,振兴中大地质学科的历史使命。四是人才队伍建设成效显著。学院要继续积极配合学校党委各项工作部署,稳步推进各项工作的开展。党办主任杨建林、党委学生工作部部长莫华等人陪同调研。

△校党委书记陈春声到国际翻译学院调研党建工作。①

国际翻译学院院长常晨光、党委书记陈有志、副院长周慧等人参加了调研座谈会。陈有志做了以"全心全意抓党建,凝心聚力促发展"为主题的党建工作汇报。常晨光和周慧分别汇报了国际翻译学院在人才引进、科研平台建设等方面的工作情况。

陈春声书记对国际翻译学院在过去一年基层党建工作中所取得的成绩给予五点肯定:一是学院党政领导队伍凝聚力强,党政管理运作顺畅,基层党建工作有声有色;二是意识形态工作得力,思想政治教育工作有成效;三是适应学校发展大局,在调整办学方向、提升学科水平、服务学校发展等方面进行了成功的探索与实践;四是学院师资队伍朝气蓬勃、人心稳定、风清气正,教师工作态度认真,对学生认真负责;五是人才引进工作有成效。对学院今后的工作,他提出五点希望:一是要继续认真学习和领会党的十九大精神,全院师生要进一步坚定"四个自信",要深刻理解中国特色社会主义进入新时代是对中国共产党长期执政的历史要求,要深刻理解中国特色社会主义制度所蕴藏着的中华深厚传统文化的基因;二是要继续做好基层党建工作,进一步发挥基层党组织在青年教师成长、发展工作中的战斗堡垒作用,进一步加大力度发展好教师党员;三是要更加牢固地树立主人翁意识,学科建设和学术研究要有大格局、大气魄,在提升学术品位、人才培养质量和管理服务水平等方面要有更高的目标、更大的作为,努力将外国语言文学一级学科推向主流;四是要继续加强师生思想引导工作,确保学院在转型发展的过程中,保持稳定和团结;五是要继续进一步强化"四个意识",要更加主动、自觉地适应学校的发展,始终把学校的利益放在首位,开展各项工作要讲纪律、立规则,确保学院各项事业发展行稳致远。

△数学学院(珠海)召开2017年学科建设研讨会。来自上海交通大学、华中

---

① 中山大学国际翻译学院:《陈春声书记到国际翻译学院调研》,见中山大学国际翻译学院网(http://sti.sysu.edu.cn/zh-hans/node/1703),2017年11月28日。

科技大学等高校的近20名专家学者应邀出席。我校数学学院副院长陈兵龙介绍了数学学科的历史发展情况。数学学院（珠海）院长赵育林提出了凝练学科发展方向、建设一流数学学科、促进学院内涵式发展的规划和目标。数学学院（珠海）直属党支部书记甘远璠介绍了为加强数学一流学科建设所做的工作和提供的各项保障措施。①

11月25日　上午，中文系（珠海）第一届"中国现当代文学前沿问题工作坊"开幕。工作坊由中文系（珠海）刘志荣教授发起和组织。中文系（珠海）副主任（主持工作）朱崇科教授代表中文系（珠海）致辞，他简单介绍了中文系（珠海）的基本情况和即将建设的三大平台：华文文学与文化、中西方文学文论比较、古典学大平台。来自复旦大学、中国社会科学院等单位的学者参加了工作坊。②

11月25日至26日　由中山大学参与主办，国际关系学院承办的第十五届全国高校国际政治研究会年会暨"世界秩序转型与区域治理"研讨会在珠海校区举行。来自中国人民大学、清华大学等单位的165位专家学者参会。全国高校国际政治研究会理事长、中国人民大学国际关系学院陈岳教授、中山大学国际关系学院党总支书记任虹在开幕式上致辞。国际关系学院行政负责人魏志江教授等专家发表了主旨演讲。③

11月26日至27日　由世界气候研究计划中国委员会和中山大学大气科学学院联合举办的"第三届气候系统研讨会"在珠海召开。来自中国气象局、北京大学等单位的120余位专家学者参会。王雪华副校长在开幕式致辞中表示，中山大学珠海校区立足打造核科学、深地、深海、深空等学科，以建设涵盖海洋科学、海洋技术、海洋工程和海洋人文社科的完整齐全的"海洋学科群"为重心，筹建"南海国家实验室"。大气科学学院作为海洋学科群的学院之一，自成立以来，依靠学校及学院上下的共同努力，在人才引进、学科建设、人才培养等方面都取得了优异的成绩。中国科学院王会军院士也在开幕式上致辞。校党委办公室主任、大气科学学院党总支书记杨建林对学校、学院的历史、概况及发展现状进行了介绍。大气科学学院院长董文杰致闭幕辞。④

---

① 裴丹：《凝练学科发展方向，促进学院内涵式发展——数学学院（珠海）召开2017学科建设研讨会》，见中山大学数学学院（珠海）网（http://mathzh.sysu.edu.cn/content/511），2017年11月26日。

② 中山大学中文系（珠海）：《中山大学中文系（珠海）第一届中国现当代文学前沿问题工作坊"新世纪文学的探索和实验"成功举办》，见中山大学中国语言文学系（珠海）网（http://chinesezh.sysu.edu.cn/zh-hans/node/448），2017年11月28日。

③ 中山大学国际关系学院：《第十五届全国高校国际政治研究会年会暨"世界秩序转型与区域治理"研讨会在中山大学举行》，见中山大学新闻网（http://news2.sysu.edu.cn/news01/151895.htm），2017年11月28日。

④ 中山大学大气科学学院：《第三届全国气候系统研讨会在珠海召开》，见中山大学新闻网（http://news2.sysu.edu.cn/news01/151913.htm），2017年11月29日。

11月28日 下午,校党委书记陈春声到珠海校区党工委调研党建工作。①

珠海校区党工委书记、管委会主任冯双及党工委中心组成员参加了座谈会。冯双做了珠海校区党工委工作汇报。

陈春声书记肯定了珠海校区党工委的工作,认为校区党工委在服从党委统一领导、执行党委决策部署方面做到了"守土有责,尽职尽责"。珠海校区发展走过了不平凡的历程,校区党工委所取得的成绩来之不易。他对珠海校区党工委做好今后工作提出五点要求:第一,要从学校发展的大局谋划工作,推动珠海校区的发展。要在"三校区五校园"一体融合永续发展的指导思想上进一步做好延伸管理工作,找准党工委和管委会的职责定位。第二,要积极探索珠海校区党工委和管委会的工作方式和组织方式,为学校在多校区模式下如何进一步做好管理工作探索经验。第三,未来三到五年是珠海校区发展的关键时期,在实现中山大学进入国内高校第一方阵、进入世界一流大学行列目标的过程中,珠海校区的发展将是十分重要的一环。珠海校区党工委和管委会的同志们要超常工作,鞠躬尽瘁。第四,珠海校区党工委和管委会要继续做好服务,不断提升工作水平、提高服务质量、做好精细管理,要多加思考并进一步改善服务流程,做到服务更为贴心、管理更为科学。第五,全体党员干部要注意廉洁自律,防控廉政风险。珠海校区未来的大发展将牵涉方方面面的人和事,面对复杂的工作环境,全体同志要洁身自好、坚守底线。组织部部长古小红、党委办公室主任杨建林、党委宣传部部长陈建洪、党委学生工作部部长莫华等相关部门负责同志陪同调研。

△校党委书记陈春声召开文史哲(珠海)三系党建工作调研座谈会。②

文史哲(珠海)三系直属党支部书记、系主任、副书记、教师及行政人员代表等参加座谈会。文史哲(珠海)三系党组织书记罗燕、朱志辉、陈建存分别就本系党建情况进行汇报。随后,三系系主任、行政负责人朱崇科、吴滔、陈建洪对本系学科建设、行政管理等情况做了汇报。

陈春声对文史哲新建院系的基层党建工作给予肯定,认为新建院系从成立到现在各方面逐渐步入正轨来之不易。三系的工作初见成效,离不开基层党组织的有力保障。很高兴看到三系的教学、科研、学科建设都已在正路上前行。他对各系今后的工作提出五点希望:一是要继续深入学习贯彻党的十九大精神,结合工作实际,原原本本地学;二是珠海校区人文学科的建设要有大的眼界、深层次的思考,在制订学科发展计划的时候要与国内外结合,并要有具体的实施时间计划;三是人才引进仍是各项工作的重中之重,要继续加大力度引进专职科研人员,并做好培养发展

---

① 中山大学珠海校区党工委:《陈春声书记一行到珠海校区党工委调研党建工作》,见中山大学珠海校区网(http://zhuhai.sysu.edu.cn/content/2250),2017年11月30日。

② 中山大学哲学系(珠海):《陈春声书记一行莅临文史哲(珠海)调研党建工作》,见中山大学哲学系(珠海)网(http://phil-zh.sysu.edu.cn/article/347),2017年11月29日。

工作；四是继续保持创业心态，要超常规工作，不可懈怠，同时注意建立规范制度，培植文化，要大气大度，党政要互相支持，并一心一意将院系做大做强；五是意识形态工作仍需高度重视，在引进人才时必须把好关，确保思想政治的安全。党委组织部部长古小红、党委宣传部部长陈建洪、党委办公室主任杨建林、党委学工部部长莫华等陪同调研。

△晚，校党委书记陈春声到数学学院（珠海）开展党建工作调研。①

数学学院（珠海）院长赵育林、直属党支部书记甘远璠、副院长周勇、直属党支部副书记李锐等党政领导以及教职工代表参加座谈会。甘远璠代表学院直属党支部汇报了党建工作。赵育林围绕学院人才引进、学科建设、人才培养、科研工作等方面进行了汇报。

陈春声在听取了汇报后做了总结讲话。他首先对数学学院（珠海）的党建工作给予肯定，认为学院直属党支部在学院建设初期发挥了很好的引领作用，并指出学院在人才引进和人才培养等方面效果显著。他对学院的下一步发展提出四点期望：一是继续保持凝心聚力的向上精神，并使之逐渐积淀成为学院的文化传统，为学院的发展打下扎实基础；二是深刻认识学校在珠海校区设置基础学科的重要性，秉承对中大发展高度负责任的态度，使每个校区都形成完善的学科和人才培养体系，努力将数学学科做大做强；三是进一步加大学院人才引进力度，要立足学院长远发展，高标准引进各类人才；四是学院全体教职员工要齐心协力渡过学院发展的过渡期，实现学院的内涵式发展。党委组织部部长古小红、党委办公室主任杨建林、党委宣传部部长陈建洪等陪同调研。

11月29日 上午，校党委书记陈春声到旅游学院开展党建工作调研。②

旅游学院院长保继刚、党委书记林俊洪、副院长张朝枝、副院长罗秋菊、党委副书记李颢等人参加调研座谈会。林俊洪代表学院党委做了党建工作汇报。保继刚汇报了学院的中长期发展规划。张朝枝、罗秋菊、何莽也结合学科建设、人才培养、教学科研等方面做了汇报。

陈春声在总结讲话中对学院党建及学院发展给予肯定：一、学院的学术排名靠前，旅游管理是学校在各排名榜中排名靠前的学科之一，业界声誉很高，在国内有重要的影响力；二、学院党委自单独组建以来，党建各项工作规范扎实，有力推进了学院事业发展，成绩明显；三、学院积极配合支持学校近年来的学科布局与调整，克服了很多困难，为学校稳定工作做出了贡献；四、学院在大学服务支持地方工作方面做了很多有成效的工作；五、整个学院师生的精神面貌很好，有很好的文

---

① 裴丹：《校党委书记陈春声一行莅临我院调研指导党建工作》，见中山大学数学学院（珠海）网（http://mathzh.sysu.edu.cn/content/509），2017年11月29日。

② 中山大学旅游学院：《校党委书记陈春声到我院调研党建工作》，见中山大学旅游学院网（http://stm.sysu.edu.cn/content/4466），2017年12月15日。

化氛围。同时，他对学院提出四点希望：一是要继续学习宣传贯彻好党的十九大精神，更加深入体会和理解"文化自信"的内涵要求；二是要加强学科建设，思考如何增强学科的学理与涵养，根据十九大报告中生态文明建设要求，结合南岭山脉、客家文化等地域特点，谋划在国家公园体制建设上有所作为；三是要逐步调整人才培养模式，加大研究生培养；四是要注意做好后备人才特别是领军人才的培养，保证学院发展稳步向前。党委组织部部长古小红、党委办公室主任杨建林、党委宣传部部长陈建洪等陪同调研。

△上午，校党委书记陈春声到国际金融学院调研党建工作。①

国际金融学院党委书记钟一彪、副院长（主持工作）黄新飞、党委副书记靳祥鹏、副院长张学志等党政班子成员、教工党支部书记等参加了调研座谈会。钟一彪做了"立德树人 为党育才"的主题汇报，黄新飞以"学院学科建设与立德树人"为主题进行了汇报。靳祥鹏、张学志分别进行了汇报发言。

陈春声做了总结讲话。他对国际金融学院的党建工作和行政工作给予肯定：第一，学院新一届行政班子展现了进取心、责任心、积极性和主动性，"科研育人"形成了总体方案，已经在扎实开展，令人印象深刻；第二，学院在过去一段时间所取得的成绩与学院党委的努力是分不开的，充分体现了党的工作在高等教育发展中的重要作用，学院党委"坚强有力，能开新局"，形成了很好的党政配合；第三，在学校深化综合改革的过程中，学院积极配合，主动适应新形势，转型平顺，建立了从本科到博士完整的培养体系，提高了学术研究品质和数量，改革发展初见成效；第四，学院在人才培养方面特点突出，学生对学院的认同感强；第五，学生工作有章有法，形成了第一课堂与第二课堂相衔接的育人体系。同时，他对国际金融学院的工作提出四点要求：第一，学院师生要继续认真学习贯彻好党的十九大精神，并结合学院学科优势和所处的区位优势，大力推进"一带一路"、粤港澳大湾区等经济社会发展方面的课题研究；第二，从整个学校"三校区五校园"格局的形成来理解学校办学布局，以一流的国际商学院为建设目标，要有更大的雄心、更高的站位、更广的视野，要更好地做好学科发展规划，巩固已经在做的事情，"目标就是第一，步子可以更大一些"；第三，加大人才引进力度，为建设研究型学院奠定坚实的基础；第四，努力为珠海经济社会发展多做贡献，在珠海的产业、金融、经济管理等方面发挥智囊作用，提供决策咨询。党委组织部部长古小红、党委办公室主任杨建林、党委宣传部部长陈建洪等人陪同调研。

△中午，校工会常务副主席吴京洪一行对珠海校区分工会"职工小家"建设工作进行调研。

---

① 陈思静：《校党委陈春声书记寄语国际金融学院：全面贯彻落实党的十九大精神 努力建成一流国际商学院》，见中山大学国际金融学院网（http://isbf.sysu.edu.cn/cn/sylm01/24266.htm），2017年11月30日。

中山大学珠海校区编年史（1999—2018）

△下午，校党委书记陈春声到中法核工程与技术学院进行党建工作调研。①

中法核工程与技术学院党总支书记吴长征、中方院长王彪、法方院长德麦赛、党总支副书记刘李云等参加了调研会。吴长征就学院党建工作做了专题汇报。王彪、德麦赛等与会人员进行了工作交流。

陈春声做了总结发言。他对学院基层党建工作所取得的成绩给予肯定：一是学院在办学上是成功的，学校将继续尽全力支持学院发展；二是学院领导班子的工作有成绩，人才培养卓有成效；三是人才引进工作取得成绩，新入职的教师更加贴近学院的学科专业；四是探索了在中外合作办学学院开展党建工作的有效途径。他对学院今后的工作提出四点希望：一是要继续认真学习和领会党的十九大精神，要深刻理解中国特色社会主义进入新时代的精神实质和内涵，适应新时代的转变，要进一步坚定"四个自信"，尤其是文化自信；二是要谋长远，在一个有中国特色的综合性大学嫁接法国精英预科教育非常不容易，要进一步理清机制，特别是要考虑教师的结构和数量；三是要加强科研工作；四是学院领导班子要进一步凝聚共识，主动沟通解决学院发展中遇到的困难，推动学院事业发展。校党委组织部部长古小红、党委办公室主任杨建林、党委宣传部部长陈建洪等陪同调研。

△校党委书记陈春声到海洋科学学院开展党建工作调研。②

海洋科学学院院长何建国、党委书记陈省平、副院长孙晓明、党委副书记潘云智以及各党支部书记等参加了座谈会。陈省平做了题为《树立鲜明导向，落实根本任务，发展好学院》的党委工作汇报。何建国就学院充分发挥党政合力，促进学院人才引进、学科建设、学院建设发展方面工作做了汇报。

陈春声对海洋科学学院的党建工作表示肯定：一是学院建院以来，人才引进工作扎实推进，成效显著，学院党委也发挥了重要作用；二是学院从无到有，建设发展情况喜人，响应国家"一带一路"倡议积极开展了科技外交工作；三是学院克服重重困难，建院立院，为学校在珠海校区发展海洋学科群奠定了基础；四是学院党委党建主业意识强，基层党建工作成果丰硕。他对海洋科学学院提出了五点希望：一是要继续深入学习贯彻党的十九大精神，要学原文、读原著；二是要深刻理解学校在珠海校区建设海洋学科群这一决定的重要意义，充分发挥海洋科学学院的重要作用；三是希望学院学科建设和发展更有雄心，目标更加高远；四是随着学院重心逐步转至珠海校区，学院要进一步加强在珠海校区的学院文化建设；五是希望进一步发挥学科优势，多为珠海市海洋事业发展贡献力量。党委组织部部长古小红、党委办公室主任杨建林、党委宣传部部长陈建洪等陪同调研。

---

① 中山大学中法核工程与技术学院：《校党委陈春声书记一行到我院开展党建工作调研》，见中山大学中法核工程与技术学院微信公众号，2017年12月1日。
② 中山大学海洋科学学院：《陈春声书记一行莅临我院开展党建工作调研》，见中山大学海洋科学学院网（http://marine.sysu.edu.cn/article/1868），2017年11月30日。

11月30日到12月1日 由旅游学院承办的中国旅游协会旅游教育分会年会暨国际旅游教育研讨会在中山大学举行。研讨会主题为"全球旅游教育：变化、挑战、前景"。开幕式上，副校长黎孟枫、广东省旅游局局长曾颖如先后致辞。研究生院院长、旅游学院院长保继刚教授做了"中国旅游教育：发展历程及面临问题"的主旨演讲。①

11月 珠海市教育局公布了珠海市重点实验室、重点研究基地第一年度考核结果，设立在我校海洋科学学院的"中山大学海洋生物资源与环境实验室"获评优秀。②

12月1日至3日 由数学学院（珠海）主办的"2017珠海常微分方程与动力系统会议"在珠海举行，近130位专家学者参会。在开幕式上，数学学院（珠海）赵育林院长向各位与会嘉宾简述了我校及数学学院（珠海）的发展进程与规划，数学学院（珠海）直属党支部书记甘远璠在开幕式上致辞。③

12月2日至3日 中国科学院学部第71次科学与技术前沿论坛——"地球深部结构与强震孕育过程"在珠海校区举办。论坛由中国地质大学（北京）地球科学与资源学院王成善院士、中国科学院地质与地球物理所朱日祥院士和我校地球科学与工程学院张培震院士共同担任大会执行主席。来自中国科学院系统、北京大学等科研院所和高校的地震科学领域的百余位专家学者和研究生参加论坛。④

12月2日至4日 由中文系、中文系（珠海）联合主办的"中国语言文学学科建设高层论坛"在珠海校区举行。来自复旦大学、南京大学等20多所全国重点大学的专家学者出席会议。中文系主任彭玉平教授和中文系（珠海）副主任（主持工作）朱崇科教授在开幕式上先后致辞。⑤

12月5日 上午，王雪华副校长率科研院领导到海洋科学学院调研科研发展情况。海洋科学学院何建国院长、孙晓明副院长及各团队负责人参加了座谈会。⑥

12月6日 由中法核工程与技术学院承办的中法合作高校的法方院长年会在珠海校区召开。上海大学中欧学院、华中科技大学中欧清洁与可再生能源学院等中

---

① 中山大学旅游学院：《全球旅游教育专家齐聚中山大学，热议变化、挑战与前景》，见中山大学新闻网（http://news2.sysu.edu.cn/news01/151933.htm），2017年12月4日。
② 中山大学海洋科学学院：《中山大学海洋生物资源与环境珠海市重点实验室获评年度考核优秀》，见中山大学海洋科学学院网（http://marine.sysu.edu.cn/article/1883），2017年11月29日。
③ 中山大学党委宣传部：《数学学院（珠海）举办2017珠海常微分方程与动力系统会议》，见中山大学新闻网（http://news2.sysu.edu.cn/news01/151964.htm），2017年12月6日。
④ 中山大学地球科学与工程学院：《"地球深部结构与强震孕育过程"科学与技术前沿论坛在中山大学举办》，见中山大学地球科学与工程学院网（http://gs.sysu.edu.cn/article/426），2017年12月5日。
⑤ 中山大学中文系：《"中国语言文学学科建设高层论坛"在珠海顺利举行》，见中山大学新闻网（http://news2.sysu.edu.cn/news01/151966.htm），2017年12月6日。
⑥ 中山大学海洋科学学院：《王雪华副校长一行调研海洋科学学院科研工作》，见中山大学海洋科学学院网（http://marine.sysu.edu.cn/article/1562），2017年12月6日。

中山大学珠海校区编年史（1999—2018）

法合作院校的法方院长及代表、法国驻华大使馆、法国驻广州总领事馆、法国驻成都总领事馆、法国驻武汉总领事馆、法国驻上海总领事馆高校合作专员等参加了此次会议。中法核工程与技术学院法方院长德麦赛与法方教学副院长 Bertrand Mercier 出席了会议。①

12月7日 上午，国际翻译学院主办的"欧洲视阈中的中国"国际研讨会在珠海校区开幕。②

国际翻译学院院长常晨光教授、欧洲研究中心主任斯蒂芬·洛南教授以及20多名学者参加了开幕式。常晨光在致辞中表示，国别和区域研究、跨文化研究是国际翻译学院在新时期重点发展的学科方向，欧洲研究中心的定位不同于传统的单向度研究，而是力求把欧洲研究放到中欧文化互动的关系中进行考察，锁定欧洲文化如何看待和回应中国发展，在互动的跨文化视阈中发现欧洲的文化视角和价值判断。中心的建设与发展，响应中国开放自信的文化发展战略，旨在服务"一带一路"倡议，对中欧交流进行多方面、多视角的文化研究，增强文明互信与文化自信。香港岭南大学文学院院长孙艺风教授发表开幕演讲。开幕式最后，国际翻译学院学术总监王宾教授、副院长周慧、欧洲研究中心主任斯蒂芬·洛南共同为国际翻译学院欧洲研究中心揭牌。

12月8日 上午，浙江大学保卫处陈伟处长、西安交通大学保卫处李峥嵘处长、中国海洋大学保卫处李春雷副处长、河海大学保卫处许智猛处长、北京理工大学珠海分校保卫部贾国栋副部长等一行到珠海校区参观交流。③

12月8日至10日 由物理与天文学院主办的首届亚太地区囚禁量子系统会议在珠海校区召开。来自中国、美国、欧盟等国家和地区的50多位知名学者出席会议。④

12月12日 旅游学院参与承办的粤港澳大湾区城市旅游研讨会在珠海举办。⑤

12月13日 下午，第十三届珠海校区教职工趣味运动会在珠海校区田径场

---

① 中山大学中法核工程与技术学院：《中法合作办学院校法方院长年会在中法核工程与技术学院顺利召开》，见中山大学中法核工程与技术学院微信公众号，2017年12月13日。
② 中山大学国际翻译学院：《国际翻译学院"欧洲视阈中的中国"国际研讨会开幕式成功举办》，见中山大学新闻网（http://news2.sysu.edu.cn/news01/152049.htm），2017年12月13日。
③ 中山大学珠海校区保卫工作办公室：《兄弟高校保卫处领导到我校区参观交流》，见中山大学珠海校区网（http://zhuhai.sysu.edu.cn/content/2259），2017年12月15日。
④ 中山大学物理与天文学院：《首届亚太地区囚禁量子系统会议（APTQS17）在我校珠海校区成功召开》，见中山大学物理与天文学院网（http://spa.sysu.edu.cn/cn/content/1292），2018年1月4日。
⑤ 中山大学旅游学院：《"粤港澳大湾区城市旅游研讨会"在珠海举行》，见中山大学旅游学院网（http://stm.sysu.edu.cn/content/4464），2017年12月13日。

举行。①

12月15日 上午，学校离退休工作处组织115位离退休教职工到珠海校区参观。

12月18日 由中国史学会主办，我校历史学系（珠海）、历史学系（广州）承办的"海上丝绸之路"与南中国海历史文化学术研讨会在珠海校区开幕，来自海内外各高校的近百名专家学者参加会议。开幕式由历史学系（珠海）副主任（主持工作）吴滔教授主持。校党委书记、中国史学会副会长陈春声教授致辞，他阐述了中山大学内涵式发展的办学思路和"三校区五校园"的发展布局，高度评价此次会议入选论文的学术含量，"海上丝绸之路"和海洋贸易研究近年来得到了广泛的关注，具有广阔的探讨空间，对学者们的讨论充满期待。中国社会科学院近代史研究所所长、中国史学会副会长兼秘书长王建朗研究员代表主办方致辞。②

12月22日 国家减灾委办公室向我校发来感谢函，对旅游学院院长保继刚教授参加四川九寨沟地震灾害损失评估表示感谢，并就我校对防灾减灾救灾事业的支持表示感谢。③

12月23日 国际金融学院吴培冠教授当选为中国国民党革命委员会第十三届中央委员会委员。④

△第二十三届中国日报社"21世纪·可口可乐杯全国英语演讲比赛"广东省赛区决赛在中山大学举行。国际翻译学院2014级本科生吴煜冰获得冠军。⑤

12月23日至24日 由清华大学、中山大学等联合主办，中法核工程与技术学院承办的近代力学发展高端论坛在珠海校区召开。来自国家自然科学基金委员会、国内20余所知名高校及研究单位的70余名专家学者参加论坛。开幕式由中法核工程与技术学院院长王彪主持。⑥

12月24日 2017年度"中山大学国际青年学者深圳论坛物理与天文学院分论坛"在珠海校区举办。罗俊校长出席并讲话。他在讲话中指出，中大进入新时期，"三校区五校园"的发展格局已经形成；中大有了新目标，提出到21世纪中

---

① 中山大学新闻中心珠海校区记者站：《凝心聚力，强身健体》，见中山大学珠海校区网（http://zhuhai.sysu.edu.cn/content/2260），2017年12月18日。

② 中山大学历史学系（珠海）：《"海上丝绸之路"与南中国海历史文化学术研讨会在中山大学珠海校区开幕》，见中山大学历史学系（珠海）网（http://historyzh.sysu.edu.cn/content/422），2017年12月19日。

③ 中山大学旅游学院：《国家减灾委办公室向我校发来感谢函，感谢保继刚教授参加九寨沟地震灾害损失评估》，见中山大学新闻网（http://news2.sysu.edu.cn/news01/152313.htm），2018年1月8日。

④ 中山大学国际金融学院：《国际金融学院吴培冠教授当选中国国民党革命委员会中央委员》，见中山大学新闻网（http://news2.sysu.edu.cn/news01/152191.htm），2017年12月26日。

⑤ 中山大学国际翻译学院：《国际翻译学院本科生吴煜冰在"21世纪·可口可乐杯全国英语演讲比赛"广东省赛区决赛荣获冠军》，见中山大学新闻网（http://news2.sysu.edu.cn/news01/152293.htm），2018年1月4日。

⑥ 中山大学中法核工程与技术学院：《近代力学发展高端论坛在我校珠海校区顺利召开》，见中山大学新闻网（http://news2.sysu.edu.cn/news01/152282.htm），2018年1月3日。

中山大学珠海校区编年史（1999—2018）

叶"三步走"的发展战略；中大有了新任务，会全力以赴做好引才、育才工作。欢迎各位青年才俊加盟中山大学，共同创业。

12月28日 上午，中国共产党中山大学第十三次代表大会开幕。①

大会的主题是：高举中国特色社会主义伟大旗帜，深入学习贯彻习近平新时代中国特色社会主义思想和党的十九大精神，凝心聚力，敢为人先，锐意改革，追求卓越，牢牢扎根中国大地，加快进入国内高校第一方阵步伐，为迈进世界一流大学前列而努力奋斗。校党委书记陈春声代表中国共产党中山大学第十二届委员会做题为《扎根中国大地，建设一流大学》的报告。

△下午，唐家湾大南山应急避险工程暨中山大学"天琴计划"山洞实验室开工仪式在珠海校区举行。②

珠海市委副书记赵建国、副市长阎武、高新区党委书记闫昊波，中山大学校长罗俊、常务副校长孙冬柏、副校长杨清华、校长助理祁少海以及珠海市高新区、中山大学物理与天文学院、天琴引力物理研究中心和有关职能部门负责人出席仪式。

罗俊在致辞中指出，珠海校区是中山大学事业发展实现核心指标倍增和内涵式发展的重要组成部分，而"天琴计划"正是中山大学结合国家战略实现学校发展倍增的重大科研项目。该计划的实施将为国家提供全球重力场战略数据，为国家制定重大政策提供科学依据。"天琴计划"科研平台绝大部分地面设施将在中山大学珠海校区建设，主要包括科研综合楼、山洞实验室、观测台站，其中科研楼建设将分两期进行，观测台站包含地月激光测距观测台站、物理与天文科普基地、上山道路等工程。今天在中山大学珠海校区举行的唐家湾大南山应急避险工程暨中山大学"天琴计划"山洞实验室开工仪式，代表着"天琴计划"基础设施项目建设进入了新的高潮。

阎武在致辞中表示，唐家湾大南山应急避险工程暨中山大学"天琴计划"山洞实验室开工奠基，是中山大学珠海校区发展历程一个新的里程碑，也是珠海高等教育事业发展中的一件大事。珠海市用"一路一洞一台"奠定了"天琴计划"参与国际竞争的基础，让"天琴"在珠海得到了早期的支持和培育。"天琴计划"基础设施的顺利推进，既是珠海市、中山大学全面落实新型战略合作协议，推动珠海创新驱动发展战略实施的重大部署，也是促进中山大学统筹教育资源、优化办学布局、增强办学能力的重要举措。

随后，罗俊宣布唐家湾大南山应急避险工程暨中山大学"天琴计划"山洞实验室项目正式开工。

---

① 中山大学党委宣传部：《中国共产党中山大学第十三次代表大会召开》，见《中山大学报》（新）第411期，2018年1月18日。

② 陈伟贤：《唐家湾大南山应急避险工程暨中山大学"天琴计划"山洞实验室在珠海校区开工》，见《中山大学报》（新）第410期，2018年1月12日。

△下午,海滨红楼三期(实验区)竣工交付仪式在珠海校区举行。①

罗俊校长和即将入驻该实验区的化学工程与技术学院党政领导班子、学校相关职能部处负责人出席仪式。仪式由杨清华副校长主持。仪式上,总务处处长李明章汇报了海滨红楼三期的建设情况。化学工程与技术学院院长李伟华表示,海滨红楼三期的建设满足了化学工程与技术学院对相关科研教学场地的需求,有助于学院进一步引进先进优秀人才,加快学科建设和推进科研成果。

罗俊在总结讲话中指出,现阶段,学校的整体任务在于协调好"三校区五校园"的共同发展与建设。珠海校区作为未来五年的发展增量所在,将成为支撑学校新发展的强有力引擎之一,学校也会为进一步加快珠海校区建设和学科进步,给予相关支持。随后,罗俊向化学工程与技术学院负责人交接了钥匙,杨清华宣布海滨红楼实验区正式竣工,交付使用。

---

① 中山大学总务处:《海滨红楼实验区竣工交付仪式在珠海校区举行》,见中山大学新闻网(http://news2.sysu.edu.cn/news01/152246.htm),2018年1月2日。

2018年

第一届"国际经济与粤港澳大湾区发展前沿"学术论坛

1月2日 上午，化学工程与技术学院党政联席会议召开。王雪华副校长参加本次会议。他对化学工程与技术学院的发展规划提出两点指导意见：一是要进一步强化人才引进措施，加快人才的引进步伐，为事业发展筑牢人才基础；二是要突出工科特色，提高军工、横向科研项目的比重，推动产学研合作，服务好地方经济社会发展。①

△晚，大气科学学院2018年首次党政联席会议召开。王雪华副校长参加本次会议。他表示学校正通过推进综合改革等措施进一步落实一流大学和一流学科的建设目标，希望能实现我校的内涵式发展，期待大气科学学院在人才队伍建设、科研项目申报、科研成果获奖等方面都能加倍努力，把握未来几年的发展机遇，力争在下一轮学科评估中学科排名大幅度提升，早日实现建成一流大气科学学科的目标。②

1月3日 下午，珠海校区"天文园区暨天文综合设施建设"工作会议在物理与天文学院举行。罗俊校长出席会议。会议由物理与天文学院副院长林伟鹏主持。

1月4日 上午，珠海市高新区党委书记闫昊波一行到珠海校区检查森林防火工作，校区管委会主任、党工委书记冯双，保卫处副处长陈东等人陪同检查。③

1月8日 上午，中共中央、国务院在人民大会堂举行2017年度国家科学技术奖励大会。我校地球科学与工程学

---

① 中山大学化学工程与技术学院：《王雪华副校长参加我院党政联席会议》，见中山大学化学工程与技术学院网（http://cet.sysu.edu.cn/article/81），2018年1月15日。

② 中山大学大气科学学院：《王雪华副校长参加我院党政联席会议》，见中山大学大气科学学院网（http://atmos.sysu.edu.cn/article/966），2018年1月4日。

③ 中山大学珠海校区管理委员会：《珠海市高新区领导莅临珠海校区检查森林防火工作》，见中山大学珠海校区网（http://zhuhai.sysu.edu.cn/content/2271），2018年1月4日。

院张培震院士、郑文俊教授等完成的"青藏高原及东北缘晚新生代构造变形与形成过程"项目喜获国家自然科学奖二等奖。①

△上午，国际关系学院党总支在珠海校区召开2017年领导班子民主生活会。会议由党总支书记任虹主持，李善民副校长出席会议并提出指导意见。②

△上午，物理与天文学院直属党支部召开民主生活会，王雪华副校长出席会议并讲话。

△上午，珠海校区党工委召开中层领导班子民主生活会。会议由珠海校区党工委书记、管委会主任冯双主持，王雪华副校长出席会议并讲话。③

1月9日 中午，地球科学与工程学院召开民主生活会。会议由学院党委常务副书记王天琪主持，王雪华副校长出席会议。④

△下午，中文系（珠海）、哲学系（珠海）分别召开2017年度中层领导班子民主生活会，会议分别由直属党支部书记罗燕、陈建存主持，李善民副校长出席会议。⑤

△化学工程与技术学院赴珠海市科技和工业信息化局开展交流座谈。化学工程与技术学院院长李伟华、直属党支部书记黄勇平、副院长吕树申，珠海市科技和工业信息化局副局长邓伟东、高栏港经济区现代产业发展局（人才工作局）副局长李博等参加了座谈。李伟华在座谈会上表示，化学工程与技术学院聚焦"海洋经济""南海战略""粤港澳大湾区"等国家重大需求，以"科学与工程双轮驱动，构建特色化工学科"为新定位、新思路，重点建设海洋化工、智能化工和绿色化工三大学科方向，立足学院优势与特色学科，紧密结合《珠海市实施创新驱动发展战略"十三五"规划》，融合珠海市经济文化和产业发展区域优势，争取在海洋工程装备、环保交通装备、智能制造、新能源与新材料、海洋产业等珠海市核心技术领域实现高校和地方政府、企业的创新合作，助力提升珠海市自主创新能力和产

---

① 中山大学地球科学与工程学院：《热烈祝贺我院张培震院士团队获得2017年国家自然科学二等奖》，见中山大学地球科学与工程学院网（http://gs.sysu.edu.cn/article/427），2018年1月9日。

② 中山大学国际关系学院：《李善民副校长参加学院2017年领导班子民主生活会》，见中山大学国际关系学院网（http://sir.sysu.edu.cn/zh-hans/content/240），2018年1月10日。

③ 中山大学珠海校区管理委员会：《王雪华副校长参加珠海校区党工委、管委会中层领导班子民主生活会》，见中山大学珠海校区网（http://zhuhai.sysu.edu.cn/content/2279），2018年1月12日。

④ 中山大学地球科学与工程学院：《王雪华副校长出席地球科学与工程学院民主生活会》，见中山大学地球科学与工程学院网（http://gs.sysu.edu.cn/article/428），2018年1月10日。

⑤ 中山大学中文系（珠海）：《李善民副校长参加中文系（珠海）中层领导班子民主生活会》，见中山大学中国语言文学系（珠海）网（http://chinesezh.sysu.edu.cn/zh-hans/node/486），2018年1月10日；哲学系（珠海）：《李善民副校长参加我系2017年度领导班子民主生活会》，见中山大学哲学系（珠海）网（http://phil-zh.sysu.edu.cn/article/85），2018年1月10日。

业核心竞争力。座谈会上，双方达成优势资源共享的初步工作方案。①

1月11日 旅游学院被广东省人力资源和社会保障厅、广东省旅游局授予"广东省旅游工作先进集体"荣誉称号。②

1月15日 2017年度国际金融学院领导班子民主生活会举行。会议由学院党委书记钟一彪主持。李善民副校长参加民主生活会，并进行了总结点评。③

1月16日 下午，大气科学学院在珠海校区召开中层领导班子民主生活会，会议由学院党总支书记杨建林主持，常务副校长孙冬柏、副校长王雪华、校党委组织部部长古小红出席会议。④

△下午，数学学院（珠海）在珠海校区召开中层领导班子民主生活会，会议由直属党支部书记甘远璠主持，常务副校长孙冬柏出席会议并进行工作指导。⑤

1月21日至2月2日 国际翻译学院赴老挝进行社会调研与志愿服务。活动旨在进一步促进"一带一路"倡议下中老两国青年的交流与成长，帮助学生了解老挝的历史文化与发展现状，开拓学生视野，并引导学生利用专业知识践行社会公益。2017年9月起，国际翻译学院接收了112名东南亚本科政府奖学金生进行培养，其中，老挝学生共有46名。参与此次活动的部分家庭经济困难学生得到了学校"逸仙海外学习计划"的资助。⑥

1月23日 国际金融学院2018年发展研讨会在珠海校区召开。⑦

1月24日 校党委书记陈春声、国际金融学院吴培冠教授等人当选为中国人民政治协商会议第十三届全国委员会委员。⑧

1月27日 上午，珠海校区院系建设工作座谈会召开。⑨

---

① 中山大学化学工程与技术学院：《加强地方合作，协同创新融合发展——化学工程与技术学院赴珠海市科技和工业信息化局交流座谈》，见中山大学新闻网（http://news2.sysu.edu.cn/news01/152361.htm），2018年1月15日。

② 中山大学旅游学院：《我校旅游学院获"广东省旅游工作先进集体"称号》，见中山大学新闻网（http://news2.sysu.edu.cn/news01/152399.htm），2018年1月22日。

③ 中山大学国际金融学院：《国际金融学院召开2017年度学院领导班子民主生活会》，见中山大学国际金融学院网（http://isbf.sysu.edu.cn/cn/sylm01/24886.htm），2018年1月16日。

④ 中山大学大气科学学院：《孙冬柏常务副校长、王雪华副校长参加我院中层领导班子民主生活会》，见中山大学大气科学学院网（http://atmos.sysu.edu.cn/article/972），2018年1月18日。

⑤ 李苗：《孙冬柏常务副校长参加数学学院（珠海）中层领导班子民主生活会》，见中山大学数学学院（珠海）网（http://mathzh.sysu.edu.cn/content/552），2018年1月17日。

⑥ 苏漫琳：《国际翻译学院赴老挝进行社会调研与志愿服务》，见中山大学新闻网（http://news2.sysu.edu.cn/news01/152519.htm），2018年2月9日。

⑦ 中山大学国际金融学院：《我院举办2018年学院发展研讨会》，见中山大学国际金融学院网（http://isbf.sysu.edu.cn/cn/sylm01/24952.htm），2018年1月29日。

⑧ 中山大学党委统战部：《我校党委书记陈春声等六人当选为中国人民政治协商会议第十三届全国委员会委员》，见中山大学新闻网（http://news2.sysu.edu.cn/news01/152428.htm），2018年1月26日。

⑨ 中山大学校长办公室：《罗俊校长参加珠海校区院系建设工作座谈会并进行新春慰问》，见中山大学新闻网（http://news2.sysu.edu.cn/news01/152440.htm），2018年1月28日。

中山大学珠海校区编年史（1999—2018）

罗俊校长、邰忠智校长助理，以及珠海校区 14 个院系党政领导班子和学校相关职能部门负责人参加了座谈会，会议由刘济科校长助理主持。座谈会上，14 个院系负责人依次介绍了本单位当前的办学情况和经验、下一步目标规划以及主要存在的问题。

罗俊在讲话时指出，学校继续完善"三校区五校园"办学格局，全面加快推进各校区建设。珠海校区重点打造深海、深空、深地学科群。三校区统筹发展、合力支撑、相互错位、各具特色，共同支撑中山大学建设中国特色世界一流大学。罗俊对珠海校区院系发展提出六点要求：一是抓规划，各院系要结合学校事业发展总体布局，进一步明确发展定位，谋划发展蓝图；二是抓方向，将发展规划和努力方向紧密结合，设定发展路径，进一步落实发展任务；三是抓人才，通过"信心引人、事业引人、平台引人、待遇引人"四个路径，做好人才引进工作；四是抓制度，制度建设是文化建设的前提，在"四有"工作要求基础上，以制度建设为抓手，做好文化建设；五是抓重点，全面推进工作的同时，对存在问题逐个梳理，形成共识，重点突破制约发展的瓶颈问题；六是抓党建，加强党的全面领导，做好基层党组织建设，积极发展教师党员，发挥党员先锋模范作用。珠海校区所有师生员工要增强主人翁意识、卓越意识和竞争意识，不断提高解决当前困难的能力和适应快速发展的能力，多思考院系发展目标，形成明确的方向感。学校对珠海校区的发展充满期待和信心，也将会对珠海校区院系进一步加大支持力度，希望院系领导班子以雷厉风行、只争朝夕的工作作风，撸起袖子加油干。

罗校长还调研慰问了正在珠海校区集训的中山大学女排教练员和运动员，并在附属第五医院调研走访，向珠海校区及附属第五医院的师生员工致以新春祝福。

1月30日 2018年春节寒假期间珠海校区校园安全工作部署会议召开。校区党工委书记、管委会主任冯双主持会议，管委会副主任许景明、保卫处副处长陈东、唐家湾镇派出所副所长廖永青，以及校区保卫办、总务办、基建办、在建工程单位负责人等参加了会议。各职能部门负责人通报了近期校园基础建设、装修工程建设中维稳、治安、交通、消防等方面的情况及存在的安全隐患，会议针对存在的安全问题做了工作部署，要求切实加强校园安全防控，扎实做好校园安全管理工作。①

1月 国际翻译学院团委荣获 2016—2017 年度"珠海市优秀团委（团工委）"称号。②

2月1日 上午，中国民用航空局空管局气象中心主任周建华一行应邀到访大

---

① 中山大学珠海校区党工委：《珠海校区召开 2018 年春节寒假期间在建单位安全管理工作会议》，见中山大学珠海校区网（http://zhuhai.sysu.edu.cn/content/2282），2018 年 2 月 1 日。

② 中山大学国际翻译学院：《共青团中山大学国际翻译学院委员会喜获 2016—2017 年度"珠海市优秀团委"荣誉称号》，见中山大学国际翻译学院网（http://sti.sysu.edu.cn/zh-hans/node/1792），2018 年 3 月 17 日。

气科学学院,就航空气象合作事宜进行合作洽谈,大气科学学院院长董文杰、党总支书记杨建林等参加洽谈会。①

2月5日至6日 由地球科学与工程学院承办的"地球内部探测发展战略研究"项目2018年综合研讨会在中山大学召开。项目负责人高锐、陈晓非、王成善三位院士,以及专家组和项目组成员出席会议。该项目于2017年启动研究,2018年年底提交研究报告。会议邀请了张国伟、石耀霖、张培震等多位国内外专家出席会议并做咨询。5日,罗俊校长接见了与会专家。6日,与会学者在珠海校区继续进行学术交流并部署2018年项目工作。②

2月14日 是日为农历腊月二十九,副校长杨清华代表学校到珠海校区慰问留校师生。相关部门负责人参加慰问。③

2月23日 珠海校区基建工作协调会在行政楼召开。珠海市副市长阎武、市政府副秘书长周慧珍、教育局局长林日团,中山大学副校长杨清华、财务与国资管理处处长胡国庆、珠海校区管委会主任兼党工委书记冯双等人出席会议。

3月5日 珠海市高新区党委副书记梁兆雄一行到珠海校区调研工作。

3月9日 广东省海洋与渔业厅副厅长何少青一行到海洋科学学院参观调研,海洋科学学院院长何建国、党总支书记陈省平等出席了调研座谈会。④

3月14日至4月13日 数学学院(珠海)举办第二届"中珠数学节"。数学节以"体现数学的实用、创新与趣味"为宗旨,举行了"数学嘉年华"、"数模新手赛"、系列专题讲座等活动。⑤

3月18日 国家社会科学基金重大项目"明代价格研究与数据库建设"开题,项目首席专家为历史学系(珠海)吴滔教授。⑥

3月24日 "法语戏剧大赛全国总决赛"在北京外国语大学举行,我校中法核工程与技术学院金梦婷和徐苏扬同学荣获冠军。⑦

3月24日至25日 由国际关系学院、历史学系、历史人类学中心联合主办的

---

① 中山大学大气科学学院:《中国民用航空局空管局气象中心应邀到访我院开展合作洽谈》,见中山大学大气科学学院网(http://atmos.sysu.edu.cn/article/952),2018年2月4日。
② 中山大学地球科学与工程学院:《"地球内部探测发展战略研究"项目2018年综合研讨会在中山大学举办》,见《中山大学报》(新)第413期,2018年3月15日。
③ 吴文蔚:《我校举行各校园师生春节聚餐会》,见中山大学新闻网(http://news2.sysu.edu.cn/news01/152549.htm),2018年2月22日。
④ 中山大学海洋科学学院:《广东省海洋与渔业厅何少青副厅长莅临我院参观调研》,见中山大学海洋科学学院网(http://marine.sysu.edu.cn/article/1351),2018年3月9日。
⑤ 裴丹:《我院第二届"中珠数学节"顺利落幕》,见中山大学数学学院(珠海)网(http://mathzh.sysu.edu.cn/content/634),2018年4月15日。
⑥ 《科研讯息》,见《中山大学报》(新)第414期,2018年3月30日。
⑦ 中山大学中法核工程与技术学院:《学霸的证明——金梦婷、徐苏扬获法语戏剧大赛全国冠军》,见中山大学中法核工程与技术学院网(http://ifcen.sysu.edu.cn/news/414?type=news&cateId=47),2018年5月16日。

中山大学珠海校区编年史（1999—2018）

"全球与区域史视域下亚洲的区域与网络"国际学术研讨会在珠海校区举行。来自韩国高丽大学、日本大学、北京大学等的近50位专家学者参加会议。校党委书记陈春声教授在开幕式上致辞。开幕式由国际关系学院行政负责人魏志江教授主持。①

3月26日 上午，海洋科学学院召开海洋科学一级学科2017年度学科建设评估报告专家评审会。由大连海洋大学副校长宋林生教授担任专家组组长，厦门大学海洋与地球学院院长王克坚教授、华东师范大学丁平兴教授等人担任专家组成员。海洋科学学院院长何建国、副院长孙晓明等人出席会议。②

△严熙任校园发展与管理委员会副主任兼珠海校区管理委员会副主任（主持工作）。

下午，严熙同志与校园发展与管理委员会其他干部的上岗会在广州校区南校园格兰堂举行。罗俊校长、余敏斌副书记出席会议并讲话，校党委组织部部长古小红宣读学校任命文件。

△马显锋任中法核工程与技术学院副院长（试用期一年）。

3月26日至4月12日 根据要求，海洋科学学院、国际关系学院、地球科学与工程学院、物理与天文学院、化学与化学工程学院等在珠海校区办学的院系党政负责人走进课堂，结合学科特色，主讲思政第一课。③④⑤

3月29日 下午，校党委书记陈春声教授走进国际金融学院2017级本科生课堂，以"读书不忘革命，革命不忘读书"为主题讲授"思想政治理论第一课"。⑥

陈春声首先为同学们梳理了学校发展历程，以大学文化传统与历史记忆的建构引导大家关注大学命运与国家命运的密切联系；随后以学校初创时期、抗战期间、从光复到解放战争时期为线索，生动地介绍了1949年以前中国共产党在中山大学的革命活动。在课程中，他动情地说："中山大学的先辈学长在进行可歌可泣的革命时，年龄和在座各位同学差不多，但他们的成长背景与你们不同。在1840年之后，我们的国家处在亡国灭种的危机之中，他们那一代人在很小的时候就知道个人

---

① 中山大学国际关系学院：《"全球与区域史视域下亚洲的区域与网络"国际学术研讨会在广东珠海召开》，见中山大学国际关系学院网（http://sir.sysu.edu.cn/zh-hans/content/249），2018年3月29日。

② 中山大学海洋科学学院：《我院召开海洋科学一级学科2017年度学科建设评估报告专家评审会》，见中山大学海洋科学学院网（http://marine.sysu.edu.cn/article/1307），2018年3月27日。

③ 中山大学地球科学与工程学院：《地球科学与工程学院王岳军院长、书记为学院学生讲授"思政第一课"——新时代大学生的历史使命》，见中山大学新闻网（http://news2.sysu.edu.cn/news01/152955.htm），2018年4月11日。

④ 中山大学物理与天文学院：《物理与天文学院林伟鹏副院长为学院学生讲授"思政第一课"》，见中山大学新闻网（http://news2.sysu.edu.cn/news01/152958.htm），2018年4月12日。

⑤ 马佳全：《化学工程与技术学院李伟华院长、黄勇平书记为学生讲授"思政第一课"》，见中山大学新闻网（http://news2.sysu.edu.cn/news01/153010.htm），2018年4月17日。

⑥ 中山大学国际金融学院：《校党委书记陈春声教授为我院学生讲授"思想政治理论第一课"》，见中山大学国际金融学院网（http://isbf.sysu.edu.cn/cn/sylm01/25496.htm），2018年4月3日。

的命运与国家、民族命运的联系。理想信念的扎根是很自然的一件事，我们常讲的家国情怀、爱国主义也应是在日常生活中培养起来的。"他勉励同学们要立志做大事，涵养家国情怀，将远大理想融入日常生活中，树立坚定信念，不忘红色传统，牢记使命。

△为深入开展"不忘初心，牢记使命"主题教育，由旅游学院党委，中文系（珠海）、历史学系（珠海）、哲学系（珠海）直属党支部共同主办，珠海市社科联主席蔡新华主讲的"传承红色基因，加快珠海发展——珠海历史文化与社会经济发展"报告会在珠海校区举行。报告会由旅游学院党委书记林俊洪主持，来自四个院系的100多名师生党员及入党积极分子参加了报告会。①

3月30日 徐瑶任中法核工程与技术学院党总支副书记（主持工作）。

中法核工程与技术学院于4月3日上午召开教师代表和中层干部会议，校党委书记陈春声代表学校送徐瑶上任中法核工程与技术学院党总支副书记（主持工作），以及马显锋副教授上任学院副院长。党委组织部副部长范涛出席会议。会议由学院院长王彪主持。②

△中共中山大学物理与天文学院直属支部委员会更名为中共中山大学物理与天文学院总支部委员会。③

4月2日 下午，地球科学与工程学院2018年春季工作会议在珠海校区举行。学院全体教职员工参加会议。学院党委常务副书记王天琪做了《用习近平新时代中国特色社会主义思想理论武装头脑》的专题报告，并结合学校春季工作会议的精神，布置了学院党建工作。院长兼党委书记王岳军做学院工作报告。高锐院士、张培震院士等人在会议上做了发言。④

4月8日 上午，物理与天文学院召开2018年学科发展规划研讨会。林伟鹏副院长主持会议，学院各科研团队负责人、教师代表等参加会议。⑤

---

① 中山大学旅游学院：《不忘初心，牢记使命，学习传承珠海"红色三杰"革命精神》，见中山大学新闻网（http://news2.sysu.edu.cn/news01/152862.htm），2018年4月3日。
② 中山大学中法核工程与技术学院：《我院举行徐瑶副书记（主持工作）及马显锋副院长上岗仪式会议》，见中山大学中法核工程与技术学院网（http://ifcen.sysu.edu.cn/news/415?type=news&cateId=47），2018年5月16日。
③ 《中共中山大学委员会关于物理与天文学院直属党支部更名的通知》，见中大党组发〔2018〕11号文，2018年3月30日。
④ 中山大学地球科学与工程学院：《凝聚共识，合力冲刺，勇攀高峰——地球科学与工程学院2018年春季工作会议召开》，见中山大学新闻网（http://news2.sysu.edu.cn/news01/152877.htm），2018年4月4日。
⑤ 中山大学物理与天文学院：《定规划，谋发展，议学科，建团队——物理与天文学院召开2018年学科发展规划研讨会》，见中山大学新闻网（http://news2.sysu.edu.cn/news01/152960.htm），2018年4月12日。

中山大学珠海校区编年史（1999—2018）

4月9日 上午，珠海校区后勤保障工作会议在广州校区南校园举行。①

会议由罗俊校长主持。祁少海、赵勇、邰忠智、刘济科校长助理及相关职能部门负责人参加会议。教务部、总务处、基建处分别就珠海校区的院系教学安排、后勤保障预案、基建设施建设等方面做了汇报。发展规划办公室、科学研究院、学生工作管理处、保卫处、人力资源管理处、校园发展与管理委员会、研究生院、宣传部等职能部门负责人分别对如何提前做好准备，全力保障珠海校区下半年教学、科研、吃、住、行等需求提出了意见和建议，会议围绕问题部署了后续工作计划。会议提出，要深入贯彻学校第十三次党代会精神和2018年春季工作会议精神，提高站位、统一思想，深刻理解学校到21世纪中叶努力迈进世界一流大学前列的奋斗目标、"三步走"战略安排和战略任务，深刻把握中大新时期发展的新定位、新格局和新观念，积极推动学校核心办学指标今后三年实现"再倍增"，办学水平实现"蜕变"。

罗俊在总结时强调，珠海校区是今后三年学校发展的重要增长点，校园基本建设在加快，人才引进的速度和力度在加大，招生指标也会有一定的倾斜。各职能部门应在各方面为珠海校区快速发展提供支持，优先解决校区建设发展过程中遇到的问题。相关职能部门要以2018年8月下旬为时间节点，明确目标、明确责任、提早部署、突出重点、严格落实、加强沟通，确保完成已经部署的珠海校区后勤保障各项工作，满足学校发展需要和师生工作学习需求。

4月12日 国际金融学院工商管理一级学科2017年度学科建设评估专家评审会在珠海校区举行。我校副校长李善民教授、华中科技大学龚朴教授、南开大学崔勋教授等人担任评审会专家组成员，龚朴担任组长。国际金融学院党委书记钟一彪、副院长（主持工作）黄新飞等参加会议。黄新飞主持会议并向与会专家及代表汇报了工商管理学科的建设情况。专家组审阅了《学科建设评估报告》，指出学科建设的成绩与努力方向。②

△李珅任物理与天文学院党总支书记；殷敏任物理与天文学院党总支副书记。③

△张斯虹任大气科学学院党总支书记。

大气科学学院于4月25日下午在珠海校区召开教师干部大会，校党委书记陈春声代表学校送张斯虹同志上任学院党总支书记。党委组织部正处级组织员吴长征

---

① 中山大学校长办公室：《我校召开会议研究部署珠海校区下半年后勤保障工作重点》，见中山大学新闻网（http://news2.sysu.edu.cn/news01/152940.htm），2018年4月10日。
② 中山大学国际金融学院：《我院召开2017年度工商管理一级学科建设专家评审会》，见中山大学国际金融学院网（http://isbf.sysu.edu.cn/cn/sylm01/25724.htm），2018年4月21日。
③ 参见《中共中山大学委员会关于李珅等同志任免职的通知》，中大党组发〔2018〕15号文，2018年4月12日。

出席会议。会议由学院院长董文杰主持。①

4月13日 国际金融学院应用经济学一级学科2017年度学科建设评估专家评审会在广州校区举行。南开大学冼国明教授、盛斌教授，复旦大学范剑勇教授，中山大学舒元教授、李仲飞教授担任评审会专家组成员，冼国明担任组长。国际金融学院党委书记钟一彪、副院长（主持工作）黄新飞等参加了会议。②

4月14日 下午，中山大学与珠海市人民政府进一步加强新型战略合作补充协议签约仪式在广州校区南校园举行。③

珠海市委书记、市人大常委会主任郭永航，珠海市委副书记、市长姚奕生，我校党委书记陈春声、校长罗俊、常务副校长孙冬柏等出席签约仪式。姚奕生与罗俊分别代表市校双方签署战略合作补充协议。签约仪式由陈春声主持。

郭永航在致辞中希望中山大学珠海校区进一步增强创新人才引进培养、新型研发机构输出、原创科研成果产出、技术创新辐射等方面能力，加快建设国际高水平创新集群，真正成为高端人才、战略性新兴产业的孵化平台和产学研深度融合的示范基地，为珠海新一轮大发展提供强有力的人才支撑。珠海将认真落实战略合作协议，全力支持中山大学珠海校区建设，助力中山大学打造新的百年辉煌，为国家建设世界一流大学和一流学科做出应有的贡献。

罗俊感谢珠海市对中山大学办学的大力支持。他指出，珠海校区是中山大学的重要组成部分，与珠海市开展新型战略合作以来，各项工作实现重大突破，珠海校区办学经费和科研经费投入大幅度增长，办学结构和人才队伍结构更加完善，围绕深海、深空、深地以及核科学的15个院系和6个平台进展迅速，新规划全面推进建设。此次双方为新型战略合作签署补充协议，围绕双方共同关注且迫切需要解决的问题制订了解决方案，是市校真诚合作的新里程碑。加快珠海校区建设是我校今后三年行动计划和内涵发展的重点任务，三年内在校本科生将达10000人、研究生将达5000人。学校将举全校之力，在人才引育、学生培养、基本建设、管理政策等多方面加大对珠海校区发展的投入倾斜，努力办好世界一流的大学校区，为地方建设高等教育体系、广东奋力实现"四个走在全国前列"做出新的更大的贡献。

市校双方就进一步推进和落实新型战略合作协议进行了座谈交流。

2015年7月我校与珠海市签订新型战略合作协议以来，在珠海市委、市政府的大力支持下，我校珠海校区发展取得了显著进展，对巩固和完善"三校区五校园"基本办学格局、文理医工交叉融合学科发展格局产生重要的影响，在提升珠

---

① 中山大学大气科学学院：《我院在珠海校区召开教师干部大会》，见中山大学大气科学学院网（http://atmos.sysu.edu.cn/article/923），2018年4月28日。

② 中山大学国际金融学院：《我院召开2017年度应用经济学一级学科建设专家评审会》，见中山大学国际金融学院网（http://isbf.sysu.edu.cn/cn/sylm01/25723.htm），2018年4月21日。

③ 中山大学党委宣传部：《我校与珠海新型战略合作签署补充协议，探索市校共建共有共赢发展新模式》，见《中山大学报》（新）第417期，2018年5月10日。

中山大学珠海校区编年史（1999—2018）

海创新能力和城市竞争力等方面发挥了积极的作用。在双方战略合作有序进展的基础上，根据市校双方发展需要，此次双方签订补充协议提出中山大学珠海校区为市校双方共建、共有、共赢，要进一步完善珠海校区科研设施及周边配套设施建设，提升珠海校区发展水平和整体竞争力，尤其是提升对优秀人才的吸引力。另外，双方将在建设高水平特色医院等方面深入合作，进一步提升珠海市医疗服务水平深化合作。补充协议涉及加快推进金唐东路建设、建设共有产权房、建设"天琴计划"山顶激光测距平台、共建海洋实验室和附属妇儿医院，以及建设附属幼儿园等项目，将对提升珠海城市人才新引力和珠海校区发展水平产生重要和积极的影响。

4月15日 上午，海洋科学学院主办的"第七届海洋科技文化节"开幕式暨"走进南极"——"海洋六号"科普大讲堂在珠海校区举行。广州海洋地质调查局副总工程师、"海洋六号"南极科考航次首席科学家、海洋科学学院兼职教授何高文应邀做科普讲座。①

△下午，大气科学学院第二届气象节之学生模拟气候变化大会在珠海校区举行。②

4月16日 下午，珠海校区基建项目进展情况及施工交通组织方案通报会在图书馆召开。校长助理、基建处处长祁少海教授出席会议并讲话。珠海校区各实体院系负责人、师生代表等共计100余人参加了会议。③

4月20日 由中山大学牵头的国家重点研发计划"重大自然灾害监测预警与防范"重点专项"鄂尔多斯活动地块边界带地震动力学模型与强震危险性研究"项目启动暨实施方案论证会在中山大学举办。启动仪式由项目负责人、地球科学与工程学院郑文俊教授主持。④

△文化和旅游部2017年优秀研究成果（旅游类）获奖名单公布。旅游学院孙九霞、陈钢华编写的《旅游消费者行为学》获得教材类一等奖。保继刚教授的合作论文《中国历史村镇的旅游商业化——创造性破坏模型的应用检验》获学术论文类一等奖。⑤

---

① 中山大学海洋科学学院：《第七届海洋节开幕式暨"走进南极"——"海洋六号"科普大讲堂圆满举办》，见中山大学海洋科学学院网（http://marine.sysu.edu.cn/article/133），2018年4月23日。
② 中山大学大气科学学院：《聚焦全球气候变化，倡导"人类命运共同体"意识——我院举行第二届气象节之学生模拟气候变化大会》，见中山大学大气科学学院网（http://atmos.sysu.edu.cn/article/933），2018年4月17日。
③ 中山大学基建处：《珠海校区成功举办校区基建项目进展情况及施工交通组织方案通报会》，见中山大学珠海校区网（http://zhuhai.sysu.edu.cn/content/2295），2018年4月19日。
④ 中山大学地球科学与工程学院：《国家重点研发计划"重大自然灾害监测预警与防范"重点专项"鄂尔多斯活动地块边界带地震动力学模型与强震危险性研究"项目启动暨实施方案论证会在中山大学举行》，见中山大学地球科学与工程学院网（http://gs.sysu.edu.cn/article/81），2018年4月25日。
⑤ 中山大学科学研究院：《我校六项成果获文化和旅游部2017年优秀研究成果（旅游类）奖》，见中山大学新闻网（http://news2.sysu.edu.cn/news01/154055.htm），2018年8月1日。

△数学学院（珠海）在珠海校区召开数学学科建设评估会议，研讨部署学科建设工作。①

华东师范大学数学科学学院院长谈胜利教授、复旦大学数学科学学院严军教授等多位专家应邀与会。数学学院（珠海）院长赵育林介绍了学院学科建设总体情况，并对下一步学科发展提出展望。评估会举办期间，由数学学院（珠海）主办的"数学与统计珠海论坛"在珠海校区举行，会议由赵育林主持。②

4月24日 上午，由物理与天文学院主办的中山大学6.5米级Magellan型光学红外望远镜科学论证会召开。③

中国科学院院士、中山大学校长罗俊，中国科学院院士、上海交通大学物理与天文学院院长景益鹏等出席会议，来自国家天文台、上海天文台等科研机构与高校的专家，以及我校有关部门负责人出席会议，物理与天文学院副院长林伟鹏教授、冯珑珑教授等参加会议。

罗俊校长介绍了我校珠海校区以及物理与天文学院的发展规划，希望天文界同仁能协同合作，共同推进6.5米级Magellan型光学红外望远镜项目建设。冯珑珑介绍了项目总体情况。专家组听取了项目组的报告后，形成共识，建议尽快启动立项程序，以中山大学为牵头单位，通过与天文台站和高校合作的形式，大力推进项目的立项和审批，进一步凝练科学目标，细化第一代终端科学仪器的技术指标，多渠道筹措资金。

我校天文学科自2013年复办以来，在人才培养、科学研究以及人才队伍建设方面都取得显著进步，已成为珠海校区"十三五"规划发展人文学科与理科的学科群重要组成部分。为助力"双一流"建设，加速推进天文学科发展，我校提出建造"6.5米级Magellan型光学红外望远镜"，作为天文学科的建设发展平台，推动中山大学天文台的复建。

4月24日至26日 由中山大学等5家单位联合主办、物理与天文学院承办的第二届引力波与重元素合成交叉科学问题研讨会——大科学装置的研究机遇在珠海校区召开。中国科学院院士张焕乔出席会议，来自北京大学、清华大学等30余家单位的专家学者参加了研讨会。我校天文与空间科学研究院副院长、物理与天文学院何振辉教授代表学院致欢迎辞，并介绍了中山大学天文学发展的历史，以及学院

---

① 李苗：《我院举办数学一级学科2017年度学科建设评估会》，见中山大学数学学院（珠海）网（http://mathzh.sysu.edu.cn/content/632），2018年4月24日。
② 裴丹：《数学学院（珠海）举办数学与统计珠海论坛》，见中山大学数学学院（珠海）网（http://mathzh.sysu.edu.cn/content/627），2018年4月22日。
③ 中山大学物理与天文学院：《中山大学6.5米级Magellan型光学红外望远镜科学论证会顺利召开》，见中山大学新闻网（http://news2.sysu.edu.cn/news01/153117.htm），2018年4月26日。

中山大学珠海校区编年史（1999—2018）

的发展规划。①

4月25日至27日 由中国科学技术大学、中国科学院紫金山天文台以及中山大学联合主办，物理与天文学院承办的"Particle Transport and Energization in Turbulent Plasmas"研讨会在珠海校区召开。来自美国斯坦福大学、洛斯阿拉莫斯国家实验室、香港大学、北京大学、清华大学等20多个单位的60余名专家学者参加了本次会议。②

5月3日 广东省教育厅公布了2017年广东省教育教学成果奖获奖项目，我校珠海校区办学院系获得广东省教育教学成果奖（高等教育类）一等奖2项，分别为：中法核工程与技术学院王彪、德麦赛、赵福利、张小英、赖倪等9人完成的"中法合作精英核能工程师本土化培养体系的构建与实践"；海洋科学学院陈省平、何建国、孙晓明、杨清书、邹世春等10人完成的"第一课堂与第二课堂协同育人——海洋科学本科教育改革的理念与实践"。③

5月4日 下午，朱熹平副校长到珠海校区，对大气科学学院和海洋科学学院的实验室及设备工作开展调研工作。设备与实验室管理处处长杨佩青、政府采购与招投标管理中心主任杨元红、测试中心副主任张堃等陪同调研。大气科学学院党总支书记张斯虹、海洋科学学院党委副书记潘云智及两个学院相关老师参加了本次调研会。④

5月5日 全国大学生"互联网+"创新大赛暨第五届"发现杯"全国大学生互联网软件设计大奖赛全国总决赛在杭州电子科技大学举行。我校数学学院（珠海）2016级本科生林学渊、李超朗、邓文婷组队获得APP开发与设计组全国一等奖。⑤

5月8日 国际翻译学院学生会荣获"2017—2018年度广东省优秀学生会"称号。国际翻译学院学生会曾连续多年荣获"中山大学十佳院（系）学生会"称号。⑥

5月10日 下午，珠海市委书记、市人大常委会主任郭永航，市委副书记、

---

① 中山大学物理与天文学院：《2018引力波与重元素合成交叉科学问题研讨会在珠海校区顺利召开》，见中山大学新闻网（http://news2.sysu.edu.cn/news01/153140.htm），2018年5月2日。

② 中山大学物理与天文学院天文团队：《"Particle Transport and Energization in Turbulent Plasmas"研讨会在珠海校区顺利召开》，见中山大学物理与天文学院网（http://spa.sysu.edu.cn/cn/content/1418），2018年5月14日。

③ 中山大学教务部：《我校在2017年省级教育教学成果奖评选中喜获佳绩》，见中山大学新闻网（http://news2.sysu.edu.cn/news01/153423.htm），2018年5月25日。

④ 中山大学大气科学学院：《朱熹平副校长一行到我院调研实验室设备管理工作》，见中山大学大气科学学院网（http://atmos.sysu.edu.cn/article/922），2018年5月8日。

⑤ 裴丹：《我院学子在全国大学生"互联网+"软件设计大奖赛中获全国一等奖》，见中山大学数学学院（珠海）网（http://mathzh.sysu.edu.cn/content/654），2018年5月8日。

⑥ 中山大学国际翻译学院：《国际翻译学院学生会首获"广东省优秀学生会"殊荣》，见中山大学国际翻译学院网（http://sti.sysu.edu.cn/zh-hans/node/1879），2018年5月10日。

市长姚奕生一行到我校珠海校区考察调研。①

校党委书记陈春声、校长罗俊陪同考察。郭永航一行首先考察了"天琴计划"基础设施项目工地，罗俊详细介绍了珠海校区规划建设情况，并就"天琴计划"山洞实验室、山顶激光测距台建设情况及天文台、科学馆规划情况做了介绍。随后，郭永航一行考察了海洋科学学院海洋科学实验室平台，了解了学院科研平台在服务南海战略、服务地方经济建设的情况，并听取了中华白海豚研究的介绍。郭永航要求珠海市相关单位认真落实战略合作协议，全力保障珠海校区建设。他对学校进一步优化学科设置，积极引进人才、引进技术，以海洋科学、深空探索等优势学科和前沿项目带动学校发展表示期待。珠海市领导龙广艳、吴轼，市教育局、市财政局、市人力资源和社会保障局、市住房和城乡规划建设局、香洲区、高新区主要负责同志及我校副校长杨清华、校长助理祁少海，党委宣传部、校长办公室、基建处、校园发展与管理委员会、天琴引力物理研究中心、海洋科学学院等单位负责同志参加有关活动。

△物理与天文学院罗乐教授研究团队利用锂－6超冷费米原子在世界上首次对量子三体碰撞参数做了温度和相互作用依赖的精密测量，在实验中揭示了量子三体过程中的范德华作用普遍性，相关重要成果《Three－Body Recombination near a Narrow Feshbach Resonance in 6Li》发表在《物理评论快报》PHYSICAL REVIEW LETTERS 120，193402（2018）。特聘副研究员李佳明博士是论文第一作者，罗乐教授与理论合作者美国 University of Toledo 大学高波教授是共同通讯作者。②

5月11日 魏志江任国际关系学院副院长（主持工作），试用期一年。③

5月11日至14日 由国际翻译学院参与主办，国际翻译学院研究生会承办的中山大学2018年"全球观，家国情"粤港澳外语与翻译研究生学术交流周在珠海校区举办。广东外国语言学会会长、华南农业大学外国语学院院长黄国文教授，国际翻译学院院长常晨光教授，党委书记陈有志及200余名青年师生出席开幕式。④

5月12日 上午，地球科学与工程学院2016—2017学年度奖学金颁奖大会在珠海校区举行。广东省海洋地质调查院院长庄文明先生、陈国达院士奖学金设立者罗平校友、杨遵仪院士奖学金设立者黄伟强校友、彭明生奖学金设立者彭建平教授出席仪式，并为获奖同学颁奖。地球科学与工程学院院长兼党委书记王岳军、党委

---

① 中山大学基建处：《珠海市委书记郭永航、市长姚奕生一行调研我校珠海校区建设》，见《中山大学报》（新）第418期，2018年5月30日。
② 中山大学物理与天文学院量子信息与测控团队：《我院罗乐教授研究团队利用超冷原子实验在量子三体作用研究中取得重大进展》，见中山大学物理与天文学院网（http://spa.sysu.edu.cn/cn/content/1460），2018年6月15日。
③ 参见《中山大学关于蔡铭等任免职的通知》，中大干〔2018〕20号文，2018年5月11日。
④ 张陆祺：《中山大学2018年"全球观 家国情"外语与翻译研究生学术交流周成功举办》，见中山大学新闻网（http://news2.sysu.edu.cn/news01/153274.htm），2018年5月16日。

中山大学珠海校区编年史（1999—2018）

常务副书记王天琪、副院长杨小强、党委副书记张照等出席颁奖大会。①

5月18日 上午，物理与天文学院在珠海校区召开2017年度学科建设评估会议。会议邀请中国科学技术大学李传锋教授、上海交通大学张卫平教授等专家出席。会议由物理与天文学院副院长（主持工作）林伟鹏主持。②

5月25日 第二届"未来地球计划"中国国家委员会（简称为"中委会"）成立大会及学术研讨会在珠海校区召开。③

本次会议由大气科学学院承办，来自中国科学院、中国社会科学院等30多个单位的80余人参加。中国科学技术协会国际联络部副部长王庆林、珠海市人民政府常务副市长王庆利、我校党委书记陈春声应邀出席了成立大会并致辞。大会由第二届中委会秘书长、大气科学学院董文杰院长主持。陈春声表示，大气科学学科具有深厚的历史底蕴，近年来更是步入快速发展轨道，相信结合学校在人文社科领域的优势，必将更有利于"未来地球计划"中委会未来工作的开展。

"未来地球计划"是由国际科学理事会和国际社会科学理事会发起，联合国教科文组织、联合国环境署等组建的为期十年的大型科学计划（2014—2023）。第二届中委会秘书处与中国科协联合国咨商工作环境专业委员会秘书处同时落户中山大学。

5月28日 下午，珠海校区基建项目安全生产工作会议召开。④

副校长杨清华出席会议并讲话。基建处、珠海校区管委会、保卫办、总务办等相关职能部门及校区代建单位、施工单位、监理单位负责人100余人参加会议。会议介绍了珠海校区基建项目情况，指出珠海校区是我校"十三五"规划的建设重点，项目建成后将为新建院系、新建国家级科技创新平台、与珠海市企业合建博士后创新实践基地、全球引进的高水平科学研究团队等提供优良的工作条件。珠海校区基建项目的实施，将为我校优化学科布局、改善办学空间、提升生活配套设施等方面提供良好的条件。

杨清华在总结时指出，抓好安全管理工作是当前学校基建工作的重中之重，他要求各相关单位一定要深入贯彻落实党的十九大精神，把安全生产工作摆到重要位置上，一是要进一步认识到安全生产形势的严峻性，二是要切实贯彻落实好安全生产责任制和各项安全生产管理制度，三是要狠抓重点安全问题，四是做好应急预案

---

① 中山大学地球科学与工程学院：《地球科学与工程学院2016—2017学年度奖学金颁奖大会暨卓越校友论坛顺利举办》，见中山大学地球科学与工程学院网（http://gs.sysu.edu.cn/article/78），2018年5月13日。

② 中山大学物理与天文学院党政工作办公室：《物理与天文学院举办2017年度学科建设评估会议》，见中山大学物理与天文学院网（http://spa.sysu.edu.cn/cn/content/1424），2018年5月18日。

③ 中山大学大气科学学院：《第二届"未来地球计划"中国国家委员会成立大会及学术研讨会在我校召开》，见《中山大学报》（新）第419期，2018年6月15日。

④ 潘金山：《珠海校区基建项目安全生产工作会议召开》，见中山大学新闻网（http://news2.sysu.edu.cn/news01/153465.htm），2018年5月30日。

和应急演练。会议结束后，与会人员前往施工现场进行检查。

5月30日 珠海市委常委、政法委书记张强到珠海校区调研，杨清华副校长与张强进行了座谈。

6月3日 第七届计算机辅助翻译与技术传播大赛决赛在北京大学举行。来自我校国际翻译学院2015级本科生许若琳所在团队获得一等奖，指导老师骆雪娟荣获"最佳指导教师奖"，中山大学荣获"最佳组织奖"。①

6月6日 上午，国际金融学院主办的第一届学生学术论文竞赛决赛在珠海校区举行。②

6月9日 上午，中山大学第六届国际青年学者论坛主题大会在珠海市高新区举行。③

珠海市委副书记赵建国、副市长阎武及有关部门负责同志，我校校长罗俊，副校长朱熹平、王雪华，张培震院士、高锐院士、王复明院士，来自海内外的优秀青年学者，以及我校各院系教师代表及相关部门负责人共500余人参加会议。

王雪华主持主题大会并致辞，他指出，国际青年学者珠海论坛作为我校全面提升珠海校区办学水平的重要举措，已成为我校落实人才强校战略、加强人才引育工作的重要平台。希望青年学者们以论坛为契机，共同探讨学术前沿问题，加强学术观点交流碰撞，期待青年学者积极参与新时代珠海和中山大学的创新发展事业。

赵建国代表珠海市委、市政府致辞。他介绍了珠海市的发展现状及美好前景，指出珠海毗邻港澳，港珠澳大桥贯通带来的独特区位发展优势突显，珠海未来的发展潜力和空间巨大。珠海市委、市政府将一如既往支持中山大学珠海校区建设与发展，希望与会青年学者将珠海作为实现个人理想和事业抱负的新起点，带动更多创新人才汇聚珠海创新创业。

罗俊做论坛主题报告，他以"中大发展新时期"为主题，阐述了学校事业发展状况、珠海校区规划与建设状况，以及我校加强人才引育工作的总体情况。他着重阐述了未来三年珠海校区大建设与大发展的目标定位、发展规划、平台建设和重点任务，强调学校做出全面提升珠海校区实力的战略决定，将全力打造具备中国特色世界一流办学水平和广泛国际声誉的国际化滨海校区，重点发展深海、深空、深地学科，服务国家海洋强国战略、空间科学战略、"一带一路"倡议，服务国家和地方深入实施创新驱动发展战略。最后，他向与会优秀青年学者发出热情邀请，表示学校将提供有竞争力的薪酬待遇、更好的住房条件、更好的子女入学保障、更优

---

① 中山大学国际翻译学院：《国际翻译学院学子斩获"第七届计算机辅助翻译与技术传播大赛"一、二、三等奖》，见中山大学国际翻译学院网（http://sti.sysu.edu.cn/zh-hans/node/1921），2018年6月8日。
② 中山大学国际金融学院：《国际金融学院第一届学生学术论文竞赛决赛成功举行》，见中山大学国际金融学院网（http://isbf.sysu.edu.cn/cn/sylm01/26343.htm），2018年6月9日。
③ 中山大学人才发展办公室、党委宣传部：《中山大学第六届国际青年学者论坛在珠海市举行》，见《中山大学报》（新）第419期，2018年6月15日。

的人才发展空间、更畅通的人才发展渠道，让各类人才在中大实现学术抱负和事业理想。

珠海校区院系负责人和教授代表土木工程学院院长王复明院士、数学学院（珠海）院长赵育林教授、物理与天文学院黄志琦教授、地球科学与工程学院张健教授做大会发言。

6月10日 下午，2018年院系新生辩论赛落幕，国际金融学院辩论队获得冠军。①

6月11日 下午，由国际金融学院分工会承办，珠海校区各分工会协办的校工会2018年精品活动"'立德树人'师德师风征文和演讲比赛"在珠海校区举办。历史学系（珠海）周曲洋获得征文比赛一等奖，国际金融学院王琳获得演讲比赛一等奖。②

△国际金融学院"学生学业发展中心"成立揭牌仪式暨学生学业发展座谈会在珠海校区举行。海洋科学学院党委书记陈省平、中文系（珠海）直属党支部书记罗燕、化学工程与技术学院直属党支部书记黄勇平、国际金融学院党委书记钟一彪等人参加了本次活动。③

6月17日 上午，由国际金融学院合作主办的第一届"国际经济与粤港澳大湾区发展前沿"学术论坛在珠海校区举办。来自全国高校国际贸易学科协作组青年论坛秘书处、中国人民大学、复旦大学和我校国际金融学院的多位专家出席论坛。国际金融学院副院长（主持工作）黄新飞教授等人在开幕式上致辞。④

6月20日 荐志强任地球科学与工程学院党委常务副书记（正处级）。⑤

△袁文平任大气科学学院副院长（兼）。⑥

6月23日 《第四次气候变化国家评估报告》数据集和方法集的编写工作启动会在珠海校区召开。国务院参事、科学技术部原副部长刘燕华教授作为《第四次气候变化国家评估报告》专家委员会副主任、编写专家组组长出席了工作启动会。校党委书记陈春声与刘燕华参事一行会面，朱熹平副校长出席了启动会议并致辞。大气科学学院院长董文杰教授是《〈第四次气候变化国家评估报告〉方法集》

---

① 中山大学国际金融学院：《国际金融学院辩论队勇夺院系赛冠军》，见中山大学国际金融学院网（http://isbf.sysu.edu.cn/cn/sylm01/26404.htm），2018年6月13日。

② 徐永怡：《国际金融学院承办校工会2018年精品活动"立德树人"师德师风征文和演讲比赛》，见中山大学珠海校区网（http://zhuhai.sysu.edu.cn/content/2320），2018年6月16日。

③ 中山大学国际金融学院：《珠海校区首个学生学业发展中心落户国际金融学院》，见中山大学国际金融学院网（http://isbf.sysu.edu.cn/cn/sylm01/26448.htm），2018年6月15日。

④ 中山大学国际金融学院：《第一届"国际经济与粤港澳大湾区发展前沿"学术论坛举办》，见中山大学新闻网（http://news2.sysu.edu.cn/news01/153728.htm），2018年6月26日。

⑤ 参见《中共中山大学委员会关于郝登峰等同志任免职的通知》，中大党组发〔2018〕36号文，2018年6月20日。

⑥ 参见《中山大学关于王帆等任免职的通知》，中大干〔2018〕25号文，2018年6月20日。

的首席作者。①

6月25日 中法核工程与技术学院第九届联合管理委员会第一次会议在珠海校区召开。②

校党委书记、中法核工程与技术学院联合管理委员会主席陈春声教授出席并主持会议。出席会议的双方委员有广东省教育厅副巡视员李亚娟,中法核工程与技术学院中方院长王彪,法国格勒诺布尔综合理工学院校长、委员会副主席 Pierre Benech,中法核工程与技术学院法方院长德麦赛等。委员们听取了中法双方院长所做的关于 2017—2018 学年学院工作汇报。会议还审议通过了关于续聘法方院长职位的提议等工作文件。

陈春声表示,中法核工程与技术学院办学取得了令人瞩目的成果,三届优秀的核能工程师顺利毕业,走进国内外知名核能企事业单位,受到了用人单位的好评。目前中山大学珠海校区迎来了新的历史发展机遇,学院的中法第二轮合作已经全面展开,站在新的起点,中法双方要继续扩大和深化在教学、科研方面的合作,中山大学将对学院的各项工作继续给予支持,让这个合作项目更具特色和竞争力。

陈书记一行还出席了中法核工程与技术学院 2018 届毕业生典礼,并在典礼上致辞。

6月28日 联合国政府间气候变化专门委员会（IPCC）专家对话外展活动在中山大学举行。此次活动是由 IPCC 第一工作组与我校大气科学学院共同举办,主题为"区域气候变化"。③

7月2日 中法核工程与技术学院 2014 级本科生吴智瀚同学在祝龙老师的指导下,以第一作者身份在国际权威物理杂志《Physical Review C》上发表了题为《Synthesis of neutron-rich superheavy nuclei with radioactive beams within the dinuclear system model》的学术论文,该论文也是吴智瀚同学的本科毕业论文。④

7月7日 中文系（珠海）主办的第一届"近代文学研究工作坊"开幕。中文系（珠海）副主任朱崇科代表中文系（珠海）致开幕辞。⑤

---

① 中山大学大气科学学院:《国务院参事、科学技术部原副部长刘燕华一行来访我校》,见《中山大学报》（新）第 420 期,2018 年 7 月 5 日。

② 中山大学中法核工程与技术学院:《中法核工程与技术学院第九届联合管理委员会第一次会议在珠海校区顺利召开》,见中山大学中法核工程与技术学院微信公众号,2018 年 6 月 30 日。

③ 中山大学大气科学学院:《我院承办联合国政府间气候变化专门委员会外展活动——"区域气候变化"专家对话》,见中山大学大气科学学院网（http://atmos.sysu.edu.cn/article/510）,2018 年 7 月 9 日。

④ 中山大学中法核工程与技术学院:《中法核工程与技术学院 2014 级本科生吴智瀚同学在〈Physical Review C〉成功发表文章》,见中山大学中法核工程与技术学院网（http://ifcen.sysu.edu.cn/news/849?type=news&cateId=47）,2018 年 7 月 2 日。

⑤ 中山大学中文系（珠海）:《中山大学中文系（珠海）第一届"近代文学研究工作坊"顺利举办》,见中山大学中国语言文学系（珠海）网（http://chinesezh.sysu.edu.cn/zh-hans/node/664）,2018 年 7 月 9 日。

7月11日　吴滔任历史学系（珠海）系主任（试用期一年）；

朱崇科任中国语言文学系（珠海）系主任（试用期一年）。①

历史学系（珠海）、中文系（珠海）于8月29日下午先后召开全体教职工会议，校党委书记陈春声代表学校送吴滔、朱崇科上任系主任，党委组织部部长古小红出席会议。会议分别由历史学系（珠海）、中文系（珠海）直属党支部书记朱志辉、罗燕主持。②

△晚，中法核工程与技术学院党总支特邀黄达人老校长面向学院教职工讲授了题为"不忘初心，牢记使命，努力建设以人才培养为中心的大学文化"的党课。党课由学院党总支副书记（主持工作）徐瑶主持。③

7月12日　下午，海洋科学学院"卓越人才培养工作室"成立暨揭牌仪式在珠海校区举行。学生工作管理处处长、国际金融学院党委书记钟一彪、海洋科学学院党委书记陈省平等共同为工作室揭牌。④

7月16日　旅游学院新一届行政领导班子任职如下：⑤

徐红罡为旅游学院院长（试用期一年）；

罗秋菊为旅游学院副院长；

何莽为旅游学院副院长（试用期一年）。

原行政领导班子成员职务自然免去。

旅游学院新一届行政领导班子上岗会议于7月28日下午召开，副校长李善民、党委组织部正处级组织员吴长征以及旅游学院教职工出席了会议。会议由学院党委书记林俊洪主持。⑥

△海洋科学学院新一届行政领导班子副职任职如下：⑦

邹世春为海洋科学学院副院长（试用期一年）；

苏明为海洋科学学院副院长（试用期一年）。

原行政领导班子成员职务自然免去。

海洋科学学院新一届行政领导班子副职上岗会议于7月28日下午举行。副校

---

① 参见《中山大学关于吴滔等任职的通知》，中大干〔2018〕36号文，2018年7月11日。

② 吴立坚：《我系举行吴滔主任上岗仪式会议》，见中山大学历史学系（珠海）网（http://historyzh.sysu.edu.cn/content/516），2018年8月30日。

③ 中山大学中法核工程与技术学院：《不忘初心，牢记使命，努力建设以人才培养为中心的大学文化——黄达人老校长受邀来我院讲授党课》，见中山大学中法核工程与技术学院网（http://ifcen.sysu.edu.cn/news/873?type=news&cateId=47），2018年7月13日。

④ 中山大学海洋科学学院：《海洋科学学院"卓越人才培养工作室"成立暨揭牌仪式在珠海校区举行》，见中山大学海洋科学学院网（http://marine.sysu.edu.cn/article/1081），2018年7月18日。

⑤ 参见《中山大学关于徐红罡等任免职的通知》，中大干〔2018〕40号文，2018年7月16日。

⑥ 中山大学旅游学院：《旅游学院新一届行政领导班子上岗会议召开》，见中山大学旅游学院网（http://stm.sysu.edu.cn/content/4624），2018年7月30日。

⑦ 参见《中山大学关于邹世春等任免职的通知》，中大干〔2018〕41号文，2018年7月16日。

长王雪华、机关党委书记兼党委组织部副部长范涛出席，会议由学院党委书记陈省平主持。①

△林伟鹏任物理与天文学院院长（试用期一年）。②

7月17日 2018"软科世界一流学科排名"发布。中山大学旅游休闲管理学科跻身全球前10名，位列中国内地第一名，也是社会科学领域中国内地高校唯一进入全球前10名的学科，展现了我校旅游休闲管理学科在中国和世界的学术地位和影响力。③

7月19日 上午，中山大学"一带一路"奖学金本科生培养工作调研座谈会在国际翻译学院举行。副校长黎孟枫，教务部主任陈敏、副主任吴晓枫，国际翻译学院院长常晨光、党委书记陈有志、党委副书记黄爱成及师生代表参加会议。会前，黎孟枫走访了东盟班同学的宿舍，深入了解国际学生和学伴这一年来的学习、生活情况。会上，常晨光就学院2017—2018学年度"一带一路"奖学金本科生的教学、管理工作进行总结汇报。黎孟枫做总结发言，在肯定成绩的同时，提出三点期望：一是要进一步挖掘国际学生思想教育工作的深度和广度，做好思想引领和学业引领；二是要严格日常管理，对学生考勤、课堂纪律等问题引入奖惩措施；三是要制订更完善的教学计划。④

△海洋工程与技术学院2017级89名本科生全部由广州校区搬迁到珠海校区。随着海洋工程与技术学院办学地点的调整，海洋工程与技术学院学生将在珠海校区开始新的大学生活。⑤

7月19日至20日 土木工程学院2017级本科生及在读研究生从广州校区搬迁至珠海校区。土木工程学院办学地点调整到珠海校区。⑥

7月23日 生态环境部副部长、国家核安全局局长刘华一行来我校中法核工程与技术学院进行调研指导。⑦

国家核安全局副局长、核设施安全监管司司长郭承站，广东省环境保护厅、澳

---

① 中山大学海洋科学学院：《海洋科学学院行政领导班子换届，两位副院长履新》，见中山大学海洋科学学院网（http://marine.sysu.edu.cn/article/1493），2018年7月30日。

② 参见《中山大学关于林伟鹏等任职的通知》，中大干〔2018〕42号文，2018年7月16日。

③ 中山大学旅游学院：《我校旅游休闲管理学科跻身全球前10名》，见中山大学新闻网（http://news2.sysu.edu.cn/news01/153955.htm），2018年7月19日。

④ 中山大学国际翻译学院：《黎孟枫副校长在国际翻译学院调研"一带一路"奖学金本科生培养工作》，见中山大学新闻网（http://news2.sysu.edu.cn/news01/153969.htm），2018年7月20日。

⑤ 中山大学海洋工程与技术学院：《海洋工程与技术学院学生搬迁工作顺利完成》，见中山大学海洋工程与技术学院网（http://marinet.sysu.edu.cn/news/26895.htm），2018年7月30日。

⑥ 中山大学土木工程学院：《我院2017级学生搬迁到珠海校区》，见中山大学土木工程学院网（http://civil.sysu.edu.cn/index.php/article/186），2018年7月24日。

⑦ 中山大学中法核工程与技术学院：《生态环境部副部长、国家核安全局局长刘华一行来我校中法核工程与技术学院调研指导》，见中山大学新闻网（http://news2.sysu.edu.cn/news01/154036.htm），2018年7月30日。

门特别行政区政府警察总局、珠海市人民政府及相关单位、省港澳办、中广核集团等部门领导和专家陪同调研，我校常务副校长孙冬柏及中法核工程与技术学院、校园发展与管理委员会有关负责同志参加调研。

调研组首先察看了位于珠海校区内的环保部直属的国家标准型辐射环境自动监测珠海站，该监测站由广东省环境辐射监测中心与中山大学共建，由中法核工程与技术学院和广东省环境辐射监测中心共同负责运行管理。随后，调研组实地参观了中法核工程与技术学院研发中心系列实验室。实地调研结束后，调研组召开座谈会，会议由孙冬柏主持。他表示学校将继续利用中法两国优秀教育和产学研资源，致力于培养国际一流的中国精英工程师，不断提升学院在国际合作领域的强大竞争力。中法核工程与技术学院王彪院长介绍了学院的办学历程、教学理念、人才培养、办学特色、研发中心建设等情况。中广核集团庞松涛副总经理报告了与中法核工程与技术学院在人才培养和科学研究方面的合作情况。刘华在总结发言中对我校中法核工程与技术学院为国家核电事业提供人才储备做出的贡献给予肯定，并提出了加强核电人才培养的希望。

7月27日至8月5日 国际翻译学院组织第二期赴柬埔寨调研实践项目。柬埔寨《柬华日报》等媒体对活动进行了报道。①

7月29日至8月4日 由中山大学联合主办，物理与天文学院承办的"第十二届冷原子物理青年学者学术讨论会"和卫星会议"冷原子物理博士生论坛"在珠海举办。240余名青年学者参会。物理与天文学院院长林伟鹏在开幕式上致辞。②

7月30日 团中央书记处书记尹冬梅一行到珠海校区调研。副校长黎孟枫教授、校团委书记王猛教授等陪同调研。③

8月2日至4日 第十二届全国大学生化工设计竞赛华南赛区总决赛在湖南大学举行。我校化学工程与技术学院"Triumph"代表队（指导老师：何畅、杨祖金、纪红兵；队员：陈智超、罗健彬、庞杏滢、许明钧、游日敏）的作品"中海壳牌年产11.7万吨聚甲基丙烯酸甲酯项目"在比赛中夺冠，获华南赛区金奖，将作为华南赛区代表队之一参加第十二届全国大学生化工设计竞赛全国总决赛。④

8月9日 美国地球物理联合会公布2018年度美国地球物理联合会会士评选结果，我校地球科学与工程学院张培震院士成为2018年度唯一获此殊荣的中国科

---

① 蔡比琼、杜宛：《国际翻译学院师生赴柬埔寨开展社会调研与志愿服务》，见中山大学新闻网（http://news2.sysu.edu.cn/news01/154091.htm），2018年8月8日。

② 中山大学物理与天文学院：《第十二届冷原子物理青年学者学术讨论会在珠海成功举办》，见中山大学物理与天文学院网（http://spa.sysu.edu.cn/cn/content/1506），2018年8月19日。

③ 共青团中山大学委员会：《团中央书记处书记尹冬梅一行到我校珠海校区调研》，见中山大学新闻网（http://news2.sysu.edu.cn/news01/154049.htm），2018年7月31日。

④ 中山大学化学工程与技术学院：《我校化工学子在第十二届全国大学生化工设计竞赛华南赛区总决赛中夺冠》，见中山大学新闻网（http://news2.sysu.edu.cn/news01/154077.htm），2018年8月6日。

学家。①

8月27日 聘任王东晓为海洋科学学院院长（试用期一年）。②

海洋科学学院院长王东晓同志上岗会于8月29日下午在珠海校区行政楼举行。校长罗俊、校党委组织部部长古小红出席，会议由学院党委书记陈省平主持。罗俊为王东晓颁发任职通知书。他对海洋科学学院的未来发展寄予厚望，强调学校对珠海校区、对海洋学科发展十分重视，在珠海做大海洋学科是学校谋篇布局的重要决定和未来战略。他肯定了海洋科学学院的人才培养、科学研究，以及社会服务的特色，特别是海洋科学学院在珠海校区的坚守，对推动珠海校区的发展也起到了重要作用。③

8月29日 珠海校区迎新。校党委书记陈春声来到珠海校区各迎新点，视察迎新报到情况，并慰问迎新的一线工作人员。

8月30日 我校2018年开学典礼暨"大学第一课"依次在珠海校区、广州校区举行。④

校领导陈春声、罗俊、黎孟枫、李善民、朱熹平、余敏斌、杨清华、王雪华，教师代表、中国科学院院士、地球科学与工程学院高锐教授，以及各院系、附属医院负责人等出席了上午在珠海校区举行的开学典礼。典礼由黎孟枫副校长主持。

罗俊在典礼上致校长开学训词，他回顾了中山大学94年发展历史，指出学校秉承伟人志业，在习近平新时代中国特色社会主义思想指导下，近年来各项事业取得了快速发展。目前，学校已形成了"三校区五校园"办学新格局，珠海校区发展深海、深空、深地优势学科群，服务"一带一路"倡议，希望同学们在学习中体会与国家战略休戚与共的联系。他对全体2018级新生提出三点希望：一要胸怀天下，勇担责任，以实现中华民族伟大复兴为己任，以"德才兼备、领袖气质、家国情怀"坚定理想信念，勇担时代重任，做中国特色社会主义事业的合格建设者和可靠接班人；二要奋力进取，追求卓越，以奋勇拼搏的精神，不断锤炼自我、完善自我，向更高标准看齐，更高目标迈进，担负民族重任，实现人生理想，真正成为社会精英、国之栋梁；三要脚踏实地，励志勤学，牢记治学为要，传承"博学、审问、慎思、明辨、笃行"的校训精神，践行"学在中大，追求卓越"的治学精神，对标"爱国、励志、求真、力行"，在拼搏中前行，在砥砺中成长，在不懈奋斗中实现青春梦想。

---

① 中山大学地球科学与工程学院：《张培震院士当选美国地球物理联合会会士（AGU Fellow）》，见中山大学新闻网（http://news2.sysu.edu.cn/news01/154098.htm），2018年8月14日。
② 参见《中山大学关于王东晓职务聘任的通知》，中大职聘〔2018〕7号文，2018年8月27日。
③ 中山大学海洋科学学院：《海洋科学学院院长王东晓同志履新》，见中山大学海洋科学学院网（http://marine.sysu.edu.cn/article/4787），2018年9月1日。
④ 李劲峰、钟昊伦：《我校2018年开学典礼暨"大学第一课"在广州和珠海校区举行》，见《中山大学报》（新）第422期，2018年9月5日。

珠海校区在校学生代表张陆祺、新生代表皮晨远做了发言。

9月3日 中共中山大学化学工程与技术学院直属支部委员会更名为中共中山大学化学工程与技术学院总支部委员会。①

9月5日 上午，珠海市气象局局长李叶新一行应邀到访海洋科学学院，并与学院领导、教师代表等进行洽谈交流。海洋科学学院王东晓院长与李叶新局长一行进行了座谈。②

9月9日 广东省气象局局长庄旭东一行来访大气科学学院。大气科学学院院长董文杰等与庄旭东一行进行了交流。③

9月11日 上午，海洋科学学院王东晓院长一行赴珠海海洋环境监测中心站，与黄根华站长等开展合作洽谈，双方就海洋环境监测方面的合作意向达成共识。④

△学校决定，总务处内设珠海校区总务办、保卫处内设珠海校区保卫（综合治理督察）办公室。⑤

9月22日 上午，由我校历史学系（珠海）主办、北京大学西方古典学中心合办的第一届中国拉丁语教学和历史研究研讨会在珠海校区开幕。来自复旦大学、东北师范大学等院校的学者参加研讨会。

10月9日 大气科学学院王子谦研究员因在青藏高原气候效应研究方面的成绩而获得中国青藏高原研究会评选的"第十一届青藏高原青年科技奖"。

△陈有志任校园发展与管理委员会副主任兼珠海校区管理委员会主任。

10月12日至14日 由数学学院（珠海）主办的"2018珠海发展方程与动力系统研讨会"在珠海举行。

10月13日至14日 中山大学2018年秋季工作会议在珠海校区召开。⑥

本次会议以推进院系办校为主题，旨在凝聚广大师生的智慧和共识，推动内涵发展，为实现中国特色世界一流大学的目标奋勇向前。13日上午，校党委书记陈春声做了题为《贯彻全国教育大会精神 加强党的全面领导 确保学校事业发展行稳致远》的专题报告。他结合传达学习全国教育大会精神，联系学校实际，总结了

---

① 《中共中山大学委员会关于化学工程与技术学院直属党支部更名的通知》，见中大党组发〔2018〕47号文，2018年9月3日。

② 中山大学海洋科学学院：《珠海市气象局李叶新局长一行到访我院洽谈交流》，见中山大学海洋科学学院网（http://marine.sysu.edu.cn/article/4819），2018年9月6日。

③ 中山大学大气科学学院：《广东省气象局局长庄旭东一行来访我院》，见中山大学大气科学学院网（http://atmos.sysu.edu.cn/article/1057），2018年9月9日。

④ 中山大学海洋科学学院：《王东晓院长一行赴珠海海洋环境监测中心站开展合作洽谈》，见中山大学海洋科学学院网（http://marine.sysu.edu.cn/article/4834），2018年9月11日。

⑤ 《中山大学关于总务处、保卫处等单位内部机构设置调整的通知》，见中大组〔2018〕24号文，2018年9月11日。

⑥ 中山大学党委宣传部：《聚力内涵发展 推动院系办校 共创一流大学新局面——我校召开2018年秋季工作会议》，见《中山大学报》（新）第425期，2018年10月31日。

学校过去三年在党建、思想政治和意识形态工作中所取得的成绩和不足,并对下一阶段如何更好地开展学校工作提出了三点意见:一是认真学习贯彻全国教育大会精神,要将深入学习领会习近平总书记关于教育的重要论述作为学校当前的首要任务;二是着力加强和改进学校党的建设、思想政治和意识形态工作;三是让学校党建、思想政治和意识形态工作落细落实。下午,校长罗俊做了题为《聚力内涵发展 推进院系办校 共创一流大学建设新局面》的主题报告。报告总结了学校成功转型的基本经验,明确了学校未来三年的发展目标和主要任务,凝聚了院系办校的重要共识。晚上,副校长王雪华做院系办校工作报告。

10月16日 大气科学学院李庆祥教授获得中国气象学会评选的第六届"邹竞蒙气象科技人才奖"。

10月19日至21日 由中文系(珠海)举办的"一带一路"视域下的华文文学研究国际学术会议在珠海校区召开。来自中国社会科学院、澳门科技大学、厦门大学以及新加坡、马来西亚、印度尼西亚、韩国等国内外的学者参加会议。

10月28日 旅游学院学生参赛队在第四届全国高校商业精英挑战赛商务会奖旅游策划竞赛中获得冠军。

11月10日至11日 由国际金融学院承办的第12届"香樟经济学Seminar"学术研讨会在珠海校区举行。来自上海交通大学、厦门大学等多所高校的师生参会。

11月13至14日 由我校与北京理工大学联合承办,以"探索深远空间,建设航天强国"为主题的中国宇航学会深空探测技术专业委员会第十五届学术年会会议在珠海召开。中国科学院院士、我校校长罗俊;中国工程院院士、哈尔滨工业大学教授邓宗全及来自全国近60所高校、科研机构等单位的230余名代表参会。我校物理与天文学院、航空航天学院联合承办本届年会。①

11月16日 中国科学院院士、地球科学与工程学院高锐教授带领的"深部地球探测与资源环境"团队入选广东省第七批"珠江人才计划"引进创新创业团队,获得2000万元人民币资助。下午,团队召开项目启动会。②

11月16日至18日 由数学学院(珠海)主办的"2018珠海常微分方程与动力系统会议"在珠海举行。来自西班牙和来自中国科技大学、北京大学等单位的170余名国内外知名专家学者参会。

11月17日 国际金融学院代表队获得中山大学2018年运动会团体总分第一名。

---

① 中山大学物理与天文学院:《中国宇航学会深空探测技术专业委员会第十五届学术年会会议在珠海顺利召开》,见中山大学新闻网(http://news2.sysu.edu.cn/news01/1354786.htm),2018年11月16日。
② 中山大学地球科学与工程学院:《广东省"珠江人才计划"引进创新创业团队"深部地球探测与资源环境"团队项目顺利启动》,见中山大学新闻网(http://news2.sysu.edu.cn/news01/1354797.htm),2018年11月19日。

11月19日 由中国翻译协会和广东外语外贸大学联合主办的2018年第三十届韩素音国际翻译大赛颁奖典礼在北京举行，我校国际翻译学院2014级翻译班本科生蔡敏获得英译汉一等奖。

11月23日 校党委决定：

荐志强任地球科学与工程学院党委书记；

郝雅娟任物理与天文学院党总支书记；

朱利斌任化学工程与技术学院党总支副书记（主持工作）。

11月26日 晚，校党委书记陈春声一行到物理与天文学院调研党建工作。调研会上，物理与天文学院原党总支书记李珅汇报了学院党建工作，林伟鹏院长汇报了学院行政工作。陈春声书记肯定了物理与天文学院在基层党建、学科发展、文化建设、人才培养等方面的工作成效，希望学院在今后的发展中肩负使命、行稳致远，提高政治站位，主动适应"院系办校"的改革模式，加强制度建设，重视党风廉政建设，鼓励更多优秀的青年教师加入到党员队伍中来。①

11月27日 上午，校党委书记陈春声一行到中法核工程与技术学院调研指导党建工作。②

调研会上，中法核工程与技术学院党总支副书记（主持工作）徐瑶汇报了学院党建工作，王彪院长汇报了学院对"院系办校"的思考。陈春声书记在总结发言中对学院工作给予肯定：一是学院有着鲜明的办学特色，学校将继续支持学院发展；二是学院人才培养初见成效，对学校"院系办校"有着一定的借鉴作用；三是学院形成了自己特色的文化氛围，有明显的国际化特征；四是学院与业界的交流十分密切，是校企合作的典范。对学院今后的工作，陈春声书记提出四点希望：一是党建工作仍需加强，学生党建工作应要更加有体系，要总结出经验；二是要继续加大力度发展高知党员，壮大党员队伍；三是继续加大人才引进力度；四是适应新时期学校的改革发展，做好学院长远发展规划，主动沟通解决学院发展中遇到的困难，推动学院事业发展。

△下午，校党委书记陈春声一行到数学学院（珠海）调研党建工作。③

在调研会上，数学学院（珠海）直属党支部书记甘远璠汇报了学院党建工作，赵育林院长汇报了学院的发展情况。陈春声书记从三个方面肯定了学院工作：一是在学院发展过程中党的领导起到了重要的作用，获得学院师生的认同；二是学院领导班子保持着"创业者"态度，学院氛围良好，学术气氛活跃，学风平实严谨；

---

① 中山大学物理与天文学院党政工作办公室：《物理与天文学院2018年党建工作调研座谈会顺利举行》，见中山大学物理与天文学院网（http://spa.sysu.edu.cn/cn/content/1632），2018年11月29日。

② 中山大学中法核工程与技术学院：《校党委陈春声书记到我院开展党建工作调研》，见中山大学中法核工程与技术学院网（http://ifcen.sysu.edu.cn/news/985），2018年12月5日。

③ 中山大学数学学院（珠海）：《陈春声书记一行调研数学学院（珠海）党建工作》，见中山大学数学学院（珠海）网（http://mathzh.sysu.edu.cn/content/889），2018年12月3日。

三是学院重视人才培养，积极采取措施提高人才培养质量，推动学风建设。陈春声书记对学院提出三点希望：一是加大党员发展力度，动员优秀师生积极向党组织靠拢；二是进一步加强学院人才引进工作；三是提高学院发展格局，尽快转入常态发展的轨道内。

11月28日 校党委书记陈春声率队到国际金融学院开展党建工作调研。①

在调研会上，国际金融学院党委书记钟一彪汇报了党建工作，副院长（主持工作）黄新飞报告了行政工作。陈春声书记对学院工作给予肯定：一是学院党支部建设思路清晰、措施得当，为学院发展奠定了很好的组织保障；二是学院党政班子朝气蓬勃、团结一心，在促进学院发展方面干了很多实事；三是学院转型平稳有序，已经从教学为主的学院转型为教学科研并重、具有"学术味"的院系；四是学院人才培养延续了一贯"重视学生"的传统，人才培养成效显著。陈书记提出三点希望：第一，作为经管类学院，更要注重培养学生的家国情怀；第二，作为扎根中国大地办学的商科学院，在提高学术研究和学科建设水平的同时，提出具有中国特色的经济学范式和理论框架，建立起中国特色的经济学理论体系；第三，学院要抓住学校重要战略机遇期，用好珠海校区大发展的契机，在"一带一路"研究院建设和高级金融研究院建设的过程中，提升学院的整体实力。

11月29日至30日 "广东省气候变化与自然灾害研究重点实验室"学术委员会扩大会议暨热带天气气候环境变化与自然灾害研讨会在珠海召开。本次研讨会由实验室主任杨崧教授主持，大气科学学院党总支书记张斯虹出席会议并致辞。

11月30日至12月1日 旅游学院保继刚教授、张朝枝教授分别荣获中国旅游协会旅游教育分会颁发的首届"旅游教育突出贡献人物""旅游教育名师"。

11月30日至12月2日 由旅游学院主办的"流动性、身心健康与旅游国际学术会议"在我校举行。来自国内外高校的学者近百人参会。

12月5日 海洋科学学院"海洋科学虚拟仿真实验教学中心"获得2018年广东省本科高校教学质量与教学改革工程建设项目立项。"海洋科学虚拟仿真实验教学中心"自2014年开始依托海洋科学广东省高校实验教学示范中心工作平台筹建。

△下午，由历史学系（珠海）主办的首届中西古典文明节开幕式在珠海校区图书馆举行。

12月7日至9日 由中文系（珠海）举办的"第一届域外汉籍研究工作坊"在珠海校区举行。来自中国人民大学、韩国成均馆大学等单位的研究人员参加工作坊。

12月8日 在首届2018中国青年旅游创意设计大赛中，我校旅游学院郑玉林、陈娴、林雪颖、刘健铃同学组成的团队所提交的作品获得"旅游形象创意设

---

① 中山大学国际金融学院：《校党委陈春声书记一行调研国际金融学院党建工作》，见中山大学国际金融学院网（http://isbf.sysu.edu.cn/cn/sylm01/1358976.htm），2018年12月1日。

计类"作品一等奖。

12月10日 中共中山大学大气科学学院总支部委员会更名为中共中山大学大气科学学院委员会。

△屈琼斐任哲学系（珠海）直属党支部副书记（主持工作）。

12月12日 美国地球物理联合会发布2018年度美国地球物理联合会会士（AGU Fellow）名单，中国科学院院士、我校地球科学与工程学院张培震教授当选。

12月19日 上午，"粤港澳空间科学与技术联盟、粤港澳海洋科技创新联盟成立大会"在珠海校区举行。①

中国科学院院士、我校校长罗俊；珠海市人民政府副市长阎武；香港理工大学校长唐伟章、澳门大学校长宋永华等粤港澳三地21所高校代表及我校相关院系、职能部门代表共约200人与会。我校副校长肖海鹏教授主持会议。

会上，罗俊校长表示，我校积极响应党和国家的号召，近年围绕"深空""深海"学科建设开展了大量工作，并取得了许多重要的阶段性成果。粤港澳空间科学与技术联盟和粤港澳海洋科技创新联盟的成立，是粤港澳三地高校顺应国家发展大势，为国家空间与海洋的战略发展提供强大智力与技术支撑的重要举措。希望未来联盟能够得到社会各界的关心和支持，最大限度汇集三地学术资源与智慧力量，助力我国早日建设成为空间强国与海洋强国。

阎武副市长表示，当前珠海正加快发展包括航空航天、海洋科技在内的创新型技术和先导性产业，努力构建高水平的科技创新体系，抢占新一轮科技产业变革的制高点，未来珠海市必定会全力支持空间联盟和海洋联盟的发展成长，并期待联盟院校在高、精、尖的重大科研领域，创造更多合作成果，培育更多优秀人才，助推地方和国家的战略发展。随后，我校常务副校长孙冬柏教授作大会主旨发言，分别介绍了空间联盟与海洋联盟的合作规划。会后，各单位与会代表共同参与了空间联盟与海洋联盟的成立仪式，见证联盟成立。当天下午，与会嘉宾还参观考察了我校珠海校区，了解了空间及海洋学科楼群的建设情况和未来珠海校区的整体发展规划。

△下午，校党委书记陈春声一行到旅游学院调研指导党建工作。②

调研会上，旅游学院党委书记林俊洪汇报了学院党建工作，徐红罡院长汇报了学院行政工作。陈春声书记肯定了旅游学院工作：一是党建工作规范有序；二是学院学科建设成绩斐然；三是学院国际化程度高；四是学院一直以来对学校改革发展

---

① 中山大学国际合作与交流处：《我校举行粤港澳空间科学与技术联盟 粤港澳海洋科技创新联盟成立大会》，见《中山大学报》（新）第427期，2018年12月31日。

② 中山大学旅游学院：《陈春声书记到我院调研党建工作》，见中山大学旅游学院网（http://stm.sysu.edu.cn/content/4753），2018年12月20日。

给予高度理解和大力支持,能够承担责任,与学校发展同心同向同行;五是学院拥有良好的社会声誉,开展了大量社会服务,很好履行了社会责任。陈书记对学院发展提出五点希望:一是希望学院能够抓住学校党委巡察的机会,继续加强党建工作;二是希望加强日常党政工作制度化、规范化,升级管理理念,优化管理方式;三是提高本科教学质量,强化本科人才培养;四是继续支持学校的方针、政策,发挥旅游学院在对口援建和社会服务中的优势;五是支持院系办校工作,推动粤港澳地区资源联动,继续提升学科实力和发展水平。

12月20日 上午,校党委书记陈春声一行到大气科学学院开展党建工作调研。①

调研会上,学院党委书记张斯虹作了党建工作汇报,董文杰院长汇报了学院"院办校"的总体思路。陈春声书记对大气科学学院的党建工作和学院建设取得的成绩给予肯定:一是党政领导班子团结,齐心协力干事业;二是学院的人才引进、科研等工作在全校走在前列;三是学院党政班子对学校提出的"院办校"思路理解和把握到位。陈书记对学院未来的发展提出三点希望:一是希望学院继续抓好党建工作,加强各项基础工作的制度化、规范化建设;二是希望学院在继续推动人才引进的工作时,能把努力实现院士"零的突破"作为首要目标;三是希望学院借明年新大楼落成的契机,能把学院的整体事业推上一个崭新的台阶。

12月24日 聘任陈建洪同志任"一带一路"研究院院长;同时,"一带一路"研究院迁设珠海校区,依托单位调整为哲学系(珠海)。

12月25日 中共中山大学中法核工程与技术学院总支部委员会更名为中共中山大学中法核工程与技术学院委员会。

△牛军凯任国际关系学院副院长(试用期一年)。

12月29日 "中山大学长隆旅游教育基金"捐赠仪式在我校举行。广州长隆集团携手广东省扶贫基金会捐赠人民币1000万元,设立"中山大学长隆旅游教育基金",用于支持旅游学院建设和发展。副校长、教育发展基金会副理事长肖海鹏,捐赠方代表广州长隆集团有限公司助理总裁刘浩宇、广东省扶贫基金会副秘书长徐骏辉校友以及教育发展基金会、旅游学院等单位的负责人和教师代表出席捐赠仪式。②

---

① 中山大学大气科学学院:《校党委书记陈春声一行到我院开展党建工作调研》,见中山大学大气科学学院网(http://atmos.sysu.edu.cn/article/1879),2018年12月21日。

② 中山大学校友总会:《中山大学长隆旅游教育基金捐赠签约仪式举行》,见中山大学新闻网(http://news2.sysu.edu.cn/news01/1356740.htm),2018年12月31日。

参考文献

（一）图书

［1］中山大学校长办公室. 中山大学年鉴（2016）［M］. 广州：中山大学出版社，2019.

［2］中山大学校长办公室. 中山大学年鉴（2015）［M］. 广州：中山大学出版社，2017.

［3］中山大学校长办公室. 中山大学年鉴（2014）［M］. 广州：中山大学出版社，2016.

［4］中山大学校长办公室. 中山大学年鉴（2013）［M］. 广州：中山大学出版社，2014.

［5］中山大学校长办公室. 中山大学年鉴（2012）［M］. 广州：中山大学出版社，2014.

［6］中山大学校长办公室. 中山大学年鉴（2011）［M］. 广州：中山大学出版社，2012.

［7］中山大学校长办公室. 中山大学年鉴（2010）［M］. 广州：中山大学出版社，2011.

［8］中山大学校长办公室. 中山大学年鉴（2009）［M］. 广州：中山大学出版社，2010.

［9］中山大学校长办公室. 中山大学年鉴（2008）［M］. 广州：中山大学出版社，2009.

［10］中山大学校长办公室. 中山大学年鉴（2007）［M］. 广州：中山大学出版社，2008.

［11］中山大学校长办公室. 中山大学年鉴（2006）［M］. 广州：中山大学出版社，2007.

［12］中山大学校长办公室. 中山大学年鉴（2005）［M］. 广州：中山大学出版社，2006.

[13] 中山大学校长办公室. 中山大学年鉴（2004）[M]. 广州：中山大学出版社，2005.

[14] 中山大学校长办公室. 中山大学年鉴（2003）[M]. 广州：中山大学出版社，2004.

[15] 中山大学校长办公室. 中山大学年鉴（2002）[M]. 广州：中山大学出版社，2003.

[16] 中山大学校长办公室. 中山大学年鉴（2001）[M]. 广州：中山大学出版社，2002.

[17] 中山大学校长办公室. 中山大学年鉴（2000）[M]. 广州：中山大学出版社，2001.

[18] 中山大学校长办公室. 中山大学年鉴（1999）[M]. 广州：中山大学出版社，2000.

[19] 吴定宇. 中山大学校史（1924—2004）[M]. 广州：中山大学出版社，2006.

[20] 易汉文. 中山大学编年史（1924—2004）[M]. 广州：中山大学出版社，2005.

[21] 陈汝筑，易汉文. 巍巍中山——中山大学校史图集[M]. 广州：中山大学出版社，2004.

[22] 舒宝明. 校影[M]. 广州：中山大学出版社，2004.

[23] 《唐家湾镇志》编纂委员会. 唐家湾镇志（1524—2013）[M]. 广州：广东人民出版社，2015.

[24] 罗永明. 中山大学工会编年史（1949—2010）[M]. 广州：中山大学出版社，2011.

[25] 罗永明. 历程·风采：中山大学工会60周年纪念专刊[M]. 广州：中山大学出版社，2011.

[26] 中山大学工会办公室. 中山大学工会、教代会年鉴（2009）[M]. 广州：中山大学出版社，2010.

[27] 中山大学工会办公室. 中山大学工会、教代会年鉴（2008）[M]. 广州：中山大学出版社，2010.

[28] 中山大学工会办公室. 中山大学工会、教代会年鉴（2007）[M]. 广州：中山大学出版社，2008.

[29] 《中山大学外语学科90年史稿（1924—2014）》编委会. 中山大学外语学科90年史稿（1924—2014）[M]. 广州：中山大学出版社，2014.

[30] 黄国文，王宾，许东黎. 从这里走向世界——中山大学翻译学院建院十周年回眸[M]. 广州：中山大学出版社，2015.

（二）网站

[1] 中山大学新闻网（http://news2.sysu.edu.cn）
[2] 中山大学党委组织部网（http://zzb.sysu.edu.cn）
[3] 中山大学珠海校区管理委员会网（http://zhuhai.sysu.edu.cn）
[4] 中山大学中国语言文学系（珠海）网（http://chinesezh.sysu.edu.cn）
[5] 中山大学历史学系（珠海）网（http://historyzh.sysu.edu.cn）
[6] 中山大学哲学系（珠海）网（http://phil-zh.sysu.edu.cn）
[7] 中山大学国际金融学院网（http://isbf.sysu.edu.cn）
[8] 中山大学国际翻译学院网（http://sti.sysu.edu.cn）
[9] 中山大学国际关系学院网（http://sir.sysu.edu.cn）
[10] 中山大学旅游学院网（http://stm.sysu.edu.cn）
[11] 中山大学数学学院（珠海）网（http://mathzh.sysu.edu.cn）
[12] 中山大学物理与天文学院网（http://spa.sysu.edu.cn）
[13] 中山大学大气科学学院网（http://atmos.sysu.edu.cn）
[14] 中山大学海洋科学学院网（http://marine.sysu.edu.cn）
[15] 中山大学地球科学与工程学院网（http://gs.sysu.edu.cn）
[16] 中山大学化学工程与技术学院网（http://cet.sysu.edu.cn）
[17] 中山大学海洋工程与技术学院网（http://marinet.sysu.edu.cn）
[18] 中山大学中法核工程与技术学院网（http://ifcen.sysu.edu.cn）
[19] 中山大学土木工程学院网（http://civil.sysu.edu.cn）

（三）其他

[1]《中山大学报》，1999年至2018年。
[2]《珠海特区报》，1999年至2018年。
[3] 中山大学珠海校区筹备办公室、珠海校区管理委员会主编《中山大学珠海校区建设工作简报》，第一期至第五十期。
[4] 中山大学海洋科学学院、中法核工程与技术学院等院系印刷的宣传册。
[5] 中山大学珠海校区管委会、党工委印刷的工作简报、图册等多种文献资料。
[6] 中山大学档案馆多份关于珠海校区的档案资料。

后　记

辍毫栖牍，当我一字一句地将书稿全部校对完后，若释重负。

为了编好《中山大学珠海校区编年史（1999—2018）》和《中山大学珠海校区图史（1999—2018）》这两本著作，这两年，握素怀铅，我牺牲了太多的节假日，真切地感受到累是什么滋味。

组织编写《中山大学珠海校区编年史（1999—2018）》和《中山大学珠海校区图史（1999—2018）》的起因，是我确定到珠海校区工作。研究珠海校区的历史既是工作，也是动力，更是爱好。2017年4月上旬，我来到珠海校区，召开校区管委会第一次工作会议时，就和同事们商议编撰这两部著作。

我一直致力于将本书编撰为学术著作，目的是排除非学术的因素影响，使得本书能客观真实地记录珠海校区的历史。这个目的随着我在珠海校区工作时间的延长、感情的加深而愈加坚定。

本书编撰坚持两点原则：

一是坚持政治性。讲政治是指导原则。本书坚持以习近平新时代中国特色社会主义思想为指导，弘扬社会主义核心价值观。

二是坚持客观性。客观真实是记录历史的基本原则，所以我们坚持客观表述历史，真实记录历史。

编年史书必然会涉及大量人物，对于本书记述的人物，作者已竭尽所能核对背景情况，对有的人物还在两年间进行了多次核对，确保不出政治性、原则性问题。由于核对渠道多通过官媒报道、主流网络等进行，加之人物都是动态发展的，难免有所疏漏，就正有道，敬请读者指正。

编委会的各位成员为本书编写付出了艰辛的劳动，每位编委所做工作翔实记述如下。

主编（编著）：

冯双，编撰、校对、统筹、组织编委会开展工作、申请本书2019年度经费预算、征集史料。

中山大学珠海校区编年史（1999—2018）

编委：

毕为，协助主编做好编委会工作、参与编撰、提供史料。

王劲，申请本书2018年度经费预算、协助完成项目费用支付、支持编撰工作。

王昕，提供《中山大学校报》史料、支持编撰工作。

史隆，参与编撰、校对部分章节、照片整理、收集2000年至2004年《中山大学校报》史料。

汪培源，提供《中山大学年鉴》史料、支持编撰工作。

许景明，支持编撰工作、协助征集史料、参与部分编撰讨论。

陈有志，支持编撰工作。

吴清月，参与编撰、校对部分章节、照片整理、安排书名题写。

郑子飞，征集珠海市档案馆史料、支持编撰工作。

黄洁宏，提供网络媒体史料、中山大学网站、珠海校区网站等有关史料、支持编撰工作。

谢婉仪，参与编撰、照片整理、资料整理与录入、校对部分章节。

潘金山，支持编撰工作。

虽努力记录每一位编委的工作，仍然有可能疏漏，敬请见谅。

封稿之时，需要说明书中条目的收录标准：

（1）活动类。一是被报刊、书籍等公开出版物记载的；二是官方网站公开报道的；三是被档案记录的；四是适度记述部分口述史素材，讲述人应在珠海校区工作或者学习过。

（2）奖励及荣誉称号类。考虑到珠海校区建立于1999年，至今刚过20年，因此奖励、荣誉称号类一般收录至校级和市级以上。

书稿付梓，应该感谢许多人：

一要感谢学校领导和校党委宣传部、党委办公室的支持。校党委宣传部将本书列为文化建设项目予以支持，并在合同拟定、经费核报、文献查阅等方面给予了具体、细致、耐心的指导。

二要感谢中山大学档案馆、中山大学图书馆、中山大学珠海校区图书分馆的支持。我常就某个问题请教在档案馆工作的同事崔秦睿、李敏玲等人，他们都耐心地回复；在去档案馆查阅资料时，每次都是第一时间给予帮助。还有档案馆的多位学生助理，他们业务熟练、服务态度一流，让人佩服。图书馆校史文献室、报刊资料室等科室为我查阅资料提供了许多帮助，记得查阅《中山大学珠海校区建设工作简报》时，因为馆内资料浩如烟海，工作人员费了好大劲才找出来；珠海校区图书分馆的王晗、何兰满等同事为本书的写作提供了许多专业帮助。

三要感谢珠海特区报社、珠海市档案馆的支持。我去查阅史料时，珠海特区报社领导朱向阳亲自安排查阅工作，资料室主任吴军不厌其烦地予以协助。记得第一次拍摄资料时，有一幅图片效果不好，我回到广州后再请吴军协助，他两次帮忙拍摄，直到我满意为止。本书的写作还参考了多种报刊、网站，如《人民日报》《南方日报》《广州日报》《羊城晚报》等，对这些媒体和参考文献的作者一并表示感谢！

四是感谢中国语言文学系（珠海）、历史学系（珠海）、哲学系（珠海）、国际金融学院、国际翻译学院、国际关系学院、旅游学院、数学学院（珠海）、物理与天文学院、大气科学学院、海洋科学学院、地球科学与工程学院、化学工程与技术学院、海洋工程与技术学院、中法核工程与技术学院、土木工程学院等16个院系和多个职能部门的领导和同事的支持。他们分别是：旅游学院党委林俊洪书记，专职组织员李思泽，党政办负责人李苗、李茂、黄鸣明、钟建春、蓝澍德、黄旭俊、周莘睿、徐永怡、汪帼英、廖喜扬、周剑芬、刘念、胡文涛、曾白玉、陈灿林、梁海含、乔敏娜、陈颖、陈伟贤、黄健雄等，他们给了我很多很好的建议和意见，提供了数以千计的照片，没有他们的支持，这本书是写不出来的。这个名单肯定还有疏漏的，感谢之心无以言表。

五是感谢校园发展与管理委员会、珠海校区管委会、广州校区管委会、深圳校区管委会的同事。正是在他们的鼎力支持下，我才能抽出业余时间，滴露研珠，遣言措意，忙就书稿。珠海校区管委会的同事们在资料收集、文献整理、助理选拔、经费申请等方面提供了很多帮助。谢婉仪、史隆、吴清月三位学生助理协助我做了很多工作，他们已经成为编委会成员。珠海校区书画协会会长钟汝轩同学为本书题写了书名，该活动还得到书画协会负责人胡苑苑同学的协调帮助，在此一并表示感谢！

六是感谢中山大学出版社的同事，王天琪社长曾对我说，要把我编著的这两本书出成精品，这句话让我感动良久！书写不好，对不起中山大学出版社。还有金继伟、廖丽玲、林绵华、杨文泉、何雅涛等编辑、设计、校对、技编等人，他们不畏难、不厌烦、精耕细作，才使本书得以顺利出版。

最后，要感谢我的家人，妻子张海惠、大儿子冯博士、二儿子冯博乐。本书编撰期间，二儿乐乐出生，让我笔墨为伴之余，平添无穷快乐。工作之余忙于写作，教育儿子的重任只能交给妻子，幸其画荻和丸，大儿博士在2018年考入广州市第六中学新知班，二儿博乐则健康成长，不安之心，聊以慰藉。

本书所采用的照片、编撰的史料，尽可能做了来源记录。但是有少量包括照片在内的史料因为年代久远，无法查找作者或出处，未予标注，还请原谅。

由于本人水平有限，耕耘史实传记，虽经字斟句酌，但书中仍难免有不少错漏之处，欢迎斧正。请您直接将斧正意见发给我：E-mail:lssfs@mail.sysu.edu.cn。

冯双

二〇一九年七月一日于尚书房